JN218882

熱帯高地の世界

●「高地文明」の発見に向けて

山本紀夫 編 Norio Yamamoto

ナカニシヤ出版

The World of Tropical Highlands

はじめに

この地球上に、熱帯高地と呼ばれる地域がある。文字どおり、熱帯圏に位置する高地のことである。具体的には、熱帯アンデス、エチオピア高地、そして熱帯を亜熱帯にまで広げればネパール・ヒマラヤからチベットにかけての地域、そしてメキシコ高地まで含まれる。そこでは、標高二〇〇〇メートルから四〇〇〇メートルあたりでも人びとが暮らしている。そこに人類が暮らし始めたのは意外に古く、エチオピア高地では約一〇万年前までさかのぼる。また、チベット・ヒマラヤでは三～四万年前、アンデスでは約一万年前とされる。

それでは、そこでの人びとの暮らしにはどのような特色があるのだろうか。また、この熱帯高地の環境はどのような特色をもっているのだろうか。本書の執筆に参加した研究者はこのような疑問をもち、長年にわたって現地で調査に従事してきた者である。なかには、調査をはじめてから五〇年になる者もいる。また、ヒマラヤとアンデスの両地域で比較調査をした者もいる。さらに、後年になって、これら四つの熱帯高地の地域間比較調査の気運も生まれてきた。

それが実施に移された調査こそは、文部科学省の助成を得て平成二三年度から二八年度にかけて実施された「熱帯高地における環境開発の地域間比較研究―『高地文明』の発見にむけて」（研究代表者：山本紀夫）であった。本書の執筆者はいずれもこの調査メンバーである。この調査に並行するようにおこなわれた研究プロジェクトがもうひとつある。それは京都にある総合地球環境学研究所（立本成文所長）のプロジェクト『高地文明』における医学生理・生態・文化的適応（平成一七～二九年度、リーダー：奥宮清人准教授）であり、科学研究費の調査メンバーのほとんどはこの研究プロジェクトのメンバーでもあった。このプロジェクトによっても調査・研究の機会が増えた。そのため、これらの調査・研究で重視したことがひとつあった。それは、各自がこれまで調査してきた地域だけではなく、常に他地域と比較する視点をもつことであった。つまり、地域間比較研究の視点を重視したのである。

この結果、上記の四大熱帯高地には、環境の点でも、環境利用の点においても共通点の少なくないことが明らかになった。とくに注目すべきことは、上記の熱帯高地ではいずれも「高地文明」と呼べる文明が誕生していることだ。その代表的な地域がアンデス高地である。アンデスは、南北に八〇〇〇キロメートルの長さにわたって走る大山脈であるが、その北半分は熱帯アンデスと呼ばれている。しかし、アンデスの古代文明は熱帯アンデス全域で発達したわけではなかった。それは、アンデスのなかでも、その中央部、いわゆる中央アンデスだけで特異的に誕生し、発展したものなのである。

それでは、なぜ、アンデスのなかで中央アンデスだけで文明が誕生し、発展したのか。また、アフリカではエチオピア高地で、アジアではチベット高地で、そしてメキシコ高地でも文明の誕生をみている。つまり、地球上の遠く離れた地域で、四つの文明が独立して生まれているのだ。四大文明といえば、中国、インダス、メソポタミア、エジプトなどの大河の流域で生まれた大河文明を思いうかべるかもしれないが、ここでいう四大文明はそれとは異なり、熱帯高地に生まれた文明のことである。これについての詳細は本書をご覧いただきたいが、ここで一点だけ書きくわえておきたいことがある。それは、調査のタイトルにもなっている「環境開発」についてである。環境開発は、環境の改変のことであるが、私たちは地形の改変などだけを考えているわけではない。人間を取り巻く動植物の改変（ドメスティケーション）も環境開発の一部であると考えている。この点で、上記四地域は、いずれもドメスティケーションがさかんにおこなわれたところなのである。これが本書で、家畜飼育や作物栽培を重点的にとりあげた理由である。

いずれにせよ、本書はこれまでほとんど知られることのなかった熱帯高地の全容を明らかにしようとしたものであり、本書を通じて、ほとんど知られることのない「熱帯高地の世界」に関する理解が少しでも得られれば執筆者全員の大きな喜びである。

編者

熱帯高地の世界——「高地文明」の発見に向けて——目次

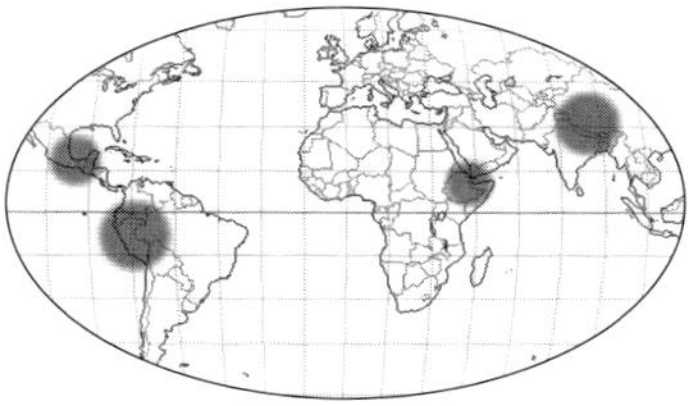

目次

第2部　地域間比較研究

第3部　「高地文明」論

序章

山本紀夫

熱帯高地とはどのようなところか

―アンデスとヒマラヤを中心として―

赤道直下に近い熱帯アンデスのパラモ帯（コロンビア）。厚い毛でおおわれた葉をもつキク科のエスペレティアが優占している。（筆者撮影）

上／
ヒマラヤ調査隊のメンバー
右から4人目が筆者(1995年)

下／
コロンビア・アンデスのパラモにて(2010年)

山本　紀夫（やまもと・のりお）

1943年大阪市生まれ。

京都大学農学部農林生物学科卒業。同大学院博士課程修了。農学博士（京都大学）、学術博士（東京大学）。民族学・民族植物学専攻。国立民族学博物館名誉教授、総合研究大学院大学名誉教授。

1968年からアンデスを中心として、アマゾン、ヒマラヤ、チベット、東アフリカなどで約60回の海外調査に参加し、主として先住民による伝統的な環境利用の方法を調査。1984～87年にはペルー・リマ市に本部をもつ国際ポテトセンター社会科学部門客員研究員。

おもな著書に、『インカの末裔たち』（日本放送協会、1992年）、『ジャガイモとインカ帝国―文明を生んだ植物』(東京大学出版会、2004年)、『ジャガイモのきた道―文明・飢饉・戦争』(岩波書店、2008年)、『トウガラシの世界史―辛くて熱い「食卓革命」』（中央公論新社、2016年）、『天空の帝国インカ―その謎に挑む』（PHP研究所、2011年）、編著に『アンデス高地』（京都大学学術出版会、2007年）など。

第19回大同生命地域研究奨励賞、第13回松下幸之助花の万博記念奨励賞、第8回秩父宮記念山岳賞、第8回今西錦司賞などを受賞。

京都大学学士山岳会会員、日本山岳会会員。

一　熱帯高地とは

「熱帯夜」という言葉がある。気温が高く、湿度も高くて、寝苦しい夜のことだ。たしかに、東京でも大阪でも夏の夜は、気温も湿度も高くて寝苦しい。だからといって、熱帯のすべての地域が湿度も気温も高くて寝苦しいわけではない。熱帯のなかには、湿度も気温も低く、涼しくて過ごしやすいところもある。場所によっては寒くて我慢できないところさえある。

次の文章はそれをよく物語っている。

> 私は、赤道に着いたら、恐るべき暑さにがまんできなくなるだろうと思いこんでいた。ところが事実はぜんぜん反対で、赤道通過の最中に、寒くて寒くて、からだを暖めるため何度も日なたに出たくらいであった。（中略）ほんとうのところ、世の中に、赤道の下ほど温暖の地はない。しかしひじょうな違いもあり、すべてを一律に論じきることはできない。熱帯といっても、地方によってはキート《原文ママ》やピルー（現ペルーのこと）の平地のように、ひじょうに気候のよいところがある。（アコスタ　一九六六：一九四）

これは、一六世紀後半にアンデスを歩き、きわめて科学的な『新大陸自然文化史』を著したことで知られるスペイン人神父のアコスタの記録の一部である。実際、わたしもアコスタが言及しているエクアドルのキト（彼はキートと表記している）を訪れたとき、とても快適な気候なので、自分が赤道直下にいることが実感できなかったほどである。

では、これはなぜなのか。じつは、熱帯には低地だけでなく、高地もあるか

（図０・１）エクアドルの首都・キト（2850 m）
（筆者撮影）

らだ。事実、エクアドルの首都のキトも赤道直下に位置しているが、そこは標高二八五〇メートルの高地である（図０・１）。つまり、熱帯高地なのである。

図０・２は熱帯アンデスにおける緯度と標高による気候の特徴を示したものであるが、これによれば、赤道をはさむ南北約一〇度の緯度帯では、およそ標高二〇〇〇メートルにおいて年平均気温はおよそ摂氏一六～一八度であり、年較差もほとんどないことから、いわゆる常春ともよばれる状態にある（森島 二〇一六）。そして、標高三〇〇〇メートル足らずのキトは寒冷熱帯に属するものの、やはり気温はさほど低くなく、年平均気温が摂氏約一六度で、そこは寒冷というより冷涼といってよい気候なのである。

もう一ヶ所、例をあげておこう。それは、かつてインカ帝国の中心地であったペルー南部高地に位置する標高三四〇〇メートルのクスコである。エクアドルのキトより五〇〇メートルほど高いが、そこも寒冷というより冷涼なところである。そこでの気候についてインカ貴族の血をひくインカ・ガルシラーソは次のように述べている。

クスコ市の気温は温暖というよりはむしろ寒冷に属するものの、暖をとるために火を焚く必要があるほどではない。外気から遮断された部屋の中に入りさえすれば、寒くはないからである。火ばちなどがあれば、それは快適であろうが、仮になくても、別に生活に支障はない。（インカ・ガルシラーソ 一九八六：一七七）

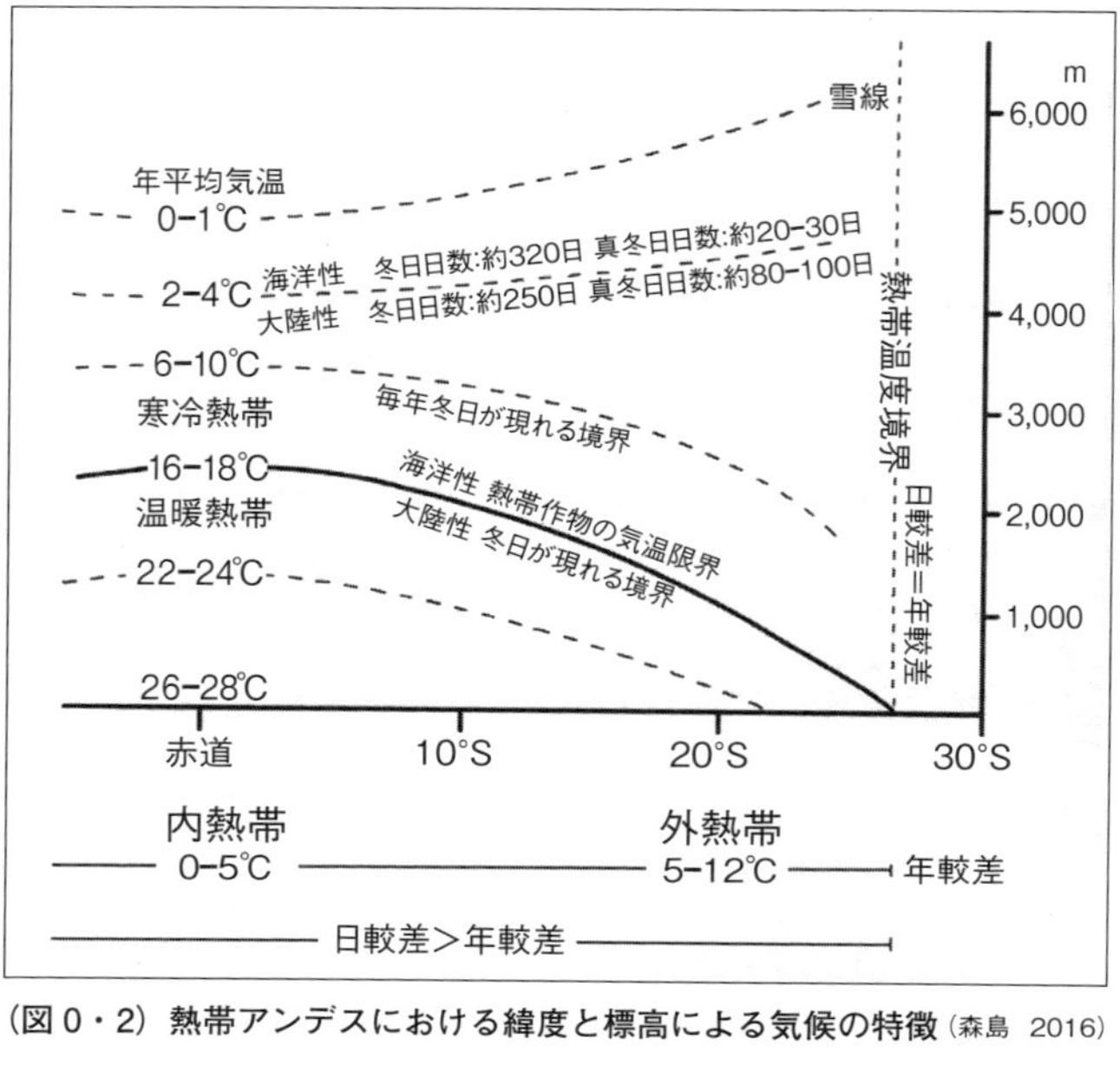

（図０・２）熱帯アンデスにおける緯度と標高による気候の特徴（森島 2016）

ここで位置関係を確認しておこう。図０・３は世界の森林限界と高山帯を示したものであるが、先述したようにエクアドルは赤道直下に位置している。その北にあるコロンビアも赤道に近く、やはり熱帯圏に位置している。そのため、コロンビアの首都のボゴタも標高二六四〇メートルの高地にあるが、人口は一〇〇〇万近くに達する。これも熱帯高地だからこそであろう。

このような点で、アンデスにはもっと標高の高いところにも都市がある。それは、キトよりも一〇〇〇メートル以上も高い標高約三八〇〇メートルに位置するボリビアのラパスである（図０・４）。ラパスは、ボリビアの事実上の首都であり、人口は周辺地域も含めれば一〇〇万人を超す大都市である。ラパスは南緯一八度に位置するが、そこも熱帯高地なのである。図０・３に示されているように、アンデスにおける森林限界は標高四〇〇〇メートルあたりであるが、ラパス

（図０・４）ボリビアの首都・ラパス（標高約 3800m）
（筆者撮影）

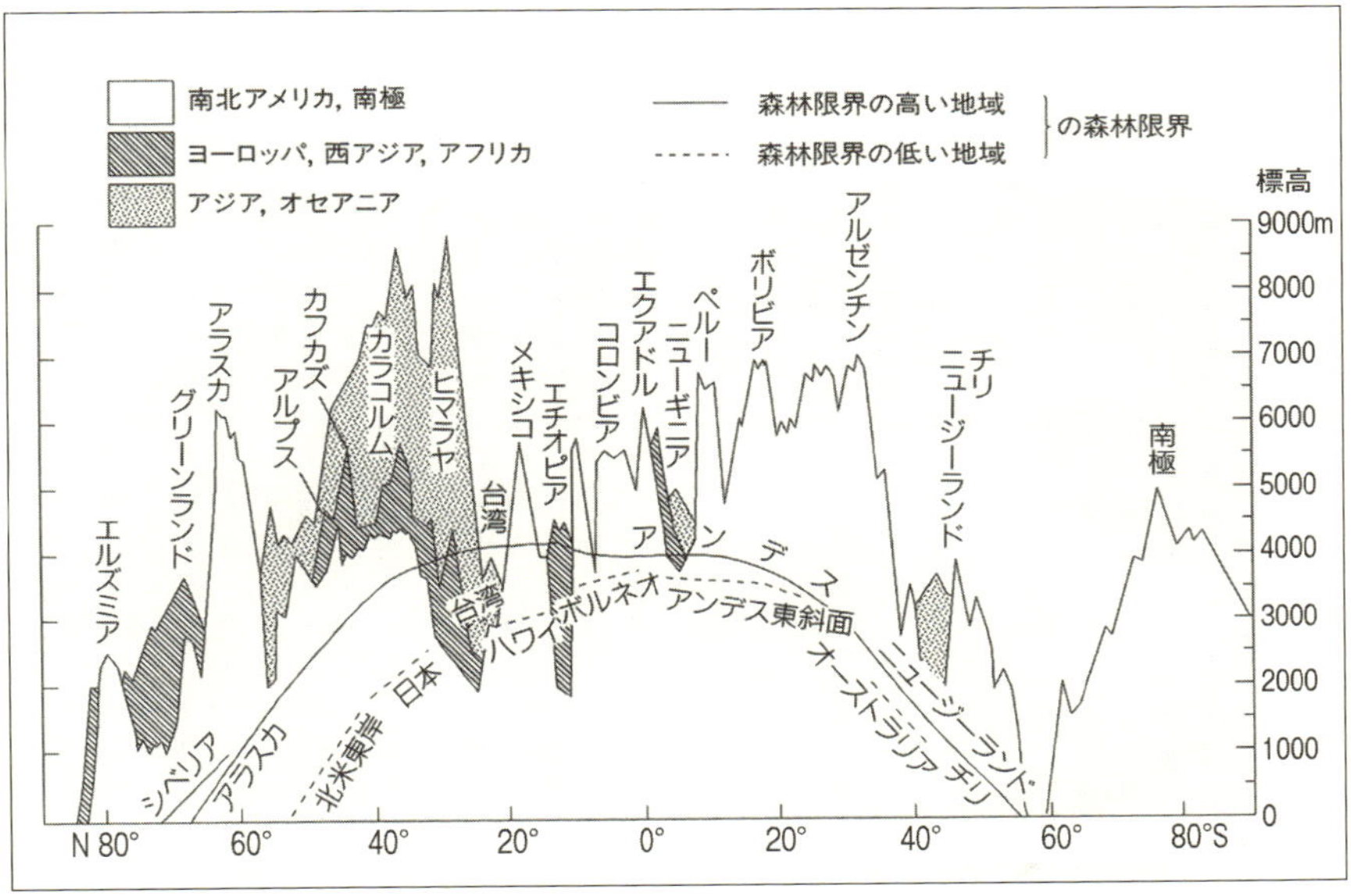

（図０・３）世界の森林限界と高山帯（Swan 1967）

はその森林限界に近く、ラパス周辺の高原は高山草地帯となっているのである。

ラパスが熱帯高地に位置していることを如実に物語るものがある。それは、ラパスの気温と降雨量である。図０・５はラパスの郊外にあるラパス空港（標高約四一〇〇メートル）の気温や雨量などを、参考のために北海道札幌市のデータとともに示したものである。

この図によれば、ラパス空港での年平均気温は摂氏約一〇度と標高にくらべて意外に高く、しかも一年をとおしてほとんど気温の変化がない。

これこそは熱帯高地特有の気候の特徴である。トロールも強調しているように（Troll 1968）、熱帯高地では気温の日変化は大きいが、年変化が小さいのである。札幌のデータとくらべると、温帯と熱帯の違いが明らかであろう。また、気温だけでなく、日射も熱帯高地では特徴がある。太陽高度が高く、大気が希薄なため、日射が強烈で、しかも日陰斜面の差が少なく、効率のよい土地利用が可能になるのである。

ここで、アンデスにおける気候の大きな特徴をもうひとつ見ておこう。それは、ペルーからボリビアにかけての中央アンデス高地では雨がよく降る雨季とほとんど雨がふらない乾季が存在することである。これは図０・５にも示されており、四月の半ば頃から一〇月半ば頃までは雨量が乏しいが、一〇月後半から雨がよく降るようになり、それは四月中旬頃までつづく。

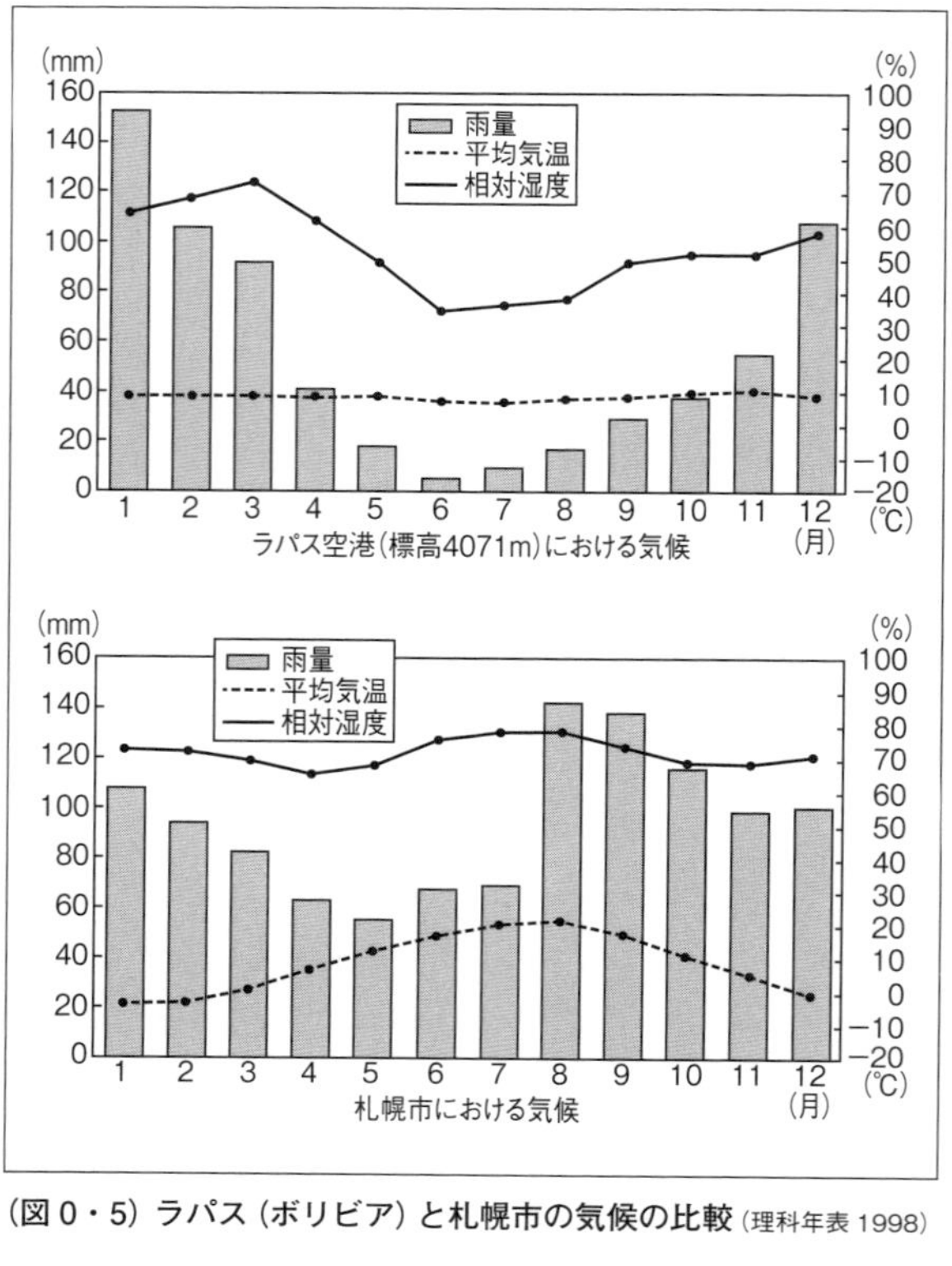

（図０・5）ラパス（ボリビア）と札幌市の気候の比較（理科年表 1998）

これが、人びとの暮らし、とくに農業に大きな影響を与えている。灌漑地域を例外として、作物の栽培はほとんど雨季に限られるのである。そして、この雨季には気温がやや上昇し、降雨の晴れ間には太陽の強烈な日射があるため、中央アンデス高地の広い地域で農業と牧畜が可能になるのである。

この農業をおこなううえで、中央アンデス高地には、ひとつの制限要因がある。それは、中央アンデス高地の気温には、日中は高温、夜間は低温という大きな日変化があるために、夜間は地面が凍り、日中には融解をくりかえすことである。この凍結融解の現象が年間三〇〇日以上起こる地域では植物が生育せず、当然農耕も不可能になる。そのため、この凍結融解作用の頻度が耕作限界も決めるのである。

二　アンデスからヒマラヤへ

これまで熱帯高地という言葉を使ってきたが、熱帯高地は日本人にとって聞き慣れないかもしれない。温帯に住む日本人にとって熱帯高地は縁遠いからである。[1] しかし、ヨーロッパの地理学では、熱帯高地（tropical highland）や熱帯山地（tropical mountain）は古くからなじみがあった。かつて熱帯の植民地に住んでいたヨーロッパ人にとって、その高地こそが唯一の過ごしやすい場所であったからである。このためか、熱帯高地の研究の先鞭をつけ、それを発展させたのもドイツ人であった。すなわち、ほとんどの自然科学の祖とでもいうべきアレクサンダー＝フォン＝フンボルトおよび地理学者のカール＝トロールである。

フンボルトは、一八世紀末から一九世紀はじめにかけて南アメリカ大陸を旅行し、その観察から熱帯高地をはじめて認識するようになった。そして、地球表面の地理的現象は低緯度から高緯度に水平方向に変化するのと同じように、高山の自然諸現象が垂直方向に規則的に配列し、その垂直分

［1］ ただし、日本のなかでも沖縄県の八重山諸島は例外で、そこは熱帯性気候であり、ケッペンの気候区分でも熱帯雨林気候（ＡＦ）に属する。

帯の配列と高度が緯度によって異なることを見出した。フンボルトが作った図には、エクアドル・アンデスのチンボラソとメキシコのポポカテベトルを熱帯山地の例としてあげ、温帯・寒帯山地の例とともに示してある。

トロールも世界の高山を広く歩き、その自然環境を研究した。その結果から、彼は熱帯高地を、赤道山地と熱帯高山の二つにわけた（Troll 1968, 1972）。それによれば、赤道山地はコロンビアおよびエクアドルのアンデス、そしてケニアやニューギニアの山地などである。熱帯高山は、ペルーやボリビアの中央アンデス、メキシコやエチオピアに位置する山岳地域である。さらに、トロールは東ヒマラヤやハワイの高山も熱帯高地に含めている。

一方、牧田（一九八九）は「地理学辞典」の高山気候の項で、熱帯高山気候をもつ山地として、ボルネオ、ニューギニア高地、東アフリカ山地、ニカラグアの山地、アンデス、エチオピア高原、メキシコ高原をあげている。これらの山地では後述するように気温の日較差が年較差よりはるかに大きいが、そこにはトロールが熱帯高地としてあげた東ヒマラヤやハワイは含まれていない。

さて、それでは一体、熱帯高地の範囲はどこなのか。また、熱帯高地と温帯高地との境界はどこにひかれるべきなのか。ごく一般的に言えば、山麓が熱帯気候に属する高地は熱帯高地であるといえよう。しかし、世界の大山脈は複数の気候帯にまたがって存在するため、熱帯高地の範囲を決めるのは容易ではない。これは、熱帯という言葉そのものの定義がはっきりしないからのようだ。実際、『生態学辞典』（沼田 一九八三）によっても、熱帯とは「赤道をはさむ低緯度の地域で、数理気候帯としては南回帰線にはさまれた地帯であるが、気候学的境界ははっきりしない」とされる。また、「年平均気温二〇度℃ 最寒月の平均気温一八度℃以上など様々な定義がある」そうだ。

そこで、少し熱帯高地を離れ、山岳地帯全般を概観してみよう。熱帯高地だけを見ていては、その特徴が理解できないと判断されるからである。そのために、まず、これまでの研究動向を人の暮らしに焦点をあてて、眺めておこう。

世界の主要な山岳地域での人びとの暮らしを比較しようとした研究の歴史は比較的新しく、一九七〇年代の半ば頃からさかんになった。アンデス、ヒマラヤ、アルプスにおける人びとの文化的な適応方法を比較したシンポジウムがアメリカの人類学協会の年次大会でおこなわれたのは一九七三年のことであったし、これら三地域の住民による適応戦略を比較した先駆的な論文がアメリカの民族学関係の学会誌に発表されたのも一九七五年前後のことであった（Rhoades & Thompson 1975, Brush 1976）。その前後にも、山岳地域における比較研究はいくつも発表され、一九八〇年には世界の山岳地域の研究と発展に関する国際的な学会誌も発刊されるようになった。[2]

このような研究の動向を生みだした要因は、なにか。そのひとつの原因は、なんといっても世界各地の山岳地域で環境破壊が顕在化してきたことに求められよう。実際、エックホルムがサイエンス誌で世界の山岳地域における深刻な環境破壊について警鐘を鳴らしたのは一九七五年のことであった（Eckholm 1975）。また、一九八一年にはネパールのカトマンズに山岳地域での環境破壊や発展に対する具体的な方策を研究する国際機関、山地総合国際センター（ICIMOD）も設立されたのである。

もうひとつの原因は、アンデスにおける環境利用の発展が関係しているようだ。それは、上述した比較研究で先導的な役割を果たしてきたのがアンデス研究者であったことからもうかがえる。その背景には、アンデスにおける環境利用の研究が一九七〇年代はじめからさかんになったという事情がある。不思議なことに、それまでアンデスでは人びとが与えられた環境をどのように利用しているのかという研究がほとんどおこなわれていなかったのである。この種の研究分野は、インカ帝国をはじめとするアンデス文明の成立や発達の究明とも密接な関係をもつため、一九七〇年代に入って民族史学、文化人類学、さらに地理学や文化生態学などの分野からもアンデスにおける環境利用の特色を明らかにしようとする試みがなされたのである。

じつは、当時、私もこのような研究動向の渦にまきこまれていた。一九七八年、日本で初めての

[2]　国際的な山岳研究の雑誌とは、*Mountain Research and Development*（International Mountain Society）。

民族学の調査団がペルーに派遣されることになり、その一員として私も参加することになったからである。そして、一九七〇年代後半から一九八〇年代後半まで私は、ペルー・アンデス山中の農村に約二年間定住し、先住民の環境利用に関する調査をおこなった。アンデスとヒマラヤやアルプスの比較調査にも関心があったが、目前の調査に追われてそれどころではなかったのだ。

しかし、アルプスやヒマラヤとアンデスとの比較調査には、違和感があったのも事実である。とくに、アルプスとアンデスの比較は、はたして妥当かどうか、疑問であった。それというのも、アンデスとアルプスでは自然環境も人びとの暮らしも大きく異なっているからである。表0・1は、アルプス（スイス）、アンデス（ペルー）、そしてヒマラヤ（ネパール）の環境と土地利用の方法を比較したものであるが、これによればアルプスでは放牧地を除けば、人間が利用しているのは標高二〇〇〇メートル以下であるのに対し、アンデスでは農耕だけでも標高四〇〇〇メートルあたりまで利用しているのである。しかし、その違いが何によるのか、当時の私にはよくわからなかった。アルプスも、ヒマラヤにも行ったことがなく、アンデスしか知らなかったからである。

この疑問は、ヒマラヤに行って初めて氷解した。私がアンデスを離れて初めてネパール・ヒマラヤに行ったのは一九九一年であったが、このときは自分の足を使って広く歩きまわった。そのおかげで、ネパール・ヒマラヤは熱帯高地に位置すること、そしてアルプスは温帯高地に位置することを確認したのである。つまり、アルプスは緯度が高いため農耕は標高二〇〇〇メートル以下の低いところでしかおこなえないのである。この点については、本書で池谷和信が温帯高地の例として日本の山岳地域における環境開発の特色を報告しているので、詳しくは第Ⅳ章を参照されたい。

では、この表で、ペルー・アンデスでは標高四〇〇〇メートルあたりまで農耕がおこなわ

（表0・1）スイス、アンデス、ヒマラヤの三地域における土地利用の比較（Brush 1976）

生産ゾーン	スイス		ペルー・アンデス		ネパール・ヒマラヤ	
	およその高度	生産物	およその高度	生産物	およその高度	生産物
高地帯	2300-3000	草地	4000-5000	草地	4000-5000	草地
準高地帯	2000-2300	森林	3000-4000	イモ類（おもにジャガイモ）	3000-4000	森林
中高度帯	1000-2000	穀物、干草	1500-3000	穀物（おもにトウモロコシ）	2000-3000	穀物（オオムギ、トウモロコシなど）、ジャガイモ
低地	1000 以下	果実、とくにブドウ	1500 以下	サトウキビ、コカ、果実	1500 以下	コメ、果実

れているのに、同じ熱帯高地に位置するはずのネパール・ヒマラヤでは農耕限界が標高三〇〇〇メートルあたりであるのは、なぜなのか。残念ながら、これは一九九一年の調査では明らかにできなかった。調査期間が短く、定住調査ができなかったからである。このため、私は一九九四年から三年計画で、あらためてネパール・ヒマラヤで本格的な調査を実施した。そのメンバーには、生態学者や植物学者、地理学者などの自然科学系の研究者も含まれ、総勢で一〇名あまりの大部隊となった。このようにメンバーが増えたおかげで、高度をかえて二ヶ所で気象観測もおこなうことができた。

　この気象観測のおかげで、ネパール・ヒマラヤの気候の特徴も把握することが可能になった。私たちが気象測器を設置したのは、ネパール東部のソル地方の標高二三五〇メートルのファフルー村と標高二九五〇メートルのパンカルマ村であったが、驚いたことがある（図０・６）。それは、どちらでも日本ほど明瞭ではないものの、春・夏・秋・冬の四季があることだった。つまり、先述したように中央アンデスの高地では一年の気温変化はほとんどないが、ネパール・ヒマラヤでは一年をとおしてみればかなりの気温変化があり、それが四季という季節を生んでいるのである。具体的に述べておくと、ネパール・ヒマラヤ東部では最寒月には摂氏零度まで下がるが、最暖月ではそれが二〇℃にまで上昇するのである[3]。このことはネパール・ヒマラヤが熱帯ではなく、亜熱帯に位置していることを物語る。先にネパール・ヒマラヤは熱帯高地に位置していると私は述べたが、これは厳密には誤りであり、亜熱帯高地というべきだったのである。この事実は、またネパール・ヒマラヤの農耕限界が三〇〇〇メートルくらいであることも説明する。つまり、ネパール・ヒマラヤでは冬があり、その季節は気温が低く、雪も降るため、三〇〇〇メートル以上の高地は降雪のせいで農耕ができないのである。

　ただし、これには例外がある。ソル地方の隣りのクンブ地方では農耕限界が四〇〇〇メートルを超しているが、クンブ地方にはネパール・ヒマラヤでは珍しく、高地でも比較的大きな集落が見

（図０・６）ネパール東部のパンカルマ村
（筆者撮影）

［3］この点について詳しくは、本間（二〇〇〇）の「ヒマラヤの四季」を参照されたい。

られる。それが、エベレストの登山基地にもなっていて有名なナムチェバザールである。ただ、ナムチェバザールは、もともとチベットとの交易を中心にして発展した集落であったらしく、現在はトレッカーたちの集まる観光地になっており、それらも特異な集落の形成の背景になっているようだ（鹿野 二〇〇一）。

もうひとつ、ソル地方が亜熱帯地域に位置していることを実感させるものがある。それは、標高差によって植生が大きく異なることだ。図０・７は、緯度と高度、さらに植生との一般的な関係を示したものであるが、低緯度地帯では標高差によって植生が様々に変化することがわかるであろう。なお、図の縦軸は高度を、横軸は緯度を示す。参考までに、この図０・７について説明を少し加えておこう。

まず、赤道あたりを含む熱帯低地は水さえ十分にあれば、気温が高いため、そこは熱帯雨林となる。この熱帯の大きな特徴は、先述したように年間をとおして気温の変化がほとんどないことであるが、緯度が高くなるにつれて、気温の年変化は温帯では四季にわけられるほど明確になる。このような温帯で特徴的な植生が、秋には紅葉し、冬になると葉をおとす落葉樹林である。

緯度がさらに高くなると、そこは気温が一年をとおして低くなり、植物は生育しにくくなる。このような寒帯で生育できる樹木が寒さに強いカラマツやモミ属などのような針葉樹林である。もちろん、寒帯でも針葉樹しか生えないわけではなく、その下生えには草本類などもみられる。この草本類は緯度が高くなると目立つようになり、やがて草本類だけが生える草原地帯になる。

さらに緯度が高くなると草本類さえ姿を消し、寒風を避けるように地面にへばりつくコケや地衣類しか生存できなくなる。これよりも緯度が高いと、植物の生育できない南極などの氷雪地帯になる。

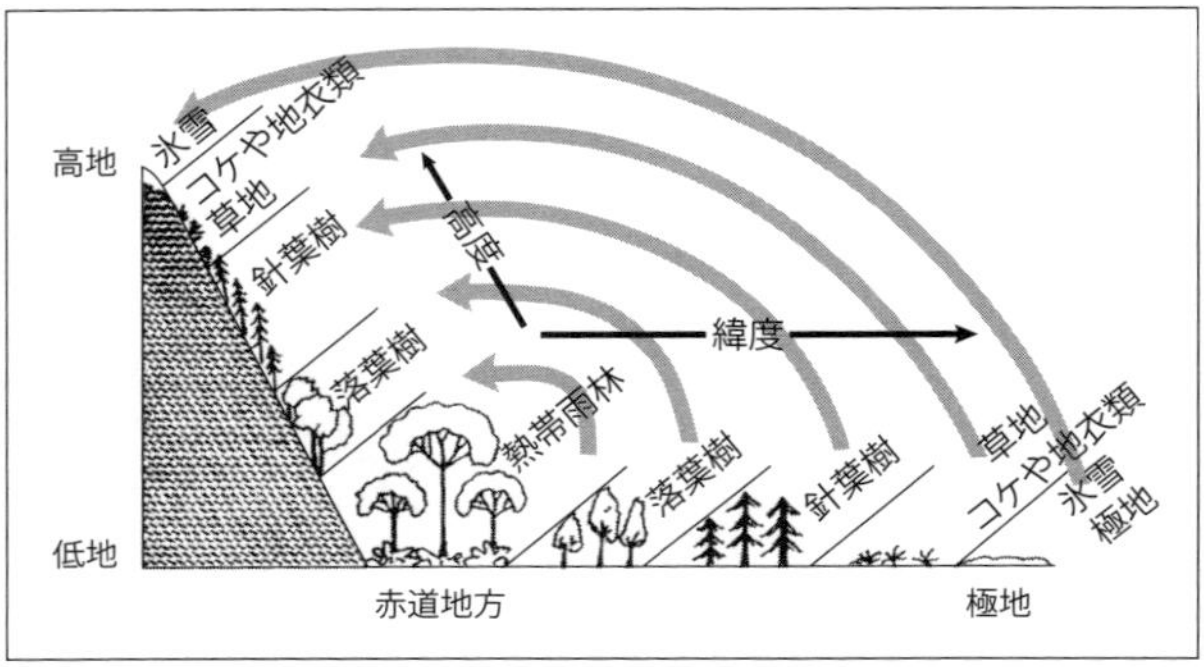

（図０・７）植生における緯度と高度の平行的な関係（Panday 1995）

このような赤道から極地までの植生変化が、高度の変化によっても同じように生まれるのである。ただし、緯度の高い地域では高度がたとえ変化しても多様な植生はみられない。たとえば、南極にも標高五〇〇〇メートルを超す高峰があるが、そこでは低地から頂上まですべて氷雪におおわれている。一方、緯度の低い地域、たとえば熱帯に高峰があれば、そこでは先述したような緯度による植生変化をほとんどすべて見ることができるのである（図０・８）。

三　プーナとパラモ

トロールによれば、熱帯高地は湿潤熱帯高地（赤道山地）と乾季がある熱帯高地に大別することもできる（Troll 1968）。そのほかにボリビア南部のような乾燥熱帯高地、貿易風帯の大洋高山地も忘れてはいけない。トロールの図では、湿潤熱帯の例としてマレーシアとコロンビアが、乾季がある熱帯としてペルー、ボリビア、東アフリカ、メキシコが、貿易風下の大洋島としてはハワイがあげられている。

湿潤で季節変化が少ない湿潤熱帯の環境は、海洋性気候の環境とよく似ている（吉良一九七六）。また、森林限界まで基本的には山地多雨林とよばれる常緑広葉樹におおわれ、景観的な変化は少ない。森林のかなりの部分がコケや着生植物におおわれた雲霧林（cloud forest）・蘇苔林（mossy forest）などとよばれる特異な景観を示す。森林限界をこえた高山帯も霧の多い過湿地帯では、*Lobelia, Senecio*（赤道アフリカ）、*Espeletia*（アンデス）、木生シダ（ニューギニア）などの巨大な草本植物と、タソック（tussock）とよばれる株立ちのイネ科草本が特異な景観をつくっている。トロール（Troll 1968）は赤道アンデスのこのような景観をパラモ（paramo）とよんでいる（図

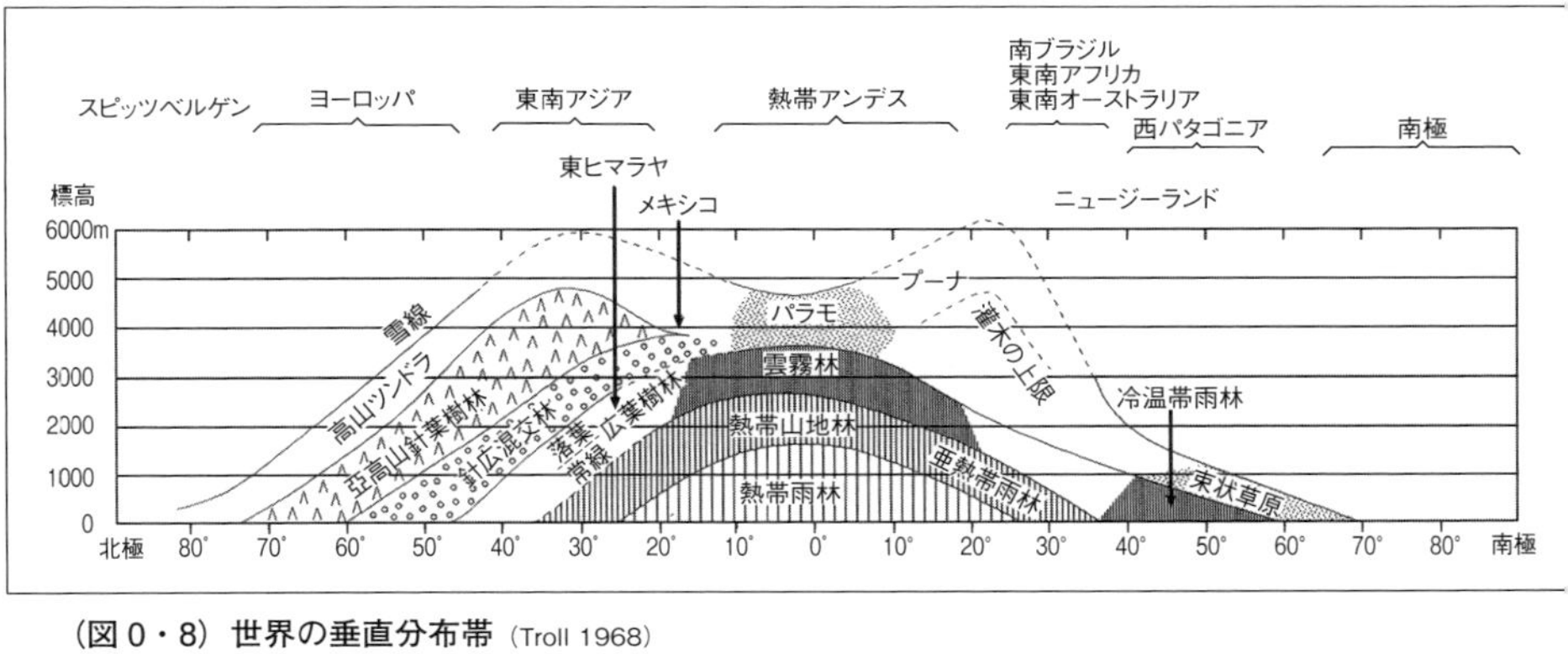

（図０・８）世界の垂直分布帯（Troll 1968）

0・9）。

パラモは、スペイン語で一般に「荒地」を指すように、人が利用していない高地のことである。おそらく、これはアンデスをはじめて訪れたスペイン人たちの目に北部アンデスの高地部が「荒地」と映ったからかもしれない。もしそうであれば、北部アンデスの高地部は古くから利用されていなかったことを物語るであろう。これこそは、特異な植生をもつパラモ帯の存在であったようだ。パラモでは先述した巨大なエスペレティアやロベリアなどだけでなく、低木や固いクッションプランツなども地表を覆い、そこを放牧地や農耕地として利用するのはきわめて困難だからである。

乾季のある熱帯山地では、湿潤熱帯とはかなり異なった景観があらわれる。たとえば、明確な乾季をもつ中央アンデスでは森林限界以上の高山帯はプーナ（puna）とよばれ（図0・10）、イネ科の植物が優占する高原となっているが、気候の乾湿の程度に対応して湿潤プーナから乾燥プーナ、砂漠プーナに区分される。このうちの湿潤プーナではリャマやアルパカが放牧されるだけでなく、一部地域ではジャガイモなどの作物も栽培されている。そして、そここそは古くから農業と牧畜をともにおこなう農牧複合文化が発達してきたところなのである。

東ヒマラヤでは、低地こそ熱帯特有の *Shorea robusta* や *Adina cordifolia* などが見られるが、亜高山帯に入ると針葉樹林がシャクナゲ林とともに出現し、北半球温帯の植生と同じような景観をみせる。

エチオピア高地の環境については本書で重田眞義が詳しく報告しているので、ここでは簡単に述べるにとどめておく。古代から中世にかけてのエチオピアの中心は、北西部の大山地であり、タナ湖北東部のセミエン山脈にあるエチオピアの最高峰のラス・タジャン山（四六二三メートル）では降雪を見ることがある。河川のほとんどは北西のナイル水系に

（図0・9）湿潤熱帯高地のパラモ
手前の植物はキク科のエスペレティア。（筆者撮影）

（図0・10）高地草原のプーナ
草原に見える動物はリャマとアルパカ。（筆者撮影）

流入し、渓谷は浸食によって深く刻まれているため、交通の障害になると同時に、山地は天然の要塞となる。とくに東部分水嶺の東斜面は険しく、紅海とのあいだに広がる砂漠とともに、エチオピアの孤立と存続に寄与してきた（長島　一九八〇）。

このような山地は、高度によって気候の違いをともなう。そのため、エチオピア北部高地の北部に居住するアムハラ族の民俗分類によれば、エチオピアの山地はダガ、ウェイナダガ、クォラ（コラ）の三つの気候帯にわけられる。

このうちのダガ（dega）は、約二四〇〇メートル以上の冷涼な高地（平均気温一六℃）のことである。そこは麦類の栽培に適しており、アムハラ族の人びとがもっとも好む地域であるとされる。

ウェイナダガ（woina-dega）は、「ブドウの高地」の意味であるが、標高一八〇〇〜二四〇〇メートルの亜熱帯性の地域で（平均気温二二℃）、農業生産性が高く、人口密度ももっとも高い地域のことである。現在エチオピアの首都であるアディス・アベバやゴンダールをはじめとする高地国家の都があった場所の多くは、テフやコムギの栽培に適した温暖なウェイナダガだったのである。このウェイナダガは、アムハラやティグライなどのセム系高地人にとって、もっとも暮らしやすいと考えられる地域である。

クォラ（qolla）は、一六〇〇メートル以下の熱帯低地のことである。とくに、標高一〇〇〇メートル以下の低地は、マラリアなどの病気が蔓延するため、アムハラの人びとは今でも病気を恐れて行きたがらないそうだ。これは、ペルー・アンデスでも同じである。ペルー・アンデスの先住民であるケチュア族の人びとはアンデス山麓の低地部をユンガと呼び、そこは吸血昆虫や蛇などもいるため、あまり行きたがらないのである。

ちなみに、私は短期間であったが、ほぼ赤道直下に位置するケニア山の山麓を歩いたことがあるが、アンデスのパラモに景観がきわめて似ていることに驚いたものである。森林限界を超えた高地には、先述したようにロベリアやセネシオなどの巨大なロゼット型植物が目立ったからである（図

0・11)。熱帯高山帯では、年間を通じて凍結・融解をくりかえすので、植物は凍結から身を守るため、大型で独特の外観をした植物となるのだ。また、そこは湿潤で、人間がまったく利用していないこともパラモと同じである[4]。

トロールは、気候地形形成作用、土壌、植生、土地利用などを総合的にあつかった結果、熱帯高地の自然地理学的環境が温帯・寒帯の高山と違っていることに早くから気づいていた。なかでも、彼が強調したのは熱帯高地と温帯・寒帯の高地では気温の変化パターンが異なることである。すなわち、熱帯高地では気温の日変化が大きく年変化は小さい。これにたいして、温帯・寒帯の高地では気温の年変化が大きく長い冬がある。このことをトロールは横軸に年間の月、縦軸に一日の時

[4] ケニア山の山麓の年間降雨量は二〇〇〇ミリを超している。

(図0・11) ケニア高地の景観 (植物はジャイアントロベリア)
(筆者撮影)

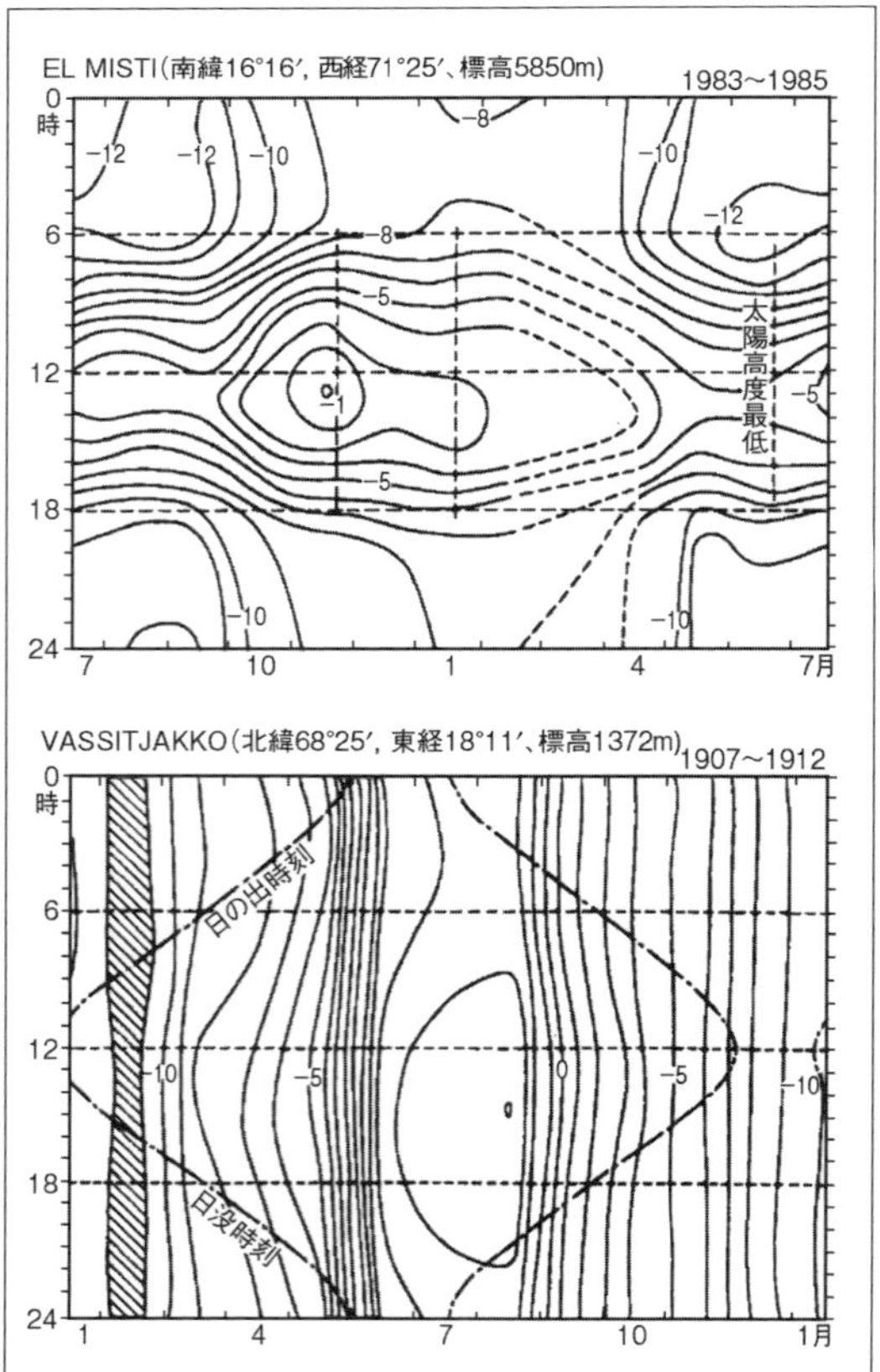

(図0・12) トロールによる熱帯高地と寒帯のサーモアイソプレスの例 (Troll 1972)

間をとり、時間ごとの月平均気温をプロットしたサーモアイソプレス図を作成して示した（Troll 1972）。

その例を図0・12に示す。年平均気温がほぼおなじ場所で比較しても、等値線は熱帯高地では横方向に、寒帯では縦方向になる。このような気温変化の特性は地面の凍結・融解現象に大きな影響を与える。日射が強いため日中は高温になるが、夜間は低温になるという熱帯高地の気温の日変化は、日周性の凍結融解サイクルを生じさせるのだ。しかも気温の年変化が少ないため、ある高度を境に年間の大部分の日に凍結がおこる領域とほとんど凍結が起こらない領域とが狭い高度範囲に近接する。凍結作用は植生にも大きな影響を与え、熱帯高地では凍結作用が卓越する領域の下限が樹木限界あるいは森林限界と一致していることが多い。

四　人間にとっての熱帯高地

ここで、熱帯高地という概念について、もうひとつ検討しておかなければならない点がある。それは、これまで熱帯高地という言葉を使ってきたが、この高地とは具体的にどれくらいの高度をさすのか、という問題である。とりわけ、人間が生活する上での高地と低地とはどこでわけられるのだろうか。じつのところ、熱帯高地と温帯高地のあいだに明確な境界がひけないように、低地と高地についても明確な定義があるわけでない。これは低地から高地への環境の変化が連続的であることから当然のことといえよう。したがって、研究者も高地を場合によって様々な使い方をしている。たとえば、高地（highland）をもっとも低く使っている場合は標高一〇〇〇メートル以上であるが、もっとも高い場合は標高三〇〇〇メートル以上のこともある。

しかし、人間にとって、ある程度以上の高度の変化は生理的な変化をともなう。すなわち、高度が上昇するにつれて、気温が低下するだけでなく、気圧も低下し、さらに酸素も希薄になってくるため、このような変化にともない人間の体も反応する。いわゆる高度反応である。この高度反応が生じてくるのは、一般に標高二五〇〇メートル以上と考えられていることから、ポーソンたち（Pawson & Jest 1978）は標高二五〇〇メートル以上のところを人間にとっての高地としている。そこで、ここでも、その例にならっておこう。図0・13は、そのポーソンたちたちによって示された二五〇〇メートル以上の高地で、しかもかなり大きな定住人口を擁する地域である。それによれば、アンデス高地、エチオピア高地、そして天山山脈からチベット高原を経てネパール・ヒマラヤにいたる地域が、人間にとっての世界の三大高地ということになる（図0・14〜16）。

図0・13は世界の高地を示したものであって、熱帯高地を示したものではないが、これら三地域のかなりの部分が先に検討してきた熱帯高地のなかに含まれる。このことは、標高二五〇〇メートルを超すような高地で人間が定住できるのは、ほとんど熱帯高地に限られることを物語る。ただし、ヒマラヤ東部は熱帯高地でなく、亜熱帯高地であることを先に指摘した。

そこで、あらためて、この問題を検討してみよう。ヒマラヤ東部の気温変化がどのようになっているのか、それを検討する。図0・17は、チベットとの国境に近い東ネパールのクンブ地方での気温変化を示すサーモアイソプレスである。この図によれば、日中の等温線はやや横方向に広がっているが、全体の形は温帯高地のそれに近い。したがって、この図から判断するかぎりヒマラヤ東部は真の意味での熱帯高地にはあてはまらず、やはり亜熱帯高地というべきであろう。

さて、それではヒマラヤ東部を熱帯高地とするトロールの地理的区分は

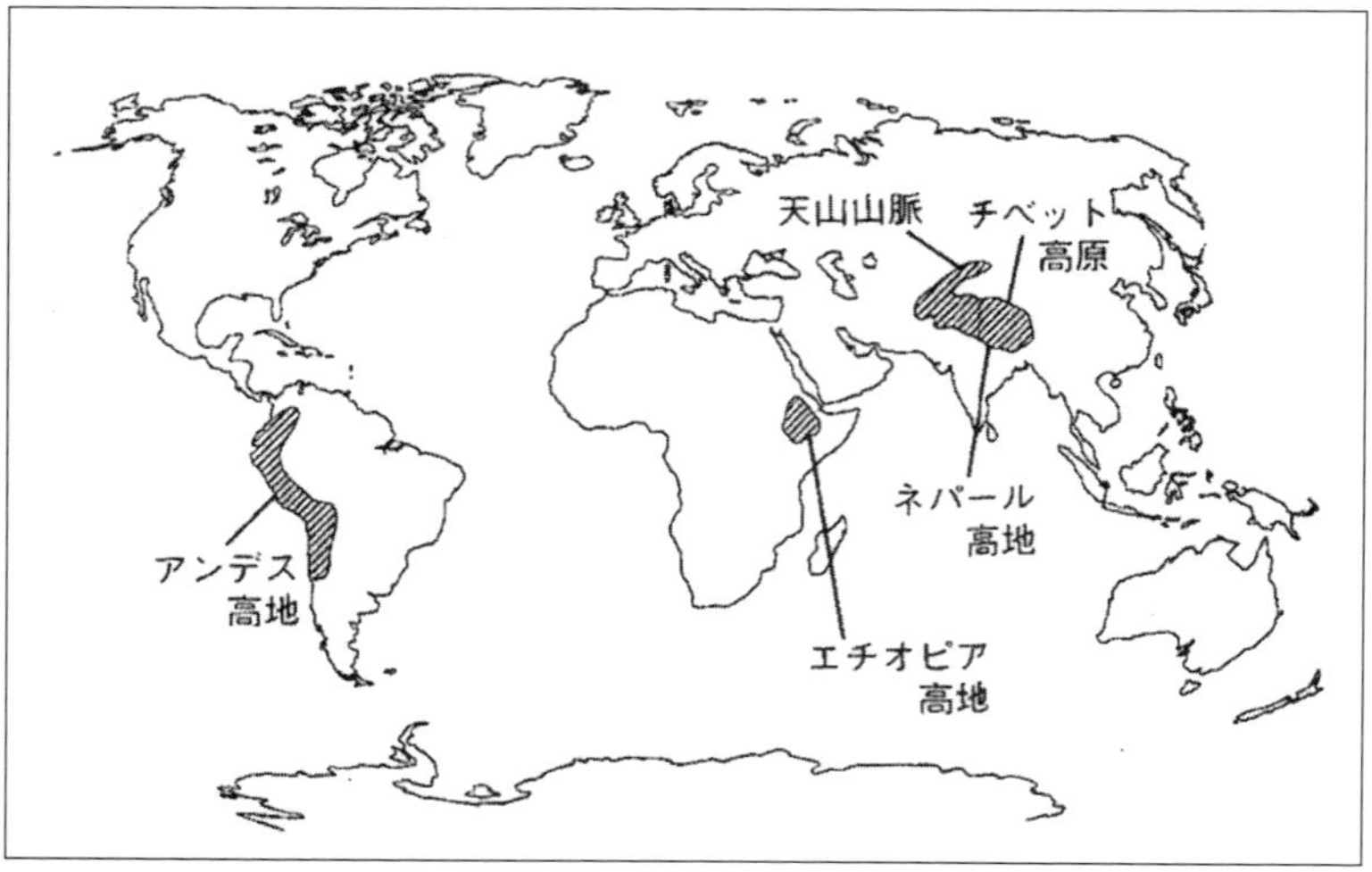

（図0・13）世界の三大高地（Pawson & Jest 1978）

誤りなのであろうか。しかし、トロールのような地理学者だけでなく、人類学者のなかにもヒマラヤ東部を熱帯高地とし、文化生態学の立場から中央アンデスと比較した上で両地域には多くの類似点のあることを指摘した報告もある(Guillet 1983)。実際に、筆者たちの観察によってもヒマラヤ東部の自然環境やその利用の方法は、代表的な熱帯高地であるペルー・アンデスのそれと似通った点が少なくない。たとえば、両地域ともに、その山麓に熱帯林があること、また森林限界を超す高地でも農耕がおこなわれていること、さらに高地にも定住集落が少なくないことなどである。

こうして見てくると、熱帯高地という概念は依然として明確なものにはなっていないようである。実際、現在も熱帯高地の範囲について明確に述べたものはない。高地(山岳)の気候を論じた多くの文献のなかでも、熱帯の山地気候と温帯の山地気候との違いは強調してあるが、世界地図の上で、どこにその境を引くのかについてははっきり書いてあるものはない(たとえば小林 一九七二)。

じつは、ヒマラヤ東部が熱帯高地であるかどうかが明確になっていないからこそ、私はシンポジウムを実施したことがある。それは一九九五年の

(図0・14) ボリビアアンデスのレアル山群
手前の高原がプーナ。(筆者撮影)

(図0・15) チベット高原 (筆者撮影)

(図0・16) エチオピア北部の高原 (筆者撮影)

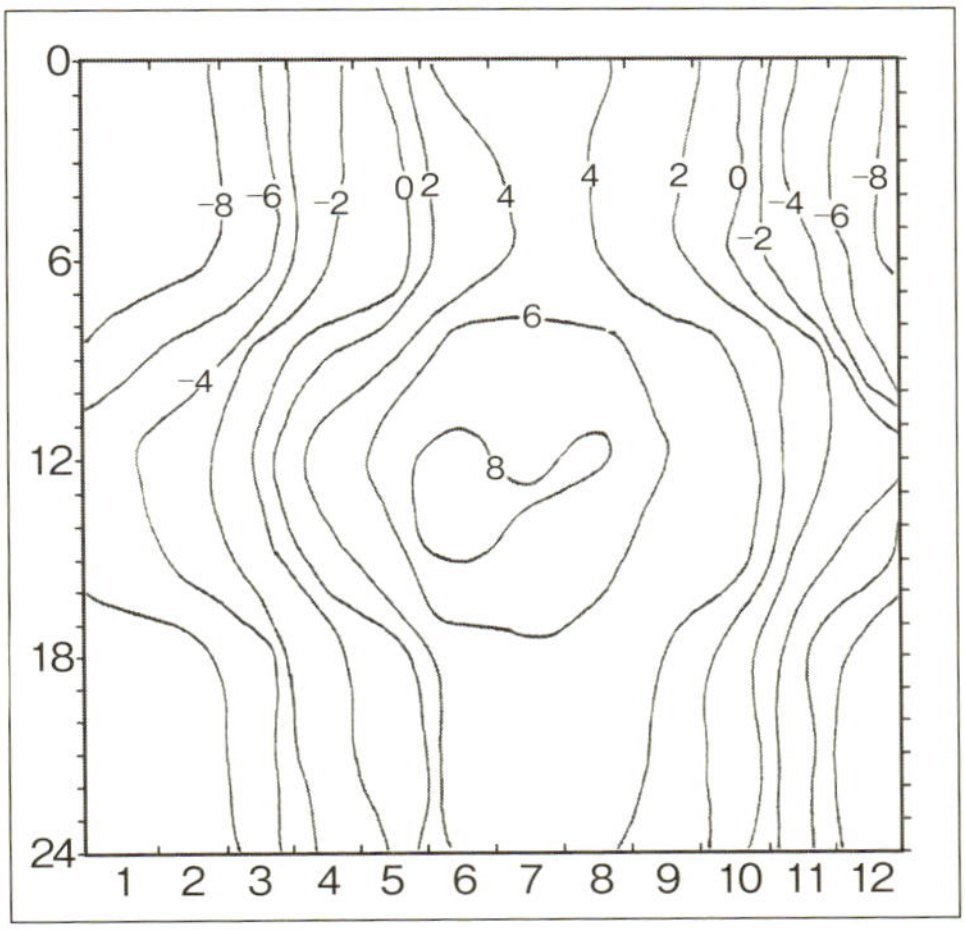

(図0・17) ヒマラヤ山脈のサーモアイソプレスの例
東ネパール、クンブ、ハージュン(山本・岩田・重田 1996)

日本熱帯生態学会で実施した「熱帯高地の人と暮らし」と題するシンポジウムであった。そして、このシンポジウムではヒマラヤを熱帯高地のペルー・アンデスやエチオピア高地とともにとりあげ、人びとの暮らしをとおして熱帯高地の特色を明らかにしようと試みたのである[5]。

ここで、その結果を簡単に述べておこう。たしかに、これら三地域の高地の人びとの暮らしには共通する点がおおい。とりわけ、中央アンデスと東部ヒマラヤでは高地住民による適応戦略が、同じような環境に対する並行現象といえるほどに、類似していることが指摘されている（Rhoades & Thompson 1975, Brush 1976, Guillet 1983）。一方、このシンポジウムでは、これら三地域における環境利用の方法には共通点だけでなく、いくつもの差異もうかびあがってきた。ただし、これらの差異が単に環境の違いに起因するのかどうかという問題については、さらなる資料の蓄積と今後の研究に待たなければならない。したがって、ここでは東部ヒマラヤを亜熱帯も含めた熱帯高地として扱うことにして、論を進めてゆくことにしよう。

[5] このシンポジウムの結果は日本熱帯生態学会の『熱帯研究』五（三・四）（一九九六）として刊行した。

五　熱帯高地の生業

熱帯高地の生業で特徴的なことは、きわめて大きな高度の幅のなかで農業や牧畜などの生産活動がおこなわれていることである。これは温帯に位置する高地と比べてみれば明らかである。先述したように、表0・1はヨーロッパ・アルプス（スイス）とペルー・アンデス、ネパール・ヒマラヤ（中部山岳地域）の三地域における生産活動を比較したものであるが、アルプスでは農耕が標高二〇〇〇メートルあたりまでの高度でしかおこなわれていない。それに対して、この表でネパール・ヒマラヤ中部では三〇〇〇メートルあたりまで農耕がおこなわれ、それがペルー・アンデスでは標高四〇〇〇メートルに達する。また、この表には記されていないが、エチオピア高原においても標高三七〇〇メートル付近までオオムギやソラマメが栽培されている。なお、ネパール・ヒマラヤでもその東部では農耕限界が標高四〇〇〇メートル以上に達するのである（鹿野 一九七八）。

さらに、ネパール・ヒマラヤやペルー・アンデスでは、農耕が不可能な標高四〇〇〇メートル以上の寒冷な高地も、放牧地として利用され、家畜が飼育されている（稲村・古川 一九九五）。ただし、牧畜に関しては東部ヒマラヤと中央アンデスで大きな違いがあることを指摘しておく必要がある。それというのも、中央アンデスでは一年をとおして標高四〇〇〇メートルを超す高地でも放牧が可能であるのに対して、東部ヒマラヤでは降雪などのため低地への家畜の移動を余儀なくされる時期があるからだ。つまり、稲村哲也が本報告書でも指摘しているように、東部ヒマラヤでは本来の移牧としてのトランスヒューマンスがおこなわれている。それに対して、中央アンデスではトランスヒューマンスでも、それは家畜の移動のためではなく、同時期に高度をかえて多種類の作物を栽培するためなのである。

このような高々度のところでも農牧活動がおこなわれている大きな要因のひとつは、まさしく、そこが熱帯高地、いいかえれば低緯度地帯の高地であるからにほかならない。とくに、気温が上昇する夏に雨季があるヒマラヤ東部や中央アンデス（ペルー・ボリビア）などでは、水分さえ十分にあれば太陽高度が高いことと、大気が希薄なことによって、強烈な太陽放射は作物や牧草の生産力を高めることができる。一方、夏には気温がやや上昇するので凍結作用は障害にならない。このほか、雨季の降雨、その晴れ間の太陽、あるいは氷河からの濯概なども、温帯では考えられないような高地で農業や牧畜を可能にしている要因なのである。

このように、熱帯にある山岳地域では大きな高度の幅のなかに様々な生態的な環境がある。そのような多様な環境のなかで高度により異なる生業活動が可能となるのは、気候条件だけでなく、そこで栽培できたり、飼育できる家畜の存在もある。この点で、熱帯アンデスやエチオピアは数多くの植物を栽培化した地域であり、とくに前者はリャマやアルパカなどの高地でも飼育できる家畜をも生み出したことが大きな意味をもつ。また、エチオピア北部は，アフリカ大陸で唯一古くから在来の犂耕作が営まれてきた地域である。ヒマラヤ東部は、そこで栽培化されたり、家畜化されたものこそ少ないが、早い時期にソバやオオムギなどの作物、家畜ではヤクなどを導入したことが、やはり高地での生産活動の背景にある。

さらに、熱帯で農業をおこなうとき、低地に比べて高地の方が有利な点があることもつけ加えておこう。すなわち、熱帯低地では、貧弱な土壌や、水分条件（多すぎる水の管理の困難さ）、マラリヤなどの疫病などの不利な点がいくつもある。それに対し、熱帯高地では、太陽高度が高く、大気が希薄なため陽あたりさえよければ日中高温になること、太陽高度が高いため、日向・日陰斜面の差が少なく効率よい土地利用か可能なこと、などが農業に有利な点である。この結果、熱帯低地では、ふつう移動焼畑耕作しかおこなえないが、熱帯高地では、しばしば集約的な土地利用による農業がおこなわれているのである。

六　熱帯高地の環境維持

一方で、熱帯高地は農牧活動をおこなう上で様々な不利な点もあることを指摘しておかなければならない。その最大のものが熱帯高地は平坦地が少なく、傾斜地がおおいことである。その結果、農作業をおこなう上で不利なだけでなく、土壌の浸食による地力の低下などをひきおこしやすいのである。このため、熱帯高地の人びとは環境そのものを自分たちにとって都合よく改変した。たとえば、斜面を階段状にならして耕地とする方法もそのひとつである。この階段耕地はしばしば灌漑をともない、集約的な農耕を可能にしている。中央アンデスやネパール・ヒマラヤなどの大規模な階段耕地はその典型的な例といえるだろう（図0・18、0・19）。なお、階段高地そのものは温帯圏の山岳地域などでも見られるが、高度差が一〇〇〇メートル以上におよぶ大規模な階段高地はほとんど熱帯高地に限られる。

また、熱帯高地のなかでも長い乾季のある中央アンデスのようなところは生産力が低く、脆弱な環境であることも指摘されている（Thomas & Winterhalder 1976, Guillet 1983）。長い乾季の存在や一日の激しい気温変化、絶対的な気温の低さなどが土壌の肥沃度の維持にわるい影響を与えるからである。雨季の雨も、傾斜地の多いところでは、土壌の浸食をひきおこすだけでなく、土壌養分を洗い流す要因となる。

このような環境を持続的に利用するひとつの方法が農耕と牧畜を組み合わせた農牧複合である。休閑地での家畜の放牧、家畜の糞尿の肥料としての利用などは耕地の地力の維持に効果のあることが知られている（Winterhalder et al. 1974, Yamamoto 1985, 山本 一九八八）。実際に、中央アンデスやネパール・ヒマラヤ、さらにエチオピア高地などでも高地部の住民は古くから農業と牧畜が強く結びついた暮らしを営んできたのである。たとえば、エチオピア北部高原で

（図0・18）ペルー南部のクヨクヨ地方の階段耕地（筆者撮影）

は古くから畜力耕作にウシを利用しており、牛糞を肥料として畑に施すことがおこなわれてきた。また、アンデスでも主作物のひとつであるジャガイモ栽培では古くから耕地の連用を避け、長い休閑期間をおいた上で、家畜の糞で施肥していたし、その伝統は現在でも受けつがれている（Orlove & Godoy 1986）。さらにネパール・ヒマラヤでも、家畜の糞を枯れ草などとともに混ぜて堆肥を作る慣行が広く見られるのである。

このほかにも、環境を持続的に、しかも効果的に利用する技術は熱帯高地で数多く知られているが、それらをささえている村落社会組織の存在や共同体の土地利用に対する様々な規制なども忘れてはならない。たとえば、共同体の規制には、森林、放牧地、耕地などの利用に対するものがあり、このような規制も環境の保全に有効に働いている。それが事実であることは、これらの規制が失われたり、弱くなったりすると、環境破壊がしばしば生じてくることに現れている。

もちろん、このような土地利用に対する規制はかならずしも熱帯高地に限られるわけではなく、世界中で広く見られる。しかし、熱帯高地を含む山岳地域では、土地利用に対する規制がきわめて強く働いている地域社会が多いのである（Rhoades & Tompson 1975, Guillet 1983）。このことは、とりもなおさず高地での適応戦略として、共同体などによる土地利用の規制が重要であることを物語っているのである。

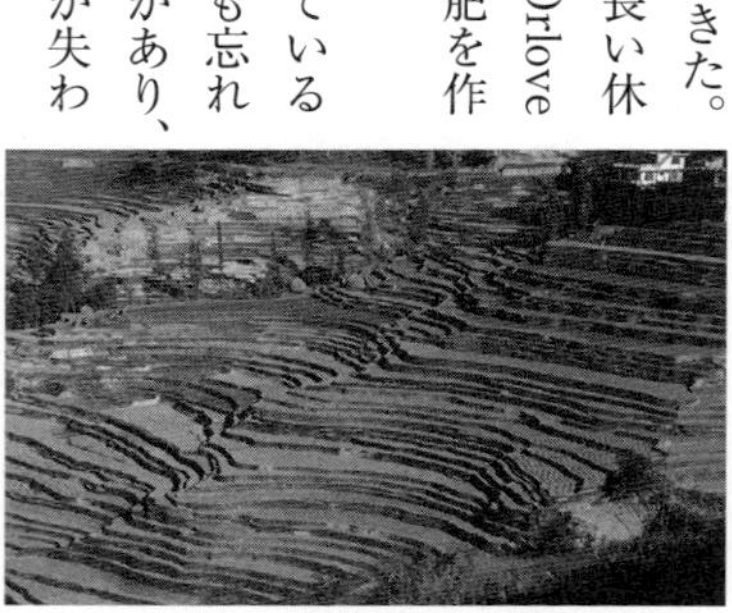

（図０・19）ネパール東部の階段耕地
（筆者撮影）

七　熱帯高地の今後

人類は数万年という長い時間をかけて山岳地帯に進出し、生活の場として利用するために努力してきた。考古学的な推測によれば、原生人類が高地に達したのは、エチオピア高地がもっとも古く約一〇万年前、チベット・ヒマラヤに達したのは三〜四万年前、アンデス高地に人類が住み始めたのは一万年くらい前と考えられている。そして、その後、新しい技術や制度を開発し、高地の生活に適応してきた。こうして世界中に広がっている高地のなかで、もっとも多くの人びとが住んでいるのが熱帯高地となった。その結果、熱帯高地の自然環境は長いあいだに大きく改変されてきた。それは、もともと微妙なバランスの上に成り立っているので、一歩まちがうと自然災害や大きな環境破壊を引き起こしかねない。

実際に、熱帯高地では人口が増加するにつれて、土地・環境に対する負荷がますます大きくなり、それが様々な環境問題を生んでいる（Eckholm 1975, Millones 1982, Godoy 1984）。たとえば、過放牧や休閑期間の短縮などによる地力の低下などが、その良い例である（小林 一九八〇、山本一九八八）。また、薪炭や建築材としての利用による森林破壊、それにともなう土壌浸食なども、よく知られている。したがって、このような危険を防ぐための対策を考える必要がある。熱帯高地では、生態学的研究にもとづいた望ましい土地利用の形態が望まれているのである。

一方で、熱帯高地に住む人びとは経済的には貧しく、その生活も自給自足的なレベルをこえない場合が少なくない。その背景には、熱帯高地が山岳地帯であるがゆえに、効率のよい土地利用や資源剥用がむずかしいことに加えて、交通が不便で地理的に隔絶されたところが少なくないという事情もある。市場経済が地理的に隔絶された地域にも急速に浸透している現代社会にあっては、山岳地域はしばしば消費地への輸送コストがかかり、農産物なども換金作物にはなりにくい。この結果、現金収入の道がきわめて限られ、道路、電気、水道、医療などのインフラ面での遅れともあいまって、熱帯高地での人びとの暮らしを経済的にいよいよ貧しいものにしている。このような事情が、たとえばヒマラヤでは観光開発をうながし、環境問題をひきおこす結果となっている（稲村・古川一九九五）。

近年、このような熱帯高地の事情が、高地から低地への人の移動を促進している。山地から低地への人口移動は、温帯地方の先進工業地域に近接する高地では以前からみられた現象であったが、熱帯高地でも多数の人びとが山を下り都市に移住し始めた（Escobar & Beall 1982）。このため、都市部では、人口集中や都市のスラム化などの問題を生じ、高地では人口減による地域社会の崩壊などのために資源の共同体による管理がおこわれなくなって環境の荒廃が始まった。さきに紹介した階段耕地なども放棄され、土壌の浸食を受けるようになっているところも報告されている（CONCYTEC 1986）。一方で、逆に人口増加によって平野やとくに都市地域からあふれた、多くの人口を吸収しているインドネシアやフィリピンなどのような熱帯高地もある（Price 1981）。

こうしてみると、熱帯高地の問題は、単に高地だけの問題にとどまらず、その低地や周縁地域とも密接な関係をもっていることがわかる。この意味でも、熱帯高地の自然環境の保全と持続的な発展はきわめて重要であり、それゆえに熱帯高地の研究もますます重要になるにちがいない。そして、そのような熱帯高地の研究では、一地域だけでなく、歴史的にも、文化的にも異なった地域を比較することが重要であろう。じつは、ここでは詳しく言及することができなかったが、世界の熱帯高地における環境と人間との関係には多くの共通点があるとともに、そこには少なからず差異もある。そのような差異が生まれる背景には、それぞれの地域における文化や歴史などの違いが考えられる。したがって、そのような違いをも考慮に入れて環境と人間との関係を検討してこそ、熱帯高地における自然環境の保全や発展に向けての真の対策方法も見つかるのではないだろうか。

［付記］本稿は、本書のために山本・岩田・重田（一九九六）を大幅に加筆、改稿したものである。

【文　献】

アコスタ、J　一九六六『新大陸自然文化史 上』増田義郎訳、岩波書店。
稲村哲也・古川彰　一九九五「ネパール・ヒマラヤ・シェルパ族の環境利用」『環境社会学研究』一：一八五－一九三。
インカ、ガルシラーソ、デ、ラ、ベーガ　一九八六『インカ皇統記２』牛島信明訳、岩波書店。
鹿野勝彦　一九七八「ヒマラヤ高地における移牧―高地シェルパの例をとおして」『民族学研究』一：八五－九七。

鹿野勝彦　二〇〇一『シェルパ—ヒマラヤ高地民族の二〇世紀』茗渓堂。
吉良竜夫　一九七六「陸上生態系—概説」『生態学講座』共立出版。
小林　望　一九七二「世界の高山の気候」『地理』一七（八）：六四–六九。
小林　茂　一九八〇「中部ネパール、マガール族の耕地制度と景観変化」『史林』二：九六–一二六。
長島信弘　一九八〇「解説」アルヴァレス、F『大航海時代叢書第Ⅱ期四　エチオピア王国誌』池上岑夫・長島信弘訳　六三六頁、岩波書店。
沼田　真編　一九八三『生態学辞典』築地書館。
本間航介　二〇〇〇「ヒマラヤの四季—ジュンベシ谷の気象観測から」山本紀夫・稲村哲也編『ヒマラヤの環境誌—山岳地域の自然とシェルパの世界』八坂書房。
牧田　肇　一九八九「高山気候」『地理学辞典』（日本地誌研 改訂版）二〇三頁、二宮書店。
森島　済　二〇一六「気候からみたアンデス—南米大陸の気候とアンデス」水野一晴編『アンデス自然学』古今書院。
山本紀夫　一九八八「中央アンデスにおけるジャガイモ栽培と休閑」『農耕の技術』一〇：六四–一〇〇。
山本紀夫・岩田修二・重田眞義　一九九六「熱帯高地とは—人間の生活領域の視点から」『熱帯研究』五（三・四）：一三五–一五〇。
Barry, R. G., & Ives, J. D. 1974 Introduction. In J. D. Ives, & R. G. Barry (eds.), *Arctic and Alpine Environments*. London: Methuen.
Brush, S. B. 1976 Introduction to symposium on mountain enviroments. *Human Ecology* **4**(2): 125–133.
CONCYTEC 1986 *Andenes y Camellones en el Peru Andino*, CONCYTEC-PERU.
Eckholm, E. P. 1975 The deterioration of mountain environments. *Science* **189**(4205): 764–770.
Ellenberg, H. 1979 Man's influence of tropical mountain ecosystems in South America. *Journal of Ecology* **67**: 401–416.
Escobar, M. G., & Beall, C. M. 1982 Contemporary patterns of migration in the Central Andes. *Mountain Research and Development* **2**(1): 63–80.
Godoy, R. 1984 Ecological degradation and agricultural intensification in the Andean highlands. *Human Ecology* **12**: 359–383.

Guillet, D. 1983 Toward a cultural ecology of mountains: The Central Andes and the Himalayas compared. *Current Anthropology* **24**(5): 561–574.

Millones, J. 1982 Patterns of land use and associated environmental problems in the Central Andes. *Mountain Research and Development* **2**: 49–61.

Orlove, B. S., & Godoy, R. 1986 Sectoral fallowing systems in the central Andes. *Journal of Ethno-Biology* **6**(1): 169–204.

Panday, R. K. 1995 *Development Disorders in the Himalayan Heights : Challenges and Strategies for Envronment and Development Altitude Geography.* Nepal: Ratna Pustak Bhandar.

Pawson, I. G., & Jest, C. 1978 The high-altitude areas of the world and their cultures. In P. T. Baker (ed.), *The Biology of High-altitude Peoples,* pp.17–45. Cambridge: University Press.

Price, L. W. 1981 *Mountains and Man,* 506 pp. Berkley: Univ. Calif. Press.

Rhoades, R. E., & Thompson, S. I. 1975 Adaptive strategies in alpine environments: Beyond ecological particularism. *American Ethnologist* **2**(3): 535–551.

Swan, L. M. 1967 *Alpine and Aerolian Region of the world.* Indiana Univ. Press.

Thomas, R. B., & Winterhalder, B. 1976 Physical and biotic environment of southern highland Peru. In P. T. Baker, & M. A. Little (eds.), *Man in the Andes: a multidisciplinary study of high-altitude Quechua,* pp.21–95. Stroudsburg: Dowden. Hutchinson and Ross.

Troll, C. 1968 The cordilleras of the tropical Americas, aspects of climatic, phytogeographical and agrarian ecology. *Colloquium Geographicum* (Univ. Bonn) **9**: 15–56.

Troll, C. 1972. Geoecology and the world-wide differentiation of high-mountain ecosystems. In C. Troll(ed.), Geoecology of *the High-Mountain Regions of Eurasia* **4**, pp.1–16. Wiesbaden: Franz Steiner Verlag.

Winterhalder, B., Larsen, R., & Brook, T. R. 1974 *Dungs as an essential resource in a highland Peruvian community. Human Ecology* **2**(2): 43–55.

Yamamoto, N. 1985 The ecological complementarity of agro-pastoralism: Some comments. In S. Masuda, I. Shimada, & C. Morris(eds.), *Andean Ecology and Civilization: an interdisciplinary perspective on Andean ecologicai complementarity*, pp.85–99. Tokyo: University of Tokyo Press.

第1部
地域研究

鳥塚あゆち　アンデス高地における牧民の生活

山本　紀夫　熱帯アンデス高地の環境利用

杉山　三郎　メキシコ高地における古代文明の形成史

池谷　和信　日本の山々は何に使われてきたか

第１部　地域研究　扉写真
ペルーアンデス高地におけるジャガイモの収穫
（ペルー・クスコ県マルカパタ村標高約 4300m）

第Ⅰ章

鳥塚　あゆち

アンデス高地における牧民の生活

―リャマ・アルパカ利用と日帰り放牧―

早朝、家畜囲いに入っている家畜の群れ。
アンデス高地、標高 4500m の牧民共同体。
(筆者撮影)

アルパカの仔と著者
ペルー、クスコ県、ワイリャワイリャ共同体にて（2014 年撮影）。

上／朝、放牧に出かけてゆく家畜の群れ
標高4500mの高地で人びとはアルパカやリャマを飼い、毎日放牧をして生活している。

下／クスコ県チュンビビルカス郡の民族衣装を身につけて踊る若者たち
「共同体」として承認された日を祝う祭りでダンスを披露した。

鳥塚　あゆち（とりつか・あゆち）

青山学院大学国際政治経済学部（文化人類学）。
東海大学大学院文学研究科博士課程後期単位取得満期退学、修士（文学）。

専門は文化人類学、アンデス地域研究。大学院生だった2004年にペルー共和国南部のクスコ県にある牧民共同体で現地調査を開始し、2017年9月まで予備調査・補足調査も入れ調査回数は12回に及ぶ。熱帯高地の標高4500mに位置する共同体でアンデスの先住民と共に暮らし、牧民共同体における家畜管理と利用の変化、牧草地利用の実態、先住民共同体の社会組織ついて調査・研究をおこなってきた。フィールドには町のような便利さはないが、人として生きることや共に生きることの大切さを教えてくれる場所である。
おもな論文は「開かれゆくアンデス牧民社会―ペルー南部高地ワイリャワイリャ村を事例として」（『文化人類学』74(1)：1–25、2009 年）、Camélidos andinos: un análisis sobre los cambios en su utilización.（*Tinkuy* (1)：85–100, Centro de Estudios Andinos Cuzco, Ministerio de Cultura, 2013)、「南米ラクダ科動物の泌乳量調査」（『専修自然科学紀要』48: 1–10、2017 年）など。

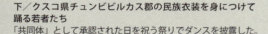

一　牧民共同体を探して

かつてインカ帝国の首都として栄えた標高三四〇〇メートルのクスコ市は、現在ではペルー共和国で一番の観光都市として、一年中海外からの観光客を迎え入れている。私もその一人として、はじめてクスコにおり立ったのは二〇〇〇年二月のことだった。クスコは雨季の最中で、南米の空はきっと真っ青なのだろうと思っていた私の無知からくる期待を裏切り、雨季の空は重く、空気は薄く冷たく、石畳の市街は雨に濡れて滑り、また暖房もないホテルで、夜中に泥棒にでも押しかけられるのではないかと気が気ではなかった。それでも、幼少より憧れたインカの遺跡は写真で見たよりもずっと素晴らしく、空気の薄さも忘れて、限られた時間のなかでできるだけ多くを見ようとカメラ片手に遺跡のなかを駆けずり回った。

ペルーとボリビアの国境にあるティティカカ湖に行ったときに、湖に浮かぶ島でリャマが一頭、縄につながれ飼われていた。おそらく観光客からチップをもらうために、写真を撮らせるためのリャマだったのだろう。学生の頃に読んだクロニカ[1]では、リャマは「イン、イン」と鳴く（Ávila 1991: 51）と記されてあったのを思い出し、リャマの鳴き声を聞こうとして近づいたら、リャマは人の気配を察してすぐに身を翻した。大きな体に似合わずとても臆病な動物なのだと感じた。

一五年以上が経ち、私は今ではクスコ市よりも一〇〇〇メートル以上高いアンデスの熱帯高地で、

（図１・１）リャマ・カラのメス
歩くときに尻尾を立てるのがリャマの特徴。アルパカよりも耳が大きく「バナナのかたち」をしている。
（ワイリャワイリャにて筆者撮影）

（図１・２）アルパカ・スリのオス
アルパカは尻尾をお尻にくっつけて歩く。
（ワイリャワイリャにて筆者撮影）

［1］中南米の古代文明を征服したスペイン人らによって一六、一七世紀に記された年代記・記録文書を「クロニカ（crónica）」と呼び、それらの記述者を「クロニスタ（cronista）」と称する。スペイン人たちはリャマやアルパカのことを「この地のヒツジ」と記した。

リャマやアルパカを飼って生活している牧民のところに住み込み、現地調査を続けている。リャマ（llama）とアルパカ（alpaca）はラクダ科の動物である（図1・1、1・2）。南米には四種の瘤なしラクダが棲息しており、野生種がグアナコ（guanaco）とビクーニャ（vicuña）、リャマとアルパカは家畜種である。[2] リャマとアルパカを飼っている人びとは、様々な方法でこれらの家畜を利用して生活してきた。

リャマとアルパカは、おもに標高四〇〇〇メートル以上のプーナ（puna）と呼ばれる高原地帯で飼育されている。[3] 大学の授業や講演などで標高四五〇〇メートルの景観をスクリーンに映し出すと、岩だらけではなく緑があることに驚かれる。しかし、木々はなく、もちろん農作物がまともに生育するような場所ではない。そのような高地で、人間が生きてゆけるのはなぜだろうか。ひとつには、中央アンデスは低緯度で熱帯に位置するため、高地でも気温の年較差が少なく安定しており、また日射が強いため牧草が育つ（稲村 二〇〇七：二七三、山本 二〇〇七：六〇-六六）。牧草は乾季でも枯れきることはなく、冬でも完全に凍結してしまうこともない。その牧草を食料とするラクダ科動物が高地環境に適応し、四〇〇〇メートル以上でも棲息している。そしてそれを利用することで、人間も高地で生活することができるのである。これこそが中央アンデスの「熱帯高地」の特徴であり、本書でも山本が述べるように熱帯高地における文明発展の理由となっている。

アンデスで「牧畜」というと、二つの形態を思い出すことができる。領域内でジャガイモやトウモロコシなどの農作物栽培とラクダ科動物などの牧畜をおこなう「農牧複合型」と、農耕には従事せずに牧畜だけおこなう「専業牧畜型」である。[4] 私が最初に調査地として選んだ共同体では、農耕をおこなわず専業的に牧畜をおこなっていた。専業牧畜型の共同体を調査地として選んだのには理由がある。山本が、アンデス高地は住みにくい環境であるという印象を研究者にも与え、高地に足を踏み入れる者は少ないと記しているように（山本 二〇〇七：六〇）、私が調査を始めようとしていた時期に、クスコ市に居住する者でも、また現地の研究者であっても高地での長期の調査を選

[2] それぞれの学名はリャマ（*Lama glama*）、アルパカ（*Lama/Vicugna pacos*）、グアナコ（*Lama guanicoe*）、ビクーニャ（*Vicugna vicugna*）である。家畜種であるリャマとアルパカは毛の形質的特徴からそれぞれ二つの種類に分類できる。リャマは毛が短く量が少ないカラ（k'ara）と毛量の多いチャク（chaku）、アルパカは毛の短いワカヤ（huacaya）と長い毛をもつスリ（suri）である。野生からの家畜化についての詳細は、本書第V章で川本が論じている。

[3] プーナは標高四〇〇〇～四八〇〇メートルの高原を指す。ペルーの地理学者プルガル・ビダル（Pulgar Vidal 1996）の環境区分による。ペルー・アンデスの環境と高度差利用については、第II章で山本が詳細に述べている。

[4] 稲村は二つの形態を、アンデスの自然環境、牧畜をおこなうプーナ（高原）と農耕をおこなうケブラーダ（峡谷）の区分／近接性と関連付けて説明している（稲村 一九九五、二〇〇七、二〇一四）。

ばない傾向があった。さらに牧畜のみの生業形態が存在するのか、疑問視する研究者もいた。専業牧畜については、フローレス・オチョアや稲村によって報告されているにもかかわらず（Flores Ochoa 1968, 稲村 一九九五）、その存在は疑問視されていたことになる。たしかに、牧民であっても家畜の肉だけ食べて生きてゆけるわけではなく、かならず何らかの方法で農作物を得なければならない。アンデス高地では、大きな高度差にともなう多様な生態環境を利用し、人びとは自給自足的な生活を送っている、というのが現地でも通説となっていた。このため、農牧複合の方が自然だと考えられていたのだろうし、それは間違いではない。しかし、どうせ牧民のことを調査するなら、認知度が低い「専業牧畜型」の牧畜を生業とする人びとのところに行きたい、というのが第一の理由であった。

さらに、専業牧畜をおこなう牧民が農作物を得る手段としてはリャマを荷運びに利用すると、先行研究ではしばしば言及されていたが（Casaverde Rojas 1977, Concha Contreras 1975, Custred 1974 など）、道路網が整備されてもその文化は失われていないのだろうか、というところに私の疑問はあった。もしリャマのキャラバンとの旅を続けているのなら一緒に旅をしたい、そうでないのなら変化をもたらしたものが何かを明らかにしたい、というのが二つめの理由だった。

二〇〇四年四月から、いくつかの牧民共同体を訪ねたが、やはり畑ももち放牧もおこなうという場所が多かった。クスコ県（Departamento de Cusco）南部のチュンビビルカス郡（Provincia de Chumbivilcas）の郡都であるサント・トマス（Santo Tomás）でラクダ科動物の品評会が開催され、そこにリャマ・アルパカ牧民が集まるとの情報を得て、サント・トマスに行ったのは六月のことだった。そこで知り合った一組の親子が、自分たちのところに連れて行ってもよいといってくれた。親子はチュンビビルカスの赤いポンチョを着て白い羊毛フェルトの帽子をかぶり、いかにも「先住民」という風貌だった。品評会が終わると息子のエンリケ（仮名、以下同様に共同体の人びとの名前は仮名で記す）に同行し共同体を訪れた。共同体の外縁でバスを降り、ここからは歩きだといわ

牧畜の類型に関しては、第Ⅵ章の稲村論考を参照されたい。

れ、急峻な斜面をひたすら登る。エンリケはおしゃべりで、道々で共同体のことを話してくれたり私のことを聞いたりしたが、私はプーナの空気の薄さと格闘するので精一杯だった。

登って一時間半、眼下にU字谷が開け、石積みでできた藁葺き屋根の家と家畜囲いが点々と見えた。共同体の中心村落だった。「牧民の住む場所とはこのようなものだ」と勝手に想像していた牧民共同体の風景が、そのままそこにあった。プーナの上に来たのだと実感できるほど周囲が開け、木々はなく、一面に牧草が広がり、「文明」から切り離されたかのように電柱やコンクリートなどは見当たらない。私をとりわけ「遠くに来た」と感じさせたのは、静寂だった。車の騒音も人びとの話す声もしないのに、風の音だけが聞こえてさらに静寂を感じた。結局その共同体で、二〇〇四年八月には本格的に文化人類学的調査を開始した。

二　二つの牧民共同体

ワイリャワイリャ共同体―専業牧畜

調査地に決めた共同体は、チュンビビルカス郡、リビタカ区（Distrito de Livitaca）に属し、名をワイリャワイリャ（Comunidad Campesina de Huaylla Huaylla）という。名前は「ただの名前で意味はない」という者もいたが、聞き取りによると、「ワイリャ」の語源はワイリャ・イチュ（図1・3）というプーナに見られるイネ科の牧草にあるようで、ワイリャが茂っている場所だったのでワイリャワイリャと呼んだのだろうとのことだった。私のワイリャワイリャでの調査もすでに一四年が過ぎ、二〇一七年までに予備調査・補足調査を含め八回の調査をおこなった。

ワイリャワイリャはクスコ市から直線距離で、南に約一二三キロメートルの位置にある（図1・4）。クスコ市をプーノ（Puno）県方面に向かってバスで出発し、かつて獣毛の集積地として栄えたシクアニ（Sicuani）を経由し、エスピナル（Espinar）郡の郡都であるヤウリ（Yauri）まで五

（図1・3）ワイリャ・イチュ
共同体のなかでもワイリャ・イチュが繁茂する場所は限られている。
（ワイリャワイリャにて筆者撮影）

～六時間の行程である。ワイリャワイリャのなかには現在はヤウリにも家をもつ者も多く、とくに学校教育を町で受けている子供や、教育課程が終わっても共同体には戻らない若者が恒常的に住んでいる。ここで一夜を明かし、翌朝共同体へ向かう乗り合いバスに乗る。バスはヤウリを出発すると、途中で乗客を降ろしながら終着のリンコナーダ（Rinconada）まで走る。ここでバスを降り二、三時間歩くと、はじめに記した中心村落に着く。もうひとつバスのルートがあり、こちらはヤウリを出発して隣のカンガリェ（Cangalle）共同体に着くもので、中心村落から離れた放牧地に居住する場合は、終点からカンガリェ共同体の領域を通りワイリャワイリャに入る方が近いため、このルートを利用する者もいる。私が長く滞在した放牧地も後者のルートを通ってたどり着く。バスの終点からはやはり、徒歩で三時間ほどであったが、斜面はこちらの方が急だった。それぞれのバスの終点では、リンコナーダで月曜日に、カンガリェでは木曜日に定期市が立ち、共同体からヤウリに向かう人びとや食料などを買い求める人びとで賑わう。日常、離れた放牧地で生活する人びとにとっては、市がよい社交の場となっていた。

　私が調査を開始した二〇〇四年には、共同体内には自動車が常時運行できるような道路はなく、付近の幹線道路沿いで降車し、そこから目的地までは徒歩かウマでなければたどり着けなかった。しかし、徐々に周辺の幹線道路が整備され、共同体の領域内にも未舗装の道ができるようになった。二〇一四年には中心村落まで車が入るようになったため、リンコナーダでの定期市は徐々に廃止さ

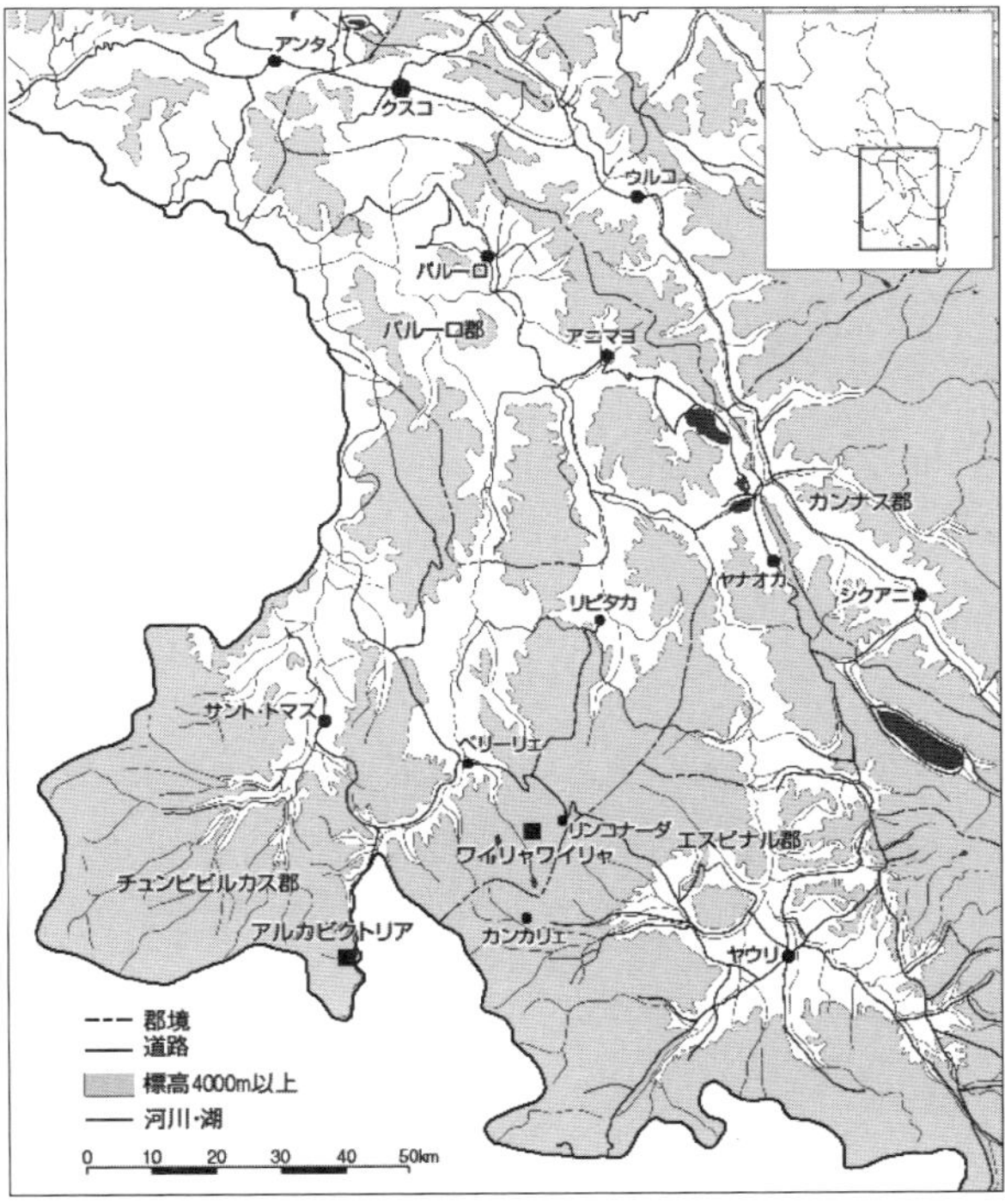

（図１・４）ワイリャワイリャとアルカビクトリア
（ペルー国土地理院発行の地図をもとに筆者作成）

れ、中心村落で市を開くようになった。共同体周辺の道は、クスコ県南部とアプリマク（Aprímac）県で鉱山開発をおこなう海外企業の支援により整備されたようで、アスファルト舗装が年々進み、鉱物を載せた大型トラックも頻繁に運行するようになった。現在はこの幹線道路のすぐ脇で、家畜を放牧している者もいる。

　共同体の人口は約三六〇人、五〇家族である。[5] 成員の母語はケチュア語だが、現在では多くがスペイン語にも通じている。共同体の領域面積は一万五一九ヘクタールで、領域の標高は約四二〇〇～四九〇〇メートルであり、全体がプーナ地帯にある。GPSで測定した標高は、中心村落で四四四七メートル、放牧地はこれより少し高いところが多く、多少の差はあるが四六〇〇メートルほどの標高で、共同体全体に牧草地が広がる。木といえば低木のトラと、領域のなかでも標高が低い四二〇〇メートル付近にケウニャの木が少し見られる程度である。[6] トラは儀礼の際に供物を燃やすのに使い、ケウニャは住居の屋根の梁として使用するが、どちらも日常的にはほとんど利用しない。

　共同体は約四〇戸の住居から成る中心村落のほか、三つのセクターに分かれる。人びとの多くは中心村落に大きめの住居を、三つのセクターのうちのひとつに放牧地をもち、放牧地には複数の小屋をもつ（図1・5、1・6）。通常は、家畜とともに放牧地の住居で生活し、集会や祝祭時に中心村の住居を利用する。中心村の住居には、まとまった量の食料や衣類を保管する倉庫もあわせもっている。村落には四年生までの小学校があるので、子供を通わせている場合は、放牧地と中心村落とで家族が分かれて住む場

（図1・5）約40戸の家が建ち並ぶ中心村落
小学校と集会所も中心村落にある。この近くで放牧する牧民は少ない。（ワイリャワイリャにて筆者撮影）

（図1・6）放牧中の風景
日常的には共同体の人たちは放牧地（エスタンシア）で家畜を飼って生活している。（ワイリャワイリャにて筆者撮影）

［5］おもに二〇〇四年と二〇〇五年におこなった共同体のセンサスと、選挙人名簿による。同時に所有家畜のセンサスもおこなった。

［6］トラ（tola）はキク科の低木で学名は *Lepidophyllum quadrangulare*、ケウニャ（queuña/keuña/kewña）はバラ科でケニュアル（*queñual*）とも呼ばれる。学名は *Polylepis spp.* である。

合もある。私が滞在していたときには、中心村の主住居に子供と子供の世話をする年配者（多くの場合祖父母）が、放牧地に子供の親が居住していた。小学校のほかに公共の施設といえば、カトリックの聖堂と数年前に建てられた集会所があるが、診療所や雑貨店のようなものはない。

共同体には自治組織があり、村長（Presidente）、副村長（Vicepresidente）、書記（Secretario）、会計（Tesorero）、検察官（Fiscal）が各一名と、連絡係（Vocal）二名から成る。組織は二年ごとに選挙をおこない当選で決まる。任期は二年、最長四年までと決まっている。月に一度集会を開き、共同体の政策決定や問題の解決、連絡事項の周知などについて話し合いがおこなわれる。実質的にこの集会が共同体の意思決定機関となっている。

放牧地のことは「エスタンシア（estancia）」と呼び、各家族が平均で三つのエスタンシアをもっている。エスタンシアは中心村落よりも少し高い四五〇〇メートルあたりにあり、全体的にイネ科のイチュ[7]という草本が広がる。図1・6の手前に写っている牧草もイチュである。牧民はイチュとワイリャ・イチュを区別しており、ワイリャ・イチュの方がイチュよりも成長し、一本の太さも太い。リャマはこれらの牧草を引きちぎって食すが、アルパカが食べることはない。アルパカは地面から数センチしか成長しない牧草を、地面に顔を近づけて食べる。ボフェダル（bofedal）と呼ばれる湿地を好むのもアルパカの方である。また、イチュは屋根を葺くのにも使われる。

ワイリャワイリャでは、一九九七年に共同体の領域を細分する土地区分をおこなった。これは当時の村長の政策として月集会で話し合いがおこなわれ、決定されたものである。これ以降、区画の使用権と境界が明確化し、区画の境界を越えて放牧することはできなくなった[8]。土地を細分したおもな理由は家畜、とくにアルパカの改良にある。アルパカの毛の品質を高めるためには、交配を管理する必要がある。しかし、共同体の土地が「共用」のままでは、個人が牧草に対する責任をもたないため牧草地管理がうまくできず、また隣人が近くに居住していると互いの家畜が混じり自然交配してしまう、といった不都合が生じていたからである。区分後も共同体の土地の「所有」権は共

[7] イチュ（ichu）の学名は*Stipa ichu*である。

[8] 土地区分に関する詳細は、鳥塚（二〇〇九b）を参照されたい。

同体にあるため、使用範囲を明確化し、実際に使用する牧草地を決めても、個人が勝手に土地を売買する権利はない。現在は、各人が割り当てられた区画のなかで、おおよそ三つのエスタンシアを利用し、年間でローテーションを組んで時期によって利用する放牧地を決めている。またエスタンシア内でも、後述するように、牧草が枯渇することがないように、毎日の放牧場所を変えて家畜の放牧をおこなっている[9]。

一年の気候は、一〇~四月の雨季と五~九月の乾季に大きく分かれる。一〇月頃から少しずつ雨は降り始めるが、本格的に降り始めるのは一二月頃で、三月になると雨もだいぶん少なくなる。もちろん年によって雨季の開始が早まることも遅くなることもあり、また雨量も異なる。二〇一六年は二月まで雨がほとんど降らず牧草の生育が悪かったので、家畜が食べる牧草が不足したそうだが、二月は毎日たくさん降り、ひと月で牧草が生育したとのことであった。

生業は、共同体の最低標高が四二〇〇メートルであるため農作物を育てるのは困難であり、専業的に牧畜をおこなっている。飼養している家畜は南米ラクダ科動物のリャマ、アルパカと、ヒツジ、ウシ、ウマである。ただしウシは所有頭数も少なく、ウマは各家族で二、三頭のみを所有しているため、主要家畜はリャマ、アルパカ、ヒツジの三種ということとなる。私がおこなった聞き取りの統計によると、共同体全体での家畜所有頭数は、すべての種類を合わせて約七〇〇〇頭だった。家畜頭数は、食用や現金収入源として屠畜したり、出産によって増加したりするのでかなり流動的ではあるが、二〇〇五年の調査時に一番多く所有していたのは、リャマ六七頭、アルパカ四五〇頭、ヒツジ三四五頭、ウシ七頭、ウマ三頭を所有する者であった。所有頭数が少ない者には、リャマ六頭、アルパカ五頭、ヒツジ七頭、ウマ三頭という者もいたし、「泥棒に盗まれたから」一頭ももっておらず飼っているのはイヌ一匹という者もいたので、ばらつきは多い。これらの家畜をどのように管理しているのか、どのように利用しているのかについては、次節以降で記す。

[9] 第Ⅵ章で稲村が土地へのアクセスと牧畜形態について論じている。ワイリャワイリャでも牧草地は家族占有だといえる。土地区分前も習慣的に特定の範囲の土地を利用していたので実質的には占有であったと考えられるが、成員は共同体の「共有」という理解で利用していた。区分して現在は家族占有となったが、「私有」地ではない。

アルカビクトリア共同体―農牧複合

ここではアンデスにおける二つの牧畜、つまり専業牧畜と農牧複合のありかたを比較するため、二〇一〇年と二〇一一年に短期で調査をおこなったもうひとつの共同体について、簡単に記しておこうと思う。結論からいえば、二つの共同体は領域面積はほぼ同じだが、標高差が二〇〇メートルほどあり、この二〇〇メートルの差が農耕をおこなえるかどうかを分け、専業か農牧複合かという生業の差として表れてくるのだと考えられる。

アルカビクトリア共同体（Comunidad Campesina de Alccavictoria）は、チュンビビルカス郡、ベリーリェ（Velille）区に属し、郡都のサント・トマスから共同体の入り口までは車で約一時間半の距離にある（図1・4）。共同体の領土は一万一一三一ヘクタールに及び、土地登記簿によると、そのうち農地面積は二五〇〇ヘクタール、牧草地は八六三一ヘクタールと記録されている。標高は約四〇〇〇～四九〇〇メートルであり、地図上では標高四九二四メートルの山頂が最高標高となっている。アルカビクトリアの領域もワイリャワイリャ同様、プーナ帯に位置しているといえる。

共同体は、共同体と同じ名をもつ母村（マドレ：madre）と三つの属村（アネクソ：anexo）、さらに母村に属するセクターから成る（図1・7）。母村・属村内には集落も存在し、ケチュア語で「扉、入り口」を意味するプンク（Puncco）もそのひとつで、ちょうど共同体の入り口に位置する集落となっている。人びとはこれらの集落に家をもつが、各世帯が平均して二～四のエスタンシア（放牧地）にも住居をもち、分散して住んでいる。共同体内の標高をGPSで計測したところ、プンクで四〇一〇メートル、母村のアルカビクトリアでは四〇九〇メートル、エスタンシアのひとつで四三五〇メートルであった。

アルカビクトリアに関しては、カストレッドが一九七〇年三月から八月にかけて調査

（図1・7）母村と石囲い
写真右の集落が母村アルカビクトリア。写真左に見える石囲いでは祝祭時にダンスが披露される。（アルカビクトリアにて筆者撮影）

をおこなっており、人口は八四〇人、一六六世帯と記録している（Custred 1974）。私がおこなった調査ではすべての成員からセンサスをとることはできなかったが、聞き取りによると選挙人登録数が約五〇〇であり、約二五〇～三〇〇家族を擁するとのことだった。

母村であるアルカビクトリアには、中心に学校や保健所がある。学校は共同体全体で、幼稚園が三校、小学校二校、四年生までの中学校一校[10]がある。また、共同体全体の集会は月に一度母村でおこなわれるが、このほかに属村ごとに月に一、二度集会をおこなっている。村長や会計などの役職をもつ自治組織も、共同体全体と各属村にも存在する。

生業としては農耕と牧畜を複合的におこなっており、集落とエスタンシアの居住地周辺に分散して畑をもっている（図１・８）。耕作されるおもな作物は、ジャガイモ、オユコ、オカ、オオムギ、キヌア、[11]エンバクである。ジャガイモ畑は標高四三〇〇メートル辺りまで広がっていた。畑は大きく分けて、個人の所有地（プロピエダ：propiedad）と共用の耕作地（ライメ：layme）の二種類がある。プロピエダは直訳すると「所有地」となるが、実際には共同体外の人と売買することは不可能とのことだったので、「占有地」という方が適しているように思える。プロピエダの畑は、エスタンシアや集住地付近に各家族でもっており、いつどこで何を耕作するかは占有している家族が決定する。一方、ライメとは共用の耕作地区画、および耕作ローテーションを指す名称であり、一定の区画のなかで個人が使用する範囲は決まっている[12]。畑は占用であり、他人の畑を使用することはできない。各家族は五～一〇のライメをもち年ごとに輪作しているため、何年でローテーションが一周するかは使用するライメの数による。ひとつのライメの区画のなかに二～六の畑をも

（図１・８）共同耕地ライメのひとつ、ジャガイモ畑（2011年８月末、アルカビクトリアにて筆者撮影）

[10] ペルーの学校制度では中学校は五年制である。

[11] オユコはツルムラサキ科、オカはカタバミ科の塊茎植物、キヌアはアカザ科の雑穀。

[12] ライメに関しては、他地域においても同様の事例が報告されている（たとえばMayer 2002, 木村 一九九七）。第Ⅱ章の山本の調査地マルカパタでは共同耕地は「マンダ・チャクラ」、私有の耕地は「キタ・チャクラ」の名で呼ばれる（山本 二〇一四）。第Ⅵ章で稲村は「ライメ」と「コムニダ」という二つの耕地について述べている。耕地をどのような名で呼ぶかは地域により異なる。

つのが普通であり、合計で二〇くらいの畑をもつことになる。成員の一人によると、すべての畑を合わせた面積は約五～一〇ヘクタールくらいになるということであった。年ごとにどこのライメで耕作するかは、ライメを共用する人びとのあいだで決まっているので、同じ年に別のライメの畑を耕すことはできない。耕作されないライメは休閑地となる[13]。

一方で、放牧地は「共用」となっている。なかには畑として割り当てられた土地に囲いを設け、そのなかでウシの放牧をおこなったり、餌となるクローバーなどの牧草を栽培したりしているような例も見られたが、ワイリャワイリャのように放牧地を細分し、決まった範囲内で放牧をおこなうということはなされていなかった。牧草地の区分に関しては、集約的に牧畜活動をおこないたいという考えから、区分する方向に向かう可能性が高いとのことであった。放牧地の利用としては、各家族が二～四のエスタンシアをもち、二～六ヶ月ごとに移動して放牧をおこなっている。エスタンシアに明確な境界はないが、慣習的に放牧する場所は決まっている。数家族でひとつのエスタンシアに居住している場所もあれば、少し離れた場所にエスタンシアをもっている場合もある。観察した例では、七人で共用しているエスタンシアがあり、家族ごとに住居と家畜囲いをもち、その周辺で家畜を放牧していた。毎日、隣人とは異なる方向へと家畜を誘導して放牧活動をおこなっていたが、放牧中に群れが混じりそうになったことがあり、互いが互いの群れを別の方向に追うことで回避していた。夕方になり、放牧から居住地に帰り群れを囲いに入れる場合も、互いの家畜が混じることがないように時間をずらして入れていた。このような家畜の混同は改良には好ましくない状況となり、牧民共同体の土地区分のおもな動機となっているようである。

飼養されている家畜は、ラクダ科動物のリャマとアルパカ、ヒツジ、ウシ、ロバ、ラバ、ウマである。カストレッドは、一九七〇年当時の所有家畜について記しているが、カストレッドによれば一六六世帯のうち六〇世帯が家畜を所有するが、その多くが五～七頭の家畜を所有するのみであり、二〇～五〇頭所有している者は少なく、また同様に五頭以下を所有する者も少ないという[14]。私

［13］中央アンデスの休閑システムの詳細については、山本が論じている（山本二〇一四：三八二―三九〇）。

［14］所有する家畜の割合は、リャマ二八・〇〇パーセント、アルパカ二〇・〇〇パーセント、ヒツジ四二・七九パーセント、ウシ五・九三パーセント、ウマ二・三四パーセントである（Custred 1974）。

が二九人の成員に対しておこなった調査では、平均で一家族当たりリャマ一九頭、アルパカ二九頭、ヒツジ二七頭、ウシ九頭を所有していた[15]。成員に聞いてみたところ、リャマやアルパカを飼っていた者のなかには、ウシの飼育に従事するようになった者がいるとのことであった。ウシは乳やチーズなどの乳製品から一年をとおしてコンスタントに現金収入が得られるのに対し、ラクダ科動物からのおもな現金収入は年一回の毛刈りからである。このため、「ウシを飼う方が儲かる」と話す者が多かった。共同体のなかでも標高が低いプンクのような場所では、灌漑をおこない牧草を育て、ウシ放牧をおこなうようになったため、人も集住するようになり現在のような集落が形成されたという。飼養する家畜種の変化にともない、牧草地利用も変化してきているといえる。

[15] 割合はそれぞれ、リャマ二一・七三パーセント、アルパカ三四・一五パーセント、ヒツジ三一・九〇パーセント、ウシ一〇・八四パーセントとなる。カストレッドが示したものと比較すると、アルパカとウシの割合が高くなったのに対し、ヒツジの割合は低くなったことがわかる。共同体全体の頭数は不明である。

三　日帰り放牧と家畜管理

アンデスの牧畜とは

アンデスではこのような共同体で、どのように家畜を放牧しているのだろうか。「放牧」と簡単にいってしまえばそれまでだし、とくに気をつけて見ていないと、代わり映えのない日常が目の前に展開されているだけのような気にもなる。しかし実際には、様々な要因により「どこで」「どのように」「誰が」放牧をおこなうかが決定されている。ここでは、ワイリャワイリャ共同体を例に、放牧地での生活と毎日の放牧方法について記述しようと思うが、その前にアンデス牧畜の特徴について簡単に述べておきたい。

稲村は、定住的であること、ラクダ科動物の乳利用がないこと、農耕との結びつきが強いことの三点を、アンデスにおける牧畜の特徴として挙げている（稲村一九九五、二〇一四）。ワイリャワイリャでも、成員は共同体内に家屋を複数もち、放牧地間を数ヶ月ごとに移動して生活しているが、移動は牧草の状態に応じたものであり、移動距離も短く、家屋も固定家屋であるため定住的であるといえる。ラクダ科動物の乳を利用することはない。また必要な食料は、かつては農村に荷駄獣であるリャマのキャラバンを率いて旅をして、物々交換や収穫物の運搬の手伝いをすることで得ていた。このような農村への旅は、一年のなかで、彼らにとって重要な活動となっていたが、現在は旅をやめてしまい定期市や町で農作物を現金購入している。[16]

アンデス地域の牧畜については、他地域の牧畜研究者から、具体的な群れ管理や放牧方法についての報告不足が指摘されている（たとえば谷 一九九七、二〇一〇）。たしかに先行研究では、詳細な放牧の記述は見られない（Flores Ochoa 1968, Flores Ochoa 1977, 1988, Flores Ochoa y Kobayashi 2000, Orlove 1977 など）。唯一、詳細に記述しているのはパラシオス・リオスで、牧民の一日の活動と一年の活動、何に注意して放牧しているか等について述べている（Palacios Ríos 1988）。このような日常を記述する困難さについては、「ありきたりな日常的な放牧風景に、わざわざ詳細な参与観察をおこなおうとした研究者は少ないうえに、観察したことを記述すること自体がなかなかに困難である」（松井 二〇一一：一六九）と指摘されるように、意識しなければただのルーティンのように映るものである。

しかしながら、毎日おこなわれる日帰り放牧を観察してみると、牧民がおかれている現状も少しずつ見えてくる。毎日の放牧エリアの決定には、牧草の状態、繁殖期のオス群の存在、出産と群れの構成が関与し、放牧中は区画の境界を群れが越えることがないか、隣人の家畜と自身の群れが混じることがないかに注意を払う。一人の牧民が数百頭の家畜の群れを放牧することも多いし、一日中走り回って疲れてしまうこともある。とくにそのような場合は、言うことを聞かない家畜に怒りをあらわにし、私に牧草不足を嘆くことも多い。牧民の活動の細部を研究することが、野生動物の家畜化過程を再構成するのに役に立つとも指摘されている（松井 二〇一一）。以下では、「なかなかに困難」な日常の放牧を記述する試みをとおして、現在のアンデス牧民と牧民共同体の状況を浮き彫りにしてゆきたいと思う。

［16］牧民社会の農作物獲得方法の変化については、鳥塚（二〇〇九ａ）で詳しく考察した。

放牧地「エスタンシア」

アンデスにおける牧畜の特徴のひとつは「定住的であること」とされるように、ワイリャワイリャでも、複数のエスタンシア間の時期的移動はあったとしても、人びとは各エスタンシアに固定家屋をもち居住している。住居は家畜囲いをともない、囲いは完全に閉じたものもあれば、地形を利用して半開しているものもある。放牧は、毎日、居住地から周辺の放牧地へと家畜を誘導し、夕方には居住地に戻る「日帰り放牧」でおこなっており、夜間、家畜は囲いで休む。囲いが半開の場合、雨や雷がひどい夜には驚いて家畜が抜け出すこともあるが、居住地の近くにいるのがほとんどである。以前に、別の農牧複合をおこなう共同体からの訪問者があったときに、夕方になっても家畜を閉じた囲いに入れず、家畜もまた自然にいつもの寝床に座り込んだのを見て訪問者が驚いたのを覚えている。訪問者たちの共同体ではかならず閉じた囲いに入れていたようで、家畜が翌朝になっても逃げ出さずにとどまっていたのを見て、私に「このようなことははじめて見た」と話した。しかし、家畜は完全に逃げ出さないというわけではなく、夜間に半開の囲いから逃げ出すこともある。朝になって、放牧に出かける前にそれらを集めるのが仕事となるので、囲いを閉じたらどうかと聞いてみたら、リャマやアルパカは開けた場所で寝たがるので閉じないとのことだった。

共同体における牧草地利用の方法は様々であり、一概にアンデスでの牧草地利用はこのようである、と断言することができない状況になってきた。アルカビクトリアのように共有・共用で利用しているような場合もあれば、ワイリャワイリャのように放牧範囲を限定し、共有地のなかで優先的に使用できる土地区画をもっているような場合もある。ワイリャワイリャの場合、放牧地であるエスタンシアを複数利用し周年放牧をおこなっている。各エスタンシアには名称があり、名称は共同体成員で共有されている。このため、どの時期に誰がどこで放牧しているかも、名称とあわせておおむね把握している。調査開始当初は、この固有名を理解し、その場所を把握するのが一苦労だった。

たとえば、私が長く住み込み調査をおこなったエンリケの家では、三つのエスタンシアの間を時期に応じて移動している。移動は牧草の状態や雨の状況にもよるが、聞き取りによるおおよその放牧期間を示すと、一～四月はパヤコタ（Payaccota）、四～八月はワシュアパチャ（Huashuapacha）、八～一二月はパンパワシ（Pampawasi）と三つのエスタンシアを移動する。三つは地続きで、パヤコタとワシュアパチャ、ワシュアパチャとパンパワシが隣接している。それぞれの標高は、パヤコタが四六〇〇メートル、ワシュアパチャが四五七七メートル、パンパワシが四五五七メートルであった。

パヤコタは、乾季には牧草がないため雨季の放牧地となっている。ワシュアパチャの近くには大きな湖があるので乾季でも比較的牧草は確保できる。パンパワシも湖から流れ出る川のそばにあるため乾季でも牧草はあるが、一年のなかで一番乾燥し牧草が枯渇する八、九月には川の水位も低くなり、本格的に雨が降り始めるまでの牧草確保が難しかった。そこで、エンリケらは二〇〇八年に水利工事をおこない、湖から流れ出る水量を調整し、また水路をつくって川から離れた場所にも水を流し牧草が枯れてしまわないようにした。これによりパンパワシを利用できる期間が少し長くなったとのことだった。三つのエスタンシアは、利用していない期間は牧草が育つよう休閑地とし、家畜が入らないように気をつけている。

エスタンシアでの生活

雨季のエスタンシアであるパヤコタは、標高四六〇〇メートルに居住地がある（図１・９）。二〇一四年二月の調査時には、エンリケと妻のエレナのほか、近隣共同体から牧民を雇い、雇われ牧民が放牧を担っていた。エンリケは共同体を不在にして町で用を済ませることが多く、基本的にはヤウリの家に住みながら、ときおりエスタンシアに様子を見に行くということを繰り返してい

（図1・9）石造りのエスタンシアの家（パヤコタ）
屋根はイチュで葺かれている。近年はトタン屋根の家も増えてきた。（ワイリャワイリャにて筆者撮影）

た。エレナも私が調査を開始してから二〇一一年の調査時までは、夫と同様に町の家におもに居住し、エスタンシアで人手が不足する場合に放牧に行っていたが、二〇一四年に再訪すると共同体を拠点としてときどき町に下りる生活に変わっていた。このような町と共同体の往復は二〇〇四年でも、エンリケたちに限らず見られたことではあるが、幹線道路が整備されてから頻繁になったように思える。私が二〇一四年二月一八日にエスタンシアに到着したとき、雇われ牧民の男性がその日にちょうどエンリケとの契約を終え、自身の共同体に戻って行った。その後はエレナと、普段は町に住む息子が学校が休みの期間だけ放牧の手伝いに来ていたので、二人で放牧をした。

二〇一六年三月の調査でも同じエスタンシアで放牧をしていたが、このときは雇われ牧民はおらず、また手伝ってくれる子供もいなかったため、エンリケとエレナの二人のみで放牧していた。翌年三月にクスコ市に住む息子に尋ねたところ、このときもまだ二人で放牧しているとのことであった。二〇一七年八月も同様に、放牧の担い手は二人だけだった。

二〇一六年三月にエンリケから聞き取りをした所有家畜の種類と数は表1・1のとおりである。放牧をおこなう群れは、アルパカ（メス）・リャマ・ヒツジ・新生仔で構成され、アルパカの種オスは別群で囲いのなかに入れられ、とくに牧民が放牧することはなく、囲いのなかの牧草を食んでいた。種オスの囲いは丘の下部に設けられ、湧き水もあり、囲いのなかの牧草は青く繁っていた。囲いの上部には水を引くためのパイプを設置した痕跡があったが、二〇一六年には壊れていて機能はしていなかった。種オスのための牧草確保に労力を費やした形跡が見られることから、毎日の放牧に同行しないからといって軽視されているわけではないことがよくわかる。また、ウシはワシュアパチャで囲いに入れられ、数日に一度様子を見に行っているようだったが、

（表1・1）エンリケの所有家畜

※種オスはそれぞれのオスの頭数のうち、リャマ1頭、ヒツジ2頭、アルパカのオスはすべて種オスとなる。

リャマ	40	♂ 5 ♀ 35 仔 約12
アルパカ	236	♂ 28 ♀ 208 仔 約110
ヒツジ	80	♂ 5 ♀ 75 仔 約20
ウシ	5	すべて♀
ウマ	2	
合計	363	

（表1・2）牧民の一日

時刻	行動
4:30	起床
5:30	軽食（マテ、パン）
6:30	朝食
7:40	放牧へ出発
8:00過ぎ	放牧地着
12:00	昼食（コカワ）
15:30	家畜が家の方へ向うのを防ぐ
16:30	一旦帰宅し夕食準備・軽食（マテ、パン）
18:00	群れを集める
18:30	夕食
19:30	就寝

基本的に放置されていた。

表1・2はエンリケらの毎日の行動を示したものである。以前に調査をした別の世帯でも、おおよそ一日の牧畜活動は同じだった。早朝、暗いうちに起床し、すぐに朝食の準備に取り掛かる。日が昇る頃には朝食として「カルド（caldo）」と呼ばれるスープ（図1・10）を食べるが、その前に温かい飲み物（種類に関係なく「マテ（mate）」と呼ぶ）を用意し、町で購入したパンがある場合はパンを食べる。太陽が昇りだすと、牧草を求めて家畜が囲いから外に出たがるので、群れが分散しないようにしばらく家畜の動きに注意して、囲いに戻しつつ放牧に出かける準備をする。八時前には群れを集めて放牧に出発し、その日に放牧するエリアに到着すると自由に牧草を食べさせる。群れの様子を見ながら、一二時頃に昼食として携帯した軽食（コカワ）を食べる。コカワはおもにトウモロコシを炒ったものとなる。

午前中は比較的おとなしく牧草を食んでいる家畜も、午後になると少しずつ頭を居住地の方へ向け、食事をしながら戻りだす。一五時を過ぎると戻る進度が速くなるので、できるだけ長く牧草を食べるよう、居住地に戻さないように群れの進行を防がなければならない。多くは女性が一旦家に戻り、夕食の準備に取り掛かる。同時にマテもつくり、湯が沸くとパンと一緒に食べて休憩する。その頃になると家畜は自然に居住地付近まで戻っているので、日が暮れて周囲が暗くなりだす頃に、散らばっている群れを集めて囲いに入れる。その後、夕食をとり夜は早くに就寝する。

私が調査を始めた頃に住んだエスタンシアは、エンリケの父フェリペのところだった。その頃、フェリペのエスタンシアにはフェリペと妻、幼い子供、成人の子供、雇われ牧民が二人と大所帯で、放牧も手分けしておこなっていた。食事の準備は人数の分だけ大変になるが、みんなで食べる食事は楽しく、夕食後にケチュア語を教えてもらったり、日本語を教えたり、雇われていたのが若者の場合はラジオに合わせて踊ったりと、電気もなくロウソクや家畜の脂肪を灯した薄明かりのなかでも賑やかな夜だった。ベッドもなく土間にヒツジの毛皮を敷き、その上に毛布を重ねただけの寝

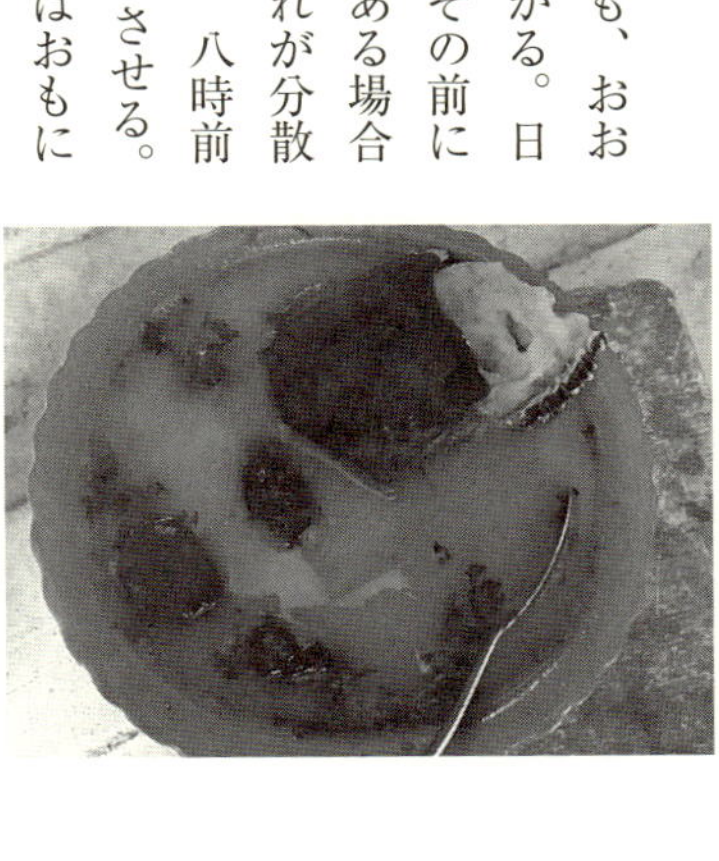

（図1・10）カルド
食事はほぼ毎食カルドである。家畜の肉とチューニョ（凍結乾燥したジャガイモ）などが具材となる。
（ワイリャワイリャにて筆者撮影）

床で、寝袋がないと私は寒くて寝られなかった。人が居住している、つまり人が利用しているエスタンシア間は、近くて徒歩で二〇分、遠いと一時間ほどであるが、これは親子や兄弟の場合で、他人のエスタンシアを訪ねる場合は近くても徒歩で一時間はかかる。このような住環境のなか、エスタンシアに誰かと一緒にいるということは、とくに夜の闇の恐怖を軽減するものである。このことは牧民自身も同じだったようだ。私は共同体の牧民を訪ね歩いて聞き取りをおこなう調査をしていたのだが、一人で放牧しているような場合はとくに、泊まってゆくよう、一晩泊まるともう一晩泊まってゆくようといわれた。私の分も食事を作ったり、毛布を分けてくれたりするのが煩わしいのではないかと思うこともあったのだが、一人で家畜とだけ過ごす寂しさの方が勝ったのだろうと思う。

日帰り放牧の方法

毎日の牧畜活動はおおむね同じリズムでおこなわれるが、放牧時には予想外の出来事も起こる。ここでは、二〇一六年三月六日から一五日にかけての、エンリケのエスタンシアでの日帰り放牧について、観察日記にもとづき記述してみたい。放牧をおこなっていたのはエンリケと妻のエレナである（図1・11、1・12）。

三月六日、日曜日早朝、エンリケは月集会のために中心村落へ出かけ、この日はエレナが一五時前まで放牧をした。エレナは月曜日の定期市で雑貨を販売しているので、その仕入れのためヤウリに下り、集会から戻ったエンリケが夕方になって家畜を集めた。エレナの放牧中、午後になって家畜が急にワシュアパチャの方へ向かって歩き出したので、エレナは追って行き家畜を戻した。エレナによると、ワシュアパチャは休閑地にしていて牧草が青々としているため、放っておいたらその先まで行ってしまい、夕方までその場にいたら戻って来ないとのことだった。昼過ぎに居住地の方に向きを変えるように家畜を誘導しておくと、夕方になって勝手に帰るという。

（図1・11）囲いのなかで夜を過ごした家畜
日が昇ってくると牧草を食べるのに囲いの外に出たがる。（ワイリャワイリャにて筆者撮影）

しかし、家畜は夕方になると、エンリケらのエスタンシアの隣で放牧しているフェリペのエスタンシアまで行ってしまうことがあるので、区画を越えないよう注意している。前日も午後に家畜を追ったら、追った先にフェリペの群れがいてヒツジ一頭とアルパカ一頭がフェリペの群れに混じってしまったという。六日の夕方も気がつけば、数頭のリャマがフェリペのエスタンシアに行ってしまっていたが、この日は一八時前にはエンリケのエスタンシアに勝手に戻り、群れと合流した。

七日はエンリケしか放牧地にいなかったので、終日エンリケが放牧するはずだったが、用事で昼過ぎまでエスタンシアを留守にした。放牧の人手がなかったので、金網でつくった大きめの囲いのなかに群れを入れ、囲いを閉じた。エンリケは一五時半頃にエスタンシアに戻ると、家畜を囲いから解放した。家畜は一斉に外に出て自由に採食したが、エンリケはとくに家畜を見るでもなく、一七時過ぎには家畜自ら住居の方に戻り始めた。

翌日の八日もエンリケが放牧し、エレナが一三時半頃に町から戻り、午後は二人で放牧した。この日の放牧エリアはエスタンシアの南東にある小さな湖の周辺だったが、朝放牧エリアに向かうのに家畜を追いたてると、先に進んでしまうリャマ、速く進むアルパカ、ヒツジがおり、この群れをエンリケは湖の上の台地で放牧した。残りの群れは、妊娠しているアルパカ、そのシーズンに仔を生んだ母と仔で構成され、この群れは進度が遅く、湖周辺まで行くと進むのをやめ牧草を食べ始め、午後までほぼ同じ場所にいた。一五時半頃、エンリケもエレナも家畜を放置し一旦家に戻る。それまでは、別群の種オスの囲いにヒツジが入って牧草を食べてしまうため、入らないように気をつけたり、住居から離れた奥のエリアに行かないか見張ったりしていた。仔がいるため歩みが遅いアルパカ群は長時間牧草を食べるよう、その場から追いたてないようにしていた。

九日早朝、またエンリケはクスコに用事があるというので町に下り、放牧はエレナがおこなった。群れは同時に出発したが、歩みの速い群れは八時には放牧エリアである台地の上の平原に着

（図1・12）そのシーズンに生まれたアルパカの仔
母畜が牧草を食べる間、仔が集まる様子は雨季によく見られる光景である。
（ワイリャワイリャにて筆者撮影）

いていたのに、遅い群れは牧草を食べながらゆっくり進み、九時半になってようやく到着した。群れは次第にひとつになり、午前中はおとなしく採食していた。一三時過ぎに、群れの一部がフェリペの居住地の近くまで行ってしまいエレナは必死に追いつく。本来はエンリケの家畜が侵入してはいけないエリアなので、私も手伝い家畜を台地の上の方へと戻す。一四時頃、再度六頭のリャマがフェリペのエスタンシアに入ってしまったが、エレナは追わずに放置した。六頭はその後、一六時前にはエンリケの群れに合流した。エレナは台地の上に残っていた後方の家畜を家の方に向かわせた。この日もエレナは、家畜は放っておいたらワシュアパチャまで行ってしまうといったが、以前にも同じようなことはあった。二〇一四年二月二一日も前日の夜に犬が激しく吠えたため驚いたリャマがいなくなり、結局リャマ一三頭、リャマの仔三頭がこのエスタンシアまで行ってしまっていた。この時期はラクダ科動物の出産期に当たるため、生まれたばかりの仔が群れに混じると、放牧をする際の群れの進度に差が出てしまい、一人でこれを調整して放牧するのは労力を要することがわかった。

一〇日もエレナが放牧したが、この日の放牧は大変だった。八時過ぎには放牧エリアに着いたが、ここに向かう途中に種オスの囲いの近くを通ったせいで、発情したオスが一頭囲いから出てしまい、交尾をしようとして妊娠しているアルパカを追いかけた。メスは妊娠しているときは鳴いて威嚇し、交尾をさせないようにする。オスがいつまでも追いかけると群れが散らばり、ほかの家畜も牧草を食べようとしない。この二頭を分けるため、牧民は走るアルパカに追いつき、放牧地の斜面を登らなければならない。このようなアクシデントが起きると一人で対処するのは大変である。オスはその後もほかのメスを追いかけて交尾し、これに触発されたのか、メス群にいた若獣のオスも妊娠していたメスを追いかけていた。

翌一一日は、出発する前にリャマ・ヒツジ群とアルパカ群にあらかじめ分け、先にリャマ・ヒツジ群を放牧に出発させ、あとでアルパカ群を出発させた。群れは進み過ぎると、その先にある他人のエスタンシアに入ってしまうので、進み過ぎないように気をつけていた。群れを分けたのは、その方が「おとなしく採食するから」とのことであった。リャマはリャマだけだとおとなしく採食し、アルパカもアルパカだけだとおとなしい。アルパカが採食しているところにヒツジが群れて横切ると、アルパカはそれについて行ってしまう。午前中に出産したアルパカがいたが、死産だった。エレナによると、昨日オスに追いかけ回されたから出産が早まってしまったそうで、本来は一、二週間後に産むべきだったという。昼前にはエンリケが町から戻った。

一二日も家畜を二つの群れに分け、前日と同じ場所で放牧した。この日は比較的落ち着いて放牧がおこなわれた。

一三日は日曜日だったため、エレナは翌日の定期市の準備で町に下りる。早朝、一昨日囲いから出してしまった種オスが逃げ出さないように、脚を縄で縛った。エンリケは八時頃、兄弟と会う用事があるといってヤウリへ行った。放牧をする者がいないので、七日と同様アルパカを囲いに入れ、リャマ・ヒツジの群れはアルパカを入れた囲いの周辺で放牧する。エレナが出かけて一時間後にエンリケが帰宅し、囲いから出たがっていたアルパカを解放する。群れは徐々にひとつになり、この日は住居の近くで牧草を食んでいた。

一四日はエンリケが放牧したが、この日はエスタンシアのなかで住居から一番遠いエリアである湖の反対側まで家畜を追った。このエリアはワシュアパチャとの境界にあるので、家畜を入れず牧草を育てているワシュアパチャに侵入しないよう注意していた。昨日フェリペのリャマが一頭、エンリケの群れに混じっていた。私には区別がつかなかったが、エンリケはすぐに自分の家畜ではないことに気づき、リャマをフェリペのエスタンシアに帰そうとした。しかし、結局、そのリャマはエンリケの住居付近をうろうろとして金網の囲いのなかに入ってしまい、そのまま夜を過ごした。一四日の朝になって、リャマがいないので探したが見つからず、キツネに食べられたのかもしれないとエンリケが心配したが、近くにいた。このように群れからはぐれた家畜は牧草も食べず、うろうろとすることがある。このリャマがそうだったかは不明だが、仔を亡くした母が仔を探して群れからはぐれてしまうことがあるという。結局このリャマもいつの間にかフェリペのエスタンシアに戻っていた。

翌日も群れを二つに分け、進度が異なる二群を別々に出発させた。放牧エリアは八日と同じ、小さな湖の周辺だった。この日、群れはおとなしく採食していた。

三月六日から一五日にかけての一〇日間の日帰り放牧について記述すると、以上のようになる。エンリケらは所有する群れをメインの群れと、アルパカ・種オスの群れに分けていたが、これは家畜の改良のためであり、とくに改良の対象であるアルパカの交配を管理するためである。しかし三月一〇日のように、囲いからオスが逃げて自然交配してしまうこともあり、改良のための交配管理は完璧なものだとはいえない。

さらに、この時期は群れの進度に差があるため、本来は速く進むグループと遅いグループを牧民二人でコントロールし、放牧するのが理想のようである。しかしながら、エンリケもエレナもエスタンシアにずっといるわけではなく、共同体と町を頻繁に行き来しており、毎日の放牧をおこなう人手が「一人」に満たない場合もある。このような場合は、金網の囲いを利用し、家畜を囲いのなかに閉じ込めて放置し、二人が交代していた。放牧の「人手不足」はほかの成員もよく口にすることであるが、エンリケのような囲いをもたない者は、家畜をオープンスペースに放置するわけにもいかないので、誰か放牧をしてくれる人を雇うほかない。この場合、エンリケらが二〇一四年にも雇っていたように、誰かが「雇われ牧民」となる。放牧料は一ヶ月単位で現金で支払う場合と、雇われ牧民が自分の家畜を連れてきて一緒に放牧する場合がある。後者の場合は、草地料というかたちで放牧料が支払われることになるが、現金でも放牧料が支払われていた。しかし、近年では雇われ牧民になる人手を探すのも一苦労のようで、放牧料も値上がりしてしまい、雇う方もなかなか雇えない現状にあるようだ。

放牧中は他人のエスタンシアに家畜が侵入しないよう、またエンリケのように別の共同体との境界にエスタンシアをもっている場合は、近隣の共同体ともめないように、とくに神経質になって家畜を見張っているようだった。隣人とのすべての境界に柵が設けられ、家畜の侵入を防ぐことができるわけではなく、見張っていても家畜は牧草を求めて境界を越えてしまう。私が見た限りでは、結局、越境して一度はほかの群れに混じってしまった家畜も自分が属する群れがわかっていて、勝手に戻る習性があるように思える。それでも彼らが越境に神経質になるのは、土地区分によって境界を明確化したからであり、家畜の越境によって起こる隣人とのあいだの境界をめぐる問題を事前に回避するためであるといえる。そして、家畜が越境するのは、当然のことながら牧草を求めてであり、雨季でもエスタンシアの牧草は十分ではないことが、家畜の行動からも明らかである。

四　家畜利用方法の変化

ラクダ科動物の利用方法

リャマとアルパカの利用方法に関しては、「リャマは荷役用、アルパカは毛の利用」がおもな利用方法であるとされてきた。リャマの荷役用としての利用は、食料である農作物を自給できない牧民が作物を得るために不可欠なものだったが、近年は道路網の発達などによりその役割を減じてきている。その一方で、アルパカに関しては、毛の市場価格の影響を受けて、価値がより高いものとなるように改良もおこなわれていて、家畜の利用方法に変化が見られる。ここでは、現在におけるラクダ科動物の利用方法について順に記してゆき、近年の利用の変化についても言及したい。

ラクダ科動物の「毛」の利用といえば、アルパカの毛がイメージされる。実際にクスコ市の中央広場周辺には、多くのアルパカ製品の店が並び、観光客はアルパカのマフラーやセーターなどを土産物として購入してゆく。しかしアルパカだけではなく、リャマの毛も織物の材料として利用される。リャマの毛は粗く衣服には適していないため、荷袋やロープを作るのに利用され、放牧に使用する投石紐の材料ともなる。アルパカの毛は柔らかく強靭で、量も豊富なため織物に多用されてきたが、現在では自家用として使用するよりも主要な現金収入源となっている。毛刈りは雨季におこなわれるが、これは雨季の方が乾季よりも暖かいからである。日本で飼われているアルパカは、暑い夏を越すために夏前に毛刈りをするようだが、アンデス高地は一年をとおして寒冷であるため、比較的寒くない時期に毛を刈らないと家畜は寒さで死んでしまう。刈った毛は一二月中に売る方が値段が高くつくため、一二月に毛刈りを済ませてしまう者が多いという。一頭の家畜は二年ごとに毛刈りされ、一頭当たり一回で三キログラムほどの毛が取れる。

家畜の最終的な利用方法は何かと問われると、それは肉の利用だろう。肉そのものだけではなく内臓や血も利用される。余すところなく食され、頭部や脚部の、肉がほとんどないように思われる部分も食材となる。干し肉はチャルキ（ch'arki）と呼ばれ、肉に塩をもみこんで作って保存食となる。リャマもアルパカも肉は自家消費用にも、現金収入源にもなる。毛刈りは一年に一度だけイベント的におこなわれ、まとめて仲買人や商人に売られて収入を得るのに対して、屠畜は現金が必要になった際に群れのサイズと構成を考えておこなわれる（図1・13）。

屠畜後、肉から分けられた毛皮は、寝る際に床に敷く敷物としても使用されるが、アルパカの毛皮は売って現金収入を得ることが多く、日常的にはヒツジの毛皮を敷物にしている。これがベッドや座布団の代わりとなる。また、皮は細く裂いて紐として屋根材の固定などに利用される。私が観察した例では、屋根葺きの際に皮を水につけて軟らかくして、屋根の基礎となる木材を結ぶのに使用していた。

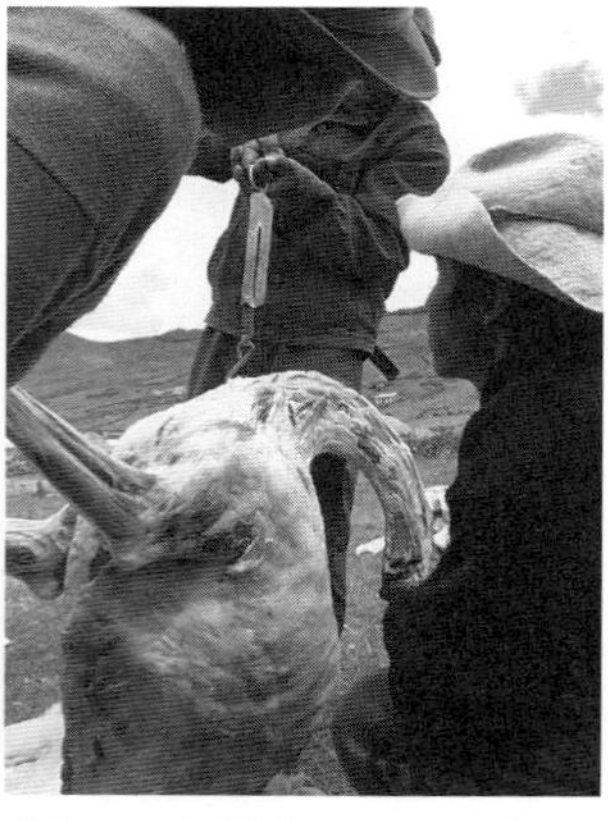

（図1・13）屠畜したアルパカの肉を売るために量っているところ（ワイリャワイリャにて筆者撮影）

（図1・14）乾季に燃料になる糞を集めて乾燥させ、数ヶ所に積み上げ保存する（ワイリャワイリャにて筆者撮影）

日々の生活のなかで重要になってくるのは、糞である。リャマやアルパカの糞はウチャ（ucha）と呼ばれる。高地では木は生育せず、燃料となる薪を入手することが困難なため、糞を燃料として利用する。乾季に糞を集めて乾燥させ保存しておくことは重要なことである（図1・14）。また農耕をおこなう地域では、ジャガイモなどの農作物の生産に有効な肥料ともなる。アルカビクトリア共同体では畑に糞を施肥していたが、ワイリャワイリャでは農耕での利用はなかった。乾季に糞が集められないと雨季の燃料がなくなってしまい、不足する場合は町で購入する者もいるとのことだった。ウシの糞はボスタ（bosta）と呼ばれるが、これも乾季に集める。調理の際、ボスタは着火するのに適しているが火を持続させることはできない。火を長く燃焼させておけるのはウチャである。二つの畜糞を上手に組み合わせて燃料として利用している。

先に述べたように、ウシの放牧に関しては関心が低いのか、囲いから放つ・集めるという作業はあっても日中は放置することが多い。アルカビクトリアではウシから乳を搾って飲んでいたしチーズも作っていたが、ワイリャワイリャではウシの乳を搾っているところはほとんど見られない。最終的には肉として利用することもあるというが、私はワイリャワイリャでは一度もウシの屠畜は見たことがないし、食べたこともない。ウシは何のために飼っているのかと聞いたら、「糞のため」とのことであった。糞は廃棄されるものではなく、ここでは重要な資源として利用されているのである。

脂肪も、電気のない村においてはロウソクの代わりに灯りの燃料となる。とくにリャマを屠畜した場合に、皮を剥ぎ、丁寧に肉から脂肪を削ぎ落とし、大鍋に脂肪を集める。鍋が火にかけられると脂肪は溶けて油となり、脂肪と共に削がれた肉は自然に揚がる。この肉も「チチャロン」と呼ばれ当然食される。冷めてひとかたまりとなった脂肪は大事に保管され、その都度かたまりから切り出されて使用される。この脂肪は調理用の油として利用されることはない。さらに、脂肪は繁殖儀礼で供物となることもある。

去勢されたリャマのオスのもっとも重要な利用方法は、荷駄としての利用である（図1・15）。三歳頃から荷を担がせる訓練をし、一日に一五〜二〇キロメートルの距離を移動し、四五キログラムくらいまでの荷を背負うことが可能となる。しかしワイリャワイリャのように、現在ではリャマのオスを荷役用として利用することをやめた人びともいる。アルカビクトリアではまだこの利用が見られたが、長距離交易での利用は徐々になくなる傾向にあり、共同体内での荷運びとして利用していた。

儀礼においては、家畜は供物となる。家畜は殺す前にトウモロコシの発酵酒であるチチャ（chicha）で献酒され、日常とは異なる方法で屠畜される。肉は塩なしで茹でて、参加者に様々な部分が分配され、参加者全員で食べる。茹で汁は「コンドルの乳（condor leche）」と呼ばれ、これも分配される。翌日に主催者は骨を集め大地に埋める。

利用されない例としては、ウマ以外の動物を騎乗用として利用することはないため、リャマやアルパカを騎乗動物として利用することはない。また、農耕地がある低地では、ウシは畑を耕すのに利用されるが、牧畜を専業的に営むところでは耕作に利用することはない。また、リャマやアルパカ、ヒツジの乳は、乳そのものを飲むこともなければ、それをチーズやバターに加工して食すこともない。

利用方法の変化

このような家畜の利用方法に、近年変化が見られるようになった。もちろん、どのように利用するかは時代に応じてこれまでも変わってきただろうし、変わること自体が珍しいわけではない。しかし、先スペイン期から継続されてきた利用方法が急速に変化してきているように思える。とくに、リャマの荷運び利用は、少なくとも牧民にとっては生存に不可欠な要素であったため、調査を開始した頃にはワイリャワイリャではまったく利用しなくなっていたことにとても驚いた。ほかの利用

（図1・15）サント・トマスから共同体に帰るリャマのキャラバン
このキャラバンは家路に向かう途中でアルカビクトリアに宿泊した。（アルカビクトリアにて筆者撮影）

方法にも徐々に現代的変化が見られるようになった。

毛や毛皮は自家用として利用されてはいるが、とくにアルパカのものは現金収入源としての利用が顕著であり、アルパカの毛皮を敷物として利用している例はあまり見ない。日常の衣服に関しても既製品がほとんどだ。羊毛製の毛布は、以前に織ったものを利用しているが、やはり既製品を使うことも増え、機で織る姿も見られなくなってきた。糞や皮、脂肪も徐々にガス、既製品の紐や縄、ロウソクあるいはソーラーパネルを利用した電気にとって代わりつつある。儀礼時の供物としての利用については継続されてはいるが、儀礼そのものが希薄化・簡略化する傾向にある。利用方法が変わるとそれにともなう文化も変化してゆく。儀礼の手順も織りの技法も、親から子へと受け継がれてきたものが途絶えてゆくのである。糞の重要性は先に述べたが、糞も燃料として集められなければただの糞として放置されるだけになってしまうかもしれない。

リャマの荷役用としての利用が失われてゆくことについては、早くから示唆されていたし（Flores Ochoa 1968, 稲村・山本 二〇〇七）、輸送手段の変化はアンデスに限ったことではない。利用していても長距離交易のためではなく、自分の畑と家の往復というように限定的に使用している例も見られる。いずれも、交通手段や道路網の発達により、農村まで農作物を獲得しに行く必要がなくなったことが大きな要因であると考えられる。カストレッドは、長距離交易にはリャマとウマが使用され、ウマはリャマの二倍の量の荷を担げるが、牧民は「長い旅にはリャマの方を好む」と述べているが（Custred 1974：275）、ワイリャワイリャでもアルカビクトリアでも長距離交易そのものがおこなわれなくなってしまった。

リャマは肉や毛なども利用されるとはいえ、荷役用としての利用が重視されていたために、その必要性がなくなると飼養頭数も減少し手放されてゆくだろう。実際に、牧民の多くは家畜のための牧草地が不足していると考えており、またアルパカの改良に関心が向いている状況では、リャマ飼養の重要性が希薄化してゆくのは当然のことのように思える。しかしながら、リャマ利用の重要性が低下してゆくなかで、おそらく今のところ大きな市場とはなっていないが、新たなリャマの皮革・獣毛市場の展開も見られる。

二〇〇三年に創業したLlamactiva Perú Sac.という企業は、リャマの革で作られた鞄や財布、毛を使ったマフラーやセーターなどの製品を製造・販売している。私は二〇一一年九月に、クスコ市内の店舗において店舗責任者にインタビューをおこなった。企業はクスコ市とリマ市、ボリビアのラ・パス市に店を構えているが、もともとはボリビアでリャマ製品を取り扱っていた経営者が、共同経営者とペルーでも店を開いたとのことだった。革に関しては原材料を具体的にどこから仕入れているかは不明であるということだったが、毛はアレキパの企業であるInka Topsから購入している。製造はボリビア国内でおこなわれ、ペルーに製品を輸出している。リャマの毛は一般的にアルパカと比べると粗く、一個体から取った毛の品質が均一ではないため、衣服よりも荷袋や縄の材料として利用されてきた。しかし、粗い毛を取り除くとアルパカの毛よりも柔らかく上質な毛を取ることができるという。問題は、一個体から取れる毛の量が二～二・五ポンドと少なく、また脚部や背中部分の毛の質はよくないために、衣服の材料には適していないことである。ペルーでは粗い毛を選別する機械がなく、そのためにボリビアで生産しているということだった。リャマ製品、とくに獣毛製品の市場を拡大するには、製造工程における問題を解決しなければならないが、「リャマの毛はアルパカの毛よりも質が劣る」という先入観を払拭することも重要である。利用価値が低くなりつつあるリャマに新たな利用価値を見出すことができるならば、生産者である牧民の家畜飼養形態も再び変化してゆくのではないだろうか。

市場と関連する家畜利用の変化という視点からみれば、アルパカ肉利用にも変化が見られる。ペルー有数の観光地であるクスコ市の中央広場周辺には、観光客向けレストランが多く建ち並ぶ。このようなレストランで、約二〇年前からラクダ科動物肉を使った料理が提供されるようになった(図1・16)。ラクダ科動物肉は低脂肪、低コレステロールで、タンパク質が高い健康食であるとい

（図１・16）クスコの観光客向けレストランで提供されるアルパカ肉料理
美しく盛り付けられていて食欲をそそられる。（筆者撮影）

う周知と、近年世界的に名を上げたグルメ料理としてのペルー料理で使用される食材であること、さらに地産の食材を使った料理が食べたいという観光客からの需要が普及を後押ししたようである。[17]

しかし、観光産業のなかで利用されるラクダ科動物肉は「アルパカ」であって「リャマ」ではない。牧民にいわせればリャマとアルパカで肉の味に大きな違いはないようで、現金収入源として販売する場合は、リャマの方が体が大きい分肉の量が多いためリャマを選んで屠畜していた。これには、アルパカは殺さずにできるだけ長く毛を利用したい、改良種であるならばなおのこと、肉利用のための屠畜対象にはならないという事情も関係している。しかし、観光客向けレストランで普及している肉はアルパカの肉、しかも柔らかいという理由で幼獣の肉の方が好まれている。リャマの肉がレストランで提供されない理由の多くは「硬いから」というものであったが、牧民によれば肉の硬さは種の違いではなく個体差にあり、若いリャマと年老いたアルパカではもちろんアルパカの肉の方が硬いという。しかし、そもそもリャマは「荷を担ぐ動物だから」食べるには適さないという考えもあるようで、私が調査をしたレストランでリャマ肉を使っているところは一軒もなかった。

都市の観光産業での普及の一方で、地元の人にはラクダ科動物を食すことに対する偏見もあるようであり、クスコ市の人びとはリャマやアルパカを食べることに嫌悪感を示す。食べないのには、ラクダ科動物の肉には寄生虫があるからという理由を挙げる人が多いが、「先住民の食べる肉だから」という偏見もある。健康食やグルメ料理といった肯定的な付加価値がついてレストランで普及してもなお、クスコの地元の人びとが自分たちの食卓に取り入れることは、今のところないといえる。クスコのレストランで使用されている肉は、おもにプーノ県やシクアニ市から仕入れたもので、アルパカ肉市場の影響はまだチュンビビルカスには及んでいなかった。しかし、共同体の人びとが獣毛の国際市場の影響を受けて家畜の改良に着手した経緯を考えると、国内・国際市場の影響を受けて肉利用のあり方が変化する可能性も十分にあるだろう。

[17] ラクダ科動物肉の近年の都市での普及と消費については、鳥塚（二〇一五）で考察した。

五　アンデス牧民と家畜との関わり

二〇一四年二月、放牧に付き合い家畜を観察していると、前脚を縄で縛られているアルパカが一頭、ふと目についた。ラクダ科動物は群居性の動物なので、放牧中に群れが分散することはあっても、基本的には一頭が孤立することは少ない。しかし、このアルパカは一頭だけ群れのはずれで、ほかのアルパカがおとなしく牧草を食んでいるときも、ほかの個体と距離をおきうろうろとしている。脚を縛られているからうまく牧草が食べられないのかと思ったが、そうではなかった。牧民に聞くと、“maqlla（マフリヤ）”だという。一度も聞いたことのない言葉だった。説明によると、maqllaとは「生殖能力がなくオスでもメスでもない個体」「オス・メス両方の性をもっているもの」とのことだった[18]。このアルパカは、メスの群れと一緒に放牧されていたが、メスを追いかけて煩わせるので前脚を縛ったという。生殖能力もなく改良種でもないなら、合理的思考では「役に立たない」家畜で、さらに妊娠しているメスを煩わせるのであれば群れにとっては邪魔な存在となるので、肉として利用した方がよいのではないかと考えてしまう。しかし、所有者は「私のアルパカはかわいい。このアルパカは可哀そうだ」と話し、maqllaを優先的に屠畜することはなかった。

牧民にとって「家畜」とは何だろうか。はじめに述べたように、アンデス高地の標高四五〇〇メートルでの人間の生活を可能にしているのは、家畜の存在であった。牧民にとって家畜は重要な資源であり、財産であり、家畜は人間によって保護される存在でもある。では、牧民にとって家畜の「利用」とは何だろうか。それは、一方的に人間が搾取することではないだろう。動物に対する人間の見方や家畜と人間の関係については近年研究が進められており、動物観は日常と連続するものであり、家畜と野生もまた連続するものであると考察されている（石田ほか 二〇一三、今村 二〇一六、奥野 二〇一二）。石田が日本人の動物観について、人間と動物との境界は連続していると述べるように（石田 二〇〇八）、アンデスにおける人間と動物の関係もまた、断絶より連続関

[18] ケチュア語辞書によると、maqllaは「哀れな、貪欲な、けちな」という意味がある。

[19] 家畜を飼うというとき、人間と動物という二者間関係ではなく、人間・動物・神の三者間関係が存在し、三者は明確な境界により区別されるものではなく連続するものであるという。友枝は、アンデスの家畜儀礼の分析から、儀礼で神・人・動物の三者が出会うことが重要であり、神と人間はヤナンティン（相補関係）の関係にあると考えられていると述べている。捧げ物となる家畜の耳切れと儀礼で家畜の耳につけるリボンは、神と人間のあいだに交わされた繁殖承認の証とされ、儀礼のなかでは三者は混じり合い重なり合う関係であると論じている（友枝 一九八六）。

係にあるのかもしれない。[19] レストランでの肉利用とは異なり、家畜を飼っている人びとにとっての家畜の存在は、有用だから利用する、無用だから利用しないというだけで理解できるものではない。maqlla の例はそのことを教えてくれるものである。家畜は、その生に最後まで責任をもつべき存在であり、だからこそ関係は一方通行ではなく、相互的なものとして理解されるべきものなのである。

家畜の繁殖は牧民にとって生活に関わる重要な問題であり、放牧の例で見たように出産の時期に当たる雨季は、群れに対して注意を払わなければならないことが増える。カーニバルの時期には家畜のよき繁殖と成長を願い繁殖儀礼をおこなう。放牧中は生まれたばかりの仔が川に落ちないか、キツネに食べられないか、母畜からはぐれてしまわないか、うまく乳を飲んでいるかなど、生まれた新生仔にとくに注意して放牧している。また、家畜の出産を助けることもある。出産介助については、牧民に聞いても「とくにしない」とのことであったが、出産が困難は場合には介助をおこなうこともある。

二〇一六年三月一〇日、八時過ぎに放牧エリアに到着し、しばらくすると二頭のリャマが横たわっているのに気づいた。出産だった。八時四五分、こげ茶色のリャマから仔の前脚が出始め、九時五分には出産した。もう一頭の白色に茶のぶちがあるリャマもすぐ隣に横たわっていたが、こちらは九時に仔の頭が出て九時二三分に前脚も出たが、そこからは一向に生まれる気配がない。母リャマは立ち上がったり牧草を食べたり、また横たわったりして落ち着きがない。その様子を見たエレナはおもむろにリャマに近づき、出ていた仔の首と前脚を少し引っ張った（図1・17）。しかし完全に引き抜くことはしなかった。その後九時三七分に完全に仔が外に出て、出産は無事に終わった。このような出産介助を見たのは初めてだった。[20] 彼らにとっては、このような介助は「技法」というほどのものではないため、「とくに助けない」という言説として表れるのだと推測でき

（図1・17）出産が困難なリャマの仔の首と脚をひきだし、出産の介助をおこなう様子
（ワイリャワイリャにて筆者撮影）

[20] 佃もアルパカ出産時の介助について同様の報告をしているが、介助がおこなわれることはあまりないという（佃二〇一七）。

るが、やはり仔が無事に誕生することを願い、また長時間の出産が母畜の負担にならないように助けているのである。それでも仔が死んでしまうこともある。その場合も、肉を無駄にすることなく食べる。死肉を食すことに嫌悪感を示す人もいるだろうが、死肉も彼らにとって重要な食料であることに変わりはなく、仔の肉はこの時期にだけ口に入るご馳走となるのである。

牧民が毎日おこなっている「放牧」という行為は、野生動物に対するものとは異なり、人間が家畜に積極的に、また継続的に働きかける行為である。とくにリャマは放っておくと「野生化する」と牧民はいうが、だからこそ自分たちが毎日働きかけをおこなうことで飼い馴らしてゆく存在であり、また飼い馴らすことにより放牧活動は成立し、動物も「家畜」でい続けることができるのだと考えられる。働きかけを継続することで、家畜も自分が属する群れを認識し、牧民の口笛や家畜を追う仕草にも反応する。このことが人間と家畜の関係性を確認し続けることにもなる。毎日の働きかけにより、牧民は群れを集団として見るのではなく、個体を認識し、生まれたばかりの仔についてもどの母の仔なのかを正確に把握している。私が驚いたのは、母畜が初産なのか、何回仔を産んだことがあるのかまできちんと把握していたことであった。牧民にとってはmaqllaも、出産を見守り生まれた仔が無事に成長したアルパカで、ほかの家畜と同じように毎日働きかけをおこない関係を築いている存在である。そのことが、「かわいい」という言葉として表れたのではないだろうか。

同様の態度は、死産の場合や仔の成長を見守る際にも見られる。二〇一六年三月一一日にアルパカが出産した仔は死産だった。母畜はその日、仔を産んだ場所にとどまり、牧草も食べず死んでしまった仔を探していた。エレナは「かわいそうに」といい、また、そのアルパカは改良種のよいアルパカで夫エンリケのお気に入りだから、仔が死んでしまって悲しがるとも話していた。出産期には群れに仔が混じり、仔畜どうしでじゃれて遊ぶ姿が見られる（図1・12参照）。微笑ましい光景だが、それは牧民にとっても同じであり、私と一緒に仔を見ていたエレナは「かわいいね」と嬉しそうに話した。別の日には、母畜とはぐれた仔が母を探している姿を見て、「お母さんは仔をおいて何をやってるんだ」と心配して探し、仔の母が近くにいたのを見つけて、よかったと安心した。このような牧民の家畜に対する態度や言葉は、特別な何かを説明するものではないが、「牧民は家畜を利用して生活している」という説明だけで済むようなものでもないだろう。

六　おわりに――日常から見えること

本章ではアンデスの熱帯高地における牧民共同体を例に、そこで生きる牧民の生活と毎日の放牧について記し、牧民の日常を描いた。標高四五〇〇メートルの耕作ができない高地で人びとが暮らしてゆくには、家畜化されたリャマやアルパカの存在が不可欠であった。それらを飼い続ける技術は、家畜利用方法や日々の放牧方法として長い間受け継がれてきたことなのだろう。専業牧民が「家畜の放牧をおこなう」ことはごく当たり前のことで、そこに珍しさはない。しかし、それこそが生業の基盤であり、毎日やるべきことだからこそ、周辺の変化や共同体の決定によって様々な問題や変化に直面したとしても、少しずつやり方を変えながら彼らは活動を続けているのである。

またここでは、約一五年の調査で私が見た共同体の変化についても触れた。現地調査を開始した頃、私に恥ずかしそうに話しかけていた近所の小学生も立派なセニョリータになり、スペイン語で流暢に話しかけるようになったし、ラジオの音楽に合わせて一緒に踊った若者たちも今では小学生の子をもつ親になった。また、道路の整備により共同体に行くことも以前ほど大変ではなくなった。専業牧民の共同体では、農村にまで出向いて農作物を得る必要もなくなり、農民との関係も希薄化していった。次章で山本が述べる「環境利用の変化」という点から見ても、専業牧民が間接的におこなっていた異なる生態系の利用にも変化が訪れたということができるだろう。

同時にリャマはその役割を減じ、牧民はアルパカ飼養に特化してゆくという生業の変化も起こっていった。家畜利用の変化は、当然、共同体内外の様々な要素の影響を受けてのものである。「利用」の変化のなかで、それを飼って生活している牧民がどのように家畜と関わっているかについても、変わったものと変わらないものがある。かつて農村にまで一緒に旅をする荷役用のリャマには名前が付けられていたというが、現在は品評会で賞をとる改良種のアルパカのなかに名前を付けられたものがいる。エンリケの「お気に入り」も品評会でいつも勝つアルパカだった。リャマの重要性は低くなったとしても、一緒に旅をしたことはよき時代の思い出として語られ、牧民はリャマを不要なものとはみなしていない。またmaqllaのように、繁殖に役立たないような個体であっても、不要な存在とは考えない。そこには、要／不要という二元論的な考え方では理解できない、また市場原理の考えのみに支配されない考え方が確かにあるのである。先行研究で述べられたように、牧民の家畜に対する見方は日常と連続したものであり、日々の牧畜活動をとおした人間と家畜との相互関係のなかで、このような考え方が構築されてゆくのだろう。そしてそれは、日常を観察することでこそ見えてくるものなのではないだろうか。

謝辞

本稿は、JSPS科研費23251008, 26257014, およびJP16H07160の助成を受けて実施した現地調査の成果の一部である。ここに記し感謝の意を表したい。

【文　献】

石田　戢　二〇〇八『現代日本人の動物観—動物とのあやしげな関係』ビイング・ネット・プレス。
石田　戢・濱野佐代子・花園　誠・瀬戸口明久　二〇一三『日本の動物観—人と動物の関係史』東京大学出版会。
稲村哲也　一九九五『リャマとアルパカ—アンデスの先住民社会と牧畜文化』花伝社。
稲村哲也　二〇〇七「旧大陸の常識をくつがえすアンデス牧畜の特色」山本紀夫編『アンデス高地』二五九–

二七七頁、京都大学学術出版会。
稲村哲也　二〇一四『遊牧・移牧・定牧—モンゴル、チベット、ヒマラヤ、アンデスのフィールドから』ナカニシヤ出版。
稲村哲也・山本紀夫　二〇〇七「アンデス社会の変容」山本紀夫編『アンデス高地』五五七‐五七八頁、京都大学学術出版会。
今村　薫　二〇一六「アフリカの岩絵と狩猟採集民の動物観」嶋田義仁・今村　薫編著『岩絵文化と人類文明の形成—アフリカ、北欧、中央アジア、新疆、モンゴル』（アフロ・ユーラシア内陸乾燥地文明研究叢書12）七‐一二頁、中部大学中部高等学術研究所。
奥野克巳編著　二〇一一『人と動物、駆け引きの民族誌』はる書房。
木村秀雄　一九九七「中央アンデス南部高地の社会経済」友枝啓泰・染田秀藤編『アンデス文化を学ぶ人のために』一三七‐一七二頁、世界思想社。
谷　泰　一九九七『神・人・家畜—牧畜文化と聖書世界』平凡社。
谷　泰　二〇一〇『牧夫の誕生—羊・山羊の家畜化の開始とその展開』岩波書店。
佃　麻美　二〇一七「アンデス牧畜におけるアルパカの日帰り放牧と母子関係への介入」『動物考古学』三四：三三‐四七。
友枝啓泰　一九八六『雄牛とコンドル—アンデス社会の儀礼と民話』岩波書店。
鳥塚あゆち　二〇〇九a「開かれゆくアンデス牧民社会—ペルー南部高地ワイリャワイリャ村を事例として」『文化人類学』七四（一）：一‐二五。
鳥塚あゆち　二〇〇九b「アンデス牧民社会における土地区分をめぐる変化と共同体のあり方—ペルー南部高地ワイリャワイリャ共同体の事例から」『イベロアメリカ研究』三一（一）：一‐一八。
鳥塚あゆち　二〇一五「南米ラクダ科動物肉の消費と流通に関する一考察—ペルー、クスコ県の事例より」『奈良史学』三二：二三‐五六。
松井　健　二〇一一『（新版）セミ・ドメスティケイション—農耕と牧畜の起源再考』（ヒトと動物選書）エイエヌ。
山本紀夫　二〇〇七「高地でも人が暮らす中央アンデス」山本紀夫編『アンデス高地』五五‐七四頁、京都大学学術出版会。

山本紀夫　二〇一四「中央アンデス農耕文化論―とくに高地部を中心として」『国立民族学博物館調査報告』一一七。

Ávila, F. de 1991 *The Huarochirí Manuscript*. Translated from the Quechua by F. Salomon, & G. L. Urioste, Austin: University of Texas Press.

Casaverde Rojas, J. 1977 El Trueque en la Economía Pastoril. En J. A. Flores Ochoa (ed.), *Pastores de Puna: Uywamichiq Punarunakuna*, pp.171–191. Lima: Instituto de Estudios Peruanos.

Concha Contreras, J. de D. 1975 Relación entre Pastores y Agricultores. *Allpanchis Phuturinqa* 8: 67–101.

Custred, G. 1974 Llameros y Comercio Interregional. En G. Alberti, y E. Mayer (eds.), *Reciprocidad e Intercambio en los Andes Peruanos*, pp.252–289. Lima: Instituto de Estudios Peruanos.

Flores Ochoa, J. A. 1968 *Los Pastores de Paratía: Una Introducción a su Estudio*. Cuzco: Ediciones Inkarí.

Flores Ochoa, J. A. (comp.) 1977 *Pastores de Puna: Uywamichiq Punarunakuna*. Lima: Instituto de Estudios Peruanos.

Flores Ochoa, J. A. (comp.) 1988 *Llamichos y Paqocheros: Pastores de Llamas y Alpacas*. Cuzco: Centro de Estudios Andinos Cuzco.

Flores Ochoa, J. A., y Kobayashi, Y. (eds.) 2000 *Pastoreo Altoandino: Realidad, Sacralidad y Posibilidades*. La Paz: Plural.

Mayer, E. 2002 *The Articulated Peasant: Household Economies in the Andes*. Boulder: Westview Press.

Orlove, B. S. 1977 *Alpacas, Sheep, and Men: The Wool Export Economy and Regional Society in Southern Peru*. New York: Academic Press.

Palacios Ríos, F. 1988 Tecnología del Pastoreo. En J. A. Flores Ochoa (comp.), *Llamichos y Paqocheros: Pastores de Llamas y Alpacas*, pp.87-100. Cuzco: Centro de Estudios Andinos Cuzco.

Pulgar Vidal, J. 1996 *Geografía del Perú: Las Ocho Regiones Naturales*. Lima: PEISA.

第Ⅱ章

山本 紀夫

熱帯アンデス高地の環境利用

—ペルー・アンデスを中心に—

標高 4000m あまりの高地でのジャガイモ収穫。ジャガイモの収穫では、しばしば家族全員で作業にあたる（ペルー、クスコ県マルカパタ村、筆者撮影）

一　地球上で最長の大山脈、アンデス

アンデスは南アメリカ大陸の太平洋岸にそって南北に約八〇〇〇キロメートルの長さにわたって走る地球上で最長の大山脈である。このアンデス山脈の北端は北半球のベネズエラに始まり、コロンビア、エクアドル、ペルー、ボリビアなどの国々をへて、南はチリおよびアルゼンチンにまで達する（図２・１）。また、そこには標高六〇〇〇メートルを超す高峰も少なくない。たとえば、ペルーの最高峰はワスカラン峰であるが、それは双耳峰で、北峰が六六五五メートルで、南峰が六七六八メートルにおよぶのである。

このようにアンデスが長大で、しかも南北に走る山脈であるため、そこでは緯度や高度の変化によって自然環境に大きな違いがみられる。とりわけ、アンデスのなかでもペルー・アンデスはきわめて多様な環境の見られるところとして知られている。アンデス西側の山麓は大部分が砂漠となっているが、そこではオアシス地帯も見られる。山岳地域も高度によって様々な景観を呈している。もっとも標高の高い部分は氷雪地帯であり、その下ではツンドラ的な景観の草原地帯へと変化し、さらにそこからアンデスの東側を下ると高度により様々な植生帯が見られ、その山麓の低地部は典型的な熱帯雨林になっているのである。

じつは、このペルー・アンデスの高地こそは、その海岸地帯とともに、古くから多数の人間が住み、そこで農耕文化を発達させ、古代アンデス文明の中核になった地域である。たとえば、古くは紀元前八〇〇年頃、現ペルーの中部山岳地帯に位置する標高約三〇〇〇

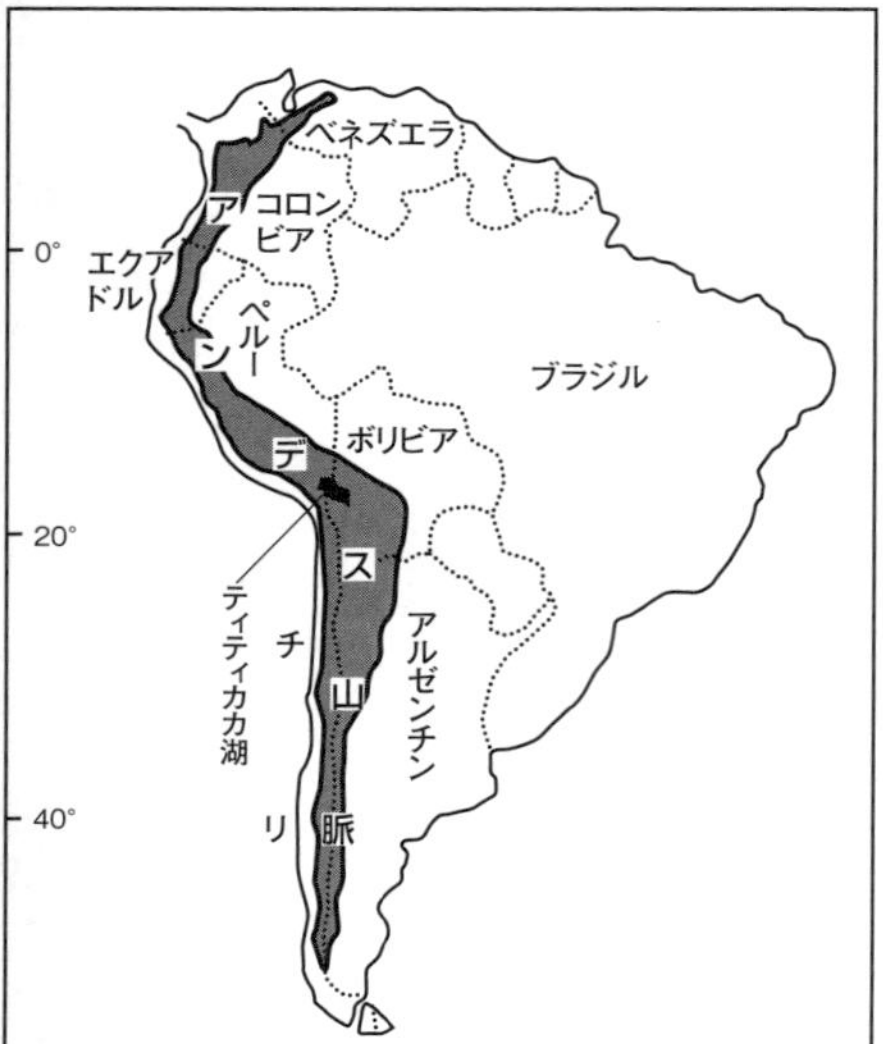

（図２・１）南アメリカ大陸とアンデス山脈（筆者作成）

メートルあまりの高地で大神殿をもつチャビン文化がおこった（図2・2）。また、紀元数世紀頃には標高三八〇〇メートルあまりの高地に位置するティティカカ湖畔でも優れた石彫で有名なティワナク文化が生まれている。このあとも、中央アンデスの海岸地帯と高地では様々な文化の盛衰がくりかえされた。そして、これらの諸文化の遺産を集大成し、アンデス地域の大部分を統合したのが標高三四〇〇メートルのクスコを首都とするインカ帝国であった。クスコは現在三五万の人口を擁し、インカ時代も約二〇万の人口を擁した南アメリカ最大の都市であった（図2・3）。

このように、富士山の頂上と同じ、あるいはそれよりも高いところでも数多くの人間が居住できたのは、なぜか。その理由のひとつは、ほかでもない、ペルー・アンデスが熱帯ないしは亜熱帯圏に位置しているからである。すなわち、ペルー・アンデスが低緯度地帯に位置している山岳地帯、つまり熱帯高地だからこそ、そこがたとえ富士山と同じほどの高度をもつところであっても、気候は日本のような高緯度地帯ほどには厳しくないのである。

もちろん、熱帯高地という自然条件は、そこで人間が住むことを可能にしても、そこに定住し、さらに高度な文明を生む条件まで準備しているわけではない。実際に、アンデスのなかで、ペルーだけが熱帯に位置しているわけではなく、ベネズエラやコロンビア、エクアドルなどもそうである。このような熱帯に位置するアンデス地帯は一括して熱帯アンデスとよばれるが、そのなかでもペルー・アンデスはボリビア・アンデスとともに、とくに高地にまで人びとが住み、その暮らしも熱帯高地の環境をうまく利用したものなのである。そして、このことがアンデスに多数の人びとが暮らすことを可能にし、さらには高度な文明をきずくことも可能にした大きな原因であると考えられるのである（山本 二〇一四）。

（図2・3）インカ帝国の旧都、クスコ
インカ帝国の時代も人口約20万を擁する都市であった。（筆者撮影）

（図2・2）チャビン・デ・ワンタルの神殿
この建造物の下に地下の回廊がはりめぐらされている。（筆者撮影）

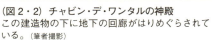

そこで本章では、熱帯アンデスのなかでペルー・アンデスに焦点をあて、人びとが与えられた環境をどのように利用してきたかという問題を明らかにしたい。また、現代的な問題として、その環境利用の方法の変化や問題点などにも検討を加えたい。

二　熱帯アンデス

プーナ・アンデスとパラモ・アンデス

はじめに、ここで焦点をあてている熱帯アンデスにおける自然環境の特徴について少し詳しく検討しておこう。

アンデス山脈を北上してゆくと、南緯五、六度あたりで急速に高度を減じ、高い山がなくなり、高くても標高三〇〇〇メートル前後となる。ここが一般に北部アンデスと中央アンデスの境界になっている。そして、世界の高地を広く歩き研究した地理学者のトロールは、この低い部分を境として赤道よりのアンデスをパラモ・アンデス、その南側をプーナ・アンデスとよんだ（図２・４）（Troll 1968）。つまり、トロールによれば低緯度地帯に位置するアンデスはパラモ・アンデス（赤道山地）とプーナ・アンデス（熱帯山地）にわけられるのである。その違いを生んだ最大の要因は雨の降り方にあるとされる。すなわち、北部アンデスは一年をとおして雨がよく降るのに対して、中央アンデスは雨がよく降る雨季と雨がほとんど降らない乾季があり、これが両地域におけ

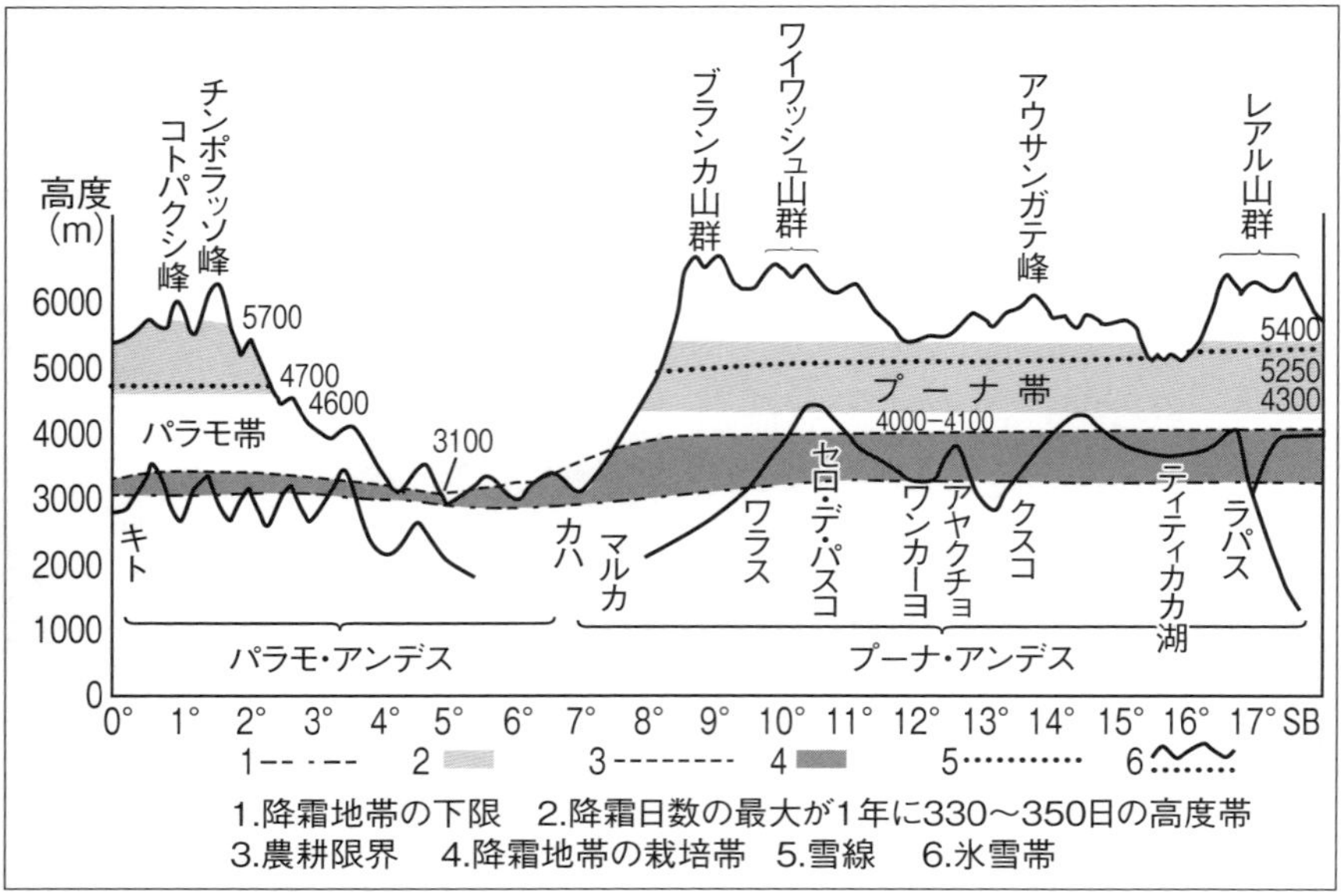

（図２・４）熱帯アンデスの断面図（Troll 1968）

る環境に大きな違いをうんだ。そして、それを象徴する環境が北部アンデスではパラモ（paramo）であり、中央アンデスではプーナ（puna）なのである。

そのパラモは、トロールが湿潤熱帯高地とよんだように、雨が多くて、湿度も高い高地である。そのため、そこには巨大で、しかも厚い毛でおおわれた葉をもつロゼット型の多年生植物であるキク科のエスペレティアや巨大なサワギキョウ属のロベリアなどが目立つ。こうして、パラモは一見したところ東アフリカの高地と非常によく似た熱帯高地特有の景観を呈しているのである。[1]

さて、パラモは標高三〇〇〇メートルを少し超したあたりからあらわれてくるが、そこでは人の姿はほとんど見られない。家畜を追う人の姿もなければ、畑もなく、人家もほとんど見られない。これは、ほぼ赤道直下に位置するエクアドルだけではなく、そこから北上してコロンビアの山岳地帯に入ってもそうである。この点に注意しながら、私はペルーとの国境に近いエクアドルの山岳地帯からコロンビアの中部山岳地帯まで歩いたことがあるが、そこでは人の生活圏は標高三〇〇〇メートルをほとんど超えないのである。

一方、プーナ・アンデスでは標高四〇〇〇メートルあたりでも集落や畑が見られるし、家畜の放牧は標高五〇〇〇メートルに近い高地まで利用されているのである。

このようにプーナ・アンデスの方がパラモ・アンデスより生活領域が高くなっていることは山岳地にある都市の高度にもあらわれている。図2・4に示されているようにパラモ・アンデスでもっとも高地部に位置する都市はエクアドルの首都のキトであり、先述したように、その標高は約二八〇〇メートルである。しかし、プーナ・アンデスでは標高三〇〇〇メートル以上の高地にも数多くの都市がある。そして、ボリビア最大の都市のラパスにいたっては標高四〇〇〇メートルにちかい高地に位置し、人口は約一〇〇万人を擁するのである。

さて、それでは、このようなパラモ・アンデスとプーナ・アンデスにおける違いは何に起因するのだろうか。たしかに、両地域は同じ熱帯アンデスに位置していても気候や植生、そして地形に違

[1] パラモはスペイン語で「荒地」または「高地」を指し、プーナはケチュア語で起伏の少ない「高原地帯」を指す。

いがあるが、それだけではなさそうである。結論から先にいえば、この違いこそは両地域における生態的、文化的適応の違いにほかならないようだ。たしかに、人間の生活や社会は自然環境によって大きな制約を受けるが、一方で人間は与えられた環境そのものを自分たちにとって都合よく改変することもできる。そして、ペルー・アンデスはそのような環境の改変をおこない、環境のもつ可能性を最大限にひきだしたところであると私は考えているのである。

以下、それについて具体的に報告していくことにしよう。

ペルー・アンデス——多様な環境

ペルー・アンデスは、図2・5にも示されているように、南緯四度から一八度あたりまでつづくが、その北部は標高三〇〇〇メートル前後の高度しかない。しかし、ペルー・アンデスの中部、緯度でいえば南緯八度あたりから高度をあげ、そこからボリビア国境までは先述したプーナ帯のほか、標高六〇〇〇メートル前後の高峰も少なくない（図2・5）。そして、このペルー・アンデスでは標高五〇〇〇メートル前後の高度までが人間の生活領域となってきたのである。そこで、図2・6にペルー・アンデス南部の環境を、現地の住民による環境区分とともに示した。

このペルー・アンデスは一本の山脈のように見えるが、その南部地域では二本の平行した支脈にわかれている。西側の支脈（西山系）は標高五〇〇〇メートル前後の山脈がつらなり、東側の支脈（東山系）は標高六〇〇〇メートル前後の氷雪におおわれた高峰が少なくない（図2・5）。そして、これら両山系のあいだには標高三〇〇〇から四〇〇〇メートル前後の高原台地が広がる。さきに言及したティティカカ湖もこの高原台地に位置し、その周辺は典型的なプーナとなっている。[2]

この高原台地を中心にして、その西側と東側では対照的な景観を呈している。西側の方は、大部分のところで砂漠となっている。そこが、一年をとおして、ほとんど雨が降らないからである。こ

（図2・5）ペルーの最高峰、ワスカラン（6768m）
氷河をいだいた雪山の存在は、高山草地をうるおし飲料水を供給する。（筆者撮影）

[2] ティティカカ湖は、湖面の標高が富士山の頂上よりも高い三八一〇メートルで、船が航行する湖としては世界最高所にあることで知られる。また、湖面の面積は八五六二平方キロメートルで、これは琵琶湖の約一二倍に達する。

のため、植物が見られるのは、ほとんど河川周辺にあるオアシス状のところに限られる。また、そこは高度があがってもあまり変化はなく、やはり植物はほとんど見られず、大部分のところで大地がむきだしになっている。

西山系をこえて、さきの高原台地にでると、そこは大部分のところで草本類を中心とした草原地帯となっている。これは、アマゾン側から運ばれてきた湿気を含んだ空気が東山系をこえて雨を降らすからである。しかし、先述したように、この高原台地では雨期と乾期があり、四月頃から九月頃までつづく乾期のあいだ植物のほとんどは枯れてしまう。ただし、雪解け水が流れだしている小流が数多くあり、その周辺は乾期のあいだも緑の消えることがない。このようなところはリャマやアルパカなどのアンデス産のラクダ科家畜やヨーロッパから導入されたヒツジなどの放牧地として利用される。

東山系の高峰群はほとんどが雪におおわれており、その雪線は標高五〇〇〇メートル前後である。これから下の標高四〇〇〇メートルあたりまでは地衣類の優先するツンドラ的な環境、さらに草本類の優占する草原地帯になっている。このような草本類の優占する高原地帯がプーナとよばれるのである。このプーナの一部では農耕もおこなわれているが、気温が低いため、そこで栽培できるのは耐寒性のあるジャガイモやキヌアとよばれるアカザ科の雑穀くらいである。

東山系をこえてアマゾン側の東斜面をくだってゆくと、高度により景観は大きく変化してゆく。標高四〇〇〇メートル以下になると、草本類のなかに潅木があらわれるようになり、標高三五〇〇

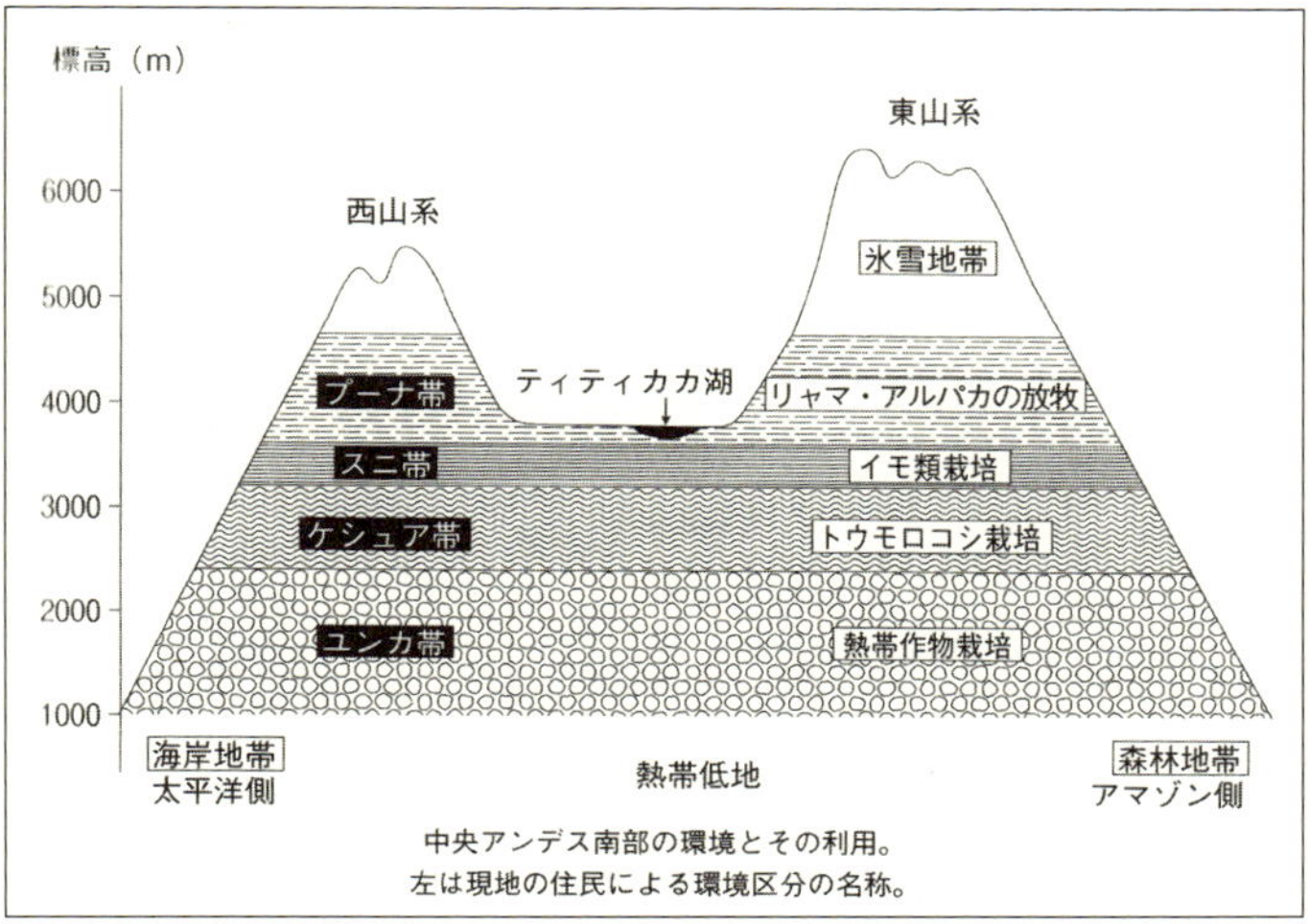

（図２・６）中央アンデス南部の環境とその利用（模式図）
左は現地の住民による環境区分の名称。（山本 1996）

メートルあたりまで草本類と灌木のいりまじった植生となる。このような高度域は現地の人びとによって一般にスニとよばれ、主として寒さに強い冷温帯起源のイモ類が栽培される。すなわち、数種のジャガイモ、オカ、オユコ、マシュアなどである。[3] これらのなかで栽培面積が大きく、もっとも重要なものがジャガイモであり、スニ帯での代表的な作物になっている。

イモ類以外でこの高地部で栽培されているのはタルウイとよばれるマメ類、そしてキヌアやカニワなどの雑穀がある。[4] また、ヨーロッパから導入された麦類が栽培されるのも、このスニの高度域である。ただし、中央アンデス全体で見た場合、穀類としてはトウモロコシが圧倒的な重要性をもつと考えてよい。

標高三五〇〇メートル以下になると、そこは現地でセーハ（ceja）またはセーハ・デ・モンターニャ（ceja de montaña）とよばれる雲霧林帯となる。この雲霧林帯は標高二五〇〇メートルあたりまでつづくが、実際はトウモロコシ耕地として利用されていることがおおい。その耕地は、ふつう、斜面を階段状にならした階段耕地となっている。このようなトウモロコシのための階段耕地が多く見られる高度域がケシュア（queshua）またはキチュア（kichua）である。なお、この東斜面は降雨量が比較的おおいため、ほとんどのところで灌漑なしでトウモロコシもジャガイモも栽培している。しかし、降雨量の少ないアンデス西斜面や山間の谷間などでは一般に灌漑をほどこした階段耕地が見られる。

標高二五〇〇メートル以下になると気温が高くなり、雨量も多いため樹木も次第に大きくなる。そして、二〇〇〇メートル以下では亜熱帯もしくは熱帯雨林的な景観を呈してくる。そして、このような低地ではトウガラシやパパイア、パイナップルなどの新大陸産の作物のほか、旧大陸から導入されたバナナやコーヒー、柑橘類などの換金作物が栽培されている。このような環境がユンカ（yunca）またはユンガ（yunga）とよばれている。じつは、西側の低地部も同じ名称でよばれているが、そこでも適当な水さえ与えれば上記の作物のほかにも、カボチャ、サツマイモ、マニオク、

[3] オカ（*Oxalis tuberosa*）はカタバミ科の植物で、地下に食用になるイモ（塊茎）をつける。オユコ（*Ullucus tuberosus*）、はツルムラサキ科の植物でジャガイモに似た小さなイモ（塊根）をつける。マシュア（*Tropaeolum tuberosum*）は、ノウゼンハレン科の植物で、地下にオカに似たイモ（塊根）をつける。地域によってアニュまたはイサーニョともよばれる。

[4] キヌア（*Chenopodium quinoa*）はアカザ科の植物なので、本来は雑穀といえないが、雑穀のように利用されるので、便宜的に雑穀に分類される。キヌアおよびその近縁種のカニワ（*C. pallidicaule*）の利用法などについては藤倉・本江・山本（二〇〇七）を参照されたい。

ワタなど様々な熱帯作物が栽培可能なのである。

多彩な栽培植物

以上、見てきたように中央アンデスでは大きな高度差のなかで、それぞれの環境に適した作物が栽培され、家畜が飼われている。しかし、実際はここで述べたもののほかにも数多くの作物が古くから栽培されており、そのなかには寒冷な高地でも栽培できたり、飼える家畜などが少なくない。これらの植物の栽培化の歴史は、遅くとも紀元前数千年にまでさかのぼることが知られている。そして、表2・1はアンデスで古くから栽培されている作物のリストであるが、これらの大半がペルー・アンデスおよびその周辺地域で栽培化されたものなのである。

そして、これらの栽培植物の多くが、それぞれ、じつに数多くの多様な品種をもっている。このように数多くの作物群、そして品種群の開発こそが多様な環境をもつアンデスでの農耕の範囲を著しく拡大したので

(表2・1) 標高2000メートル以上の高地で栽培されている主要な在来作物と家畜 (Tapia & Mateo (1990) を一部改変)

和名	現地名	学名（科名）
家畜		
リャマ	llama	*Lama glama* （ラクダ科）
アルパカ	alpaca	*Lama pacos* （ラクダ科）
テンジクネズミ	cuy	*Cavia porcellus*
擬穀類		
センニンコク	achita	*Amaranthus caudatus*（ヒユ科）
カニワ	canihua	*Chehnopodium pallidicaule*（アカザ科）
キノア	quinoa	*C. quinoa*（アカザ科）
塊茎・塊根作物		
アヒパ	ajipa	*Pachiyrhizus erosus*（マメ科）
ラカチャ	racacha	*Arracacia xanthorriza*（セリ科）
食用カンナ	achira	*Canna edulis*（カンナ科）
マカ	maca	*Lepidium meyenii*（アブラナ科）
オカ	oca	*Oxalis tuberosa*（カタバミ科）
ヤコン	yacon	*Polimnia sonchifolia*（キク科）
ジャガイモ	papa	*Solanum spp.*（ナス科）
	ruki	*S. juezepczukii*、*S. curtilobum*
マシュア	mashua	*Tropaeolum tuberosum*（ノウゼンハレン科）
オユコ	olluco	*Ullucus tuberosus*（ツルムラサキ科）
マメ類		
リマビーン	pallar	*Phaseolus lunatus*（マメ科）
インゲンマメ	frijol	*Phaseolus vulgaris*（マメ科）
ピーナッツ	mani	*Arachis hyopogaea*（マメ科）
パカイ	pacay	*Inga edulis*（マメ科）
ハウチワマメ	chocho	*Lupinus mutabilis*（マメ科）
果実類		
ルクマ	lucuma	*Lucuma obovata*（アカテツ科）
パパイア	papaya	*Carica papaya*（パパイア科）
チェリモヤ	cherimoya	*Annona cherimoya*（バンレイシ科）
トゲバンレイシ	gunabana	*A. muricata*（バンレイシ科）
コダチトマト	pepitomate	*Cyophomandra betacea*（ナス科）
ペピーノ	pepino	*Solanum muricatum* （ナス科）
果菜類		
トウガラシ	aji	*Capsicum baccatum*（ナス科）
	locoto	*C. pubescens* （ナス科）
カボチャ	zapallo	*Cucurbita mixta*（ウリ科）
トマト	tomate	*Lycopersicon esculenta* （ナス科）
その他		
タバコ	tabaco	*Nicotiana tabacacum*（ナス科）
ワタ	alogodon	*Gossypium hirusutum*（アオイ科）
		G. barbadense（アオイ科）

ある。たとえば、ジャガイモはアンデスで数千種類の品種がみられるが、これらの品種の大半が中央アンデスだけで栽培されている。そして、そのなかには耐寒性のきわめて高い品種があり、それも中央アンデスだけで栽培されている。北部アンデスと比べた場合、中央アンデスの農耕限界が一段と高いのは、このようなジャガイモ品種の栽培も関係している。

　さらに、作物の栽培できない寒冷高地ではラクダ科動物のリャマ（*Lama glama*）とアルパカ（*L. pacos*）の家畜化が大きな意味をもった。そこは草原地帯となっていて、これを自然の牧草地として利用することによって標高五〇〇〇メートル近くまで家畜が飼えるからである。ちなみに、リャマは主として荷物の輸送用で、アルパカは毛を利用するための家畜であるが、どちらも肉は食用となる。さらに、リャマもアルパカも、その糞は燃料として、肥料としても重要である。

　したがって、さきのチャビンにせよ、ティワナクにせよ、さらにインカ帝国にせよ、中央アンデス高地に栄えた諸文化はこれらの作物や家畜を利用した農耕に基礎をおくものであったことはまちがいない。そして、その背景には高地に適した作物や家畜の存在があることから、アンデスの人びとが高地での暮らしを可能にし、さらに諸文明を発達させてこられたのは、これらの動植物の栽培化や家畜化などのドメスティケーションによるところが大きいといえるだろう。

　さきに述べたように、人間は与えられた環境をそのまま利用しているだけではなく、その環境そのものも改変することができる。じつは、これらの動植物も自然環境のうちのひとつであり、それらのドメスティケーションも環境の改変にほかならないのである。そして，多彩な栽培植物や家畜をうみだし、さらにはそれぞれの作物にも多様な品種をうみだしたことにより、ペルー・アンデス高地の住民は多様な環境をもつペルー・アンデスの環境をきわめて有効に利用することが可能になったのである。

　こうして、中央アンデスでは太平洋岸あるいはアマゾン流域の熱帯低地から、標高四〇〇〇メートルあまりの寒冷高地まで、様々な作物の栽培が可能となった。そして、寒冷なため作物の栽培ができない標高四〇〇〇～五〇〇〇メートルの高地も、リャマやアルパカなどの家畜の飼育が可能になった。この結果、中央アンデスでは山麓の低地から氷雪地帯近くの高地までの、五〇〇〇メートルに及ぶ高度域を人間の生活領域とすることが可能になったのである。

三　先スペイン期の環境利用の方法

階段耕地と灌漑

ペルー・アンデスの住民は多様な作物を生みだしただけではなかった。大地そのものも改変し、生産性が高く安定的な農業をも可能にした。じつは、熱帯高地という環境条件はかならずしもそこの土地が肥沃であることを意味しない。むしろ、近年の研究ではアンデス高地の土壌は肥沃どころか、きわめて貧弱で、しかも脆弱であることが指摘されるようになっている（Thomas & Winterhalder 1976, Guillet 1981, Godoy 1984）[5]。それにもかかわらず、中央アンデスの各地で古くから多数の人びとが住んでこられたのは、冒頭で述べたように中央アンデスに住み着いた人びとがアンデスの環境のもつ可能性を最大限にひきだしたおかげである。

ペルー・アンデス高地で、いつごろから農耕が始まったのか、正確なところは不明であるが、遅くとも紀元前五〇〇〇年前くらいにまでさかのぼると考えられている（Lynch 1980）。しかし、古い時代の農耕の具体相はまだ明らかにはなっていない。その具体相がかなり明確になってくるのはインカ時代になってからである。とくに、近年、植民地時代の史料からインカ時代の農民の暮らしのなども知られるようになってきている。そこで、ここではインカ時代を中心に環境利用の方法をみてゆくことにしたい。

先にパラモ・アンデスと比べてプーナ・アンデスは全体的に降雨量が少なく、またその高地部では長い乾期が存在することを指摘したが、これらの条件は農耕をおこなう上で決して有利ではない。

［5］長い寒季の存在や一日の激しい気温変化、絶対的な気温の低さなどが土壌の肥沃度の維持に悪い影響をおよぼすのである。また、雨季の雨も、傾斜地の多いところでは、土壌の浸食をひきおこすだけでなく、土壌養分を洗いながす要因となる。

このため、ペルー・アンデスでは古くから灌漑技術を発達させてきた。海岸地帯はほとんど降雨をみない砂漠であるため、そこでは紀元前後から大規模な灌漑工事をおこなっていたことは有名である。同じころ、灌漑はペルー・アンデスの山岳地帯でも発達していた。たとえば、ペルー中部山岳地帯のアヤクーチョ地方は乾燥した高原地帯であり、雨は一年のうち三ヶ月ほどしか降らないところである。しかし、そこでも運河とダムを建設することによって、乏しい水資源を有効に利用して農業をおこなっていたことが知られている。

しかし、山岳地帯での灌漑は別の問題をひきおこしたにちがいない。それは、斜面にある耕地では、そこに水をひくことによって土壌が侵食され、とくに肥沃な表土が流出して河川に流れ込んでしまうことである。この問題を解決するひとつの方策が階段耕地の建設であった。すなわち、斜面を階段状にならして耕地とする方法の開発である。このため、アンデスにおける山岳地帯での灌漑農耕は階段耕地の利用と密接な関係をもって発達したと考えられる（山本 一九九三、二〇一四）。

灌漑をともなった階段耕地の建設はインカ時代になって急速に拡大したようで、それを示唆する記録も残されている。最後のインカ皇女とスペイン貴族のあいだに生まれたインカ・ガルシラーソ・デ・ラ・ベガも、インカ帝国の耕地の拡大についてつぎのような興味深い記述をしている。

インカ王は新たに王国あるいは地方を征服すると、まず太陽崇拝とインカの規律に従って統治の礎を築き、さらに住民の生活様式を定めた後、耕地を増やすようにと命じたが、この耕地とはトウモロコシのなる畑のことであり、この目的のために潅漑技師が派遣された。（インカ・ガルシラーソ 一九八六：三七九）

……技師たちは、利用しうる土地の広さに応じて、それに必要なだけ水路を開いたが、それというのも、元来ペルーの地はひどくやせていて穀物の栽培には適さなかったため、それを開墾して、

できる限り畑地を増やそうと努めたからである。（インカ・ガルシラーソ 一九八六：三八〇）

丘陵地や斜面には，それが肥沃な土地であれば、今日クスコをはじめとしてペルー全土に見られるような段々畑が造られた。（インカ・ガルシラーソ 一九八六：三八〇）

これらの記録が書かれたのは一七世紀のことであるが、現在もインカ時代に築かれた階段耕地や灌漑水路をペルー・アンデス各地で見ることができる（図２・７）。インカ時代の階段耕地は、等高線にそって耕地をつくり、段差の部分にきっちり石を積み上げたものがおおい。また、耕地全体の規模も大きく、一〇〇〇メートルを超えるような大きな高度差をもつものも珍しくはない（図２・８）。

しかし、これらの階段高地は斜面のあるところに限られるため、それが利用できるのはアンデス山脈の東斜面や西斜面、そして山間の谷間などである。しかし、アンデスには傾斜地だけでなく、平坦な可耕地もあり、とくにティティカカ湖畔はその代表的なところである。そのためティティカカ地方を中心として、高地部の平坦地では効果的な土地利用の技術が開発された。そのひとつは、一般にスペイン語でカメリョネス（camellones）とよばれるものである。カメリョネスは、もともとメキシコで浮島の耕地を意味していたように、有名なメキシコ高原のチナンパ耕作に類似したものである[6]。これは、排水が悪く、吸水性も悪い平坦地な土地で大規模に土を盛り上げ、そこを耕地として利用する方法である。これもインカ時代にはおこなわれていたと考えられている（ピース・増田 一九八八）。

また、このティティカカ地方ではコチャ（qocha）とよばれる先スペイン期に起源をもつ農耕

（図２・７）灌漑をほどこした階段耕地（インカ時代のティポン遺跡）（筆者撮影）

（図２・８）ペルー南部高地の階段耕地
トウモロコシの耕作に使われている。（筆者撮影）

［6］チナンパ耕作については終章を参照されたい。

技術も知られている。コチャは、ケチュア語で水や湖を意味する言葉であるが、ごく簡単にいえばため池を利用した農耕法である。図2・9に示されているように、平坦地を掘り下げ、そこに水路をめぐらした上で、雨水をためこむ。この方法は、上記のカメリョネスとは反対に、少ない水を効果的に農業に利用する方法で、そこでは主としてジャガイモが栽培される（CONCYTEC 1986, Flores Ochoa 1984）。

休閑と施肥

さきの例でみられたように、灌漑をともなった階段耕地は基本的にトウモロコシを栽培するためのものであったらしく、ジャガイモなどのイモ類を栽培する耕地は別にあった。これについても、インカ・ガルシラーソが記録を残しているので、その記述を紹介しよう。

> 灌漑されたトウモロコシ畑の他に、水の引かれていない耕地もまた分配され、そこでは乾地農法によって、別の穀物や野菜、例えば、パパ（ジャガイモ）、オカ、アニュス（マシュワ）と呼ばれる、非常に重要な作物の種が播かれた。――こうした土地は水不足ゆえに生産性が低いので、一、二年耕しただけでこれを休ませ、今度はまた別の土地を分配する、ということが繰り返された。このように彼らは、循環的に使用することによって絶えず豊富な収穫が得られるよう、やせ地を見事に管理運営していたのである。（インカ・ガルシラーソ 一九八六：三八一）

ここで述べられている休閑やイモ類を灌漑なしで栽培する方法などは、後述するように現在も

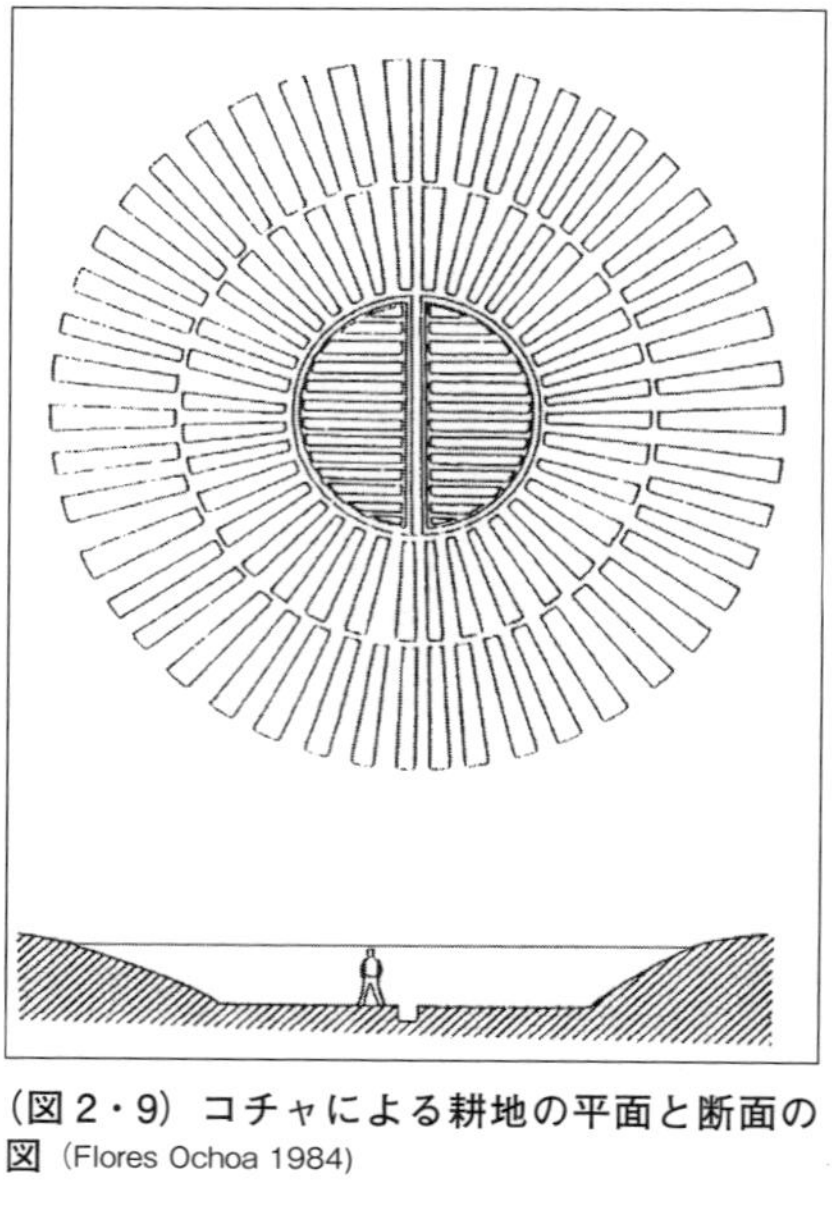

（図2・9）コチャによる耕地の平面と断面の図（Flores Ochoa 1984）

ペルー・アンデスで広く実施されているが、この休閑と密接な関係をもって発達してきたと考えられる技術がある。それは、農耕具の発達である。ペルー・アンデスは先スペイン期においてアメリカ大陸のなかで農耕具がもっとも発達した地域であり、とくに休閑をともなうジャガイモ栽培のために独特の農耕具が開発されたのである。ただし、このアンデスの農耕具に関しては別稿（Yamamoto 1988, 山本 一九九三、二〇一四）で詳しく報告したので、ここではその概要を報告しておくにとどめる。

先スペイン期におけるアメリカ大陸での主たる農耕具は、掘り棒、鍬、踏み鋤であった。そして、これらすべての農耕具を使用していた地域がペルー・アンデスを中心とする中央アンデスの高地であり、その他の地域では基本的に掘り棒か鍬が使われていた。つまり、踏み鋤の使用はほとんど中央アンデス高地に限られていたのである。（図2・10）。

この踏み鋤の開発がアンデス高地での農耕の発達に大きな役割を果たした。とくに、ジャガイモ栽培では踏み鋤が不可欠といえるほどに重要な役割を果たした。現在もジャガイモ栽培に踏み鋤を欠かせないものと使用している地域がきわめて多いことからみても、両者が密接な関係をもっていたことがうかがえよう。さきの記録でも述べられているように、ジャガイモ栽培は、ふつう、休閑をともなう。インカ時代の休閑年数については明らかではないが、現在は最低でも四、五年、長いときは一〇年をこえるばあ

（図2・10）踏み鋤によるイモ類の植えつけ
（Guaman Poma 1980（1613））

（図2・11）インカ時代から使われている踏み鋤による耕地の耕起作業（ペルー・クスコ地方）（筆者撮影）

いもある（Orlove & Godoy 1986, 山本 一九八八）。このような休閑地では耕地を雑草がおおいつくし、これを耕起するのは容易ではない。また、ペルー・アンデスには長い乾季があり、これも土壌をきわめて固く、耕起しにくいものにしている。このような耕地で、踏み鋤が効果を発揮するのだ。作業をする人間の体重を鋤にのせることができるので、掘り棒や鍬などよりはるかに深くまで耕起することができるからである。なお、ヨーロッパから導入されたウシを使った犁が使用されている現在でも、狭い階段耕地や急傾斜地では犁が使えないため、そのようなところでは踏み鋤が欠かせないものになっている（図２・11）。

「やせ地を管理運営する」、もうひとつの方法、すなわち施肥も遅くともインカ時代にはおこなわれていたことを同書で知ることができる。

インカ・ガルシラーソは、「人びとは施肥によって土地を肥沃にした」と述べた上で，具体的にペルー・アンデスの高地部と低地部での施肥の方法について、つぎのように記している。

寒さのためにトウモロコシの育たないコリャオ地方（ティティカカ湖周辺）では……人びとはジャガイモやその他の野菜に家畜の糞を施し、それが他のいかなる肥料よりも有効だと言っていた。（インカ・ガルシラーソ 一九八六：三八七－三八八）[7]

……海岸線では、もっぱら海鳥の糞が肥料として用いられた。……これらの鳥は沿岸にあるいくつかの無人島に棲息しているが、……これらの海鳥はこの上なく大切に保護され、その繁殖期には、鳥が怯えて巣から離れたりすることのないよう、なんぴとといえども島に足を踏み入れることは許されず、禁を破った者は死刑に処せられた。（インカ・ガルシラーソ 一九八六：三八八）

後者の記述は，海鳥の糞が肥料としてきわめて重要なものであったことを物語ると同時に、それ

［7］山岳地帯では、トウモロコシの肥料に人糞が使われていたようで、次のような記録もある。

「人々は施肥によって土地を肥沃にしたが、注目すべきことに、クスコ盆地全域、およびほとんどの山岳地帯では、トウモロコシの肥料に下肥が用いられ、それがいちばん良いと言われていたのである。それゆえ下肥作りを重視した彼らは、精を出して人糞をかき集め、それを乾燥させ、粉末状にして、トウモロコシの播種期に備えて保存していた」（インカ・ガルシラーソ 一九八六（一六〇九）：三八〇）。

が肥料としてもきわめて有効であったことをも示唆するであろう。このため、海鳥の糞は海岸地帯で利用されていただけでなく、実際は山岳地帯の高地部でも利用されていたのである。それでは、アンデス高地で暮らしていた人びとが海岸地帯に棲息する海鳥の糞をどのようにして入手していたのであろうか。

それについては、近年、アメリカの人類学者のムラが明らかにしている（Murra 1968, 1972, 1975）。ムラは、この問題についてだけではなく、インカ時代のペルー・アンデスにおける環境利用の方法が独特のものであったことも明らかにした。そこで、つぎにムラの報告によって、上記の施肥の方法をふくめ、インカ時代の環境利用の方法についても報告しておこう。

高度差の利用

ムラは、スペインの植民地化政策のために一六世紀におこなった実状調査の記録を分析し、当時の人びとがアンデスの多様な環境をどのように利用していたかを明らかにした。それによれば、現在のペルー中部にあるワヌコ地方では一六世紀なかばころ、いくつもの比較的小さな民族集団が分布していた。そのひとつにチュパイチュ族という部族があった。ケチュア語を話し、世帯数は二五〇〇から三〇〇〇くらいであった。彼らは多数の集落にわかれて住んでいたが、それらの集落はいずれもアンデス東斜面の標高三〇〇〇～三二〇〇メートルに位置していた。また、これらの集落の上下一日で往復できるところに、それぞれジャガイモを中心とするイモ類とトウモロコシの耕地があった（図２・12）。

さらに、彼らは集落ごとに標高四〇〇〇メートルのプーナとよばれる高地と低地の森林地帯にも一部の村びとを送って住まわせ、様々な資源を得ていた。すなわち、中核部の集落から三日くらいの距離にあるプーナ帯では家畜を飼い、塩をとっていた。

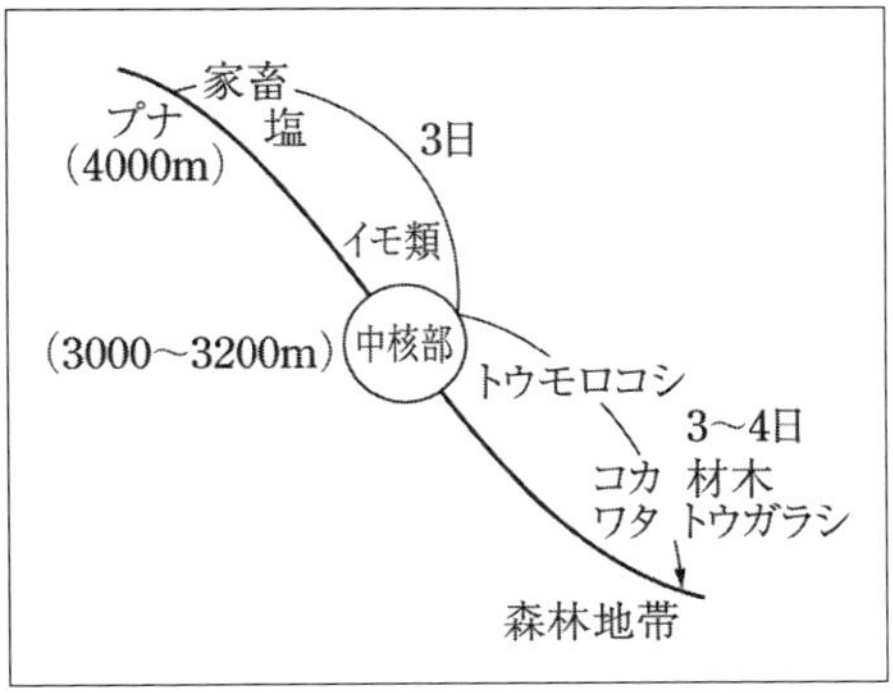

（図２・12）チュパイチュ族の環境利用の方法
（Murra（1975）を一部改変）

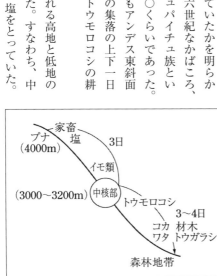

また、集落からやはり三、四日かかる森林地帯にも彼らの畑があって、そこでは棉、トウガラシ、コカを栽培し、木材や蜂蜜なども手に入れていた。

すなわち、チュパイチュ族の人びとはアンデスの東斜面の大きな高度差のなかに見られる様々な環境を利用して、様々な資源を得て生活していたのである。ただし、そこには海鳥の糞についての記述がないことから、チュパイチュ族の人びとのあいだでは施肥にインカ・ガルシラーソのいうように家畜の糞を使っていたのであろう。実際、これも後述するが現在のアンデス住民の大半は家畜の糞をほとんど唯一の肥料として利用しているのである。

海鳥の糞を使っていたのは、現ペルーとボリビアの国境付近にあるティティカカ湖畔の比較的大きな民族集団、ルパカであった。一六世紀のなかばころ、同地方にはいくつもの王国または首長制社会があった。インカ帝国による征服後も、もともとの政治・社会的自立性を維持していたグループである。そのうちのひとつがルパカ王国であった。ルパカはティティカカ湖西岸のチュクイトというところに中心地があり、そこから約一〇〇キロメートルの範囲を占めていた。人口も一〇万から一五万と推定される大きな集団であった。

さて、彼らの生業の中心はプーナ帯でおこなわれるリャマやアルパカの牧畜とイモ類を中心とする農業であった。さらに、この高地部のほかに、アンデス山脈の東西の低地部にも土地をもち、そこにもチュパイチュ族とおなじように人を送って、農耕をさせていた[8]。海岸地帯では、谷間のオアシス状のところで棉やトウモロコシを栽培し、肥料用に利用されるグアノという海鳥の糞を採取していた（図2・13）。

これらの地域はティティカカ湖畔から片道五日から一〇日

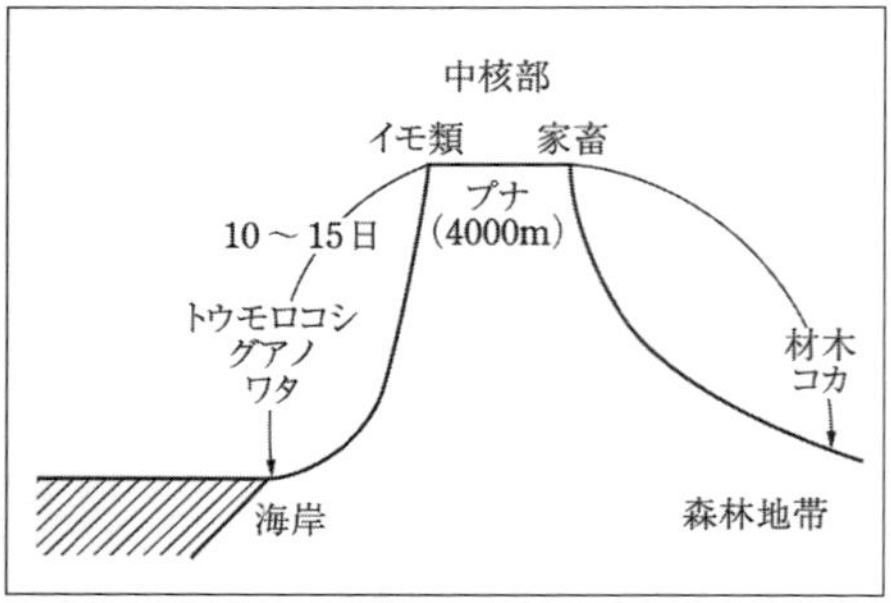

(図2・13) ルパカ王国の環境利用の方法
(Murra (1975) を一部改変)

［8］コカはコカノキ科の栽培植物で（*Erythroxilum coca*）、乾燥した葉を口に含んで利用する。古くから宗教や儀礼に不可欠なものであり、温暖な地方で栽培されてきた。

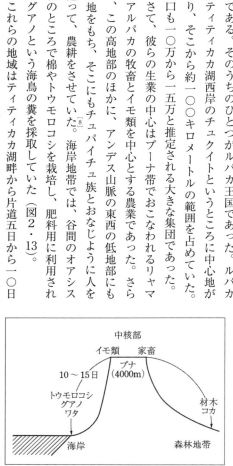

もかかる遠いところであった。一方、アンデス山脈の東側の低地では、コカを栽培したり、木材を入手していた[9]。このように、ルパカ王国の場合も、主居住地は高地部にあったが、やはり大きな高度差を利用して、様々な資源を入手していた。そして、その資源のなかには先述した海鳥の糞であるグアノもあったのだ。

ここで興味深いことは、彼らは家畜を数多く飼って、その糞を肥料として利用できたにもかかわらず、居住地から遠く離れた海岸地帯でグァノを手に入れていたことである。じじつ、一五六七年の時点でティティカカ湖畔のフリというところだけで、三二四二世帯がリャマとアルパカを一万六四八六頭、ルパカ全体で少なく見積もっても八万頭以上も飼っていたのである。これらの家畜の糞をグァノとくらべたとき、肥料としては後者の方がはるかに効果があり（Antunez de Mayolo 1982）、おそらく、そのことをルパカの人びとは知っていたのであろう。

このほかムラは三つの例をあげているが、これらの例に共通しているのはアンデス住民が高度によって異なるいくつもの環境（ムラはそれを「生態学的階床」という）を利用して、その集団のなかで自給を達成していたことである。すなわち、アンデス住民は「異なる生態学的階床を同時的に最大限に利用」することで生産物の補完体系をつくりあげていたのであった。そして、このようなシステムをムラは「垂直統御（バーティカル・コントロール）」とよんだ。

しかし、これを環境利用の視点からみると、この垂直統御はかならずしも生産物を補完するのみでなく、生産システムそのものも補完している重要な面をもつ（Yamamoto 1985）。それというのも、さきのインカ・ガルシラーソの記述でも明らかなように、チュパイチュ族やルパカ王国が農耕とともに家畜飼育をおこなっている理由が、家畜の糞を肥料として利用することにも求められるからである。とくに、ルパカの場合、海岸地帯でのグアノ採集はトウモロコシ栽培と密接な関係をもっていたのである。

以上見てきたように、インカ時代、ペルー・アンデスでは階段耕地の建設や耕地の管理運営シス

[9] これらの人びとはミティマエスの名前で知られる。ミティマエスとは、インカ王の命令によって、ある土地から別の土地に強制的に移住させられた人たちであった。シエサによれば、ミティマエスには次の三種類の人びとがいた。ひとつは、新たに征服した土地の住民を把握し、監視するための人びとであった。第二のミティマエスは、地方での反乱や陰謀に対する兵力として集められるものであった。そして、第三のミティマエスこそは、新しい土地で農業や家畜飼育のために移住させられた人びとであった（シエサ・デ・レオン一九七九（一五五三）：一一四―一一五）。

テム、さらにグァノなどの肥料の確保に力を尽くしていた。ここで重要な点は、これらが政治権力などの力によって実施され、また維持されていたことである。しかし、スペイン人の侵略によりアンデス社会は大きな変化を余儀なくされ、インカやルパカなどの帝国や王国も姿を消した現在、環境利用の方法も大きく変化していることが考えられる。そこで、現在の状況を以下で検討しておくことにしたい。

四　現在の環境利用

高度差を生かした暮らし—マルカパタ村の例から

一六世紀のスペイン人による侵略、それにつづくインカ帝国の征服などによりペルー・アンデスの社会は大きな変化を余儀なくされた。たとえば、ヨーロッパからもたらされた疫病の影響のつよかった海岸地帯などでは先住民人口が激減し、その社会や文化なども壊滅的な状態となった（山本二〇一七）。そのようななかで、今もなお伝統的な色彩を比較的濃く残している地域もある。

それが、ペルー・アンデス南部の高地部である。そこではインカ帝国の公用語であったケチュア語をはなす人びとが少なくない。またその生活様式などもインカ時代、あるいはそれ以前からの伝統をよく受けついだものとなっている。とくに、そのようなところでは農業や牧畜などの生業に関してはインカ時代とあまり変化がない。たとえば、ジャガイモやトウモロコシなどを主作物とする農業をおこないながら、アンデス特産のリャマやアルパカも飼って自給自足的な暮らしを送っているのである。

一九七八年から八七年にかけて、私が通算で約二年間調査のために滞在したマルカパタ村も、そのような伝統的な色彩をよく残したところであった。そこで、ここでは、わたしの調査の結果をもとにマルカパタ村における人びとの環境利用方法の概要を紹介しよう。なお、この調査結果の詳細については、別項（山本一九八〇、一九九二、二〇一四、Yamamoto 1982, 1985 など）を参照されたい。

マルカパタ村は、図2・14に示したように、かつてのインカ帝国の中心地であったクスコの東方、東山系を越えたアンデスの東斜面に位置している。クスコの町からアンデスの山なみを越えて東の方向に車で約一日走ったところにマルカパタ村はある。ただし、一日で行けるのは運のよいときだけ、舗装されていない山道なので、雨が降ったりすると、ひどい悪路になり、二、三日かかることも珍しくない。

さて、マルカパタ村の面積はおおよそ一七〇〇平方キロメートル。村のもっとも低いところは標高一〇〇〇メートルほどで、もっとも高いところは標高五〇〇〇メートルにおよぶ。つまり、村域は高度差にして四〇〇〇メートルもあり、そのなかには熱帯降雨林から氷雪地帯までの様々な環境が見られる。さきのアンデス住民の環境区分でいうと、ユンガ、ケシュア、スニ、プーナの環境がすべて含まれるのである。

そこに約四〇〇〇人の住民がいるが、その大半がケチュア語を母語とするインディオとよばれる先住民の人びとで、あと一部にミスティとよばれるメスティーソ、そして比較的近年に移住してきた入植者がいる。そして、村の領域のもっとも高地部に散在して居住地をもっているのが先住民で、低地部の森林地帯にまばらに住んでいるのが入植者、そしてその中間のプエブロ（ヤクタ）とよばれる集落に集中して住んでいるのがミスティである。

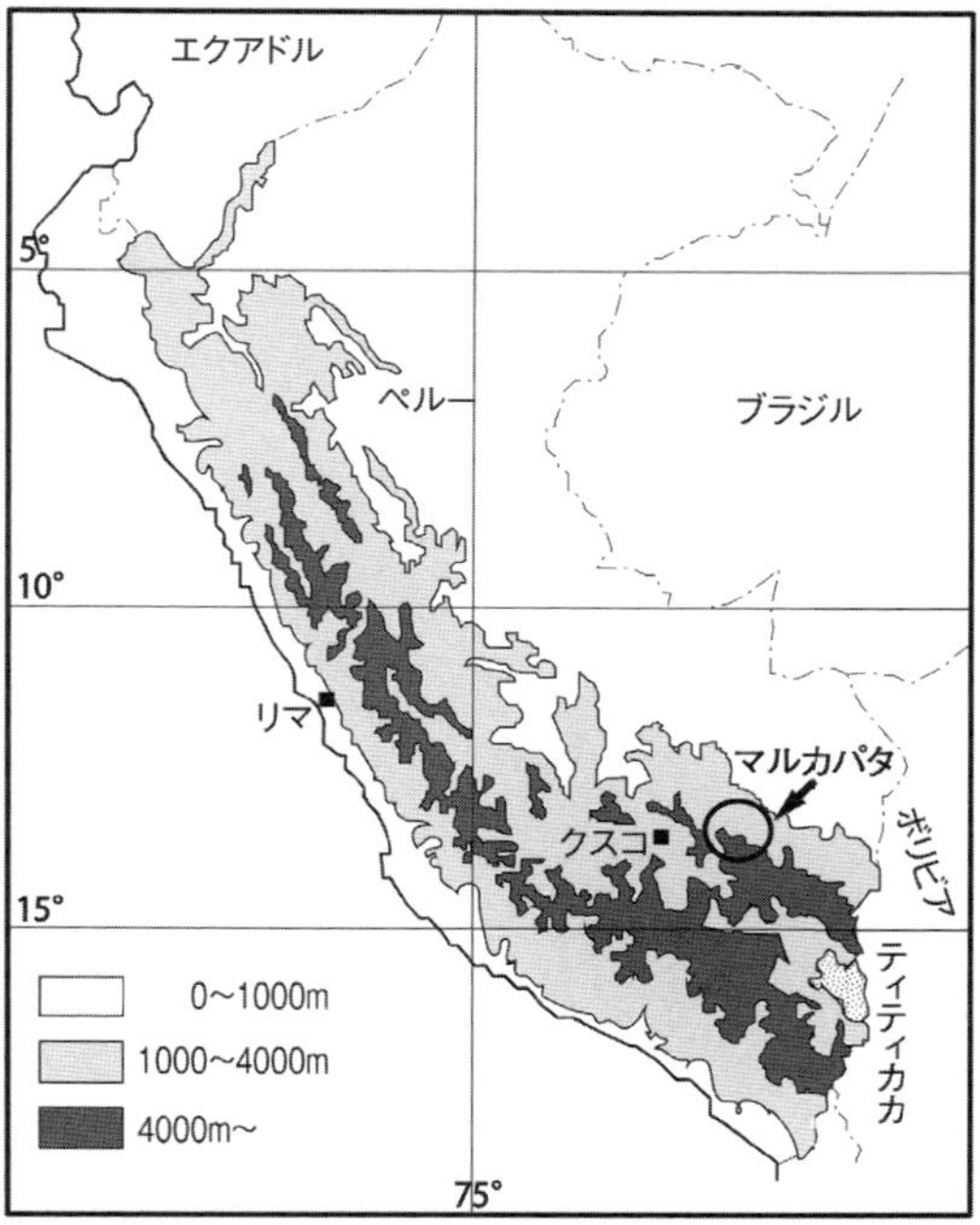

（図2・14）ペルー・アンデス南部の模式図とマルカパタ村の位置

このような高度による住民と居住形態の違いは彼らの環境利用の方法と密接な関係をもっているが、以下では先住民のそれについてのみ述べることにしよう。それというのも、彼らこそがインカ時代あるいはそれ以前からの伝統である大きな高度差を利用した暮らしを維持しているからである。また、本稿は熱帯高地に焦点をあてているが、彼らこそはまさしく熱帯高地で暮らす人びとであり、現地でもケチュア語で先述したプーナの人びとを意味するプーナ・ルナクナとよばれているのである。

それを模式的に示したものが、図2・15である。先述したように，彼らは標高四〇〇〇メートル前後のプーナ（プナ）とよばれる高地に居住地をもつが、彼らの暮らしは高地部に限られない。すなわち，アンデス東斜面に見られる大きな高度差を利用し、家族ごとに家畜を飼い、寒冷地に適したジャガイモも、温暖な気候のところでしか栽培できないトウモロコシも栽培しているのである。これらの耕地のなかには家から遠く、毎日、通うことのできないものもある。そのため、このような耕地には植え付けや収穫のときに一時期移り住んで作業をするための出作り小屋をもち、また放牧地にも家畜番小屋をもつ。

高地部の方から見てゆくと、家畜の放牧は標高四〇〇〇メートル前後から上に広がる草原地帯が中心になる。放牧の中心となる家畜はアンデス産のリャマやアルパカのほか、ヨーロッパから導入されたヒツジも少なくない。リャマもアルパカもともにラクダ科動物であるが、前者は主として荷駄獣用で、後者は毛をとるほか、肉も利用される。また、前者は牧草があまり限られないため広い範囲を行動できるが、後者のアルパカはプーナの牧草しか食べないため放牧はプーナ帯に限られる。そのため、この放牧地に家畜番小屋をもつ。

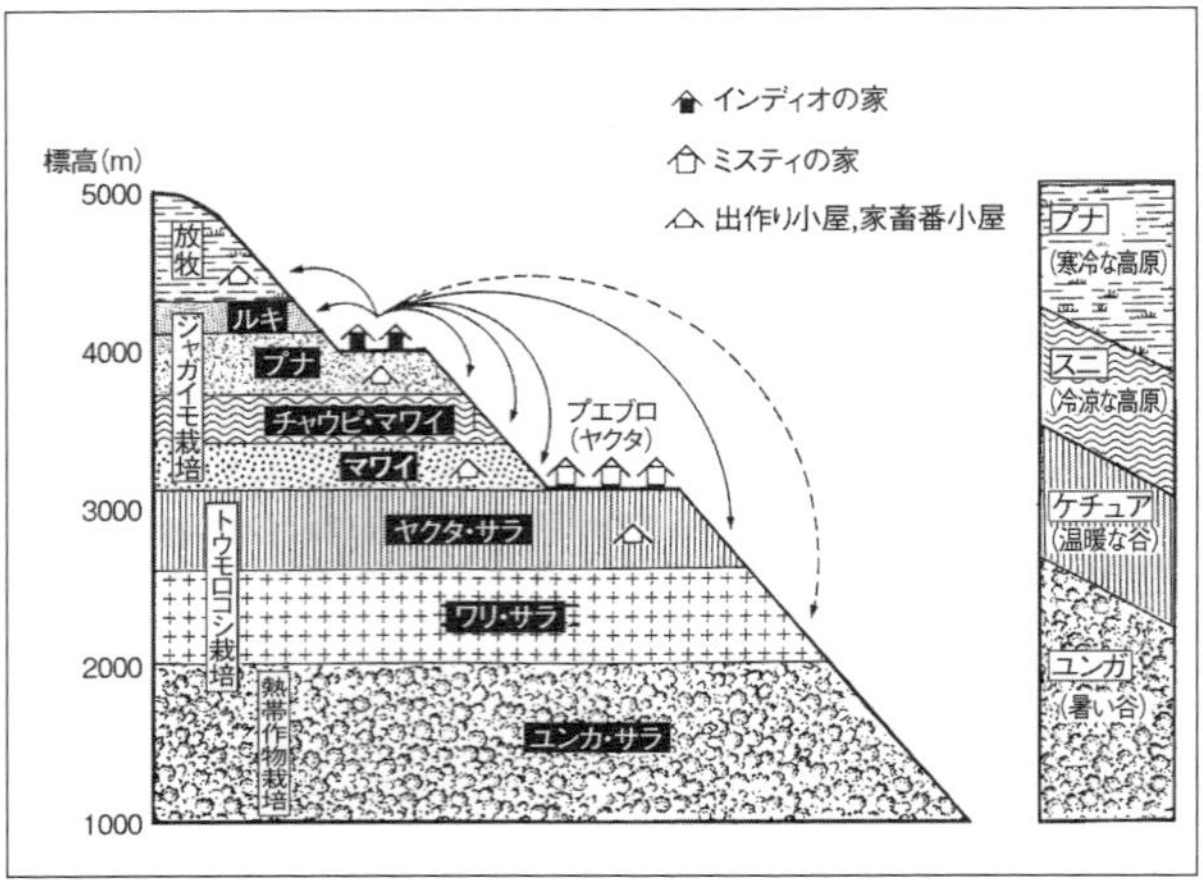

（図2・15）マルカパタ村における先住民の高度差利用置
右端はペルー・アンデスにおける一般的な環境区分。（山本 1996）

ジャガイモ畑は標高三〇〇〇メートルあたりから四〇〇〇メートルあまりまで連続している。このようにジャガイモ畑は一〇〇〇メートル以上の大きな高度差のなかに連続しているため、植え付けや収穫の時期も、そこで栽培される品種も異なる四つの耕地にわけられる。これら四つの畑で栽培されるジャガイモは、低い方からそれぞれマワイ、チャウピマワイ、プーナ、そしてルキとよばれる。これらのジャガイモ耕地のうちで出作り小屋の見られるのはマワイとプーナの畑である。マワイの耕地は家から遠く、プーナの耕地は大きくて植え付けや収穫に時間がかかるためである。

さらに、低いところにある耕地がトウモロコシ用のものである。トウモロコシも栽培される高度により三つのグループにわけられ、それぞれ、ヤクタ・サラ、ワリ・サラ、ユンカ・サラとよばれる（サラはケチュア語でトウモロコシのこと）。先住民でワリ・サラやユンカ・サラを栽培する人は少なく、ほとんどの人が標高二五〇〇～三〇〇〇メートルあたりでヤクタ・サラを栽培する。[10] そして、このトウモロコシ耕地も家から遠くに位置するため、そこに出作り小屋をもつのである。

こうして、彼らは出作り小屋や家畜番小屋を利用して、一年中、アンデスの東斜面を登り下りする暮らしを営む。なお、これらの作物の栽培および家畜の飼育は基本的に家族単位でおこなわれているが、各家族で勝手に植え付けや収穫をしているわけではない。さきに述べた耕地は、それぞれが成員権をもつコムニダ（コミュニティ）とよばれる共同体の共同耕地であり、その植え付けも収穫もこのコムニダの寄り会いで決められた時期におこなわれるのである。[11]

一年の暮らし

つぎに、彼らの一年の暮らしを報告しよう。そこでも熱帯高地特有の暮らしをみることができる。冒頭で述べたように、ペルー・アンデスは明確な乾期と雨期が存在する熱帯山地に位置しており、一年をとおして気温の変化はあまりないが、雨量が大きく変化するため一年の暮らしのサイクルも降雨量と密接に関係しているのである。このため、図2・16に示したように、マルカパタ

[10] これらの三つのグループのトウモロコシのなかで、もっとも味が良いのはヤクタ・サラで、それに次ぐのはワリ・サラであるとされる。ユンカ・サラは不味いので、人間の食用にはならず、家畜の飼料にしかならないとされる。

[11] コムニダの共同耕地はマンダ・チャクラとよばれ、キタ・チャクラとよばれる私有の耕地とははっきり区別される。

の村びとも一年をチラウ（乾期）とポコイ（雨期）のふたつの時期にわける。とくに、マルカパタでは灌漑をおこなわず、自然の降水のみによって農耕をおこなうので、作物の栽培は雨期に集中する。

ただし、雨期の始まりも雨量も、高度によって少しずつ異なる。低いところほど雨期は早く始まり、また雨量もおおい[12]。このため、まず最初に植え付けるのが、ジャガイモ畑のなかではもっとも低地部に位置するマワイの耕地である。マワイは早生というような意味で、そのなかにはいくつもの品種が含まれる。このマワイの耕地では、八月はじめに休閑地に生えた灌木や雑草を燃やし、この灰を肥料にしてジャガイモを植え付ける（図2・17）。このため、プーナに家をもつインディオは山をくだって出作り小屋に一時期移り住む。

九月はじめ、マワイの植え付けを終えると、こんどは標高三六〇〇メートルあたりにあるチャウピ・マワイの畑でのジャガイモの植え付けをおこなう。チャウピ・マワイの畑は家から近いこともあり、毎日，家から通って作業をおこなう。数日で植え付けを終えると、肥料として家畜の糞と灰を半々の比率で与える。この高度では休閑地に生える植物はわずかで、それを灰にしても肥料としては十分ではない。このため、家畜の糞で補うのである。

つぎは、九月中旬、標高三八〇〇メートルあたりでのプーナのジャガイモの植え付けである。これがジャガイモ畑としては最大のもので、そこには数多くの品種が植え付けられる。これらのジャガイモの栽培のためにリャマやアルパカ、ヒツジなどの糞が肥料として大量に与えられる（図2・17）。ふつう、種イモ一袋に対し肥料としての糞が一〇袋の比率で与えられるが、ときにこの比率は一対二〇になることもある。つまり、ジャガイモの栽培に家畜の糞は不可欠なのである。この点

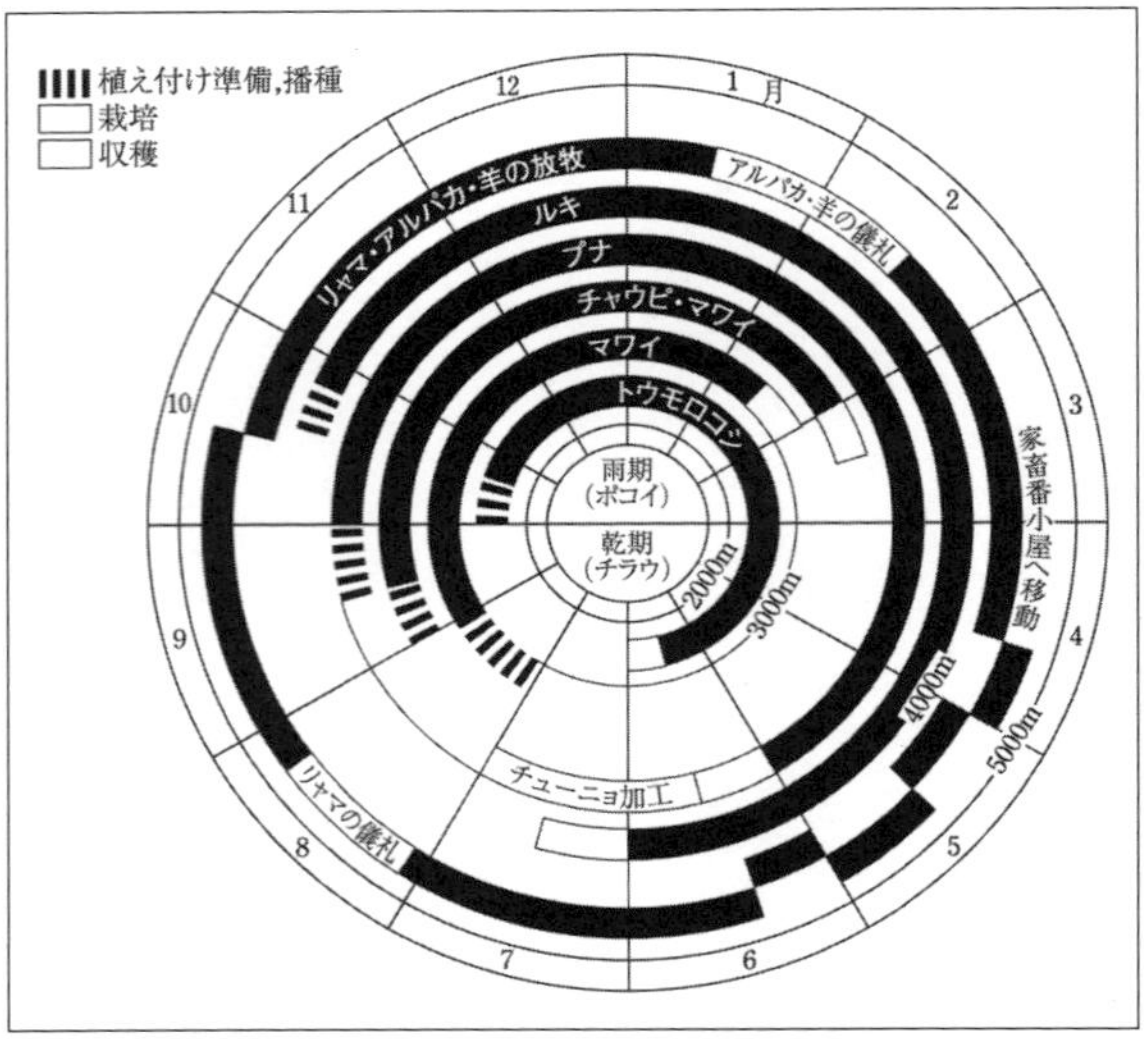

（図2・16）マルカパタにおける先住民の一年の動き（山本 1996）

[12] マルカパタの領域の最下部に近い町、キンセミル（標高六二〇メートル）での年間降雨量は六〇〇〇ミリメートルあまりに達するが、マルカパタのプエブロ（標高三一〇〇メートル）での年間降雨量は一七五二ミリメートルと少ない（山本二〇一四）。

から見ても、マルカパタの農業は家畜飼育とジャガイモ栽培が不可分の関係にあり、典型的な農牧複合といえる。

プーナのジャガイモの植え付けがおわると、今度はトウモロコシの播種の準備を始める。トウモロコシの穂から種をはがし、種とりの作業をする。そして、九月の末頃、家族で山をくだり、トウモロコシの出作り小屋に一週間ほど移り住む。トウモロコシ畑は家のある高地から高度差にして一〇〇〇メートルほど下った標高三〇〇〇メートル以下のところにあり、毎日、この畑に家から通うわけにはゆかないからである。

植え付けの最後はルキとよばれるジャガイモである。これは耐寒性にすぐれ、ほかの作物が寒さのためにほとんどできない標高四〇〇〇メートル以上の高地でも栽培できるジャガイモである。このジャガイモ栽培にも、もちろん、家畜の糞が肥料として与えられる。

なお、これらのジャガイモの植え付けに欠かせないのが先述した踏み鋤である。マルカパタでは、ジャガイモ耕地は四年間の休閑のあと一年間だけ栽培するのが基本であり、この休閑期間はアンデスでは短い方である。それでも休閑後の耕地は固くなっていて、これに踏み鋤が有効なのである。踏み鋤で地面に穴をあけ、そこに種イモを投げ入れ、さらに家畜の糞を肥料として与える。こうして、ジャガイモ栽培では三人で一緒に植え付けをする光景がよく見られる。

八月から始まった植え付けは十月の末あたりにようやく終わる。このころには雨期も本格的になり、毎日のように雨が降り、それは三月末頃までつづく。これが、マルカパタで灌漑を必要としない理由である。

収穫は、雨季が終りにちかづく二月頃から始まる。植え付けた順に収穫作業は進められ、マワイ、チャウピ・マワイ、プーナなどのジャガイモ、トウモロコシ、そして最後がルキのジャガイモと収穫はつづく。とくに、本格的な収穫期をむかえるのは乾期の六月頃で、この時期の彼らは出作り小

（図２・17）施肥されたジャガイモの畑
肥料はリャマやアルパカの糞（ペルー・クスコ地方）。（筆者撮影）

屋ですごす日がおおくなる。そして、収穫物はリャマやウマなどで輸送し、プーナにある家にもち帰る（図2・18）。

この六月は乾期のなかでも、もっとも乾燥し、一日の気温変化がきわめて激しい時期である。プーナのような高地では、夜間の気温は氷点下にまで下がり、気温の日較差は二〇～三〇℃に達する。このような熱帯高地特有の気候条件を利用して、この時期には食品加工がおこなわれる。ひとつはチャルキ（charuqui）とよばれる干し肉の加工である。もうひとつはチューニョ（chuño）の名前で知られる凍結乾燥ジャガイモの加工である。チューニョは、収穫したジャガイモを野天に放置して凍結、解凍をくりかえした後、足で踏んで脱水、それを乾燥させ、貯蔵食品とするものである（図2・19）。

最後に、彼らの家畜飼育についても簡単に述べておこう。おもな家畜は、リャマとアルパカ、そしてヒツジである。家畜頭数は世帯によって異なるが、おおまかに言うと、リャマが一〇数頭、アルパカが五〇頭前後、ヒツジは三〇頭ほどが平均的なところである。ただし、マルカパタには牧畜を専業にする集落もあり、そこでは数百頭のリャマおよびアルパカを飼っている。とにかく、これらの家畜の放牧はほとんどプーナの高地だけでおこなわれる。さきに述べたようにリャマのみは輸送用の駄獣として、かなり低地部まで、ときにユンカとよばれる森林地帯までくだることもある。しかし、アルパカやヒツジは、リャマとちがって、食べられる植物がかなり限定されるため、その放牧もほとんどプーナに限られるのである。とくに、乾季のプーナはほとんどの植物が枯れてしまうため、雪どけ水によってできた湿地帯に家畜を移動させ、そこで放牧する。このよ

（図2・18）リャマによる収穫物の輸送
高度差が大きく、自動車道路が発達していないマルカパタではリャマが唯一の輸送手段。写真は収穫したトウモロコシを高地にある家に運ぶリャマ。
（筆者撮影）

（図2・19）チューニョづくり
チューニョは、ジャガイモを野天に数日間放置して、凍結・解凍を繰り返した後、天日で乾燥してつくる。
（筆者撮影）

うなところにはアスターナとよばれる家畜番小屋（あるいは副居住地）があり、そこで寝泊まりする。ただし、家族の全員が移り住むわけではなく、家族の一部だけ、ふつうは子供たちが、一時期泊まり込んで、家畜番をする。また、トウモロコシやジャガイモ栽培のために家族が出作り小屋に移り住んでいるときも、やはり子供たち、あるいは老人などの家族の一部がプーナに残って家畜の面倒をみるのである。

五　環境利用の方法の変化―むすびにかえて

以上、熱帯アンデスのなかで、ペルー・アンデスに焦点をあてて環境利用の方法を報告してきた。具体的には、熱帯アンデスのなかでペルー・アンデスにおける環境の特徴を述べたうえで、先スペイン期および現代の環境利用の方法を報告した。最後に、本章のまとめにかえて、これまで述べてきたことを少しまとめ、現在のアンデスにおける環境利用の方法の変化についても報告し、若干の検討もくわえたい。

先にマルカパタにおける農民の暮らしを、環境利用の方法を中心に報告したが、そこで見られた暮らしや生産技術には先スペイン期以来の伝統が数多く生きつづけている。たとえば、農耕の中心となる作物は古くからアンデスで主作物となってきたジャガイモとトウモロコシであり、家畜もプーナのような高地部ではアンデス産のリャマとアルパカが中心である。また、休閑や施肥などの栽培技術やそこで使われる農具もインカ時代とほとんど変化がない。

さらに、うえで紹介したチューニョを代表とするイモ類の加工技術も先スペイン期の時代から中央アンデスで広くおこなわれていたものである。このイモ類の加工技術については別稿（Yamamoto, 1982, 山本一九八八、二〇一四）で報告したので、本稿で詳しく言及することはさけるが、この技術の開発もアンデス住民の暮らしや文化の発達に大きな役割を果したと考えられるものなのである。

このような様々な技術を使って大きな高度差を利用した環境利用の方法そのものも、先スペイン期以来の伝統とみてよいだろう。それというのも、その環境利用の方法は基本的に先に紹介したチュパイチュ族やルパカ族のそれと同じものと考えられるからである。すなわち、アンデス東斜面の大きな高度差を利用し、ジャガイモもトウモロコシも栽培し、プーナでは家畜も飼って、世帯ごとに少なくとも食糧に関しては自給自足体制を達成しているのである。

じつは、このような環境利用の方法は、マルカパタだけではなく、今もなおアンデスの東斜面を中心として広く見られることが知られている（Webster 1971, Brush 1976）。その背景には、これらの地域ではインカ時代、あるいはそれ以前からつづくコムニダとよばれる地縁血縁的な色彩の濃い共同体の組織が機能していることがある。それというのも、主作物であるジャガイモもトウモロコシも共同体の共同耕地で栽培され、その利用に規制のあることが家族レベルで大きな高度差を利用して、自給自足的な暮らしを可能にしているからである。

たとえば、共同耕地の周囲には害獣や家畜の侵入を防ぐために石垣などの垣根がめぐらされている。さらに、この耕地には作物が栽培されているあいだ、共同体の寄り合いで選ばれた畑番が見張りをしている。[13] このような共同耕地の垣根や畑番の存在のおかげで、各家族は植え付けや収穫のとき以外は、畑にあまり行かなくてすみ、農業のかたわらプーナでの家畜の放牧も可能になるのである（Yamamoto 1982）。

しかし、アンデス全体で見たとき、マルカパタの例に見られるような大きな高度差を利用した暮らしは少なくなっている。そのような変化の背景には、アンデスの各地で土地利用に対する共同体の規制が弱くなってきているという状況がある。実際に、ジャガイモ耕地に対しては共同体の規制をもうけていても、トウモロコシ耕地に対する規制は失われ、私有化されるようになっている地域が少なくない。

[13] この畑番はアラリーワという役職であるが、アラリーワはインカ時代にもいたことがワマン・ポマの絵などによって知ることができる。

また、ジャガイモ耕地でも共同体の規制がよわくなったところでは休閑期間が短縮されたり、廃止された例が見られる。さらに、高地部での道路網の発達なども環境利用の方法に大きな影響を与えている。これまで地理的に隔絶されていた地域にまで市場経済が浸透し、自給用の作物だけでなく、換金作物も栽培するようになってきているからだ。このような地域では、しばしば地力の劣化や病害虫の発生などに象徴される土壌悪化の問題が生じている。実際に、アンデス全域でみれば、そのうちの半分以上の面積で土壌の浸食や過放牧などによる環境破壊がおこっているという報告もある（Millones 1982, Godoy 1984）。

その原因のひとつに現金経済の浸透がある。もともとアンデスはスペイン人が来るまで貨幣をもたず、市場も商業もなかった、いわば貨幣経済以前の世界であった。そして，その伝統はペルーやボリビアなどのアンデスの山岳地帯では比較的近年までつづいていたのである。ところが、山岳地帯でも道路網が整備され、それにともなって市場経済が地方にまで浸透するようになり、自給自足的な暮らしが大きな変化を余儀なくされるようになってきたのである。

じつは、マルカパタもこのような変化と無関係ではなく、近年、大きな変化が生じている。その意味では、さきの報告はいささか伝統的なものばかり追い過ぎたきらいがあるかもしれない。わたしが同地域をはじめて訪れたのは今から約四〇年前の一九七八年のことであるが、その当時、すでに現地の人がユンカとよぶ低地は、マルカパタ以外の地域から比較的近年になって入植してきた人びとが住むところになっていた。そして、彼らはコーヒーやトウガラシ、柑橘類、バナナ、パイナップルなどの換金作物を中心とする作物の栽培で生計をたてていたのである。

また、四〇年ほどまえのマルカパタには雑貨を扱う店が一〇軒ほど、それもプエブロとよばれる村の中心地の集落のみにあったが、その店の数が現在は倍増し、かつてほとんど見ることがなかった市もしばしばひらかれるようになっている。そして、この市では物々交換よりも、貨幣による売買がふつうになっている。これらは、いずれも現金経済の浸透ぶりを示すものにほかならないであろう。

このような変化が同地域における環境利用の方法にも影響をあたえている。たとえば、伝統的な環境利用の方法を維持している先住民の人たちのなかにも、収量の低い在来品種より、生産性が高く、収量の大きい改良品種を栽培しようとする人びとが現れてきている。さきに指摘したように、アンデスには多くの在来作物があり、それぞれの作物にも多くの品種があるが、これはマルカパタも例外ではない。たとえば、同地域で栽培されている作物は約五〇種、そして主作物のジャガイモの品種は約一〇〇種類、トウモロコシも約五〇種類をかぞえる（山本 一九八〇、二〇一四）。

このような多様な作物群の存在こそが、多様な環境のなかで栽培できる範囲を著しく拡大している。それについては、すでに指摘したとおりであるが、このような多様な作物や品種の栽培、そして、それらを高度をかえて栽培する方法には別の大きな目的もある。じつは、異なった作物はもちろんのこと、同一の作物でも品種によって、気候に対する適応性や耐病性などが異なる。そして、先住民の人たちはこのような特徴を認識して栽培していることから、上記のような栽培方法は収穫の全滅を防ぎ、危険を分散するための工夫でもあると考えられるのである。

アンデスの伝統社会における生産戦略の特徴は、生産性を追求したものではなく、安定的な収穫を目的とするものである。そして、様々なリスクを回避するために作物の種類や品種の多様化、生産・流通における分散化への志向が指摘されている（Browman 1987, 木村 一九八八）。このような志向はマルカパタでも強くみられたものであったが、現在、それが一部で変化している。すなわち、安定的な収穫よりも、より大きな現金収入を得るために生産性を求める傾向が生じているのである。

このような変化は以前から生じていたことも考えられるが、その変化は近年きわめて大きくなってきたようである。たとえば、地理的に隔絶され、交通の不便な農村地域の人びとにとって手っとり早い現金収入の方法は出稼ぎである。マルカパタでも以前からアマゾン低地でのカスターニャ（ブラジル・ナッツ）や砂金の採取の出稼ぎにゆくものが少なくなかった。これが、近年では都市部に出稼ぎにゆくものが増え、なかには家族全員でマルカパタを離れてしまうものもでてきている。

その背景には、都市部と山岳地域での様々な格差もあろう。実際、私が調査をしていた当時のマルカパタでは大部分の地域で、電気も、水道も、ガスもない生活を強いられていたのである。

このような状況の変化は、マルカパタだけに限られるわけでなく、広くペルー・アンデス一般にみられる（稲村・山本 二〇〇七）。それは，ペルーの首都であるリマの人口動態にもはっきりと現れている。リマの人口は一九四〇年に六〇万人であったが、それが一九七〇年には四〇〇万人に急増している。そして、この急増した人口の大半が山岳地域からリマへの移住者に起因するとされるのである。彼らの大半はリマ市周辺の「プエブロ・ホーベン（若い町）」と呼ばれる貧困地域に集中して住んでいるが、このプエブロ・ホーベンの人口がリマ市全体に占める割合も急増している。リマ市の人口のうち、一九五六年にプエブロ・ホーベンの人口が占めていた比率は約一〇パーセントであったが、それが二〇年後の一九六七年には七六パーセントにまで急増しているのである (Escobar & Beall 1982)。

その後も、山岳地帯の農村部から都市部への人口移動は減少するどころか、むしろ増えつづけている。このような大量の人口移動は、山岳地域における農村部の社会を大きく変化させ、それが環境利用の方法にも影響をあたえていると考えられる。たとえば、さきに耕地にたいする共同体規制の弱化の例を述べたが、それには現金経済の浸透によるものだけではなく、人口減に起因するものもあるだろう。こうしてみてくると、マルカパタは比較的近年まで地理的にかなり隔絶されていたため、このような変化の到来が比較的遅れたのかもしれない。資料の蓄積を待って、あらためて検討してみたいテーマである。その意味でも、わたしは今後もマルカパタをふくむペルー・アンデスの人びとの暮らしの変化を見守ってゆきたいと考えている。

追記

ここで述べたことは、一九七〇年代後半から一九八〇年代後半までの調査にもとづくものである。その後のアンデス社会の変貌は激しく、マルカパタも同じ村であるとは思えないほどである。かつてはクスコからマルカパタまでトラックに便乗して二、三日かかったが、いまでは舗装道路が通じ、定期バスも走っている。また、かつては電気もガスもなく、夜は真っ暗闇であったが、いまは電気が通じ、インターネット・カフェまでできている。なお、本稿は、拙稿（「熱帯アンデスの環境利用―ペルー・アンデスを中心に」『熱帯研究』五（三・四）：一六一―一八四）を加筆・改稿したものである。

【文　献】

稲村哲也・山本紀夫　二〇〇七「アンデス社会の変容」山本紀夫編『アンデス高地』京都大学学術出版会。
インカ、ガルシラーソ、デ、ラ、ベーガ　一九八六『インカ皇統記２』牛島信明訳、岩波書店。
木村秀雄　一九八八「リスク処理・相互扶助・歴史変化―アマレテ生産システム」亜細亜大学経済研究所。
シエサ、デ、レオン　一九七九『インカ帝国史』増田義郎訳、一一四―一一五頁、岩波書店。
ピース、F・増田義郎　一九八八『図説インカ帝国』小学館。
藤倉雄司・本江昭夫・山本紀夫　二〇〇七「知られざるアンデス高地の雑穀―キヌアとカニア」山本紀夫編『アンデス高地』京都大学学術出版会。
山本紀夫　一九八〇「中央アンデス南部高地の環境利用―ペルー・クスコ県マルカパタの事例より」『国立民族学博物館研究報告』五（一）：一二一―一八九。
山本紀夫　一九八五「中央アンデス高地社会の食糧基盤」『季刊人類学』一三（三）：七六―一二四。
山本紀夫　一九八八「中央アンデスにおけるジャガイモ栽培と休閑」『農耕の技術』六四―一〇〇頁、農耕文化研究振興会。
山本紀夫　一九九二『インカの末裔たち』日本放送出版協会。
山本紀夫　一九九三「自然と人類と文明」赤澤威・阪口豊・富田幸光・山本紀夫編『アメリカ大陸の自然誌３―新大陸文明の盛衰』二三五―二五七頁、岩波書店。

山本紀夫　一九九六　「熱帯アンデスの環境利用―ペルー・アンデスを中心に」『熱帯研究』五（三・四）：一六一―一八四。
山本紀夫　二〇一四「中央アンデス農耕文化論―とくに高地部を中心として」『国立民族学博物館調査報告』一一七。
山本紀夫　二〇一七『コロンブスの不平等交換―作物・奴隷・疫病の世界史』ＫＡＤＯＫＡＷＡ。
Antunez de Mayolo R., y Santiago E. 1982 Fertilizantes Agricolas en el Peru, En M. Lajo, R. Ames, y C. Samanego (eds.), *Agricultura y Alimentación*, pp.79–129. Lima: Fondo Editorial.
Brush, Stephen B. 1976 Man's Use of an Andean Ecosystem. *Human Ecology* **4**(2): 147–166.
Browman, D. L. 1987 *Arid Land Use Strategies and Risk Management in the Andes: A Regional Anthropological Perspective*. Boulder: Westview Press.
CONCYTEC 1986 *Andenes y Camellones en el Peru Andino.* 379pp. CONCYTEC-PERU.
Escobar, M. G., & Beall, C. M. 1982 Contemporary patterns of migration in the Central Andes. *Mountain Research and Development* **2**(1): 63–80.
Flores Ochoa, J. A., y Percy Paz Flores 1984 El Cultivo en Qocha en la Pnua Sur Andina. En S. Masuda(ed.), *Contribuciones a los Estudios Andes Centrales.* Tokio: Univ. de Tokio.
Godoy, R. 1984 Ecological degradation and agricultural intensification in the Andean highlands. *Human Ecology* **12**: 359–383.
Guaman Poma de Ayala, F. 1980 *El Primer Nueva Cronica y Buen Gobierno.* Mexico: Siglo XXI Ed.
Guillet, D. 1981 Agrarian ecology and peasant production in the Central Andes. *Mountain Reseach and Development* **1**(1): 19–28.
Guillet, D. 1983 Toward a cultural ecology of mountains: The Central Andes and the Himalayas compared. *Current Anthropology* **24**(5): 561–574.
Lynch, Thomas, F. (ed.) 1980 *Guitarrero Cave: Early Man in the Andes.* New York: Academic Press.
Millones, J. 1982 Patterns of land use and associated environmental problems in the Central Andes. *Mountain Research and Development* **2**: 49-61.
Murra, John, V. 1968 An Aymara Kingdom in 1567. *Ethnohistory* **15**: 115–151.
Murra, John, V. 1972 El Control Vertical de un Maximo de pisos Ecologicos en la Economia de las Sociedades

Andinas(Reprinted in Murra 1975): pp. 59–115.

Murra, John, V. 1975 *Formaciones Economicas y Politicas del Mundo Andino.* Lima: Institute de Estudios Peruanos.

Orlove, B. S., & Godoy, R. 1986 Sectoral fallowing systems in the Central Andes. *Jaurnal of Ethnobiology* **6**(1): 169–204.

Tapia, M., & Mateo, N. 1990 Andean Phytogenetic and Zoogenetic Resources. In K. W. Riley, N. Mateo, G. C. Hawtin, & R. Yadav(ed.), *Mountain Agriculture and Crop Genetic Resources.* pp.235-254. New Delhi, Bombay, Calcutta: Oxford & IBH Publishing Co. Pvt. LTD.

Thomas, R. B., & Winterhalder, B. P. 1976 New delhi: Phisical and biotic environment of southern highland Peru. In P. T. Baker, & M. A. little(eds.), *Man in the Andes: a multidisciplinary study of high-altitude Quechua* pp.21–95. Stroudsburg, Pa: Dowden, Hutchinson and Ross, Inc.

Troll, C. 1968 The cordilleras of the Tropical Americas, aspects of climatic, phytogeographical and agrarian ecology. *Colloquium Geographicum* (Univ. Bonn) **9**: 15–56.

Webster, S. S. 1971 An Indigenous Quechua Community in Exploitation of Multiple Ecological Zones. *Revista del Museo Nacional* **37**: 174–183.

Winterhalder B., Larsen R., & Thomas R. B. 1974 Dungs as an essential resource in a highland Peruvian community. *Human Ecology* **2**(2) : 43–55.

Yamamoto, N. 1982 A Food Production System in the Southern Central Andes. En L. Millones, y H. Tomoeda (eds.), *El Hombre y su Ambiente en los Andes Centrales.* Senri Ethnological Studies, No.10: pp.39–62. Osaka: National Museum of Ethnology.

Yamamoto, N. 1985 The Ecological Complementarity of Agro-Pastoralism: Some Comments. In S. Masuda, I. Shimada, & C. Morris (eds.), *Andean Ecology and Civilization: a multidisciplinary study of high-altitude Quechua pp.*85–99. Tokyo: University of Tokyo Press.

Yamamoto, N. 1988 Papa, llama, y chaquitaclla. Una perspectiva etnobotanica de la cultura Andina. En S. Masuda (ed.), *Recursos Naturales Andinos,* pp.111–152. Tokio: Universidad de Tokio.

第Ⅲ章

メキシコ高地における古代文明の形成史

杉山三郎

メキシコシティ近郊のテオティワカン遺跡
(山本紀夫撮影)

右／テオティワカンの「月のピラミッド」内部で
発見された埋葬体３を調査中の筆者
（ヘスス・エドワルド・ロペス氏撮影）

左／テオティワカン、「太陽のピラミッド」前にて

杉山　三郎（すぎやま・さぶろう）

1952年静岡県藤枝市生まれ。1978–1987年／メキシコ国立人類学歴史学研究所にて考古学調査に従事。1987-1995年／アメリカ合衆国ブランダイス大学とアリゾナ州立大学にて博士課程修了。1995年／アリゾナ州立大学より博士号（人類学）修得。その後アリゾナ州立大学研究員、ハーバード大学客員研究員などを歴任し、1999年より愛知県立大学助教授、教授を経て、2009–2018年3月／同大学大学院・国際文化研究科特任教授。2018年4月／同大学名誉教授。2013－現在／アリゾナ州立大学研究教授。
専門は中米のメソアメリカ考古学・人類学。メキシコ南部ゲレーロ州の遺跡群、マヤ文明のパレンケ、ベカン、シュプヒル遺跡、メキシコ中央高原のカカシュトラ遺跡、チョルーラ大ピラミッド、アステカ王国の大神殿遺跡などで調査をおこなう一方、生涯の主課題として古代都市テオティワカン研究を38年間続けている。日本学術振興会、アメリカ合衆国国立科学基金（NSF）、ナショナルジオグラフィック協会基金などにより、テオティワカン「羽毛の蛇神殿」「月のピラミッド」「太陽のピラミッド」調査をおこない、現在「石柱の広場」を共同団長として発掘調査中。以下の単著本を初め、100本以上の学術論文や単著本、共同執筆本、編集本を出版。*Human Sacrifice, Militarism, and Rulership: Materialization of State Ideology at the Feathered Serpent Pyramid, Teotihuacan.*（Cambridge University Press. 2005）研究と同時に多くの国際会議を主催、テオティワカン関係の展示の監修も多国主要都市にておこない、また欧米・日本のメキシコ古代文明ドキュメンタリーに多数出演。メキシコ国立歴史科学審議会より1992年最優秀論文賞授与。日本政府の外務大臣表彰（2012年）、中華人民共和国社会科学院より世界考古学優秀業績表彰（2013年）、ハーバード大学からH. B. ニコルソン・メソアメリカ研究優秀賞（2016年）を授与。

一　はじめに

文明研究において高地の文化を比較研究する意義は、様々な高地の環境に適応した戦略の多様性を時間軸上であぶり出し、かつヒトが共通にもつ特異性をその中に見出すことにあると考える。本章ではメキシコ高地で展開した古代先住民社会の発祥からその発展過程を様々な視点から検証し、人類史における高地文明の意義を考古学的視点から議論したい。

本章の対象とするメキシコ中央高原は、北緯一三度から二四度まで拡がるメソアメリカ文明圏の北部に位置する。メソアメリカ文明圏は熱帯・亜熱帯気候の海岸部、砂漠や高温多湿の密林地帯などとともに、きわめて多様な生態系を成している（表3・1）。そこの動物種は他大陸と隔離度が高く、特異性の強い動物種が発達した新熱帯区に属する。またメキシコ高地民族の大半は歴史的にも高度一五〇〇メートルから二五〇〇メートルほどに連なる盆地群を生活圏としており、三〇〇〇メートルから四〇〇〇メートルを超えた高地の民族を主に扱う本著の他の文明とは、高度差やそれを反映する生態系においても少なからず違いがある。しかしながら東シエラマドレ山脈と西シエラマドレ山脈にはさまれたメキシコ高原は、昼夜の温度差が激しい自然条件など、熱帯高地特有の地理的・生態的特徴を共有している。東西幅が最長六〇〇キロメートル、南北一〇〇〇キロメートル以上におよぶメキシコ中央高原は、なだらかに繋がる盆地群からなり、メキシコ高地はひとつの高地文明圏と位置付けることができる（図3・1）。さらに太平洋岸やメキシコ湾岸へ下る険しい峡谷が、海岸地方に栄えた低地文明とのコント

（表3・1）生息する動物多様性（種類数）の国別比較表
メキシコは、生物多様性ではトップクラスであり、古代文明形成の基盤を成していた。

国	哺乳類	鳥　類	爬虫類	両生類	植　物
メキシコの順位	3	8	2	5	5
Indonesia	667	1,604	511	300	29,375
Brazil	578	1,712	630	779	56,215
Mexico	535	1,107	804	361	23,424
Colombia	456	1,815	520	634	48,000
China	502	1,221	387	334	32,200
Venezuela	353	1,392	293	315	21,073
Ecuador	271	1,559	374	462	21,000
Peru	441	1,781	298	420	17,144
Australia	376	851	880	224	15,638
Madagascar	165	262	300	234	9,505
Congo	166	597	268	216	6,000

ラストを生み出している。これから扱うメソアメリカは、このようにメキシコ高原と海岸低地に住む民族間の密な交流の中から生まれた古代文明であり、そこは旧大陸や南米アンデスに繁栄した文明の影響を直接受けずに発展した固有の社会進化の在り方を示している。

またメキシコ中央高原は、新大陸で最初の、そして先スペイン期最大規模の都市文明を醸成させた地である。とくにテオティワカン古代都市は紀元前後ごろから六世紀まで栄え、メソアメリカ文明の基層となる多くの文化要素を作り出している。さらに同中央高原ではテオティワカン崩壊後、一五世紀にアメリカ大陸最大の人口を有する古代王国アステカの首都テノチティトランが、ナワトル語民族によって建設された地でもある。そして現在、肥沃なメキシコ盆地は急激に膨張する巨大都市メキシコシティの基盤となっている。このように過去二千年間に三つの世界有数の巨大都市を生み出したメキシコ中央高原は、都市発祥のメカニズムを明らかにする希少な検証の場である。そのため、本章ではこれらの文明の基層となった高地の自然・社会環境と相互交流のしくみを探る。

一万二〇〇〇年前から独自の力で徐々に築かれてきた伝統的なアメリカ先住民文化は、一六世紀にヨーロッパ列強国との衝撃的な遭遇を経験し、急激な変容を余儀なくされた。とくに自然資源の豊富なメキシコ中央高原地帯では、三〇〇〇年間にわた

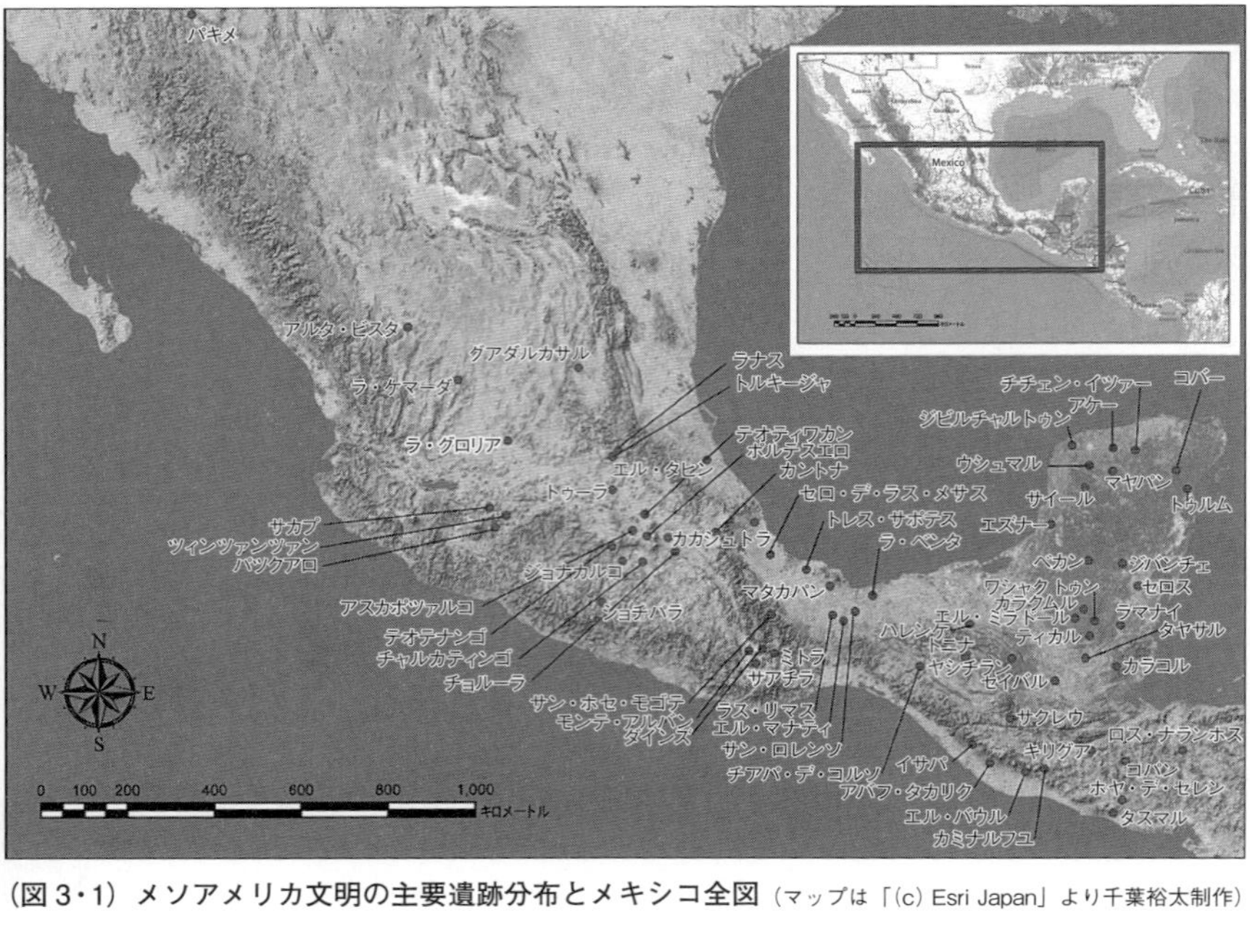

(図3・1) メソアメリカ文明の主要遺跡分布とメキシコ全図（マップは「(c) Esri Japan」より千葉裕太制作）

る欧米中心の植民地体制をとおして、搾取構造を含む複雑な階層社会が形成されていった。そして徐々に世界経済、また国際政治のるつぼに組み込まれ、さらにスペイン人がもち込んだ疫病で先住民人口が激減した。その結果、地域独自の社会発展としての古代文明解析は難しくなってしまった。よって本章では、アジアからの最初の人類到達からスペイン人による征服までの先住民社会の社会進化過程のなかで、とくにメソアメリカ文明形成に焦点を絞り、メキシコ中央高原に栄えた固有の伝統的社会の多様性と特異性を、高地からみた文明形成として概観してみよう。とくに旧大陸の古代都市文明に匹敵する文化要素に触れるため、ここでは古代都市テオティワカンの形成を中心に話を進める。

二　ホモ・サピエンスの「脳力」と文明形成理論

具体的なメソアメリカ文明形成の実例を検証する前に、まず本章の理論的立場を明らかにしておきたい。ここでは文明の形成過程を、単に高地特有の環境条件を社会進化の要因ととらえる環境決定論とは異なり、高地の自然条件の多様性に柔軟に適応するヒトの「脳力」[1]を想定した上で社会進化を記述しようと試みたい。脳に関する生物学的メカニズムと、その脳力のプロダクトであるヒト特有の認知構造（意味論）、生業に関する戦術・技術の改新、さらに情報操作や社会組織の発展（つまり自然環境に対するヒトの側の戦略）にも注目する。そして、「生物／文化的側面の共進化」の観点からメキシコ高地文明の形成を追ってみたい。

そもそも人類は約七〇〇万年前にアフリカの疎林で誕生してから様々な危機に直面し、それらを克服することで進化を遂げてきた。したがって、本章では高地環境への適応拡散を含めて、人類進化プロセスを超克的なヒトの脳力による成果として長い時系列上で包括的に把握したい。それというのも、人間は人類史上、様々な存続の危機に面し、ヒトはある時は頑丈な咀嚼器官などを発達さ

［1］ヒトに特異な能力は、他の動物に較べて大きく、中心的な機能を果たす脳に集約されることから、本章では「脳力」と記す。

せたり、また石器技術の向上など文化的対応により動植物資源の利用を拡大させてきたからである。そして、様々な種が派生し絶滅するなか、約二〇万年前にアフリカで誕生したホモ・サピエンスは、六万年ほど前にアフリカからユーラシアに広がり、新たな環境にチャレンジし始めたのである。すでに脳容積が一四〇〇cc以上に拡大し、巧みに言語を操るホモ・サピエンスは、優れた認知・コミュニケーション能力、そして脳力の産物である蓄積された知識・技術・集団（利他）行動様式を身につけていたと考えられる。そして、ネアンデルタールなど旧人が達することができなかったシベリア北部の寒冷地や本論集が扱う高地、さらに海を越えた陸地へ移住し、人類として初めての新天地、アメリカ大陸で存続・拡散に成功したのである。

一方でホモ・サピエンスが移住した地域では、期をほぼ同じくして大型動物を初め、多くの動物種が絶滅した。またごく一部の動物種の飼い慣らしが始まっており、ヒトがその主要因だった可能性が指摘されている。つまりメキシコ高原地帯に到着した集団は、自然界に特異な生存脳力をすでに有した集団であったと考えられる（ノア・ハラリ 二〇一六）。おそらく、ホモ・サピエンスはより効果的な武器と高度な狩猟能力を発展させ、様々な共同作業を可能にする社会集団として、食糧源のレパートリーを拡大させたと考えられる。これらの集団は、人口を増加させながら、地球上のさらに厳しい環境へ適応して、世界のほぼ全域へと移動・拡散していったのだろう。同時に他者認識や時空間認識の能力を発達させていたようだ。ホモ・サピエンス早期から芸術や信仰心も発展させていたことを示すデータも増えている。そして約一万年ほど前から、世界の七ヶ所以上の地域で動植物のドメスティケーション（栽培化・家畜化）という積極的な自然界への介入により、食料獲得の手段を広げ、さらなる人口増加をもたらした。そして、ついには階層化をともなう複雑な国家構造を作り上げ、都市生活を始めている。すなわち、現代社会に繋がる「文明」の本源的な要素を、世界の各地で同時に生み出したのである。

前人未踏だった新大陸では、どのようにしてこの社会進化が起きたのだろうか？　シベリアの極寒地やアラスカ周辺の環境に留まり生き延びていたホモ・サピエンスの狩猟採集小集団は、遅くとも今から一万二〇〇〇年ほど前には当時陸続きだったベーリング海峡を渡り、アラスカ南の氷床の合間にできた回廊を抜けて、初めて肥沃な北アメリカ大陸中央部に入植した。それからわずか二〜三千年のうちに南アメリカ大陸の南端まで、ほぼ新世界全域に拡散・増殖したと考えられている。現在のカナダ北部の極寒冷地、かつて未踏の地と考えられていたアマゾン熱帯地帯、そしてメキシコ高原やアンデス高地にもアメリカ先住民集団が拡散・入植し、独自の力で複合社会、ひいては都市文化を独自に築いているのである。すなわち旧大陸で起きた社会進化が、平行して新大陸でも起きていたのである。本章では、このような同じ方向性をもった社会進化について、ネアンデルタールが達することができなかったホモ・サピエンスの優れた特異性を、文明に導いた要素として議論する（ブラウン 二〇〇二）。とくにヒトの認知能力の発展に注目し、そのプロダクトである宗教的世界観の創造・農業革命・技術革新・知識の集積・情報操作・分業社会組織・協働／利他行動などに焦点をあてる。そして、メキシコ高原の環境要因に対するヒトの特異なレスポンス（戦略）として、文明形成史の再解釈を試みる。このようなヒトの長い認知脳力の発展過程のなか、高地環境のもつ意義を導き出したい。

三　文明の曙—高地の環境認知と文化の多様性

メキシコ・中米で栄えた古代先住民文化、総称としてのメソアメリカ文明の特徴として、まずその基盤となった自然環境の多様性を挙げるべきだろう。そこでは北米へと続くメキシコ北西部の乾燥地帯から同国の南東部、そしてグアテマラ・中米の低地に広がる密林地帯まで、さらに海岸から四〇〇〇メートル級の火山地帯までを繋ぐ渓谷・高原地帯など、実に多様な自然環境がみられる。そして、その自然環境を基盤に五〇ほどの民族が密な交流をとおして育んだ文明がメソアメリカ文

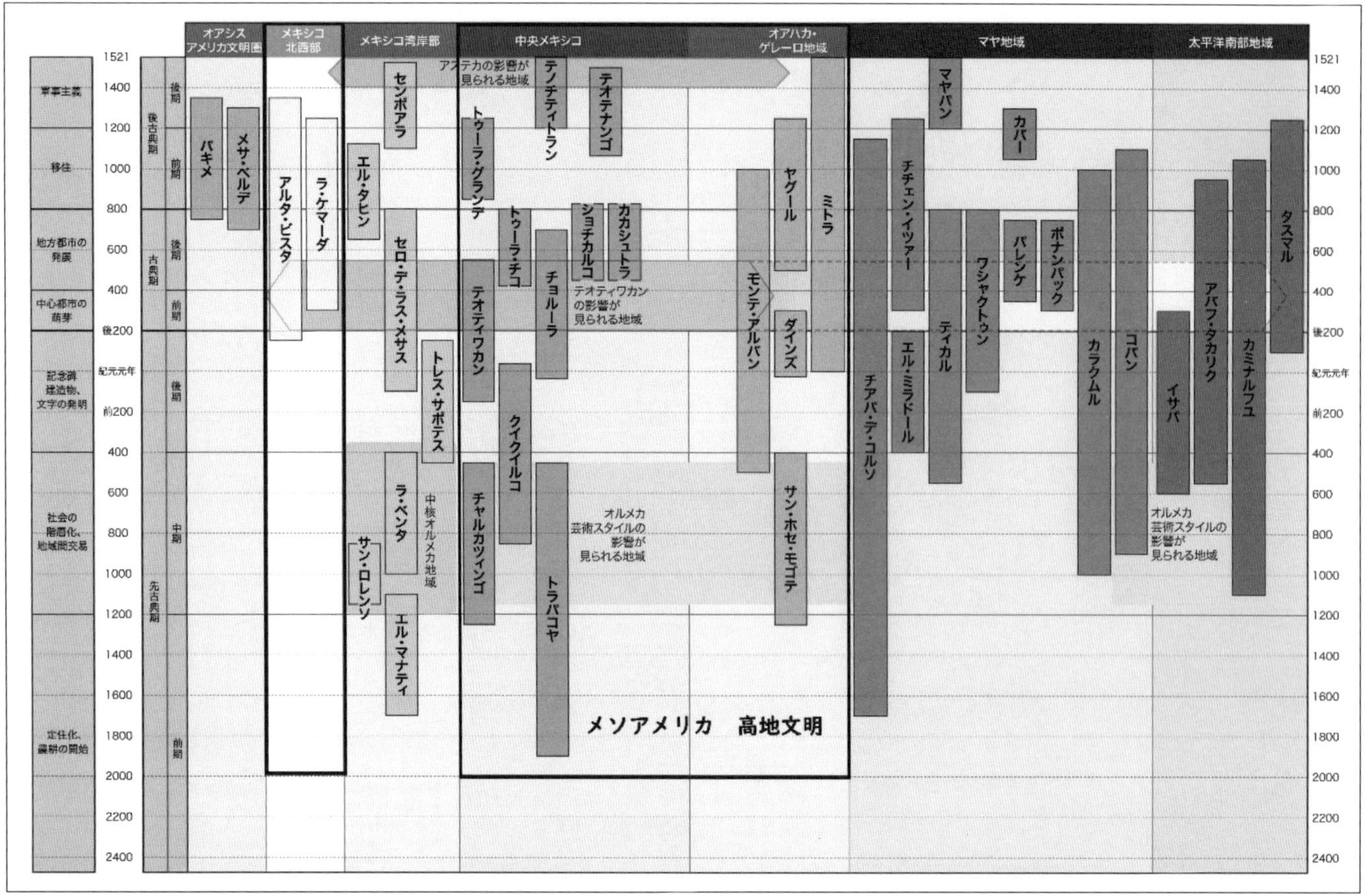

(図3・2) メソアメリカ古代文明の年表

本章で扱う高地文明は、中央メキシコ、オアハカ・ゲレーロ地域、メキシコ北西部にあたる。（杉山・高橋・渡部（2011：28-29）より、筆者加筆）

明である。そこで、本章ではまず高地の自然環境に焦点をあて、初期の移住プロセスを概観し、同時に育まれていったと考えられるメソアメリカ文化要素について述べる。その後、具体的な社会集団の発展史を、文化進化として追ってみたい（図３・２）。

まず、最初の人類がいつ、どこからアメリカ大陸に入ってきたかという課題だが、これは未だに議論の的であり正確につかめていない。最後のウィスコンシン氷河期、約一万二〇〇〇年前頃にクロビス石器をもった狩猟採集民が初めて、当時陸続きだったベーリング海峡を通って新大陸に足を踏み入れたという説が幅広く受け入れられている。しかし、一方で、それより少なくとも二〇〇〇年以上前から太平洋岸に沿って別の小集団が南下した可能性も、近年さらに実証されつつある（Wade 2017）。高い航海術、天文学、そして海産資源の利用法を心得たアジアからの海洋移民が、新大陸に入植しているようである。またイヌは、すでに家畜としてヒト集団と共にアメリカ大陸に入植したと考えられている。アメリカ先住民とアジア諸民族のＤＮＡによる比較研究も、アジアからの移民が現在考えられている年代より数千年さかのぼると示唆している（尾本 二〇一六）。ともあれ、初期のアメリカ人は、新大陸到達時には、すでにイヌを連れ極寒冷地で暮らした経験をもち、魚介類や大型動物を協働作業により漁撈・狩猟していたようだ。したがって、人間はすでに技術的にも社会的にも、また知性面でも進化した狩猟採集集団であったと想定すべきであろう。

中央アメリカへの人類の到達は、ユカタン半島の洞窟の人骨発見例のように（Gonzalez et al. 2008）今から一万二〇〇〇年以上前にさかのぼるが、メキシコ高原への移入も同時期に進行していたと考えられる。メキシコ中央高原ではテペスパン、アテペワカンなど湖のほとりで、すでに一万一〇〇〇年前からマンモスなど大型動物の狩猟場が、石器や骨角器をともない発見されている。メキシコ高原特有の

（図３・３）メキシコ、ミチョアカン州パツァクアロ湖（筆者撮影）

湖での多種多様で豊富な動植物群が、狩猟採集民に重要な生業の場を提供していたとうかがえる。(Acosta 2012, Garcia 1973)(図3・3)。さらにオアハカ地方のギラ・ナキツでは、狩猟用石器と共に、一万年ほど前から農耕の開始を示唆する粉砕石器が、トウモロコシ・カボチャ・カカオなどの花粉資料をともなって出土している(Flannery 1986)。これらの事実は、当時の人間が動植物についての知識を増やし、洞窟などでの定住化も進み、分業作業が徐々に向上したことを示唆する。

マクーニッシュ(MacNeish 1967)のメキシコ高原テワカン盆地調査によると、主要な大型動物が絶滅した紀元前七〇〇〇年以後(古期前期)、新大陸先住民はメキシコ盆地の多様な食糧資源を有効に利用するため、小集団による季節的移動の狩猟採集生活を数千年間続けたと思われる。紀元前五〇〇〇年–三四〇〇年期(古期中期)には、トウモロコシ、カボチャ、トウガラシ、アボカド、豆類、ヒョウタン、アガベ(リュウゼツラン)など、多様な野生植物、また栽培化されつつある植物が徐々に主食糧源となり、より大きな集団による移動形態へ移行していったと考えられる。オアハカのジェオシ遺跡、さらにメキシコ中央高原の湖畔にあるラ・プラジャ遺跡のデータは、紀元前四〇〇〇年頃から同様な生業を営む集団が、洞窟を離れて定住化しつつあったことを示している。半乾燥地域から豊穣な湖畔の地域まで、多様な生態系を反映した植物の栽培化は、メキシコ高原に住む集団が生態系への理解を深め、栽培種への依存度を高めながら緩やかに人口を増加させ、社会進化したことを示唆している。一方で雨季と乾季の違いが激しい熱帯低地では、同時代にトウモロコシなどを主体とした焼畑農耕が定着し、高地とは対照的な適応手段をうかがうことができる。一般に今まではオルメカなどの宗教センターや土器の出現までは、高地では移動性の狩猟採集生活が主流と考えられてきたが、近年の研究成果によれば、古期後期(紀元前四〇〇〇–二〇〇〇年)には、農耕経済が高地を主流に広まっていたと考えられるようになった(Kennett 2012)。

筆者はこの長い古期の後に具現化する、メソアメリカ文明の本源的な文化要素が、この古期のあいだにすでに新世界先住民の脳内に創成され、集団間に浸透していったと考えている。柔軟な頭脳プレーにより、新しい環境に適応しながら生態認知システムを形成し、自然界の変動や動植物に関する知識を集積しながら、それらを社会組織作りの中に組み込んでいったのであろう。以下で扱うように、メソアメリカ文明の特徴である宗教的世界観・価値体系が、ピラミッド建築を含む宗教センターや儀礼用具・象徴品などにより具現化されるのは、紀元前一五〇〇年前以後のメソアメリカ文明形成期に入ってからだ。しかし、それらの基盤となる概念や行動パターンは数千年間の自然環境に適応するプロセスの中で育まれたのであろう。メソアメリカ文明発祥の起因となる要素に、農業を基盤とした宗教センターの存在、そこでおこなわれた生贄を含む特異な宗教儀礼、神々の体系と哲理、天文学・暦学に根差した世界観などがあるが、これらは地域性の強いメソアメリカの環境に対するヒトの適応戦略と解釈できる。一方で黒曜石などの石器や土器、木器、骨角器、石彫、衣類などの技術的革新があり、再生産する社会分業組織の発達があった。そして生業の基盤となった地理・自然環境について、雨季と乾季の二期サイクル、高地に連なる盆地と生活源としての湖、そこに分布する多様な動植物、また干ばつ・洪水などの自然災害、さらに頻繁な火山活動などがメソアメリカの特異な世界観を形成したと考えられる。

古代メソアメリカ文明の重要な要素に、多様な地形や自然現象を象徴する多神教、さらに基層となる「二元性の宗教的世界観」、天体と人体を基盤とした「時空間認知（暦）」がある。「二元性」はヒトに特異な価値意識の根源ユニットとなる二項対立を成すと思われる。これは、社会を取り巻く環境要素のうち、天‐地、太陽‐月、昼‐夜、陽‐陰、火‐水（雨）、男‐女、生‐死などの物質・現象を、両極の対比のなかにとらえる思想（脳の認知メカニズム）である。この世界観は、二極化を想定しやすい自然環境に顕著である。とくにメキシコ中央高原では、一日の温度差は夏・冬の温度差より大きく、二〇℃以上の日もある。昼間は日差しも強く、夜は寒い。現代でも昼間は冷房をつけ、夜は暖房に切り替えるほどである。またメキシコでは四季の移り変わりより、雨季と乾季が一年を二分し、乾季にはほとんど雨が降らず土地は乾き、強風がほこりを舞いあげる。雨季にはほとんど毎日夕方に大雨がザッと降るが、午前はカラッとした日が続き、一日の生活のなかでも湿度の差や、日向と日蔭の温度差も大きい。これは熱帯高地の特徴である。雨季・乾季の対比は、現代の都市生活の中でも強く感じられるが、自然の中ではさらに強烈であり、また年による雨量やサイクルの不規則性も大きく、農業を基盤とした古代人の「雨への神頼み」の姿勢も納得がいく。この「二元性」、つまり二項対立による意味づけは、後に述べるように古代都市構造のなかにも反映され、様々な象徴品にもうかがうことができる。

前述の「二元性」の価値観をより客観的な「時」のサイクルの中に数値化し、天文学的知識を集積し発展させた価値体系が、複雑な暦のシステムである。そして「時の経過」を象徴的に意味づけたイベントが、とくにメソアメリカに特有な「生贄儀礼」であり、そのための捕虜獲得を目指すためにおこなわれた「戦争」であった。農業従事者が大多数を占める古代社会では、様々なサイクルの把握は作物の出来具合と深く関係し、雨季・乾季の始まりを見極めることは死活問題である。なかでも乾ききった土地が潤い始める時がもっとも重要であ

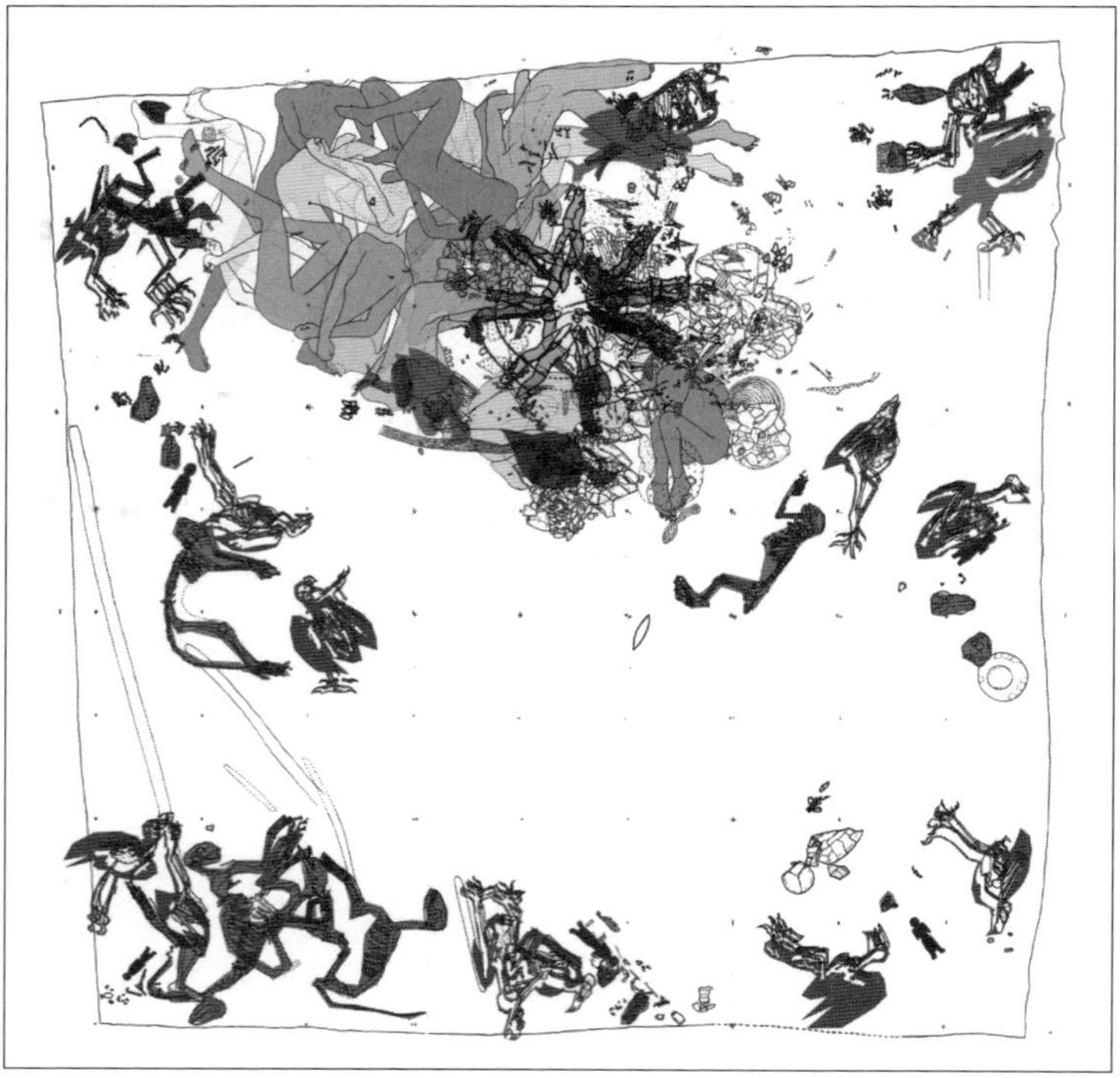

(図3・4) メソアメリカの生贄儀礼の例
テオティワカンの「月のピラミッド」内部で発見された埋葬体6の平面図。12体の生贄体が縛られた状態で(10体は首なし)、60体以上の生贄にされた動物体(鷲、ジャガー、ピューマ、オオカミ、ガラガラヘビなど)、さらに豪華な奉納品と共にピラミッド建設に捧げられた。(Sugiyama & Cabrera 2007, © 月のピラミッド調査団)

る。天（雲）から雨、太陽から陽が注がれ、大地がトウモロコシなどの植物・果実などを育む。古代メソアメリカ文明特有の雨乞いに関連する生贄儀礼も、この二極間のサイクルと関わり、複雑な規則性をもつ天体と人体のサイクルから説明され、戦争や王の戴冠式など社会イベントの時期決定にも関わっていたと考えられている（図３・４）。メソアメリカの人びとの天体（暦や太陽、月、金星などの周期、方位）への過剰な関心も頷ける。人の命もその自然サイクルの一部と考えられており、アステカやマヤでは太陽は男性を、女性は大地を象徴していた。その両極の融合がヒト、そして作物の再生としてメタフォリックにとらえられ、天体の運行に関係づけられた。さらに後に述べるように、ヒトのサイクルは太陽と月が合体する日食と関係づけられ、二六〇日周期（そして五二年の大周期）というメソアメリカ特有の宗教暦を生み出していた。古代の宗教センターや大規模なモニュメントでおこなわれた儀礼は、それを統率するリーダー集団にとって当時の生活の基層となる世界観の表明であり、同時に社会的・政治的権力も象徴していた。このように生贄儀礼は、メソアメリカ文明の形成期、古典期、後古典期に盛衰を繰り返した宗教センターに一貫して二〇〇〇年以上続いた理念と実践であり、とくにメキシコ中央高原やオアハカ盆地などで、都市センターが存在するための本源的な機能をはたしていたと考えられる。

このような「二元性」と「時」の認知システムに対して、地上界を境に天上界と地下界に三分する「空間」認知システムが創出されている。古代メソアメリカの高地では洞窟信仰が存在し、ヒトは地下界から地上界に誕生し、死者は地下界に戻ると信じられ、その出入口が洞窟であり、生死を扱う神々が介在していた。九層から成る水の地下界は、太平洋（西）に沈んだ天体が東に戻りまた大西洋から昇るための通路であり、様々な神々が宿っていた。また古文書によれば、地上界は生命体の生活の場であり、天地異変や火山活動などがみられ、四方位に分割されていた。さらに一三層から成る天上界には様々な天体・天上神が関わっていた。メソアメリカの先住民は、この天と地下界の対極のあいだに新しい生命が誕生し消滅する自然界のサイクルを、ヒトの生死のサイクルと関連づけていた。男性の精液を天からの雨、またそれを受けた女性の体内を大地のメタファーととらえ、ヒトが子宮から誕生するように、地下界からの出口である洞窟からは民族、動物、植物（とくにトウモロコシ）が地上界に生み出されたと考えられていた。天に昇る太陽から陽（熱）、雲から雨が、大地に注がれる結果である。従ってその両極間のサイクルを認知し保ち続けることが、人・民族・すべての生命体の存続に繋がると考えていた。後に述べるように、メソアメリカの儀礼執行にもっとも重要な二六〇日周期の宗教暦は、天体周期と人の誕生に必要な妊娠期間からはじき出され、五二年の大周期はヒトの一生（または女性の閉経期）、つまり東洋の還暦の概念に相当し、自然界にもっとも融和したヒトのサイクルと思われる（図３・５）。

メソアメリカ社会が蓄積した天体に関する知識は、世界古代文明の中でも天体望遠鏡が発明される前に、肉眼観測でできる最高レベルに達していた。天体運行に関しては、高地と低地の違いはなく、すべてのメソアメリカの住民は僅かな緯度差以外、基本的に同じ天体を眺めており、そこに地域環境の多様性を超えた宇宙の厳格な規則性、周期性を見出していた。また、そこに天上界を司る最高位の神々の秩序、自然界を支配する階層的

（図３・５）260日宗教暦とメソアメリカ世界観を表すフェジェベリーメイヤー古文書
13 × 20 日の暦に従い時空間が区切られた各方位と日付に関係する動植物、神々が描かれている。中央は地下界の太陽を象徴する戦士の神。（Codex Fejérváry Mayer 1971）

構造を形成していたと考えられる。一方、地上界の最高峰であり天上界に通じる山々と湖（水）が対置する高地では、低地では見られない多数の洞窟、さらに地震や噴火活動が、特異な高地の世界観を誘発したと考えられる。とくにメキシコ高原地帯に顕著な火山活動は、文明形成に重要な要素であり、時には宗教センターを崩壊に導き、世界観の再構築に重要な要因を成していた（Uruñuela & Plunket 2007）（図3・6）。また火山活動の産物である火成岩（玄武岩、安山岩など）や変成岩・鉱物（黒曜石、ヒスイ、アラバスター、黄鉄鉱など）の採掘はメソアメリカ文明形成の早期から積極的に始まっており、その建築や石彫、工芸品への利用が重層社会をさらに拡大させている。

以下に記述したように、数千年にわたり育まれた天体・自然・人体を融和した世界観が紀元前一五〇〇年頃から具現化され、その儀礼の舞台となる宗教センターがメソアメリカ各地で形成され始めた。この頃までには野生植物の栽培化も拡大しており、高度文明の基層を成し、やがてメキシコ中央高原に巨大な都市国家が形成された。

四　階級社会・都市の形成

物質文化から見た具体的な文明形成史に戻ろう。ドメスティケーションが徐々に浸透した紀元前四〇〇〇年頃から、集落の拡大が確認されるようになる。紀元前二五〇〇年頃までには土器が発明され、煮炊きが可能になり、今まで摂取不可能であった多くの植物種が食糧源となった。公共施設や儀礼センターと思われる建造物が建てられるようになり、メソアメリカ形成期前期となる紀元前

（図3・6）メキシコ中央高原、プエブラ盆地のテティンパ遺跡
現在も噴火しているポポカテペトル山（左；右はイスタルシワトル山）が紀元後1世紀に大噴火したことにより埋もれ、放棄された儀礼／住居センター址。（ガブリエラ・ウルニュエラ提供）

一五〇〇年頃からは、メキシコ湾岸の低地でオルメカ文化（メソアメリカ文明の母体と言われる）が開花する。大きな宗教センターも形成され始め、様々な宗教儀礼用具、石彫、象徴品が創出されている。

しかし、このような宗教センターはかならずしも自然環境の整った地域に発展したとは言えない。メキシコ湾岸の湿地帯に建設されたオルメカの中心センターも、決して生活条件に最適ではなく、むしろ宗教的・象徴的意味、また政治社会環境の要因も深く関係していたと思われる。メキシコ中央高原とその周辺の山岳地域でも、オルメカ文化の影響が見られる宗教センターも多く、その発祥には様々な自然環境以外に、社会的・思想的要因もかかわっていたと思われる。なかでもゲレーロ州のテオパンテクワニトラン遺跡は、非常に暑く乾燥した盆地に位置し、むしろ農業に厳しい環境にあるが、乏しい雨水を有効に集める大規模な用水路が儀式場周辺に見つかっている。トウモロコシやインゲンマメなど、乾物として通年の

（図３・７）メキシコ、ゲレーロ州のテオパンテクワニトラン遺跡の用水路址と神殿基壇（写真右上）（筆者撮影）

（図３・８）オアハカ地方の山頂にあるモンテ・アルバン遺跡
中央大広場（約300×200m）を中心にモニュメントや公共施設が立ち並ぶ大宗教センター。（筆者撮影）

食糧源となる作物を中心に栽培し、厳しい自然条件を克服したのであろう（図3・7）。これら集落の指導層は、文明の曙の頃、新知識や技術を結集し、形成されつつある新しい世界観とその表現手段（モニュメント・芸術・儀礼）を学び、他のコミュニティーとの交流を深めながら定住村落から発展した宗教センターを形成したと言える。

その後、形成期後期の紀元前四〇〇年頃には、肥沃なオアハカ盆地の農耕集落の中心地に、サポテカ族による山頂都市モンテ・アルバンが勃興した（図3・8）。また同じ頃グアテマラ・ユカタン半島の熱帯地帯には、大規模なマヤ民族による古代センターも形成され、メソアメリカ全体に社会組織として規模の拡大がみられる。つまり複雑な階層社会と、独立した地方政権が乱立する国家政治の拡大が始まるのである。メソアメリカの各地で、多くの宗教センターが競争するかの如く、異なる建築様式や空間配置の儀礼施設が建設され、数千人から数万人が集合できる政治・社会的中心センターが作られ始めたのである。遠距離の中心センター間の交流・交易も、高原地帯と熱帯低地の地理的境界を越えて盛んになり、新しいアイデアや世界観、天文学的な新知見や暦法、算術など科学的知識、奢侈品工作技術、文字なども共有されるようになった。

メキシコ高原地帯では、紀元前六〇〇年頃にクイクイルコという大きな円形モニュメントを中心とした大宗教センターが勃興し、人口一〜二万人ほどの中規模の都市として、メキシコ盆地の南部に繁栄した（図3・9）。クイクイルコは、紀元前後頃から急激に発展したテオティワカンと共存していたが、紀元後二〇〇年頃にシトレ火山の噴火により溶岩で覆われ、放棄された。その付近一帯は雨量も多く湖畔に面した肥沃な土地であったが、

（図3・9）現在のメキシコシティ南部にある円形のモニュメント、クイクイルコ（Google earth）

流出した溶岩で覆われ、また噴石や火災による自然破壊は住居や農地のみでなく、盆地南部一帯に生息していた動植物にも深刻な被害を及ぼしたと思われる。結果としてメキシコ盆地の南部に住んでいた住人が、より乾燥した北部地域へ大移動したと考えられるが、すでに勢力を誇っていたテオティワカン国家の拡大にどのように影響したかは定かではない。

テオティワカンは、紀元後二〇〇年頃には当時アメリカ大陸で最大の古代都市となり、過去に類型が見当たらない三大ピラミッドを内包する、象徴的な巨大計画都市であった。この大計画都市の成立の要因については、もはや自然環境条件だけでは説明できない複雑な構造をもつ多機能な都市だったと考えられる。おそらく、この都市の成立のためには、ヒトの特異な認知能力の産物である宗教的世界観、天文学、暦学、数学、生態学などの科学的知識を結集したのであろう。そして、テオティワカンの成立は、革新的な技術、コミュニケーション・システム、また大規模な政治組織や広範な交易機構などを要したのであろう。こうして、テオティワカンは、高地における自然・社会環境に適応しながら、専業化の進んだ機能的都市空間が創造され、そこは巡礼地として拡大したと思われる。その創成期から人びとを惹きつけた要因が、前述の高地特有の地形や自然環境・天体に醸し出された世界観とそれを大規模に具現化するモニュメントであり、さらにそこでおこなわれた儀礼だったと考古資料は語っている。

テオティワカン聖域の中心部には、都市の中心軸であった「死者の大通り」に沿って「太陽のピラミッド」、「月のピラミッド」、「羽毛の蛇神殿」などの儀礼用モニュメントが象徴的に配置されていた。その周りには二〇〇〇ほどのアパートメント式住居群が建ち並び、整然とした都市構造をもっていた（図3・10）。新しい世界観、知識、技術、宗教をもたらした強力な政治集団により、紀元後二〇〇－二五〇年に三大ピラ

（図3・10）メキシコシティ近郊のテオティワカン遺跡
左は「死者の大通り」と「月のピラミッド」、右は「太陽のピラミッド」。（筆者撮影）

ミッドがそれぞれ象徴的意味をもちながら同時期に建設された。テオティワカンは紀元後三〇〇－四五〇年の最盛期には新大陸最大の都市に発展した。そこでは、およそ二五平方キロメートルの都市区域に一〇万人ほどの住民が住んでいたと思われる。儀礼空間や住居の建築様式、それらの空間配置や方向軸、建築材料まで、厳格にコントロールされた国家であった。軍事的色彩の強い覇権国家であったテオティワカンは、おそらく遠隔地であるマヤ都市にまで軍事的介入をするほど、メソアメリカ広域に影響力をもっていたにちがいない。さらに近年の調査によれば、都市内部にもサポテカ族、マヤ族、またメキシコ北西部からの移民区域があった。マヤ王朝の支配層が住んだと思われるマヤ壁画が描かれた住居の存在を示すデータも報告されており、そこはすでに現代社会の大都市のような多民族都市であったと考えられる。

テオティワカンの最盛期の資料は比較的豊富だが、その起源については発掘データが少なく、まだ不明な点が多い。しかし現在までの年代資料によると、はじめにモニュメントが建設され、その後に都市空間配置が決定されて規格化されたアパートメント式住居群が建てられたという、トップダウン型の都市構造だったと考えられる。古代都市には、物質面から言うと高地で得られる鉱物資源、建築石材、木材、壁の化粧漆喰やトルティージャ調理剤の石灰、壁画の顔料、道具製作の石材（とくに黒曜石やチャートなど）、また遠隔地から特定の土器、翡翠や貝など奢侈品が集積し、階級差を示すかの様な配分がおこなわれていた。テオティワカンはかなり複雑な階層社会と、広範囲な交易をおこなう経済の中心地でもあり、同時に社会セクター間の軋轢や戦争もあったと思われる。しかし都市を四百年間以上も繁栄させた原動力は、基層となる多様な食料資源と、高地特有の自然と天体を反映した前述の世界観であり、それを具現化した巨大なモニュメントの魅力であろう。

高地の大都市に住む住民を養う食糧源は、半径約一〇〇キロメートル内の近郊盆地からの農産物により賄われていたと考えられる。運搬用の家畜や車輌が存在せず、すべて人に頼った輸送では、重い農産物はなだらかな盆地間に限られ、地方特産物や奢侈品のみが低地の遠隔地から険しい渓谷を通り持ち込まれたのであろう。都市住民は、すでにトウモロコシを中心とした栽培植物に依存していたが、高地特有の自然種である植物・果実・根菜類も重要な食糧源であった。なかでもメキシコ中央高原で豊富なマゲイ（竜舌蘭）・ノパルサボテンは重要な食材の原料となり、その繊維は衣類に、またその図像はメキシコ中央高原のシンボルとしても使われていた。都市における食料としての動物利用に関しても野生種が多く、家畜の重要度は低かった。食糧源と思われる動物種は、都市内出土の動物骨の頻度からすると、家畜（イヌと七面鳥）の割合は全体の動物骨の二〇パーセントに満たず、テオティワカン人は周辺に生息する自然種（もしくは餌付けのみおこなった）ウサギ、シカ、げっ歯類小動物、またおそらくバッタ、イナゴ、アリ、ハチや多種の野鳥から動物タンパクを取っていたと思われる。

都市空間の構造分析、モニュメント建築の研究、天体と関係づけたピラミッドの方向性や長さの単位の研究は、三大ピラミッドが自然のサイクルや天体の動き、さらにテオティワカン人の宗教的思想を象徴していたことを示している。(Sugiyama 2010, 杉山 二〇一五) このことはモニュメント建築が三六五日の自然のサイクル、二六〇日の宗教暦、また金星など天体の周期を正確に復元・融合し、おそらく星や自然現象の神話に表される古代人の世界観を具現化していたと思われる。メキシコ高地における自然界の源泉となる要素を象徴するかのように「太陽のピラミッド」は太陽・光・火・乾季・空・男性・権力を象徴していたようだ。そして、「月のピラミッド」は月・水・雨季・大地・女性・豊穣を象徴し、メソアメリカに特有な「二元論」を構成していたと考えられる。(Sugiyama 2017) 実際に「太陽のピラミッド」では大周期の完結を祝う「火の儀礼」用の火鉢や、「火（老人）の神」の大石彫が出土している。これらは太陽の運行、またメキシコ高原に頻繁に起こる火山活動・地震・火を象徴すると考えられる。一方で「月のピラミッド」からは「水の女神」の大石彫が出土しており、さらに「月のピラミッド」内部で発見された生贄埋葬体の中心にはヒスイの女性像が置かれており、「月のピラミッド」とその背後にそびえる「太った山」（「水の山」とも現地で呼ばれている）が水・豊穣・女性を象徴していたと考古データは語っている。

このように、物質資源を集結する政治力と階層社会が形成されるにつれ、正確な天体観測の成果である複雑な暦システムと特異な世界観を具現化する巨大なピラミッドが紀元後三世紀に完成している。ピラミッドは現世を司る為政者の権力を象徴するモニュメントであり、生贄儀礼の舞台でもあった。そして、テオティワカンの計画都市は儀礼のための巡礼地として栄え、さらに様々な社会活動や技術革新、交易、戦争などの政治的イベントを統制する聖域として拡大していったと思われる。しかし都市創成の基盤となった太陽（日・熱・乾季）と月（水・豊穣・雨季）の「二元論」は、おそらく数千年にわたる高地における狩猟採集生活や原始農耕社会を経て、メソアメリカ先住民の脳に構築されたものであろう。

政治システムとしてのテオティワカン国家は紀元後五五〇年頃までに崩壊するが、その後の古典期後期や後古典期に勃興した古代社会は、権力者集団とその権力の象徴体系は変容したものの、近隣地域では同様の「二元論」的空間構造と価値体系をもつ宗教センターが盛衰を繰り返した。一五二一年のスペイン軍による征服まで栄えていたアステカ王国は、メソアメリカの伝統を受け継ぎ、肥沃な湖をもつ盆地高原の資源を最大限に利用し、さらに洗練された「二元論」的世界観をアステカの大神殿を舞台に具現化した。最盛期のアステカ大神殿は、その権力構造によりメキシコ中央高原の境界をはるかに越えて集めた奢侈品・象徴品により、その世界観を最大限に物質化したモニュメントであり、同時にアステカ王国の政治力・軍事力を正当化するシンボルであった（図３・11）。

（図３・11）アステカ王国の首都テノチティトランの復元図
メキシコ中央高原のテスココ湖の湿地帯に作られた古代都市で、先スペイン期の新大陸最大の人口と、メソアメリカの広域に影響力をもつ覇権的政治権力をもっていた。（メキシコ国立人類学博物館にて筆者撮影）

五　おわりに

メソアメリカは旧世界の古代文明、さらに南米アンデス文明と共に、現代社会の基層となる多くの文明要素を創り出した中心地のひとつである。現在七二億の個体数をもつホモ・サピエンスが、他の生物種や地球の生態系に対して圧倒的に支配的な生物種となった社会の共進化プロセスを、旧大陸とは独立して検証できる希少な状況を提供している。植物のドメスティケーションにおいてもメソアメリカは、メソポタミア、インダス、中国、北米、南米アンデスと共に非常に多様な栽培種を作り上げた地域である。とくに多様な動植物種が生息するメキシコ高原地帯は、ホモ・サピエンスが一万一〇〇〇年以上前に入植し、その強力な狩猟採集能力により大型動物などを絶滅させながら拡散増殖した地域であると考えられている。高い環境認知能力や協働作業により、野生の動植物種への介入を一万年前から始め、とくに多様な種のドメスティケーションの成功により、定住化、集団の拡大、土器の発明、さらに公共施設やモニュメントの建設へと社会進化した文明形成史を認めることができる。

旧大陸の低地に発祥した古代文明とは対照的に、新大陸では高地を舞台として、当時としては世界トップクラスの都市を独自の力で創造するに至ったのである。しかし考古資料によると、文明形成はその初期から海岸地域も含めた広範囲の文化交流に源を発し、高地特有の自然環境に根差した高地文明も、ある段階から、異なる生態系に発した他文化集団（オアハカのモンテ・アルバンや低地マヤなど）との交流が全体としてメソアメリカの都市文明の創造を促したことにより、その質量を高めたと考えられる。文明の基層（本質）は何かを探求する場合、「高地文明」という枠組は薄れ、高地の環境要因からのみの文明論を超えた、文明を興したヒトの特性にも注目した理論が必要であろう。

ホモ・サピエンスに特異な脳機能という観点からメソアメリカ文明の文化的要素をみると、その形成は、新天地に移入した時から一万年以上にわたる絶え間ない新環境への認知力の向上と創造的な適応戦略が功を奏した結果だと言える。テオティワカンを始めとする都市文明の勃興は、高地における社会・文化の共進化、そのプロダクトとしての人工環境（都市）の構築力、技術・コミュニケーション能力の向上、さらに利他行動を含めた協働作業の組織化などが要因と思われる。メキシコ高地における特性としては、豊穣な盆地群と動植物の多様性、火山活動とその産物（岩石・鉱物など）の利用、湖と洞窟の存在、さらに低地との交流により共有された天体の摂理・規則性の発見、つまり高地環境に順応したヒトの認知能力の向上が文明発展の原動力となったと考えられる。メキシコ高原には肥沃地や自然資源も豊富にある。一方で、日照り・洪水、火山活動など顕著な自然界のデメリットもある。それらに適応するユニークな戦略の探求は、先住民にとって大きな試練であったろう。多様な自然環境を活かすよう、ヒトの脳力をさらに活性化させ、社会進化させた人類史のメカニズムを検証するためには、今後は自然環境、ヒトに内在する柔軟な適応脳力、そして社会集団間の相互関係について、さらなる研究が必要であろう。

【文　献】

尾本恵市　二〇一六『ヒトと文明―狩猟採集民から現代を見る』筑摩書房。
杉山三郎　二〇一五「新世界最大の古代都市テオティワカン―英知の集積としての都市」長田俊樹・杉山三郎・陣内秀信『文明の基層―古代文明から持続的な都市社会を考える』第二章　一二六―四九頁、東京大学出版部。
杉山三郎・嘉幡　茂・渡部森哉　二〇一一『古代メソアメリカ―アンデス文明への誘い』風媒社。
ノア、ハラリ、Y　二〇一六『サピエンス全史―文明の構造と人類の幸福』柴田裕之訳、上下巻、河出書房新社。
ブラウン、D、E　二〇〇二『ヒューマン・ユニヴァーサルズ―文化相対主義から普遍性の認識へ』鈴木光太郎・中村　潔訳、新曜社。
Acosta Ochoa, G. 2012 Ice Age Hunter-Gatherers and the Colonization of Mesoamerica. In D. L. Nichols,

& C. A. Pool(eds.), *The Oxford Handbook of Mesoamerican Archaeology,* pp.129–140. New York: Oxford University Press.

Codex Fejérváry Mayer 1971 *City of Liverpool Museums.* Akademische Druck-U. Verlagsanstalt, Graz.

Flannery, Kent, V.(ed.) 1986 *Guila Naquitz.* Orlando: Academic Press.

Garcia, A. 1973 Dos artefactos de huesos en asociación con restos pleistocénicos en Los Reyes La Pax, Mexico, *Anales* 1972–1973: 237–250.

Gonzalez Gonzalez, Arturo, H., et al. 2008 The Arrival of Humans on the Yucatan Peninsula: Evidence from Submered Caves in the State of Quintana Roo, Mexico. *Current Research in the Pleistocene* **25**: 1–24.

Kennett, D. J. 2012 Archaic-Period Foragers and Farmers in Mesoamerica. In D. L. Nichols, & C. A. Pool(eds.), *The Oxford Handbook of Mesoamerican Archaeology,* pp.141–150. New York: Oxford University Press.

MacNeish, R. S. 1967 Introduction. In D. Byers(eds.), *The Prehistory of the Tehuacan Valley Volume 1. Environment and Subsistence,* pp.3–13. Austin: University of Texas.

Sugiyama, S. 2010 Teotihuacan City Layout as a Cosmogram: Preliminary Results of the 2007 Measurement Unit Study. In I. Morley, & C. Renfrew(eds.), *The Archaeology of Measurement: Comprehending Heaven, Earth and Time in Ancient Societies,* pp.130–149, Cambridge: Cambridge University Press.

Sugiyama, S. 2017 Teotihuacan: Planned City with Cosmic Pyramids. In H. R. Matthew(eds.), *Teotihuacan: City of Water, City of Fire,* pp.28–37. San Francisco: Fine Arts Museums of San Francisco de Young and University of California Press.

Sugiyama, S., & Ruben, C. 2007 The Moon Pyramid Project and the Teotihuacan State Polity: A Brief Summary of the 1998–2004 Excavations. *Ancient Mesoamerica* **18**: 109–125.

Uruñuela, G., y Plunket, P. 2007 Tradition and Transformation: Village Ritual at Tetimpa as a Template for Early Teotihuacan. En N. Gonlin, y J. C. Lohse(eds.), *Commoner Ritual and Ideology in Ancient Mesoamerica,* pp.33–54. Boulder: University Press of Colorado.

Wade, L. 2017 On the Trail of Ancient Mariners. *Science* **357**(6351): 542–545.

第Ⅳ章

日本の山々は何に使われてきたか

―「温帯山地」における多様な環境開発―

池谷 和信

椎葉村（宮崎県東臼杵郡）における
焼畑の火入れ作業（山本紀夫撮影）

上／山の斜面での焼畑の火入れ（九州の五木村）
下／山村の経済をささえる山菜採りに弟子入りをした筆者

池谷　和信（いけや・かずのぶ）

1958年静岡県に生まれる。

1990年東北大学大学院理学研究科博士課程単位取得退学。北海道大学文学部附属北方文化研究施設文化人類学部門助手を経て、現在、国立民族学博物館・人類文明誌研究部教授。専攻は人類学、地理学。大学の卒論の時には千葉徳爾先生（山村民俗学）、大学院の修士では川喜田二郎先生（山地の民族地理学）に師事を受ける。研究テーマは、日本列島の山村文化の研究で、とくに狩猟、採集、焼畑などの生業に焦点を当てている。また民博では、常設展示・日本のなかの山の暮らしのコーナーを担当して、採集、養蜂、放牧、焼畑などの多様ななりわいを「もの」から紹介している。

おもな単著・編著として『山菜採りの社会誌―資源利用とテリトリー』（東北大学出版、2003 年）、『日本の狩猟採集文化―野生生物とともに生きる』（池谷和信・長谷川政美編、世界思想社、2005 年）、『地球環境史からの問い―ヒトと自然の共生とは何か』（編著、岩波書店、2009 年）、『日本列島の野生生物と人』（編著、世界思想社、2010 年）、『シリーズ 日本列島の三万五千年 第 5 巻 山と森の環境史』（池谷和信・白水智責任編集（湯本貴和編）、文一総合出版、2011 年）。

一　はじめに―日本の山地利用と「山の民」

研究の背景

世界の山地には、熱帯アンデス高地やヒマラヤ・チベットやエチオピア高原などのような「熱帯高地」と、日本列島の山地のような「温帯山地」とがある。本章では、「熱帯高地」の自然文化的特性を把握するために、「温帯山地」の資源利用のあり方とその変化を紹介することが目的である。

まず、日本列島の約七割は山地でおおわれている。ここには、旧石器時代以来現在まで人びとが暮らしてきた。本章では、おもに近世から現在までの時代に焦点をあてることから日本の山地における資源利用・環境開発の地域性および歴史的変遷を展望することをねらいとする。ここで「熱帯高地」とは、南アメリカ大陸のアンデス高地、ユーラシア大陸のヒマラヤ山脈・チベット高原、そしてアフリカ大陸のエチオピア高原のことを示す。これらの地域では、高度によって異なる多様な環境資源を垂直的に利用する農耕や牧畜を発展させてきたのみならず、野生植物の栽培化、大宗教の成立などの文明のセンターであったといわれる。それでは、日本のような「温帯山地」には、三大陸の熱帯高地と同様の資源利用の形や文化や文明のセンターがあったのであろうか。本章では、世界的な視野から山村の生活を把握するという目的で、日本における山地の資源利用の地域性および歴史的変遷を把握することをねらいとする。[1]

さて、アメリカの地理学者ピティは、広く欧米の山村（「温帯山地」）をまわり、山地の自然、経済、政治、社会にわたる多角的な把握をして、「世界中の山地住民の社会的特性として、保守的な生活様式の保持、低い生活程度にともなう節約、仕事の重圧に恐れない勤勉さ」の三つをあげている（ピティ　一九五五）。筆者はピティの『山地地理学』（*Mountain Geography*）を読んで、今日の山村では、適用できない部分もあるが、広域的なフィールドワークをベースにしての大胆な仮

［1］　山村の概念に関しては、森巌夫（一九七〇）：「山村の類型区分に関する研究」『農業経済研究報告』一一　藤田佳久（一九八一）：「わが国における山村研究の系譜と山村の概念」『山村研究年報』二　千葉徳爾（一九八二）：「「山村」の概念について」『山村研究年報』三を参照されたい。また、宮口侗廸（一九八八）は、山地に存在し山地のもつ様々な要素がそこにおける生活の成立に大きく機能しているような村落社会を山村と呼ぶ。

説にとても感動する一方で、日本の山村を含めたアジアの山村にはあまりふれず「ヨーロッパ中心に」見ているように思われた。戦前に刊行された本であるため、日本を含めた東アジア地域の山村に関する情報があまりなかったことにもよるであろう。

これまで日本の山村研究・山地資源利用研究は、二つのテーマを中心に探求されてきた。つまり、①山地民や山地の資源利用の実像を把握することをとおして日本文化の中での山村文化の解明が進められる一方で、②日本の資本主義経済の影響を受けて、そのひずみを示す山村経済が把握されてきた。そして、前者を求めて日本民俗学を中心に文化地理学や社会史が、後者を求めて林業・山村経済学を中心に経済地理学、経済史などの分野が精力的に研究をすすめてきた。

その一方で、日本文化は弥生時代以来の水田農耕の上に成り立つといわれてきたように、国土の三割以下を占める平野部における資源利用が注目されてきた。稲作を維持するための田植えや水管理のための技術、収穫後の脱穀などの加工の過程、米を食べる食文化および稲わらを利用してつくるしめ縄などの儀礼にかかわる文化などが挙げられる。しかしながら、残りの七割の国土・山地ではどのような資源利用がおこなわれているのであろうか。具体的には、日本文化は縄文時代後期・晩期における焼畑農耕に源流があるとする「照葉樹林文化論」および「ナラ林文化論」などが論じられており、これとは異質なものとして「ブナ帯文化論」が知られている[2]。しかし、木の実の加工技術が2つの植生帯に対応していないなどと批判がなされ、日本国内の文化の多様性とその歴史的変遷を説明するためには、分析概念が荒いといわなければならない。

そこで筆者は、「日本文化の中で山村文化（農村、漁村、都市とは異なる生業、社会組織、信仰、空間認識などの体系としての生活様式と定義する）の成立、維持、崩壊（変容）がいつ、どのように生じたのかを明らかにする」という問題意識をもっている。それをとおして、筆者なりの「山の民」（山に生きる人びと）の実像をとおして日本の山地の資源利用の特性を把握することができるであろう。なお、このテーマは、水田中心史観の日本文化論を批判して、新しい日本像をつくるために、

［2］近年、日本文化の源流を求めるために、日本列島における照葉樹林文化帯の北辺に広がるブナ帯で営まれている生活文化複合、いわゆる「ブナ帯農耕文化」（市川・山本・斎藤一九八四）あるいは「ナラ林文化」（佐々木一九九三）の特質を解明する論議が盛んである。このうち、シベリア経由で伝搬したといわれる農作物として、アカカブやダイコンが注目されてきた。しかし、農耕文化史の核となると思われる稲作と焼畑との歴史的関係は、あまり明らかにされていない。すでに、東北地方の焼畑については、古くより水田・常畑の耕作が中心であるために、一戸当たりの面積は小さく、水田の補助耕地としての役割しかないといわれている（山口一九四四、佐々木一九七二）。

日本考古学、中世社会史、日本民俗学、歴史地理学などから多くの関心がよせられてきたものである。

目的・方法・研究枠組み

従来の日本における山の民研究では、中世前期以前には漂泊をしていた山の民（マタギや木地師など）が、中世後期以降に定着した後に山村が成立して、[3]高度成長期に、その文化は崩壊（変容）したといわれている（網野 一九八〇、安田 一九八八、ベルク 一九八五）[4]。そのため、中世後期を「山村文化の成立期」、近世、明治大正期を「山村文化の維持期」、高度成長期を「山村文化の崩壊期」にほぼ対応するといえよう。

本章では、主に近世から現在までの時代に焦点をあてることから日本の山地における資源利用の地域性および歴史的変遷をマクロ（国）、メソ（地方）、ミクロ（集落）レベルの空間スケールを設定して展望することをねらいとする。具体的には、主として日本列島の山村文化の維持期に当たる山村の生業の多様性を把握して、その要因分析を自然環境論的におこなうと同時に、朝日連峰の一山村を事例にして山地の資源利用の変化を動態的にとらえることを目的とする。研究方法としては、南北に長い日本列島内の各地の山村に関する歴史資料や既存文献の収集に努めた[5]。同時に、日本列島内に位置する山村を訪問することから各地の村に暮らす古老から聞きとり調査をすることができた。ただ、現在では、伝統的な生業活動の経験のある古老が少なくなったために聞き取り調査は難しく、近世や明治・大正期の古文書資料の発掘が必要になっている。

ここで、筆者の研究枠組みをみてみよう。文化生態学（Cultural Ecology）は、異なる諸地域での文化の特徴は特定の環境に起因している点から説明する。たとえば、生業や経済に関係のある文化的特色は文化の核（Cultural Core）と呼ばれ、技術と環境の相互関係などから分析される。たとえば、川喜田二郎は、独自の文化生態学の視角を提示しており、中部ネパールの山村文化の垂直構造の研究において具体的に展開してみせた（川喜田 一九七七）[6]。その後、一九九〇年前後か

[3] 日本文化を論じる際に水田稲作民に焦点をおくことが多かったが、漁民、狩猟民、木地師、焼畑民など日本列島における多様な生業を中心にする人びとが注目されるようになった（網野 一九八〇、宮田 一九七九）。

[4] 日本の文化史を考えるうえで、山地文化の概念が、いつの時代にどの程度において有効であるのか否かは論議が分かれるところである。

[5] 筆者は、近世から現在までの日本の山地の資源利用の変遷を把握することは、筆者の山村像をつくるための基礎的作業であると考えている。これまで筆者は、山域利用の方法を使う（池谷 一九八八a）一方で、人類学的（池谷 一九八九a）、民俗学的（池谷 一九八六a、一九八七a）歴史学的（池谷 一九八八a）、経済地理学的（池谷 一九八九b）方法を併用して、自らの山村研究を模索してきた。

らカリフォルニア大学・デイビス校のジャック・アイブス（Jack Ives）を編集者とする*Mountain Research and Development*という雑誌をとおして、世界的視野で学際的に山村の研究がすすめられている。わが国の研究者も同じ土俵に立つ必要にせまられてきた。

日本の山地資源利用概観

本章での山村とは、過去のある時点において、山地を生産の場とする生業が生活基盤のひとつとして営まれてきた山里の村と定義する（注［1］参照）。具体的には、近世におけるクマ狩り、木工品加工、山地放牧、山岳信仰、明治・大正時代以降の山菜採集、炭焼、戦後や高度経済成長期以降の林業、観光の村などのように山地の資源利用をしてきた山村に該当する。そのため、現在では山地を就労の場としない土建業や出稼ぎの村も含まれる。また、本章における東北地方の山村とは、青森、秋田、岩手、山形、宮城、福島の六県に新潟県を加えた地域内の山村を示す。

さて、高度成長期以前の山村では、狩猟採集、農牧林業、鉱工業、観光などの生業を組み合わせている点は、多くの山村研究者が指摘してきた。筆者は、主として東北地方の山村を対象に研究をしてきたが、狩猟、採集、焼畑、畑作・稲作、牧畜、炭焼、林業、土建・出稼ぎ、鉱工業・木工業、観光などの生業が営まれてきた点は全国的に共通する特質と一致する点である（池谷 一九八九c）[7]。また、近年では、山岳信仰・民間信仰などの社会・信仰的側面、過疎、地域開発・村おこし・自然保護・新過疎時代などのトピックス的研究が増えている（池谷 一九八九c）[8]。その一方で、日本民俗学では、柳田国男や渋沢敬三を指導者として、山村でのフィールドワークが実施されて、狩猟や木地業などの伝統的生業に関する新事実が次々に報告された。そして、両者の分野を修めた山口弥一郎が、自らの現地調査を軸に民俗学の成果を利用して、東北地方全体の狩猟集落や焼畑慣行を概観した。氏の一連の研究は戦前の水準を示すが、戦後もこの研究を乗り越えたものは生まれていない。さらに、東北地方に特化したものではないが、古島敏夫をリーダーとする『山村の構造』

［6］川喜田の研究枠組みは、中部ネパールの事例をもとにした文化の垂直構造論ではあるが、世界の高地や山地の文化の地域構造を把握するうえで有効である。この枠組みを使用して地域間の比較をすると、日本のような温帯山地の資源利用の特性を把握することができる。

［7］山地の生業の特色は、その多様性にあるといわれるが、日本列島の山村の多様性は南北にわたる気候の地域差も加わり、世界的に見てももっとも多様な生業の形を見出すことができる。

［8］近年の山村研究では、ますます国内で都市化が進展していて、過疎化にともなう人口減少や高齢化にともなう社会問題が論じられることが多い。

(古島 一九五二)[9]、高度成長期の過疎山村の中で東北地方のそれの特徴を示した、斎藤晴造をリーダーとする『過疎の実証分析』(斎藤 一九七六)[10]などが挙げられる。その結果、現代の日本山村では、山村自体の独自性は失われている所が多く、集落レベルでの山村研究の意義は薄れている一方で、地方自治体の行政単位で対象を分析することが有効になっている。

筆者は、以上のような研究動向をふまえて「欧米人が理解できにくい」日本ならではの山村(「温帯山地」)での資源利用や環境開発のあり方をとらえることが重要であると考えている。たとえば、世界的な多雪地帯に適応するクマ狩りやゼンマイ採りの狩猟採集、マタギとよばれる狩猟者による山の神信仰、全国的に広がっていた焼畑農耕、山地での棚田の形となる水田稲作、たたらと呼ばれる山地での鉄生産、そして欧米と飼育法は類似するが利用法の異なる牛を対象にして季節的に移動する山地放牧などが挙げられる。

二 日本列島および東北地方における山地の資源利用

集落の位置・立地

千葉徳爾(一九六六)は、東北日本の狩猟集落、中央日本の木地師集落、西南日本の外帯から白山山麓に広がる焼畑経営山村の三つの山村類型を示している(図4・1)。藤田(一九八一)は、千葉の分類で最後に当たる焼畑経営山村こそが日本の中でもっとも山村らしいと述べている。しかしながら、これらの類型が適用できない山村も国内には多く、北上山地の北部や北海道のアイヌ集落などにも対象を広げ、日本列島の山村類型を新たに作成する必要があると思われる。

筆者は、日本列島の地形区分を十分に考慮して(渡辺 一九五二)[11]、マタギ集落⑩三面《みおもて》を含む代表的な奥地山村を選び、また文献資料が利用できる点を重視して国内では一二ヶ所の山村に焦点を当てることにした。南から北に向けて山村名を挙げていくと、九州・熊本県の五家荘の縦木《もみき》(以

[9] この本は、日本経済史の視点から主に中部日本の山村社会をとらえた本として、現在においても高度成長期以前の山村の実像を知る本として山村研究の基本文献になっている。

[10] この本によって、高度経済成長以降の過疎現象には東北日本の「出稼ぎ型」と西南日本(主に中国地方)の「挙家離村型」が存在することが明らかにされた。

[11] 日本列島の地形は多様である。人びとは、先史時代から現在までこれらの多様性を生かした自然資源利用をおこなってきた。

下①)、四国・高知県の椿山《つばやま》(②)、奈良県の吉野の篠原(③)、中国山地の岡山県の千屋《ちや》の代城《だいじょう》(④)、石川県の白山麓の桑島(⑤)、長野県の秋山郷の小赤沢《こあかさわ》(⑥)、岐阜県の飛騨の日和田(⑦)、山梨県の赤石山麓の奈良田(⑧)、福島県・会津の桧枝岐《ひのえまた》[12](⑨)、新潟県・朝日連峰の山麓の三面《みおもて》(⑩)、岩手県の安家《あっか》の坂本(⑪)、そして北海道・日高地方の沙流川上流のホロサル[13](⑫)の順になる。

筆者は、北海道内のアイヌ集落の一部を山村とみなしても問題はないと考えている。北海道のアイヌは元来漁撈民族であるともいわれるが、アイヌの生活は海よりも山に依存するところが多かったともいわれる(犬飼 一九六八)[14]。また、ホロサル集落の近くにシカ猟のための小屋やクマの存在を示す地名もあったという(煎本 一九八七)[15]。当時のアイヌ集落すべてを山地資源に生業を依存する山村

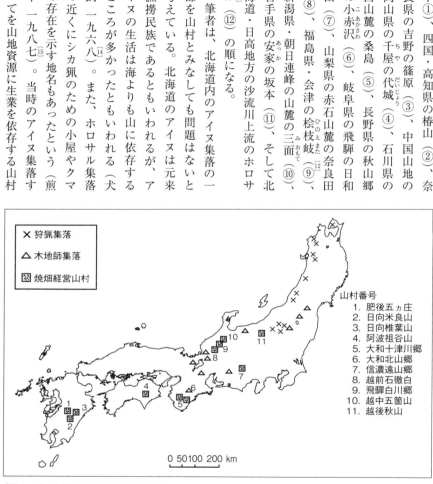

(図4・1) 山村類型の分布(千葉 1966)

[12] 檜枝岐では、山小屋の前で、小屋の留守中の安全と、好猟を十二様に祈り、クマやカモシカを捕獲した現場で、計七ヶ所の毛を切って、立ち木の岐などに上げて日光権現様に祈る。そして、クマの胸の肉を一二に切って火にくべ、腎臓を板の上に供え日光権現に上げ、唱え言した後に皆で食べる(星 一九七八)。しかし、二節の「近世後期の集落の生業特性」で述べられるように、この集落の生業は木工品生産に特化しており、本稿ではマタギ集落に含めない。

[13] アイヌ集落の平均戸数は一〇戸前後であるが、沙流川筋では例外的に一〇戸以上が大半を占め最大は三〇戸を越えている(渡辺 一九六四)。安政三年、ホロサルの戸数は一七戸となっている(表4・1)。

[14] アイヌの集落(コタン)は、海岸沿いに立地するものは多くはない。大部分は、川沿いに立地する。これは、回遊性のサケ資源に強く依存するからである。これらのほかには、山の自然資源に依存するといわれる。

とはいえないが、「春夏は海浜で漁に従事し、秋冬は山家に住して鮭漁・山猟に従事する」（足利一九六八）[16]生活の中に狩猟は組み込まれていたのが一般的であった。

以上のように国内の山村の事例をサンプルとして集めることにした。図４・２のなかでは、対象山村の位置と標高や植生との諸関係を示すことができた。まず、標高が一〇〇〇メートルを越える集落は⑦日和田のみであり、一〇〇〇メートルから五〇〇メートルのあいだに位置する集落が大部分を占めるという点が明らかになった。五〇〇メートル以下のものは、⑩のマタギ集落・三面と⑫のアイヌ集落・ホロサルなどの東北日本の山村が該当する。

日本列島の植生は、西から東へと、亜熱帯多雨林、暖温帯照葉樹林、冷温帯落葉広葉樹林、亜寒帯常緑針葉樹林、低木林・ツンドラと層が重なるように移行していくが、最初と最後の植生帯には対象山村はみられない。①から④までの西南日本の山村集落は照葉樹林帯、マタギ集落を含む⑤から⑪のそれは落葉樹林帯、⑫のそれは落葉広葉と常緑針葉との混交林に位置するという三つの植生環境の違いを指摘することができる。

対象山村には家屋の集まりとしての集落の背後に林野を含むことから（表４・１）、すべての山

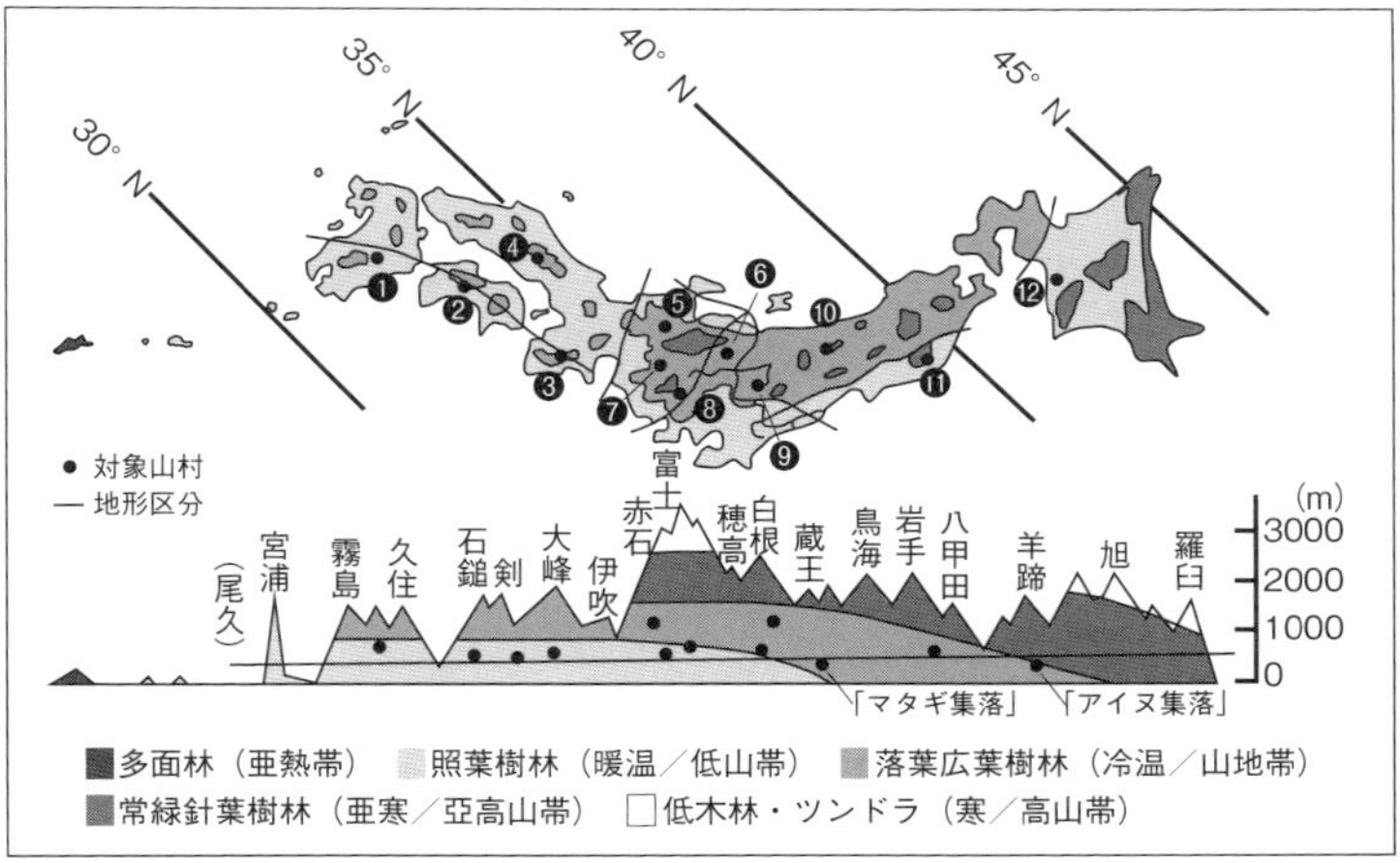

（図４・２）日本列島における植生と対象山村の位置
（日本の森林分布は只木（1988）による。地形分布は渡辺（1952）による）

[15]　北海道の沙流川流域には、二風谷集落のように現在までアイヌ集落が維持されてきた。

[16]　アイヌの暮らしは、道内のどの地域で、いつの時代の対象であるのかに応じて、その様相は異なってくる。本章は、江戸時代の東蝦夷地におけるアイヌの暮らしを対象にしている。

村には落葉広葉樹林を特色とする林野が存在する。とりわけ東北地方南部に位置するマタギ集落では、落葉広葉樹林の面積を示す幅が、日本列島の中でもっとも大きいことが図4・2より理解される。このことは、マタギの狩猟や採集活動が経済的に成立する基盤として、落葉広葉樹の木の実を好むツキノワグマの生息数の大きさ、明治・大正期以降にゼンマイを中心とする山菜類が日本一生産される背景として、豊富な山菜の資源量との結びつきを示していると推察される。

山村集落が立地する地形や集落形態をみると、西南日本外帯に位置する①、②、③では、山腹の緩斜面に集落は立地し、マタギとアイヌの集落などは山麓の河岸段丘上に立地することが多い（表4・1）。また、④と⑪、そして各地の出作り集落は散村の形をなしていて、それら以外は集村を作る。

このようにマタギ集落の場合には、アイヌ集落と同様に標高は五〇〇メートル以下と低く河岸段丘上に立地し、日本でもっとも落葉広葉樹林が優先する林野におおわれている。このため、狩猟や採集などの自然に依存した生業が発達する上での自然的基盤をそなえていたといえる。

近世後期の集落の生業特性

日本山村の中で、マタギ集落の生業の特性を明らかにする。筆者は、近世中・後期、明治期を「クマ狩り発達期」、大正・昭和期を「クマ狩り・マタギ衰退期」と呼び、クマ狩りの盛衰を指標として山村の生態史を把握した（池谷 一九九〇）。本稿では、クマ狩りが盛んに実施されていて、資料が整っている近世後期（一八世紀中頃の宝暦年代より幕末まで）に時代を限定

⑦日和田	⑧奈良田	⑨檜枝岐	⑩三　面	⑪坂　本	⑫ホロサル
阜県高根村	山梨県早川町	福島県檜枝岐村	新潟県朝日村	岩手県今泉町	北海道平取町
日和田川	早川	檜枝岐川	三面川	安家川	沙流川
乗鞍	白根	燧ヶ岳	朝日	北上	日高
約2000	約8000	約40000	約30000	約3000	約55000
約1200	約500	940	200	500	
?	234（文化）	326（文化-7）	250（延享-3）	?	85（安政-3）
（延享）	46	74	35	?	17
山麓	河岸段丘	河岸段丘	河岸段丘	山麓	河岸段丘
集村	集村	集村	集村	散村	集村
畑、馬生産 ラビ粉	焼畑（コウゾ） 曲物、下駄生産 と販売	焼畑、 木羽板生産	クマの毛皮、 スゲゴザ、稲作 焼畑	牛生産、畑作 焼畑	鮭漁場での雇用 労働、冬の狩猟 畑畑
倉（1965） 井（1969）	深沢（1980） 溝口（1982） 溝口（1983） 長沢（1988）	田中館・山口（1936） 早川（1939） 星（1978）	渡　辺（1979） 池　谷（1988a） 池　谷（1990） Ikeya（1987）	岡（1990）	煎本（1987） 小林（1975）
D	B	D	G	B	G

して、対象山村の生業を比較する。この時代は、大坂を中心とした商品経済が発展して、農村で小商品の生産がおこなわれていた。

まず図4・3のように、日本列島の山岳地域の特色が急峻な山地で構成されている第一の軸（Ⅰ）と、緩傾斜の山地からなる第二の軸（Ⅱ）を提案する。第一の軸は、九州、四国、紀伊半島を横切る西南日本外帯から北陸・東北地方の日本海側を通り、そこから北海道の中央部に続く。第二の軸は、中国山地から中央高地を通って、北上山地へと続くラインである。第一の軸には、①、②、③、⑤、⑥、⑨、⑩、⑫の対象山村が南西から東北へと軸上に並び、⑧のみは③から赤石、秩父方面に分岐した軸上に位置する。第二の軸は、④、⑦、⑪の三つの山村を通る。

図4・4では、各々の軸ごとに整理して、山村における面積、焼畑と狩猟の比重を示す。この比重は、小商品、自給食料の二つに分類される。面積は、①から⑧までの西南日本の山村では一万ヘクタール以下であるのに対して、⑨、⑩、⑫の東北日本の山村では三万ヘクタール以上となっている。

焼畑は、⑫のアイヌ集落を除くすべての山村で実施されている。そして、生業の中での焼畑の比重は、西南から東北へ移るにつれて減少している点を指摘できる。①、②、⑤の西南日本の山村では山茶、コウゾ、養蚕などの商品作物が、アワ・ヒエなどの雑穀類を収穫した後の焼畑地で栽培された（表4・1）。とりわけ縦木・桑島・桧枝岐の焼畑生産者は、山中に出づくり集落を作っている。この一方で、⑪坂

（表4・1）対象山村の地理的環境と生業

	①縦　木	②椿　山	③篠　原	④代　城	⑤桑　島	⑥小赤
位置	熊本県泉村	高知県池川町	奈良県大塔村	岡山県新見市千屋	石川県白峰村	長野県栄
（流域名）	川辺川	大野椿山川	舟ノ川	高梁川	手取川	中津川
（山麓名）	国見岳	石鎚	大峯	？	白山	苗場
面積（ha）	6346	700	約1000	約300	約3000	約60
標高（m）	700〜800	600〜700	約600	約500	約500	770
人口（人）	137 ｝（貞享5）	約100 ｝（天保5）	？	？	？	？
戸数（戸）	39	25	？	25	197（文化14）	？
集落立地	山腹の緩斜面	山腹の緩斜面	山の中腹の傾斜地	山麓	河岸段丘	河岸段
集落形態	集村	集村	集村	散村	集村	集村
近世後期の生業	焼畑（山茶）	焼畑（年貢用のコウゾや茶）	焼畑、杓子生産、伐採製材	牛生産	焼畑（養蚕）紬、木製品生産	焼畑 木工品の生（木鉢、雪下駄、鍬柄
文献	上野（1938：101）二神（1958：155）宮口（1978）	福井（1974：139-144）	米山（1969）	石田（1961）	白井（1978）矢ヶ崎（1983）矢ヶ崎（1988）	市川（1
山村の類型（表4・2）	A	A	D	B	A	D

本や⑫ホロサルにはアワ・ヒエを作物とする畑作、マタギ集落の⑩三面では稲作（Ikeya 1987）[17]が生業の一部に組み込まれている以外に、焼畑と結合するような商品作物は出現することはなく、生業の中での焼畑の比重は低くなっている。これらの比重の違いが生まれる要因として、東北日本で焼畑適地となる場所が少ないことや他の生業の存在が挙げられる。

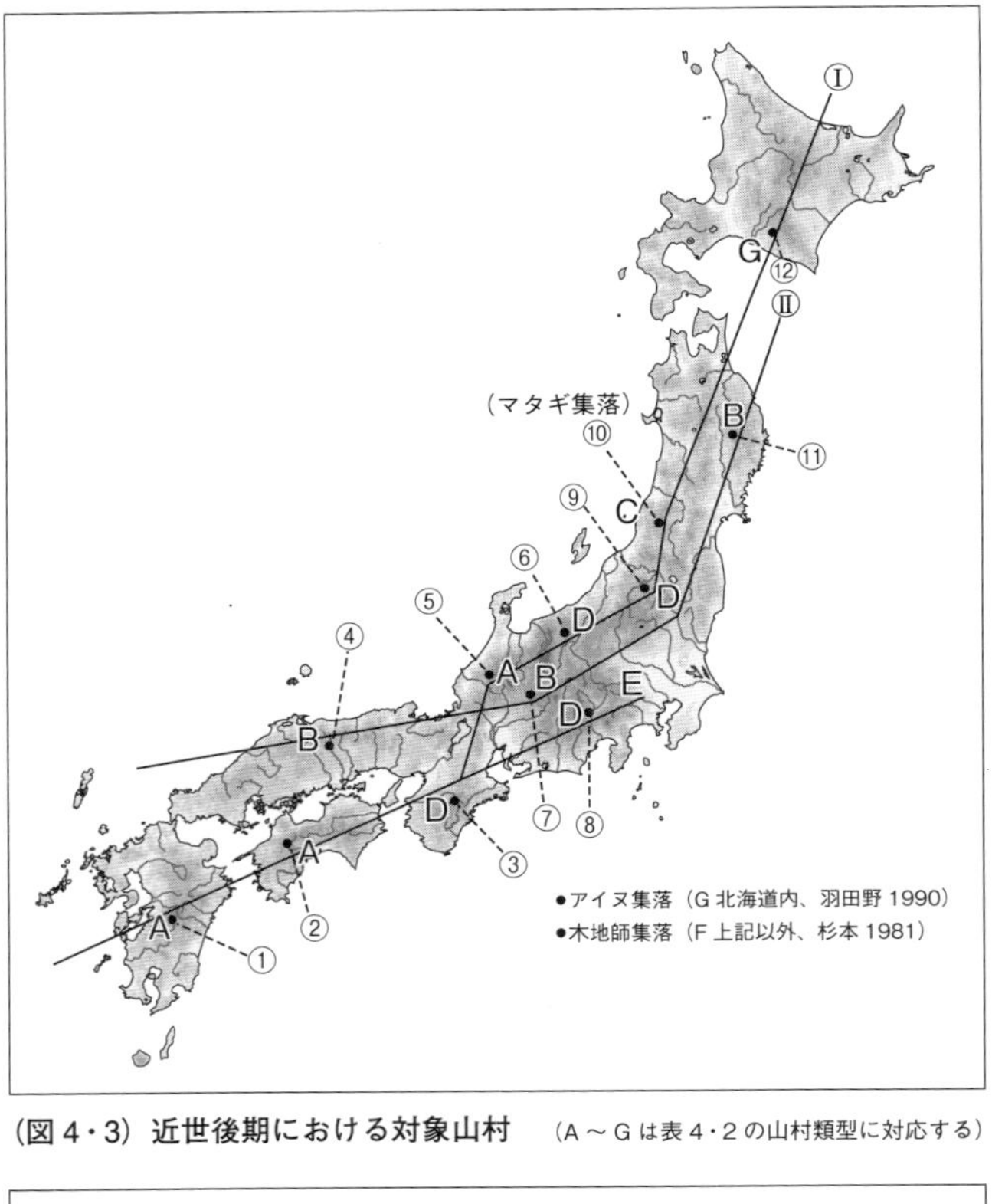

（図 4・3）近世後期における対象山村　（A ～ G は表 4・2 の山村類型に対応する）

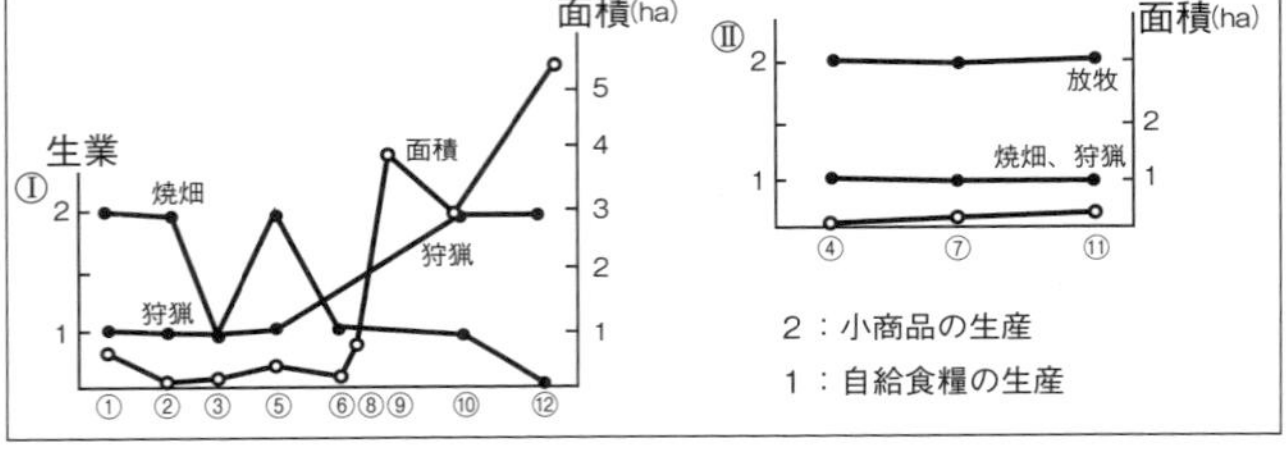

（図 4・4）対象山村の生業　（①～⑫までの山村は表４・１のそれに対応する）

狩猟の比重は、焼畑のそれとは対照的に西南から東北へ移行するにつれて増加している。東北日本のマタギやアイヌ集落のみで商品生産を目的とする狩猟が実施されてきたのである。アイヌの場合、当時の場所請負人である和人に提出していたクマの毛皮や胆などの産物から狩猟の重要性が理解できるが、和人が経営する漁業やその他の労働に使役するものが大部分であったといわれる。また、生業と面積との関係をまとめると、①縦木、②椿山、⑧奈良田などの焼畑山村の面積は小さく、

[17]　ここでは、江戸時代の村上藩の三面集落において水田稲作と焼畑の共存している農耕の実態が明らかになっている。当時、村内の米が不足した場合には近隣集落より米の供給がみられた。

⑩三面、⑫ホロサルなど狩猟山村の面積は大きいという違いを指摘することができる。

表4・2は、全国の山村を生業の違いから七種類に類型化することをとおして、三面（表中C）の特性を示している。各山村の特色として、⑩三面では狩猟とスゲの採集・加工、④、⑦、⑪では馬や牛飼養、⑦ではワラビ根の採集・加工、③、⑥、⑧、⑨では杓子、鍬柄、下駄などの木工品生産、③、⑧では材木の伐採・川流しが挙げられる。これらの山村では焼畑や狩猟も含めて複合的生業が営まれていた点では共通する。

生業の特性は、各地の地形や気候の状況、動植物の分布、藩の政策などからある程度説明できる。多雪をもたらす急峻な地形は春先のマタギの狩猟を容易にして、隆起準平原や火山山麓ではクマザサなどが多く自生する豊かな放牧地を提供し、西南日本外帯や白山麓の出作り地帯では、山腹緩斜面や山頂付近の緩斜面が焼畑の適地となっている。そして、ワラビは焼畑の跡地や放牧地に群生するが、放牧地が広がる⑦日和田では根を加工したワラビ粉が商品となっている。また、⑩三面では米沢藩の副業奨励としてクマ猟が発達して（池谷 一九八八a）[18]、⑧奈良田では、武田家から与えられた商売人に対する免許状により曲物稼ぎが栄えたという（溝口 一九八三）[19]。こうして狩猟、牛や馬の放牧、出づくり形態をもつ焼畑、木工品生産や森林伐採などをとおして、商品経済が

（表4・2）山村の類型（池谷作成）

	位　置	山村の事例	生業複合	その他
A. 焼畑山村	九州、四国、北陸	椴木、椿山、桑島	焼畑（茶、コウゾ、養蚕など）	出づくり集落
B. 放牧山村	中国、乗鞍山麓、北上	千屋、日和田、坂本	牛馬飼養、畑作、（タタラ、木炭）（ワラビ根）	牧柵が存在する（石田 1961）
C. 狩猟・採集山村 マタギ集落	東北地方の日本海側	三面、根子	狩猟（罠）、稲作、焼畑、漁撈	「出稼型」「穴グマ狩巻狩り型」（池谷 1988a）
D. 採集林業・木材加工山村	木曽、赤石山麓	奈良田、滝越	曲物、鍬柄生産、焼畑	
E. 炭焼・育成林業山村	江戸、大阪の近郊	桧原	製炭	「お江戸が焼けて山栄ゆ」（宮口・池 1983）
F. 木地師山村	日本全国	奥谷など多数	椀、盆、膳、杓子	AやCの山村と隣りあっている。戸数は2〜10戸と小規模で小椋姓が多い。（杉本 1983）
G. 出稼山村	北海道、樺太	ホロサルなど多数	狩猟、漁撈、農業（ヒエ、アワ、キビ、ソバ）	

浸透してきた近世後期に、日本列島の山岳地域がくまなく、きめ細かく山林が利用され、その利用は極限に達していたと考えられる。

以上の結果に、江戸や大阪の近郊に位置する炭焼や育成林業の山村（宮口・池　一九八三、笠井　一九六二、菊地　一九七〇）、氏子狩帳から分布を把握でき、かつ図４・２の分布図とは異なり全国的に広がる木地師山村（杉本　一九八一）[20]の二つのタイプを加えると、近世後期の山村は生業の特色から七つのタイプに類型化できる。筆者は、すでに言及した千葉の三分類に放牧山村、採取林業・木材加工山村、炭焼・育成林業山村、出稼山村を加えたい。このような地域的差異が生じた原因には、山村の地形、気候、山林面積などの自然条件の影響は大きく、同時に藩とのかかわりあいや商品経済の発達という全国的な傾向も関与していると考えられる。

日本全国の山村の中でマタギの生業の一部は、アイヌのそれと類似していることが明らかになった。また、アイヌは集落を生活の本拠として固定的住居をもち、男のみが冬期に山地と結びついたシカ狩り・クマ狩りなどを副業として実施する狩猟小屋に移り住む。これはマタギの生活形態と類似している。また、両者の狩猟の発達は、近世後期における藩政、クマの胆の価格の上昇などの外部要因によって説明される。しかしながらアイヌは、当時のマタギや焼畑生産者にみられない出稼ぎ労働に従事するものも多かったといえる。

東北地方の山村の地域性

近世から現在までの東北山村史を記述する。まず、山村が著しい変貌をとげる高度経済成長期以前の山村を「原型山村」として把握した。そして、これを都市や町の遠隔地に位置する「奥地山村」とそこに近接する「近隣山村」とに二分した。さらに、前者は㋐「日本海側山村」、㋑「奥羽山系山村」、㋒「太平洋側山村」に三分類された。次に筆者は、江戸時代以降現在までの山村の歴史を、江戸時代、明治から大正時代、高度経済成長期、低成長期の四期に分けて、各々の時代の山

[18]　当時の三面では、クマ猟のなかで秋におこなわれるオソと呼ばれる罠猟が活発であり、罠場は財産として世代を超えて継承された。ただ、年に何頭のクマが捕獲できたのかはわかっていない。

[19]　現在の山梨県早川町奈良田における江戸時代の木工品生産について、当時の藩政との関係から詳細に記述される。このような生業は、当時の信州・秋山郷などにおいてもおこなわれていた。

[20]　江戸時代の木地師集落に関しては、数多くの研究がみられる

村の特性を分布図に示した。

図4・5は、東北地方における原型山村の類型を示す。まず㋐「日本海側山村」は集落をなし、里山をとり囲む奥山の面積が大きく、狩猟採集活動が活発に展開される広大な山地空間をもっている。ここでは、多雪な気候と急峻な地形を利用して、江戸時代にはクマ・カモシカ狩りが実施されて、大正期以降にはゼンマイ採集が盛んにおこなわれた。次に㋑「奥羽山系山村」は集村をなし、盆や鉢などの木工業が営まれていたが、現在ではこけし生産にその一端がうかがえる。さらに、㋒「太平洋側山村」は散村をなし、準平原状の緩斜面は放牧地として適しており（田辺 一九八一[21]）、古くから山地放牧が盛んであった。最後に、㋓「近隣山村」は集落をなし、山地面積が小さいために炭焼を除いて山村ならではの生業が生まれにくい。そして、近年の都市への通勤圏の拡大にともない山に依存する生業を消失した所が多い。

このような林野利用の地域的差異は、林野の面積の大小や地形・気候などの自然条件が関与しているだけでなく、外来からの技術の伝播などの条件に左右されるものである。また、山林面積は㋐㋑㋒㋓の順に小さくなっていくことから、もっとも広大な森林を有する㋐タイプのみ、ある程度の狩猟採集経済が成り立つのである。

以下、近世、明治・大正時代、高度経済成長期、低成長期の各時代別に東北山村の地域性を概観する。図4・6は、江戸時代における東北山村の地域性を示している。ここでは、㋐タイプはマタギ、㋑タイプは木地業、㋒タイプは牛馬の放牧やタタラ製鉄などのように、上述した三列の山並ごとの特化がほぼみられる。しかし、南会津地方や朝日・飯豊山麓では㋐と㋑タイプが、北上山地北部の㋒タイプの中に㋐タイプが分布している所もある。

また、近世には、秋田マタギの季節的な出稼ぎによる移動、木地師《きじし》の移動、南部牛の

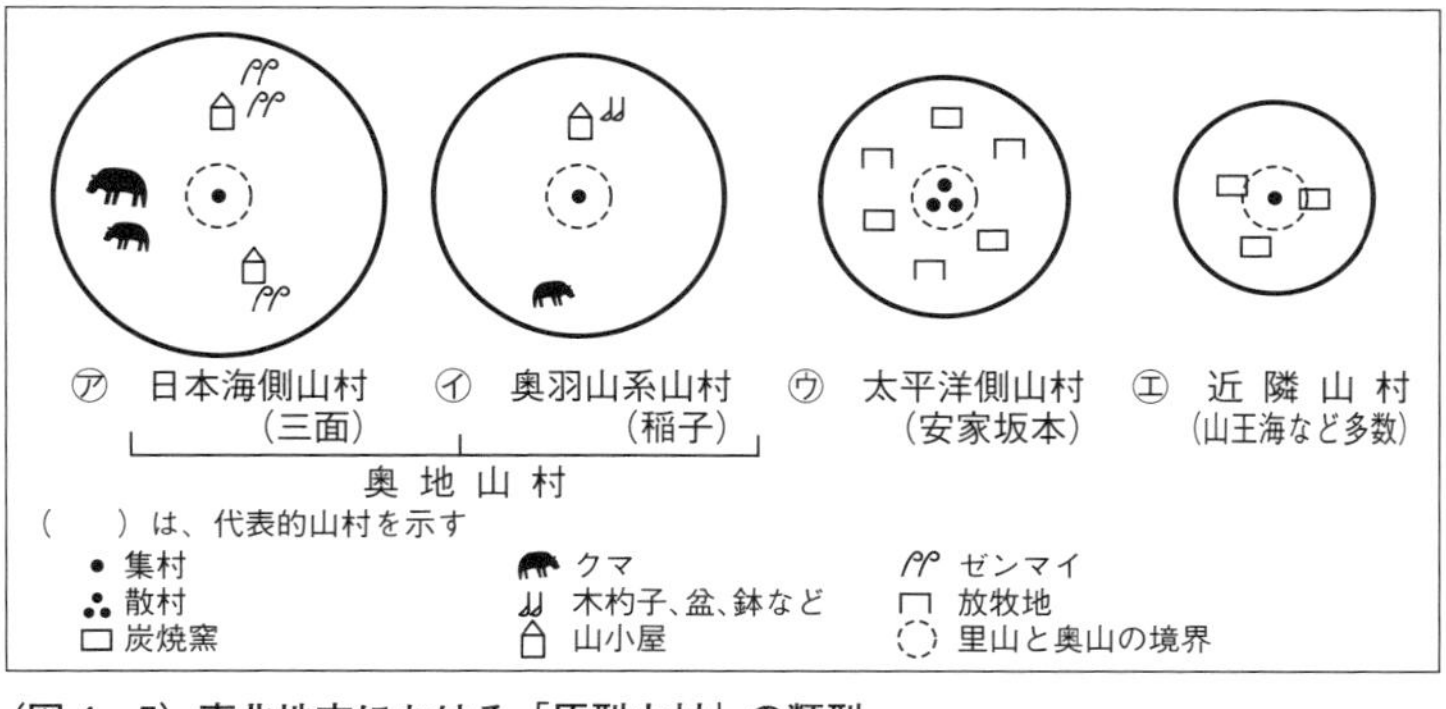

（図4・5）東北地方における「原型山村」の類型

移出、中門造民家の技術伝播などのように、藩境を越える人やものの動き、技術の伝播がみられた。秋田マタギは各地にマタギ宿をもち、日本海側の山脈づたいに遠くは秋山郷まで出かけて行ったといわれる。また、木地師は、会津の蒲生氏によって近江の君が畑より連れてこられた後、飯豊山麓、磐梯山麓、南会津方面に移住していった（山口　一九六〇）[22]。そして、南部牛は牛方と呼ばれる運搬業者の手をとおして、越後や関東方面に運ばれた。さらに、中門造民家は越後の農村が起源地といわれ（須藤　一九五五）[23]、北は秋田の仙北地方から南は南会津地方までの日本海側の山村に普及していった。

　以上のような藩境を越える山村間の結びつきに対して、各々の山村自体は藩政の影響を強く受けてきたといわなければならない。マタギ集落では、津軽藩、佐竹藩、南部藩、米沢藩などが関与しており、木地師集落では会津藩、牛馬の振興は南部藩の政策との関連でより深く分析する必要がある。

　次に、近世山村のどういう部分を受け継ぎ、明治から大正時代の生業の地域性が形成されたのかを明らかにする。図４・７は、明治・大正時代の山村の地域性を示す。まず、㋒と㋓タイプの山村で木炭生産が盛んになる一方で、㋐タイプでは山菜（ゼンマイ）生産が、㋑タイプでは木杓子生産が実施された。しかし、各集落別でみるとマタギから山菜へ移行したり、江戸時代以来木工業が継続しているか否かは、各々の山村によって異なっている点に注意しておく

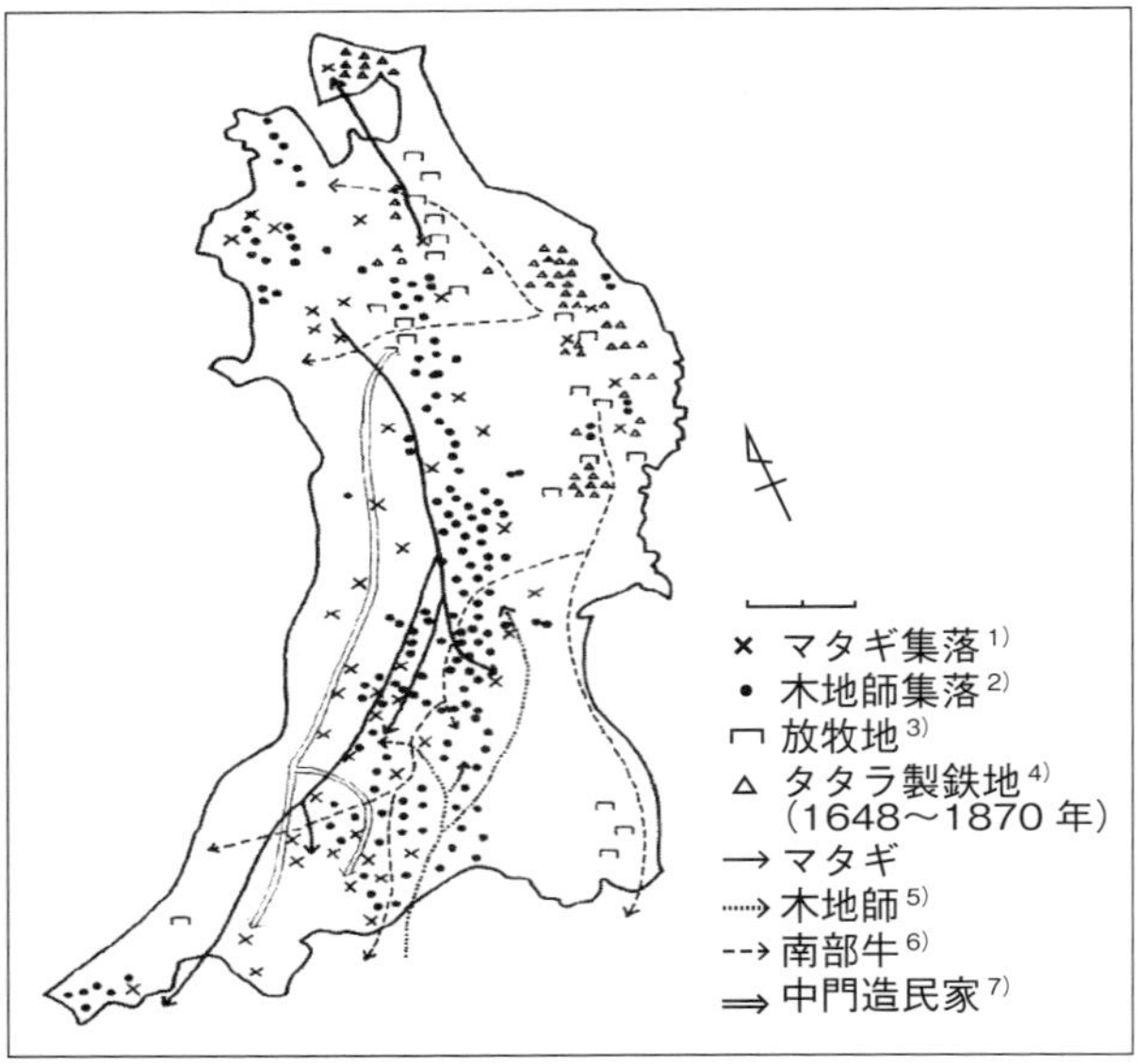

（図４・６）江戸時代における山村の地域性

1）石川（1985）を基に、筆者が修正した。
2）杉本（1981）による。
3）安田によるが、出典が明記されていないために、近世に形成されたものか疑問が残る。
4）岩永（1956）による。
5）山口（1960）による。
6）千葉（1987）による。
7）江戸後期には一般農家に普及していたが、山村への普及は相当遅れたという。

[21]　日本の山地放牧については、北上山地や中国山地の牛放牧の事例がよく知られている。たとえば、岩手県岩泉町安家では、夏山冬里方式がおこなわれてきた。

必要がある。

　こうして、この時代の山村の生業に地域性が形成されたが、こうした地域性は東北地方以外からの仲買人による商品開発や生産者の山村への流入などのような山村外部からの流れが関与して生まれたものと思われる。本章では、以下で述べる四つの型のどれかが発動されて生業の地域分化が生じたと考えている。第一と第二はゼンマイ生産の事例でみられたが、仲買人の商品を開発する行動がひきがねとなる「仲買人開拓型」と山村住民が自発的に商品開発をおこなう「山村住民自発型Ⓐ」である（池谷一九八九b[24]）。そして第三は、岩手県の木炭生産でみられたように山村住民が外部の技術者を呼び、製造法や包装法を学んだことがきっかけとなった「山村住民自発型Ⓑ」である。第四は、蔵王東麓の木地屋部落新地のように、明治一八年に外来者が修業しようとして訪れた際に一人挽ロクロの工法が伝えられて鉢や盆などが生産された（菅野 一九六二）「技術者訪問型」である。

　その後、戦後の全国総合開発計画の一環として電源開発が実施されて、青森県西目屋村砂子瀬、秋田県森吉町砂子沢、岩手県志和町山王海、山形県朝日村八久和、福島県只見町田子倉、新潟県湯ノ谷村奥只見などの山村が、ダム建設によって集落移転を余儀なくされた。なおその後、水没した山村や現在計画中の水没予定山村の数は多い。

　高度経済成長期に入ると、太平洋ベルト地

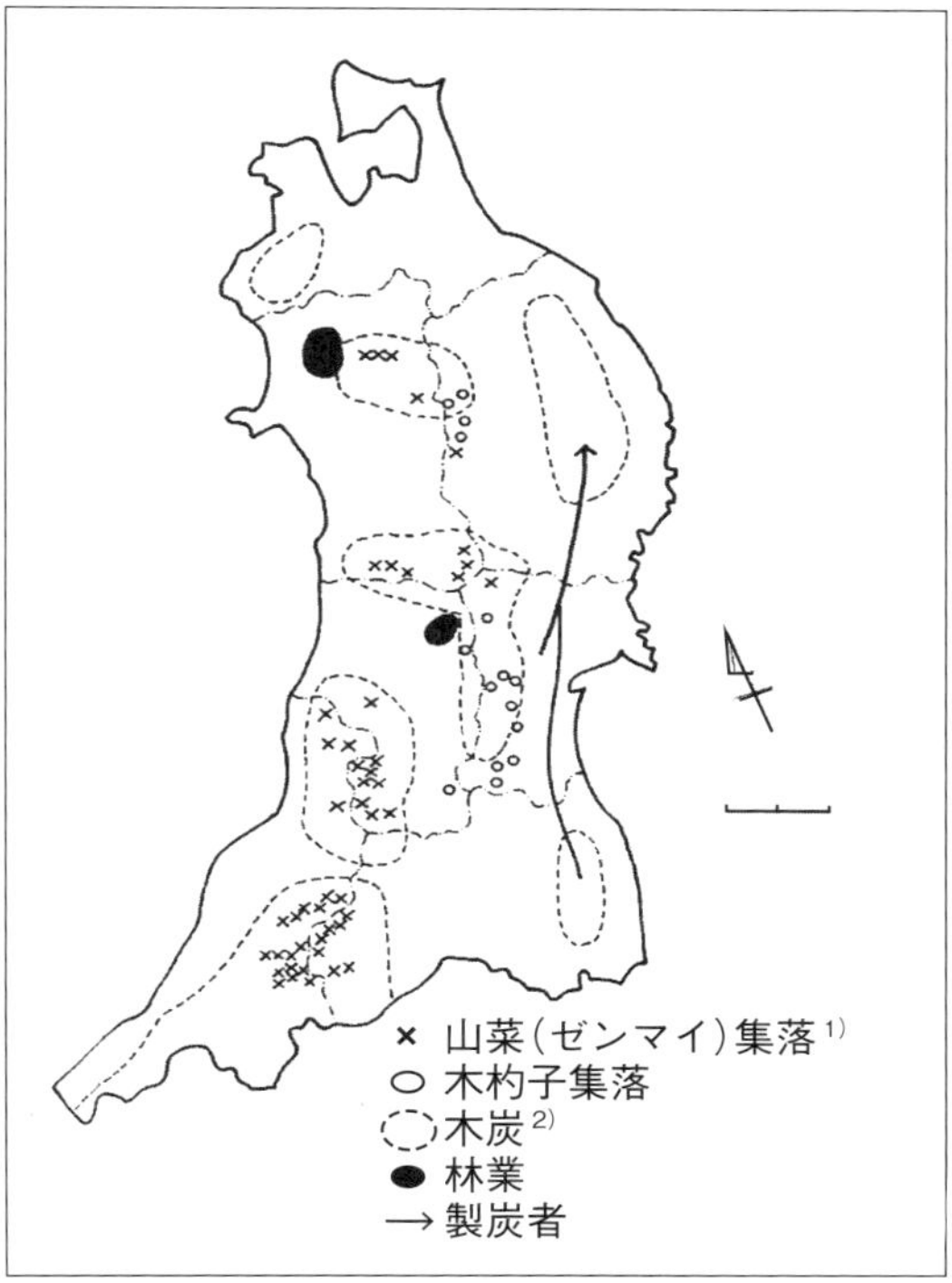

（図4・7）明治・大正時代の山村の地域性
1）池谷（1989b）による。
2）岩手県では福島、宮城、栃木、青森などの他県から製炭者が移住した（畠山 1980）。

[22]　木地師は、資源となる木材が枯渇すると移動する人びとである。

[23]　中門造りの家屋は、東北地方の日本海岸の山地に広く分布している。

帯を中心とした労働力需要の急増、および山村の経済基盤であった製炭業の崩壊により、山村から都市への大規模な人口移動が生じたといわれている。こうした状況に東北地方の山村では一般に出稼ぎ形態で対応していったが（斎藤 一九七六）、過疎抵抗山村（三井田 一九七九）[25]、夏山冬里方式をおこなう山村（沼野 一九八二）、挙家離村（安食ほか 一九八九）などの様々な対応がみられた。つまり、「出稼ぎ型」と一括されてきた東北地方の山村における過疎化の形態は、より細かくみれば多様な類型の共存型としてとらえ直すこともできる（安食ほか 一九八九）。しかも、㋐から㋓までのタイプの違いからこうした地域性を説明することは難しいが、三井田（一九七四）が指摘する過疎抵抗山村は製炭山村ではなかったわけで前の時代の㋐タイプを受けついでいるといえる。

その後、一九七三年のオイルショック以後低成長期に入ると、山村への下請工場の進出、公共投資の増大および観光開発の進展など山村内部に労働市場の拡大がみられ、ますます山村の独自性は喪失していく一方で、山村は高齢化社会に入り、「新過疎時代」の現象がみられている。こうした山村問題を解決するために、福島県三島町の特別町民制度、飯館村の牛肉の宅配便、岩手県沢内村の木材加工などの村おこし運動が各地に広まっていく。

この時期にはまた、都市住民を中心にしてブナの原生林を守る運動が、一九八〇年代の初めに白神山地や手倉山をめぐり発足して、一九八五年以降に東北地方の全体に広まっていった。しかし、秋田杉の山地や北上山地の林業地帯（安食 一九八七）などでは、この運動が生じていない点に注意してほしい。つまり、山林を生活の糧とする住民が多いところでは、この運動は生まれにくいのである。このため、ブナ林の保護か開発かの議論には地域の諸条件を考慮する必要があり、山地・山村の調査者のあいだでも、白神山地を対象とする（牧田 一九八九）[26]のような自然保護擁護派と朝日連峰の池谷（一九八六b）、北上山地の安食（一九八七）や岡のような住民生活擁護派に分かれるのは当然の成り行きのように思える。

以上、江戸時代から現代までの東北山村の歴史を振り返ると、山村は常に外部社会の影響を受け

[24] ゼンマイの商品化の歴史は、江戸時代にさかのぼる。その需要の中心は京都や奈良のお寺や大阪であった。前者では、精進料理の素材として使われていた。

[25] 高度成長期に過疎化が生じていない山村では、ゼンマイ採集のように現金収入源が存在していたことが指摘される。

[26] 白神山地は、世界遺産のなかの自然遺産に指定されていることでよく知られている。現在、国内外から数多くの観光客を集めており、マタギ自らと山中を歩くツアーの人気が高い。

て変容してきたのが事実である。多くの山村は、江戸時代には「桃源境」といわれ、民俗学の研究が盛んであった戦前には「マタギの村、木地師の村」といわれ、経済学の研究が多い高度成長期には、過疎の代名詞となった。そして近年では、都市文明の行き詰まりから「山村の文化」や「ブナ林の保護」が注目されてきている（池谷　一九八六b）。そして、研究者を含めて外来者は江戸時代以来の桃源境・秘境のイメージをもち続けながらも、経済学者は山村経済の後進性に焦点を当ててマイナスの評価をする一方で、民俗学者は文化財の豊さの点でプラスの評価をしてきた。そして、人文地理学者は多様な評価が内在しているために研究の視点に柔軟性があるともいえよう。

筆者なりの東北山村史では、江戸時代、明治・大正期、高度経済成長期、低成長期の四期における各々の山村の特性から把握できる。具体的には、㋐「日本海側山村」、㋑「奥羽山系山村」、㋒「太平洋側山村」の三種類の奥地山村と㋓「近隣山村」とに分けて、外部社会からの人やものや技術の流れに視点をすえて、近世以降現在までの山村の変貌を生業史を中心に整理をおこなった。

三　近世から近代までの一山村の資源利用の変遷

日本の山村のひとつである三面集落は、新潟県村上市（当時、岩船郡朝日村）の東部に位置し、部落界は山形県境に接する山村であった。約三万ヘクタールある面積のうち山地が九九パーセント以上を占め、三面川水系の河岸段丘上にわずかな平地が広がる。森谷ら（一九七五）は、四百数十年前から現住民の祖先がこれらの段丘に定着したと報告している。近世から近代にかけて戸数は約三〇戸であり戸数制限がおこなわれていたようであるが[27]（渡辺　一九七九）、一九八〇年前後の戸数四二戸、人口一五三人で、集落がダム建設予定地内となり一九八〇年代末に廃村になっている。

三面集落の地形は、東方から一六〇〇メートル前後の山地、九〇〇～一〇〇〇メートルの山地、丘陵および河谷、八〇〇～九〇〇メートルの山地の四つに区分できる（渡辺　一九七九）。同じ朝日

[27]　江戸時代の奥地山村では、食料資源の確保のために地域住民の経験知などから人口の調整がおこなわれていた。

山麓にある山形県北小国の五味沢集落の標高が約三〇〇メートルであるのに対して、三面のそれは約一八〇メートルと低い。しかし、三面川の河口の村上側には三面川の峡谷が、北小国側には四〇〇メートルの峠があるために地形的には隔絶している。気候は日本海側の気候であり、八月の平均気温は二四・五℃、一月のそれはマイナス〇・五℃を示す（渡辺 一九七九）。当集落内の三面第二中学校の資料によると、昭和五四年の最深積雪量は七〇センチで少ないのに対し、昭和五六年のそれは三二二センチにも達している。植生は、ブナ・ナラなどの落葉広葉樹林地帯として特色づけられ、ツキノワグマ・カモシカ・サルなどの中・大型哺乳類が生息する。しかし、急峻な山地にはなだれ発生地が多く、なだれ植生も広く分布している。そのような急傾斜地には、ゼンマイの大群落地がある（池谷 一九八九b）[28]。

三面集落には、三万ヘクタールの国有林と一〇〇〇ヘクタールの部落有林が広がる。住民は村上営林署と共用林野契約を結んでおり、火災盗伐等の予防をするかわりに、国有林で林産物を自由に採集できるようになっている。三面における年間の林野利用形態をみると、山菜・キノコ・堅果類の採集とウサギ・クマ等の狩猟が、一年中くまなくおこなわれている。この中で、ゼンマイ採集活動は、春先の雪溶けと共におこなわれもっとも長期間にわたるものである。

図4・8は、三面地区内の沢や川の分布を示している。地区内には三面川、泥又川、猿田川、末沢川、岩井又川の五本の川と約三二〇本の沢に地名がついている。三面川本流や岩井又川のように沢の地名が密集している所もあれば、末沢川や猿田川の上流のように地名がまばらの所もある。小国町五味沢の住民が末沢川上流を伝統的にクマ狩りに利用してきたように、この違いは住民の山利用の深さにかかわってくるのであろう（池谷 一九八七a）[29]。

越後村上藩領の三面は、村上藩の岩崩村から五里、米沢藩の折戸村から二里半の所に位置する朝日連峰の山麓集落のひとつであり、平家の落人伝説を有するマタギ集落として古くから知られている。本節では、クマ狩りや焼畑などの生業を歴史的におさえ、筆者によるゼンマイ採集の研究結果を考え

[28] ゼンマイは全国的にみられる山菜ではあるが、東北日本の日本海側の多雪地帯では山地の急斜面に雪崩植生がみられ、そこにゼンマイが高密度に自生する。また、ゼンマイは株になって自生しており、男ゼンマイと女ゼンマイとがみられる。その詳細はゼンマイの生態と人の活動との相互関係を記述・分析した『山菜採りの社会誌』（池谷 二〇〇三）を参照してほしい。

[29] 現在でも、山形県小国町五味沢では、獣害駆除の目的のために春の時期のクマ猟がおこなわれている。この時期は、残雪があり猟師の人びとが山中を歩きやすい環境になっているのみならず、樹木には葉がないので冬眠を終えたクマを見つけやすい状況である。

合わせることで、直接観察によって現在の状況を把握する傾向にあった従来の生態人類学的研究の枠を越えて、人と山との関係をより歴史的、総合的に把握することを目的とする。

表4・3は、三面における六二種類の山地資源が、いつからどの程度の価値をもっているのかを示している。縄文時代から一九八五年までの期間をとり、村の本業となる商品（表中A）、村の副業となる商品（表中B）、自給品（表中C）の三つに分類した。たとえば、ゼンマイ（表中⑫）は大正期以降に本業となる商品であり、フキノトウ（表中①）、アサヅキ（②）、コゴメ（③）などは高度成長期以降に副業となる商品である。

この表より指摘できる重要な点は次の二点である。第一点は、村の本業となる商品は近世と近代では異なるとはいえ、その数は一〇点以下に限定されていること。第二点は、たとえばササ

（図4・8）三面地区内の沢や川の分布

のハ（表中㉟）のように、ササダンゴ包装用のササとして新潟県新発田の商人の買入に対応して、住民が近年に商品生産を開始する点である。

ここで、以下のように、三面地区の経済・社会・宗教生活にいつの時代にも深く関与していたクマ狩りに注目して各々の時代の生業を四つの時代区分に分けて検討する。その結果、三面地区の生業は、狩猟採集、漁撈を中心に営まれていた縄文時代（①「クマ狩り成立期」）、畑作や稲作が導入されていた中世・近世初期（②「マタギ成立期」）、商品経済が深く浸透していた近世中後期・明治期（③「クマ狩り発達期」）、大正・昭和期（④「クマ狩り・マタギ衰退期」）の四つの時期に区分できる。

明暦元年から現代までの約三〇〇年の戸数の異動を示す。大炊介、太郎作、次右ェ門など合計すると七二の屋号があるが、三〇〇年続いている家は大炊介から利兵衛までの四軒しかない。それ以外は「太七」のように分家して一〇年しか続かなかった家もあれば、一

（表 4・3a）山地資源の変遷

資源名 ＼ 年代（年）	縄文 〜〜 1600 1650 1700 1750 1800 1850 1900 1950 1985	備考
①フクロウチ（フキノトウ）	C → B →	
②ヒル（アサヅキ）	C → →	
③一本立ココゴメ	C → B →	
④カオココゴメ	C → B →	
⑤ウド	C → →	
⑥ショデ（シオデ）	C → →	
⑦アザミ	C → B →	
⑧フキ	C → B →	
⑨赤ミズ	?	
⑩青ミズ	?	
⑪ウルイ（オオバギボウシ）	C → →	
⑫ゼンマイ	○------BA → →	大正の初め渡辺林蔵氏よりアオホシ伝わる
⑬ワラビ	○------B → →	
⑭ドングイ（イタドリ）	C →	三面では食べなかったが小国から嫁にきた人が広めた
⑮イラコ	?	
⑯シドキナ	C →	三面では食べなかったが嫁にきた人が広めた
⑰ワカイ（ヒラタケ）	C →	
⑱スギワカイ	?	
⑲マイタケ	B →	
⑳ナメコ	A B →	1935年にナメコ採集がさかんになる。1959年ナメコ栽培が始まる
㉑キクラゲ	B →	山菜ブームにのって売れるようになる
㉒シイタケ	C →	
㉓トビタケ	B →	
㉔ノキウチ	?	
㉕ムキタケ	?	
㉖カノコ	?	
㉗クルミ	○------C → →	
㉘トチ	○------C → B	2〜3年前から売れるようになった
㉙クリ	○------B C →	1948 年頃、クリは重要であった。その後クリタマバチにやられる
㉚ドングリ	○----×	三面の住民は食べていない

度つぶれても、他の人が入り、「アトタテ」として続いている家である。そこでこの報告ではオイノスケと次右ェ門の歴史を中心に述べる。

　彼らは、平家の落人で池の大納言平頼盛（またはその弟の光盛）の子孫であるといわれている。集落の戸数をみると、延享三年に三五戸あったのが、宝暦一一年には二三戸に減少しているのがわかる。その後、しだいに戸数が増加して三〇戸前後で安定している。しかし、明治時代に入り、戸数が減少し、その後戸数が増えて昭和五六年には四二戸になっている。このように戸数が変化した時期は集落の生活が大きく変わる何かインパクトがあったと考え、Ｉ期からⅣ期のように区分する。

近世以前―縄文時代、および中世の山地資源利用【形成期】

三面に居をかまえた縄文人が、中

（表４・3b）山地資源の変遷

資源名＼年代（年）	縄文 ～～ 1600 1650 1700 1750 1800 1850 1900 1950 1985	備考
㉛アケビ	B→	
㉜アケビのめ	B→	
㉝タラのめ	C→	
㉞マタタビ	C→	
㉟ササのハ	B→	ササダンゴに使うため新発田の商人が1000枚あたり450円で購入する
㊱シャクナゲ	B→	
㊲ウリノキ	B→	
㊳スゲ	A→	村上の殿様に年貢米として納めたといわれている
㊴ブナの木	A→	林道の開通により昭和20年代から林業がさかんになる
㊵ゼンマイのわた	B→	米沢の人が買いにくる
㊶ヤマグワ	A→ B→	
㊷シシ（ニホンツキノワグマ）	○………?A→ B→	
㊸カオシシ（ニホンカモシカ）	○………B→	1955年に捕獲禁止
㊹サル（ニホンザル）	B→	
㊺キツネ	B→	
㊻シャクナゲ	B→	県内の黒崎から1本150円で買いにくる人がいた
㊼ムジナ（タヌキ）	?B→	以前はみなマミでムジナはとれなかった
㊽テン	?B→	
㊾ウサギ	?C→	
㊿マミ（ササグマ）	?B→	
(51)リス	?B→	毛皮１枚100円
(52)イタチ	?B→	
(53)マムシ	?B→	１匹1000円～1500円
(54)サケ	○………C→	サケはあまりとらなかった
(55)マス	○………C→	ダム建設により昭和24年頃からこなくなる
(56)アユ	C→	
(57)イワナ	B→	
(58)ソバ、アワ、ダイコン、アズキ、ダイズ、（焼畑）	………C→	焼畑は昭和25・6年頃までさかんで昭和32年頃にやめてしまう
(59)水稲	C→B	昭和46年より米を出荷するようになる
(60)ヒエ	C→	
(61)塩木	?	
(62)砂金	A→ B→	
その他、土建業(ダムや林道工事)	A→ A→	

Ａ：村の本業となる商品　Ｂ：村の副業となる商品　Ｃ：自給品　○---西田正規（1980）による［サケ・ナッツ型］を引用　（　）内は方名を示す

世以降に記録にみられる三面居住者（伊藤家、高橋家、小池家）と同じ系統であったのかは明らかではない。しかし、縄文時代の居住地は中世以降みられるものと共通していることが多く、その地は時代をこえて住居に適した環境にあったと推察される。そこでは、家屋がつくられる河岸段丘と漁撈の場となる河川、そして狩猟や採集の場となる山地が組み合わさっているといえる。

縄文時代中期、三面では三つの遺跡と一つの洞穴の存在がしられている。遺跡は三面川沿いの元屋敷、三面川と末沢川の合流点付近の下久保、泥又川沿いの泥又沢の三ヶ所にあり、洞穴は三面川の支流岩井沢上流の山中に位置する。そして、多数の土器が三つの遺跡から、土器・獣骨・木炭などが洞穴から発掘されている。その後、縄文時代後期、晩期になると、洞穴はそのまま継続して使用されるが、下久保遺跡、泥又沢遺跡は消滅し、かわりに東西一〇〇メートルで南北七〇メートルの広さをもつ元屋敷遺跡が存在した。ここからは、石槍・石ヒ・石皿・砥石・土偶・打製石斧・磨製石斧などが出土している。これらから、猟場に関しては共有地であったものの、それぞれの遺跡を中心とする半径二キロの生活圏が三つ存在したが、一ヶ所に集住化して大きな集落をつくったのではないかと考えられる。また洞穴は定住地からの狩猟キャンプのひとつであった可能性がある。

縄文時代には狩猟・漁撈・堅果類の採集が重要な生計活動であったとされる（西田　一九八〇）[30]。狩猟では、上述した洞穴の獣骨により、縄文時代に広くみられるイノシシ・シカ狩りではなくてクマ・カモシカ狩りが実施されていたといえる。この傾向は越後山脈の室谷洞穴付近の生業と共通していて、東北地方の山岳地帯に広がっていたと思われる。また、ダム建設以前の三面川におけるサケの遡上限界は、三面集落の位置まで達しておらず、サケ漁よりもマス漁の方が盛んにおこなわれた可能性が高い。さらに、縄文中期の遺跡の分布より小盆地内の河岸段丘を中心としたひとつの生活圏があったと推定される。しかし、どのような原因で、後期になると大きな集落が形成されてきたのかは明らかではない。

資料の制約上、生業の復元は類推の域を出ないが、槍を使ってのクマ狩りやカモシカ狩りが生業の

[30]　縄文時代の生業活動には、本州内で地域差が存在していたことが指摘されている。東北地方はサケ類、中部地方は堅果類などが中心であった。

ひとつとして実施されていたことは十分に考えられる。この時代を「クマ狩り成立期」と規定したい。

近世―資源利用と農耕や狩猟の変遷【維持期（1）】

この時期（一五〇〇～一七〇〇年）の三面の生活を、公表されている古文書史料を使って、時間の経過とともに検討を加える。まず天文八（一五三八）年、曹洞宗の寺である龍音寺が三面集落内に開山した。文禄四（一五九五）年には、村上城主春日氏から小池大炊助に「三面村法度」が提出されて、米沢口の目付役を命じている（横山 一九〇二）。その後、元和三（一六一七）年、村上城主は大炊助に百石知行を扶助している。また文禄四（一五九五）年、高橋家・小池家を中心とする元屋敷の居住者、伊藤家を中心とする泥又川沿いの居住者が、三面川と末沢川の合流点の河岸段丘上に集まったとされる。この集落は三面村法度が施行された年に実施されていることから、洪水や火事による（渡辺 一九七九）のではなく、金山を重要な財源としていたといわれる村上藩の政策のために一ヶ所に集められたのではないかと推測できる。そして、慶長二（一五九七）年の「瀬波郡絵図」によると、戸数は六軒で石高九石九斗を示し、猿田川の上流部に猿田金山がしるされている。寛永五（一六二八）年の手紙によると、三面村百姓が猿田金山の案内者として使われていたことがわかる。

明暦元（一六五五）年には、三面村は本田新田田畑検地帳が出ており、寺以外に一六名の百姓の名前が記され、水田や常畑以外にもヒエ田や焼畑地が広がっていたことがわかる。なかでも各家の焼畑面積は、三～一〇〇畝まで大きなばらつきがあり、その平均は四二畝になっている（Ikeya 1987）。これは、当時の高知県池川町椿山のそれとほぼ同じである。また、焼畑耕作地は、上向・なかとうり・あら沢・大石沢などの集落から半径五キロ以内の沢に広がる。この時期の狩猟についての詳細は明らかではないが、村人の勘七が、カモシカの毛皮を城代家老に歳暮として献上していることからカモシカ狩りは実施されていたことがうかがえる。また、佐五右ェ門のキリバという地名から、当時の検地帳に名前が出てくる佐五ェ門がクマの罠猟をおこなっていた可能性がある。しかし、巻き狩りや穴クマ狩りについての記録はないために、その状況は不明である。

慶安元（一六四八）年、小国城代から三面の大炊介へ手紙が届いており、寛永五（一六二八）年から元禄一三（一七〇〇）年まで、彼は四〇～五〇〇俵の米を小国口から受取っていた。このため一六四二年の諸国大飢饉、一六九五年、一六九六年の飢饉の影響は受けていなかったと思われる。三面は村上藩内の一村落としての色彩が強いが、小国口から米を受取っているように米沢藩とのつながりも深かった。

このように縄文時代の基本的生業に畑作と稲作が導入された時期は明らかでない。しかし、猿田金山が発見される以前の中世の三面は、仏教導入以前の山の神信仰が色濃い平等社会で、稲作以前にみられた狩猟採集を中心にしつつ焼畑を組み合せた生業が営まれていたのではないかと考えられる。また、この時期に修験者の影響をうけて、クマ・カモシカ狩りが山詞をともなう宗教儀礼としての様相ももつようになっていった。この修験者は、小国町の金目や朝日修験道の坊の日光院のある徳網の方から来たと推定される。あるいは、大名が規模な鉱山経営をする以前は、修験者が鉱山経営をしていたといわれ（井上　一九八一）[31]、集落の周辺部に位置する猿田金山を経営していた修験者の影響も考えられる。

十分な資料で実証したわけではないが、この時代にはクマ狩りやカモシカ狩りなどの狩猟が実施されるだけではなく、修験者の影響を受けて狩猟儀礼が発達していった「マタギ成立期」といえるであろう。

ここでは、江戸時代における本章で対象にした山村の暮らしをより詳細に紹介する。

宝暦一二（一七六二）年　大地震（地震）当寺殿堂建立

（一七七四）年　旅僧・修検者の取締りを命ず

［31］　江戸時代の山地の経済活動を考える際には、修験者とのかかわりを無視することができない村が多い。三面は朝日山麓に位置し、出羽三山の地域にも近かった。

安永九（一七八〇）年　大地震（地震）
天明二（一七八二）年　当所鎮守堂建立（小池家の氏神十二大里山の神を祀る）
（一七八？）年　奥羽地方で餓死（天明大飢饉）
寛政元（一七八九）年　六月一八日、カン立雨ニ交リ雹降リ作物皆打切申候田作大不作ニ御座候（大凶作）
寛政二（一七九〇）年　洪水（洪水）
寛政七（一七九五）年　九月、洪水
寛政一〇（一七九八）年　一〇月二日、当村御疱瘡ニ御座候子供六十弐人カカル（病気）
文化七（一八一〇）年　三月二日、明六つ次右門庄右門次五右門源蔵焼失仕候（火事）
文化八（一八一一）年　正月、疫病流行百万遍祈祷（病気）
文化九（一八一二）年　二月二九日、茎太村火難有云家数十九軒焼失（火事）
文政四（一八二一）年　伊勢参宮仕リ申候六月二十六日下旬　日数六十三日相カカリ申候（大炊介　外四名）（伊勢参り）七月、洪水（洪水）
文政八（一八二五）年　笹子ト申スモノ出テ村中ニテ三捨俵申候（？）
一二月二一日、部落内の田畑仕事他の日当の取り決め（農業）
文政九（一八二六）年　大凶作（大凶作）
文政一〇（一八二七）年　三十年目ニ疱瘡流行候処子供九十二人モ御座候拾壱人病死イタシ候以後為覚書書留置候（病気）
文政一一（一八二八）年　大凶作（大凶作）
文政一三（一八三〇）年　正月二五日、小松熊の倉にて伝蔵、雪で落ち死亡。
其の節、山祭り太郎作行なう。祭りの儀は二月六日より一二日迄七日間
天保三（一八三二）年　八右ェ門、ナメコ採りに参り行方不明。一一月七日、岩崩ヤナに上る。

天保四（一八三三）年　一〇月二六日、七ッ時、大地震にて村上辺で大津波あり（地震）大凶作

天保七（一八三六）年　奥羽・関東地方飢饉で村上藩の新保村から救援米が届いている
〇〇〇〇権現御堂建替、村中で寄進八九三文
出所：万留控帳、高橋宏（昭和五三）による

以上のようなオイノスケの日記、万留控帳をみると、この時代の三面に地震、大凶作、洪水、病気、火事のあったことがわかる（「文化七年には、次右門の家は焼けている。」「文政四年には、大炊介が伊勢宮参りに行っている。」「天保三年には、八右ェ門はナメコ採りに行っている。」）。

ここで、凶作と戸数との関係を考察すると、江戸時代の中期の宝暦五年から一一年にかけて、三四戸から二三戸に戸数が減少している。現に米沢から米の供給もなくなり、三面の生活は変わったと思われる。昔、この地方がひどい飢饉におそわれて集落全体が餓死に直面したおり、戸数を三〇戸以上に増やさないと決めたといわれているが、このことは、大凶作では戸数の減少はなく、天保四年には村上藩の新保村から救援米が届いている。また天保四年に村上で津波のあったことを知り、嘉永六年、天保一五年、同じ村内の千縄や岩崩で火災のあったことを、嘉永七年に岩崩の御堂を建て替えのため村中で寄進をしていること、先ほどの救援米や城下にクマノイやスゲゴザをおさめていたことが記されている。

近世の初頭以降から検地が進められることによって三面川の河岸段丘上の新田開発が進み、三面も水田農耕社会の一部に組み込まれることになるが、広大な山地を広範に利用する狩猟の伝統は続いてきた。たとえば、天保元（一八三一）年一〇月には、狩猟に関する村決めをおこなっている。これは、集落を中心に約四～六キロの地区を村共有の留山にして、その区域内でカモシカを捕った場合、皮は村へ出し、肉は捕獲者が得ることにしたものである（横山・横山 一九七五）。また、江戸時代の中・後期以降、クマの毛皮・胆が商品としての重要性を増し、藩の政策もあってクマ狩り

の中で罠猟が活発になり山中に罠場が広がっていく（図4・9）。一方、近年までおこなわれた雪中田植えなどの農耕儀礼は、水田農耕が盛んになっていったこの頃に発生したと思われる。

近世後期にクマ狩りが発達していたことは、寛政五（一七九三）年の佐藤中陵の『中陵漫録』と、文政一〇（一八二七）年の肥田野簗村の『三面村記』からうかがわれ、そこから罠猟の発達を推察することができる。

米沢藩の本草学者である佐藤中陵は、上杉鷹山の命令を受けて、寛政五（一七九三）年の六月に、薬草を求めて三面を訪れ、次のようにクマ狩りの実態を報告している。

男子は深山に入て槍にて熊を取る。熊胆及びその皮を村上に出して、年々の塩噌等その他諸の入用の品に代えて来る。一ヶ年に熊三五十を獲ると云。是を貸して凡百金余に及。

住民はクマの胆や皮を村上まで運び、塩などの生活必需品と交換していたのである。そして、一ヶ年に三〇～五〇頭のクマを捕獲して、およそ一〇〇金あまりの収益をあげている。しかし、この資料にはクマ用の罠を示すオソという言葉はみられず、槍にてクマを獲ると書かれている。ちなみに、この頃のクマの胆の価格は、寛政四（一七九二）年には、千目壱〆付五十文、寛政五（一七九三）年には、千目壱〆付壱〆、寛政一一（一七九九）年には、千目壱〆付壱〆五百文のように（小池 一九八四）、七年間で急上昇している。

肥田野簗村は、文政一〇（一八二七）年の三面の状況を報告している。当時の三面は、戸数が二八戸で、農業を中心に漁撈・狩猟もおこない、村上候にクマの胆や菅むしろを貢いでいた。また、天保二（一八三二）年にナメコ採集に出かけて行方不明になっている事例から、ナメコ採集も実施されていたのがわかる。かつての三面では、罠の場所を示すオソバに加えてスゲを採集する場所であるスゲヤチも各家に代々受けつがれた財産であったと伝えられている。つまり、オソバでとられたクマの胆は、スゲヤチで採集したスゲからつくる菅むしろと同等の意味をもつものである（池谷一九八八ａ）[32]。

近世中・後期の三面の生業は、クマ狩りや菅むしろ製作を中心にして、農業・漁撈・採集などを組み合わされて成り立っていた。明治時代になってもクマの毛皮は商品的価値があったといわれ（宮島 一八九四）、上述の生業複合に大きな変化はなかったと思われる。

[32] 全国的に見てクマの罠猟の報告はみられるが（日本山海図絵など）、オソバとして財産権になっている村はほとんど知られていない。

明治から昭和──商品経済化と拡大する山地の資源利用【維持期（２）】

明治から大正にかけての日本の奥地山村の商品経済化にともなう地域分化についてまとめてみる（図４・９）。周知のように日本の山村経済の中心は製炭業であり、木炭の運搬が容易にできる日本中の山間部の至る所で製炭業が発達した。また、中部日本の山村では、日本の代表的な輸出向けの商品である生糸を産する蚕糸業が発達した。なかでも、奥地山村では、養蚕と焼畑農業が結びついている点に特徴がある。

これに対し多雨な気候と急峻な地形が組み合わさった西南日本外帯の奥地山村では、山茶や三椏《みつまた》が重要な商品となり、一方、多雪な気候と急峻な地形からなる東北地方の日本海側の奥地山村では、ゼンマイが商品となった。山茶は、暖温帯の焼畑の跡地に高密度に自生する陽生植物で、三椏は他の植物をもってしては利用し得ぬ山岳急峻地が適地となり、多雨性は三椏の生育に良好な条件になるといわれている。一方、ゼンマイは雪崩植生地に高密度な自生をする。このことから、いずれの商品も地域の自然条件に適応しているのがわかる。また、山茶の摘葉時期には、小中学校が一斉に農繁休業を実施するのと同じように、三面、山熊田、銀山平などのゼンマイ集落にも、ゼンマイ生産の最盛期には小中学校のゼンマイ休暇が存在した。三椏栽培にしても、五月を頂点に四月から六月にわたる繁忙期が形成される。いずれも、ある時期に山村の家族労働力を集中する商品であるともいえる。

以上のことから、地域の自然条件と社会経済条件とのかかわりの中で、地域に特徴ある産物が商品作物化してきたのは明らかである。つまり、上田は、山村の商品的生産物として選ばれる物は山地交通の制約にもとづき、軽量で運搬保存に便利であり、かつとくに山地の自然条件に適した物か、又は平地においても生産し得るが山地の方が地価、労賃が低いため、運賃を加算しても平地と競争し得る様な物であると述べているが（上田 一九三九）、この時期のゼンマイ、山茶、三椏が前者に、繭が後者に当てはまる。

なお、藤田は、西南日本の外帯の山村は水田にも乏しく、まさにわが国の山村のうちでも山地資源に依拠したもっとも山村らしい地域であると述べている（藤田 一九八一）。しかし、筆者は、西南日本の山村密度よりも、東北地方の日本海側のそれは低いことから、ゼンマイ生産に特化した東北地方の日本海側の奥地山村の方が、より強く山地資源に依拠したと考える。また、これはわが国の山村の中で山村密度が低く、現在でも広大な原生林が残存しているこの地域の山村の特性をよく反映したものであると考えている。それに、これらの商品は、日本経済の大きな流れの中では、木炭や繭に比べてとるに足らない物であるかもしれないが、山村住民には経済的に重要なものであった。このことは、日本の産業革命期には、道路交通の発達とは無関係に奥地山村のような日本のすみずみまで、商品経済が浸透したことを示している。

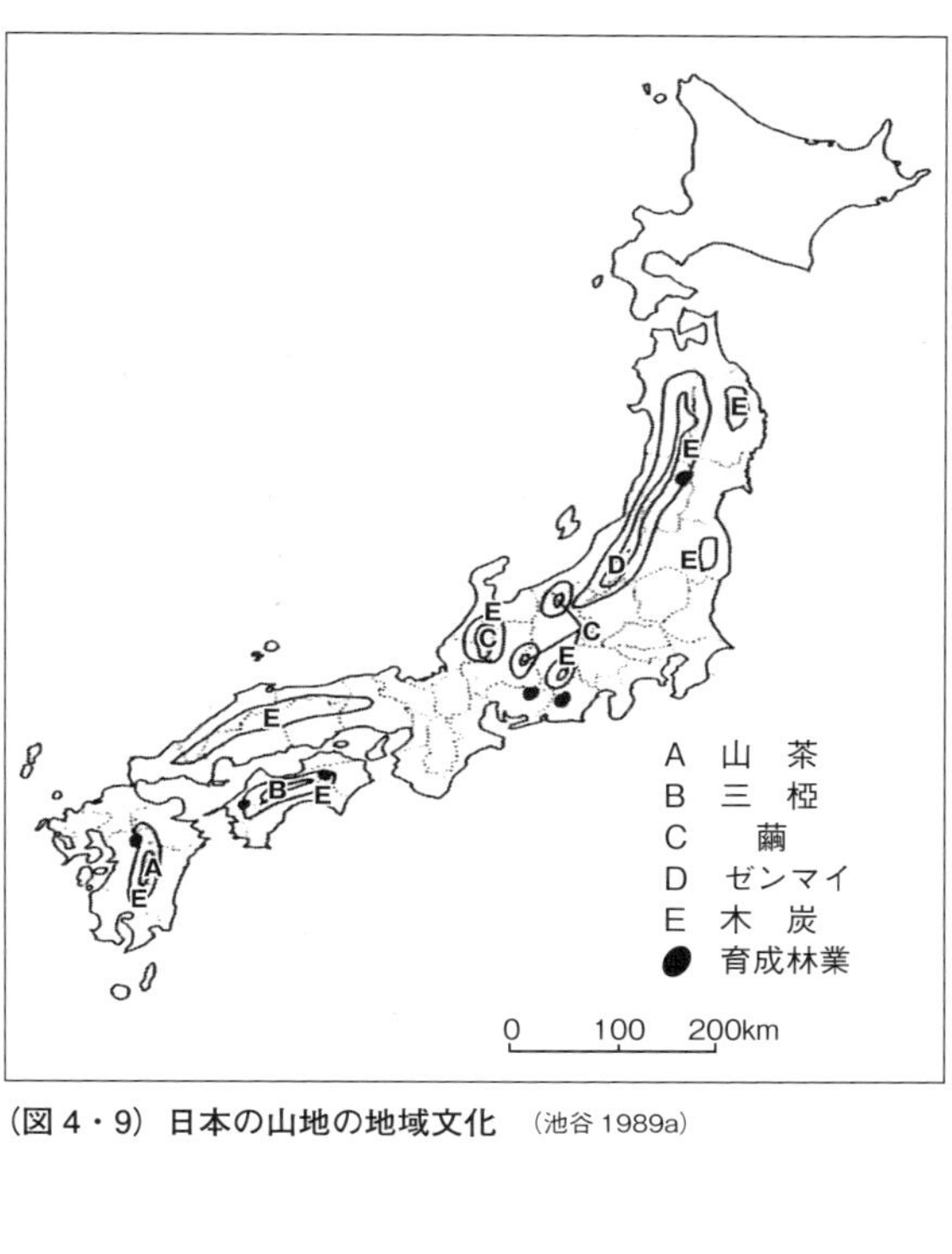

（図4・9）日本の山地の地域文化 （池谷 1989a）

以上のように、この節では、三面集落の地域生態史を把握するための序説として、縄文時代から現在に至る生業全体の変遷史を記述してきた。各時代の特徴をまとめると次のようになる。①縄文時代には、狩猟・漁撈・堅果類の採集が重要な生計活動であった。狩猟では、イノシシ・シカ狩りよりもクマ・カモシカ狩りの方が盛んであったといえる。これは越後山脈の室谷洞穴付近の生業と共通しており、東北地方の山岳地帯に広がっていたと推定される。また、サケの遡上限界から考えてサケよりもマスの方が容易に入手できたと思われる。そして、縄文中期の遺跡の分布より小盆地内の河岸段丘を中心とした一つの生活圏があったと推定される。

縄文時代の基本的生業に畑作と稲作が導入された時期は明らかではないが、②中世では稲作よりも狩猟・採集・焼畑の比重が高い村であったと推察される。また、修験者の影響をうけて、クマ・カモシカ狩りが宗教儀礼としての様相をもつようになった。この修験者は、小国町の金目・徳網の方から来たと推定される。しかし他にも、大名が大規模な鉱山経営をする以前に、修験者が鉱山経営をしていたといわれ、集落近くの猿田金山を経営していた修験者の影響も考えられる。

③近世では検地が盛んにおこなわれて新田開発がすすみ、焼畑などの生業よりも水田耕作の方に比重が移っていく。近年までおこなわれた雪中田植えなどの農耕儀礼は、このころに生まれたと思われる。また、江戸時代の中・後期以降、クマの毛皮・胆が商品としての重要性を増し、藩の政策も影響してクマ狩りの中で罠猟が活発になる。

④その後、クマ狩りやカモシカ狩りは経済的・宗教的にも衰退していく。クマ狩りの罠猟は昭和三〇年頃に許可制となり、カモシカに特別保護法が適用されカモシカ狩りは停止された。しかし、現在でも巻き狩りによるクマ狩りは細々ながらおこなわれている。その一方で大正初期に活発化したゼンマイ生産は、第Ⅰ期から第Ⅳ期を通じて生計基盤となっている。

以上のことから、三面集落の生活は、中世における修験者や金山の開発者、近世では水田耕作やクマ猟をすすめる藩政、近代に入ってのゼンマイを商品化した商人、国や県を主体とするダム建設やスーパー林道建設の政策などによって三面の生活は様々な影響を受けてきた。住民はそれらに応じて臨機応変に山地資源を開発して、あるいは従来の生業を復活することによって生計を成り立たせてきた。三面の生活原理は、国家や藩などの外部社会への従属性と山村内部での活発な資源開発という二つの側面から説明することができる。

四 現代の日本の山村――山地資源利用の持続性【崩壊・変容期】

ここでは、もう一度、日本全体の視野から現在の山地の資源利用についてみてみよう。現在の日本では、周知のように高齢化が進んでいるが、とりわけ山村での高齢化率がひときわ高いといわれている。現在でも、村から都市への人口移動は止まらない。村では人口減のために雪かきほかの共同労働をおこなうことも難しくなっている。しかしながら、意外にも山地の資源利用の伝統が消えることはない。現在においても、リクレーションとしての狩猟、おかずや小遣い稼ぎのための採集、地域によっては焼畑が維持されているところもみられる。なお、筆者は、数年前に、これらの山村の現状を国立民族学博物館内の常設展示・日本（山のくらし）のなかで展示という形で紹介している。そこでは、狩猟、採集、焼畑、家畜飼育、養蜂のコーナーに分けられている。ここでは、それらの成果をふまえながら現代日本の山地の資源利用の現状について言及する。

狩猟と採集

二一世紀にはいって狩猟は、これまでとは違う意味で活発になっている。もちろん、地方自治体が定める猟期のなかでイノシシやシカの狩猟はおこなわれているが、ハンターの高齢化にともなう後継者不足も加わり捕獲数は減少している。むしろ現在において大部分を占めるのが、鳥獣駆除のための狩猟である。国内では、シカ、イノシシ、サル、クマの順に被害額が小さくなっているが、二〇一六年の秋田県でのクマによる人の殺害などがよく知られるようになり、獣害問題は日本の社会問題にもなっている。現在、多くの都道府県にて獣害対策がおこなわれているが、獣害を止めることは難しい状況になっている。これらは、かつての里山利用の衰退にともない獣の行動範囲が拡大してきた結果生じているのであって、人の山離れがその原因をつくっている（池谷 二〇一一 a）[33]。ここでの狩猟では、鉄製の罠や生け捕りにするための箱が使われている。

一方で、山村住民の伝統的な狩猟も継続している。現在では、商品を求めるものではないが、ひとつのイベントとして都市住民も猟に加わり、新たな形で楽しみの場になっている。筆者は、三〇年も前にマタギの狩猟に同行したことがあるが、その際には山の神さまへのお祈りほか儀礼が維持されていた。現在、これらの慣習をやめたところもみられる。

また、採集（山菜、木の実、キノコ）の場合には、季節に応じて限定はされるが、道の駅や農協に販売することで現金を得ることが容易にできるものである（図4・10）。現在、本章で述べたようなプロの山菜採りは少なくなったが、山菜採りは自家消費のみならず贈与や販売用にもなり維持されている。

トチノミの場合には、京都では高級菓子用に使われるために、京都近郊の滋賀県高島市ではトチノミの供給が不足することにもなり、岐阜県から運んでいるという。同様に、食用ではなく建築材となるカヤは、合掌作りで有名な白川郷では静岡県の富士山麓から運ばれているという。採集物のなかには、近年、栽培化に成功したものも少なくない。シイタケ、ナメコ、ワラビ、ゼンマイ、ウド、マイタケ、タケノコなどが挙げられる。今後も、これら以外の資源を栽培化することが求められている。

焼畑と家畜飼育（養蜂から牧畜まで）

焼畑は、かつての日本の山地においては中心的な資源利用の形であった。とりわけ、戦後の日本では、食糧不足という時代でもあったために、九州や

[33] 獣害の問題は、シカ、イノシシ、サル、クマの順に被害額が減少するといわれるが、クマの場合には人身の害があることが大きな問題である。近年、秋田県北部ではある時期に数名の住民がクマによって殺されている。

（図4・10）現代の山地の資源利用（採集カレンダー）
（国立民族学博物館日本展示場、筆者作成）

四国の山地には広大な焼畑地が広がっていたという。ところが、その焼畑の大部分は、昭和三〇年代に衰退してしまった。それは、高度経済成長による農山村から都市への人口移動において拍車がかかったともいわれる。それでも、わずかな事例ではあるが、焼畑は継続されていた。たとえば、宮崎県椎葉村においては、一世帯であるが焼畑が継続されてアワ、ヒエ、ソバなどを生産している。同時に、山形県鶴岡市においても在来のカブを生産するために焼畑は継続している。

それでは、現在の焼畑の分布はどのようなものであろうか。筆者は、二〇一四年現在の焼畑の分布図を作成した（図4・11）。そこから、全国で一〇ヶ所近い所で焼畑がおこなわれていることがわかった。同時に、焼畑でつくる作物が地域的に異なっている。九州ではアワ、ヒエのような雑穀、四国や中国ではソバ、そして石川や山形ではカブやダイコンである。また、このなかでは、長野県や滋賀県のように研究者などが参加

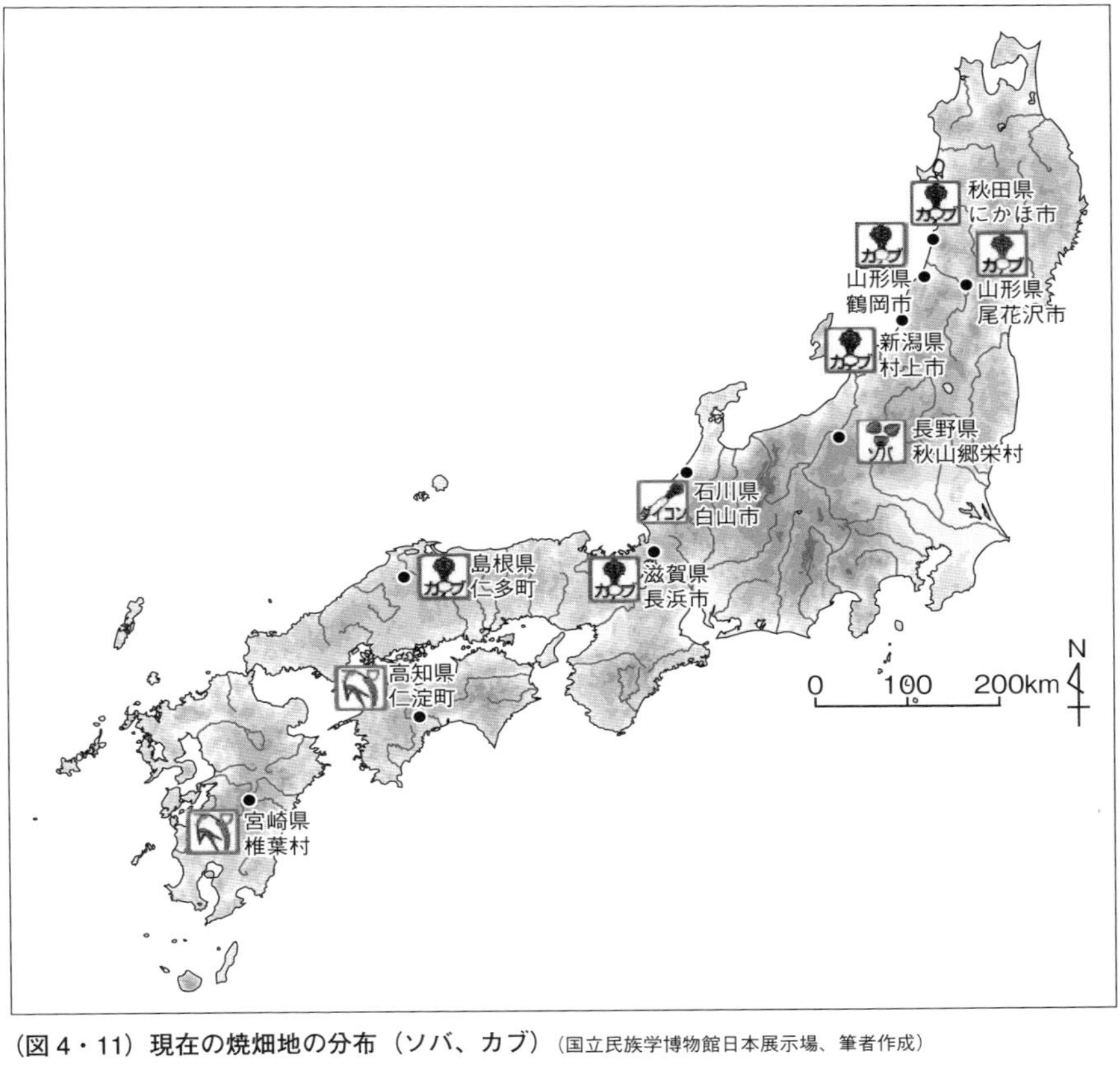

（図4・11）現在の焼畑地の分布（ソバ、カブ）（国立民族学博物館日本展示場、筆者作成）

することで地域振興のために焼畑をおこなっているところもあった。

家畜飼育もまた、牛の放牧の形で古くから山地でおこなわれてきた。国内では、北上山地、阿武隈山地、中国山地のような隆起準平原のような平坦地のある山地におこなわれてきた。同時に、乗鞍山麓や阿蘇山麓のような火山の麓である。とりわけ、北上山地では、現在でも夏山冬里方式の移牧はおこなわれている（図4・12）。まず、春には村の近くの放牧地から始まり、夏には山頂の放牧地、秋には下った所の放牧地、そして冬は舎飼いになるシステムである。このため、冬用の餌になる草を刈る採草地（カッパ）がみられる。ここでは、かつて秋には家畜市が開かれて牛が販売されていたが、現在では県庁のある盛岡の近郊までトラックで運ばれている。

また、養蜂もまた山地では生業のひとつになっている。国内には、外来種のセイヨウミツバチを飼育する移動型の養蜂と、ニホンミツバチを対象にした定着型の養蜂が知られている。とくに、後者による活動は、長崎県対馬にて盛んである（図4・13）。正確な数を把握できないが、数千個の巣箱（ハチドウ）が山中に置かれている。ただ、毎年、かならず巣をつくるものではないので、安定した収益を期待できない点が、ハチミツが

（図4・12）日本における山地放牧（国立民族学博物館日本展示場、筆者作成）

（図4・13）照葉樹林（シイの花、ニホンミツバチ）と人の現在
かつては焼畑も、狩猟も組み合わさる。
（国立民族学博物館日本展示場、筆者作成）

贈与用になっている理由であろう。民博の展示場にあるが、分封群が巣箱に入らない場合には、ハチの巣を丸ごと捕獲するテゴが使われている。

その他の資源利用

このほかにも、山村では林業、木材加工のような伝統的な生業があるのみならず、一部の山地では観光のための森林ツアーが設けられている。とりわけ、青森県の白神山地、鹿児島県の屋久島は豊かな森林資源が維持されていて、世界自然遺産に指定されている。その後、多くの観光客が二つの森を訪れている。そこでは、かつてマタギであった人がツアーガイドをおこなうなど、伝統的な知恵や知識が森の中で生かされている。

以上のことから、現代の日本列島における山村の資源利用は、あまりにも多様であるといわざるをえない。全国的に見ると、山村の人口は減少して村の人口もまた減少しているが自然資源利用の伝統は持続していることになる。

五　「熱帯高地」と「温帯山地」との資源利用の比較

これまで日本の山村文化の研究は、照葉樹林文化論やナラ林文化論に代表されるように、過去の生活の復元を目的とした「伝統主義」の立場からの研究が多かった。しかし、一見すると古いタイプの文化が残存しているとみうけられる山村文化は、各時代の政治経済との関わり合いで形成されたり変貌してきたとみる「修正主義」の立場から把握されるようにもなってきた。

筆者は、冒頭で述べたように、山村文化を農村、漁村、都市とは異なる生業、社会組織、信仰、空間認識などの体系としての生活様式と定義し、日本文化の中で山村文化の成立・維持・崩壊が、いつ、どのようなプロセスをへて生じたのかを基本課題と考えている。従来の研究では、山村文化は、中世前期以前に漂泊をしていた山の民が中世後期以降に定着した後に成立し（宮田 一九七九、網野 一九八〇）、近世から明治・大正期には維持され、高度成長期に崩壊したといわれる（網野 一九八〇、ベルク 一九八五、松山 一九八六、安田 一九八八）。

本章では、①日本、②東北地方、③一山村という三つの空間スケールを設定して山地の資源利用について「修正主義」の立場から詳細に記述・分析を進めてきた。つまり本章では、日本列島や東北地方の中での日本の山村の特徴を広域的に把握する一方で、集落レベルでの山村集落の生活を生態的、歴史的、社会的に統合して把握してきた。

まず一節では、従来の山村研究の問題点が指摘されて、本章の目的と方法、日本の山地資源利用の概観を述べた。二節では、全国の山村のなかで東北地方の山村は、西南日本外帯の山村立地とは異なり、アイヌ集落と同様に標高五〇〇メートル以下の河岸段丘上に立地し、日本でもっとも広く落葉広葉樹が優先する林野におおわれていること、狩猟や採集などの生業が発達する上での自然的基盤をそなえていることが明らかになった。三節では、クマ狩りの変化を指標としてひとつの山村の生業の変遷史を記述した。その結果、人びとの生活は、中世における修験者や金山の開発者、近世では水田耕作やクマ猟を進める藩政、近代ではゼンマイを商品化した商人、国や県を主体とするダム建設やスーパー林道建設の政策によって大きな影響を受けてきたことがわかった。しかし、住民はそれらに応じて臨機応変に山地資源を開発して、あるいは従来の生計を復活することによって生計を成り立たせてきた。人びとの生活原理は、国家や藩などの外部社会への従属性と山村内部での活発な資源開発という二つの側面から説明することができる。そして、四節では二一世紀の日本の山地における資源利用を展望してきた。

これらのことから、山村住民は、日本の近代化とともに生まれた商品経済化の浸透やダム建設計画による水没の施行などにみられる、各時代における日本の政治経済動向の中で、山と人びととの関係を柔軟に変えることで主体的な対応をしてきたことが明らかになった。これは、従来の山村研究において、経済学者は山村経済の後進性に焦点を当てマイナスの評価をして、民俗学者は文化財の豊かさに着目してプラスの評価をするという相反する評価を越えて、日本の近代の中での山村文化の動態をとおして新たな山村像（山地の資源利用の形）を提示したことを意味すると考えている。以下、次のようなことが明らかになった。

（1）山の民は、山の自然環境を熟知して山とのあいだに共生関係を成立させてきた。クマ狩りやゼンマイ採集などをとおしてみると、山地住民の山地環境への適応の戦略を解明することができた（「生態原理」）。

（2）山の民は、臨機応変に山地資源を開拓して生業の一部に組み入れてきた。彼らの経済は、国家や藩政などの外部社会に従属した面と、（アンデスやヒマラヤの山地民のように）山村内部から交易などを発達させる面とをあわせもっている（「経済原理」）。

（3）（本稿では十分に議論はしていないが）山の民は、山地資源をめぐって共有、ナワバリ、競合などの人間関係を形成してきた。また、山地に対応する空間認知の構造として、メンタルマップやフォークノレッジを発達させてきた。

以上のように山の民は独自の論理と文化を歴史的に発達させてきたわけで、山村の生業をかつての古い文化の残存とみる研究者の姿勢に根本的な問題があるといわなければならない。つまり、山村の狩猟、採集や焼畑農耕を縄文時代の生活につなげる文化論（「ナラ林文化」、「照葉樹林文化」など）の前提がおかしいわけで、今こそ山村における山地利用の変遷を歴史的視点から把握することが必要とされる時であると考えている。

最後に、本章の事例は「温帯山地」のなかで把握できるものであるが、熱帯高地の事例と比較したらどうなるのだろうか。具体的には、アンデス高地の村（ペルー南部・ケチュアの村ほか）、ヒマラヤの村（ネパール・クンブ地方ほか）との資源利用の比較である。まず、筆者は、これらの二地域に短期間の訪問をしているが、地形的には日本に比べて大きなスケールであるということである。その結果、高所では寒冷、低所では温暖という気候的違いも指摘できる。このため、ひとつの村に焦点をあててみても、アンデスでは高度差による環境の違いをうまく利用した農耕や牧畜がおこなわれてきた（山本 二〇〇七）[34]。またヒマラヤでは、高地にチベット系、中間山地にトライブ、低地にヒンドゥー系という居住している民族にすみわけがみられることが報告されている（川喜田一九七七）[35]。それでは、日本の場合にはいかがなものであろうか。

日本の山地の資源利用は、本章で言及してきたように、高低差の利用はみられるがその大きさは小さいけれども資源の種類が多様であるということである。山地での家畜飼育や農耕ではアンデスやヒマラヤのそれと共通するが、山地での狩猟や採集の利用は世界をみわたしても個性的な利用である。日本の山村のみに、山菜採集が卓越する村がみられる。ネパールの山地にはラウテというポスト狩猟採集民が暮らしているが、現在の彼らの生業は木工品加工であるといってよいであろう。また、アンデスやヒマラヤでは農牧業以外に交易が重要な生業となるが、わが国の場合、アンデスのリャマやヒマラヤのヤクに当たるのは南部牛や馬であって塩などの運搬用に使われていた。

さらに、山地の生業に関与した出作り小屋は、アンデスやヒマラヤでは移牧小屋、日本では焼畑小屋、狩猟小屋、採集小屋などの多様な資源に対応して小屋がみられる。しかしながら、近世以降でみると日本の山地は文化や文明のセンターにはなっておらず、アンデスのような栽培化や家畜化の道を好まずに、野生状態を維持することを良しとする日本文化の考え方が山地の資源利用によく反映していると考えている。ただ、近年における山菜やキノコの栽培化は、新たな動きとして注目される。

以上のことから、日本のような温帯山地での資源利用の事例は、熱帯高地の資源利用とその変遷を考えるうえで重要な視点を提供してくれるであろう。とくに、数百年単位の時間軸のなかで資源利用の変遷をみていく方法は、日本のように古文書資料、統計資料の残された地域のみで可能であ

[34] アンデス高地における農牧複合の生業は、日本の北上山地においてもみられる。両者とも乳を利用しない点では共通するが、アンデス高地では家畜にかかわる儀礼がみられる点は北上山地の事例とは異なる。

[35] 現在の日本の山地では、ネパール・ヒマラヤのような文化の地域構造は明瞭ではない。ただ、ある時期まで山の民の存在が知られており、山の民と平地の民の二重の構造であった可能性は高い。このシステムが、いつから生まれてどのように展開してきたのかは、今後の課題として残される。

ると思われる。今後、日本列島のなかでの空間軸、縄文から現在までの時間軸を設定することから山地の資源利用の動態のみならず資源利用の形の持続性をみることができるであろう。

【文　献】

足利健亮　一九六八「東蝦夷地における和人と蝦夷の居住地移動」『人文地理』二〇（一）三三-六五。

安食和宏　一九八七「国有林地帯における林業の現況—北上山地・安家地区からの報告」『ブナの森』四。

安食和宏・大和恵理子・池谷和信　一九八九「山形県大江町七軒地区の廃村現象について—高度成長期における山村の変貌の一類型として」『東北地理』四一：四二（発表要旨）。

網野善彦　一九八〇『日本中世の民衆像—平民と職人』岩波書店。

池谷和信　一九八四「ダム建設により水没予定にある集落の変貌—新潟県三面におけるゼンマイ採集に着目して」『東北地理』三六（二）：九一-一〇四。

池谷和信　一九八六ａ「朝日連峰の山村におけるクマ狩りについて—タテシに着目して」『東北民俗』二〇：五四-六一。

池谷和信　一九八六ｂ「ブナ帯に生きた人々」『ブナの森』二：二五-二九。

池谷和信　一九八七ａ「山形県小国町五味沢におけるクマ狩りの行動とクマ祭について」『東北民俗』二一：三〇-三九。

池谷和信　一九八七ｂ「朝日連峰・クマ猟師の生態」『東北の自然』三〇：三-一〇。

池谷和信　一九八八ａ「朝日連峰の山村・三面におけるクマの罠猟の変遷」『東北地理』四〇（一）：一-一四。

池谷和信　一九八八ｂ「江戸時代から明治初期にかけてのゼンマイ生産」『東北地理』四〇（四）：二八七-二八九。

池谷和信　一九八九ａ「多雪地帯の山村におけるゼンマイ採集活動と採集ナワバリ」『季刊人類学』二〇（四）：六三-一二〇。

池谷和信　一九八九ｂ「東北地方の奥地山村におけるゼンマイ生産地域の形成—明治後期から大正期における奥地山村の商品経済化の一類型として」『人文地理』四一（一）：七一-八五。

池谷和信　一九八九ｃ「東北地方の山村を対象にした研究の動向と東北山村史」『山村研究年報』一〇：一二一-

三三。
池谷和信　一九九〇「マタギ集落・三面における山利用の生態史」掛谷　誠（代表）『白神山地ブナ帯域における基層文化の生態史的研究』（平成元年度科学研究費補助金（総合Ａ）研究成果報告書）二六一－二八一頁、弘前大学人文学部。
池谷和信　一九九一「マタギ集落の生態とクマ祭り」『日本文化研究所研究報告』二七：五－二八。
池谷和信　二〇〇三『山菜採りの社会誌―資源利用とテリトリー』東北大学出版会。
池谷和信　二〇一一ａ「現代山村における資源利用と獣害」池谷和信・白水　智編『シリーズ　日本列島の三万五千年　第5巻　山と森の環境史』三二九－三四一頁、文一総合出版。
池谷和信　二〇一一ｂ「世界の自然保護と地域の資源利用とのかかわり方」松田裕之・矢原徹一編『シリーズ　日本列島の三万五千年　第1巻環境史とは何か』一〇五－一二三頁、文一総合出版。
池谷和信　二〇一二「山地農民の採集活動の多様性―日本列島からの展望」ヨーゼフ、Ｋ編『日本民族の源流を探る―柳田國男「後狩詞記」再考』四三－六〇頁、弥井書店。
池谷和信・長谷川政美編　二〇〇五『日本の狩猟採集文化―野生生物とともに生きる』世界思想社。
池谷和信編　二〇〇九『地球環境史からの問い―ヒトと自然の共生とは何か』岩波書店。
池谷和信編　二〇一〇『日本列島の野生生物と人』世界思想社。
池谷和信・白水　智責任編集、湯本貴和編　二〇一一『シリーズ　日本列島の三万五千年　第5巻　山と森の環境史』文一総合出版。
石川純一郎　一九八五「マタギの世界」　梅原　猛・南木睦彦・渡辺　誠・安田喜憲・岡本泰治『ブナ帯文化』一四七－一六四頁、思索社。
石田　寛　一九六一「農業地域における牧畜」　野間三郎編『生態地理学』朝倉書店。
市川健夫　一九五三「長野県中津川渓谷秋山郷の地域構造―山村の地理学的研究」『信濃』五：五三三－五四六。
市川健夫・山本正三・斎藤　功編　一九八四『日本のブナ帯文化』朝倉書店。
井上鋭夫　一九八一『山の民・川の民―日本中世の生活と信仰』平凡社。
犬飼哲夫　一九六八「アイヌと山」『民族学研究』三二（四）：三二八－三三八。
煎本　孝　一九八七「沙流川流域アイヌに関する歴史的資料の文化人類学的分析」『北方文化研究』一八：一－二一八。

煎本　孝　一九八七「沙流川流域アイヌに関する歴史的資料の文化人類学的分析」『北方文化研究』第一八号　一―一二八。
岩永　実　一九五六「たたら製鉄の生産構造」多田文男・石田龍次郎編『現代地理講座第七巻　生産の地理』河出書房。
上田信三　一九三九「日本山村経済地理研究序説」『地理学評論』一五―一：一―一六。
上野福男　一九三八「五家荘の焼畑耕作」『地理学評論』一四（二）：一〇一。
岡　恵介　一九九〇「自給性を維持してきた山村の生活原理―岩手県・岩泉町・安家地区」『白神山地ブナ帯域における基層文化の生態史的研究』（平成元年度科学研究費補助金（総合A）研究成果報告書）二三一―二五九頁、弘前大学人文学部。
笠井恭悦　一九六二「吉野林業の発展構造」『宇都宮大学農学部学術報告』一五：一―一一三。
川喜田二郎　一九七七「中部ネパールヒマラヤにおける諸文化の垂直構造―生態学的・文化史的・発展段階的の三観点を総合しての展望」『季刊人類学』八（一）：三―八〇。
菊地利夫　一九七〇「片品川流域における近世山村の二面的性格の展開」『地理学評論』四三（九）：五一七―五二六。
小池巧之介　一九八四「三面歳時記」山に生かされた日々刊行委員会編『山に生かされた日々―新潟県朝日村奥三面の生活誌』民族文化映像研究所。
小林和夫　一九七五「安政三年の蝦夷地におけるコタンの分布」『北方文化研究』九：九三―一二七。
斎藤晴造編著　一九七六『過疎の実証分析―東日本と西日本の比較研究』法政大学出版局。
坂本正夫・高木啓夫　一九七二『日本の民俗39高知』五二―五四頁、第一法規。
佐々木高明　一九九三『日本文化の基層を探る―ナラ林文化と照葉樹林文化』日本放送出版協会。
佐々木高明　一九七二『日本の焼畑―その地域的比較研究』古今書院。
白井鉄男編　一九七八『桑島の里』桑島区。
白峰村史編纂委員会編　一九六二『白峰村史上巻』一二五―一二六頁、白峰村役場。
菅野新一　一九六一『山村に生きる人々』未来社。
杉本　寿　一九八一『木地師と木形子』翠揚社。
須藤　賢　一九五五「中門造民家の形態発生論的考察―越後を中心地域として」『人文地理』七―四。

相馬正胤　一九六二「四国山岳地方における焼畑経営の地域構造」『愛媛大学紀要　社会科学』四（一）：二一－二二。
只木良也　一九八八『森と人間の文化史』日本放送出版協会。
田中館秀三・山口弥一郎　一九三六「東北地方に於ける出作及び出稼集落の経済地理」『地理学評論』一二（三）：二一八－二四七。
田中啓爾・幸田清喜　一九二七「白山山麓に於ける出作地帯」『地理学評論』三（四、五）：二八一－二九八、三八二－三九六。
田辺健一　一九八一「北上山地の準平原牧場」多田文雄・石田龍次郎編『現代地理学講座第二巻　山地の地理』河出書房。
千葉徳爾　一九五〇「原始山村の変遷過程」『地理学評論』二三（一一）：七－一四。
千葉徳爾　一九六六『民族と地域形成』風間書房。
千葉徳爾　一九八二「「山村」の概念について」『山村研究年報』三：一－九。
千葉　明　一九八七『岩手のあか牛物語』岩手出版。
長倉三郎　一九五五「岐阜県北部のくりぬき用具とわらび粉の製造工程」『物質文化』六：四三－五〇。
長沢利明　一九八八「近世・近代史料からみた焼畑の村─山梨県南巨摩郡早川町奈良田」『法政大学地理学集報』一五：一三－五九。
西田正規　一九八〇「縄文時代の食料資源と生業活動」『季刊人類学』一一（三）：三－四一。
沼野夏生　一九八二「多雪地方小都市圏における居住立地変動に関する研究：その5　新潟県における『夏山冬里』居住形態について」『日本建築学会東北支部研究報告集』三九：八五－八八。
畠山　剛　一九八〇『岩手木炭』日本経済評論社。
羽田野正隆　一九九〇「蝦夷地におけるアイヌ集落の分布と立地」『松前蝦夷地における集落立地に関する研究』一－八。
早川孝太郎　一九三九「福島県南会津郡檜枝岐村採訪記」『民族学研究』五：五五〇－五九七。
深沢正志　一九八〇『秘境奈良田』早川町文化協会。
福井勝義　一九七四『焼畑のむら』一三九－一四四頁、朝日新聞社。
福井勝義　二〇一八『焼畑のむら─昭和四五年、四国山村の記録』柊風社。

藤田佳久 一九八一「わが国における山村研究の系譜と山村の概念」『山村研究年報』二：一－一一。
二神 弘 一九五八「九州山地五家荘の経済構造」『地理学評論』三一（三）：二一一－二二〇。
ピティ、R 一九五五『山地地理学』奥田 彧・上野福男訳、農林協会。
古島敏雄編 一九四九『山村の構造』一〇四頁、日本評論社。
ベルク、A 一九八五『空間の日本文化』宮原 信訳、筑摩書房。
星 知次編 一九七八『会津郡長江庄檜枝岐村耕古録』檜枝岐村。
牧田 肇 一九八九「白神山地・青秋林道問題と科学者の責務」『日本の科学者』二四（一）：三四－四一。
松井 晟 一九六九「奥飛騨の山村日和田覚え書」『岐阜地理』八：九九－一〇三。
松山利夫 一九六九「焼畑経営山村における林野利用と村落構造」『人文地理』二一（六）：五七五－六〇〇。
松山利夫 一九八六『山村の文化地理学的研究』古今書院。
三井田圭右 一九七四「東北日本奥地山村におけるゼンマイ生産の実態とその集落維持的意義」『地理学評論』四七（六）：三七〇－三八六。
三井田圭右 一九七九『山村の人口維持機能』大明堂。
溝口常俊 一九八二「甲州における近世焼畑村落の研究」『名古屋大学文学部論集・史学』二八：七五－一〇八。
溝口常俊 一九八三「甲州における近世焼畑村落の生業」『名古屋大学文学部論集・史学』第二九号、二七三－二八九。
宮島幹之助 一八九六「越後国三面村の土俗」『東京人類学雑誌』一一（一二六）：四七九－四九四。
宮口侗廸 一九七八「奥地山村における林業の展開と村落構造」『東洋文化研究所紀要』七：一〇五－一六二。
宮口侗廸 一九八八「山村生活の価値と発展の可能性について」『地理科学』四三（三）：一五九－一六三。
宮口侗廸・池 俊介 一九八三「東京都檜原村の一集落における生業の変遷」『山村研究年報』四：三二－四三。
宮田 登 一九七九『神の民俗誌』岩波書店。
森 巌夫 一九七〇「山村の類型区分に関する研究」『農業経済研究報告』一一：三三－六一。
森谷周野・関 雅之・横山遠茂 一九七五「三面部落の人文」『奥三面ダム建設計画に関する学術調査報告書』。
矢ヶ崎孝雄 一九八三「白山麓白峰村における出作りの実態」『石川地理』一：三－一四。
矢ヶ崎孝雄 一九六〇「白山麓白峰村における明治大正期製糸業の変貌」『歴史地理学紀要』二：一二三－一五四。
矢ヶ崎孝雄 一九八八「白山麓白峰村における出作りの研究—桑島の「むつし」文書について」『日本地理学会

予稿集』三四：一七二－一七三。
安田喜憲　一九八八「山村崩壊の文明史的位置」『山村研究年報』九：一－二〇。
山口弥一郎　一九四四『東北の焼畑慣行』恒春閣書房。
山口弥一郎　一九六〇「会津地方に於ける木地小屋」『民族学研究』五（二）：一四二－一五九。
山本正三　一九五七「九州山地における山茶の利用形態―熊本県五木地方の例」『地理学評論』三〇（四）：二七五－二八九。
山本紀夫　二〇〇七「「高地文明」論にむけて―その覚え書き」『ヒマラヤ学誌』八：二九－三七。
山本紀夫　二〇一四「中央アンデス農耕文化論―とくに高地部を中心として」『国立民族学博物館調査報告』一一七。
横川末吉　一九五二「高知県の焼畑耕作」『人文地理』四（四）：五九－六七。
横山遠茂　一九〇二『三面紀行』。
横山貞裕・横山秀樹　一九七五『越佐歴史物語』新潟日報事業社。
米山俊直　一九六九『過疎社会』日本放送出版協会。
渡辺　光　一九五二「日本の地形区」『地学雑誌』六一：一－七。
渡辺茂蔵　一九六四『マタギの村』山形県総合学術調査会編：朝日連峰。
渡辺茂蔵編　一九七九『羽越国境の山村奥三面』山形地理談話会。
Ikeya, K. 1987　Rice Crops and Shifting Cultivation in Miomote, Murakami-han in the Edo Era. *Science Reports of the Tohoku University, Seventh Series* **37**(1): 41–51.
Ikeya, K. 1988　Spatial Structure of Zenmai Gathering: A Case Study of the Mountain Village in the Heavy Snow Zone. *Science Reports of the Tohoku University, Seventh Series* **38**(2): 104–118.
Ikeya, K. 1997　Bear ritual of the Matagi and the Ainu in northeastern Japan. In T. Yamada, & T. Irimoto (eds), *Circumpolar Animism and Shamanism*. pp.55–63. Hokkaido: Hokkaido University press.

第２部
地域間比較研究

第２部　地域間比較研究　扉写真

荷駄獣用のリャマ。約 30kgほどの荷しか積めない（山本紀夫撮影）

第V章

熱帯高地における野生動物の家畜化と利用
―アンデスとヒマラヤの事例から―

川本　芳

ヤクを連れた牧民
（ブータン東部のMerakにて筆者撮影）

右／ブータン東部 Merak でのウシ科家畜の調査
この時期はヤクの移牧とミタンの移牧が一時的に重なり、牧民キャンプ（標高は約 2800m）を訪ねると、交雑動物を含む様々な家畜に会えた（2011 年 9 月撮影）。

左／ペルーアレキーパ県の高地でのラクダ科家畜からの採血調査
標高 4800m の酸素が薄い場所でおこなう採血はとても息切れする作業だった（2003 年撮影）。

川本　芳（かわもと・よし）

東北大学理学部生物学教室、京都大学大学院理学研究科で学ぶ。

京都大学で理学博士学位を取得し、名古屋大学農学部畜産学科、京都大学霊長類研究所を経て現在は日本獣医生命科学大学客員教授。

専門は動物集団遺伝学（主に家畜と霊長類が対象）。高地の家畜調査では、アンデス（ペルー）でラクダ科動物（野生種を含む）を調査。ヒマラヤでヤク、ミタン、在来牛およびそれらの交雑動物の調査をおこなってきた。霊長類ではニホンザルとアジアに棲むその近縁種の系統進化の研究と、ニホンザルに発生した外来種交雑の調査を進めている。

はじめての海外家畜調査は1986年のネパールのソル クンブ地方でおこなったヤク-在来牛の交雑調査だった。この縁でペルーでのラクダ科動物調査、ブータンでのミタン調査の機会をいただいた。2018年からは旧大陸のラクダ科動物の調査を行っている。

おもな出版図書（すべて分担執筆）として『生物多様性はなぜ大切か？』（昭和堂、2005年）、『日本の動物はいつどこからきたのか―動物地理学の挑戦』（岩波書店、2005年）、『アンデス高地』（京都大学学術出版会、2007年）、『日本の哺乳類学 第２巻 中大型哺乳類・霊長類』（東京大学出版会、2008年）、*The Japanese Macaques*（Springer, 2010）、『日本の外来哺乳類―管理戦略と生態系保全』（東京大学出版会、2011年）。

一　はじめに

通信や運搬や生産の手段が多様化し国際化した現代に暮らすわたしたちは、欲しいものや知りたいことを簡単に手にできる生活を享受している。こうした生活ができるようになるまでの人類の歴史には自然と人間の関わりを変える営みがあった。アフリカを揺籃の地とする現代人は、そこから複数回の拡大を経て世界中に定着した。その拡大では、熱帯を起点にする生活を変えねば適応できない様々な環境が広がっていた。生物学的な視点からみると、わたしたちの先祖がそうした環境に適応した背景には霊長類として特異な進化を可能にした変化があった。やがて、その結果は極圏や大海そして高地に及んでいった。高地での生活を可能にした変化では、生存や生活に重要な適応があった。植物の栽培化や動物の家畜化[1]はこうした進化的適応のひとつであった。ここで舞台に考える高地とは低緯度山岳地域に広大な畜産世界を形成した熱帯高地のアンデスとヒマラヤである。低地の熱帯や亜熱帯から冷涼な高地までの環境勾配を背景に展開したドメスティケーションは、野生動植物を組み込んで人類進化でも独特の空間を生み出した。この章では、熱帯高地に進出しやがて大きな都市をつくり独自の文明を育んだ人類史の一面を、これらの場所に進出した人たちが達成した家畜化を題材に紹介したい。

[1]　これらをまとめてドメスティケーションと呼ぶ。

二　現代人進化の特徴

特異的な進化をした霊長類

現代人の起源や進化は古生物学、考古学、人類学、霊長類学の研究に加え近年は分子生物学、分子進化学、ゲノム科学の発見が加わり究明が進んでいる。人類の祖先が約七〇〇万年前にチンパンジーなどの大型類人猿との共通祖先からアフリカ大陸で生まれ、サバンナを経て全世界に拡大していったことは常識になっている。しかし、その拡大の回数とそこから派生した現代人の成立の歴史について、近年の発見によりわたしたちの知識は大きく変化した。以前の代表的な意見には、「多地域起源説」と「単一起源説[2]」があった。これらの根本的な違いは現代人の起源を古いと考えるか、新しいと考えるかにあり、つい最近まで後者の唱える新人（ホモ・サピエンス）の祖先が先行人類[3]に置き換わったという説に傾いていた。しかし、化石人類のゲノム解読の進展で新人が先行人類と混血した証拠が示されるようになり（Green et al. 2010）、混血の程度や地域差にもメスが入って、複雑な人類史が議論されるようになってきた（Prüfer et al. 2014, Pääbo 2014）。

霊長類学ではヒト[4]になる進化過程をホミニゼーション（hominization）と呼び、人間が人間たる所以を探求している。ホミニゼーションの研究では、チンパンジー、ボノボ、ゴリラ、オランウータンなど大型類人猿をはじめとするヒト以外の霊長類とヒトのちがいを様々な視点で比較し、ヒトに特異的な変化が調べられてきた。遺伝的変化に関する研究の蓄積もたくさんあるなか、ここで注目したいだいじな特徴を挙げるなら、それはヒトのもつ遺伝的多様性と地域差の問題である。

第一は遺伝子の個体差の特徴で、この二〇年間

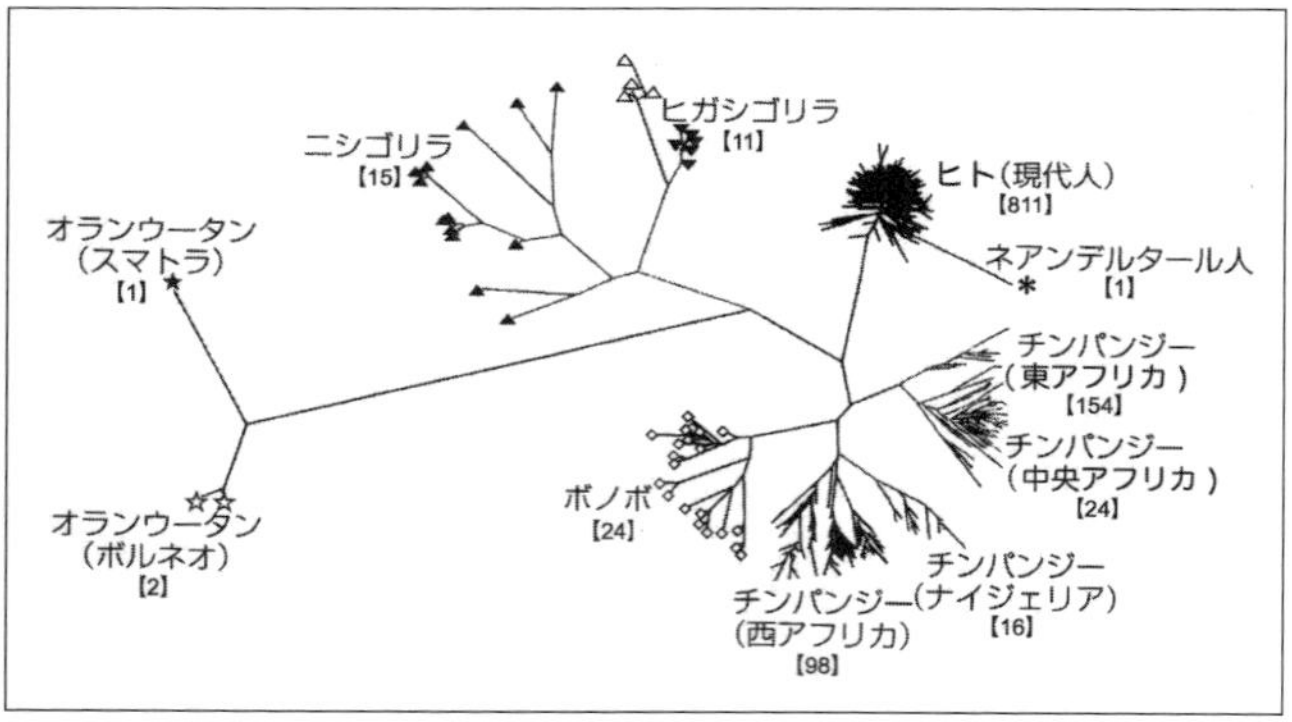

（図 5・1）ヒトと類人猿の mtDNA 多様性
ミトコンドリア DNA 第 1 可変域 約 400 塩基にみられる個体変異の多様性。ヒトと大型類人猿をくらべた結果。（Gagneux et al. 1999）
（【　】内の数は検体数を表す）

[2] 「多地域起源説」を混血説、「単一起源説」を交代説と呼ぶこともある。

[3] 原人（ジャワ原人や北京原人など）あるいは旧人（ネアンデルタール人など）として新人と区別される先に拡大した人類。

[4] 人間を生物学的に扱うときにはこの書き方をする。

くらいで明らかになってきたことである。ヒトの人口と生息地域は言うまでもなく大型類人猿より大きい。七〇億人を超え現在も増えつづけるヒトに対して、類人猿たちはアフリカあるいはアジアの熱帯で絶滅が危惧されるほど少ない。[5]このコントラストとは正反対にヒトの多様性は類人猿より小さい。こうした発見のさきがけになったのがミトコンドリアDNA[6]の研究である(Gagneux et al. 1999)(図5・1)。

第二に、多様な環境に進出しているにもかかわらずヒトの遺伝子多様性には地域差が乏しい(図5・2)(Relethford 2002)。誤解を防ぐため正確に表現すれば、環境適応に関係する遺伝子変化がないというのでなく、そういう遺伝子はゲノム全体で相対的に少ないのである。むしろ、多様な環境に適応した現代人では、短期間に選択を受けて大きく変化し生存や繁殖に役立つ変化を遂げた遺伝子の存在は重要である(Field et al. 2016)。機能がちがう遺伝子の地域分化は、肌の色(Barsh 2003, Parra 2007)、マラリア耐性に関係する血液型(Howes et al. 2011)、消化能力(Bersaglieri et al. 2004, Perry et al. 2007, Tishkoff et al. 2007)、などで顕著に見られる。高地民に関する機能遺伝子の研究では、低酸素適応の遺伝的背景が高地により違うことが報告されている(Beall 2006,

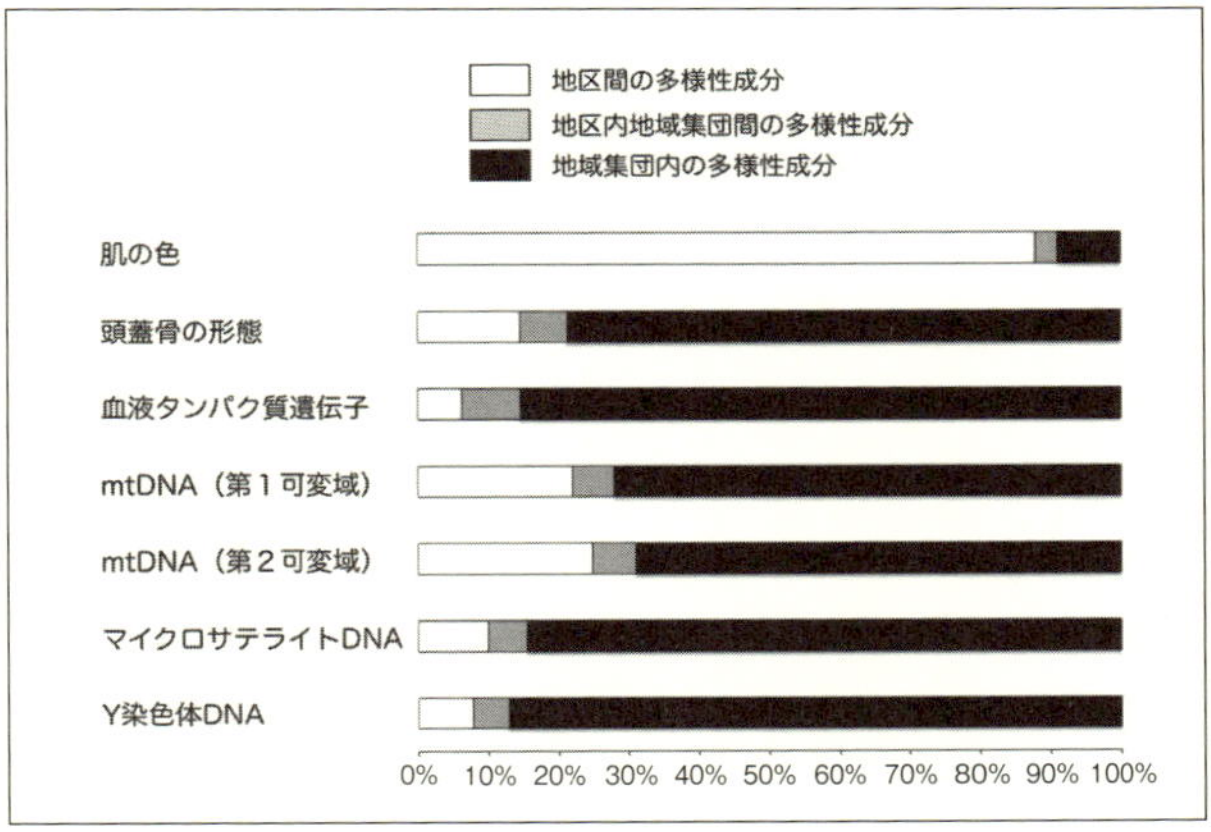

(図5・2)現代人集団の多様性分割(地域分化の構造)
形態と遺伝子にみられる現代人の地域分化の構造(Relethford(2002)をもとに作図)。横軸は比較した形質の多様性指標の相対量に対応する。肌の色では5地域6,266検体の反射光測定値を利用。頭蓋骨では57ヶ所の計測値を6地域18地域集団1,734検体で調べた結果を利用。遺伝子データは既報の結果を利用。

[5]　個体数でみると少ないゴリラの一種では一万頭以下、多いチンパンジーの一亜種でも二五万頭以下。

[6]　核外の細胞質にある小器官ミトコンドリアにあるDNA。母から子に伝達される特異な遺伝様式を示す。突然変異率が核遺伝子より高く、遺伝子の組み換えを起こさず突然変異が蓄積されるため、分子を利用する進化系統研究でよく利用される代表的な遺伝標識。略称はmtDNA。

Bigham et al. 2010)。形態に現れる特徴では、肌の色や体格のように地域差が明らかな特徴もあれば、頭の形のように個人差が地域差を超えるような特徴もある（図５・２）。

現代人拡大のシナリオ

揺籃の地アフリカから先行人類や現代人祖先が拡大した歴史は、ゲノム研究から両者の混血が明らかになり研究の新時代を迎えている。出アフリカの時期やアフリカ以外の地域への進出や混血をめぐり、ゲノム解読[7]を基礎とした集団研究がおこなわれるようになった（図５・３）。一方で、考古学にもとづくヒトおよび家畜の歴史科学からの情報の重要性は変わらない。出アフリカをめぐる研究では、現代人祖先がアフリカから中東に現れた時期の修正が進み、六〜七万年前にはレバント[8]へ進出していたとされるようになった（Pääbo 2014, Hershkovitz et al. 2015）。推定時期が以前より遅くなったことで、全地球規模で拡大に要した時間は短くなり、適応が想像していたより急激に進んでゆくイメージへ変化することになった。

チベットやアンデスの高地へいつ、どのように、現代人の祖先が侵入し、定着していったかの問題は主に遺伝学や考古学から検討されている。チベット高地への経路については、内モンゴルあたりの北部低地帯から中国北西部を経て青海湖東北部に達した祖先がさらに高地に進出したという考えがある（Aldenderfer 2007, Brantingham et al. 2007）。チベット高地への進出時期に関しては、遺伝学や考古学の一部では二・五〜三万年前とする考え（Torroni et al. 1994, Moore et al. 2000, Beall 2001, Aldenderfer 2003, 2011）がある一方で、考古学研究では遺跡の研究を根拠に八二〇〇年以前の定住は考えられないとする意見もある（Brantingham et al. 2007, Rhode et al. 2007）。最近の研究では、ｍｔＤＮＡ、Ｙ染色体ＤＮＡ、常

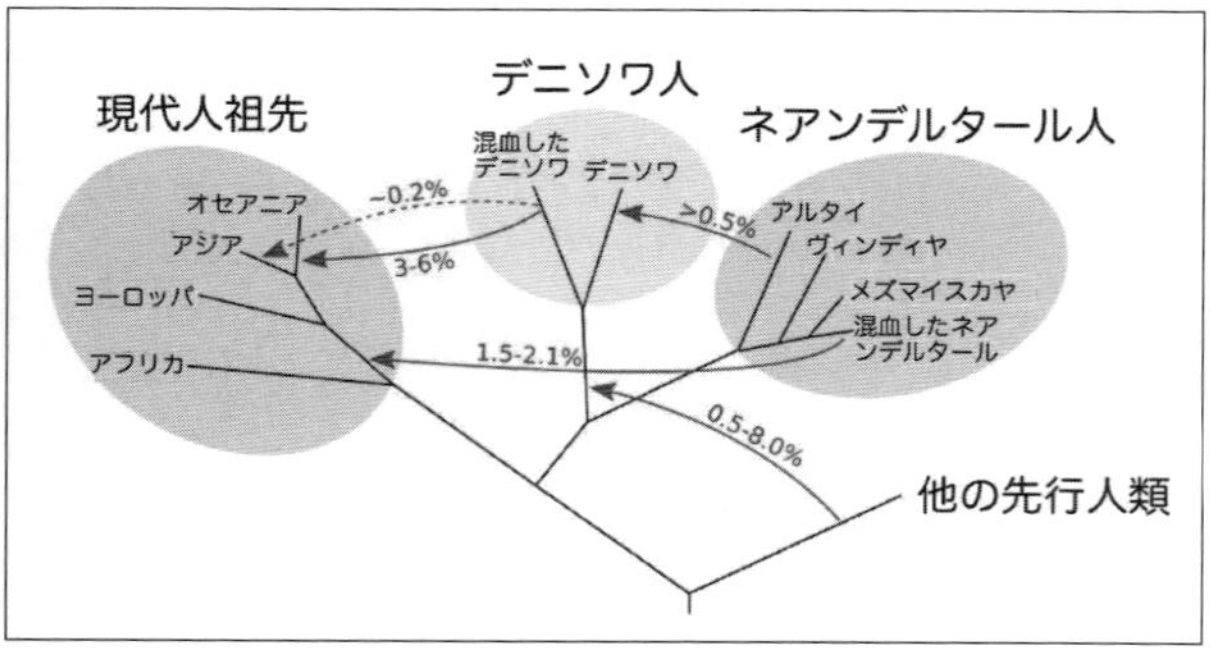

（図５・３）現代人祖先と先行人類（新人）の交流仮説
ゲノム解読をもとに現代人祖先，ネアンデルタール人，デニソワ人および他の先行人類のあいだに予想された遺伝子交流の割合（パーセント表示）。（Prüfer et al.（2014）をもとに作図）

［7］　生物を構成する遺伝子情報ＤＮＡの総体であるゲノムの全体あるいは広い領域につき塩基配列を決定すること。

［8］　東部地中海沿岸からアラビア半島基部にあたる地域。

染色体のＳＮＰ[9]約一七万サイトの網羅的分析により現在のチベット高地民のもつ遺伝的変異は一万四〇〇〇～三万六〇〇〇年前まで遡る古さを示し、その起源は石器時代前期（約三万年前）と推定されている（Qi et al. 2013）。この研究では、最終氷期の最寒冷期以前に祖先は高地に定着し、さらに初期新石器時代（七〇〇〇～一万年前）に低地から二波目の大きな人口移動が起きた痕跡が確認されている。遺伝学と考古学の主張の溝を埋める可能性として、ブランティンガムら（Brantingham et al. 2007）は高地での急激な遺伝子変化を説明するため、①進出前から遺伝的変異性をもち高地で急激に選択を受けた可能性、②通常では考えられない強い選択圧を受けた可能性、を考えている。近年の研究でチベット高地民にはＥＰＡＳ１[10]遺伝子で特徴的なタイプが多いことがわかってきた。このタイプは高地の低酸素環境で少量の酸素を効率的に使うため血管を拡張して血流量を増やす機能があると考えられている（Beall et al. 2010, 奥宮 二〇一三）。アンデス高地民が血球中のヘモグロビンを増やすのとは対照的に赤血球の増加で高地生活に適応している。この事実は、漢民族やヒマラヤ周辺地域民との比較からも明らかになってきた（Hackinger et al. 2016）。近年のゲノム研究は、この遺伝子タイプが先行人類のデニソワ人との混血に由来する証拠を報告している（Huerta-Sánchez et al. 2014）。チベット高地民が短期に低酸素環境で急激な遺伝子変化を遂げた原因は、先に挙げた①の可能性が強いと考えられる。

一方、現代人の祖先が南米のアンデス高地に到達した時期は、出アフリカからの長い拡大と移住の一番最期だった。その経路として考えられるのは太平洋あるいは大西洋の海原を超えて漂着するルートと大陸を繋ぐベーリング海にできた陸橋[11]を歩き渡るルートである。この陸橋を渡った時期は最終氷期の寒冷期にあたる約二万年前である。考古学や遺伝学の研究から、このベーリング陸橋からの渡来を示す証拠が固められてきた。そのあと少数の祖先が（Hey 2005）、北米大陸が氷床で覆われていた時代のあとにできた無氷回廊[12]を通るか（Martin 1973）、あるいは沿岸部沿いに移動し（Fagundes et al. 2008, Rasmussen et al. 2014）、ケモノを狩り絶滅させながら南下した（Martin

［9］ single nucleotide polymorphism：一塩基多型。

［10］ endothelial PAS domain protein 1.

［11］ ベーリング陸橋、ベーリンギア。

［12］ 氷河のあいだにできた廊下状の土地。

1984)。祖先は南米大陸南端のパタゴニアに一万二〇〇〇年前頃には達したと考えられている。しかし、これより先に先住者が海路で新大陸に達していたという可能性もあり、チリ南部のモンテヴェルデ（Monte Verde）では北米のClovis石器より古い石器が発見されている（Meltzer 1997, Fiedel 2000）。現代人祖先がアンデス高地にいつ、どのように入っていったかの詳細はよくわからない。石器時代あるいは形成期[13]以前の歴史について考古学研究では、狩猟採集民が一万一〇〇〇〜一万三〇〇〇年前に現れ、高地への進出は古道から約一万一〇〇〇年前頃からはじまったと推定されている（Aldenderfer 1999, Baied & Wheeler 1993, Marchant et al. 2004, Kuentz et al. 2012）。

[13] 中央アンデス地帯を中心に展開した古代アンデス文明の勃興期。

高地で家畜化された野生動物

中大型野生哺乳類の家畜化の大半は、出アフリカのあとほとんどがユーラシアで進んだ。トルストイの小説の書き出しになぞらえて、ダイアモンド（二〇〇〇：二三三）はこの原因を「アンナ・カレーニナの原則」と表現した。「家畜化できている動物はどれも似たものだが、家畜化できていない動物はいずれもそれぞれに家畜化できていないものである」ということになる。シマウマの家畜化が不発に終わりその利用が拡大しなかったのは、そばにいたアフリカ先住民のせいでなく、野生シマウマが家畜化の条件を満たしていなかったからだという考え方である。現代人が家畜化に成功した動物を表５・１にまとめた。ダイアモンドはこのなかで二〇世紀までに家畜化された一〇〇ポンド（約四五キロ）以上の体重をもつ草食性哺乳類一四種を「由緒ある」家畜と呼んでいる。これには、世界中で利用されるヒツジ、ヤギ、ウシ、ブタ、ウマと、特定の地域だけでよく利用されているヒトコブラクダ、フタコブラクダ、ロバ、トナカイ、スイギュウ、ヤク、バリウシ、ガヤル（あるいはミタン）、リャマ・アルパカを挙げている。これらが大陸別にどこで家畜化された

（表５・１）20世紀までに家畜化された100ポンド（約45キログラム）以上の体重をもつ草食哺乳類（ダイアモンド2000：237）

分類	動物名	場所
メジャーな５種	ウシ	ユーラシア
	ブタ	ユーラシア
	ウマ	ユーラシア
	ヒツジ	ユーラシア
	ヤギ	ユーラシア
マイナーな９種	ヒトコブラクダ	ユーラシア（北アフリカを含む）
	フタコブラクダ	ユーラシア
	ロバ	ユーラシア（北アフリカを含む）
	トナカイ	ユーラシア
	スイギュウ	ユーラシア
	ヤク	ユーラシア
	バリウシ	ユーラシア
	ガヤル（ミタン）	ユーラシア
	リャマ・アルパカ	南米

かをみると、一四種類のうち一三種類がユーラシア大陸（北アフリカを含む）で、アフリカ大陸のサハラ砂漠より南にはいない。そして唯一の例外が南米大陸のリャマ・アルパカになる。さらにこれらの家畜化が起きた場所に注目すると、特定の地域だけでよく利用される「由緒ある」家畜のうち、低緯度山岳地域の高地、つまり熱帯高地に関係するのはヒマラヤ周辺のヤクとアンデスのリャマ・アルパカである。熱帯高地の気候で低温という条件だけをとりあげれば、「由緒ある」家畜のうち新旧大陸で北極圏にまで広がるトナカイも同様である。しかし、ヤクやリャマ・アルパカの家畜化のもとになった祖先は気温以外の環境条件で、低酸素や強い紫外線といった明らかに低地とはちがう環境に適応した野生動物である。熱帯高地に侵入した現代人の祖先にとって、こうした特異な環境にいた先住者を家畜化し利用できたことは、その後の繁栄に重要な意義をもつことになったことが容易に想像できる。

野生動植物のドメスティケーションが新しい環境に適応した人類の進化戦略であるなら、その歴史には文化適応の側面だけでなく生物進化と関わる背景がある。ドメスティケーションと文化適応の関係を理解することは、高地適応した人たちの生活さらには高地文明を理解するうえでも大事な作業といえる。そこで、つぎには高地で人に家畜化された野生動物とは、どのような生き物なのか、その特徴を考える。

三　高地の野生動物と家畜

ヤクの特徴

チベット高地ではヤクが家畜化された（図５・４）。これはウシ科の動物で、現在の分類学ではウシと同じ *Bos* 属の別種とされている。[14] 人によっては属名あるいは亜属名で *Poephagus* という呼称を使うこともある。また、家畜化した動物を *Bos grunniens* と別に呼ぶことが多いが、野生と家

［14］　学名は *Bos mutus*。

畜を区別せずに*grunniens*とすることもある。野生種は現在も中国内陸部のチベット高原西部に生きているが、絶滅危惧種として保護獣になっている。高地に人類が進出する以前から定着しており、崑崙（Kun Lun）山脈やヒマラヤ山脈北面まで広く生息していたと考えられる（図5・5）。

（図5・4）家畜ヤク（ブータン東部山岳地帯のMerakにて著者撮影）

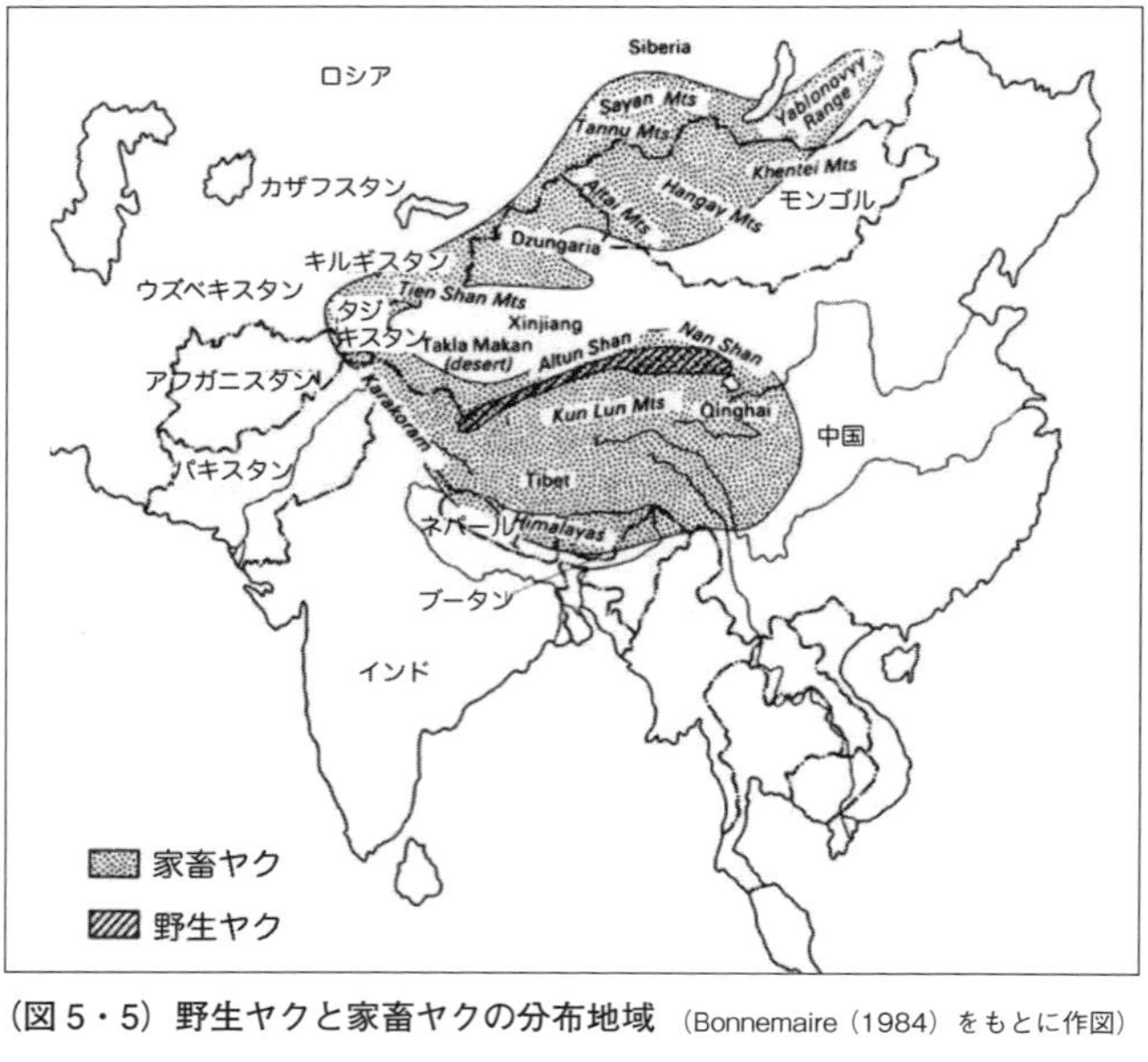

（図5・5）野生ヤクと家畜ヤクの分布地域（Bonnemaire（1984）をもとに作図）

野生ヤクと家畜ヤクの遺伝的比較はmtDNAを中心におこなわれている。mtDNAの研究では遺伝子タイプの共通性や分子系統関係およびそこから推定される分岐時間に注目し家畜化を議論している（Xuebin et al. 2005, Guo et al. 2006, Ho et al. 2008, Wang et al. 2010）。ワンら（Wang et al. 2010）は青海省チベット高原で集めた多数の試料やデータ（野生種四七、家畜種 四〇五）をもとに、mtDNAの非コード領域（D-loop領域）のDNA配列から一二三種類のタイプを分類した。これらの系統関係を解析したところ六種類の分子グループ（ハプログループ）で構成される三群が大別でき、家畜種タイプはすべてこのうちの二群に属していた（図5・6）。野生ヤクの方が家畜ヤクより遺伝的多様性が大きく、野生ヤクのもつタイプの約四〇パーセントが野生ヤクにしかないタイプだった。一方、形態特徴から家畜ヤクには一二品種が区分できるものの、mtDNAタイプの違いはこれら地方品種に関係なく、六種類のハプログループのタイプが様々な地域で検出された。つまり、mtDNAでは野生ヤクと家畜ヤクに違いは認められるものの、家畜ヤクの地理的関係には違いがなく系統的に違うmtDNAタイプが混在している。また、分岐時間は情報を増やしてmtDNAの全ゲノム配列をもとに検討された。大別された三群の分岐時期はそれぞれ五八万年前と四三万年前の古い時代と推定された。著者たちはこの推定値が第四紀に繰り返された氷期に一致する時代と解釈している。

　mtDNAは細胞の核外にある遺伝子で、母から仔にだけ遺伝する特異な遺伝標識である。この標識でヤクにみられた上記の特徴は、野生ヤクの家畜化および家畜ヤクの利用について大事な情報を含んでいる。まず野生ヤクと家畜ヤクで共通するハプロタイプの集合があり、両者が遺伝的に区別できなかったという事実から、野生ヤクから単系的に家畜化が進み、現在も野生の特徴が家畜に垣間見える点が重要である。同じ家畜でも複数の野生動物から平行的に家畜化[15]が進むとこのような結果にはならない。その典型はイノシシとブタの関係で知られており、この場合は現在のイノシシの地域差を反映する形で、ブタ側にも地域差が認められる（Larson et al. 2005）。また、時間的な関係についていえば、もともと単系的に家畜化がはじまったとしても、のちに品種などの子孫のあいだに強い人為選択などで遺伝的分断

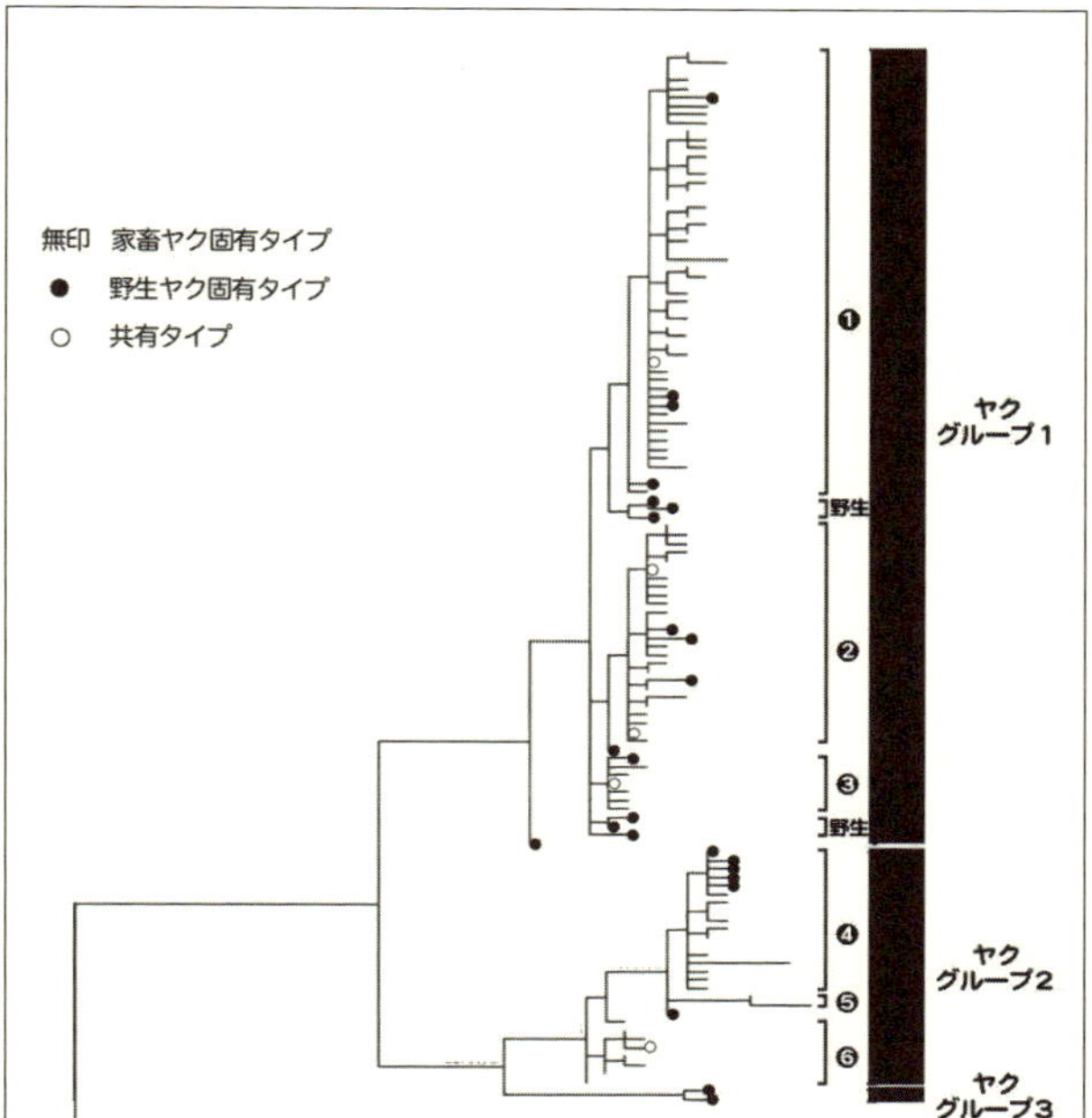

（図５・６）野生ヤクと家畜ヤクのmtDNAタイプの分類
外群にバイソンのデータを利用し、452検体を比較した結果、123タイプが区別でき、これらは３グループ、６サブグループ（丸数字で表示）に大別された。（Wang et al.（2010）をもとに作図）

［15］単系的とは対照の多系的な家畜化。

がかかれば野生由来の遺伝子タイプも分断されるため、突然変異で変化した子孫遺伝子タイプ間に明瞭なハプログループの違いが生じることがある。この典型はウシで想像できる。ウシの場合、家畜化のもとになった原牛（オーロックス）はすでに絶滅しており、家畜ウシには（バリ牛など起源が異なる例外もあるが）二つの別系統としてヨーロッパ系牛とインド系牛が大別され、それらの違いがｍｔＤＮＡにも反映されている（Troy et al. 2001）。むしろウシのように家畜化のもとになった野生種が絶滅しているか、他所に隔絶されている家畜の方が多いともいえる。ダイアモンド（二〇〇〇：二三七）が掲げた「由緒ある」家畜のリストで敢えてヤクに似た分子系統的な構造をもつ類例を探すなら、それはウマであろう。ウマの場合、野生種のモウコノウマ（復元種）と家畜ウマのｍｔＤＮＡタイプを比べた研究では、似たような構造が認められる（Jansen et al. 2002）。ウマは野生種が絶滅していること（Gaunitz et al. 2018）、汎地球規模で飼育されていること、という点でヤクとは違うものの、局所集団のｍｔＤＮＡタイプが多様で他所との類似性が強い点で遺伝的構造がヤクに似ている。

それでは、ヤクのｍｔＤＮＡに観察された遺伝的構造は具体的にどのような家畜化とその後の変化を語っているか、もう少し議論を進めよう。野生ヤクの家畜化がどこで進んだかについて、中国の研究者たちは一様に青海－チベット高原を考えている（Guo et al. 2006, Wang et al. 2010）。その遺伝的根拠としてワンら（Wang et al. 2010）は、共通性の高い家畜ヤクのｍｔＤＮＡタイプでこの地域の集団では固有のタイプの頻度が高いことを挙げている。この家畜化の舞台は平均標高が四〇〇〇メートルを超え、面積は二五〇万平方キロメートルに近い荒涼たる広大な高地であり、野生ヤクが家畜化以前に経験したであろう気候変動、とくに氷期と間氷期の生息環境変動は著しかったと考えられる。現在の野生ヤクが保有する三つのｍｔＤＮＡハプログループは第四紀更新世に遡る起源をもつことから、それらの分断と分化には祖先集団の地理的分断隔離が影響したと想像できる。おそらく寒冷化時の避寒地（レフュージア）への分断がハプログループを形成した可能性が高い。また、現在の野生ヤクにこの構造が残ることから、家畜化のもとになったファウンダー[16]には遺伝的多型があったと考えられる。この祖先多型（ancestral polymorphism）の影響が後代の家畜ヤクに認められることを説明するには、家畜化の起源となった高地にいた野生種の個体群サイズが大きかった可能性、あるいは動物独自の営みとして地域間交流（頻繁な移住）の可能性を考える必要がある。野生ヤクの平均世代時間を三年と仮定し、現存するｍｔＤＮＡ変異がひとつの共通祖先タイプ（合祖タイプ）に遡るのに要した時間から家畜化のもとになった個体群サイズを単純に推定した結果では、九万八〇〇〇頭ものヤクが創始者として繁殖に関係したことになる（Wang et al. 2010）。これは非現実的な値と思われるため、もうひとつの可能性である地域間交流を考えることが妥当に思われる。

こうした野生ヤクの進化過程をチベット高原でイメージするには、低地で氷期と間氷期が繰り返された時期に高地の環境がどのようであったかを考える必要もある。六〇～八〇万年前のNaynayxungla氷期には五〇万平方キロメートルにも及ぶ広大な氷床が形成されていた。さらに、間氷期のあとこれに続くNebraskan氷期に相当する氷期が四〇～五〇万年前に続いたと考えられている（Owen et al. 2006）。野生ヤクのｍｔＤＮＡハプログループに認められた三群の分岐点が五八万年前と四三万年前と推定されたことを、チベット高地の氷期と重ねて考えることは合理的と言えよう。

野生ヤクとは別に家畜ヤクのハプログループでは、祖先多型の影響以外にも家畜化後に人為的影響で地方品種に象徴的に観察されたような遺伝的交流[17]の影響が別に考えられよう。問題はこういう交流のまえに、家畜化がいつ、どのように起きたかであるが、家畜化のセンターが青海省－チベット高原だっただろうという予想以外に遺伝学から提供される情報はない。一方、考古学や古生物学研究で遺跡から発掘される遺物や遺骨は、これを考える貴重な情報を提供してくれる。中国北西部に関する動物考古学の報告では、新石器時代にチベットでラサの北五キロメートルにある曲貢

[16]　基礎個体群あるいは創始者。

[17]　この遺伝標識の場合は母性遺伝するためメスを動かす交流。

(Qugong）の遺跡で大事な発見がある（Flad et al. 2007）。この地域は野生ヤクが家畜化されたと想定する地域から外れており、小型のヤク骨が多く発見されているため、家畜ヤクの可能性が高いと考えられている。そして、これらの動物が生存した時代は三一〇〇～三七五〇年前と推定されている。分子の研究者は一万年前くらいを家畜化の時期に想定した議論をすることがあるが（たとえば Guo et al. 2006）、それを裏付ける古生物や考古の研究結果がある状況ではない。

南米のラクダ科動物の特徴

ラクダ科の動物は南米だけでなくユーラシアやアフリカ大陸にもいる。現存するこれらの仲間はあるものがアンデス高地の冷涼な世界に広がり、他のものは乾燥化が強く灼熱の砂漠を中心に棲むという極端な生態的な違いを示す。両者の起源は北米大陸にあり、すでにその共通祖先は絶滅している。さらに最近の古生物学研究は、四五〇〇万年前頃の始新世の北極圏（カナダ北部）にその起源に関係しそうな遺骨を発見している（Rybczynski et al. 2013）。ヒトコブラクダやフタコブラクダの祖先は現代人祖先とは逆に氷期のベーリング海を西に渡り進化した。南米の野生種グアナコとビクーニャの祖先は、パナマ地峡が繋がっていた時期に南下して南米に入り進化した。グアナコとビクーニャの祖先は遅くとも約二〇〇万年前には存在したと考えられている（Wheeler 2012）。さらに最近のアルパカのゲノム研究から、ラクダ科祖先はパナマ地峡を南下したときボ

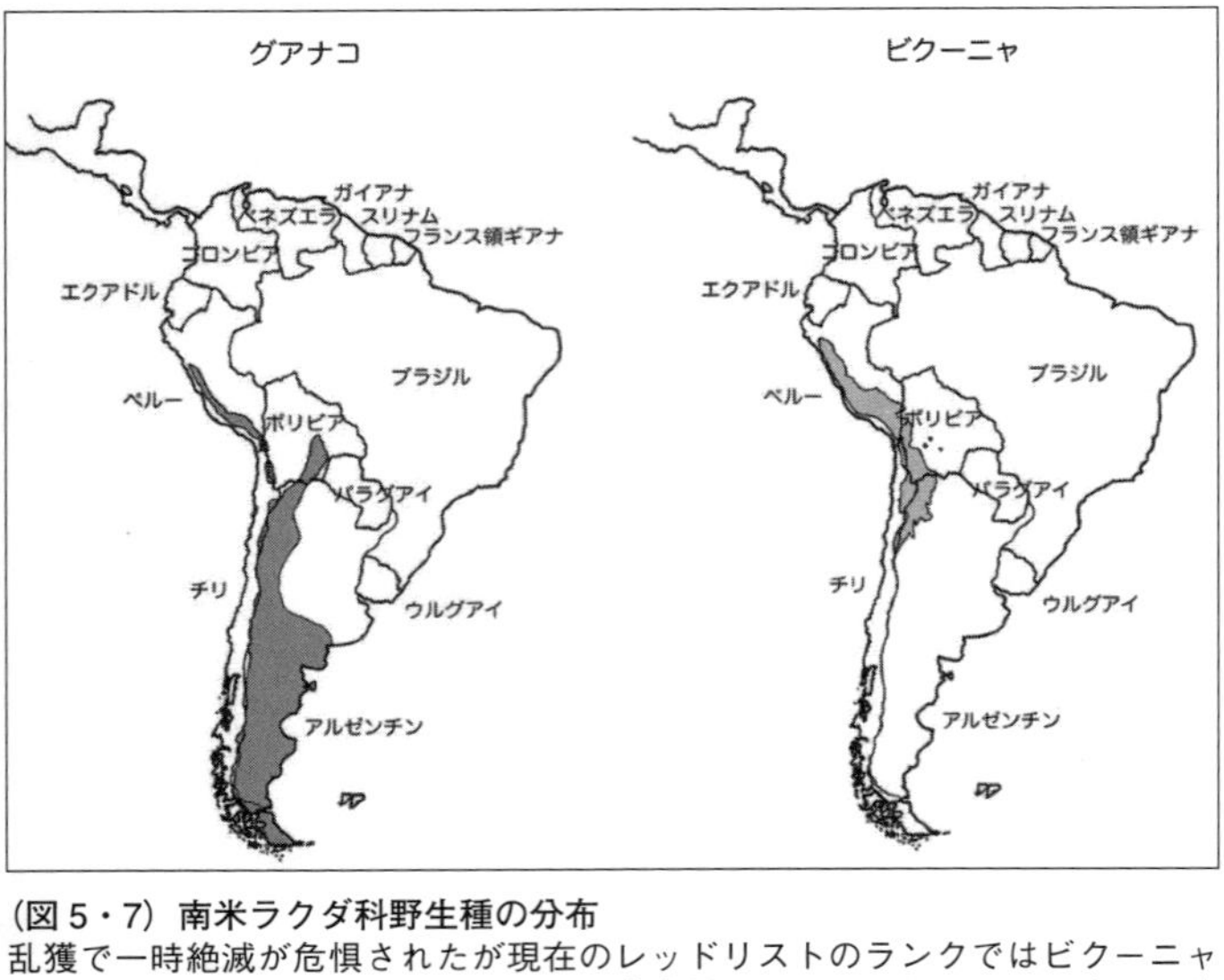

(図 5・7) 南米ラクダ科野生種の分布
乱獲で一時絶滅が危惧されたが現在のレッドリストのランクではビクーニャもグアナコも軽度懸念になっている。家畜種のアルパカとリャマはさらに広い地域で飼われており、各種の分布は重複あるいは接近している。
（IUCN Red List（2016）をもとに作図）

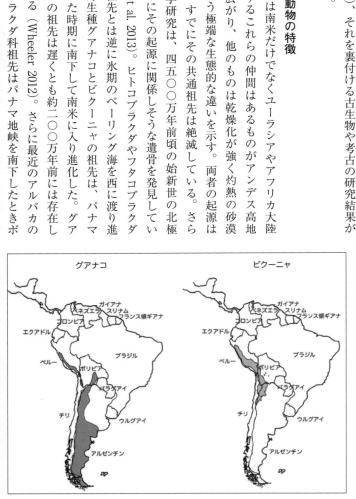

トルネック（個体群サイズの減少）をうけ、そのあと南米で個体数を急激に増やしたと考えられている。さらに七万二〇〇〇年前までに約一一三万頭に増加したあと、最終氷期の四万四〇〇〇年前頃には約一万二〇〇〇頭に激減したと推定されている（Wu et al. 2014）。

南米で進化したラクダ科の二種類の野生種は分類上別の属に分けられている（図5・7）。これらはグアナコとビクーニャである。[18] 家畜種にも二種類が区別され、これらはリャマとアルパカである。[19] 家畜の起源については諸説ある（Wheeler 1995）（図5・8）。第一の説は、家畜種はいずれもグアナコに由来するという単系（一元）説である。学名から想像されるようにビクーニャは家畜化に関係しなかったという考えである。第二は、二元説で野生種のどちらも家畜種の成立に関わるという考えである。この説には、もともとはグアナコからリャマが、ビクーニャからアルパカが独立に家畜化されたとする説と、まずグアナコからリャマが生まれ、そのリャマをビクーニャと交雑させてアルパカが段階的に生まれたとする説（Hemmer 1990: 208）がある。遺伝学研究の進展で、mtDNAと核内のマイクロサテライトDNAの分子系統関係や遺伝子多様性からこれらの説は検証され、そこから二元説を支持する結果が提出されるようになった。初期のmtDNAの研究（Stanley

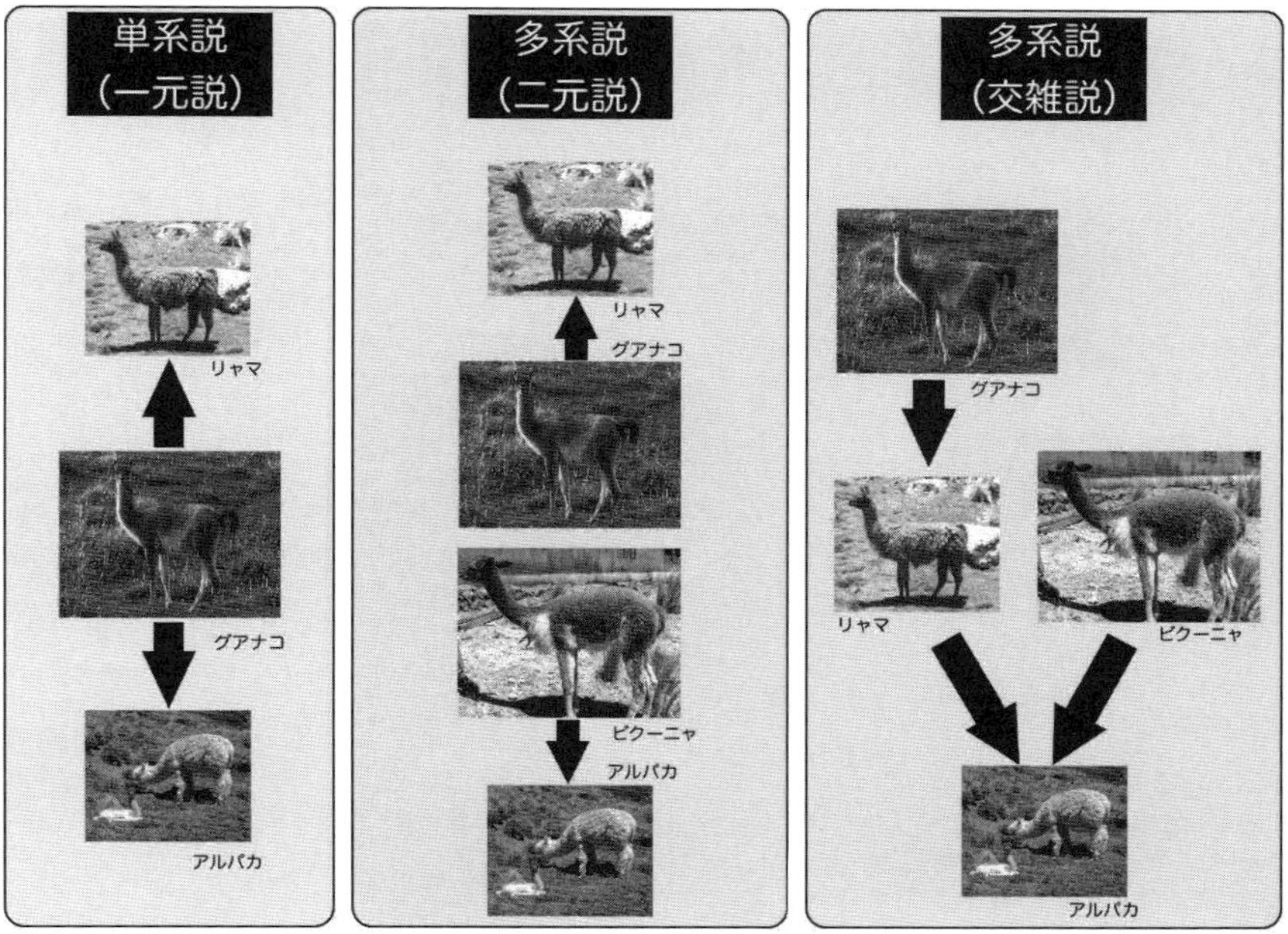

（図5・8）リャマとアルパカの家畜化起原の３仮説
単系説と多系説があり、多系説には二元説と交雑説がある。

et al. 1994, Kadwell et al. 2001）ではペルー、チリ、アルゼンチンから集めた野生種二種と家畜種二種のハプロタイプが比較され、野生種ではタイプが明瞭に区別できるが家畜種では野生種と同じタイプが種に関係なく混在していた。さらに、ビクーニャのタイプはアルパカでたくさん観察された（図5・9）。また、核のマイクロサテライトDNAでも野生種を区別する遺伝標識が見つかり、家畜種ではそれらが混在する状況が確認された（Kadwell et al. 2001）。つまり、アンデス高地のラクダ科動物たちでは、野生種二種には遺伝的不連続性が認められるものの、家畜種二種は遺伝標識で明瞭に区別できない。一方、南米のリャマとアルパカには特別の問題がある。先に、もとになった野生種が絶滅している家畜が多いと述べたが、南米でのラクダ科動物は典型的な例外である。野生と家畜を問わず、四種は現在も相互に交雑可能で、産まれる雑種には繁殖力がある。この事実は、稀な草食性哺乳類の家畜化が新大陸のアンデス高地で成立した背景を考える際に、重要な視点を与えてくれる（後述）。同じラクダ科でも、旧大陸で進化したヒトコブラクダとフタコブラクダでは状況が異なる。遺跡の骨や現在のカザフスタンなどの動物利用から、これら二種類のラクダは交雑できることがわかる。しかし、野生種や家畜種の分布重複は狭い。アンデス高地で四種類のラクダたちが生殖的隔離のないまま共存することは、他地域の野生種と家畜種の関係でみられない状況なのである。多くの「由緒」ある家畜では、家畜化に関係した野生種あるいはその近縁種と一部で交雑する例（イヌやネコなど）はあるが、あったとしても稀である。

　考古学の発掘調査により、一万〜一万三〇〇〇年前はパタゴニア

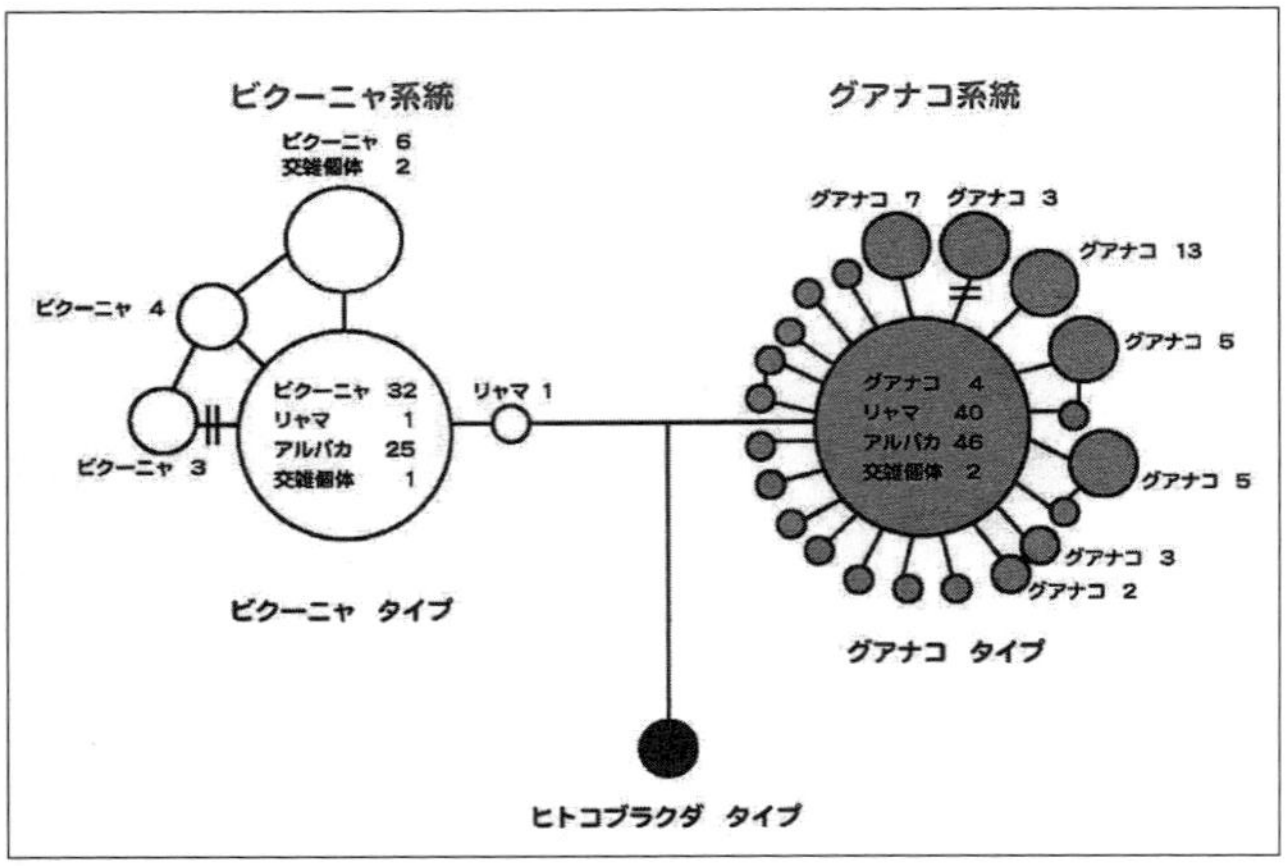

（図5・9）mtDNA変異タイプから推定された南米ラクダ科の野生種（グアナコ、ビクーニャ）と家畜種（リャマ、アルパカ）の関係
ヒトコブラクダを外群にチトクローム b コード領域の158塩基配列を比較した結果、野生種タイプは2分された（グアナコ系統とビクーニャ系統）。一方、家畜種では野生種タイプが混在していた。図中の数字は該当する被検体数を表す。（Kadwell et al. 2001）

［18］　学名はグアナコが *Lama guanicoe*, ビクーニャが *Vicugna vicugna*。
［19］　学名はリャマが *Lama glama*, アルパカが *Lama pacos*。

やパラグアイ北部までの低地にビクーニャが広く分布していたことがわかっている。一方、ペルー中央部の湿原高地では一万年前頃にビクーニャが認められることから、アンデス高地への侵入はこの頃までに始まっていたと考えられている（Wheeler 1995, Marín et al. 2007）。完新世初期のこの時代は、ラニーニャ（la niña）のように太平洋海面の温度が低く、長期間にわたる湿潤な気候で高地植生に変化が生まれた時期と予想されている（Kuentz et al. 2012）。五二〇〇～九七〇〇年前にこうした環境が広がる中でビクーニャの祖先たちはプーナと呼ぶアンデスの高原台地で拡大したと考えられる。やがてこの気候は三〇〇〇～五二〇〇年前に乾燥へ転じる（Kuentz et al. 2012）。五五〇〇～六〇〇〇年前の中央アンデス高地での家畜化という考古学から予想（Wheeler 1995）は、この環境変動の境界あたりに一致するようである。

チベットに近いもうひとつの家畜利用

本章では高地への適応に関係する家畜化を文明の背景理解につなぐことを目的としている。一方、高地から外れるものの、チベット高原の南に広がるヒマラヤ山脈南面の山岳高地には紹介したいもうひとつの家畜がいる。ヤクと同じウシ科の

（図5・10）竹林に放牧されているミタン
（インド東北部のアルナーチャルプラデーシュにて著者撮影）

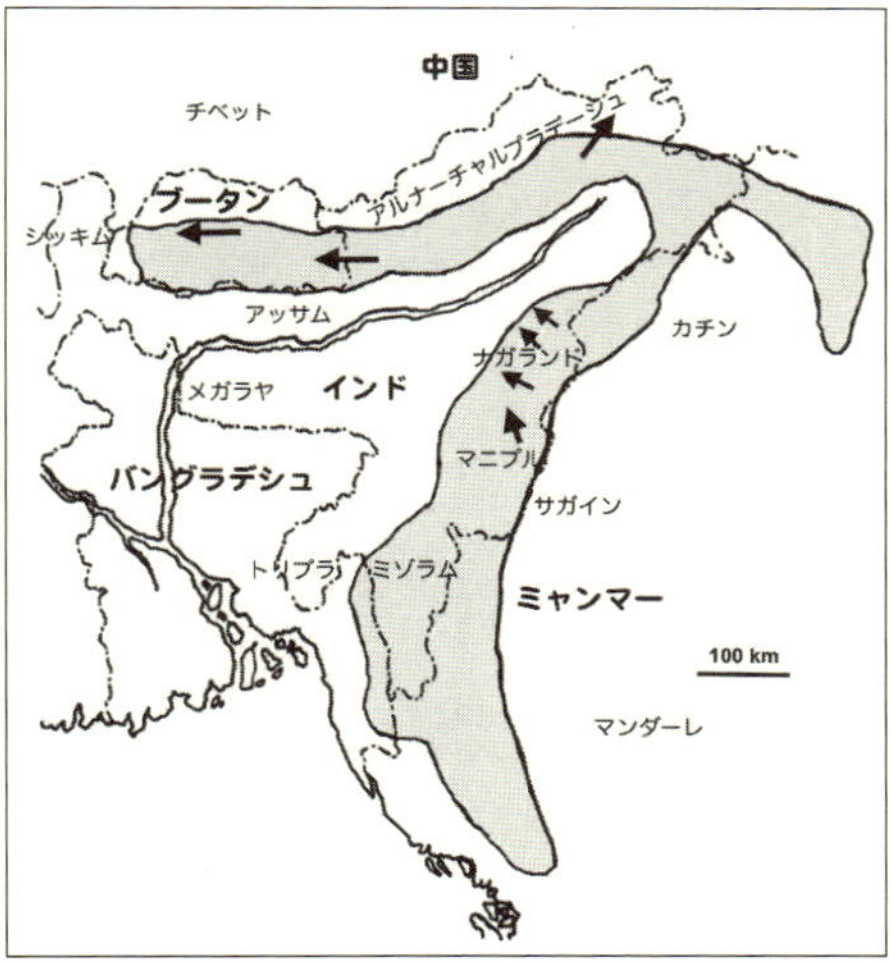

（図5・11）ミタンの分布地域（灰色部分）
図中の矢印は人為的に導入されたとされる場所を示す。ブータンにはもともと飼育されていなかったが、のちにインドから導入され広く利用されるようになった。また、ブータンではミタンを在来牛などと交雑させ搾乳や耕作に使う独特の畜産が生まれた。（Simoons & Simoons（1968）をもとに作図）

［20］英語ではmithun。学名は*Bos frontalis*。呼称は、インドでGayal、ミャンマー西部でSia、中国雲南省でDulong。

仲間で、ミタン[20]と呼ばれる動物である（図5・10）。ミタンは謎の多い家畜で、その分布はインド、ミャンマー、バングラデシュ、中国（雲南省）、ブータンに限られる（図5・11）。チベットに近い分布だが、ヤクのように極端な高地環境に適応した家畜ではない。しかし、後述するようにこの家畜は山岳地形に適した生態をもち、それが原因でヒマラヤ山岳地帯に独特の利用をする地域を生み出している。この動物の家畜化には野生のウシ科動物であるガウール（gaur：学名 *Bos gaurus*）が関係する（図5・12）。おそらく南アジアから東南アジアにかかる中低地の森林でガウールをもとにミタンが成立したと想像できるがその解明は進んでいない。この家畜ではとくにブータンでの利用が特徴的である。もともとミタンをもたなかったブータンは東部のアルナーチャルプラデーシュ[21]からミタンを導入し、在来牛と交雑利用する独自の畜産文化を発展させている（図5・11、5・13）。この交雑利用の背景にはヤクとウシの交雑利用の影響が考えられるため、本章で

（図5・12）インドの動物園のガウール
（東京農業大学進化生物学研究所　宗近功氏撮影）

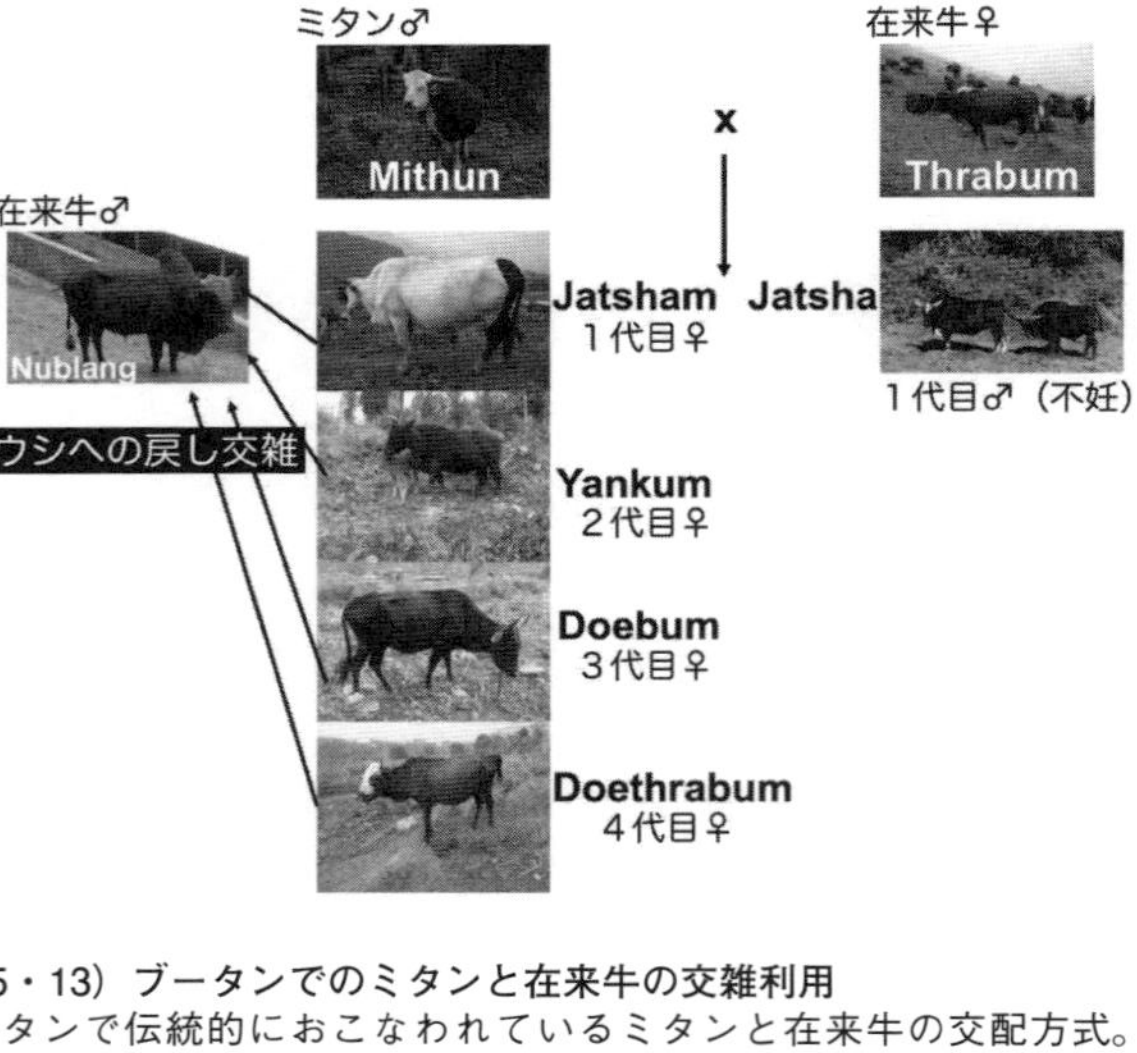

（図5・13）ブータンでのミタンと在来牛の交雑利用
ブータンで伝統的におこなわれているミタンと在来牛の交配方式。在来牛でもとくに利用されているタイプはインド系の地方品種で牡をNublang、牝をThrabumと呼ぶ。ミタンは国営牧場あるいはローカルに供給され牡ウシで人工受精あるいは自然交配させる。交雑1代目の牡は繁殖力がないが耕作に好まれる。交雑した牝の乳質は高く、さらに在来牛への戻し交雑により雑種後代も利用される。この戻し交雑が続くと生まれる牡の繁殖力が回復する。一方、呼称は世代とともに変化し、在来牛との区別がなくなる。（写真はTashi Dorji氏による撮影）

[21]　インドが州として実効支配するインド東北の山岳地域。東はミャンマー、西はブータン、南はインドのアッサム州、北は中国に接する。

はチベット高地の家畜利用の延長線でヒマラヤ南面に見られるミタン利用についても言及することにする。

四　野生動物の家畜化

家畜化の過程

高地での家畜化を論ずるまえに、一般（低地）でおこなわれた野生動物の家畜化につきゾイナー（一九八三：五一－五三）が考えた家畜化の五つのステージを考えてみたい。最初のステージでは、野生動物が人間の社会的環境と弱い結びつきしかもてない状況を考える。第二ステージでは、野生動物の服従に成功し、人間の社会的環境に依存させる段階となる。この途中では野生種と交配する機会も大いに残っていたといえる。第三ステージでは家畜化している動物の改良がはじまり、乳、肉、毛などの経済形質や、体色、毛色、角などの形態特徴に選抜がはじまる段階となる。第四ステージでは改良種（品種）の標準化が進み、野生種とは違う動物が完成する段階を迎える。そして第五ステージでは交雑による改良家畜（品種）の劣化を嫌い、野生種を周辺から排除する段階に至る。不連続的な段階として家畜化を考えるよう聞こえるが、実際は連続的な変化が人間と動物のあいだに起こるのが家畜化の本質である（野澤　一九七五、Dobney & Larson 2006）。この文脈で先に紹介した高地における家畜化のステージを評価したらどうなるだろうか。

そのまえに、種類を問わず野生動物の家畜化の過程で現れる形質について整理してみよう。実はこの生物的変化を考えることは、上記のステージのモノサシになるだけでなく、人間が野生動物を家畜化したときの引き金がどのようなものだったかを判断する助けにもなる。家畜化が動物に及ぼす影響には経験的に似たような結果が認められ、一般原則のように考えられている（ゾイナー一九八三：六〇－七二）。先ず最初に典型的変化を挙げるなら、それは大きさである。家畜化された動物では概してサイズが小さくなる。この指標は遺跡出土の骨格に適用されることが多い。ウシ、イヌ、ヤギ、ヒツジ、ブタ、ネコなど多くの家畜が該当するものの、例外として挙げられるのはラクダ科動物である。ヒトコブラクダ、フタコブラクダ、リャマ、アルパカたちは他の家畜とは対照的に体サイズが野生種から変化していない。

体の色も家畜化にともない顕著に変化する形質の代表である。哺乳類の体色では、これまで三〇〇を超える遺伝子座と一五〇以上の体色変化に連動する遺伝子が区別されている（Cieslak et al. 2011）。しかし、突然変異による変化がある一方で野生色も残る。家畜化を通じて色がわりを選んだり、色の多型性を維持する行為（たとえば福井　一九八八）は、家畜種を問わずおこなわれてきた。色を変える原因遺伝子の多くが哺乳類では共通なため、家畜のあいだには似たような体色の変化が認められる（Searle 1968, Cieslak et al. 2011）。高地で家畜化されたヤクやアルパカにもこのような毛色多型が認められる（Bonnemaire 1984, オチョアほか　一九九五）。

頭骨形態や脳容量の変化も家畜化にともなう変化の代表である（図５・14）。頭蓋部にくらべ顔面部が短くなる傾向が一般的に認められる。この特徴は脳容量の変化とも関係し、家畜化で容量が減る傾向が強い。この傾向は動物を問わず認められ、顕著な例はブタ（体重補正をした脳容量で三三・六パーセント減）、イヌ（同二九・〇パーセント減）、ネコ（同二七・六パーセント減）である。ちなみにリャマやアルパカでは一七・六パーセント減である（Zeder 2012）。当然ながら脳重量変化は脳の組織ごとの重量によるため、動物の行動にも影響を与える（Kruska 1988）。飼いならされて動物の行動が変わることが家畜化で起きることに脳の量的あるいは質的な変化が関

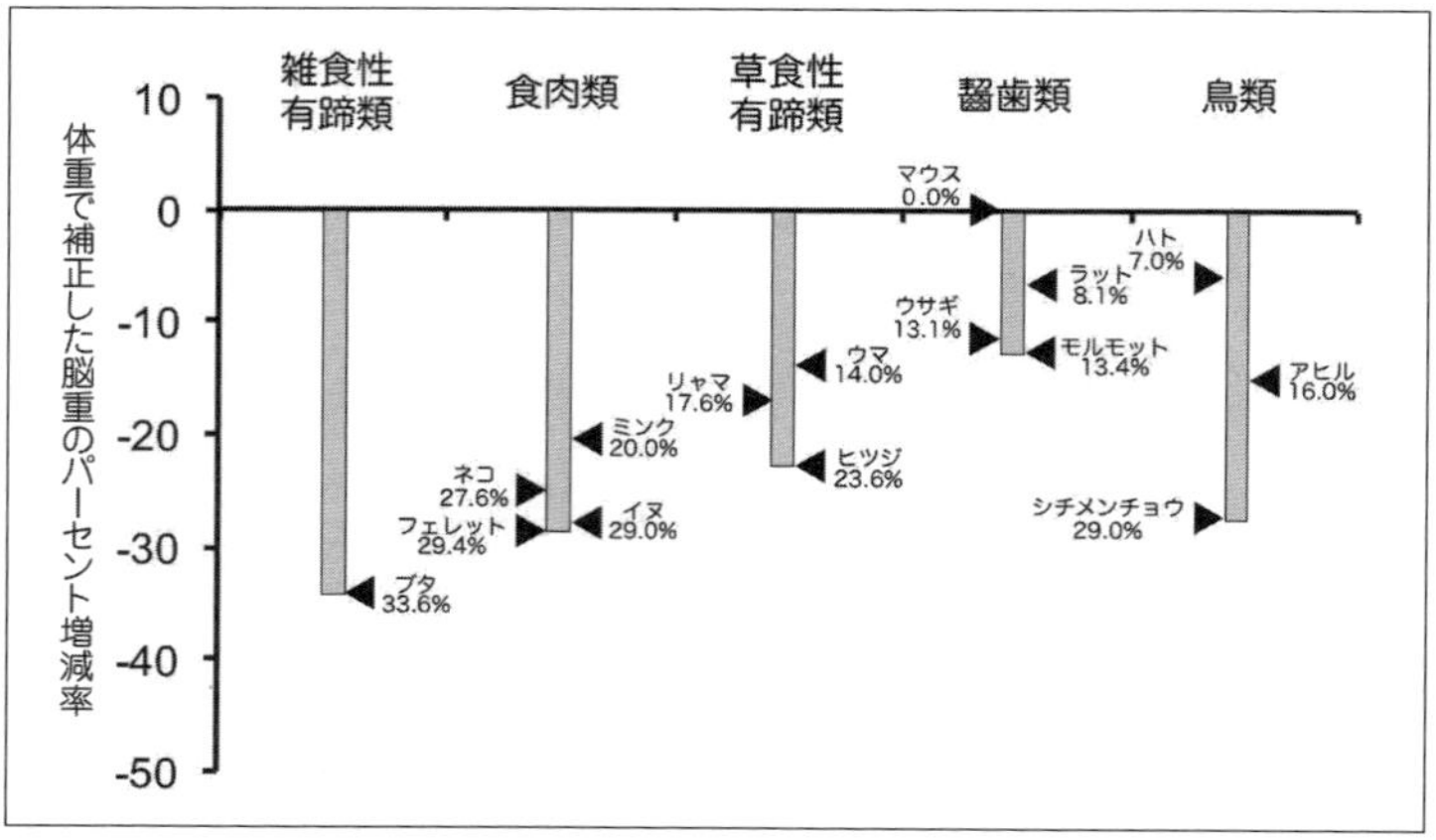

（図５・14）野生種と比較した家畜種・家禽種の脳サイズ変化
縦軸は体重で補正した脳重の増減率をパーセントで表している。
（Zeder（2012）をもとに作図）

係してくることは容易に想像できる。アンナ・カレーニナの原則を思い返して行動を語るなら、服従させるのにその野生動物がもつ「慣れやすさ」は大事な資質のひとつである。こうした「慣れやすさ」（tameness）が、家畜化に成功した動物で共通しているかをゲノムから確かめようとした研究もある。動物の情動に関わる大脳前頭連合野（前頭前皮質）での遺伝子発現が家畜化により変化することが考えられる。オオカミとイヌ、テンジクネズミとモルモット、イノシシとブタ、ノウサギとイエウサギ、の四組で、この連合野の遺伝子発現を反映するメッセンジャーRNA（mRNA）が同じような発現変化を示すか網羅的にくらべ、家畜化との関係を調べた報告がある（Albert et al. 2012）。この研究から、動物の種類を問わず活性が共通の動きをとる遺伝子が四種類見つかった。しかし、それらの機能が「慣れやすさ」に結びつくかはいまのところうまく説明できていない。

頭蓋以外の形態では筋肉量、それに関係する四肢骨や椎骨（尾骨を含む）の構成や長さ、毛などに家畜化にともなう変化が認められる。高地の気候に適応した野生動物の家畜化や世界規模で改良された家畜では、下毛（緬毛）の変化に共通性があり、その典型がヒツジである（ゾイナー一九八三：六七、角田 二〇〇九）。ヤクの品種でも柔らかい下毛が発達している。さらにヒツジの中には野生種では普通に起こる換毛がほとんどなくなる改良を受けた品種も存在する。食肉や搾乳に選抜がかかると、筋肉量や乳房組織の増加が起こる。ウマでは運搬や走行への選抜で筋肉量が変化したことが考えられる。

人間の生活圏が高地に及び、そこにいた野生動物を家畜化する過程を別の角度から考えてみよう。ツェーダー（Zeder 2012）は家畜化で人間が野生動物と関係性をつくるときの動物の変容に注目し、家畜化への道筋（pathways to domestication）について述べている。家畜化は動物の生態や行動に強い影響を及ぼし、脳容量の減少や行動の変容は再野生化[22]しても復帰しない非可逆的な変化になることに注目している。環境改変力のある現代人祖先が自然を改変する際に先住者である野生動物とどのような関係をもち、家畜化に至ったか、その経過は三つに分類されている。

［22］　再野生化状態をferalと表現する。

第一は片利共生的な場合（commensal pathway）である。これは人の居住圏への親和性が強い動物に考えやすい。食べ残しやその廃棄場（ごみ場）に集まったり、人の居住地にいる他の生物を獲物にするような動物が候補になる。人との絆を深め、結果的にパートナーに変化する形の家畜化である。イヌはこういう動物の先例で、餌を求めて人の生活圏に近づいたオオカミがもとになって生まれた家畜と考えられる。オオカミの家畜化により、イヌでは成体の頭蓋骨に幼仔的特徴[23]が残る（Morey 1992）。ツェーダー（Zeder 2012）は、動物から人に接近して起きた家畜化の例として、ほかにネコ、ブタ、クイ[24]、ニワトリ、七面鳥を挙げている。

第二は人が狩猟していた野生動物を家畜化した場合（prey pathway）である。この発端は、肉や毛皮の需要に対して対象動物が少なくなることが関係したかもしれない。また狩猟を増やそうと資源管理を計画した結果、動物の繁殖管理に移行し家畜化が進んだことが考えられる。この家畜化の初期では、動物の形態変化がすぐには現れない。家畜化に向かう証拠としては動物の個体数が増え、オスは一部を残して若いうちに利用し、メスでは繁殖齢を過ぎた高齢のものが増える傾向を示す。こうした例としてツェーダー（Zeder 2012）はヤギ、ヒツジ、ウシ、スイギュウなどを挙げ、高地で家畜化されたリャマ、アルパカ、ヤクもこの例と考えている。

第三は第一と第二の経験や知識が流布した上で発生するもので、明確な動機により一気に野生動物を家畜化した場合（directed pathway）である。考古遺跡からの情報には、遺体の形態あるいは集団の性・年齢構成などで先に述べた二つの pathway に該当しない場合があり、これを第三の pathway と考える必要がある。典型的な例はウマである。カザフスタン北部の Botai 文化に関係した遺跡で発掘されるウマの場合、用具（運搬や移動）、屠畜方法、糞や乳の利用から家畜利用の証拠（Olsen 2006）があるものの、これを裏付ける形態や集団構成の特徴はない（Zeder 2012）。directed pathway とはこれを区別する考えである。ツェーダー（Zeder 2012）は旧世界のラクダ科動物の家畜化も同様に進んだと考えている。遺跡から出てくる骨では家畜種と野生のフタコブラ

[23] このような幼仔化する状態を juvenilization と表現する。

[24] テンジクネズミ。アンデスで家畜化された（後述）。

クダの形態変化は乏しく、アラビア半島で利用されているヒトコブラクダでも、骨格では家畜化の前後でほとんど違いが認められないという。ウマ、フタコブラクダ、ヒトコブラクダのほかに、ロバ、キツネ、チンチラ、ダチョウもdirected pathwayに相当する家畜化を経たと考えられている。

以上を整理すると、野生動物の生態や人の狩猟活動の状況や知識・技術としての家畜化の伝播、が原因で家畜化には複数の道筋（pathway）がある。これらの道筋には、所用時間、関係性、管理形態、に違いがあり、考古学の提供する情報は、動物により家畜化の道筋が違うことを理解する手がかりになる。commensal pathwayでは人との関係性を確立するのに時間がかかり、結果的に生まれる関係性も多様になる。たとえば、ネコでは完全な繁殖管理まで行き着いていない。commensal pathwayの場合は、動物が人に接近する理由をもつが、prey pathwayでは動物側にそういう理由はなく、人の欲求が家畜化の引き金になる。狩猟対象だった野生動物の利用性を高める結果として、家畜化により野生動物を囲い、繁殖させる方向にシフトすることが進んだと考えられる。第三のdirected pathwayでは人と野生動物の関係性は短期間に大きく変化したと考えられる。人の狩猟対象ではなかったか、人と関わりすらなかった野生動物が、人の都合で自由から束縛へと急転する管理を受けるようになることも家畜化の在り方のひとつであろう。従って、短時間の家畜化の結果として、他のpathwayにみられるような行動の変容が少なくても不思議ではない。

高地における家畜利用（低地とのちがいについて）

ツェーダー（Zeder 2012）の唱えるpathwayの区分は、ゾイナー（一九八三：五一－五三）の第二ステージの多様性を説明する。この観点で高地と低地の家畜化をくらべてみよう。チベットとアンデスのいずれでも、家畜化を生んだ人は低地から高地へ進出し、そこで高地環境に適応していた先住の野生動物たちに遭遇した。チベット高地におけるヤクでもアンデス高地のラクダ科家畜でも、遺跡から出てくる獣骨の構成変化にツェーダー（Zeder 2012）が区分したprey pathwayに特徴的な変化が認められる。[25] こうした時期はいずれも完新世に人が高地に到達した時期より遅れた時期で、最終氷期後の温暖期が後退したあとの六〇〇〇～五〇〇〇年前頃に相当する。ツェーダー（Zeder 2012）はこうした prey pathway を狩猟による肉や毛皮の利用を安定化させ管理することを契機にした家畜化とみなしている。しかし、高地における家畜化の動機については別の考えもある。ロードら（Brantingham et al. 2007, Rhode et al. 2007）はヤクを家畜化する動機として糞の燃料利用の重要性を唱えている。ヤクは年間に体重の三～四倍の糞を排出する。おそらく、はじめにチベット高地に侵入したのは季節的に狩猟をおこなう人たちであり、寒冷な高地を移動しながら野生動物を狩るときに燃料として高地に残る草食獣の糞は重要な生活必需品だったと考えられる。もちろん、肉や毛皮が重要だったことは間違いないが、家畜化の動機のひとつとして糞が燃料として重要だったという考えは無視できないように思う。家畜化の契機とは関係しないが、高地民にとって草食動物の糞の重要性は、家畜化後でも指摘できる。大山（二〇〇七）はペルーの Pampa Galeras での研究で、溜め糞の習性をもつラクダ科動物の糞場に群生する植物の中にアカウレというナス科の植物を発見している（図5・15）。この発見から、アンデスで栽培化されたジャガイモの祖先野生種がビクーニャの糞場に定着し、それが栽培化にも影響した可能性を論じている（大山・山本・近藤 二〇〇九）。

アンデスでの家畜化の研究では、遺跡からの獣骨の研究に負うところが大きい。考古学研究ではペルー Junin 県の Telarmachay 遺跡[26]の発見が有名である。この遺跡では、完新世の八二〇〇年あまりをカバーする一トンもの骨が見つかり、時代とともにその内容が変化する。七二〇〇～九〇〇〇年前には野生動物グアナコ、ビクーニャ、シカが普通に狩られていたが、六〇〇〇～七二〇〇年前頃にはグアナコとビクーニャの狩猟に変化し、五五〇〇～六〇〇〇年前には家畜のアルパカやリャマが登場し、さいごに五五〇〇年前には家畜飼育が出来上がっていたことが証明された（Wheeler 1995）。この過程で六〇〇〇年前頃には、胎仔や新生仔の割合が五六・八パーセントに急増し、これが三八〇〇

（図5・15）ビクーニャ生息地の糞場
（ペルーの Pampa Galeras 保護区にて筆者撮影）

［25］ ヤクについては Olsen（1990）, Guo et al.（2006）、アンデスのラクダ科家畜については Wheeler（1995）, Mengoni Goñalons & Yacobaccio（2006）を参照。

［26］ 首都リマから東北に約一七〇キロメートル、標高四四二〇メートルに位置する。

年前にはさらに遺骨全体の七三・〇パーセントにまで増えている。野生では新生仔死亡率はこれほど高くなく、この原因は囲い地で病原菌に感染するようになったことだと考えられる（稲村 二〇〇七）（図5・16）。さらにこの過程では動物たちの門歯の形に変化が認められている。ビクーニャの門歯は、永久歯だと矩形で歯根がなくエナメル質が歯全体を覆っている。一方、乳歯には歯根がありエナメル質は根元から歯の頬側を覆っている。グアナコの門歯は乳歯と永久歯に関係なくへら形で、歯冠（表出している部分）がエナメル質で覆われており、ビクーニャと区別できる。一方、家畜種ではリャマはグアナコと同じだが、アルパカは門歯が矩形で乳歯にも永久歯にも歯根はあり、エナメル質は表出している部分で頬側だけを覆っている。つまり、アルパカは野生種二種の中間的な特徴をもっている。六〇〇〇年前以前の Telarmachay 遺跡では、アルパカのような動物はおらず、ビクーニャと同じような永久歯で門歯をもつ骨が出る。これらの変化は六〇〇〇年前頃を境に人が動物を繁殖させるようになった結果と考えられる（Wheeler 1995）。

アンデス高地ではもうひとつ別の動物の家畜化が成功している。クイの名で知られる齧歯類のテンジクネズミ（guinea pig）の家畜化である（図5・17）。ヨーロッパでこの動物をブタ（pig）と呼ぶようになったのは形のせいではなく、料理法がブタと同じだったからだという（加茂 一九七三：九一七）。日本では実験用や愛玩用に改良されたモルモットの知名度の方が高い動物だが、その起源はアンデス高地にある。この動物とラクダ科動物の家畜化との違いを考えてみよう。テンジクネズミは現在もアンデス高地ではおもに食用に利用されている。それ以外には、民間医療や祈祷に利用される場合もある。日本では食用にすることがないが、一六世紀以降はスペイン人によりヨーロッパへ輸入され、やがて食用だけでなく実験動物化あるいはペット化され、世界に広がった。アンデス高地でいつ、どのようにこの動物の家畜化がおこなわれたかに関する研究は乏しい。しかし、考古

（図5・16）囲い地のなかのラクダ科家畜たち
（ペルー Huaylla Huaylla にて筆者撮影）

（図5・17）アンデスで家畜化されたテンジクネズミ（クイ）（ペルー　写真提供：山本紀夫）

学や遺伝学の研究から、少しずつその歴史に光が当たりはじめている。ここでは、スポトルノらの研究（Spotorno et al. 2006）を参考に紹介する。アンデス高地にはテンジクネズミの野生種 *Cavia tshchudii* が生息している。ヨーロッパ人が侵入する以前から、この動物は家畜化されており、おそらくペルーを中心に古くから肉用や犠牲獣として利用されてきたことが遺跡の発掘から裏付けられている（加茂 一九七三：九一七）。この動物の家畜化では、ラクダ科動物の家畜化と対照的な変化が認められる。現在のアンデス高地では、二種類の家畜化されたテンジクネズミが区別されている。ひとつは古くから飼育され現在も民家の調理場などで目にする土着の家畜種で、criollo（cleole）と呼ばれる動物である。もうひとつは最近の改良品種で、Tamborada（ペルー）、Auqui（エクアドル）と呼ばれる動物である。さらに、ヨーロッパを経て世界に広がり実験動物や愛玩動物として利用された過程の変化も考えると、野生種からの家畜化には少なくとも三つの段階が区別できる。第一段階は古くにアンデス高地で進んだ野生種から家畜種 *C. porcellus* の作出段階である。第二段階は一六世紀以降にヨーロッパで展開した実験動物化あるいは愛玩動物化の段階である。そして第三段階は、肉利用を目的に近年南米で進んだ品種改良の段階である。これら一連の段階では、明らかにラクダ科動物の家畜化とは違う変化が認められる。それは体格の大型化で、体重や体長の増加である。それぞれの大きさは、野生種（一五個体）で二九五±三一グラム、二四二±八・三ミリメートル、criollo（二五個体）で六三九±一五七グラム、二八七±二三・七ミリメートル、エクアドルの改良種（Auqui breed）（二五個体）で一一三八±六五・五グラム、三〇七±八・〇ミリメートル、ペルーの改良種（Tamborada breed）（二五個体）で一二四一±七五・四グラム、三二七±一二・〇ミリメートルである。遺跡から出土する骨については小さい例が多いなかにペルーの遺跡で大きめの個体も見つかっているが、家畜か否かの判断まではできていない（Spotorno et al. 2006）。ミュラーヘイ（Müller-Haye 1984）は家畜化が三〇〇〇〜六〇〇〇年前頃に始まり、当初は体サイズに強い影響はなかったとするウィングの考え（Wing 1977）を紹介している。家畜化で体サイズが大きくなるのは、明らかに肉利用へ選抜がかかったためで、改良種のサイズは体重で野生種の約四倍に達している。ただし、こうした増加は段階的に進んだと想像され、criolloにみる家畜化の初期段階では約二倍程度になる。こうした変化から、先に紹介したようにテンジクネズミの家畜化は典型的なcommensal pathwayの例といえる。脳サイズの変化でみると、齧歯類のマウス、ラット、ウサギとくらべてもテンジクネズミ（モルモット）の脳の縮小は著しい（図5・14）（Zeder 2012）。また、野生種との生殖的隔離では、交雑第二代目まで繁殖力のある仔が産まれるが、交雑三代目のメスを家畜種と交配した結果ではオスに繁殖力がないとの報告がある（Müller-Haye 1984）。

テンジクネズミの家畜化にともなう変化との対比から、アンデス高地のラクダ科動物の家畜化では肉利用以外へ選抜がかかったことが考えられる。さらに、アンデス高地のラクダ科家畜の利用には際立った特徴がある。それは乳の利用がないことである。旧大陸での中大型家畜の利用では程度の差こそあるものの、搾乳のない例は皆無といえる。乳の利用は家畜化の目的や牧畜文化と関係づけて議論されており、牧畜の定義にも関わっている（たとえば福井 一九八七）。アンデス高地ではリャマやアルパカの乳が利用されない牧畜が存在することから、稲村（一九九五：二二七）は牧畜の必要条件に乳の利用は関係ないとし、さらにアンデス高地でおこなわれてきたチャク（追い込み猟）から狩猟と牧畜の二分論を考え直すよう主張している（稲村 二〇〇七）。他地域あるいは他家畜との違いという観点でさらにアンデス高地のラクダ科家畜の特殊性を挙げれば、野生種との生存状況に言及する必要がある。ゾイナー（一九八三：五一－五三）が区別した五つのステージを当てはめると、アンデス高地では二種類ずつの野生種と家畜種が現在も同所的に生息する状態が続く地域があり、家畜化により野生種との共存を回避する選択が弱いあるいはないという点が特徴的である。ゾイナーが考えた第三ステージでは、飼育者が野生動物の経済的（乳、肉、毛など）および形態的（角や耳の形、体色など）な質に注目するようになり、第四ステージにいつの間にか入ってゆくと説明されている。第四ステージでは、家畜種が標準化されるようになり、野生種とちがうものになるため、選択によって努力して得た動物の資質を失わないため、野生種との交雑は非常に好ましくなくなる。このため、野生種は家畜飼育地から排除されやすくなり、第五ステージでは野生種の消滅を招くようになる、というのがゾイナーの説明である。確かに、家畜化された哺乳類では、野生種が消滅する例が目立つ。しかし、アンデス高地で家畜化されたラクダ科動物で、そして齧歯類のテンジクネズミでも、野生種と家畜種の共存が現在も続いている。しかも、ラクダ科動物の場合には、意図的に野生種を家畜種と交雑させて利用することすらおこなわれている。アルパカとビクーニャを交配（あるいは人口受精）させて産ませる雑種個体はパコ・ビクーニャ（paco-vicuña）という名で知られている。交雑個体を利用する傾向は家畜種のアルパカとリャマの交配にも認められる[27]。

アンデス高地で交雑家畜を作出する理由は毛の利用にある。とくに経済性の高い毛を産出するビクーニャやアルパカでは、高質の毛の増産を意図して交配がおこなわれる。また、家畜種の毛では、アルパカに二つのタイプが認められる。ペルーのアルパカの生産地では、短毛のワカヤ（huacaya）と長毛のスーリー（suri）が同所的に認められる（図5・18）。両者の違いは、同じ染色体の近くに位置する二つの遺伝子座が関係すると考えられており、ワカヤの形質は二座位とも劣性対立遺伝子のホモ接合体になった場合に発現すると説明されている（Renieri et al. 2009, 2011, Presciuttine et al. 2010）。毛の緻密さではアルパカに少し劣るリャマの場合でも、アルパカに似た二タイプがある。ひとつは毛の多いタイプでチャク（ch'aku）、もうひとつは毛の多くないタイプでカラ（q'ara）と呼ばれている（図5・19）。毛質は毛の径が小さいほど高品質になり、野生種ではグアナコの下毛で一六・五～二四ミクロン、ビクーニャでは一二・五ミクロン程度ととても小さい（Wheeler 1995）。家畜種のリャマではばらつきが大きいが、カラでは平均三〇・五～三二・五ミクロン程度、チャクで二七～二九ミクロン程度である。家畜種アルパカの毛は、スペイン人の侵入前には高品質だったが侵入後は低下している。ペルー南部のEl Yaral遺跡では七〇〇～一三〇〇年前のリャマとアルパカの遺体が見つかっている（Wheeler et al. 1992）。この場所は海岸から約

（図5・18）アルパカの品種
右は短毛のワカヤ（huacaya）、左は長毛のスーリー（suri）。
（ペルーのPuycaにて筆者撮影）

[27] 交雑個体はワリ（wari）。

五〇キロメートルで、標高が約一〇〇〇メートルの乾燥した砂漠であり、当時の家畜を知るのに遺体の保存状態が良かった。これらの遺体から、インカ以前にいた家畜からの変容が明らかになった。ワカヤでは毛の径が平均で二三・六ミクロンから三一・二ミクロンになり、スーリーでは一七・九ミクロンから二六・八ミクロンに悪化している。この原因はスペインの植民地化のあとに起きたリャマとアルパカの交雑拡大の影響と考えられている（Wheeler 1995, Wheeler et al. 1992）。この傾向はのちにアメリカに移植し、毛質改良をするアルパカでも変わりがなく、ワカヤで平均二四・九ミクロン、スーリーで平均二六・五ミクロンという報告がある（Wuliji 2011）。

アンデス高地におけるラクダ科動物の家畜化では他の家畜と同様に運搬利用もある。この用途ではリャマのオスが利用されてきた。長距離だけでなく沿岸と高地を繋ぐ運搬では酸素濃度が違う環境を往復する能力や、餌になる植物の種類でも適応性が求められた。野生種グアナコや家畜種リャマにはこうした適応性があり、高地に暮らす人たちの生活に必要な物資の運搬ではリャマが活躍した。しかし、アンデス高地では五〇キログラムくらいまでの荷物をオスのリャマで運ぶ駄獣利用はあるが、旧大陸のラクダやウマのように騎乗に利用することは発達しなかった（加茂　一九七三：七〇九）。

チベット高地とその周辺地域で家畜化されたウシ科動物の利用では、アンデス高地と異なる特徴が認められる。アンデスではイヌを例外として他地域からもちこまれた家畜との接点はスペイン人の侵入以前にはなかった。しかし、チベットではヤクが家畜化されるときに、すでにヒツジが高地に導入されていた（Wiener et al. 2003）。一方、野生種は以前より生息域を縮小させ、ゾイナーの考えるステージでは第四ステージに達している。アンデスと同様に、一部地域では現在でも家畜種と野生種の交雑が認められる（Wiener et al. 2003）。チベットで家畜化されたヤクの特異性は他のウシ科家畜との複合的利用が発達している点である。その交配相手はウシそしてミタンである。家畜化されたヤクの分布は拡大しチベット高地以外の地域にも拡大し、西はパミール、東はバイカル湖まで中国を中心に内モンゴル、ロシアに及ぶ。一九七〇年代～一九八〇年代には中国北部の

（図５・19）カラ（q'ara）
リャマの短毛品種
（ペルーの Puyca にて筆者撮影）

一五〇〇～一八〇〇メートルの山岳地帯にも導入されている。中国のヤクの飼育数は一三〇〇万頭以上と推定されており、全世界のヤクの九四パーセントにあたる。中国ではこのうちの約二〇〇万頭がウシとの交雑家畜である。さらに、ヒマラヤを越えたインド、ネパール、ブータンでは、それぞれ三万八〇〇〇頭、四万～五万一〇〇〇万頭、一万一〇〇〇頭のヤクが利用されている（Wiener et al. 2003）。中国におけるヤクではShang族による家畜化と地域拡大が重要である。一方、それ以外の地域、とくにヒマラヤ南面では、他の山岳民たちが複数のウシとヤクを交雑利用している。ネパール・ヒマラヤでは草地を季節移動する牧畜（移牧、トランスヒューマンス）がおこなわれており（小林 一九八七、Kawamoto et al. 1992, 山本・稲村 二〇〇〇）、さらにブータン・ヒマラヤでは野生種ガウールが関係する家畜種ミタン（Dorji et al. 2010a, Tenzin et al. 2016）を含めた複雑な交雑利用がおこなわれている（Dorji et al. 2010b, 川本ほか 二〇一二）。

高地環境と家畜の交雑利用

これまで述べてきた高地の家畜化をめぐる人と野生動物の関係では、高地環境が人と動物に与えてきた変化が影響している。その影響は、現存する野生種や家畜種が示す環境への順応性をみれば理解できる。アンデスの野生種グアナコと家畜種リャマは幅広い標高帯に適応できており例外だが、ヤクおよびビクーニャとアルパカは現在もその生息帯が高地に限られている。人だけでなく動物側の高地適応の生物学的機構についてもしだいに研究が進みはじめた。ラクダ科動物の研究ではその高地機構はまだわからないが、ヤクについてはゲノム研究からしだいにメスが入りつつある。ヤクとウシのゲノム解読の比較から、ヤクでは外界からのストレスやエネルギー産生に関係した刺激に反応する遺伝的背景に変化が起きていることが明らかになった（Qiu et al. 2012）。この結果、低酸素や栄養代謝に関係する遺伝子群が変化し、高地での生存にふさわしい動物へ進化していると考えられる。

野生動物を家畜化できるかが試されたときに、高地環境では対象になる野生動物の資質の中で生態的制約が強かったと想像できる。「由緒ある」家畜の多くは低地で家畜化され、容易に他所へ運んで利用できたのとは対照的に、高地で生まれた家畜は基本的に高地環境での利用という制約から脱していない。このことはアンデスでのラクダ科家畜とチベットでのヤクの利用に共通する点である。また、この状況は低地で家畜化されたウシやヒツジでのちに高地に適応した品種が作出されたことと対照的である。高地環境の制約のなかで、高地に進出した人は、低地と同様に家畜の資質改良に努力したはずである。これは単に家畜のみの問題ではなく、農業と牧畜の関係の在り方、つまり生業全体のバランスにも深く関係する過程だったことが想像できる（稲村 一九九五、二〇〇七、二〇〇九、山本 二〇〇四、二〇〇七、二〇一四）。先に述べたように、アルパカの起源仮説では、この家畜が成立するところから交雑（家畜種リャマと野生種ビクーニャの交配）が関係するという考えがある（Hemmer 1990: 63）。高地環境で生まれた家畜の利用や改良では、この交雑に関係する利用に注目が必要のように考える。

　実際の交雑実態は、動物種に特異的な遺伝子を探すことにより調査されている。アンデス高地では、初めにペルーの中央アンデス地域を中心に野生種と家畜種のタイプを調べたｍｔＤＮＡの研究から家畜種で野生種に特異的なタイプが混在することが明らかになった（Stanley et al. 1994, Kadwell et al. 2001）（図５・９）。また、核のマイクロサテライトＤＮＡでも同様に家畜種には両野生種に特異的なタイプが混じっていることが証明された（Stanley et al. 1994, Kadwell et al. 2001）。さらに最近ペルー以外の地域から報告される遺伝学や考古学の研究では、家畜化センターが中央アンデス（ペルー中央部）だけでなく、南部アンデス（ペルー南部、ボリビア以南地域）に別のセンターがあったとする意見が唱えられている（Mengoni Goñalons & Yacobaccio 2006, Baretta et al. 2012）。遺伝標識を利用するこれらの研究では、一貫して家畜種で交雑の証拠が認められ野生種ではこれが認められていない。

　同様に、チベットやヒマラヤ南麓のヤク利用地域でも高地あるいはその周辺地域でヤクの交雑利用が顕著である。交雑家畜を作る理由には、アンデスとチベットで毛と乳という利用目的の明瞭な違いがある。また、ネパールのヤク‐在来牛交雑やブータンのミタン‐在来牛交雑のあいだでは生態的あるいは社会的な違いの影響が大きい（川本ほか 二〇一二）。ヤクや南米ラクダ科動物、あるいはガウールを家畜化したミタンを高地あるいは山岳地域で交雑利用する状況には、ツェーダー（Zeder 2012）の考えた家畜化の pathway やゾイナー（一九八三：五一‐五三）の分類した家畜化の段階に照らすと共通した性質が認められる。まず、これらはいずれも狩猟獣を家畜化した経緯をもつ prey pathway を経た家畜化である。さらにその段階は、野生動物を服従させ、人間の社会的環境に依存させるまで達しており、一方で野生種と交配する機会を残している。動物の改良ははじまり、乳、肉、毛などの経済形質や、体色、毛色、角などの形態特徴に選抜が進んでいる。しかし、種畜管理が徹底しておこなわれているかには疑問があり、むしろ伝統的な方法あるいは近年の社会環境変化を反映する方法で交雑による家畜利用が認められる。このため、飼育地から家畜化に関わった野生種を排除する状況にはない。

チベットもアンデスも熱帯地域と関わりの深い高地である。いずれの地域も低地から高地への自然勾配は大きく、ヤクやミタンはその環境で同じウシ科の家畜ウシ（ヨーロッパ系牛あるいはインド系牛）と共存する機会をもってきた。一方、南米ラクダ科動物は対照的に二種の家畜種が二種の野生種と共存する以外には畜産で接触する他家畜種はスペイン侵入以前にいなかった。

ゾイナー（一九八三：五一‐五三）の唱える家畜化では、第三ステージから第五ステージに向かう際に野生種との関係が変化する。この過程では家畜化する動物の経済性を向上させる目的で純化選択（purifying selection）が強化されるため、繁殖統御でパージング[28]が進むことになる。一方、第四ステージでは多様な動物を作出し維持管理する多様化選択（diversifying selection）が進む。このふたつの選択圧は、家畜化する野生種の個体群内および個体群間で働く。しかし、高地に進出した人類が採用した多様化選択は、家畜種の純系選択から突然変異で生まれる系統を多様化さ

［28］ 意図的に関係する動物種を排除すること。

せるという方法だけでなく、野生種あるいは共存する別家畜を交雑利用するよう変化してきたと読み取れる。体系的な種畜管理ができなければ、交雑に利用する純系が維持できなくなるのは当然のことである。スペイン侵入後のアンデスで顕在化した増毛を意図したリャマとアルパカの交配進行が結果的に毛質の劣化を引き起こしたこと（Wheeler 1995）や、ブータンでミタンと在来牛の交雑に歯止めがかからない問題（Dorji et al. 2010b, 川本ほか 二〇一二）はこうした例である。チベットや他の中国のヤク品種で明らかにされたmtDNAの遺伝的分化（Wang et al. 2010）でも、この高地家畜種に強い純化選択がかかった証拠は認められず、むしろ地域間交流（移住）ないしは祖先多型が維持され、形態的に分類される品種内の遺伝的多様性が高く、品種間分化が低くなるような歴史あるいは繁殖構造が残っていると想像できる。そもそも、交雑を頻繁におこなうことは多様な形質を発掘する契機にはなるが、その性質を固定させることは容易でない。このため雑種個体を利用することと恒常的にそうした良質の雑種個体を生産することのあいだにはトレードオフの関係がある。累代交配による形質劣化の影響を回避するには、種畜の隔離繁殖をもとに計画交配することが必要になる。しかし、こうした高地における家畜利用の状況を調査した研究は乏しい。ネパール山岳地帯で伝統的におこなわれてきたヤク－在来牛の雑種生産に関する遺伝学調査の結果は、伝統的な家畜交配システムが厳密に雑種の生産統御をおこなっていることを証明した（Kawamoto et al. 1992）（図5・20）。また、ブータンのミタン－在来牛雑種の利用に

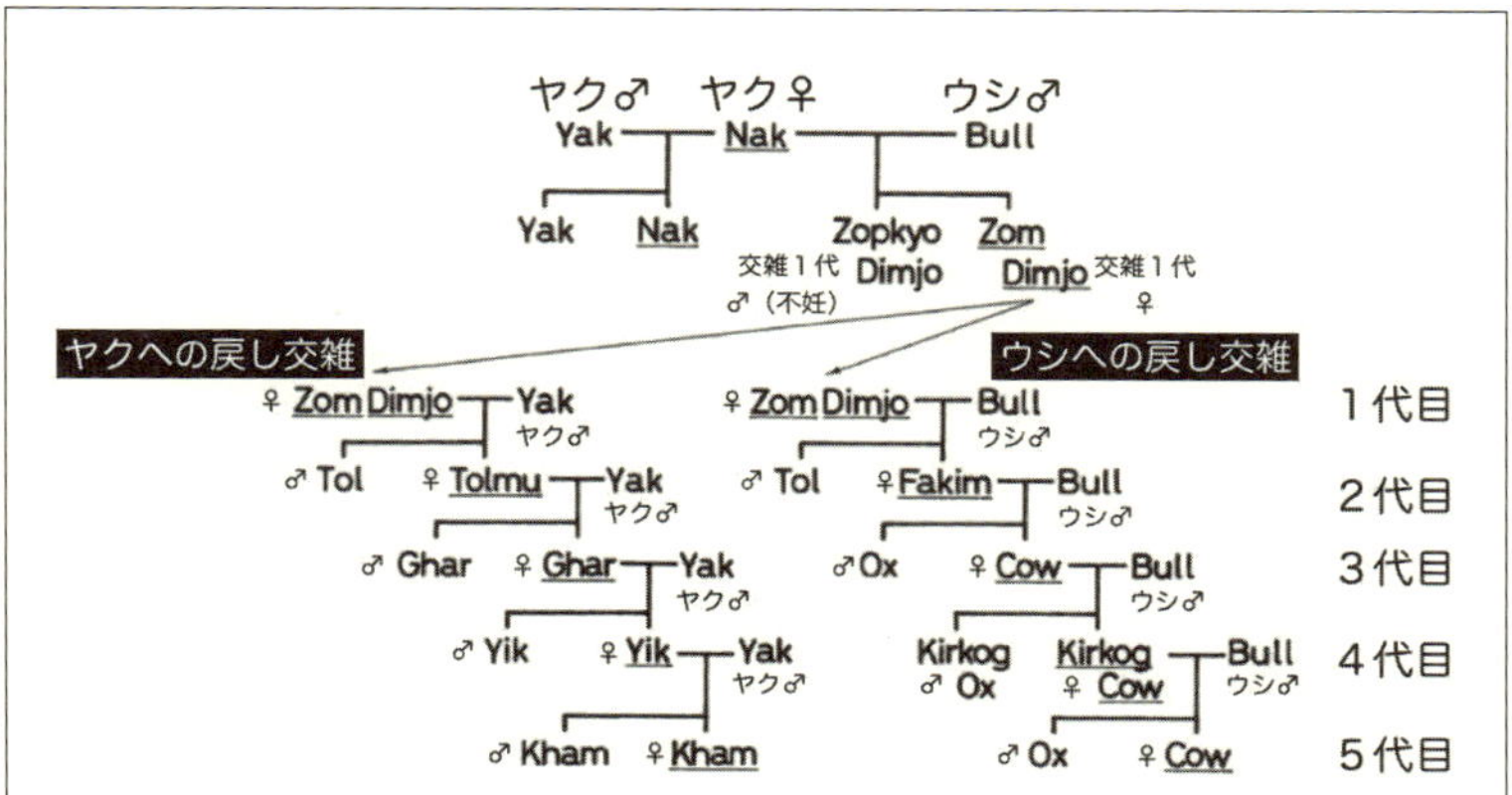

（図５・20）ネパール山岳地域での伝統的ヤク―ウシの交配例
ヤクとの交配で生まれる１代目雑種の牡には繁殖力はなく駄獣として利用する。牝は妊娠させ搾乳に利用する。交配は正逆におこなわれるが、地域によりどちらが優先するかは異なる。動物の呼称にも地域差がある。図５・13に示したミタンの交雑利用と似た性質もあるが、ネパールでのヤク交雑利用では餌資源の草の制約から戻し交雑が多世代に及ぶことは少ない。（Kawamoto et al. 1992）

関する遺伝学調査では、多様なウシ科動物が関係する複雑な交雑実態が明らかになり。交雑に利用する在来牛の管理を懸念する結果が報告されている（Dorji et al. 2010b, 川本ほか 二〇一二）（図5・21）。

五　さいごに

人類史における高地への進出では、環境を都合よく改変し適応するのにドメスティケーションの役割が重要だった。野生動物を家畜化した結果は、チベット高地におけるヤク、アンデス高地におけるラクダ科動物二種（リャマとアルパカ）が顕著な例である。また、アンデス高地におけるテンジクネズミやヒマラヤ南麓のミタンの利用も高地の家畜化に関係する事例である。人と野生動物の関係から考えると、家畜化はその経過や遺骨の出現形態から commensal pathway, prey pathway, direct pathway の三種類に分類できる（Zeder 2012）。これに照らすと、チベット高地のヤクやアンデス高地のラクダ科動物の家畜化はもともと狩猟目的の野生種を家畜化したことが考古学や遺伝学の結果から考えられ、prey pathway の所産と考えられる。また、アンデス高地のテンジクネズミの家畜化は野生種が人の居住地に接近しやすい生態をもち commensal pathway の例と考えられる。一方、野生動物の家畜化では、動物に認められる形質変化や野生種との関係変化からその段階に五つのステージが認められる（一九八三：五一－五三）。これに照らすと、チベット高地のヤク、ヒマラヤ南麓のミタン、アンデスのラクダ科家畜、のいずれも野生動物の服従に成功し、人間の社会的環境に依存させる段階（第二ステージ）を経て経済形質や形態特徴に選抜がはじまる段階（第三ステージ）を超えて品種の標準化に向かい野生種とちがう動物に至る段階（第四ステージ）に達している。しかし、品種の劣化を嫌い家畜種の周辺から野生種を排除する段階（第五ステージ）には達しておらず、むしろ近隣の野生種との交雑を利用する場合が認められる。また、ヒマラヤ周辺

（図5・21）ブータンの牧民キャンプで遭遇した複雑に交雑したウシ
形態にはヤク、ミタン、ウシの特徴が入り混じっており、牧民の説明ではミタンとウシの1代目雑種の牝とヤクの牡を交雑させたウシとのことだった。
（ブータン東部の Merak にて著者撮影）

のウシ科家畜の利用では、ヤクと在来牛、ミタンと在来牛（希にヤク）の雑種を利用する伝統的畜産が発達している。高地という異質の自然環境や制約の強い住環境で、われわれの祖先は局所に特化した野生動物を選択的に利用する道を模索するとともに、そこに介在した野生種を周辺から排除せず、家畜化の過程でも交雑し多様性維持を図る利用をおこなったことが考えられる。チベットあるいはヒマラヤの畜産では高地に導入したウシをヤクやミタンの交雑に利用する。アンデスの畜産では共存する野生種のビクーニャあるいはグアナコを家畜種との交雑に利用する[29]。家畜の利用目的はこれら高地で異なるものの、限られた野生資源を効率的に利用しようとした結果がこれら高地での家畜化の特徴として共通するものとみることができる。現在、こうした高地における家畜化の歴史と実態は考古学および遺伝学の研究により解明が進んでいる。ヤクに関する起源の研究は中国の研究に負うところが大きく、ゲノムレベルの研究に発展している。アンデスの家畜化起原の研究はペルーを中心とした地域からさらにアンデス高地の広い地域へと拡大し、今後の遺跡と遺伝子の研究成果に期待がかかる。家畜利用についても、今後さらに集団遺伝学的研究や民俗学あるいは人類学研究から、人びとの生業や家畜利用形態が社会変化により変貌する実態が調査されるよう望みたい。

[29]　その起源は複数と考えられる。

【文　献】

稲村哲也　一九九五『リャマとアルパカ―アンデスの先住民社会と牧畜文化』二八五頁、家伝社。

稲村哲也　二〇〇七「アンデス発の牧畜起源論」山本紀夫編『アンデス高地』二九七―三一〇頁、京都大学学術出版会。

稲村哲也　二〇〇九「『熱帯高地』の比較研究―ヒマラヤ・チベットとアンデスにおける高度差利用」『ヒマラヤ学誌』一〇：一一五―一三四。

大山修一　二〇〇七「ジャガイモと糞との不思議な関係」山本紀夫編『アンデス高地』一三五―一五四頁、京都大学学術出版会。

大山修一・山本紀夫・近藤　史　二〇〇九「ジャガイモの栽培化―ラクダ科動物との関係から考える」山本紀夫編『国立民族学博物館調査報告』八四（「ドメスティケーション―その民族生物学的研究」）：一七七―二〇三。
奥宮清人　二〇一三「身体に刻み込まれた地球環境問題」奥宮清人・稲村哲也編『続・生老病死のエコロジー―ヒマラヤとアンデスに生きる身体・こころ・時間』一八九―二一四頁、昭和堂。
オチョア、F・マックァリー、F、K・ボルトゥス、J　一九九五『アンデスの宝―その貴き動物たち　第2巻』村岡佳子訳、三五二頁、リーフ。
加茂儀一　一九七三『家畜文化史』一〇五八＋八四頁、法政大学出版会。
川本　芳・タシ ドルジ・稲村哲也　二〇一二「ヒマラヤにおけるミタンの利用―ブータンの交雑家畜の遺伝学研究から」『ヒマラヤ学誌』一三：二六七―二八二。
小林　茂　一九八七「ネパール・ヒマラヤのヤク―ウシ雑種生産」福井勝義・谷　泰編『牧畜文化の現像―生態・社会・歴史』二〇七―二四四頁、日本放送出版協会。
ゾイナー、F、E　一九八三『家畜の歴史』国分直一・木村伸義訳、法政大学出版局。
ダイアモンド、J　二〇〇〇『銃・病原菌・鉄（上）』倉骨　彰訳、草思社。
角田健司　二〇〇九「ヒツジ―アジア在来羊の系統」在来家畜研究会編『アジアの在来家畜―家畜の起源と系統史』二五三―二七九頁、名古屋大学出版会。
野澤　謙　一九七五「家畜化と集団遺伝学」『日本畜産学会報』四六：五四九―五五七。
福井勝義　一九八七「牧畜社会へのアプローチと課題」福井勝義・谷　泰編『牧畜文化の現像―生態・社会・歴史』三―六〇頁、日本放送出版協会。
福井勝義　一九八八「家畜における毛色多様化選択の文化的装置―エチオピア西南部の牧畜民ボディの民俗遺伝観から」『在来家畜研究会報告』一二：一―四六。
山本紀夫　二〇〇四『ジャガイモとインカ帝国』三三五＋vii頁、東京大学出版会。
山本紀夫　二〇〇七「中央アンデス根栽農耕文化論」山本紀夫編『アンデス高地』二〇七―二二八頁、京都大学学術出版会。
山本紀夫　二〇一四「中央アンデス農耕文化論―とくに高地部を中心として」『国立民族学博物館調査報告』一一七：四四一。
山本紀夫・稲村哲也　二〇〇〇『ヒマラヤの環境誌』三三五＋一六頁、八坂書房。

Albert, F. W., Somel, M., Carneiro, M., Aximu-Petri, A., Halbwax, M., Thalmann, O., Blanco-Aguiar, J. A., Plyusnina, I. Z., Trut, L., Villafuerte, R., Ferrand, N., Kaiser, S., Jensen, P., & Paäbo, S. 2012 A comparison of brain gene expression levels in domesticated and wild animals. *PLoS Genetics* **8**(9): e1002962. doi:10.1371/journal.pgen.1002962.

Aldenderfer, M. S. 1999 The Pleistocene/Holocene transition in Peru and its effects upon human use of the landscape. *Quaternary International* 53–54: 11–19.

Aldenderfer, M. S. 2003 Moving up in the world. *American Scientist* **91**(6): 542–549.

Aldenderfer, M. S. 2007 Modeling the Neolithic on the Tibetan Plateau. In D. B. Madsen, X. Gao, & F. H. Chen (eds.), *Late Quaternary Climate Change and Human Adaptation in Arid China*, pp.151–165. Amsterdam: Elsevier.

Aldenderfer, M. S. 2011 Peopling the Tibetan Plateau: insights from archaeology. *High Altitude Medicine and Biology* **12**(2): 141–147.

Baied, C. A., & Wheeler, J. C. 1993 Evolution of high Andean puna ecosystems: Environment, climate, and culture change over the last 12,000 years in the Central Andes. *Mountain Research and Development* **13**(2): 145–156.

Baretta, J., Gutierrez-Gil, B., Iniguez, V., Savedra, V., Chiri, R., Latorre, E., & Arranz, J. J. 2012 Analysis of mitochondrial DNA in Bolivian llama, alpaca and vicuna populations: a contribution to phylogeny of the South American camelids. *Animal Genetics* **44**(2): 158–168.

Barsh, G. S. 2003 What controls variation in human skin color? *PLoS Biology* **1**(1): e27. https://doi.org/10.1371/journal.pbio.0000027.

Beall, C. M. 2001 Adaptations to altitude: A current assessment. *Annual Review of Anthropology* **30**: 423–456.

Beall, C. M. 2006 Andean, Tibetan, and Ethiopian patterns of adaptation to high-altitude hypoxia. *Integrative and Comparative Biology* **46**(1): 18–24.

Beall, C. M., Cavalleri, G. L., Deng, L., Elston, R. C., Gao, Y., Knight, J., Li, C., Li, J. C., Liang, Y., McCormack, M., Montgomery, H. E., Pan, H., Robbins, P. A., Shianna, K. V., Tam, S. C., Tsering, N., Veeramah, K. R., Wang, W., Wangdui, P., Weale, M. E., Xu, Y., Xu, Z., Yang, L., Zaman, M.J., Zeng, C., Zhang, L., Zhang, X., Zhaxi, P.,

& Zheng, Y. T. 2010 Natural selection on EPAS1 (HIF2*α*) associated with low hemoglobin concentration in Tibetan highlanders. *Proceedings of the National Academy of Sciences of the United States of America* **107** (25): 11459–11464.

Bersaglieri, T., Sabeti, P. C., Patterson, N., Vanderploeg, T., Schaffner, S. F., Drake, J. A., Rhodes, M., Reich, D. E., & Hirschhorn, J. N. 2004 Genetic signatures of strong recent positive selection at the lactase gene. *American Journal of Human Genetics* **74** (6): 1111–1120.

Bigham, A., Bauchet, M., Pinto, D., Mao, X., Akey, J. M., Mei, R., Scherer, S. W., Julian, C. G., Wilson, M. J., López, H. D., Brutsaert, T., Parra, E. J., Moore, L. G., & Shriver, M. D. 2010 Identifying signatures of natural selection in Tibetan and Andean populations using dense genome scan data. *PLoS Genetics* **6** (9): e1001116. https://doi.org/10.1371/journal.pgen.1001116.

Bonnemaire, J. 1984 Yak. In I. L. Mason (ed.), *Evolution of Domesticated Animals*, pp.39–45, London and New York: Longman.

Brantingham, P. J., Xing, G., Olsen, J. W., Haizhou, M., Rhode, D., Haiying, Z., & Madsen, D. B. 2007 A short chronology for the peopling of the Tibetan Plateau. In D. B. Madsen, X. Gao, & F. H. Chen (eds.), *Late Quaternary Climate Change and Human Adaptation in Arid China*, pp.129–150, Amsterdam: Elsevier.

Cieslak, M., Reissmann, M., Hofreiter, M., & Ludwig, A. 2011 Colours of domestication. *Biological Reviews* **86** (4): 885–899.

Dobney, K., & Larson, G. 2006 Genetics and animal domestication: new windows on an elusive process. *Journal of Zoology* **269** (2): 261–271.

Dorji, T., Mannen, H., Namikawa, T., Inamura, T., & Kawamoto, Y. 2010a Diversity and phylogeny of mitochondrial DNA isolated from mithun Bos frontalis located in Bhutan. *Animal Genetics* **41** (5): 554–556.

Dorji, T., Namikawa, T., Mannen, H., & Kawamoto, Y. 2010b Milk protein polymorphisms in cattle (*Bos indicus*), mithun (*Bos frontalis*) and yak (*Bos grunniens*) breeds and their hybrids indigenous to Bhutan. *Animal Science Journal* **81** (5): 523–529.

Fagundes, J. J. R., Kanitz, R., Eckert, R., Valls, A. C. S., Bogo, M. R., Salzano, F. M., Smith, D. G., Silva, Jr. W. A., Zago, A. K., Ribeiro-dos-Santos, Santos, S. E. B., Petzl-Erler, M. L., & Bonatto, S. L. 2008 Mitochondrial population genomics supports a single pre-Clovis origin with a coastal route for the peopling of the America. *The American Journal of Human Genetics* **82**: 583-592.

Fiedel, S. J. 2000 The peopling of the New World: present evidence, new theories, and future directions. *Journal of Archaeological Research* **8**(1): 39–103.

Field, Y., Boyle, E. A., Telis, N., Gao, Z., Gaulton, K. J., Golan, D., Yengo, L., Rocheleau, G., Froguel, P., McCarthy, M. I., & Pritchard, J. K. 2016 Detection of human adaptation during the past 2000 years. *Science* **354**(6313): 760–764.

Flad, R. K., Jing, Y., & Shuicheng, L. 2007 Zooarcheological evidence for animal domestication in northwest China. *Developments in Quaternary Sciences* **9**: 167–203.

Gagneux, P., Wills, C., Gerloff, U., Tautz, D., Morin, P. A., Boesch, C., Fruth, B., Hohmann, G., Ryder, O. A., & Woodruff, D. S. 1999 Mitochondrial sequences show diverse evolutionary histories of African hominoids. *Proceedings of the National Academy of Sciences of the United States of America* **96**(9): 5077–5082.

Gaunitz, C., Fages, A., Hanghøj, K., Albrechtsen, A., Khan, N., Schubert, M., Seguin-Oriando, A., Owens, I. J., Felkei, S., Bignon-Lau, O., de Barros, D. P., Mittnik, A., Mohaseb, A. F., Davoudi, H., Alquraishi, S., Alfarhan, A. H., Al-Rasheid, K. A. S., Crubézy, E., Benecke, N., Cosen, S., Brown, D., Anthony, D., Sassy, K., Pitulko, V., Kasparov, A., Brem, G., Hofreiter, M., Mukhtarova, G., Beimukhanov, N., Lõugas, L., Onar, V., Stockhammer, P. W., Krause, J., Boldgiv, B., Undrakhbold, S., Erdenebaatar, D., Lepetz, S., Mashkour, M., Ludwig, A., Wallner, B., Merz, V., Merz, I., Zaibert, V., Willerslev, E., Librado, P., Outram, A. K., & Oriando, L. 2018 Ancient genomes revisit the ancestry of domestic and Przewalski's *horses. Science* **360**(6384): 111–114.

Green, R. E., Krause, J., Briggs, A. W., Maricic, T., Stenzel, U., Kircher, M., Patterson, N., Li, H., Zhai, W., Fritz, M. H-Y., Hansen, F., Durand, E. Y., Malaspinas, A-S., Jensen, D., Marques-Bonet, T., Alkan, C., Prüfer, K., Meyer, M., Burbano, H. A., Good, J. M., Schultz, R., Aximu-Petri, A., Butthof, A., Höber, B., Höffner, B., Siegemund, M., Weihmann, A., Nusbaum, C., Lander, E. S., Russ, C., Novod, N., Affourtit, J., Egholm, M., Verna, C., Rudan, P., Brajkovic, D., Kucan, Ž., Gušic, I., Doronichev, V. B., Golovanova, L. V., Lalueza-Fox, C., de la Rasilla, M., Fortea, J., Rosas, A., Schmitz, R. W., Johnson, P. L. F., Eichler, E. E., Falush, D., Birney, E., Mullikin, J. C., Slatkin, M., Nielsen, R., Kelso, J., Lachmann, M., Reich, D., & Pääbo, S. 2010 A draft sequence of the Neandertal genome. *Science* **328**(5979): 710–722.

Guo, S. C., Savolainen, P., Su, J. P., Zhang, Q., Qi, D. L., Zhou, J., Zhong, Y., Zhao, X. Q., & Liu, J. Q. 2006 Origin of mitochondrial DNA diversity of domestic yaks. *BMC Evolutionary Biology* **6**: 73.

Hackinger, S., Kraaijenbrink, T., Xue, Y., Mezzavilla, M., Asan, van Driem, G., Jobling, M. A., de Knijff, P., Tyler-Smith, C., & Ayub, Q. 2016 Wide distribution and altitude correlation of an archaic high-altitude-adaptive EPAS1 haplotype in the Himalayas. *Human Genetics* **135**(4): 393–402.

Hemmer, H. 1990 Domestication: *the decline of environmental appreciation*. Cambridge: Cambridge University Press.

Hershkovitz, I., Marder, O., & Barzilai, O. 2015 Manot 1 and its relevancy for comprehending modern human evolution. *Proceedings of the European Society for the study of Human Evolution* **4**: 116, European Society for the study of Human Evolution, 5th Annual Meeting, London, UK, 10 - 12 September, 2015.

Hey, J. A. 2005 On the number of New World founders: a population genetic portrait of the peopling of the Americas. *PLoS Biology* **3**(6): e193. https://doi.org/10.1371/journal.pbio.0030193.

Ho, S. Y. W., Larson, G., Edwards, C. J., Heupink, T. H., Lakin, K. E., Holland, P. W. H., & Shapiro, B. 2008 Correlating Bayesian date estimates with climatic events and domestication using a bovine case study. *Biology Letters* **4**(4): 370–374. doi:10.1098/rsbl.2008.0073.

Howes, R. E., Patil, A. P., Piel, & F. B., Nyangiri, O. A., Kabaria, C. W., Gething, P. W., Zimmerman, P. A., Barnadas, C., Beall, C. M., Gebremedhin, A., Menarad, D., Williamas, T. N., Weatherall, D. J., & Haya, S. I. 2011 The global distribution of the Duffy blood group. *Nature Communications* **2**: 266. doi: 10.1038/ncomms1265.

Huerta-Sánchez, E., Jin, X., Asan, Bianba, Z., Peter, B., Vinckenbosch, N., Liang, Y., Yi, X., Mingze, He., Somel, M., Ni, P., Wang, B., Ou, X., Huasang, Luosang, J., Cuol, Z. X. P., Gao, G., Yin, Y., Wang, W., Zhang, X., Xu, X., Yang, H., Yingrui, Li., Wang, J., Wang, J., & Nielsen, R. 2014 Altitude adaptation in Tibet caused by introgression of Denisovan-like DNA. *Nature* **512**: 194–197. doi:10.1038/nature13408.

IUCN (International Union for Conservation of Nature) 2016 *The IUCN Red List of Threatened Species*. Version 2017–1.

Jansen, T., Forster, P., Levine, M. A., Oelke, H., Hurles, M., Renfrew, C., Weber, J., & Olek, K. 2002　Mitochondrial DNA and the origins of the domestic horse. *Proceedings of the National Academy of Sciences of the United States of America* **99**(16): 10905–10910.

Kadwell, M., Fernández, M., Stanley, H. F., Baldi, R., Wheeler, J. C., Rosadio, R., & Bruford, M. W. 2001　Genetic analysis reveals the wild ancestors of the llama and alpaca. *Proceedings of the Royal Society of London, Series B, Biological Sciences* **268**(1458): 2575–2584.

Kawamoto, Y., Namikawa, T., Adachi, A., Amano, T., Shotake, T., Nishida, T., Hayashi, Y., Kattel, B., & Rajubhandary, H. B. 1992　A population genetic study on yaks, cattle and their hybrids in Nepal using milk protein variations. *Animal Science and Technology* **63**(6): 563–575.

Kruska, D. 1988　Mammalian domestication and its effect on brain structure and behavior. In H. J. Herison, & I. Jerison (eds.), *Intelligence and Evolutionary Biology*, pp. 211–250. New York: Springer-Verlag.

Kuentz, A., Ledru, M-P., & Thouret, J-C. 2012　Environmental changes in the highlands of the western Andean Cordillera, southern Peru, during the Holocene. *The Holocene* **22**(11): 1215–1226.

Larson, G., Dobney, K., Albarella, U., Fang, M., Matisoo-Smith, E., Robins, J., Lowden, S., Finlayson, H., Brand, T., Willerslev, E., Rowley-Conwy, P., Andersson, L., & Cooper, A. 2005　Worldwide phylogeography of wild boar reveals multiple centers of pig domestication. *Science* **307** (5715) : 1618–1621.

Marchant, R., Hooghiemstra, H., & Islebe, G. 2004　The rise and fall of Peruvian and Central American civilizations: Interconnections with Holocene climatic change – A necessarily complex model. In Y. Yasuda, & V. Shinde (eds.), *Monsoons and Civilizations*, pp.351–376. New Delhi: Rolli Books.

Marín, J. C., Casey, C. S., Kadwell, M., Yaya, K., Hoces, D., Olazabal, J., Rosadio, R., Rodriguez, J., Spotorno, A., Bruford, M. W., & Wheeler, J. C. 2007　Mitochondrial phylogeography and demographic history of the Vicña: implications for conservation. *Heredity* **99**: 70–80.

Martin, P. S. 1973　The discovery of America. *Science* **179**(4077): 969–974.

Martin, P. S. 1984　Prehistoric overkill: The global model. In P. S. Martin, & R. G. Klein (eds.), *Quaternary Extinctions: A Prehistoric Revolution*, pp.354–403. Tucson: University of Arizona Press.

Meltzer, D. J. 1997　Monte Verde and the Pleistocene peopling of the Americas. *Science* **276**(5313): 754–755.

Mengoni Goñalons, G. L., & Yacobaccio, H. D. 2006 The domestication of South American camelids: A view from the South Central Andes. In M. A. Zeder, D. G. Bradley, E. Emshwiller, & B. D. Smith (eds.), *Documenting Domestication-New Genetic and Archaeological Paradigms*, pp.228–244. Berkeley: University of California Press.

Moore, L. G., Armaza, F., Villena, M., & Vargas, E. 2000 Comparative aspects of high-altitude adaptations in human populations. In S. Lahiri, N. R. Prabhakar, & R. E. Forster II (eds), *Oxygen Sensing: From Molecule to Man*, pp.45–62. New York: Kluwer Academic/Plenum.

Morey, D. F. 1992 Size, shape, and development in the evolution of the domestic dog. *Journal of Archaeological Science* **19**(2): 181–204.

Müller-Haye, B. 1984 Guinea-pig or cuy. In I. L. Mason (ed.), *Evolution of Domesticated Animals*, pp.252-257. London and New York: Longman.

Olsen, S. J. 1990 Fossil ancestry of the yak, its cultural significance and domestication in Tibet. *Proceedings of the Academy of Natural Sciences of Philadelphia* **142**: 73–100.

Olsen, S. J. 2006 Early horse domestication on the Eurasian Steppe. In M. A. Zeder, D. G. Bradley, E. Emshwiller, & B. D. Smith (eds), *Documenting Domestication-New Genetic and Archaeological Paradigms*, pp.245–269. Berkeley: University of California Press.

Owen, L. A., Finkel, R. C., Haizhou, M., & Barnard, P. L. 2006 Late Quaternary landscape evolution in the Kunlun Mountains and Qaidam Basin, Northern Tibet: a framework for examining the links between glaciation, lake level changes and alluvial fan formation. *Quaternary International* **154–155**: 73–86.

Pääbo, S. 2014 The human condition: A molecular approach. *Cell* **157**(1): 216–226.

Parra, E. J. 2007 Human pigmentation variation: Evolution, genetic basis, and implications for public health. *Yearbook of Physical Anthropology* **50**: 85–105.

Perry, G. H., Dominy, N. J., Claw, K. G., Lee, A. S., Fiegler, H., Redon, R., Werner, J., Villanea, F. A., Mountain, J. L., Misra, R., Carter, N. P., Lee, C., & Stone, A. C. 2007 Diet and the evolution of human amylase gene copy number variation. *Nature Genetics* **39**(10): 1256–1260, doi:10.1038/ng2123.

Presciuttine, S., Valbonesi, A., Apaza, N., Antonini, M., Huanca, T., & Renieri, C. 2010 Fleece variation in alpaca (*Vicugna pacos*): a two locus model for the Suri/Huacaya phenotype. *BMC Genetics* **11**: 70.

Prüfer, K., Racimo, F., Patterson, N., Jay, F., Sankararaman, S., Sawyer, S., Heinze, A., Renaud, G., Sudmant, P. H., de Filippo, C., Li, H., Mallick, S., Dannemann, M., Fu, Q., Kircher, M., Kuhlwilm, M., Lachmann, M., Meyer, M., Ongyerth, M., Siebauer, M., Theunert, C., Tandon, A., Moorjani, P., Pickrell, J., Mullikin, J. C., Vohr, S. H., Green, R. E., Hellmann, I., Johnson, P. L. F., Blanche, H., Cann, H., Kitzman, J. O., Shendure, J., Eichler, E. E., Lein, E. S., Bakken, T. E., Golovanova, L.V., Doronichev, V. B., Shunkov, M. V., Derevianko, A. P., Viola, B., Slatkin, M., Reich, D., Kelso, J., & Pääbo, S. 2014 The complete genome sequence of a Neandertal from the Altai Mountains. *Nature* **505**: 43–49.

Qi, X., Cui, C., Peng, Y., Zhang, X., Yang, Z., Zhong, H., Zhang, H., Xiang, K., Cao, X., Wang, Y., Ouzhuluobu, B., Ciwangsangbu, B., Gonggalanzi, Wu, T., Chen, H., Shi, H., & Su, B. 2013 Genetic evidence of paleolithic colonization and neolithic expansion of modern humans on the Tibetan Plateau. *Molecular Biology and Evolution* **30**(8):1761–1778. doi: 10.1093/molbev/mst093.

Qiu, Q., Zhang, G., Ma, T., Qian, W., Wang, J., Ye, Z., Cao, C., Hu, Q., Kim, J., Larkin, D. M., Auvil, L., Capitanu, B., Ma, J., Lewin, H. A., Qian, X., Lang, Y., Zhou, R., Wang, L., Wang, K., Xia, J., Liao, S., Pan, S., Lu, X., Hou, H., Wang, Y., Zang, X., Yin, Y., Ma, H., Zhang, J., Wang, Z., Zhang, Y., Zhang, D., Yonezawa, T., Hasegawa, M., Zhong, Y., Liu, W., Zhang, Y., Huang, Z., Zhang, S., Long, R., Yang, H., Wang, J., Lenstra, J. A., Cooper, D. N., Wu, Y., Wang, J., Shi, P., Wang, J., & Liu, J. 2012 The yak genome and adaptation to life at high altitude. *Nature Genetics* **44**: 946–951.

Rasmussen, M., Anzick, S. L., Waters, M. R., Skoglund, P., DeGiorgio, M., Stafford, Jr T. W., Rasmussen, S., Moltke, I., Albrechtsen, A., Doyle, S. M., Poznik, G. D., Gudmundsdottir, V., Yadav, R., Malaspinas, A-S., White, V. S. S., Allentoft, M. E., Cornejo, O. E., Tambets, K., Eriksson, A., Heintzman, P. D., Karmin, M., Korneliussen, T. S., Meltzer, D. J., Pierre, T. L., Stenderup, J., Saag, L., Warmuth, V., Lopes, M. C., Malhi, R. S., Brunak, S., Sicheritz-Ponten, S., Barnes, I., Collins, M., Orlando, L., Balloux, F., Manica, A., Gupta, R., Metspalu, M., Bustamante, C. D., Jakobsson, M., Nielsen, R., & Willerslev, E. 2014 The genome of a late Pleistocene human from a Clovis burial site in western Montana. *Nature* **506**: 225–229.

Relethford, J. H. 2002 Apportionment of global human genetic diversity based on craniometrics and skin color. *American Journal of Physical Anthropology* **118**(4): 393–398.

Renieri, C., Valbonesi, A., Manna, V. L., Antonini, M., & Asparrin, M. 2009 Inheritance of Suri and Huacaya type of fleece in alpaca. *Italian Journal of Animal Science* **8**(1): 83–91.

Renieri, C., Valbonesi, A., Antonini, V. L., Huanca, T., Apaza, N., Presciuttini, S., & Asparrin, M. 2011 Suri/Huacaya phenotype inheritance in alpaca. In M. Á. Pérez-Cabal, J. P. Gutiérrez, I. Cervantes, & M. J. Alcalde (eds), *Fibre production in South American camelids and other fibre animals*, pp.25–34. Netherlands: Wageningen Academic Publishers.

Rhode, D., Madsen, D. B., Brantingham, P. J., & Dargye, T. 2007 Yaks, yak dung, and prehistoric human habitation of the Tibetan Plateau. *Developments in Quaternary Sciences* **9**: 205–224.

Rybczynski, N., Gosse, J. C., Harington, C. R., Wogelius, R. A., Hidy, A. J., & Buckley, M. 2013 Mid-Pliocene warm-period deposits in the High Arctic yield insight into camel evolution. *Nature Communications* **4**: 1550. DOI: 10.1038/ncomms2616.

Searle, A. G. 1968 *Comparative Genetics of Coat Colour in Mammals*. London: Logos Press.

Simoons, F. J., & Simoons, E. S. 1968 *A Ceremonial Ox of India. The Mithun in Nature, Culture, and History*. Madison: The University of Wisconsin Press.

Spotorno, A. E., Marín, J. C., Ganríquez, G., Valladares, J. P., Rico, E., & Rivas, C. 2006 Ancient and moderns steps during the domestication of guinea pigs (*Cavia porcellus L.*). *Journal of Zoology* **270**(1): 57–62.

Stanley, H. F., Kadwell, M., & Wheeler, J. C. 1994 Molecular evolution of the family Camelidae: a mitochondrial DNA study. *Proceedings of the Royal Society of London, Series B, Biological Sciences* **256**: 1–6.

Tenzin, S., Dorji, J., Dorji, T., & Kawamoto, Y. 2016 Assessment of genetic diversity of Mithun (*Bos frontalis*) population in Bhutan using microsatellite DNA markers. *Animal Genetic Resources* **59**: 1–6. Doi:10.1017/S2078633616000072.

Tishkoff, S. A., Reed, F. A., Ranciaro, A., Voight, B. F., Babbitt, C. C., Silverman, J. S., Powell, K., Mortensen, H. M., Hirbo, J. B., Osman, M., Ibrahim, M., Omar, S. A., Lema, G., Nyambo, T. B., Ghori, J., Bumpstead, S., Pritchard, J. K., Wray, G. A., & Deloukas, P. 2007 Convergent adaptation of human lactase persistence in

Africa and Europe. *Nature Genetics* **39**: 31–40.

Torroni, A., Miller, J., Moore, L., Zamudio, S., Zhuang, J., Droma, T., & Wallace, D. 1994 Mitochondrial DNA analysis in Tibet – Implications for the origin of the Tibetan population and its adaptation to high altitude. *American Journal of Physical Anthropology* **93**(2): 189–199.

Troy, C. S., MacHugh, D. E., Bailey, J. F., Magee, D. A., Loftus, R. T., Cnningham, P., Chamberlain, A. T., Sykes, B. C., & Bradley, D. G. 2001 Genetic evidence for Near-Eastern origins of European cattle. *Nature* **410**: 1088–1091.

Wang, Z., Shen, X., Liu, B., Su, J., Yonezawa, T., Yu, Y., Guo, S., Ho, S. Y. W., Vilà, C., Hasegawa, M., & Liu, J. 2010 Phylogeographical analyses of domestic and wild yaks based on mitochondrial DNA: new data and reappraisal. *Journal of Biogeography* **37**(12): 2332–2344.

Wheeler, J. C. 1995 Evolution and present situation of the South American Camelidae. *Biological Journal of the Linnean Society* **54**(3): 271–295.

Wheeler, J. C. 2012 South American camelids: past, present and future. Journal of *Camelid Science* **5**: 1–24.

Wheeler, J. C., Russel, A. J. F., & Stanley, H. F. 1992 A measure of loss: Prehispanic llama and alpaca breeds. *Archivos de Zootecnia*. **41**(extra): 467–475.

Wiener, G., Han, J. L., & Long, R. J. 2003 *The Yak, 2nd ed*. Bangkok: Regional Office for Asia and the Pacific, FAO.

Wing, E. S. 1977 Animal domestication in the Andes. In C. A. Reed (ed.), *Origins of Agriculture*, pp.837–857. The Hague and Paris: Mouton Publishers.

Wu, H., Guang, X., Al-Fageeh, M. B., Cao, J., Pan, S., Zhou, H., Zhang, L., Abutarboush, M. H., Xing, Y., Xie, Z., Alshanqeeti, A. S., Zhang, Y., Yao, Q., Al-Shomrani, B. M., Zhang, D., Li, J., Manee, M. M., Yang, Z., Yang, L., Liu, Y., Zhang, J., Altammami, M. A., Wang, S., Yu, L., Zhang, W., Sanyang, L., Ba, L., Liu, C., Yang, X., Meng, F., Wang, S., Li, L., Li, E., Li, X., Wu, K., Zhang, S., Wang, J., Yin, Y., Yang, H., Al-Swailem, A. M., & Wang, J. 2014 Camelid genomes reveal evolution and adaptation to desert environments. *Nature Communications* **5**: 5188.

Wuliji, T. 2011 Fibre production and fibre characteristics of alpacas farmed in United States. In: Fibre production in South American camelids and other fibre animals. In M. Á. Pérez-Cabal, J. P. Gutiérrez, I. Cervantes, & M. J. Alcalde (eds.), *Fibre production in South American camelids and other fibre animals*, pp.65–72. Netherlands: Wageningen Academic Publishers.

Xuebin, Q., Jianlin, H., Lkhagva, J. B, Chekarova, I., Badamdorj, D., Rege, J. E. O., & Hanotte, O. 2005 Genetic diversity and differentiation of Mongolian and Russian yak populations. *Journal of Animal Breeding and Genetics* **122**: 117–126.

Zeder, M. A. 2012 Pathways to animal domestication. In P. Gepts, T. R. Famula, R. L. Bettinger, S. B. Brush,, A. B. Damania, P. E. McGuire, & C. O. Qualset (eds.), *Biodiversity in Agriculture: Domestication, Evolution, and Sustainability*, pp.227–259. New York: Cambridge Univ. Press.

第Ⅵ章

アンデスとヒマラヤ・チベットの牧畜

―「移動」と「資源化」に着目して―

稲村 哲也

囲いに追い込まれた野生のラクダ科動物ビクーニャ。アルパカの野生祖先種とみなされている（筆者撮影）

リャマのキャラバン
（ペルー、アレキーパ県プイカ）

ヤクを飼う牧民とテント
（ブータン、ラヤ地方）

ヤクの搾乳
（ネパール、ソル地方）

ラヤ地方の牧民家族を調査中の写真（右から2人目）

稲村　哲也（いなむら・てつや）

1950年静岡県に生まれる。

1981年東京大学大学院社会学研究科単位取得退学。

野外民族博物館リトルワールド研究員、愛知県立大学教授、放送大学教授等を経て、現在、放送大学特任教授。

専攻　文化人類学、アンデス、ヒマラヤ・チベット、モンゴル等の牧畜社会の比較研究。

おもな著書として『リャマとアルパカ ―アンデスの先住民社会と牧畜文化』（花伝社、1995年）、『メキシコの民族と衣装』〔改訂再版〕（京都書院、1997年）、『ヒマラヤの環境誌 ―山岳地域の自然とシェルパの世界』（共編著、八坂書房、2000年）、『世界遺産 6 ラテンアメリカ ―ペルー、グアテマラなど』（総合解説　毎日新聞社、2001年）、『続生老病死のエコロジー ―ヒマラヤとアンデスに生きる身体・こころ・時間』（共編著、昭和堂、2013年）、『遊牧・移牧・定牧 ―モンゴル、チベット、ヒマラヤ、アンデスのフィールドから』（ナカニシヤ出版、2014年）、『都市と草原 ―変わりゆくモンゴル』（共編著、風媒社、2015年）、『博物館展示論』（編著、放送大学教育振興会、2016年）、『博物館情報・メディア論』（共編著、放送大学教育振興会、2018年）、『レジリエンスの諸相 ―人類史的視点からの挑戦』（共編著、放送大学教育振興会、2018年）など。

一 はじめに

この本の編者山本紀夫が提起した「高地文明」の概念は、メソポタミア、エジプトなどの古代文明が大河沿いに成立したのに対し、「低緯度」の「山岳地域」において、標高差による多様な生態系を利用することなどが文明成立の基盤となったことを重視した概念であろう。多様な生態系の「資源化」がその文明形成の基盤であるが、世界の二大山脈であるアンデスとヒマラヤ（および、その北に広がるチベット高原）に共通する（資源化された）主たる「資源」は、峡谷部で開発された階段耕地やそこで栽培される多様な作物、高所の草地等の生態系を利用可能とする家畜である。この章では、主として「資源人類学」の観点から、家畜飼養すなわち牧畜に焦点を絞り、「サブシステンス的資源利用」を中心に、両地域を比較検討していきたい[1]。

「サブシステンス」的側面を中心に論じるのは、それが「高地文明」を構成する諸要素に繋がるとの考えからである。「サブシステンス」は貨幣を媒介としない「自給自足」型の生業経済を意味する。しかしながら、ここで扱う「牧民」や「農牧民」の諸コミュニティは、広い世界とつながっており、大枠としての貨幣商品経済（市場経済）のなかで一定程度の「サブシステンス」を維持する社会である。それらは、外の世界の貨幣商品経済に開かれており、現実には、その傾向がますます強まっていることを指摘しておきたい。

「低緯度」の山岳地域の最大の特徴は、五〇〇〇メートルもの極高所まで人が生活することができるため、人の生活圏の標高差が大きいことにある。アンデスとヒマラヤは、いずれも低緯度に位置するため、その麓には、熱帯ないし亜熱帯の気候があり、標高が高くなるにつれて気温が下がりやがて氷雪地域に至る。そのため、地球上のほとんどの気候帯が凝縮されたような多様な自然環境をもっている[2]。

[1] 「資源人類学」の観点は内堀基光らによる（内堀・菅原・印東 二〇〇七）。内堀らによれば、「資源」は環境のなかにあって人間にとって役に立つものであり、「資源」となるかどうかは人間の欲求と利用能力による。また、人があるモノを資源とする過程を資源化という。

[2] アンデスとヒマラヤの多様な気候帯については、本書の序章とⅡ章で山本紀夫が論じている。また、岩田（一九九八）、山本（二〇〇七）、山本・稲村（二〇〇〇）でも詳細に論じられている。

アンデスでもヒマラヤ・チベットにおいても、人びとは、寒さに強い動物を家畜化し、農耕に不適な高所にまで生活の営みを拡大してきた。つまり、両地域の牧畜は、人の生活圏のフロンティアとしての極高所に成立したという点でも共通している。しかし、牧畜の観点から両地域を比較すると、移動（移動か定着かなど）、家畜の利用（荷駄、乳、毛、肉、糞など）、土地の利用（共有、占有のちがい、占有の主体など）などが異なり、それぞれの特色が鮮明となる[3]。とりわけ移動の違いとそれによる生態系の利用の違いは重要である。

牧畜のシステムは、それぞれの地理的な位置や地形、環境条件によって規定される部分が大きい。そこでまず両地域の地理学的特徴をとらえておこう。アンデスは、南北約八〇〇〇キロメートルにおよび、北緯一二度あたりから南緯五六度まで伸びている。本章でとりあげるのは、考古学や文化人類学でいうところの「中央アンデス」であり、それは南緯三・五度から二〇度にかけての地域である（山本 二〇〇七：四四）。なかでも、本章で事例として中心的にとりあげる地域はペルー南部で、南緯一五度のあたりである。以下では、とくに断りのない限り、ペルー南部のアンデスを、単に「アンデス」と記述して論を進める。

一方、ヒマラヤは東西に約二二〇〇キロメートルで、南に少し膨んだ弧を描いている。ネパールを中心とする中部ヒマラヤは南に張り出した地域であるが、そこはおよそ北緯二七度に位置し、ペルー南部とくらべて一〇度以上も緯度が高い。その緯度の違いが両地域の気候に重要な違いを生み出している。ヒマラヤ・チベットでは、気温の年変化がかなり大きいのに対し、アンデス高地では年変化が少ない（ただし、気温の日変化は大きい）。そのような気候の違いは、とりわけ牧畜の移動に大きな影響を与えている。すなわち、ヒマラヤでは谷を上下する規則的な家畜の移動がおこなわれるが、アンデスでは年間をとおして、標高四〇〇〇メートル以上の高原（プナ）の一定の領域内で家畜を維持することが可能となっている。

筆者は、両地域において、これまで長年にわたって牧畜文化を中心にフィールドワークをおこな

[3] そうした比較は、牧畜文化研究全般にとっても、重要な知見を提供する（稲村 一九九五、二〇〇七a、二〇〇七c、二〇一四等で論じている）。

[4] 筆者は一九七八年九月から一九八〇年一二月にかけてペルーに滞在し、ペルー南西部アレキーパ県のプイカ行政区の標高四五〇〇メートル前後の高原で、リャマとアルパカ（ラクダ科動物）を飼養するケチュアの牧民社会を中心に現地調査をおこない、それ以後も数度の調査をおこなってきた。また、一九八四年以後、ヒマラヤ・チベットでも調査研究を続けてきた（稲村 一九九五、一九九六、二〇〇〇、二〇〇四、二〇〇七a、二〇〇七b、二〇〇七c、二〇一二、二〇一三、二〇一四、稲村・川本二〇〇五、稲村・本江・山本ほか 二〇〇〇、Inamura 2002, 2004, 2006など）。

い、比較研究にも取り組んできた。[4] そして、両地域（及びモンゴル）を比較する論稿を発表し、アンデスの「定牧」をふまえた、新たな牧畜論の提示もおこなってきた。しかし、残念ながら、そうした論が学会に定着するには至っていない。そこで、本章では、まず、アンデスとヒマラヤ・チベットの比較にもとづいて、移動に着目した高所における牧畜の類型を提示し、次いで、それぞれの類型にあてはまる民族誌的データを簡潔に記述するという形をとりたい。[5]

二　移動に着目したアンデスとヒマラヤ・チベットの牧畜類型

「資源化」の観点からみた生態系の利用と家畜

資源論の観点から、生態系へのかかわり方に照準をあてて、牧畜という生業の特徴を考えてみよう。「生態系」とは「ある地域に生息するすべての生物群と環境がおりなす食物連鎖や物質循環の総体のシステム」を意味する。「地域」に境目があるわけではないが、生業の観点からみれば、峡谷、高原、森、草原、乾燥地など、気象条件、地形、植生などによって特徴づけられる一定領域を識別することが可能である。[6] ここで、生態系へのかかわり方に関して、牧畜を狩猟採集、農耕と比較してみよう。狩猟採集は、生態系の恵み（資源）を直接得る生業である。農耕は、生態系に手を加えて改変し、効率の高い資源である作物を再生産するものである。それらに対し、牧畜は、人が直接資源として利用できない草などの資源を、家畜を介して間接的に利用する生業ということになる。[7] 資源論の観点からいえば、動物の家畜化（ドメスティケーション）は「資源化」にほかならない。[8] 野生動物を家畜化（資源化）することによって生成された「家畜」は、人がいつでも多様な用途に利用できるようにした「資源」である。

狩猟によって得られる資源である「野生動物」は、狩人によって主として食糧として利用され、毛皮が衣服に、角や骨が道具製作に利用されてきた。それに対して、「家畜」は、一般論とし

[5]　本章のベースとなっているものは、（稲村 二〇一四）で論じた牧畜論であるが、ここでは、高所の牧畜に絞るとともに、資源人類学の視点をより明確化し、より簡潔に論じたい。

[6]　アンデスでは、プルガル・ビダルが論じた「8つの生態系」の区分が有名である（Pulgar Vidal 1995）。それらは、住民自身による区分認識にもとづいている。山本紀夫がアンデスにとって重要な五区分について論じている（山本 二〇〇七：一一－二八）。

[7]　そのため、現在では、乾燥地や寒冷地など、直接的な資源に乏しく、また農耕にも不向きな生態系に成立しているケースが多い。もっとも、西アジアなどで牧畜が成立した当初は、狩猟採集、農耕と同じ生態系にも並存していたことが想定される。

[8]　植物の栽培化（ドメスティケーション）も同じく「資源化」である。アンデスのラクダ科動物の家畜化については（稲村 一九九五、二〇〇九）を参照されたい。

て、その乳を食用として（アンデスは例外）、毛を織物・衣服・紐・ロープなどの材料として、畜糞を肥料として繰り返し利用できる。また、「畜力」を、耕作手段として、輸送手段として、あるいは騎乗手段として、利用できる。[9] しかも、肉としての利用を除くと、繰り返し利用することができ、（仔を産むことで）再生産ができる「再生可能資源」となったのである。

ヒマラヤ・チベットでは、地域・家畜種によって異なるが、全体としては、先にあげたすべての資源利用（用途）がそろっている。それに対して、アンデスでは、食用としての乳の利用、耕作手段、また騎乗手段としての「畜力」の利用はない。アンデスで重要なものは、毛の利用（アルパカ）、輸送手段としての利用（リャマ）、そして畜糞の肥料としての利用である。また、肉が自家消費用および農作物との交換のために利用される。また、リャマによる輸送は、アンデスの専業牧民にとっては、（農民の作物を運搬することで）農作物を得るための重要な手段である。

以上みてきたように、人は、家畜化（資源化）により、様々な畜産物（有用物）を提供してくれる家畜（資源）を手に入れた。畜産物（有用物）は交易品として農作物など他の有用物を手にいれるための資源となった。さらに、家畜は一種のエネルギー資源としての「畜力」を提供し、それが、さらに多様なモノを資源化する手段となった。アンデスでは、ラクダ科動物は象徴資源としても有用である。すなわち、牧民社会では自然崇拝の儀礼における犠牲獣としても使われ、とくに、その脂肪は供物として、牧民のみならず農民にも使われる。このように、家畜化・家畜利用は複雑な資源の連鎖を生み出し、その過程は、牧民の生業活動の連鎖と重なる。資源論の観点から、牧畜という生業を「資源連鎖〜活動連鎖」の関係性をとおしてみることができるのである。[10]

「人＝家畜＝生態系」の相互作用としての「資源化」と「移動」

前項では、家畜はそもそも、人が直接的には利用できない（もともとは資源ではない）草地などの生態系を資源に転換した「資源化装置」だともいえる、という見方をした。そこで、生態系の資

[9] 最後の三つの利用法は、物的資源ではなく、いわばエネルギー資源としての活用である。西アジアやモンゴル・中央アジアでは、騎乗としてのウマの利用が、世界制覇にまで至る軍事力としてきわめて重要な資源となったことは周知のとおりである。それと比べると、ヒマラヤ・チベットでは騎乗にそれほど大きな重要性はない。

[10] このように多角的な資源の連鎖を生み出す牧畜という生業の理解にとって、「資源人類学」は有効な視点といえよう。「資源化」や「資源の連鎖」については（内堀・菅原・印東 二〇〇七）。

源化において、家畜がどのように移動するのか（あるいはしないのか）といった点を中心とした、「人＝家畜＝生態系」の相互作用が重要なポイントとなる。

山岳地域の場合、寒冷な高原を下っていくと暖かい峡谷に至るというように、生態系が上下方向に隣接しているため、複数の生態系を直接的に利用することが比較的容易である。同一の家族が、高原での牧畜と峡谷での農耕をともに営む場合、彼らを「農牧民」と呼ぶことができる。[11] 農牧民は、ヒマラヤにもアンデスにも存在するが、家畜の飼い方（とくに移動）に大きな違いがある。ヒマラヤでは、峡谷部で農耕をおこない、同時に、家畜の上下の季節移動（移牧）によって、上下の異なる生態系を利用してきた。夏に標高四〇〇〇メートル以上の高所で放牧をおこなうが、秋になると高所に雪が降り、寒くなって草も枯れるため、下の集落のあたりまで家畜を降ろし春までそこで放牧する、という上下移動である。一方、アンデスの牧畜にはヒマラヤのような上下の季節移動はない。そのため、筆者はアンデスの牧畜を基本的に「定牧」と特徴づけてきた。

アンデスでは高原部（プナ）でリャマやアルパカを飼いながら、峡谷部で農耕をおこなうケースがあるが、その場合、主たる居住地は高地において家畜を飼い、家族が農作業にあわせて峡谷に下りていく。[12] このように、アンデスにもヒマラヤ・チベットにも、農牧民が存在するが、家畜の移動の有無という点では異なるわけである。

一方、高原では専業の牧民が牧畜を営んでいて、峡谷には農民が暮らしていて、牧民と農民が交易等によって関係をもつこともある。そのような形態は、アンデス（西部高地のプイカなど）にも、ヒマラヤ（ブータン極東部など）にもある。

生態系の違いは、人と動物の移動に影響する。たとえば、乾燥地であれば広範囲を移動する。[13] 逆に、アンデス高原（プナ）の湿原では、一年中、そこで家畜を放牧することができる。家畜の種類によって異なる行動特性、気候や植生への適応特性なども、牧畜の移動の仕方に影響する。[14] 一方で、生態系の知識と利用、住居や囲いなどの施設、集団構成など人の側からの作用（資源管理とその主

[11]　農耕と牧畜が相互に絡み合った生業形態を「農牧複合」ということができる。「農牧複合」は、農牧民の生業において典型的な形をとる。

[12]　本書の第Ⅱ章で紹介されたマルカパタがその典型的事例のひとつである（山本一九九二、二〇〇四、二〇〇七）。

[13]　ここでは論じないが、モンゴルのゴビ地方などがその典型である（稲村・古川ほか二〇〇一、石井・鈴木・稲村二〇一五）。

[14]　たとえば、アルパカの野生祖先種は、一定の固定した行動域をもち、それがアンデスの牧畜の定住性と関連している（大山二〇〇四など）。

体）も、牧畜の移動に関係する。その中には、生態系（土地）を共有するのか、占有するのかという、土地へのアクセスのあり方も含まれる。[15] そこで、ここではまず「移動」について整理し、次に事例を紹介し、最後に、これらの移動形態と牧畜の他の諸要素との関連について、「むすび」でまとめたい。

遊牧（pastoral nomadism）と移牧（pastoral transhumance）

筆者は、チベット自治区で、ヤル・ツァンポの支流をラサから北上する水系に沿って広域調査を実施した（後述）。その谷の上流部には上下の標高差を利用して移動（移牧）をおこなう専業牧畜の集落[16]（標高約四三〇〇メートル）があった。また、さらにその上流の高原（標高約四八〇〇メートル）では遊牧（地域が限定された半遊牧）がおこなわれていた（稲村 二〇一四：一二五–一四〇、稲村・本江・山本ほか 二〇〇〇）。筆者はまた、インド、ラダーク地方のチャンタン高原の遊牧民について調査したが、彼らは標高四九〇〇～四六〇〇メートルの範囲を移動しており、水平的な移動と共に、三〇〇メートル程度の標高差を利用していることが明らかとなった。

スタンらも、チベットの遊牧には上下の季節移動の要素があることを指摘している（スタン 一九九三、稲村 二〇一四：一二五–一四〇）。このように、遊牧と（上下の移動をともなう）移牧のあいだに明確な境界線を引くことはできない。[17] つまり、遊牧（pastoral nomadism）と移牧（pastoral transhumance）は連続的なものであり、筆者は両概念を理念型としてとらえるべきだと考える。

遊牧の典型は「水平的で不規則な移動」、移牧の典型は「上下の規則的な移動」であるが、「水平／上下」「不規則／規則的」というふたつの対立軸は、相互に必然的に結びついているわけではない。後で述べるチャンタン高原では、遊牧といっても規則的な移動をし、水平的に広範囲を移動しながらも一定の標高差を利用している。[18]

移牧については、山岳地域の地形と生態系の特性により、「上下」と「規則的」のふたつの要素

[15] 専門家のあいだでも「牧畜では土地は共有される」という思い込みがある。しかし、アンデスの牧民社会では、放牧地は拡大家族によって占有されたり、コミュニティが占有したりする。ヒマラヤ・チベットの諸地域でも、放牧地へのアクセスのあり方は多様である。

[16] ナクチュ（那曲）地区のダンシュン（當雄）県ギャルゲン村。

[17] 遊牧はモンゴルなどで典型的にみられる平坦な草原における不規則な移動とされるが、モンゴルにおいても、北部のフブスグル県、西部のバヤンウルギー県など山がちな地域では、上下の移動の要素があり、一般に標高が高いところでは移動も規則的になる傾向がある。

[18] モンゴル極北部のツァータン（トナカイ遊牧民）の場合は、夏営地が固定しており、他の季節は自由に移動するが、夏と冬とで上下の異なる生態系を利用している。

は結びつく傾向にある。しかし、上下に移動するが、部分的には不規則な移動をするというケースもある。チベット高原の谷の上流部の事例のように、源流部が高原として広がりをもつため、そこでの夏の移動が不規則になる場合などである[19]。

トランスヒューマンス（transhumance）は、もともとはピレネーやアルプスの山岳地域でヒツジやウシを季節に応じて上下に移動させるのを表すことばであった（Khazanov 1984）。ところが、このことは、遊牧をふくめた移動する牧畜（mobile pastoralism）を意味したり、たんに遊動を意味するなど、かなり多様な使われ方をしてきた。アンデス研究において、何人かは「アンデスの牧畜でトランスヒューマンスがおこなわれている」と述べている。それらの事例のうち、ある地域ではヒマラヤと同じく雨季（夏にあたる）に家畜を高地に移動するとし（Camino 1983 : 20 など）、別の地域では乾季（冬）に高地に上げるとしている（Orlove 1977 : 84 など）[20]。また、ウェブスターは、ケロの事例において、住民の農作業のための上下の移動のサイクルの詳細な図を示し、それをトランスヒューマンスと呼んでいる（Webster 1973 : 119, 1983 : 54）。彼はまた、アンデスの牧畜は定住的であり[21]、移動は「農耕サイクル」に合わせたものだと述べている。

このようなウェブスターの用法も考慮し、トランスヒューマンスを牧畜に限定せずに、牧畜と農耕を含む上下の移動として、次のように定義することも可能であろう。

移牧（pastoral transhumance）：山岳地域において異なる生態系を利用して家畜を放牧するための上下の季節移動。

移農（agricultural transhumance）[22]：山岳地域において異なる生態系を利用して多様な作物を栽培するための上下の季節移動。

このような定義は、アンデスとヒマラヤ・チベットにおける農と牧の移動のパターンを、統合的

[19]　水平／上下は、二律背反の対立ではなく、その両者をもち合わせた移動もある。ブータンのラヤの農牧民は、ヤクの放牧には黒いヤク毛のテントを使っているため、上下の移動をしながらも、水平的にもかなり広範囲を移動している。

[20]　そして、これらの論稿には具体的な事例が示されていない。

[21]　スペイン語で"régimen sedentario"（定住制）と呼んでいる。

[22]　ここで言う「移農」は、山岳地域の上下移動をともなう農耕のことであり、焼畑の場合のような集落ごと移動する農耕（shifting cultivation）とは異なる概念である。山岳地域の「移農」では、多くの場合、本拠地の住居は固定しており、一時的住居を利用して上下に移動する。

な観点から比較するのに便利である。

ヒマラヤにおける移牧（二類型）とアンデスにおける定牧

次節以降でやや詳しい事例を紹介するが、ここでまず、ヒマラヤとアンデスにおける移動の違いとその背景を簡単にまとめておきたい。

ネパールのサガルマタ（エベレスト）の南面に位置するソルクンブ地方には、チベット系住民であるシェルパ民族が居住している。ソルクンブの南半分にあたるソル地域はクンブ地域と比べると標高が低い。そこのジュンベシ＝バサ谷では、人びとは定住村落の周辺でオオムギを中心とした農耕に従事しているが、耕地はほぼ標高三〇〇〇メートル以下に限られており、それは定農といえる。かれらの一部の世帯は、ヤクなどの家畜群を所有して移牧をおこなう農牧民である。夏が近づくと、彼らは村を離れ、標高四〇〇〇メートルを超える高地に家畜を追い、そこで夏を過ごす。高地の放牧地では、放牧・搾乳など純粋な牧畜活動が営まれ、農耕の要素はない。このパターンを「移牧定農」と呼ぶことができる。

ソル地域より標高が高いクンブ地域やロールワリン地方の「高地シェルパ」の場合は、そのようなパターンとは異なっている。[23] 鹿野勝彦は「ヒマラヤにおいては農業と牧畜は、世帯レベルにおいて不可分の生業として統一されている場合が少なくない。その場合、農業においても高度の異なる複数の地点に耕地をもち、人々がその間を移動しながら耕作を行う例もしばしばみられる」と指摘した（鹿野　一九七八：八六）。クンブ地域などの「高地シェルパ」社会においては、農・牧の両要素が密接に連動し、両方の要素によって移動がおこなわれている。そこで、このような移動のパターンを「移牧移農」と呼ぶことができる。

このように、ヒマラヤでは高度差を利用した「移牧」がおこなわれるが、中央アンデスの牧畜は、年間をとおして高原（プナ）で家畜が維持される「定牧」である。では、このようなヒマラヤとア

［23］　鹿野勝彦は、標高三〇〇〇メートル以上の村に生活の本拠をおくグループを「高地シェルパ」とした（鹿野　一九七八、一九七九）。

ンデスの違いを生み出す生態学的条件はどのようなものであろうか。

すでに述べたように、北緯二七度以上のヒマラヤ高地では季節による気温の差が大きいが、南緯一〇数度という「熱帯」に位置するペルー南部のアンデスの高原では気温の年変化が小さい（ただし気温の日変化は大きい）。また、乾季には雨量が少ないが一年を通じて氷河の湧水があるため高原の湿原が各所に形成されており、そこでは一年中アルパカの放牧に適した植生が維持される。そのため、年間を通じてアルパカを標高四〇〇〇メートル以上の高原（プナ）で飼うことが可能であり、地域によっては、一定の領域内で維持できるのである。

アルパカの野生祖先種が現生野生種のビクーニャであることがJ・フィーラーや川本芳の遺伝学的研究によって示唆された（Wheeler 1988, Kawamoto, et al. 2004, 2005）。ビクーニャの「家族群」は一頭のボスの雄と数頭の雌およびその幼獣から構成され、一年中固定したテリトリーに生息する（Pérez 1994 : 42, 大山 二〇〇四、二〇〇七）。アルパカ牧畜の定牧は、その野生祖先種の生態にも一致する（稲村・川本 二〇〇五）。

考古学の研究において、リックは、アンデスの高原の中央域で固定的な生息域をもつラクダ科野生動物の定住的な狩猟がおこなわれていたことを論じている（Rick 1988）。こうした研究からも、中央アンデスにおけるアルパカの牧畜は「定牧」として特徴づけることの妥当性が示唆される。[24]

アンデスの牧畜二つのタイプ

中央アンデスにおいては定牧が成立しているといえるが、アンデスの東斜面（マルカパタやケロ）と西部高地（プイカ）では異なるタイプがみられる（図6・1）。プルガル・ビダルが、アンデスの八つの生態系の区分を論じたが、牧畜と農耕という生業からみた場合、中央アンデスでは、おおよそ四〇〇〇メートルを境に、プナ（高原）とケブラーダ（峡谷）にわかれ、それが概ね牧畜地域と農耕地域とに対応している。[25] 筆者が調査をおこなったペルー南西部プイカ地区では、高原と

[24]　リャマはアルパカより適応性が強く、プナ以外の地域でも生息が可能である。その野生祖先種のグアナコも、ビクーニャに比べて生息域が広い範囲にある。アンデス牧畜の定住性は、アルパカによって規定されていると考えられる。

[25]　たとえば、プイカの場合、プナが高原（標高およそ四〇〇〇〜五〇〇〇メートル）にあたり、スニ（主にジャガイモを栽培する標高およそ三五〇〇から四〇〇〇メートルの気候帯）とケチュア（主にトウモロコシを栽培する標高三〇〇〇から三五〇〇メートルの気候帯）がケブラーダ（峡谷）にあたる。マルカパタなど東斜面では、ケチュアの下の温かい谷であるユンガも重要である。

峡谷は乾燥した不毛地帯によって比較的明確に隔てられているため、その生態系の区分に応じて牧民社会と農民社会とが明確に区分され、専業の牧畜（定牧）が成立している。一方、アンデス東斜面のように湿潤な地域では、農耕地域と牧畜地域が連続しており、住民は水系の源流部から中下流までを利用する農牧民である。

筆者は、低緯度高地の生態学的特質として、中央アンデスにおける生態系の特徴を、高原と峡谷の異なる生態系が「区分」されながら「近接」している点を強調してきた。その「区分」と「近接」のうち、東斜面の湿潤性は環境の連続性を生み出し「近接」が強く作用し、マルカパタのような農牧複合を成立させていると考える（山本一九九二、二〇〇四、二〇〇七）。逆に西部高地の乾燥性は「区分」をより作用させ、それによってプイカのような専業牧畜を成立させていると解釈できる。

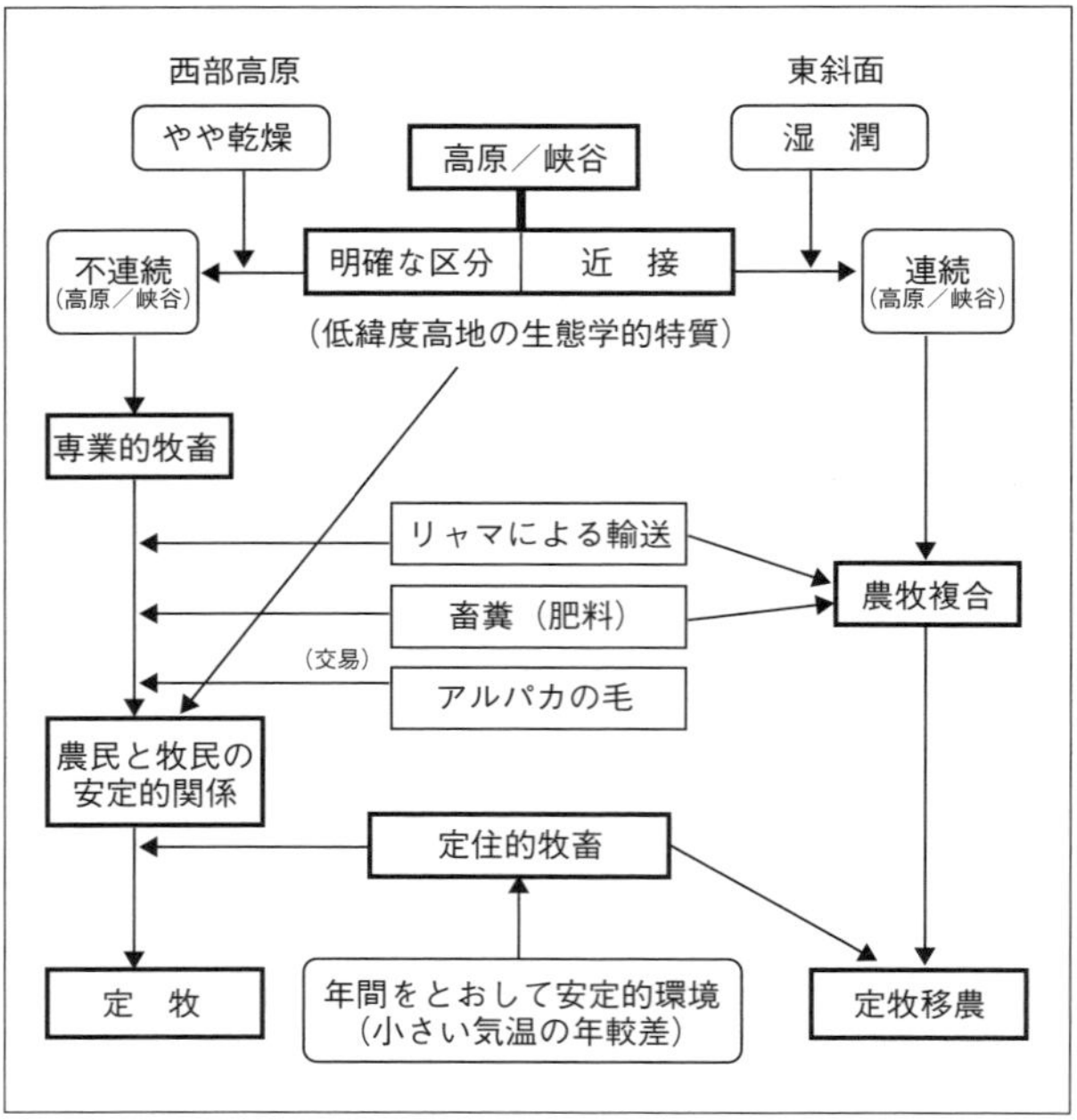

（図６・１）中央アンデスの生態学的条件（東西の変異）と牧畜の２タイプ

先に述べたように、アンデスでは一年の気温変化が少なく、また高原には雪解け水の湧水による湿地が一年にわたって維持される。そのような「生態系の安定」は、「定牧」の成立を可能にした。そして「リャマの輸送力」が、東斜面の農牧複合においては農耕サイクルに合わせた移動と農作物の輸送を容易にし、畜糞は農業生産性を高めた。一方、中央アンデス西部の専業牧畜では、「リャマの輸送力」とともに「アルパカ毛の生産」や「畜糞の供給」が、交易等によって農民との経済的関係を強める役割を果たした。そこでは、「近接性」と「区分」によって農民と牧民のあいだの住み分けがうまく成りたつとともに、「近接性」と牧畜の「定住性」によって、牧民と農民の安定した相互補完的関係が維持されてきた。両者の関係は単に経済的関係にとどまらず、擬制親族関係、祭りの共同主催など、様々な社会的関係に及んでいる（稲村 一九九五、Inamura 1986, 1988 など）。

農耕に関しては、アンデスでは、標高差によって異なる、多様な作物の生産ゾーンを形成している。農民は多様な作物を栽培するため、頻繁に上下移動することになる。つまり、熱帯高地の環境が農民に高度差の利用をうながし、「農耕の移動性」を生み出している。そこで、アンデス東斜面における農牧複合の形態は、移動の形態からみると「定牧移農」と言うことができる。

移動から見た牧畜の類型

図6・2は、アンデスとヒマラヤ・チベットの比較によって整理し、移動に焦点を絞った牧畜の類型である。この図の右端の列の、実線枠はヒマラヤ・チベットの生業パターン、点線枠は中央アンデスの生業パターンを表している。また、上の三タイプは専業牧畜で、下の四タイプは農牧複合である。

以下、それぞれについて説明していこう。この図では、まず牧畜の形態を、農耕との結びつきがない（専業牧畜）か、結びつきがある（農牧複合）かと

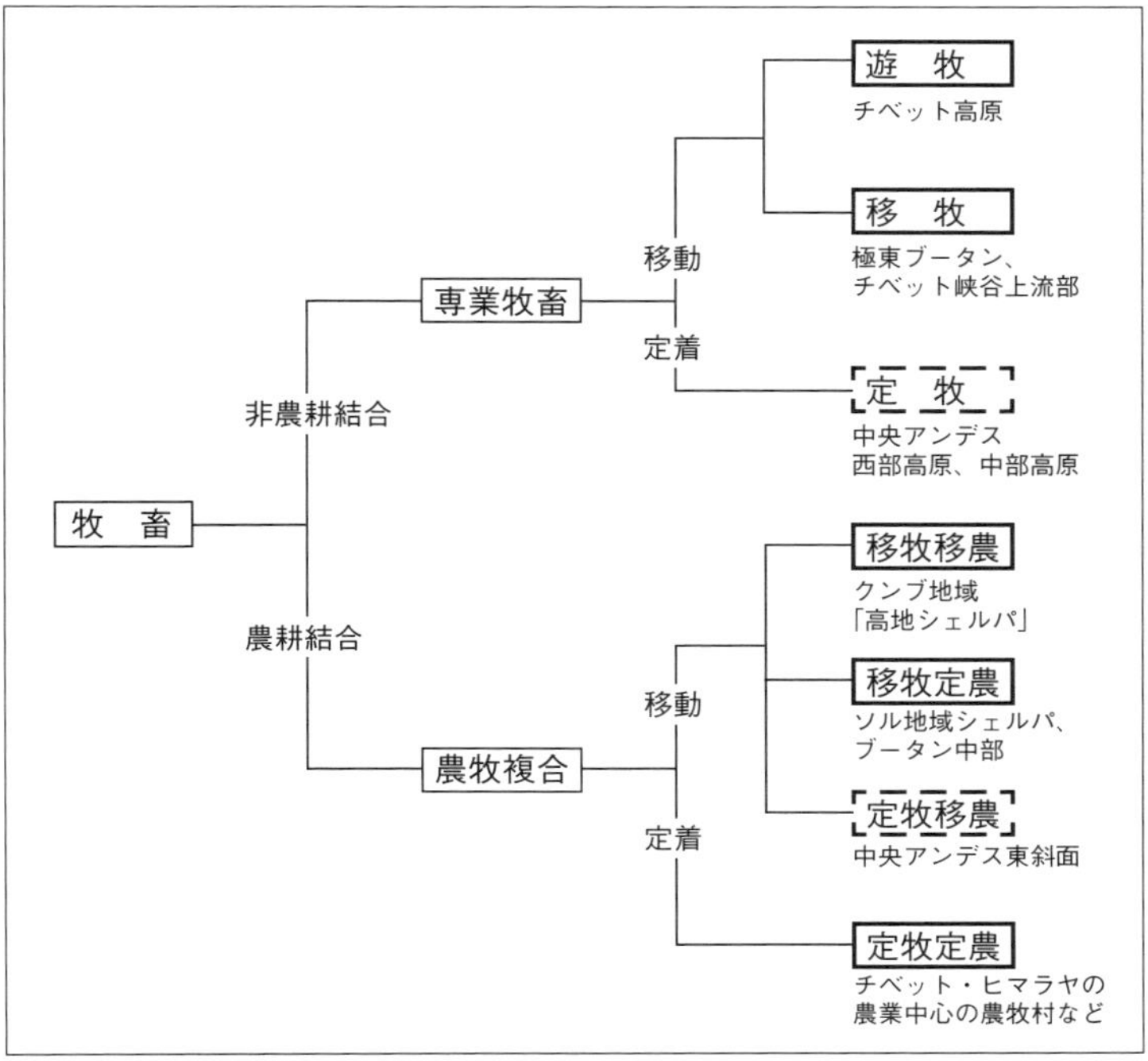

(図6・2) 移動・定着を基準にした高所の牧畜の分類（農牧複合を含む）
(実線枠はヒマラヤ・チベット、点線枠は中央アンデスのパターン)
(生業パターンの下の地域名は、本章で扱っている地域を示す)

いう基準で大きく分けている。次に、それぞれを移動するか、しない（定着）か、で分けている。そして移動する牧畜を、移動の仕方によって分けている。

「専業牧畜」三パターンの一番上の遊牧はチベット高原にみられるものだが、チベットの遊牧には上下移動の要素も含まれている。次は移牧であるが、これは極東ブータンやチベット高原上流部に見られる。三番目が「定牧」で、アンデス西部高原（プイカ）でみられるタイプである。鳥塚あゆちが調査してきた中部高原のワイヤワイヤでの牧畜もこれに当たる。

農牧複合の四タイプのうち一番上が（牧畜要因でも農耕要因でも上下の移動をおこなう）「移牧移農」でネパール・ヒマラヤの「高地シェルパ」でみられる。次が（農耕要因の移動がなく、牧畜要因でのみ移動する）「移牧定農」で、ネパール・ヒマラヤのソル地域でみられる。三番目が「定牧移農」で、アンデス東斜面にみられ、山本紀夫が調査をおこなってきたマルカパタはこれにあたる。一番下が「定牧定農」であるが、これは（家畜も飼っている）農村での日帰り放牧がこれにあたる。このタイプは、農牧複合といえるものから、農耕が中心でわずかに補完的な家畜飼養がおこなわれているケースまで多様である。これは典型的には、少数の家畜を飼うヒマラヤ・チベットの農村で一般的に見られる。[26]

以下では、この図式でまとめた移動形態の実際の事例についてみていこう。なお、事例の民族誌的記述は調査時を「現在」とする。

三　ヒマラヤ・チベット——遊牧、移牧、移牧定農、移牧移農の事例

遊牧の事例——チベット高原

(1) 北インドの「小チベット」ラダーク・チャンタン高原[27]（稲村 二〇一三、二〇一四）

チャンタンはジャンムー・カシミール州のラダーク地方に属す高原地域であるが、一年中寒く乾燥

[26] アンデスでも、高原に近い峡谷上流部の農村や高原部の盆地に位置する農村で少数のリャマ、アルパカを飼う例がある。

[27] ラダーク地方の中心レーへの空路は、インドのデリーからヒマラヤを越えるルートをとる。このあたりでは、グレート・ヒマラヤの北に、ザンスカル山脈、ラダーク山脈、そしてカラコルム山脈が連なっている。

している。そこでは、人びとはヤクとヒツジ・ヤギの遊牧とキャラバン交易に従事してきた[28]。ラダークに住む人びとはラダーキーと呼ばれ、チベット語のラダーク方言を話し、その多くはチベット仏教徒である。チャンタンの遊牧民は「チャンパ」（チャンタン人）と呼ばれ、ルプシュパ、コルゾクパ、カナクパの三集団に分かれている。筆者が二〇一二年に調査をおこなったのはルプシュパである。

チャンパの各集団は、ほぼ全員が一年をとおして一緒に移動している（図6・3）。ルプシュパ全体の家畜個体数は、二〇一一年度の集計で、ヤク（雄）とディモ（雌ヤク）の合計が四二四七頭、ヤギ・ヒツジ（ヤギが多い）の合計が九七五四頭であった。

ヤギとヒツジは一緒に、キャンプ地から日帰り放牧をおこない、夕方と朝に搾乳をおこなう。出産したディモも、キャンプ地から日帰り放牧をおこない、夕方キャンプ地に集められ、毎朝搾乳する（図6・4）。仔ヤクは、夜のあいだ地面に張ったロープにつながれ、授乳させないようにする。朝、仔ヤクをロープから放ち、少し乳を飲ませて泌乳をうながしたあと、仔ヤクをロープにつなぎなおし、搾乳する。ディモは一回で約一リットルの乳を搾ることができる。

一張りのテントは核家族に対応しているが、近い親族が近くにテントを張る傾向がみられる（図6・5）。その近い親族同士が、ヤギ・ヒツジの群を一緒にして、日帰り放牧をしているようであった。

ルプシュパは、一年をとおして、八ヶ所のキャンプ地を移動している。冬のキャンプ地（標高は約四六〇〇メートル）には約三ヶ月間滞在する。

（図6・3）いっせいに移動するヤクの群
（筆者撮影）

（図6・4）ヤギの搾乳（筆者撮影）

（図6・5）遊牧民のテント
手前にキャンバス地のテント、後方にヤク毛のテントが見える。（筆者撮影）

[28]　ただし、交易は、インド・中国間の国境紛争など、いくつかの要因・背景により、二〇世紀末までに衰退した。

そこは、夏のキャンプ地とくらべて二〇〇〜三〇〇メートルほど低く、石積みの家屋・貯蔵庫と石組のテントサイトと仔家畜用の家畜囲いが組み合わさった「小集落」を成している。ここで、一〜二月にディモ（雌ヤク）が仔を出産する。二月にはヤギ・ヒツジが出産する。出産から二ヶ月以後は、ヤギ・ヒツジを他の牧民のそれと交換して放牧することにより、母仔を隔離して搾乳するという。

チャンタンでは、キャンプ地がほぼ固定しており、移動ルートや年間のサイクルが決まっている。また、各家族がキャンプ地の好きな場所に張るというわけではなく、毎年同じ場所にテントを建てるのが原則となっている。石積みの半地下式テントサイトを設けているためである[29]（図6・6）。それは、寒さの厳しいチャンタン高原で、少しでも寒さを防ぐための工夫である。

この半地下式のテントサイトは、ゴールドシュタインが調査したチベット自治区のパラでも報告されている（Goldstein & Beall 1990: 62）。そこでは、テントサイトの深さは四フィートもあるという。ルプシュでも、冬のキャンプ地のテントサイトには同じくらいの深さのものがあった。また、パラと同様に、ルプシュの冬のキャンプ地には、石積みの家畜囲い、家屋・貯蔵庫が設けられている。

(2)チベット自治区高原部の専業牧畜地区

標高の高い高原部の例として、チベット自治区ナクチュ（那曲県）ツォマ（措瑪）郷（標高約四八〇〇メートル）を訪問し、郷長から聞き取りをすることができた[30]。ツォマ郷には一五組が所属し、戸数六八八戸、人口三三一七人である。三つの公社が、その解体を機にひとつの郷に統合されたものである。郷全体の家畜の頭数は、ヤク一万六五〇〇、ヒツジ八三四八、ヤギ九八九九、ウマ一三一〇頭であった。

郷の一組（三六戸）の場合、人民公社の時には、一戸当たりヤク一〇〇頭、ヒツジ一〇〇頭くらいを請け負って飼育した。組（生産隊）全体で、ヤク、ヒツジそれぞれ数千頭程度だった。人民公社解体後、家畜は私有化され、放牧地も各家族に配分されたが、郷長の場合、隣同士の四家族が共

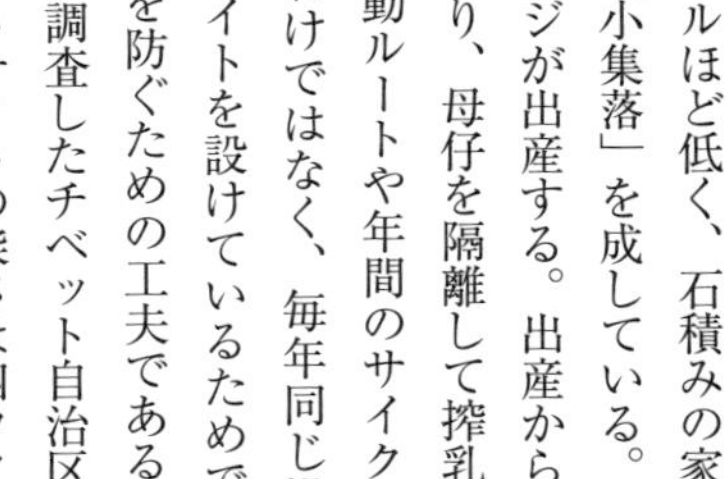

（図6・6）半地下式テントサイト（筆者撮影）

[29] テントサイトの床面は地面から四〇〜五〇センチメートル低くなっていて、四方の半地下の壁面は平石を積んで造られている。

[30] 一九九九年九月に、本江昭夫、山本紀夫氏とともに、チベット高原で広域調査を実施した（稲村・本江・山本ほか二〇〇〇、稲村 二〇一四を参照）。ラサから北に谷沿いに遡上しナクチュ（那曲）地区アムド（安多）県へと至る。

同で放牧地を利用している。東西およそ一〇キロメートル、南北に見渡せる山までが占有領域である。通常はその範囲で日帰り放牧をおこない、秋冬の草が悪い時には遠くに放牧するため、テントを使用することもある。移動の範囲は公社の時とあまり変わらないという。調査時期にテントで放牧をする牧民にも出会ったが、秋に移動放牧をし、距離は一日程度だという（図6・7）。一年中定住家屋からの日帰り放牧をし、テントは利用していない場合もあった。この事例は、最低限の遊牧的移動を維持した、いわゆる「半遊牧」の形態といってよいだろう。

なお、ツォマ郷よりやや下流のダンシュン（當雄）県ギャルゲン村（標高約四三〇〇メートル）でも専業の牧畜が営まれているが、ここでは標高差を利用した移牧がおこなわれていた。この事例は、次節の専業牧民による移牧の事例のひとつである。また、ギャルゲン村より下流では、いくつかの農牧民の村がある。それらは、「移牧定農」にあたる事例であるが、ここでは割愛する（稲村ほか 二〇〇〇、稲村 二〇一四を参照）。

（図６・７）チベット自治区の高原の「半遊牧」のテント（筆者撮影）

(3)文献によるチベットの伝統的な生業形態

一九四九年以後チベットは中国の統治下にあり、農村や牧民のコミュニティは、人民公社を経て現在は中国の行政区分の枠組にはいっている。人民公社は従来のコミュニティの枠組みをかなり踏襲したともいわれているが、家畜の移動範囲は以前と比べ非常に限定されている。

中国統治以前のチベットにおける牧畜の形態については、戦前の八年間にわたってチベット社会に住んだイクヴァル（Ekval 1968）によって、ある程度知ることができる。

イクヴァルによれば、ヤク遊牧民はふつう一年間に三回から八回の移動をおこなった。冬の放牧地は標高が低く比較的暖かい場所が選ばれ、春になると、草の生長に合わせるように、順次高いところに移動してゆき、夏には雪線に近いもっとも標高の高いところで放牧した。冬は標高の低いところに下りた。そこは農村から比較的近い場所であるため、冬は農民との交流が盛んにおこなわれた。農民によっては現金収入と乳製品などを手に入れる機会となり、遊牧民と農民のあいだに親密な関係がつくられていた。

イクヴァルによる記述から、遊牧の形態として、冬の定住家屋をもつ形態と一年をとおしてテントに住んで移動するものがあったことがわかる。移動の範囲は、遊牧形態と地域によって異なったと思われるが、大規模な移動をしていた遊牧民は農村に近いところから雪線までを移動していた[31]。つまり、遊牧的な水平方向の移動に上下移動の要素を含んでいたわけである。

移牧（専業牧畜）の事例―ブータン極東部メラック（稲村二〇一二）

メラックの村は、標高三五〇〇メートルに位置し、農耕が可能な高さにあるが、農耕はまったくおこなわれていない[32]（図6・8）。おそらく、メラック住民が元々チベットで専業的に牧畜を営んでいた人びとであったこと、この地の谷がせまく険しいため、農地に適する場所がほとんどないことがその理由であろう。

メラックでは、高度差を利用したヤクとゾモの移牧がおこなわれてきた[33]。ただし、移動のルートは多様である。移牧のルートは、ヤクの場合、メラック村の周辺や北東に連なる四〇〇〇メートルを超える高地を夏の放牧地（図6・9）として利用し、秋から春に

（図6・8）ブータン極東部メラック
移牧をおこなう専業牧畜の村。（筆者撮影）

（図6・9）メラック夏の放牧地（筆者撮影）

[31]　チベットでは標高によって農耕地域と牧畜地域が区分される。農耕の上限は、北緯三八度では約二七〇〇メートル、北緯二七度では約四五〇〇メートルである。牧畜地域はその上から雪線（一年中雪に被われる地域の下限）までで、雪線は、北緯三八度では三六〇〇メートル、北緯二七度では五一〇〇メートルである（Ekval 1968）。

[32]　二〇一〇年の統計データでは、メラック行政村の戸数は三四二、人口は二一二六人であった。

[33]　ブータン極東部のメラックでは、社会状況に応じて家畜の種類が変化してきた。インド中国間の国境封鎖を契機とし、他のいくつかの要因もからんで、ジャツァム（後述）の飼養が加わり、さらに現在は、ヤク、ウシ、ミタン（*Bos frontalis*）という三つの種の複雑な交雑が進んでいる（稲村二〇一二、二〇一四：一二八―一四一）。

かけて標高三〇〇〇メートルほどの放牧地チブリンに下ろすというものが、そのひとつである。

ゾモの場合の主要ルートのひとつは、夏にメラック村の上方で放牧し、秋にチブリンなどに滞在し、冬には下流の村の近くの森（標高二五〇〇メートル）で放牧し、春に再びチブリンで放牧するというものである。

ゾモは、雌ヤクとチベット由来の小型の雄ウシのハイブリッド（Ｆ１）である。それに種ウシを交雑させて妊娠・出産させるが、ゾモは乳量が多い[34]。

専業の牧民であるメラックの住民は、農産物を得るため、下流の稲作農村とのあいだで、畜産物（バターやチーズ）と農作物の物々交換をおこなってきた[35]。運搬には、ヤクが使われる。メラックの牧民は、特定の農民と交易パートナーの関係を結んでいる。

メラックでは、若者のあいだでは一夫一婦がふつうになったが、中年以上の夫婦では、兄弟が一人の女性と結婚する一妻多夫が少なくない。移牧と交易の複合を生業としている彼らにとって、一妻多夫婚は、家族内の分業体制（ヤク群放牧、ゾモ群放牧、交易など）がとれることがメリットだという。

移牧定農の事例

⑴ブータン中部ブムタン地方（稲村二〇一四：一九九－二四五）

ブータンの中央部に位置するブムタン地方の農民の一部は、ヤク及びゾモの群、および、ジャツァム（ミタンの種雄と雌ウシの交雑種）の群を飼っている[36]。この二種類の群は、夏（雨季）と冬（乾季）とで、規則的に上下する移牧がおこなわれている。ただし、ヤク（及びゾモ）は寒さに強く、ジャツァムは寒さに弱いため、移牧のルートが上下にずれている。つまり、寒冷地に適応したヤク（及びゾモ）は標高三〇〇〇メートルから四〇〇〇メートル超の高地を移動するのに対し、ジャツァムは夏に標高約三〇〇〇メートルの村の近くで放牧され、冬には南に何日も歩いて移動し、低地のジャングルで放牧される。そこで、彼らの村がある三〇〇〇メートル付近の放牧地は、冬にヤク群が放牧され、

[34]　第一代雑種（Ｆ１）の仔（Ｆ２）は乳量が少なく弱いため、とくに雄は、出生の数日後に額を一撃して屠畜することが多い。

[35]　インドのアルナーチャル州から来るブローカーに雄の家畜を売ることもある。アルナーチャルは中国が領有権を主張している紛争地域で、国境付近に軍の基地が展開している。そのため肉用の家畜の需要がある。

[36]　近年スイスの外来種などが普及し、ジャツァムが減少してきた。ジャツァムの移牧はとくに、冬の間、何ヶ月も家を離れ、南の低地のジャングルで放牧しなければならない。学校教育が普及してきた現在、移牧に従事する若者がいなくなっている。

夏にはジャツァム群が放牧される（図6・10）。

「ミタン」は、ブータンの東に接するインド北東部のアルナーチャルプラデーシュ州の中低地の温暖な森のなかで、ニシ、ミジなどの民族によって飼育されている。ミタンの飼養方法はきわめて粗放的で、森のなかに放置し、一週間に一度、塩を与えるだけである[37]（図6・11）。

伝統的には、アルナーチャル由来のミタン（雄）を村の有力者が種雄として入手し、村人たちは、現金を払って、そのミタンを自分のウシと交雑させる。ジャツァと呼ばれる交雑種の雄は寿命がウシよりも長く、一五年も犂を引かせることができ、体が大きく力も強い（図6・12）。そのため、農民にとってたいへん有用な家畜である。ただしジャツァは繁殖能力がない。

ジャツァムと呼ばれる雌は繁殖能力をもち、ウシと交配させ、出産させて、搾乳する。ジャツァムは乳量が多く、群として飼われることが多い（図6・13）。

ブータン全体では父系出自が多いが、ブムタン地方では母系出自であり、家、土地、家畜は、すべて娘に相続され、男子は婿入りをする。放牧地は家族によって占有されているケースが多く、それも母から娘へと継承される。

(2)ソル地方のシェルパ[38]

サガルマタ（エベレスト）の南に位置するソルクンブ地方はシェルパ民族の主要な居住地域であり、北部の標高の高いクンブ地域と南部の比較的低いソル地域とに大きく分かれている。ソルはクンブより古くからシェルパが居住しているといわれ、とくにジュンベシ村（標高約二七〇〇メートル）はシェルパのもっとも古い村とされている（図6・14）。

ジュンベシ＝バサ谷のシェルパの村々の位置は、もっとも上流のパンカルマ村でも標高は約

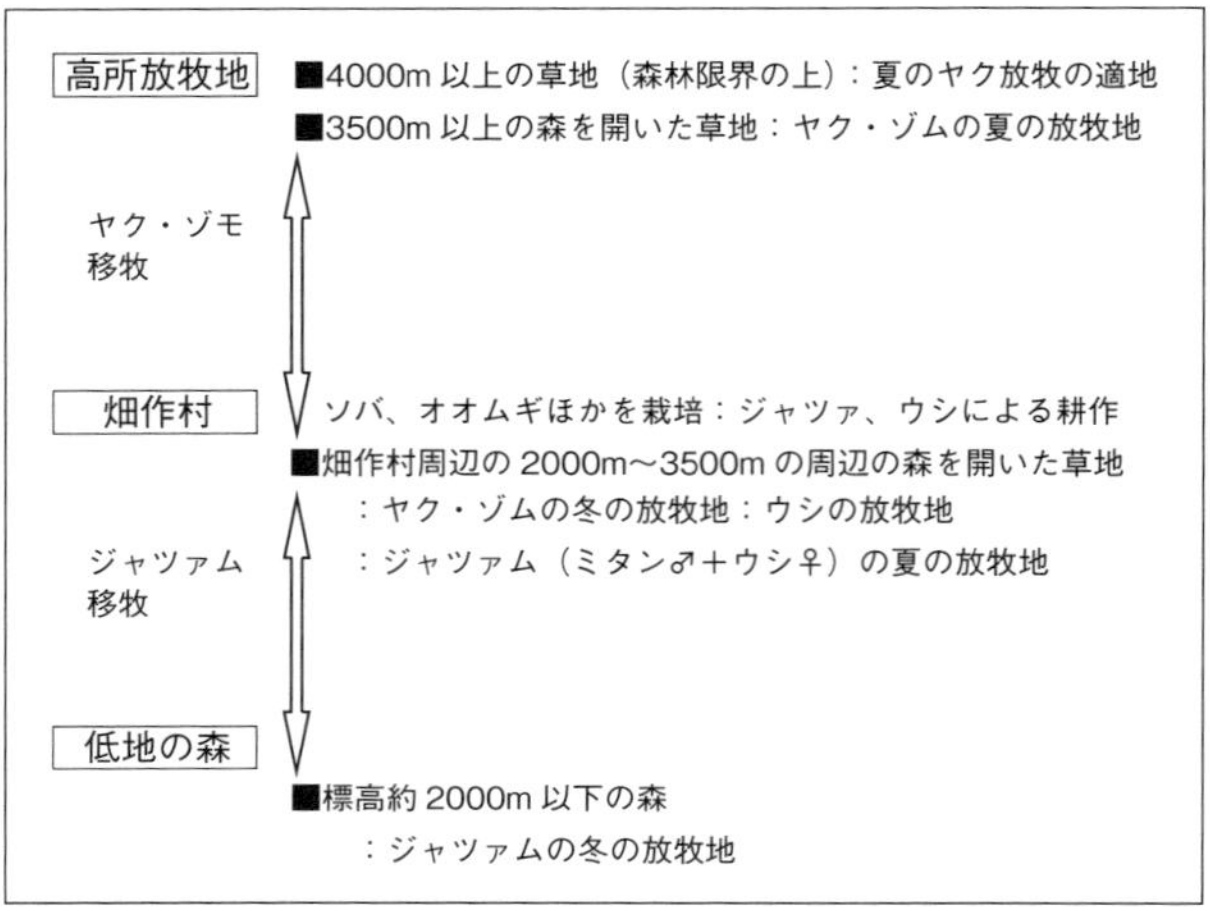

（図6・10）ブータンにおける二重移牧（ブムタンの農牧民）

[37] ミタンは搾乳されず、肉の食用のために飼われている。ニシ民族などの社会などでは、ミタンは結婚で婿方が嫁方に贈与する「婚資」として使われ、結婚式で大量のミタンの肉が消費される。ブータンでは、ミタンは種雄としての利用に限られている。

二九〇〇メートルで、クンブ地域などの「高地シェルパ」と比べると標高が低い。耕地はほぼ標高三〇〇〇メートルあたりまでに限られている。一年を通じて耕作が可能であり、クンブと比べると農耕の条件には比較的恵まれている。[39]

ソル地域の多くの世帯は、ウシを舎飼いし、近くの森での日帰り放牧をおこなっている。ウシは乳を得るほか、木の葉などと混ぜて堆肥を作るため、農民にとって重要な家畜である。これは「定牧定農」タイプの生業と言うことができる。

農耕を営みながらヤクなどを飼う「農牧民」の世帯もある。彼らは、ヤク、[40]もしくはヤクとウシの交雑種のゾモの群を飼養する。ゾモはヤクより乳量が多いという利点があり、ゾモを飼養する目的は乳の利用である。[41]「ゾプキョ」と呼ばれるゾモの雄は荷駄として利用される。

ヤクとゾモの移牧は、春から徐々に谷の上流に移動させ、夏には標高四〇〇〇メートル以上の夏営地で放牧し、秋に再び下流に移動し、冬には集落の近くの森で放牧する、というサイクルである。かれらは、家畜飼養のため村を離れ森のなかにはいると、そこでは木組み構造に竹のマットで葺いた仮小屋に住む。高原部にはかなりしっかりした石積みの小屋が建てられている。

[38]　山本・稲村（二〇〇〇）を参照。

[39]　春先に播種し秋に収穫するトウモロコシ（アンデス原産）、秋に播種し初夏に収穫オオムギ、冬に植え付けし夏に収穫するジャガイモ（アンデス原産）などが栽培されている。米や野菜などは、シェルパより低地に住む他の諸民族が栽培するものを定期市で手に入れている。

[40]　ソル地域のシェルパは、ヤクの雌をナクと呼ぶ。したがって、実際には群の多くはナクということになる。

（図6・11）インド、アルナーチャル州の森で放牧されるミタン
粗放な牧畜だが、掌を出すと塩を舐めるために寄ってくる。（川本芳撮影）

（図6・12）雄の交雑種ジャツァによる耕作（筆者撮影）

（図6・13）雌の交雑種ジャツァム
乳量が多い。（筆者撮影）

（図6・14）ジュンベシ村の景観（筆者撮影）

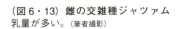

ヤクやゾモの飼養者は、夏の放牧地（図6・15）で搾乳をおこなう。乳は木製の筒のなかで撹拌してバターを作り、それを町の市場で売る。ゾモ群の飼養は乳の生産が主たる目的であるが、ヤクを飼うおもな目的は、雌ヤク（「ナク」と呼ばれる）に種ウシをかけあわせゾモを生産することである[42]。生まれたゾモは、（乳量が多いため）高値で売ることができる。

シェルパの社会は「ルー」と呼ばれる父系クラン（出自集団）によって構成されている。ソル地域では、ひとつの村落（ないし集落）がひとつのクランから構成されていることが多い[43]。クランは外婚の単位であるため、ジュンベシなどの単一クランの村では妻を他村から迎える[44]。谷はクランの土地に細かく区分されており、それぞれの区画は原則としてクラン成員しか利用できないという慣習があった。クランの土地は、谷の源頭部から村落周辺まで点在しており、それらの土地には牧地の性質や形状にちなんだ名前がついている。ヤクやゾモの飼養者たちは、谷沿いに点在するクランの土地を移動しながら、谷の高度差を利用し、移牧をおこなってきた[45]（図6・16）。

（図6・15）ソル地域の夏の放牧地でのヤク（筆者撮影）

（図6・16）移牧のための秋の移動（筆者撮影）

移牧移農の事例――「高地シェルパ」

鹿野が「高地シェルパ」と呼ぶ、クンブ地域やロールワリン地方に居住するシェルパの各世帯は、およそ三四〇〇メートルから五〇〇〇メートルのあいだに三～四軒の家をもっている。それらが標高の異なるいくつかの小集落をなし、標高四三〇〇メートルの農耕限界をこえる集落以外は、その周辺に耕地をともなっている。彼らは、オオムギ、コムギ、それに新大陸原産のジャガイモ、トウモロコシなどを栽培するが、ヤクの牧畜も営み、谷沿いに上下する移牧をおこなってきた（鹿野一九七八、一九七九）。

[41]　ゾモの子の第二代雑種（F2）は、乳量が少なく弱いため、出産後は放置され、死んでしまうことが多い。

[42]　「ナク」に対してまず種ウシとの交配が試みられ、それがうまくいかない場合に種ヤクと交配させ、ヤク群を再生産する。

[43]　クンブ地域では同一村落に複数のクランが混在している。

[44]　末息子が両親の家に残る末子相続をおこなう。

高地の冬期は低温と積雪で放牧が困難であるが、冬に家畜を高地に上げるという自然のサイクルに逆らうような移動がある（鹿野 一九七八）。そこで、少なくとも年二回の上下移動のサイクルによる家畜の移牧がおこなわれている。[46] 春から秋にかけての自然の飼料のみに依存する時期と、晩秋から早春にかけてのある程度貯蔵飼料に依存する時期の移動である。前者の時期、畑では併行して耕作が開始され、六月下旬から七月上旬にかけておこなわれる祭りのあとは、家畜は畑の上限より上へ移動することが義務づけられる。この移動では、家畜の移動とは別に、植え付け、草とり、収穫という農耕のための移動も繰り返される。それに対し、もう一回の晩秋から早春（冬季）にかけて再び高地に上がる移動では、降雪のため干草に頼らざるをえないこの時期に、秋に刈り集めた干草の倉庫を兼ねた高地集落の家に順次上げていく。また、この時期の移動は、分散している畑への施肥をも目的としている。

このように、「高地シェルパ」の農と牧の複合はきわめて密接に結びついている。[47] こうした農牧複合は、乏しい資源を最大限に利用するため、草の最大限の利用による牧畜の生産性の拡大、畜糞の利用と労働時期の分散による農耕の生産性の向上、異なる標高の畑での栽培によるリスク分散という機能をもっている。

ソルと異なり、「高地シェルパ」の社会には、ソルにみられるような単一クラン村はなく、クランによる放牧地の占有やコントロールもない。家畜飼養は雌ヤクが中心であり、その目的はゾプキョとゾモの生産とその売却である。ゾプキョはトレッキングのための荷駄としての利用が増えている。

[45]　現在は、コミュニティ・フォレストの制度が普及しており、このようなクランによる森林の管理は衰退している。

[46]　ブロウワーはタメ地方における三回の上下移動のサイクルの事例を紹介している（Brower 1991: 126）。

[47]　これらの地域は急峻で、ソル地域と比べて標高が高く、耕地として利用できる土地が限られている。したがって、農業以外の生業への依存度が比較的高く、ロッジ・商店経営などのトレッキング・観光ビジネス等も重要である。

四　中央アンデスのケチュア社会——定牧移農、定牧の事例

定牧移農の事例——アンデス東斜面における農牧複合

アンデスにおける環境利用において、大規模な標高差の利用という観点からいえば、山本紀夫

が調査をおこなった中央アンデス東斜面のマルカパタはもっとも顕著な地域のひとつである（山本 一九九二、二〇〇四、二〇〇七など）。マルカパタの村の範囲は五〇〇〇メートルから一〇〇〇メートルまでにおよぶ。この事例については、本書で山本が論じている。

ここでは、マルカパタの北に隣接するケロ谷について、紹介したい（Nuñez del Prado 1983, Webster 1973, 1983）。ケロでは、プナに位置する四つの氷食谷の源頭部に一一の集落があり、そこにインディオたちの主たる居住地がある（図6・17）。この地域の周辺にはリャマやアルパカの放牧に適した草地が広がっており、そこで、一年を通じてリャマやアルパカの放牧がおこなわれる。そこからやや下ったところにルキ（毒のある寒地適応のジャガイモ）の畑がある。[48] ルキは凍結乾燥させて「チューニョ」に加工する。

四つの谷が下って合流するあたり（標高約三四〇〇メートル）には、ハトゥン（大）・ケロと呼ばれる村がある。そこには、四〇戸ほどの石積みの住居とカトリック礼拝会、学校があるが、通常は人が住まない空村で、祭、儀礼、集会、ジャガイモ収穫などの時にだけ村人が集う。さらに、ケロの住民は、ハトゥン・ケロから約二五キロメートル下ったプシュケロと呼ばれる熱帯地域に小屋をもち、それらはトウモロコシや他の熱帯性作物の植え付け、収穫などの時にだけ使われる。

ウェブスターが述べるように、牧畜はむしろ定住的であり、農耕が人びとのトランスヒューマンス（季節的上下移動）の要因となっている。そこで、アンデス東斜面の生業の類型として、定牧移農とすることができる。[49]

定牧の事例―アンデス西部高地のプイカ

プイカ行政区はアンデスの西部高原に位置し、太平洋に注ぐオコーニャ川の源頭部にあたる。[50] 東斜面と比べると乾燥しているが、高原では、ある程度の雨量と雪解け水による湧水がある。

プイカは南北、東西がそれぞれ三〇数キロメートルというかなり広い地域を含んでおり、その高

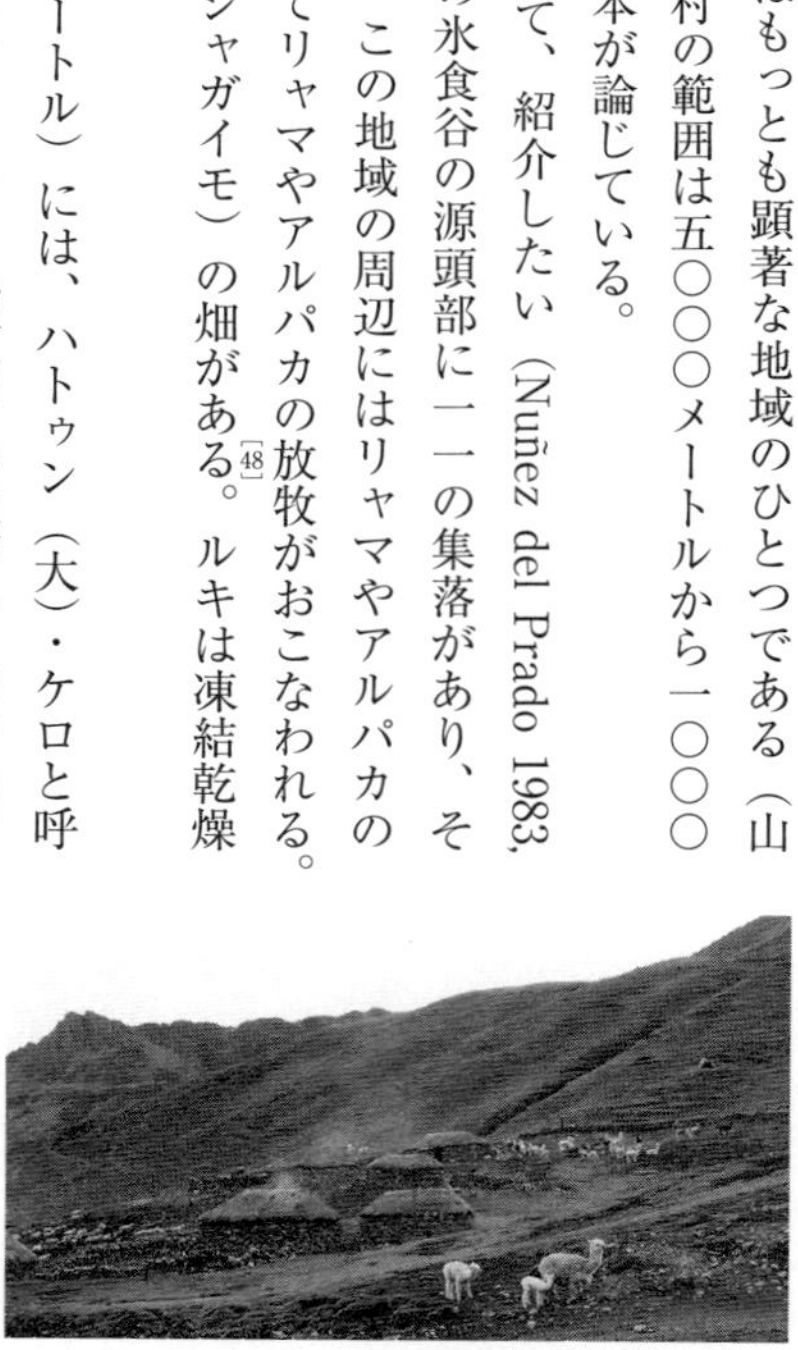

（図6・17）アンデス東斜面ケロの高原の集落
（筆者撮影）

[48] マルカパタでも、プナでルキの栽培をおこなっており、農耕地域と牧畜地域が一部オーバーラップしている。

[49] マルカパタでは、家畜の季節的移動がみられるが、それは規模としてはミクロな移動であり、冬期（乾季）により高い（より寒い）場所に移ることになり、ヒマラヤの移牧とはまったく異なる。

さは標高三〇〇〇メートルから五〇〇〇メートル余に位置している（図6・18）。プイカ行政村の面積のほとんど（約九七パーセント）は標高四〇〇〇メートルを超える高原である。高原はなだらかな氷食谷を中心に豊かな草原を形成しており、リャマやアルパカを飼養する牧民たち五〇〇人余が生活している。氷食谷は三つに分かれており、それらが合流する地点から下流にくだってゆくと、やがて険しい峡谷となる。峡谷部は面積では数パーセントに過ぎないが、その斜面につくられた段々畑で、ジャガイモ、トウモロコシなどを耕作する農民たちが二〇〇〇人余り生活している。そこには、中心のプイカ村を含めて七つの農耕村落がある。

　プイカの峡谷には伝統的な二つのタイプの耕地、すなわちライメとコムニダがある。ライメは、プルガル・ビダルの言うスニ帯（標高約三六〇〇メートルから四〇〇〇メートル）に位置し、ジャガイモ耕作を中心とする、休閑・輪作のシステムをもつ共同管理の農地である。ライメのほとんどで天水農耕がおこなわれる。

　コムニダは、スペイン語で「共同体」を意味するが、この場合は灌漑が施されトウモロコシが連作される耕地を意味する。コムニダは、だいたいケチュア帯（標高三六〇〇メートルより下）に位置し、家畜の侵入を防ぐため、石垣で囲まれ、村人全員がほぼ同時期に種蒔きと収穫をおこなう。このコムニダの上限がトウモロコシ栽培の上限でもある。

　プイカ行政区の中心の村であるプイカ村（標高三六〇〇メートル）はちょうどライメとコムニダの境界地点に位置する（図6・19）。そして、その周辺の峡谷の斜面の階段畑を利用して、多様な作物が栽培されている。

［50］　筆者は一九七九年からアレキーパ県ラ・ウニオン郡プイカ行政区で調査をおこなってきた（稲村　一九九五ほか）。

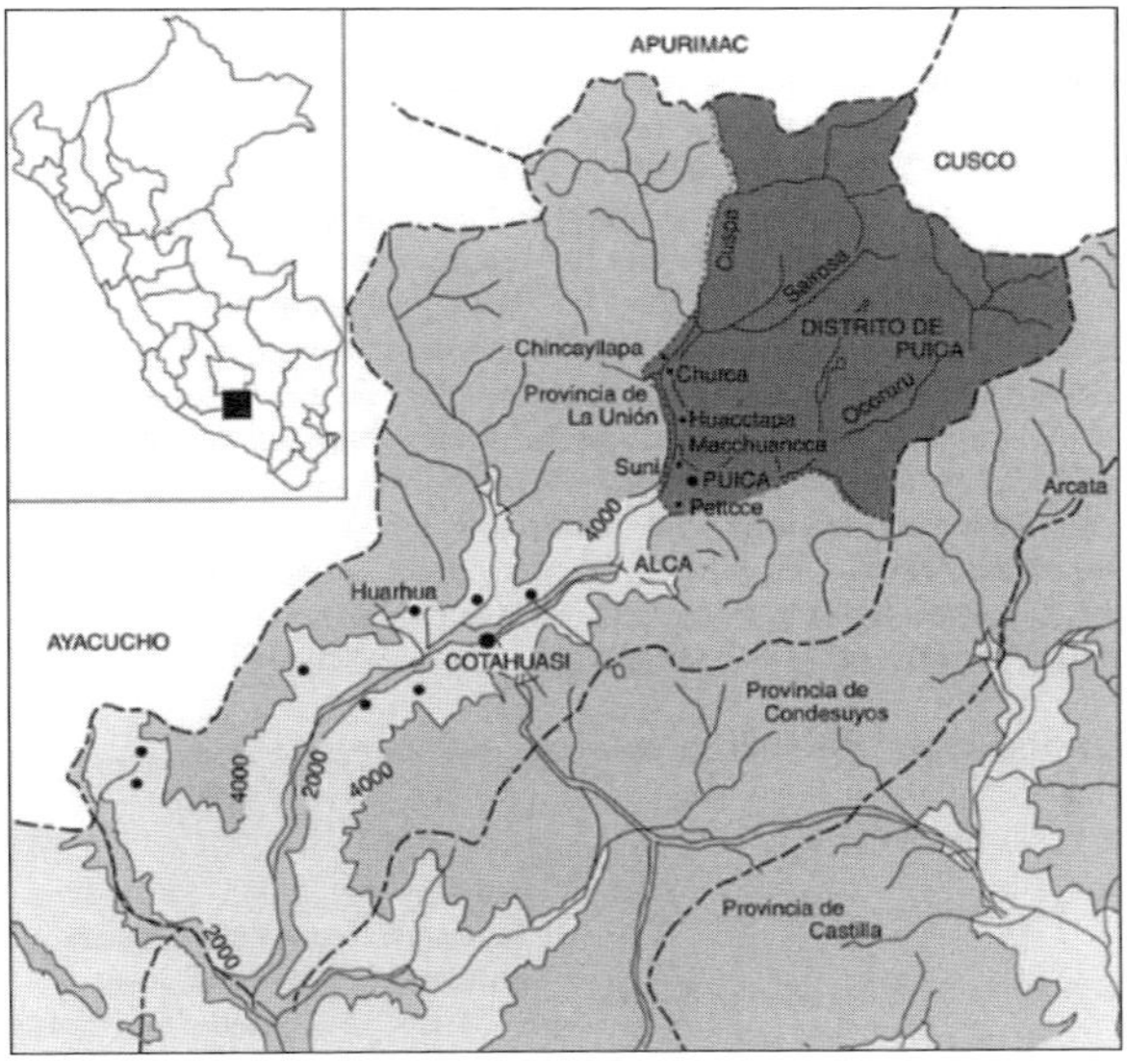

（図6・18）プイカ行政区地図（Inamura 2002）
色の濃い部分がプイカ行政区：標高 4000 m以上が高原、それ以下が峡谷。

プイカ行政区の高原に居住する牧民の多くは専業のリャマ・アルパカ牧民である。高原のなだらかな氷食谷の斜面には所々に湧水沢が形成され、川に注いでいる。そのような場所には湿原が形成され、アルパカの放牧に適している（図6・20）。谷からはずれた標高の高い乾燥した高原には、イネ科草本のイチュが多く、リャマはこれを好んで食べる。

アンデスの牧畜の用途はアルパカによる毛の生産（図6・21）、及びリャマによる輸送に特化されている。アルパカもリャマも搾乳がおこなわれず、乳はまったく利用されない。肉は食用になり、皮は皮紐にされ屋根材の固定などに利用される。糞はプナでは重要な燃料とされ、また肥料として農民との物々交換にも用いられる。

牧民たちは家畜の群を、アルパカとリャマとに分け、またそれぞれを、タネ雄と母家畜とその仔による群、去勢雄だけの群の二群に分けている。[51]

家畜の肉は重要なタンパク源ではあるが、祭りのとき以外はそれほど屠畜されない。アンデス牧民はまったく乳を利用しないため、牧民の主食も、農民と同じくジャガイモ、トウモロコシを中心とする農産物である。牧民がそれらの農産物を獲得する伝統的な方法は二つある。ひとつは、四月から六月にかけてのジャガイモやトウモロコシの収穫期に峡谷の農村にリャマを連れて下り、段々畑から農民の家まで収穫物をリャマの背で運び、その一部を報酬として受け取るというものである。牧民たちは、農村に滞在する間、リャマを段々畑の刈り跡で放牧し、トウモロコシの茎・葉などを食べさせる。

（図6・19）プイカ村の景観（筆者撮影）

（図6・20）湿原で放牧されるアルパカ群（筆者撮影）

（図6・21）アルパカの毛刈り（筆者撮影）

[51] タネ雄は数一〇頭の雌につき一頭の割合である。タネ雄以外の雄は黒耀石のナイフで睾丸の袋を切り、睾丸を切除する方法によって去勢される。

[52] 牧民は、農作物確保のため、農民とのあいだで緊密な関係を結んできた。そうした関係は、アイニ（相互扶助関係）、擬制親族関係、農村での祭の主催など、様々な社会関係に及んでいる。稲村（一九九五）を参照。

リャマたちが落とす糞は、農民にとっては、畑の施肥の効果をもつ。

ふたつ目は物々交換で、牧民は、生肉、干し肉、畜糞、岩塩、果実、土器などの交易品を農産物と交換する。これらの方法によって、一年に必要な農産物のほとんどを確保することができる[52]（図６・22）。

牧民の家族は父系的な「拡大家族」を成し、それが一定の領域を占有している。プイカでは、ひとつの「拡大家族」は平均でおよそ三〇〇頭、最高で二〇〇〇頭ほどのラクダ科家畜を飼養している。家畜の四分の三ほどはアルパカで残りがリャマである。

牧民のエスタンシア（居住地と放牧地）は、隣の住民とのあいだで暗黙の了解による境界がもうけられている（図６・23）。プイカでは、放牧地の平均の広さはだいたい二〇平方キロメートルである。牧民はその領域内に、二つ以上の住居をもつことが多く、そのあいだでミクロな季節的移動がおこなわれている。しかし、その季節的移動はその領域内に限定され、二つの住居のあいだの直線距離は一キロメートル余りに過ぎない。標高差はほとんどなく、「上下移動」とも言えない。

中央アンデスにおける家畜の移動は、「雨季に水捌けのよい家畜囲いを確保すること」が重要な目的になっている。ラクダ科動物は同じ場所に糞をする性質をもっている。そのため、雨季には家畜囲いの地面が家畜の糞と一緒になって泥まみれになり、伝染病の病原菌で汚染しやすい。雨季が家畜の出産期と重なることから、幼畜の病気による死亡率が高くなりやすい。それを抑えるために、より良いコンディションの家畜囲いを確保することが重要なのである。そのため、副住居にはたくさんの家畜囲いが必要である。このように、アンデスの牧畜は、ミクロな移動はあるものの、それは特殊な目的をもった領域内の移動であり、「定牧」と呼ぶことができる。

（図６・22）リャマのキャラバン
峡谷の農村で得た農作物を高原の牧民の家に運ぶ。（筆者撮影）

（図６・23）高原の牧民の居住地
沢の近くに位置する主居住地。（筆者撮影）

五　おわりに

資源連鎖としての家畜の用途

本章では、まず移動に着目し、アンデスとヒマラヤ・チベットの牧畜の類型化をおこなった。以下では、民族誌データから、家畜の種類と用途（資源利用）、住居の形態、土地へのアクセスについて比較をしたい[53]。それらの諸特徴をまとめたものを表6・1に示す。

家畜の種類は、チベットの遊牧では、ヤク、ヤギ・ヒツジである。その用途は、まず乳の利用であるが、乳はバター、チーズなどに加工され、自家消費のほか、従来は農作物との交換財として利用されてきた。しかし、現在は現金収入を得ることが多くなっている。ラダークのチャンタン高原では、パシュミナ・ヤギの毛も交易の交換財として重要であった。現在はチーズもヤギ毛も現金収入源となっている。さらに、家畜自体も、現在は重要な現金収入源となっている。資源論の観点からいえば、交換財としての乳や毛から、市場経済の浸透により、商品に転換してきたといってよいだろう。また、肉としての利用は、仏教徒として殺生を避けるという観点から、チベットでは被差別的な階層のブッチャーに依頼するなどの形で資源化がおこなわれてきた[54]。現在では、市場経済化の浸透と共に、家畜自体が商品となっている。チベット自治区では、中国社会における肉の需要が大きい。インドのラダーク（ジャンムー・カシミール州）では、ヒツジは従来からイスラーム教徒の食用としての需要があった。現在は、ヤク、ヒツジともに、国境の軍事基地での需要が大きくなっている。

ヤクやヒツジは、かつては交易のための輸送手段としても重要であったが、チベットとインドのあいだの国境が閉ざされてからは、その用途は急激に縮小した。チベッ

（表6・1）牧畜形態とその他の諸特徴

業・移動 ターン	地域など	家畜の種類	家畜の用途	土地アクセス	親族組織など
遊牧	チャンタン高原（ラダック）	ヤク、ヤギ・ヒツジ	乳、毛、家畜（現金）、肉	コミュニティ占有	父系出自
遊牧	チベット自治区	ヤク、ヤギ・ヒツジ、（ウマ）	乳、毛、家畜（現金）、肉	家族占有（現在） 共有（人民公社時）	父系出自
移牧	ブータン・メラック、 チベット自治区（谷上流）	ヤク、ゾモ、（ジャツァム、その他の交雑）	乳、毛、家畜（現金）、肉	家族占有＋ コミュニティ占有	父系出自、 一妻多夫
牧定農	ブータン・ブムタン	ヤク、ゾモ、ジャツァム	乳、毛、耕作、家畜（現金）、肉	家族占有＋ コミュニティ占有	母系出自、 母系相続
牧定農	シェルパ（ソル）	ヤク、ゾモ	乳、家畜（現金）、（肉）	出自集団占有	父系出自
牧移農	シェルパ（高地）	ヤク	乳、家畜（現金）、 輸送（トレッキング）、（肉）	コミュニティ占有	父系出自
定牧	中央アンデス・プイカ	アルパカ、リャマ	毛（現金）、輸送（農作物獲得）、 肉（農作物獲得）	家族占有	双系出自
牧移農	中央アンデス・東斜面	アルパカ、リャマ	毛（現金）、輸送（農作物運搬）、 肉	コミュニティ占有	双系出自

ト自治区では若干のウマが自家用の騎乗に利用される。

このように、資源化の観点からみると、市場経済化や地域の文化（とくに宗教）や政治的背景（国境紛争、軍事基地の存在など）が、資源化に大きな影響を与えていることが理解できる。

ヒマラヤでは、ヤクと共に、やや標高の低い地域では、ハイブリッドのゾモ（雌）も重要な家畜である。ゾモはヤクよりも乳量が多く、乳の利用が重要である。ブータンでは、ゾモに加え、ウシとミタン（熱帯系のウシ）のハイブリッドのジャツァムが、乳生産のための家畜として重要な位置を占めてきた。ブータン・ヒマラヤ極東のメラックの専業の牧民にとっては、乳をバター、チーズに加工し、それをヤクの輸送力によって低地の農村でオオムギ等の食糧と交換することが重要であった。

ブータンでは仏教の教えにより、殺生が禁じられてきた。しかし、近年は、アルナーチャルにおけるインドの軍事基地での需要のため、インドからのブローカーが買いにくるという。ここでも、家畜自体が、商品資源としての価値をもつようになったといえる。

ソル地域のシェルパの場合は、ゾモを飼う農牧民は乳の生産のためであり、ヤクを飼う農牧民はゾモを生産して売ることが目的である。ヤクやゾモをもたない農民世帯はかならずウシを飼っているが、それは乳の自家消費と、施肥と耕作によって農耕の生産性を高めるためである。

ネパール・ヒマラヤの「高地シェルパ」の農牧民にとっては、乳とともに、糞の肥料としての利用は、農業生産性の維持のためにきわめて重要である。また、「高地シェルパ」では、雄ヤクとゾプキョ（雄のハイブリッド）は荷駄用として有用な家畜であるが、登山や山岳トレッキングのための輸送用としても、大きな現金収入源となっている。

アンデスでは、アルパカが毛の生産、リャマが運搬用に飼われてきた。[55] どちらも肉は食用にするが、乳をまったく利用しない。農牧民にとって、家畜の糞は肥料としても重要である。専業の牧民は乾燥した糞を農作物と交換する。また、燃料が不足する地域では、家畜の糞は燃料としても重要である。

[53]　家畜化の用途は、資源の利用の形態であり、それがまた別の資源を生み出すといった「資源の連鎖」でもある。生態資源としての土地へアクセスは「資源管理」の一面であり、また、家族・親族の形態は資源管理の主体としてとらえることができる。

[54]　ヒンドゥー教徒にとって、ウシは神聖で屠畜や食用はタブーであるが、ヤク肉への認識はあいまいである。仏教徒や下位カーストの人びとは、ヤク肉の食用に抵抗をもたない人も多い。軍では消費されているようである。シェルパの場合は、「谷に落ちた家畜が死んだ」というような言説が語られることもあった。そして、町の市場の片隅でヤク肉の取引がおこなわれていた。ラダークの町にも、裏通りにヤク肉を扱う肉屋がある。

リャマは農作物の輸送手段として利用されるが、東斜面の農牧民は、主として自家用の輸送手段として利用してきた。それに対し、西部高原（プイカなど）では、専業の牧民は、峡谷の農民の作物を運搬することで、農作物を得てきた。リャマのエネルギー資源（輸送力）は交易にも使われ、農作物との交換財の価値をもっているのである。これは、アンデスの専業牧民のユニークな「資源化」といってもよいだろう。アンデスの専業牧民はまた、リャマによる交易によって、肉も物々交換によって農作物を確保するための重要な交換資源であった。他地域の産物である岩塩や乾燥果実や土器なども、リャマの利用によって、重要な交換資源となった。アルパカ毛は、自家用の織物の原料として利用するほか、以前は物々交換の品として重要であった。現在は商品資源として現金化することが多い。専業牧民にとっては、近年、クスコ＝プノ間の幹線道路に沿った地域では、アルパカ自体が都市部への肉の供給のために現金化されるようになった。

住居の形態、土地へのアクセスと集団構成—資源管理とその主体

住居の形態は、大きく、固定家屋か移動家屋（テント）かに分けられる。これは、移動性と大きく関係する。アンデスの場合は、定牧であるが、牧民の家屋と家畜囲いは石積みである。一方、ヒマラヤ・チベットの場合、テントと固定家屋の両方があるが、おおむね、遊牧にはテント、移牧には固定の家屋が使われる[56]。

チベット高原に関しては、ラダークのチャンタンでは、伝統的に黒いヤク毛のテントが使われてきた。ラダークのチャンタンでは、半地下構造のテントサイトが厳しい寒さを和らげるが、それによって移動の自由度はある程度制限されることになる。チベット自治区でも、伝統的にヤク毛のテントが使われてきたが、母村、あるいは主住居として、固定家屋を併用している。

ヒマラヤでは、いずれの地域でも母村では、石、土、木材を材料とした家屋に居住している。移牧のための住居は、シェルパの場合、森林限界の上では石積みの固定の家屋を使っている。森のな

[55] アンデスでは、スペイン征服後のウシ、ウマ、ヒツジなどが導入され、標高の低いペルー北部のアンデスでは、それらの家畜が普及した。ペルー中南部でも、アルパカ・リャマ牧民が副次的にヒツジやウシを飼ったり、ウマも乗用に飼うようになった。さらに、近年になって、とくにフジモリ政権以後、山岳地域の道路網が発達し、市場経済も浸透した結果、ウシとヒツジが増加してきた。また、リャマの輸送力への需要が減り、クスコとプーノを結ぶ幹線道路沿いなどではリャマの数が激減している。一方では、観光等によるアルパカ毛製品の需要が増えたこと、さらに脂肪の少ないアルパカ肉がペルーの社会に健康食として浸透してきたことから、アルパカだけを飼う牧民が増えている。

[56] 本章では扱わなかったが、ブータン西部のラヤの農牧民は、チベット式のテントを使っている。このケースでは、彼らは移牧をおこないながらも、夏に高原部でかなり柔軟に移動している（稲村 二〇一四：一九九―二四五）。

かでは、簡易な木の仮小屋を作って住む。ブータン極東部のメラックの専業牧民も、シェルパと似た固定の石積みの小屋を使っている。固定家屋の場合は、移動ルートが固定することになる。ブータン中部ブムタンの農牧民は移牧のキャンプ地で仮小屋を使っている。仮小屋は、テントと固定畜舎の中間的なものととらえることができる。

牧畜の移動と土地へのアクセスとの関連も重要である。土地へのアクセスは、個人の「占有」と、コミュニティの「共有」とのに大きく分けられる。[57] 遊牧の場合は、土地へのアクセスについては、いずれも、「共有」ということができよう。[58] 小チベットと呼ばれるラダークのチャンタンでは、三グループで移動範囲が分けられている。この場合は、それぞれのグループによる占有（もしくは分有）という見方もできる。つまり、グループ内では共有といえるが、その土地はグループ外に開かれていない。チベット自治区の高原部では、現在は、人民公社解体後に土地が各家族に配分されている。ただし、数家族が共同で放牧地を利用する場合や、コミュニティ全体で土地を管理・利用し、一定の広さを確保して半遊牧もおこなっているケースもある。ただし、現在は政府による定住化政策としての「生態移民」が進められている。

移牧に関しては、ネパールのソル地区のシェルパは、異なる高さに点在する父系クラン（氏族）が占有する土地を放牧に利用してきた。ひとつの谷をみると、いくつかのクランの土地がモザイク状に分布している。[59] ブータンの場合は、コミュニティ共有の放牧地もあるが、多くの放牧地は家族ごとに占有されている。

アンデスの場合、プイカでは、放牧地は家族による占有である。東斜面のマルカパタやケロでは放牧地は、コミュニティの共有地のようである。このように、土地アクセスの形態は多様である。

社会の成り立ちも二つの地域で大きな違いがある。ヒマラヤ・チベットの場合は多くの場合は父系出自が重要な社会的機能を果たしているが、ブータン中部のブムタンは母系で、占有する放牧地、家、家畜、農地は、母系に沿って母から娘に相続される。シェルパの場合、父系クランが外婚単位

[57]「占有」は「私有」とは異なる。アンデスやヒマラヤ・チベットでは、土地は自由に売買できる私有財産ではなく、慣習的に、特定の土地を利用し、また周囲からそれが認められているというような場合が多い。それを「占有」と呼んでおく。

[58]　本章では扱わなかったが、モンゴルの遊牧の場合、現在では行政区分の枠がある程度の規定要素となっているものの、モンゴル国内のすべての草地は、基本的には誰にでも開かれている。伝統的にも、モンゴルの場合、遊牧のための土地は共有だったといえる。

[59]　ただし、一九九二年に施行されたコミュニティ・フォレストの制度が、現在は定着しつつあり、農村コミュニティなどが周辺の森を管理するように変わってきている。

となっているが、ソルではクランは放牧地を占有する集団として重要な機能を果たしている。それに対し、「高地シェルパ」の場合、村は多くのクランが混住しており、クランは放牧地占有の単位となってこなかった。アンデスの場合は双系であり、親族は大きな役割を果たしていない[60]。むしろ地縁的なコミュニティが重要である。放牧地についてはすでに述べたように、プイカでは拡大家族単位で占有し、マルカパタなどの東斜面ではコミュニティ単位で共有しているようである[61]。

以上、主として資源人類学的視点をとりいれ、高地文明の構成要素としての牧畜についてアンデスとヒマラヤ・チベットについて論じてきた。最後に、今後の展望として考古学の研究との連携について述べておきたい。

近年、アンデスの文明形成について日本人研究者によって研究が進められている。とりわけ、文明形成の時期がもっとも古く遡るペルー北部における発掘調査により新たな知見が得られつつある。ラクダ科動物の家畜化はペルー中部の高原で始まり(稲村 一九九五)、中南部で牧畜が発達したが、もともと野生のラクダ科動物が生息していなかったペルー北部にそれが広がったとき、文明形成に大きなインパクトを与えた可能性が、最新の研究から見えてきた。紀元八〇〇年頃、リャマの飼養によって(畜糞肥料による、とくにトウモロコシの)農業生産力が高められ、また広域の効率的な輸送手段が確保され、それを支配的勢力が独占的にコントロールし、宗教的権威だけでなく世俗的な階層と権力構造が生み出されたといったシナリオである(関 二〇一七)。リャマは、生態資源としてだけでなく、犠牲獣としての利用など、象徴資源としても重要な位置を占めた。

考古学的研究と文化人類学的研究との連携の可能性と重要性は今後ますます高まっていくだろう。本書の民族誌的事例の記述・分析がそうした連携にとっての基礎的な素材となることを期待したい。

[60] 拡大家族が父系的なのは、嫁入り婚(夫方居住)の慣習によるものである。出自は双系であり、出自集団を形成しない。

[61] 父系出自のソルのシェルパでは、多くの場合、単一の出自集団が村を構成し、外婚によって多村から嫁を迎えることになる。一方アンデスの場合は、双系出自であることから、地域の内婚が多い(ただし、牧民と農民の結婚も多い)。

謝辞
本稿は、基盤研究（A）「熱帯高地における環境開発の地域間比較研究―「高地文明」の発見にむけて」（研究代表者・山本紀夫、平成二三～二七年度）、及び基盤研究（A）熱帯高地環境における家畜化・牧畜成立過程に関する学際的研究―アンデスを中心に」（研究代表者・稲村哲也、平成二二～二六年度）の成果の一部である。記して謝意を表したい。

【文　献】

稲村哲也　一九九五『リャマとアルパカ―アンデスの先住民社会と牧畜文化』花伝社。
稲村哲也　一九九六「アンデスとヒマラヤの牧畜―高地適応型牧畜の家畜移動とその類型化の試み」『TROPICS（熱帯研究）』五（三・四）：一八五―二一一。
稲村哲也　二〇〇〇「アンデス山脈とヒマラヤ・チベット山塊」川田順造・大貫良夫編『地域の世界史4―生態の地域史』二一四―二六七頁、山川出版。
稲村哲也　二〇〇四「牧畜からみた山の文化―中央アンデスをヒマラヤと比較して」梅棹忠夫・山本紀夫編『山の世界』二二五―二三六頁、岩波書店。
稲村哲也　二〇〇七ａ「旧大陸の常識をくつがえすアンデス牧畜の特色」山本紀夫編『アンデス高地』二五九―二七七頁、京都大学学術出版会。
稲村哲也　二〇〇七ｂ「野生動物ビクーニャの捕獲と毛刈り―インカの追い込み猟「チャク」とその復活」山本紀夫編『アンデス高地』二七九―二九六頁、京都大学学術出版会。
稲村哲也　二〇〇七ｃ「アンデス発の牧畜起源論」山本紀夫編『アンデス高地』二九七―三一〇頁、京都大学学術出版会。
稲村哲也　二〇〇九「アンデスからの家畜化・牧畜成立論―西アジア考古学の成果をふまえて」山本紀夫編『国立民族学博物館調査報告』八四（「ドメスティケーション―その民族生物学的研究」）：三三三―三六九。
稲村哲也　二〇一二「ブータン極東部高地のメラックにおける牧畜の変化とその歴史的社会的背景」『ヒマラヤ学誌』一三：二八三―三〇一。

稲村哲也　二〇一三「インド・ラダーク地方南東部チャンタン高原における遊牧と交易」『ヒマラヤ学誌』一四：一一四–一二九。
稲村哲也　二〇一四『遊牧、移牧、定牧―モンゴル、チベット、ヒマラヤ、アンデスのフィールドから』ナカニシヤ出版。
稲村哲也・川本　芳　二〇〇五「アンデスのラクダ科動物とその利用に関する学際的研究―文化人類学と遺伝学の共同」『国立民族学博物館調査報告』五五：一一九–一七四。
稲村哲也・古川　彰・結城史隆・渡辺道斉・スフバートル　二〇〇一「市場経済化過程におけるゴビ地方遊牧社会の現状と社会・経済変動」『リトルワールド研究報告』一七：一一七–一三九。
稲村哲也・本江昭夫・山本紀夫・蘇鳳鳴・楊中芸　二〇〇〇「チベットにおける農業と牧畜の現状」『愛知県立大学文学部論集』四九：一–一二。
石井祥子・鈴木康弘・稲村哲也　二〇一五『都市と草原―変わりゆくモンゴル』風媒社。
岩田修二　一九九八「アンデスの自然環境―人間活動の舞台として」『地理』四十三（七）（通巻五一二号）：三八–四九。
内堀基光・菅原和孝・印東道子編　二〇〇七『資源人類学』放送大学教育振興会。
大山修一　二〇〇四「南米アンデスの高貴な動物―ビクーニャと人びとの暮らし」『地理』四十九（九）：一〇〇–一〇六。
大山修一　二〇〇七「ラクダ科野生動物ビクーニャの生態と保護」山本紀夫編『アンデス高地』三三五–三五九頁、京都大学学術出版会。
鹿野勝彦　一九七八「ヒマラヤ高地における移牧―高地シェルパの例をとおして」『民族学研究』四三（一）：八五–九七。
鹿野勝彦　一九七九「ロールワリン・シェルパの経済と社会」『リトルワールド研究報告』三：一–四二。
スタン、R、A　一九九三『チベットの文化　決定版』山口瑞鳳訳、岩波書店。
関　雄二編　二〇一七『アンデス文明―神殿から読み取る権力の世界』臨川書店。
山本紀夫　一九九二『インカの末裔たち』日本放送出版協会。
山本紀夫　二〇〇四『ジャガイモとインカ帝国』東京大学出版会。
山本紀夫　二〇〇七「農牧複合民の暮らし―食糧の生産と消費を中心に」山本紀夫編『アンデス高地』四三一–

四五三頁、京都大学出版会。
山本紀夫・稲村哲也編　二〇〇〇『ヒマラヤの環境誌―山岳地域の自然とシェルパの世界』八坂書房。
山本紀夫・岩田修二・重田眞義　一九九六「熱帯高地とは―人間の生活領域としての視点から」『熱帯研究』五（三・四）：一三五―一五〇。
Brower, B. 1991　*Sherpa of Khumbu: People, Livestock and Landscape*. Delhi: Oxford University Press.
Camino, A. 1982　Tiempo y Espacio en la Estrategia de Subsistencia Andina: un Caso de las Vertientes Orientales Sud-peruanas. En L. Millones, y T. Tomoeda (eds.), *El Hombre y su Ambiente en los Andes Centrales*. Senri Ethnological Studies No.10: pp.11–38. Osaka: Museo Nacional de Etnología.
Ekvall, R. B. 1968　*Fields on the hoof: Nexus of Tibetan nomadic pastoralism*. Illinois: Waveland Press.
Goldstein, M. C., & Beall, C. M. 1990　*Nomads of Western Tibet: The Survival of a Way of Life*. Hong Kong: Odyssey Production Ltd.
Inamura, T. 1986　Relaciones Estructurales entre Pastores y Agricultores de un Distrito Altoandino en el Sur del Perú. En S. Masuda (ed.), *Etnografía e Historia del Mundo Andino: Continuidad y Cambio*, pp.197–229. Tokio: Universidad de Tokio.
Inamura, T. 1988　Relaciones Estructurales de Pastores y Agricultores en las Fiestas Religiosas de un Distrito. En J. A. Flores Ochoa (ed.), *Llamichos y Pa-cocheros: Pastores de Llamas y Alpacas*, pp.203–214. Cuzco: Centro de Estudios Andinos.
Inamura, T. 2002　The Pastoralism in the Andes and the Himalayas. *Global Environmental Research* **6**(1), 85–102.
Inamura, T. 2004　Las Características del Pastoreo en los Andes en Comparación con el Pastoreo en el Himalaya. 10–02–01 Sesión "Antropología Cultural de los Andes" In Acta del XI Congreso de FIEALC (the International Federation of Latin American and Caribbean Studies) 2003. (CDROM)
Inamura, T. 2006　Las características del uso de camélidos en los Andes: El pastoreo y la resurrección del "chacu", la tradición incaica en el Perú. En L. Millones, y T. Kato (eds.), *Desde el exterior: El Perú y sus estudios*. Tercer Congreso Internacional de Peruanistas Nagoya, 2005, pp.35–70. Lima: Fondo Editorial de la Facultad de Ciencias Sociales: Universidad Nacional Mayor de San Marcos.

Kawamoto, Y. et al. 2004 A preliminary study on blood protein variations of wild and domestic camelids in Peru. *Report of the Society for Researches on Native Livestock* **21**: 297–304.

Kawamoto, Y. et al. 2005 Genetic Differentiation among Andean Camelid Populations Measured by Blood Protein Markers. *Report of the Society for Researches on Native Livestock* **22**: 41–51.

Khazanov, A. M. 1984 *Nomads and the Outside World*. Julia Crookenden (tr.), Cambridge: Cambridge University Press.

Nuñez del Prado C. O. 1983 Una cultura como respuesta de adaptación al medio ambiente. En J. A. Flores Ochoa, y J. Nuñez del Prado Bejar (ed.), *Q'ero: el Ultimo allu inka*, pp.14–29. Cuzco: Centro de Estudios Andinos.

Orlove, B. 1977 *Alpaca, Sheep and Men: the Wool Export Economy and Regional Society in Southern Peru*. New York: Academic Press.

Pérez Ruiz, W. 1994 *La Saga de la Vicuña*. Lima: Diálogo s.a.

Pulgar Vidal, J. 1996 *Geografía del Perú*. Lima: Promocion Editorial Inca S. A..

Rick, J. W. 1988 Identificando el sedentarismo pre-histórico en los cazadores recolectores: un ejemplo de la sierra sur del Perú. En J. A. Flores Ochoa (ed.), *Llamichos y Pacocheros: Pastores de Llamas y Alpacas*, pp.37–43. Cuzco: Centro de Estudios Andinos.

Webster, S. 1973 Native pastoralism in the Andes. *Ethnology* **12**(2): 115–133.

Webster, S. 1983 Una comunidad quechua indígena en la explotación de multiples zonas ecológicas. En O. Flores, Jorge, y B. Juan Nuñez del Prado(eds.), *Q'ero: el último ayllu inka*, pp.30–47. Cuzco: Centro de Estudios Andinos.

Wheeler, J. C. 1988 Nuevas evidencias arqueológicas acerca de la domesticación de la alpaca, la llama y el desarrollo de la ganadería autóctona. En J. A. Flores Ochoa (ed.), *Llamichos y Pacocheros: Pastores de Llamas y Alpacas*, pp.37–43. Cuzco: Centro de Estudios Andinos.

第３部
「高地文明」論

重田　眞義　エチオピア高地文明の成立基盤
大山　修一　エチオピア高地のどこに文明が開化したのか？
月原　敏博　アジアにおける「高地文明」の型と特質

第3部　「高地文明」論　扉写真

エチオピアの首都、アディス・アベバ。人口は約400万人、標高が2300～2500mなので、気候は温暖である（大山修一撮影）

第VII章

エチオピア高地文明の成立基盤
―栽培植物と自然環境の観点から―

重田眞義

エチオピア高原のタナ湖から流れ出すティシサットの滝。エチオピアの高原には湖が点在している（筆者撮影）

上右／エチオピア起源のバショウ科栽培植物エンセーテ
偽茎と根茎に蓄えられるでんぷんを食用にするほか、繊維作物としても利用される。
上左／エエチオピア高地の南部
比較的なだらかな丘陵部に町が発達している。高度 2500m 付近。

エチオピア高地に導入されたユーカリ
それまで遷都の要因であった薪不足を解消したといわれている。現在では、建築の足場材としても重用されている。

重田　眞義（しげた・まさよし）

1956 年京都府生まれ。
京都大学博士（農学）。京都大学大学院アジア・アフリカ地域研究研究科教授、アフリカ地域研究資料センター長。1978 年から、スーダン、ケニア、エチオピアなどの農村地域を対象にフィールドワークをおこない、アフリカ農業における諸問題をヒト－植物関係論（農業科学、人類学、生態学、栽培植物起源学、民族植物学、ドメスティケーション論など）の立場から考察してきた。アフリカの人びとによって培われてきた在来知としての有用植物資源に関する研究を通じて地域社会における内発的な発展の問題に取り組んでいる。
おもな編著書に *African Study Monograph Suppl.47: Emerging Approaches to Understanding Gender-based Knowledge and Techniques in Africa*（2014）、『争わないための生業実践―生態資源と人びとの関わり』（京都大学学術出版会、2016年）、『睡眠文化を学ぶ人のために』（世界思想社、2008年）、『アフリカ農業の諸問題』（京都大学学術出版会、1998年）、*The Tree against Hunger*（American Association for the Advancement of Science, 1997）など。

一　エチオピアの特殊性

エチオピアという国について、アフリカ諸国の中でもとりわけ馴染み深い国であるという意識をもっているひとが多いのではないだろうか。かつて日本とエチオピアのあいだには、皇室同士の関係や、対イタリア戦争をめぐる国の立場と民衆レベルの交流などがあった（Zewde 1990）。それらはすでに歴史を紐解かねばならない過去の出来事であるが、昭和の前半に生まれた世代であれば、アフリカ初のオリンピック金メダリストとして著名となったマラソン走者アベベ・ビキラの名前を記憶しているひともあるだろう。近年でも優秀な長距離走者を輩出する国のひとつとして知られ、日本からもスポーツ選手が高地トレーニングにでかけることもあるという。

アフリカの東北部、いわゆる「アフリカの角」地帯に位置するエチオピア（現在の正式国名はエチオピア連邦民主共和国）は、多言語、多民族、多宗教を前提にした多文化的まとまりを内包する国である。

一九六〇年代以降、次々と独立したアフリカ諸国と比べて、エチオピアは、アフリカ史のなかで例外的に古くから近代にいたるまで独立を維持し、アフリカ最古の独立国としてながらく帝政を敷き、独自の文字や暦をもち、早い段階で軍隊や教育、郵便、道路などの仕組みをそなえた近代国家の体裁をたもってきた。

一九六〇年代にハイレセラシエ一世大学（現在のアディス・アベバ大学）の客員教授として赴任し、『高地民族の国エチオピア』を著した人文地理学者の鈴木孝夫は、その歴史、民族、文化においてエチオピアが他のアフリカの国々とは異なる独特な特徴をもっていることを、社会、民族、文化、宗教、言語などに注目して述べている（鈴木 一九六九）。

エチオピアが、日本と並んで非西欧の国として西欧国家との戦争に勝利したことは、様々な場面で他のアフリカ諸国と差異化してその「特殊性」を誇るエチオピアの知識人によって今でも自慢気に語られる史実のひとつである[1]。第二次世界大戦の戦勝国として、一九五一年から一〇年以上にわたって国連軍として朝鮮半島に派兵していたこともアフリカの盟主として、アフリカ連合（ＡＵ）の本部を首都におくエチオピアのプライドとなっている。

しかし、近現代におけるその後のエチオピアの政治史をふりかえってみると、この国が決して安定した発展の歴史をたどってきたわけではないことがわかる。

この国は、わずか半世紀のあいだに、帝政（一二七〇〜一九七四）、社会主義（一九七四〜一九九一）、そして自由主義的な政権（一九九一–現在）という異なる三つの政体を経験した。政治権力の面からみれば、いわゆる「民族的」とされるまとまりが、三つの政体のそれぞれの時点において有力なヘゲモニーを握ってきたと考えられるが、その権力闘争に関わる諸問題のたちあらわれ方は、多数民族による支配や「民族」間の対立、国民国家形成への反駁といったアフリカ近現代の政治史にみられるものとはかならずしもまったく同じというわけではない。

エチオピアという国家のまとまりがアフリカの国家に共通の与件としての多民族状況のなかで築かれてきたことは程度の差はあれ事実であるが、それ以上に、エチオピア高地文明というシステムとその歴史的経験が、今日までこの国がかかえてきた政治、経済、社会文化に関する諸問題に対して少なからず独特の影響を及ぼしているとみることができる。

エチオピアの特殊性は、もちろん社会・文化や歴史・政治的な特性だけでなく、生態・地理あるいは自然環境の面からも語られることが多い。エチオピアが「高地」にあることは、様々な局面でしばしば言及されるが、その事実が、これまでの「エチオピア文明」の形成にどのような影響を及ぼしてきたのか、あるいは決定要因とさえなってきたのかについては正面からは論じられてこなかった。環境決定論的な見方に陥る危険性に注意しながら、まずその特徴を次項でとりあげていくことにしよう。

［1］ アドワの戦いにおける対イタリアの勝利と、日露戦争における日本の勝利のことをさす（古川 二〇〇七）。

二　高いアフリカ、涼しいエチオピア

高いアフリカ

つい最近までは、あるいは今でも一部では、アフリカといえば、灼熱の日差しと鬱蒼とした熱帯雨林のイメージが支配的であった。しかし、アフリカ大陸内には、高度一五〇〇メートル以上の涼しい風の吹く高原や霜の降りるような山地がある。その面積は、日本の国土のおよそ二・八倍、一〇四万平方キロメートルにも広がっている。この「高地」は実面積としては大陸全体の四パーセントにしかすぎないが、その約八割が北緯一七度と南緯一〇度のあいだにある東および東北アフリカ諸国に広がっている。そして、現在のエチオピアとエリトリアをあわせた地域には、アフリカの高地全体の実に四七パーセント（四九万平方キロメートル）が分布している（重田　一九九六）。

エチオピアとエリトリアをあわせた領域だけをみても、国土がほぼ山岳地帯のみであるルワンダとブルンディを別にすれば、国土に高地が占める割合は四〇・一パーセントともっとも高い（図7・1）。そのエチオピア高地の中には、アフリカでは四番目の高峰ラス・ダシェン（四六二〇メートル）が北部のシミエン山地に

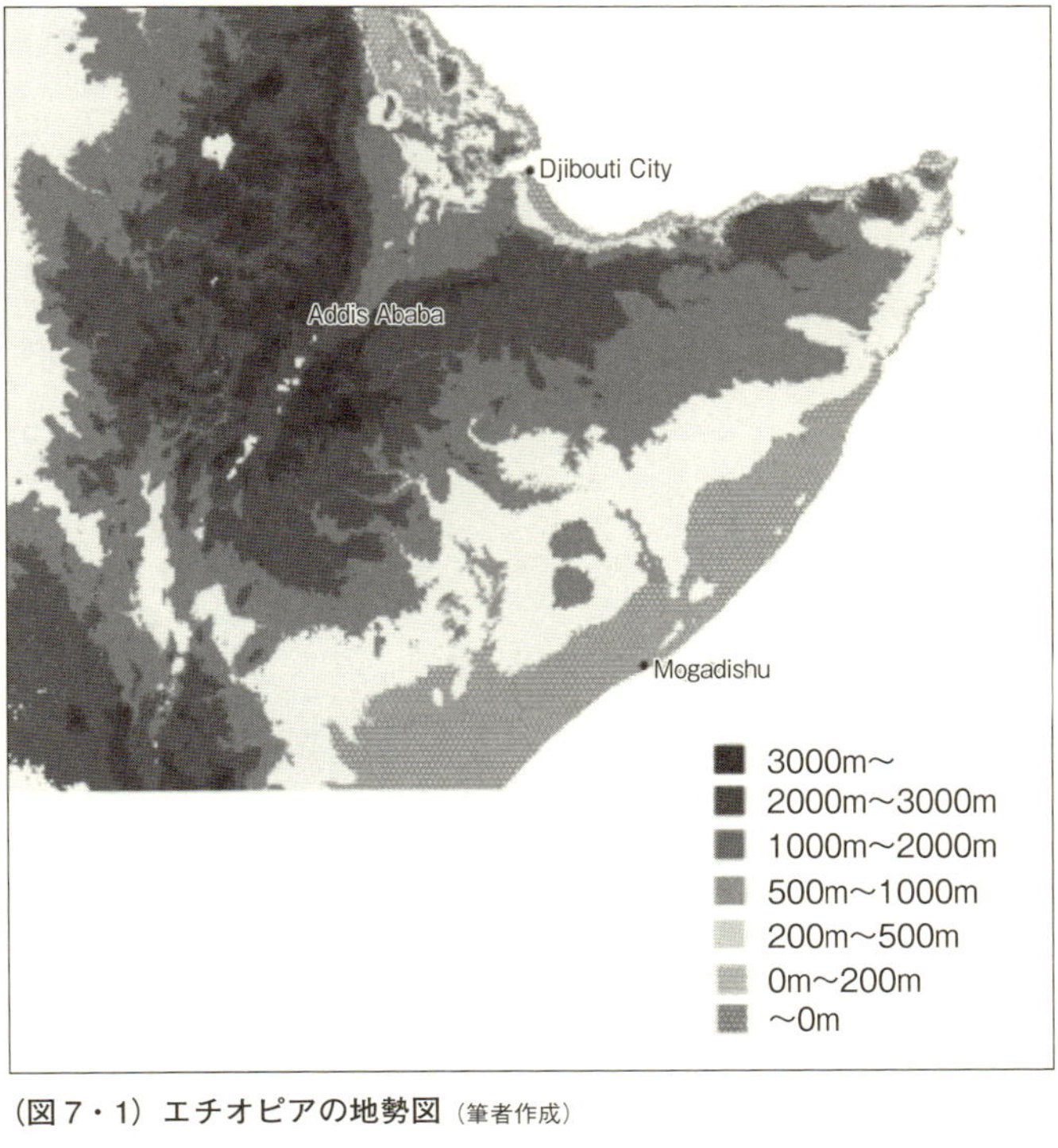

（図7・1）エチオピアの地勢図（筆者作成）

ある。北部を中心に三〇〇〇メートル以上の高い山が多くあるとはいえ、エチオピア高地の中央部には起伏はそれほど険しくなくなだらかな高地平原が広がっている（図7・2）。北部では、浸食によって削り取られた渓谷が切り立った傾斜面によって分断されているが、その上はテーブル状の台地となって、農耕地や居住地となっているところがみられる。

雨量と気温

熱帯域に位置するエチオピアの高地は、高度が高いだけでなく、涼しくて雨がよく降る地域である。平均高度二三〇〇メートルのエチオピア高地には、明確に区別できる乾季とひとつないし二つの雨季がある。高度一五〇〇メートル以上の高地では年平均八〇〇～一六〇〇ミリメートルの比較的恵まれた雨量があるが、雨季の開始が遅れたり、降雨の時期が一定していなかったりすることが多い。また、熱帯特有の局所的な降雨がみられることもあり、高地での農業につきまとうもっとも一般的な問題は、適切な時期に適量の降雨があるかである。エチオピア高地は、雨の降りかたによって、通常三月から九月までが雨季で四月と八月に雨量のピークがある北部および東部地域と、五月に雨量が最大となるものの雨の降る時期が長くて作物の生育期間が一〇カ月近くとれる南部および西南部地域（北緯四度から六度のあいだ）に分けることができる。

二つの地域の境界からやや北寄りにあるエチオピアの首都アディス・アベバでは、八月の平均気温がもっとも低く雹や霰が降ることもまれではない。朝晩の冷え込みは厳しく冬用のコートや上着が必要となる一方、日中の気温は高く、一日の寒暖の差は二〇度ちかくになる。気温がもっとも高くなる二月には日中の最高気温が三〇℃を上回る。

エチオピア高地が含まれる東アフリカ高地の雨量には、インド洋からの季節風の影響は少な

（図7・2）エチオピア高地の平原を走る国道
エチオピア中央部の高原は起伏がそれほどはげしくなく、農耕に適した平原が広がっている。南部諸民族州ブタジラ郊外。高度 2000m（2010年10月筆者撮影）

く、東部、北東部の山地斜面は乾燥していることが多い。したがってこの地域に雨をもたらす主要な前線は、南西方向からの熱帯収束帯ＩＴＣＺ(Inter Tropical Conversion Zone）である。逆に、北および北東方向からの風が吹くことで、高地における乾季はよりいっそう乾燥することになる(Getahun 1984)。

植　生

エチオピ高地を含む東アフリカ高地において、その代表的な植生は高度差を基準に三つに分けて考えることができる。ひとつめは、一五〇〇〜二二〇〇メートル付近までのアカシア（*Acacia*）、コミフォラ（*Commiphora*）、エリスリナ（*Erythrina*）、コルディア（*Cordia*）の各属およびイチジク属（*Ficus*）とアルビジア属（*Albizia*）の木本類などが優先する地帯である。ふたつめは、それ以上の高度で森林限界に至るまでの地帯、みっつめは森林限界以上の地帯である。

中間の二二〇〇〜三三〇〇メートル地帯では、ビャクシン属（*Juniperus*）、ハゲニア属（*Hagenia*）、マキ属（*Podocarpus*）などの木本が指標となる。竹林もこの高度帯にもっとも多く見られる。三三〇〇メートルを超えるとエリカ属（*Erica*）、オトギリソウ属（*Hypericum*）などが見られ、それ以上になると東アフリカの高山植生に特有のキキョウ科のミゾカクシ属（*Lobelia*）やキク科キオン属（*Senecio*）などの巨大な草本植物が現れる（Bekele-Tesemma 1993, von Breitenbach 1963)。

人間の生活圏と生業

このような植生分布のもとで、エチオピア高地には、他のアフリカにみられる熱帯高地と同様に、生態環境の諸特性を生かして長年にわたって生活してきた人びとの巧みな営みがみられる。エチオピア高地においては人間が農耕を主とする生業をおこない、居住する生活空間として利用されている地域はほぼ高度三〇〇〇メートル付近までであり、生活活動の中心はそれよりも高度が低いところである。

歴史的にみても、エチオピアに繁栄した諸王国は、紀元前八世紀頃に現在のアクスムの近くにあるイハに都をおいたダアマト王朝にはじまり、最後のアディス・アベバで途絶えたソロモン王朝最後のハイレセラシエ一世皇帝の時代まで、すべて標高二〇〇〇メートル付近からそれ以上の高度に位置する高地にその首都をおいてきた（Worde-Mariam 1991）。

事実として、アフリカの熱帯高地は、歴史的に人間の生活領域としてたいへん重要な空間のひとつであり続けてきた。その結果、今日のアディス・アベバや南隣の国ケニアの首都ナイロビといった人口の集中する都市が発達した。エチオピア国内で人口密度がもっとも高い地域は、高地の傾斜がややなだらかになり平原が広がる西南部に集中している。また、エチオピア西南部だけでなく、ウガンダのヴィクトリア湖周辺、タンザニアのキリマンジャロ山麓などの高地においても、高い人口密度を支えることができる持続的でかつ集約的な在来農業が開発され、地力維持のための家畜牧畜飼養と農業との有機的な結合などが達成されてきた。

高地の発展に寄与した自然的条件

このような発展の前提となる自然的条件として、まず、この地域の母岩が火山性であり肥沃な層の厚い土壌を形成していたことがあげられる。また、高地の冷涼な気候のもとでは、人だけでなく家畜や作物の病気も少なく、マラリアをはじめとする熱帯特有の感染症の危険も少なかったことなどが指摘できるだろう。また、一年を通じてみれば概ね雨量も安定しており、谷水や伏流水のかたちで生活のための水を得ることも、斜面を利用した傾斜灌漑をお

（図7・3）コンソ人による階段状耕作
クシ系農牧民のコンソの人びとは、山頂や尾根筋に密集した集落をつくり、そこから下方に石垣を設けて段々畑をつくっていく。南部諸民族州コンソ。
（高度2100m、2010年10月筆者撮影）

こなうことも、乾燥した平坦な低地に比べればはるかに容易であった。長い雨季は十分な作物の生育期間を保証してくれたし、山頂付近には手つかずの高地林が多く残されていて、薪炭や焼畑に利用する森林資源が比較的豊富であったことなども高地における人間の生活圏の成立に重要な条件として指摘できるだろう。

また、エチオピア西南部高地にみられるクシ系コンソ人による石垣を利用した広範囲な階段状耕作（図7・3）は、タンザニアのマテンゴ人のピット耕作や、ソンジョ人、ケニア西部高地のエルゲヨ人、マラクエット人の斜面を利用して水路を引いた灌漑耕作の技術などとともに、高度差という高地の自然条件を巧みに利用した在来の農業技術として開発されてきたのである。

三　文明の成立基盤としてのハードウエアとソフトウエア

文明とは、ゴードン・チャイルドの古典的な定義によれば、次の九つの指標をそなえているかで区別される。それらは、効果的な食料生産、大きな人口、職業と階級の分化、都市、冶金術、文学、記念碑的な公共建造物、合理科学の発達、支配的な芸術様式という、一連の文明の発展の過程で醸成されていくシステムの構成要素となっている。これに加えて、すべての文明に共通の存在として、栽培植物と家畜の利用があり、そして市場交易の広範なネットワークが形成される。その結果、文明は一定の領域として文明圏を構成する（チャイルド　一九五一）。

これまで、文明の要素としては、黄河文明やメソポタミア文明の例をあげるまでもなく、大河と、安定的な食料を提供する作物、とりわけ輸送が簡便で長期の保存が可能なイネ科穀類の存在が指摘されてきた。北半球の低地に発達した大河文明に対して、熱帯の高地にも同じような要素条件を満たす文明が存在することをはじめて学術的に指摘し、研究をおこなったのは山本紀夫であった（山本ほか　一九九六）。

このような定義の要素を満たす「文明」がエチオピアを含む世界の「高地」にも古くから存在し続けてきたという歴史的事実があることは本書の編著者である山本紀夫が指摘するまでは筆者を含めて多くの研究者が気づいてこなかった。文明の存在が気づかれていなかったのではない。それらの文明が高地に存在したという事実に関心が向けられていなかったのである（山本 二〇一四）。

現在のエチオピアという国が位置する地域を中心に、はやくは紀元前のころから安定した生産基盤と統治機構をそなえ、人口が集中し交易や市場の発達をともなう高度な文明が次々と生まれてきた。

エチオピア高地文明を代表する初期の王国のなかでも、もっともよく知られているのがエチオピア北部に紀元後しばらくして生まれたアクスム王国（ＡＤ一〇〇～九四〇）であろう。紅海沿岸から内陸へ約六〇キロメートルはいった高度二〇〇〇メートルの平原にアクスム王国の首都アクスムはおかれた（Philipson 2005）。発掘をおこなった考古学者のムンロ・ヘイによれば、〇・七五平方キロメートルの都市部に二万人の人口を擁し、周辺の高原の肥沃な土地と十分な雨量から得られる安定した穀物生産を基に栄えたという。また、比較的に干ばつにも耐えるテフというエチオピア独特の穀類の存在は、食料生産に安定をもたらしたと説明している（Munro-Hay 1991）。

アクスムは、地の利を生かして、象牙や黄金など内陸の生産物をインドやローマと取引し、文字が刻印された独自の金銀の貨幣を作成して富を蓄積した。対岸のイエメンや内陸部へ支配を拡大していくなかで「王の中の王」と呼ばれる地位を確立した。しかし、七世紀前半にイスラーム勢力の台頭にともなって衰退し、その後継者はより内陸のさらに高度の高い高地へと移っていったが、その真の理由については諸説があってよくわかっていない。

エチオピアのその後の王国の変遷を詳述する紙数はないが、最初に紹介したハイレセラシエ一世が廃位されるまでのソロモン朝エチオピアの首都は、ゴンダールからアディス・アベバまですべて二〇〇〇メートル以上の高地に設けられ、栄えたのである。

このような歴史的事実は、高地と文明の成立のあいだに因果関係があることを実証するものではまったくないが、アフリカの高地という環境に文明が育まれたことを示す状況証拠のひとつにはなるであろう。

同様に、エチオピア高地と類似の生態環境をもつ東アフリカ諸国の高地は、植民地時代を通じて独立後半世紀以上を経た今日まで、高い人口密度を背景に生産と消費の両面において国家経済に大きく寄与してきた。同時に、高地はもっとも開発潜在力の高い地域として種々の公共投資が優先的におこなわれてきた地域でもあった。道路交通、通信、電気、水利や、役所、学校、診療所その他の公共設備などの社会基盤は、低地の半乾燥・乾燥地域よりも先に充実したものとなっていた。また、社会基盤の整備を背景に、地域独自の特色ある複合的な生業経営が営まれていることも注目すべき点である。

たとえば、タンザニアのキリマンジャロ南嶺斜面に住むチャガの人びとは、伝統的な灌漑の組織的な利用と、バナナおよびコーヒー栽培、家畜飼養、林業を有機的に結びつけた安定的な複合経営をおこなっている。ケニア山の斜面を利用してきたキクユ人やメルー人も、放牧をしない厩舎飼いのウシの厩堆肥を利用した混合農業を発達させ都市に食料を供給してきた。エルゴン山の東斜面に住むセベイ人の場合、家畜を飼う一方で料理用バナナと穀類栽培を組み合わせた農業をおこなっている。これは、エチオピア西南部でバショウ科栽培植物エンセーテと穀類を組み合わせて利用しているアリ人の例とも共通点がある。アリ人は牛耕もおこなって持続的な農業生産を維持している。このように、アフリカ高地にみられる農耕文化複合のなかには、アフリカ固有の農耕文明の要素と表現してもさしつかえないものがあるといえるだろう。

このように、熱帯アフリカの高地に住む人びとは地域独自の特色ある複合的な生業を編み出して、環境を集約的に利用することで安定的な食料生産を確保し、人口増加に対処し、高地文明を維持してきたと考えられるのである。そして、高地という生態環境とそこで手に入る様々な自然資源は、文明の成立にとっては不可欠な前提条件であったとみることはできないだろうか。

　このような、必要条件ともいえる環境や資源の存在は、それを運用する人びとの知識や技術、あるいは蓄積された経験やコミュニケーションの能力によって文明としての存在をあらわにするはずである。たとえば、栽培植物は、それを育てる農耕技術があってはじめて、農耕という文明の要素を構成することができる。作物やそれが成育する肥沃な土壌と雨に恵まれた高地という環境は、いわば農耕文明システムのハードウエアであって、それだけではシステムは機能しない。必要なのはハードウエアを動かすソフトウエアとしての農耕技術をそなえた人びとである。

　次項では、エチオピア高地における農耕文明システムのハードウエアとしての栽培植物に注目して、その特質を明らかにする。

四　文明のハードウエアとしての栽培植物

エチオピア高地の栽培植物

　二〇世紀の初頭、ロシアの植物遺伝学者バビロフとその弟子たちは、世界各地を訪れて栽培植物の分布と変異を研究し、有用植物の遺伝資源を探索収集した。その成果として、エチオピアで独自に開発された固有の栽培植物として、テフ（*Eragrostis tef*（Zucc.）Trotter）やエンセーテ（*Ensete ventricosum*（Welw.）Cheesman）があり、現在も経済的にも文化的にも重要な食料源として廃れることなく綿々と利用され続けていることを見出し、エチオピア高地を世界の栽培植物起源の八大中心地のひとつとして数えた（重田　一九八八、Engels et al. 1991）。

　これまで、世界史のとりあげる文明の要素として作物がとりあげられる場合、輸送が簡便で長期保存が可能なイネ科穀類が安定的な食料を提供するにふさわしい作物であるとされてきた。

　エチオピアではテフのほかにもモロコシやシコクビエなどアフリカ起源の栽培植物だけでなく、

オオムギ、コムギ類のように西南アジア起源のイネ科穀類が古くから栽培されてきた。オオムギにはエチオピア高地にしかみられない独特の品種が発達しているし、二粒系のマカロニコムギも利用されている。

　エチオピア高地の栽培植物のもうひとつの特徴に、その根栽類の豊富さがある。これは、山本がアンデス文明を支えた食料基盤のひとつとして、ジャガイモをはじめとする根栽類の存在を指摘したのと同じように、エチオピア高地における文明の要素として考慮できるのではないかと著者は考えている。

　たとえば、エンセーテのほかにもバナナ、タロ、ヤムの一種であるダイジョ（*Dioscorea alata*）のように東南アジア起源の栽培植物も導入されている。新大陸起源の栽培植物は比較的新しくエチオピアに伝わったと考えられるが、トウガラシ、ジャガイモ、トウモロコシなどはすでに現在のエチオピアの食事に欠かせないものとなっている。

　以下に、エチオピア高地の農耕文明をとらえるうえで、代表的な三つの栽培植物、オオムギ、テフ、エンセーテをとりあげて紹介しよう。

オオムギ（*Hordeum vulgare L.*）

エチオピアにおける穀類の栽培面積は、テフ、トウモロコシ、モロコシがこの順に大きく、次いでコムギとオオムギを加えると、可耕地全体の四分の三を占める。この五種のなかでオオムギはもっとも高度の高いところまで栽培される。その栽培面積は、二〇〇八年の統計では九八万五〇〇〇ヘクタールとなっておりもっとも小さいが、テフやモロコシに比較してその率は低いものの増加している。

　エチオピア高地には、そこでしかみられない変種 *deficiens*（退化した側列の小穂が針状に細くなっている二条オオムギ）や *irregulare*（二条と六条の中間で不規則に稔性のある小穂がついている）などがあり、変異の多様性という点からみると他の二種に劣らぬほど豊かである。また、エチオピアの多様なオオムギの品種の中から特定の病害抵抗性の遺伝子をもつ品種や高リジン含有の品種がみつかっている。このように、エチオピア高地にはオオムギの遺伝的多様性が集積しているが、その遺伝子給源となるような野生近縁種が存在しないことから、オオムギがかなり古い時代（およそ五〇〇〇から六〇〇〇年前）にこの地域にもたらされたのではないかと考えられている。

しかし、近年は高度の低い地域でパンコムギ、テフ、エンバクなどと置き換えられる傾向にあるが、他の穀類が栽培できない高度三〇〇〇メートル以上の高地ではエンセーテとともに依然としてもっとも重要な栽培植物である。

オオムギはアムハラ語でタラとよばれるビールの原料とされ、祝祭や儀礼の場に欠かせない。裸性のものは煎り麦としてそのままコーヒーと共に食される。また煎り麦を粉に碾いたバッソとよばれる食品（はったい粉）は旅行の携帯食としても重用されてきた。バッソは水に溶いて、砂糖や少量の塩などを加えた飲み物としてもよく利用される。生のオオムギは移動や運搬に用いるウマの飼料としても頻繁に用いられてきた。長距離の移動や重労働をさせたあと、あるいは牧草が手に入りにくい場所での給餌には欠かせない。

テフ（*Eragrostis tef*（Zucc.）Trotter）

イネ科穀類のテフはエチオピア高地の主食インジェラの原料としてエチオピア人の食生活に欠かすことができない大切な栽培植物である。その種子は一五〇粒でコムギ一粒の重さに相当するほど小さいことから、その名前がアムハラ語の「タッファ（消える）」に由来しているという説もある。

栽培テフの祖先野生種は、世界の温帯から熱帯にかけて広く分布するオオニワホコリ（*Eragrostis pilosa*（L.）Beauv.）ではないかと考えられている。しかし、エチオピア高地のどこでいつごろテフの栽培が始まったのか定かではない。西南アジアからコムギやオオムギが導入される以前にすでにテフの栽培がはじまっていたとする説が有力である。

テフはコムギやトウモロコシなどと比べて単位面積当たりの収量が低く、収穫の手間がかかる。それにもかかわらず、穀類としての栽培面積は最大であり、約二〇〇万ヘクタールにもなる。最近でもテフの栽培面積は増加しており、他の作物に置き換わる傾向もみられない。

テフはエチオピア高地のほとんど大部分で、高度一二〇〇メートル付近から二八〇〇メートル付近までの地域に栽培されている。徒長した旱が倒伏したり、収穫直前に雨が降ったりすると収穫はきわめて難しくなる。また、播種前の畑は丹念に雑草をとりのぞき、土を細かく砕いてやらなければならないなど労働集約的な農耕を必要とする。

今日でも、ひとつの地域に複数の在来品種が維持されていることが稀ではない。テフの近代的な育種は、近年までほとんどまったくおこなわれてこなかったが、過去二〇年ほどのあいだに在来品種からの選抜による品種改良がすすんだ。市場では白色がかった種皮をもつ品種が好まれるが、在来品種の多くは茶褐色から黒っぽいものが多い。最近の研究成果では、茶褐色の品種の方が白色のものよりも、鉄やカルシウムなどのミネラル分の含量の点で優れていることが明らかになり、茶褐色品種が栄養の面でよいとされてきた在来知が科学的に裏付けられている。

収穫は手作業が中心で脱穀もウシなどの家畜に踏ませて風選をおこなう場合が多く、作業の機械化はすすんでいない。しかし、テフに対する需要は非常に大きく、市場でも高値で取引される。その理由のひとつとして、テフの粉を発酵させて焙烙の上で片面を焼くクレープのような食べ物が、インジェラと呼ばれ、エチオピア人のソウルフードと言ってもよいほどの強い文化的嗜好性をもっていることがあげられるだろう（図７・４）。

これまでテフの食用作物としての栽培はほぼエチオピア高地に限定されてきた。現在では合衆国へ移住したエチオピア人がテフ栽培に成功し、海外在住の

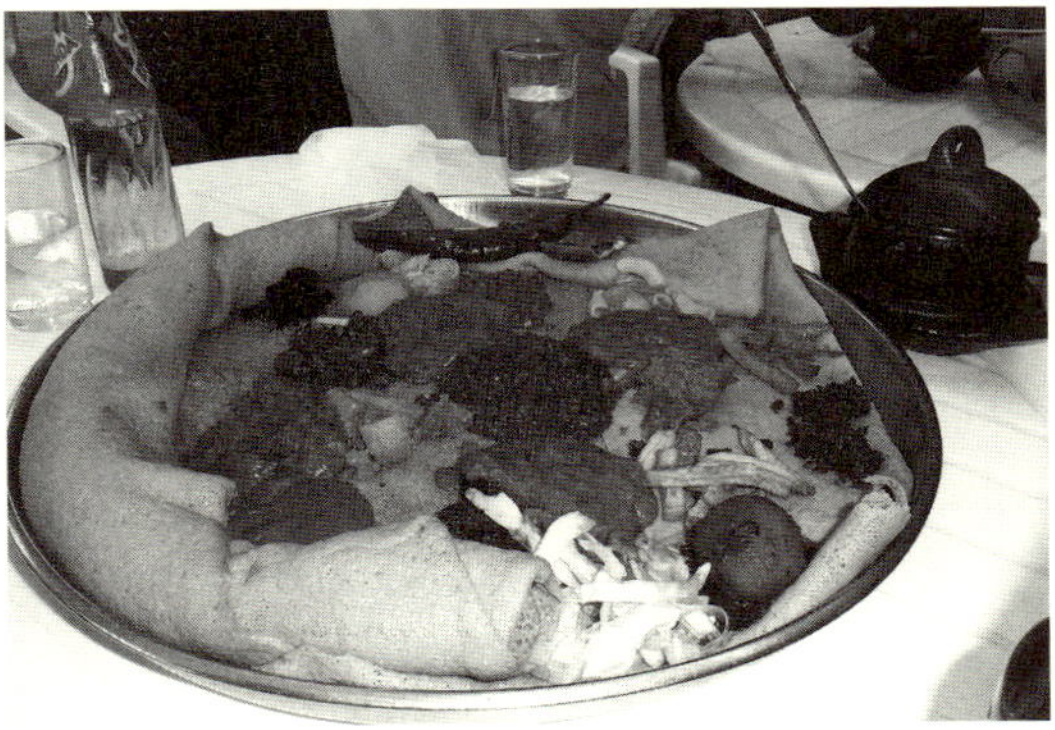

（図７・４）エチオピアの主食のひとつインジェラ
エチオピア起源のイネ科穀類テフの粉を発酵させて焼いたインジェラは、ワットと呼ばれるおかずをのせて供される
（2010年８月筆者撮影）

エチオピア人にも販売している。また、栄養価に優れグルテンを含まないことから、いわゆるスーパーシードとして注目を集めるようになってきた。

エンセーテ（*Ensete ventricosum* (Welw.) Cheesman）

エンセーテはテフとともに代表的なエチオピア固有の栽培植物である。その栽培は、エチオピア高地の中央部から西南部にかけての定住的な農村地域に集中している。首都アディス・アベバよりも北の地域でも庭先や畑の一角に栽培されているのを散見することができるが、食用目的では栽培されておらず、専ら葉や茎を調理の際の補助具や、包装を目的として利用している。食料作物としてのエンセーテは、持続的な生産にもとづく高い収量をもたらしており、一九九〇年代の試算によればエチオピアの総人口の約二割にあたる人びとがエンセーテに依存していたとされる。

エンセーテはバショウ科に属し外見はバナナによく似ている。成長すると高さは五メートルにもなる。タケのように一回花をつけると枯死してしまう一稔多年生の性質をもつ。開花するまでに一〇年以上かかる場合もあることが報告されている。果実は食用にならない（重田 一九八八a）。

葉柄の基部に蓄えられる粗でんぷんを道具を使ってかきとり、エンセーテの葉や葉軸をしいた半地下の穴に埋め、一〇日から数週間発酵させたものをアムハラ語でコチョとよぶ。繊維を丁寧に取り除きエンセーテの葉でつつんで蒸し焼きにして食する（図7・5、7・6）。地下にできる根茎部分も砕いてコチョに加えたり、そのまま調理したりして食用になる。精製して乾燥すると白色無味無臭のブラと呼ばれるでんぷんが得られ、加工食品として市場にも出回っており長期の保存に耐える。水分を含んだ発酵でんぷんは地中で一年近く保存が可能である。直径七〇–八〇センチメートルになる成個体は、エネルギーにして大人三人の約一ヶ月の必要量を賄うことができる。

エンセーテは家屋敷を取り囲む森のように植えられ、タロやヤムなどの根栽類や、コーヒーノキと混植されることが多い（図7・7）。高度一二〇〇メートル付近から三〇〇〇メートルくらいまで栽培可能である。品種によって違いがあるが、気温の低い高地では生育に時間がかかる。

エンセーテには多様な地方品種が存在することが知られている。西南部高地にすむオモ系の農耕民アリのばあい、二〇〇八年の時点で七八の地方品種が遺伝的に異なるクローンとして維持されていた。また、エンセーテの野生集団は川辺や湿地帯、あるいは畑の近傍にも自生しており、二種類のコウモリが花粉を媒介することによって栽培集団とのあいだで遺伝子の交流がおこっていることが確認されている（重田 二〇〇四）。

近縁のエンセーテ属植物はアフリカの高地と熱帯アジアにも分布しているが、栽培され食用作物として利用されているのはエチオピア高地における *E. ventricosum* 種のみである。エンセーテは食料として重要であるばかりでなく、葉や葉柄軸から得られる白色の丈夫な繊維が結束や包装など様々な目的に利用される（Shigeta 1996b）。

アクスム王国にはじまるエチオピア高地文明を支えた食料基盤として、テフをはじめとするイネ科

（図 7・6）インジェラとワットにそえられたエンセーテの料理
発酵させたエンセーテのでんぷんを焼いたもの（写真手前）は肉料理とともに食されることが多い。
（2012 年 8 月筆者撮影）

（図 7・7）エチオピア高地のエンセーテ畑
エンセーテは家の周辺にまとめて植栽され、その外側に穀類の畑が配置される。南部諸民族州ソド郊外。
（高度 2100m 付近、2012 年 8 月筆者撮影）

（図 7・5）バショウ科でんぷん作物エンセーテの収穫
高さ 5m ほどにも育つエンセーテを倒して、でんぷんをかき取るために偽茎を分解していく。
（南部州南オモ県、2012 年 8 月筆者撮影）

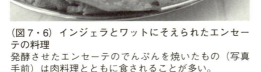

穀類の存在を指摘したが、その他の王国の経済食料基盤として、とくに、王朝が内陸の高地に都を移してからは、イネ科一年生の穀類の蓄積に加えて、エンセーテのでんぷんが備蓄されたかもしれないと考えることはそれほど突拍子もないことではないだろう。民族考古学者のブラントはエンセーテを含む根栽類がカファ王国を代表とするエチオピア西南部に栄えた王国の経済食料基盤として、権力をささえたのではないかという説をとなえている（Daba & Shigeta 2016, Clark & Brandt 1984）。

五　文明のソフトウエアとしての農耕技術と環境の認識

農耕文明のハードウエアとして栽培植物をとらえた場合、それを利用する人びとが培ってきた技術や認識をソフトウエアにみたてて、その特徴や作用の機序を明らかにすることは、文明をシステムとして理解するのに役立つであろう。ここでは、まず前項でとりあげたエンセーテについて、多品種栽培の技術と認識を紹介する。次に、エチオピア高地の高度差による環境区分の認識をその具体的な利用にふれながらとりあげることにする。

多品種の認識

熱帯地域に栽培される栄養繁殖型の作物において多品種の現象がみられることは、オセアニアのパンノキや、アマゾンのキャッサバなどアフリカに限らず、また高地に限定せず広く知られている。エチオピアの高地に起源したバショウ科作物のエンセーテもそのひとつである。

エンセーテという作物に多品種がみられることの、その成立機構と維持の仕組みについては、すでに別稿に詳しく論じているのでここではその概略を紹介するに留める（Shigeta 1996a）。

エチオピア西南部に広く栽培されるエンセーテには、一〇〇〇を越える地方品種名がふされたクローンが各地に維持されている。クローンに与えられた品種名の遺伝的同一性は、エチオピアの人びとが巧みにおこなう栄養繁殖の技術によってほぼ担保されており、同名異品種や異名同品種の割合は、地域を限定すれば極端に低くなると想定される。

なぜ、エンセーテにこのような品種多様性が維持されているのかについて、著者はこの地域に共有されている様々な品種がかならずしも個別の異なる用途や優劣を基準に取捨選択されていないことに着目し、それを、多様性を肯定する価値観に裏付けられていると結論づけた。エンセーテの品種に対する細やかで正確な認識が発達し維持されている理由として、人びとがおこなう文化的行動がよってたつ価値基準を措定したわけである。このような行動が可能となる背景として，肥沃な土壌と高地の冷涼で安定的な温度と雨量の条件が多年生で巨大になるエンセーテのゆっくりとした成長をうながし、結果的に細やかな認識を醸成する時間的、物質的な余裕をもたらしていることが指摘できるだろう。

エチオピア高地における農耕文明のシステムにとって、高地環境とそこで生まれたエンセーテというハードウエアは、適合的なソフトウエアの組み合わせとして、食料生産基盤に余裕があってはじめて可能になる多品種の認識を生み出したとみることができるだろう。

エチオピア高地の高度差による環境区分とその利用

アンデスやヒマラヤの高地においては、数千メートルにも及ぶ高度差を利用して、移牧をおこなったり、異なる作物を低いところと高いところで同時につくったりして、環境の重層的な利用が盛んにおこなわれている。季節的な住居の移動もおこなわれている。エチオピアをはじめアフリカの熱帯高地の場合、人間が利用する範囲の高度差はせいぜい一五〇〇〜二〇〇〇メートル程度であるが、一五〇〇メートル以下の低地を含めてそれぞれの高度帯に対応した環境利用がきめこまかにおこなわれ、適した作物群が選択的に栽培されている。

エチオピア中北部の高原（旧ウォロ州と旧ショワ州の北部）に住むアムハラの人びとは、高度一〇〇〇メートル以下の河川流域の渓谷地帯から、高度三〇〇〇メートルを超す高山の斜面およびテーブル台地とも呼ばれる高原台地において、穀類栽培を中心とする農業と、ウシ、ヒツジ、ヤギなどを飼養する牧畜をおこなってきた（Getahun 1990）。

彼らが環境の民俗分類に用いている用語は、高度の低い方から順に、ブラハ（bereha）、コラ（kolla）、ウェイナダガ（weyna dega）、ダガ（dega）、ウルチ（wurch）と称される。これらの五分類は相対的なもので、高度に対応したものではない。地域によって実際の高度との対応が異なる。また、これまでアムハラ語の民俗分類を援用した環境の高度差による区分は、農生態学的環境区分（agroecological zone）のひとつとして研究者、援助機関、政府機関など様々な分野でばらばらに利用されてきた。したがって、その定義や用い方は一定ではなく、内容にも微妙なずれがある。ここでは、主としてメスフィンの整理した分類に従い、他の文献も比較参照してその内容を検討してみることにする（Worde-Mariam 1991）。

ウルチとはアムハラ語で霜のことである。この地帯ではふつう気温が摂氏一〇℃を超えることはなく、もっとも暖かい時期でも月平均気温は八℃で、夜間は極端に冷え込む。年間降水量は一〇〇〇ミリメートルを超えるが、霜が頻繁におりるので農業をおこなうには困難な場合が多い。実際の高度は三〇〇〇メートルから三二〇〇メートルよりもさらに高い地帯をさす。

ウルチは、さらに二分類して、農業がおこなわれていない三七〇〇メートル以上のアフロアルパイン植生（Afro-alpine vegetation）の高ウルチと、三〇〇〇メートルから三七〇〇メートル付近までのオオムギのみ栽培可能な低ウルチ帯に分けることができる。高ウルチでは冷たい風が常に吹いており、Erica 以外の木本はほとんどみられず草原となっている。低ウルチの下部ではオオムギの他にコムギやソラマメなどが栽培できる場合もある。雨量の多いところではオオムギの二期作もおこなわれている。大型の木本はなく、人間が定住して生活するには必要となる薪の入手が困難な地域である。

ウルチの下方にはダガと呼ばれる地帯がある。*Juniperus, Podocarpus* などの針葉樹や *Hagenia*（バラ科）が見られるほか、タケ（*Arundinaria*）の叢林がある。地域によっては高度三五〇〇メートルくらいまでをダガと呼んでいることもあり、ウルチという環境分類を用いない場合もある。概ね三〇〇〇メートル以下およそ二二〇〇メートル付近までの地帯がダガに相当する。現在の首都アディス・アベバの大部分は、この区分に含まれる。

ダガは、ウルチと同様に冷涼な気候であることに変わりはないが、四～六月の温暖な時期には平均気温が一五℃をこえることもあり、最低気温は年間を通じて一一℃を下回らない。年間降水量は一〇〇〇ミリメートルをこえる。オオムギに加えて、コムギ、ヌグ（エチオピア原産のキク科油料作物）、ソラマメ、レンズマメ、ヒヨコマメなど耐寒性の優れた作物が栽培されている。

ショワ州北部およびウォロ州では、ダガからその下のウェイナダガと呼ばれる地帯において、農業生産の潜在力がもっとも高く、作物の多様性、可耕地面積、人口、家畜数、農業生産高などあらゆる点で他の地帯をしのいでいる。しかし、現状では人口圧が高く森林がほとんど失われており、耕地も細分化される傾向にあるため、地域外へ移住していくひとも多い。

ウェイナダガの範囲を高度一八〇〇～二二〇〇メートルとすると、この地帯がかかえる最大の環境問題は土壌の流亡と浸食であろう。いたるところで河川へ流れ込む雨水が斜面を深くえぐり、厳しい景観をつくりだしている。優先する植生はアカシア・サバンナで、*Acacia* のほかに *Cordia, Ficus* が多くみられる。ウェイナダガでは、これまでの作物に加えて、トウモロコシ、モロコシ、シコクビエ、テフが栽培されるようになる。西南部の高地ではこの高度帯でエンセーテが盛んに栽培される。階段状耕地がつくられるのもこの地帯である。

低い方から二つめの区分に位置するコラは、高度一五〇〇メートル以上一八〇〇メートル付近までのところで、平均気温が二〇℃を下回らず、温暖で作物の種類も豊富である。マンゴー、オレンジ、コーヒーなどの果樹が栽培され、タロやサトウキビなど熱帯産の作物が増えてくる。水の問題さえ解消すれば農業生産の潜在力は非常に高いところといえるだろう。エンセーテが盛んに栽培される西南部の高地では、このコラという区分の地域が作物生産の中心地帯を構成している。降水量が十分にあるのでバナナ、カルダモン、蔬菜類などが豊富に栽培されている。このように、地形や雨量と気温の変化パターンによって同じ高度でも植生や作物まで異なることがある。

最初におこなった熱帯高地の定義に従えばウルチからコラまでの四区分をエチオピアの高地としてとらえることができる。高度一五〇〇メートル以下の低地帯はアムハラ語でブラハと呼ばれ、気温は平均二五℃と高いが、雨量は九〇〇ミリメートル以下と少なく、かつ安定していない。灌漑をおこなわなければ継続的に安定して作物をつくることは難しい地域である。ブラハに区分される地域には、エチオピアの王国の首都がおかれたことはない。

ここでは、アムハラ語による環境分類をとりあげたが、高度差のある環境に住む各民族がそれぞれの言語で民俗分類をおこなっている。エチオピア西南部高地の南嶺に居住するアリ人の場合、ダウラ（dawla：低地）とディジ（dizi：高地）という二分類が広くおこなわれている。ダウラは高度一二〇〇メートル付近より低いところを示すのに用いられるのにたいして、ディジは一八〇〇メートル付近以上の高地を示すのに使われる。中間の移行帯にはとくに与えられた名前はないが、場面に応じて相対的に高低を判断してダウラとディジを用いる。低地の産物と高地の産物の交換を基本的な取引内容とする定期市が中間の移行帯で開かれている（重田　二〇〇四）。

このように、エチオピア高地文明においても、高度と対応した生態環境というハードウエアを、認識のレベルでカテゴリー化して生活活動のシステムを運営していくことがおこなわれてきたのである。

六　なぜエチオピアの文明は高地に成立したのか

最後に、熱帯アフリカ高地に繁栄してきたエチオピア高地文明に固有の問題点から浮かび上がってくる疑問を提示しながら、なぜエチオピアの文明は高地に成立したのか、その条件を六つの観点から探ってみよう。

物理的な地勢

文明がなぜ高地に成立したのか、という問いへの答えのひとつとして、高地周辺を取り囲む低地の存在をあげることができる。ほどよい障壁となった低地と高地のあいだの物理的な地勢の差異は高地文明の成立に重要な要件であったであろう。たとえば、低地に多く居住するイスラーム系民族など外部からの攻撃に対して防御が比較的容易であることや、天然の要害としてテーブル大地の上に築かれた城の利点をあげることができる（タムラト 一九九二）。また、ひとたび登ってしまえば平坦な高地は安全で安心な居住や、安定的な耕作、放牧などの生業を維持するのに適していた。逆の立場からみれば、このような地勢は、エチオピア正教の布教が高地の外に広がらず、孤立した状態で独自の発展をとげたことの理由でもあるのではないだろうか。

環境・気候条件

いうまでもなく、赤道に近い熱帯の環境のなかで、高地は冷涼で過ごしやすく、人にも作物や家畜にも疾病が少ないことが期待される。たとえば、人に対してのマラリア、ツェツェバエの媒介する眠り病、作物への虫害やバクテリア類の繁殖などが制限され、集中して人が暮らすことを可能にしている。また、適度の低温条件は、持続的な発酵にとって好都合であり、でんぷん類の発酵食品という独自の食文化が発達した。テフに代用されるミネラル分の豊富な食材は、血中のヘモグロビンの数をふやして低い酸素分圧に適応するために好都合であった。低地で生産される木綿を白色の織物にした伝統的衣装は、高地の強い紫外線を防ぐのに役立っていたと考えられる。

自然資源

エチオピア高地の文明は、薪炭材の利用にともなって森林が破壊され、森を求めて都が南下した歴史でもあるといわれてきた。あるいは、都を新営するために必要な木材が豊富にある地域を求めて移動したとみることもできるだろう。ゴンダールからアディス・アベバに遷都したメネリク皇帝がオーストリアからユーカリを導入し、植林をはじめたことによって都がアディス・アベバに落ちついたとされる。この説明の有効性について、植林が遷都を防いだ理由のひとつにはなるにせよ、アディス・アベバが最後の都になった歴史政治経済的理由は他にもあると考えられる。また、エチオピア高地におけるユーカリの生態と植林の社会学的背景の両面から検討してみる必要があるだろう。

栽培植物と家畜

エチオピアには、高地環境に適応した栽培植物群として、エンセーテ、オオムギ、エンバク、ソラマメ、エンドウ、アマ、アビシニアカラシなどがあったことは特筆すべき文明の成立条件であっただろう。エチオピア高地にコムギやオオムギなどの西アジア起源の作物複合が入ってきたとき、すでにエンセーテやテフ、コーヒーなどのエチオピア起源の作物は確立して栽培されていたのか確かなことはわかっていない。また、エンセーテやテフがエチオピア高地の外へ出てアフリカの他の地域で栽培利用されていない理由についても、物理的な地勢の障壁以外に積極的な理由はみあたらない。

エチオピアには在来の牛耕があり、在来馬の利用もおこなわれてきた（図7・8）。エチオピア高地文明の成立にとって、安定した食料生産を確保するだけでなく、生産物の流通や人の移動、そしてコミュニケーションの手段としてもウシとウマは不可欠の存在であった（田中 二〇一八、土

井　二〇一八)。

水資源

高地という物理的な地勢と、環境気候条件の従属変数ではあるが、高地では、季節河川がおもな低地に比べて、谷水や湧水など年間を通じて常に水が豊富に得られたことがあげられる。アクスムやゴンダールではため池が建造されており、アディス・アベバでは給水所が整備された。また各地で温泉が湧いており、王や貴族だけでなく庶民にも利用されていたという。エチオピア高地では、少なくとも生活のために必要な水資源は文明成立の制限要因ではなかったようである。

定期市

文明の成立要素として都市があり、そこには物資の流通をつかさどる定期市の発達が不可欠であったと考えられる。エチオピア各地に今も存在する定期市は、高地と低地という対立と共存の構図をもっとも明確に確認できる場として両者の産物を交換する場であった。エチオピア高地文明の成立基盤を、市場交易・運搬手段などの観点からも論じる必要があるだろう。

熱帯の厳しく人を寄せつけない自然のイメージとは裏腹に、アフリカの熱帯高地は穏やかで人に優しい環境であった。ヨーロッパが植民地としてアフリカの人びとの手から競って奪おうとしたのも、エチオピア、ケニア、タンザニア、ウガンダに広がる豊かな高地であった。そのなかでも、エチオピア高地は紀元前から今日に至るまで、文明の定義となる諸要素を十分にそなえた場として高地文明を育んできた。

(図7・8)エチオピア高地の牛耕
エチオピア高地では2頭引きの在来牛耕が各地にみられる。南オモ県ドルドラ。(高度2500m付近、2012年7月筆者撮影)

エチオピア高地では、好適な環境（ハードウエア）に集約的な人為的努力（ソフトウエア）を適用することによって、たとえば高い人口支持力のような、文明の要素を実現してきた。エチオピア高地は、高地文明のシステムを運用するのにふさわしい舞台であったともいえる。

しかし、東アフリカの高地に視野を広げてみても、諸国の独立以来半世紀以上を経て、現在のアフリカ熱帯高地の環境維持装置はあまりうまく機能していないように思われる。とくに二〇世紀の後半からエチオピア高地北部でくりかえされた大干ばつと飢饉の災禍は、歴史を経て人為が自然に与えたダメージが時として人間に仕返しをしてくるとでもとれるような経験ではなかっただろうか。

エチオピア高地に栄えたかつての王国の多くが、建都と燃料に必要な木材資源を求めて内陸の高地へ首都を移していったことは、また、最後の皇帝ハイレセラシエ一世が、北部の干ばつへの対処を過ったゆえに政争が大きくなったことは、熱帯高地の環境維持という観点からみると、高地文明システムの機能不全がもたらした結果といえるのではないだろうか。

エチオピア高地に成立した文明は、その持続性において問題がまったくなかったわけではないが、高地文明を育てたエチオピアの魅力は、その文明の歴史を形作ってきた人びとが自らの暮らしに絶え間なくそそぎ込む生のエネルギーのむかう方向の中にみてとれるのではないだろうか。

【文　献】

重田眞義　一九八八ａ「エチオピアの栽培植物」『日本エチオピア協会会報』二四：三–一一。
重田眞義　一九八八ｂ「ヒト–植物関係の実相—エチオピア西南部オモ系農耕民アリのエンセーテ栽培と利用」『季刊人類学』一九（一）：一九一–二八一。
重田眞義　一九九六「熱帯アフリカ高地における栽培植物と環境利用—エチオピア高地を中心に」『熱帯研究』五（三・四）：一五一–一六〇。
重田眞義　二〇〇四「エチオピア起源の作物〝エンセーテ〟の多様性を守る人々の営み」『遺伝』五八（五）：

八〇-八四。
重田眞義　二〇〇四「エチオピア高地の定期市―コーヒーの葉とエンセーテを交換する」梅棹忠夫・山本紀夫編『山の現在』一九七-二〇六頁、岩波書店。
鈴木孝夫　一九六九『高地民族の国エチオピア』古今書院。
田中利和　二〇一八『牛とともに耕す―エチオピアにおける在来犂農耕の未来可能性』松香堂書店。
タムラト、T　一九九二「アフリカの角地域」松田　凡訳『ユネスコ　アフリカの歴史』第四巻、六一七-六五九頁、同朋舎出版。
チャイルド、G　一九五一『文明の起源〈上〉〈下〉』禰津正志訳、岩波書店。
土井保真利　二〇一八「エチオピアにおけるウマ-ひと関係の諸相―生業としての荷車ガリを事例に」京都大学アジア・アフリカ地域研究研究科博士予備論文。
古川哲史　二〇〇七「結びつく二つの「帝国」―大正期から昭和初期にかけて」岡倉登志編著『エチオピアを知るための50章』二九九-三〇六頁、明石書店。
山本紀夫　二〇一四「中央アンデス農耕文化論―とくに高地部を中心として」『国立民族学博物館調査報告』一一七。
山本紀夫・岩田修二・重田眞義　一九九六「熱帯高地とは―人間の生活領域としての視点から」『熱帯研究』五（三・四）：一三五-一五〇。
Bekele-Tesemma, A. 1993　*Useful Trees and Shurubs for Ethiopia: Identification, propagation, and management for agricultural and pastoral communities*. Nairobi: Regional Soil Conservation Unit (RSCU), Swedish International Development Authority. Addis Ababa and Nairobi.
Clark, D., & Brandt, S. 1984　*From Hunters to Farmers: The causes and consequences of food production in Africa*. Cambridge: University of Cambridge Press,
Daba, T., & Shigeta, M. 2016　Enset（Ensete Ventricosum）Production in Ethiopia: Its Nutritional and Socio-Cultural Values. *Agriculture and Food Science Research* **3**(2): 66–74.
Engels, J. M. M., Hawks, J. G., & Worede M. 1991　*Plant genetic resources of Ethiopia*. Cambridge: Cambridge University Press.
Getahun, A. 1984　Stability and instability of mountain ecosystems in Ethiopia. *Mountain Research and*

Development 4(1), 39–44.

Getahun, A. 1990 Tropical African Mountains and Their Farming Systems. In K. W. Riley, N. Mateo, G. C. Hawtin, & R. Yadav(eds.), *Mountain Agriculture and Crop Genetic Resources*, pp.105–124, New Delhi: Oxford & IBH Publishing Co.Pvt.Ltd..

Munro-Hay, S. 1991 *Aksum: An African Civilization of Late Antiquity*. Edinburgh: Edinburgh University Press.

Philipson, D. W. 2005 *African Archaeology*, 3rd edition. Cambridge: Cambridge University Press.

Shigeta, M. 1996a Creating landrace diversity: The case of the Ari people and ensete (*Ensete ventricosum*) in Ethiopia. In R. Ellen, & K. Fukui (eds.), *Redefining Nature: Ecology, Culture and Domestication*, pp.233–268. Oxford: Berg Pub. Ltd.

Shigeta, M. 1996b Multipurpose utilization of enset among the Ari in Southwestern Ethiopia, In T. Abate, C. Hiebsch, S. A. Brandt, & S. Gebremariam (eds.), *Enset-Based Sustainable Agriculture in Ethiopia*, pp.121–131. Addis Ababa: Institute of Agricultural Research.

von Breitenbach, F. 1963 *The indigenous Trees of Ethiopia*. Addis Ababa: Ethiopian Forestry Association.

Worde-Mariam, M. 1991 *Suffering under God's environment: A vertical study of the predicament of peasants in north-central Ethiopia*. Berne, Switzerland: African Mountain Association and Geographica Bernensia.

Yu, B., & Nin-Pratt, A. 2014 Fertilizer adoption in Ethiopia cereal production. *Journal of Development and Agricultural Economics* 6(7): 318–337.

Zewde, B. 1990. The Concept of Japanization in the Intellectual History of Modern Ethiopia. In B. Zewde, et al. (eds.), *Proceedings of Fifth Seminar of the Department of History*, p.1. Addis Ababa: Addis Ababa University.

第VIII章

エチオピア高地のどこに文明が開化したのか？

―盆地のもつ場所の力学―

大山修一

朝の霧と料理の煙のなかにたたずむ
ゴンダールの王宮群（筆者撮影）

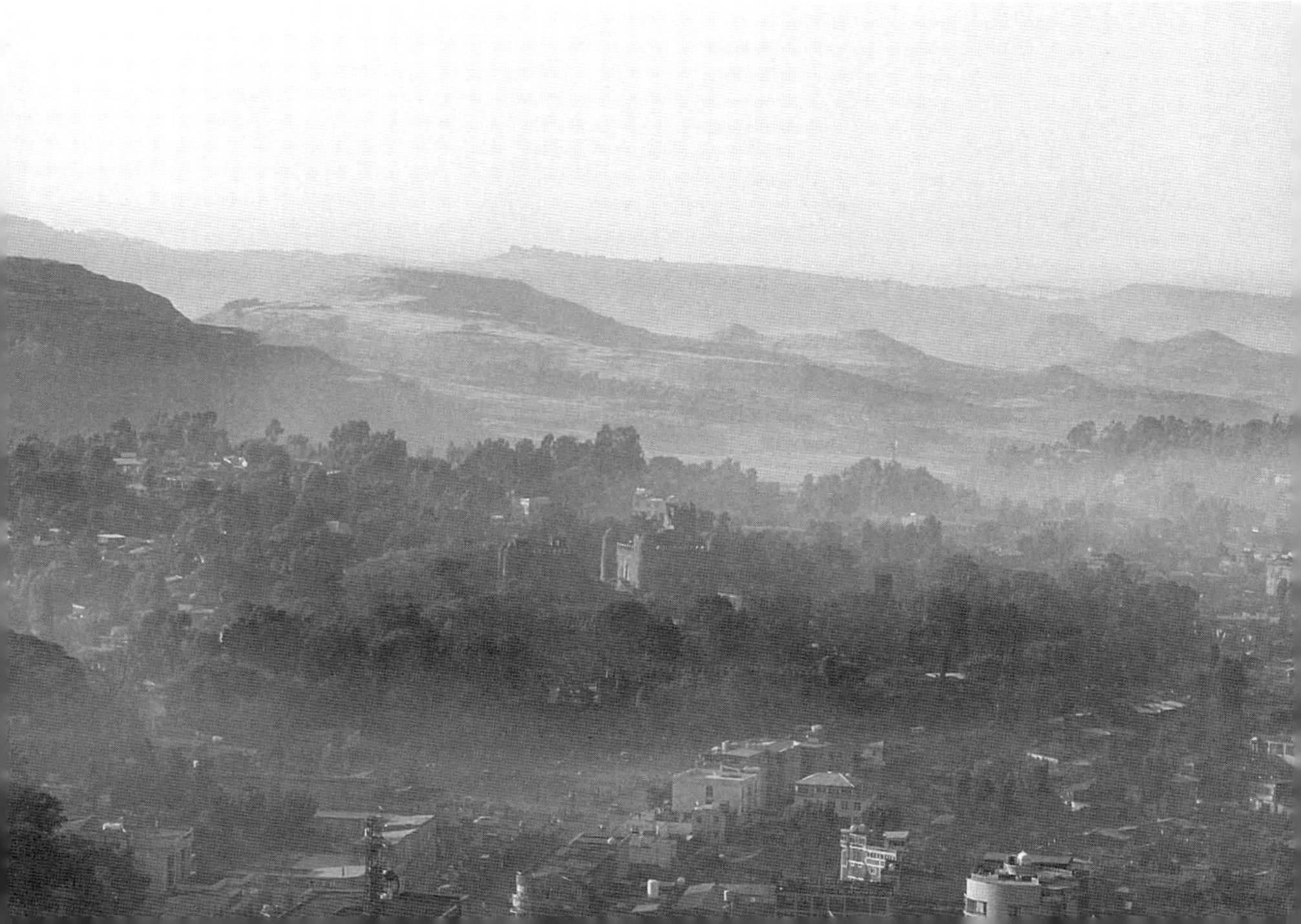

上／ペルー・アヤクーチョ県プキオ（標高3680m）にて（2015年撮影）。

左上／エチオピア・タナ湖をのぞむゴルゴラ王宮の石壁（標高1870m）
この王宮は1627年に完成したが、完成を待たずして、放棄された。

左下／16世紀に建てられたグザラ城からのぞむモロコシやムギ、テフなどの畑と背後に広がる山なみ（標高2005m）
エチオピア文明は実に豊かな農業生産によって支えられてきた。

大山　修一（おおやま・しゅういち）

京都大学大学院 人間・環境学研究科博士後期課程修了、博士（人間・環境学）。
1993年よりアフリカ・ザンビアで現地調査を開始し、東京都立大学の助手だった2000年にペルー・アンデス山脈でラクダ科野生動物ビクーニャとジャガイモの祖先野生種に関する調査に着手する。同年、西アフリカ・サヘル地域のニジェールにおいても調査を開始する。各調査地において土地と人びとの農業や牧畜、生業と暮らし、都市文明と物質循環に関心をもち、学問分野にとらわれない研究スタイルで、砂漠化や廃棄物問題など環境問題に対する実践活動にも取り組んでいる。
おもな論文・著書に『西アフリカ・サヘルの砂漠化に挑む—ごみ活用による緑化と飢餓克服、紛争予防』（昭和堂、2015年（人文地理学会 学会賞受賞））、Preface to the Special Issue "Food and land in economic differentiation of sub-Saharan Africa." (*Japanese Journal of Human Geography* **69**(1)：1–8、2017)、「ラクダ科野生動物ビクーニャの生態と保護」（山本紀夫編『アンデス高地』京都大学学術出版会、335–359頁、2007年）など。

一　はじめに

わたしは、山本紀夫先生（国立民族学博物館名誉教授）をリーダーとするプロジェクト「熱帯高地における環境開発の地域間比較研究―『高地文明』の発見にむけて」に参加し、二〇一三年二月にメキシコ高地のメキシコシティ（標高二二四〇メートル）、二〇一四年二月にエチオピア高地のゴンダール（二二五〇メートル）、二〇一五年九月にアンデス山脈ペルーのクスコ（標高三三五〇メートル）を訪問する機会を得た。そして、二〇一四年六月には、プロジェクトとは別にブータンで開催された国際学会の帰途にブムタンとパロを訪問し、プロジェクトが想定する高地文明の四大中心地を見ることができた。

研究代表者の山本紀夫は、一九九五年六月に国立民族学博物館で開催された日本熱帯生態学会のシンポジウム「熱帯高地の人と暮らし」を企画・開催している。大学院生だったわたしは聴衆のひとりとして、このシンポジウムに参加していた。山本紀夫のほか、土屋和三や岩田修二、本江昭夫、稲村哲也、重田眞義が熱帯高地の地形や気候、植生帯、農業・牧畜について発表し、発表内容はその後、特集として学会誌にまとめられた（山本ほか 一九九六）。このときには、アンデスとヒマラヤ・チベット、エチオピアの熱帯高地における環境利用、とくに農業と牧畜の独自性に焦点があてられていた。

その後、山本は高地で誕生した文明を高地文明と名付け、上記の三地域にメキシコ高地を加えている（山本 二〇〇六、二〇〇八a）。アンデスとヒマラヤ・チベット、エチオピア、メキシコは熱帯・亜熱帯に位置する低緯度地帯に位置し、その標高は二〇〇〇メートル以上に達している。これらの地域では独自の農業と牧畜が営まれている。アンデス山脈ではジャガイモやキヌア、ヒマラヤ・チベットではムギやソバ、エチオピア高地ではテフやエンセーテ、メキシコ高地ではトウモロコシといった代表的な作物が栽培されている。そして、家畜についても、アンデス山脈ではリャマやアルパカ、ヒマラヤ・チベットではヤク、エチオピア高地ではウシ、メキシコ高地ではシチメンチョウが代表的な家畜・家禽として飼育されていることに注目されている。

また、山本は、類似した環境で生まれた文明を比較すれば、類似点が多く、特有の宗教が発展してきたことを指摘している（山本 二〇〇八a）。その宗教はアンデスでは自然崇拝、チベットではチベット仏教、エチオピアではエチオピア正教、そしてメキシコでは多神教である。これらの宗教の影響がおよんだ地域は高地に限定されており、低地にはほとんど広がらなかった。そして、それぞれの高地文明の中心地では巨大な建造物の遺跡が残っており、メキシコではテオティワカンのピラミッド（図８・１）やテノチティトランの神殿、アンデスではティワナクの太陽の神殿やサクサイワマンの城塞（図８・２）、チベットではポタラ宮殿、エチオピアではアクスムのオベリスクが残されている。

文明を考える際、人類史には、五つの革命があるという（伊東 一九七四）。それは、直立歩行と大脳の増大によるヒト化という人類革命（二〇〇万年前）、植物栽培と動物飼育の開始による農業革命（一万年前）、国家の形成と独自宗教の誕生、神殿の建設による都市革命（前三五〇〇年）、日常的個別的経験を越えた普遍性、体系的な思想を追求する精神革命（前八〇〇年）、西欧の優位を確固たるものとした厳密な論理と実証的な裏付けをもつ科学革命（一五〇〇年）そして現在、進行中の情報革命である。文明とは、都市革命以後のものであり、この定義にしたがえば、文明には高い食料生産力を基盤とし、都市と国家、宗教といった装置が必要なのである（伊東 一九七四）。

どの地域であれ、文明論を考える際、時代をどこに設定するのかという問題はあるものの、大航海時代以前のアンデス山脈とヒマラヤ・チベット、エチオピア高地、メキシコ高地を考えると、この四地域は文明の条件を満たすといってよいだろう。高地文明を支える農業や牧畜などの環境利用については、他章で詳述されているので、本章では、この文明論（伊東 一九七四）にしたがって

（図８・１）テオティワカンのピラミッド（メキシコ）（筆者撮影）

（図８・２）サクサイワマンの城塞（ペルー）（筆者撮影）

都市、とくに文明の中心機能をもつ首都の立地に着目していきたい。

山本が提唱する高地文明には、大河の流域で発生した古代文明との対比が想定されている（山本二〇〇八ａ、二〇〇八ｂ）。日本では一般に、古代文明といえば大河の流域で生まれたとされ、それらはナイル川のエジプト文明、チグリス川とユーフラテス川のメソポタミア文明、インダス川のインダス文明、黄河の中国文明など、大河の流域に発達した文明が世界の四大文明とされてきた。どの文明も、河川による堆積作用によってつくられた沖積平野に発展したものである。

わたしは四地域の高地文明の中心都市において、せいぜい一～二週間ほどの短い滞在しかできず、詳細な現地調査をすることはできなかったが、二〇一五年九月のペルー調査では太平洋岸のナスカを起点とし、アンデス山中を広くまわり、都市と農村の立地をみる機会にめぐまれた。アンデス山脈において都市の立地には共通する特徴があり、その特徴はエチオピアのゴンダール、メキシコのメキシコシティとオアハカ、ブータンのティンプーやブムタン、パロ、ネパールのカトマンズ（図8・3）、チベットのラサといった高地の都市群にも共通することに気づいた。結論を先取りすることになるが、その共通点とは、首都機能をもった高地文明の中心地が、山に囲まれた盆地に立地するということだった。

本章では、高地文明の中心地である盆地のもつ場所の力―権力と富の集積、信仰の対象となる聖地の形成を表現するため、「高所盆地文明論」と名づけたい。しかし、日本語でいう盆地は、米山が小盆地宇宙論を展開するなかで言及しているように、英語では basin、フランス語では bassin、スペイン語では cuenca と表現され、いずれの言葉も広く河川の流域を意味し、けっして山に囲まれた平坦地である盆地に限定しているわけではない（米山 一九八九）。山に囲まれた盆地を表現するため、英語ではあえて高所盆地文明論を Highland Bonchi Civilization と表記したい。

まずエチオピア高地をとりあげ、一六世紀から一八世紀にかけてのエチオピアの歴史をたどりながら、王宮群を中心とした首都ゴンダールの建設と皇帝のもつ権力、軍事や交易、そして国教とし

（図８・３）ネパールのカトマンズ盆地
（撮影：京都大学 松居和子）

てのエチオピア正教の展開をみていく。そして、首都がゴンダールに定着するまでの遷都の歴史とその立地をみていくことで、二世紀以上にわたって首都であり続けたゴンダールのもつ地政学的な場所性について検討する。そして、アンデス山脈を広く統治したインカ帝国、メキシコ盆地を拠点に広域を支配したアステカ王国、ラサを拠点に発展したチベット文明をとりあげ、高所盆地文明の特性を明らかにしていきたい。

二　エチオピアの古都—ゴンダール

ゴンダールはエチオピア北部に位置するアムハラ州の都市で、人口は三二万三九〇〇（二〇一五年）、国内第三の都市である。タナ湖の北方、三五キロメートルほどの距離にあり、町の東と西には山脈が南北方向に走っており、町の四方は山に囲まれている。イタリア占領期には、イタリア人による都市計画にもとづいて整備が進められ、ピアッサやチェチェラなどの街区が形成されたが、王宮群などの歴史的景観は残された（設楽 二〇〇七）。都市の東側にはアンゲレブ（Angereb）川、西側にはカハ（Keha）川の二本の河川が流れ、都市の南側で合流し、メゲチ（Megech）川となってタナ湖に流れる（図8・4）。

南北に走る山脈のため、ゴンダールの町は南北に長く、東西には狭い。中心街は東西方向に三キロメートル、南北方向に四キロメートルであり、近年、拡大する新興住宅地をふくめると七キロメートルほどである。市街から出る幹線道路は南北方向に伸びている。現在の主要幹線道路は、町から北方に出て北東方向の町アクスム[1]を経て紅海へ向かう道、そして北西方向のアシェレに向かい、そこで分岐し、北方のティグレと北西部のスーダンに向かう道がある。南方に行く一本道は、近郊の町アゼゾ[2]へ向かい、そこから現在の首都アディス・アベバへ向かう道とスーダン国境の町メテマに向かう道に分岐する。

［1］　アクスムは古代エチオピア、アクスム王国の首都であった都市である。この王国は紀元三世紀に建設されたキリスト教国家であり、ナイル川上流域から紅海沿岸までを治めて海上貿易で栄え、アクスムは八世紀まで首都でありつづけた（Last et al. 2013, Burstein 1998: 17）。王国はエチオピア高地の北端に位置し、ナイル川上流域へのアクセスも良く、紅海のアドゥリス（Adulis）港を領土とした。四世紀なかばには、王国は地中海や北東アフリカ、アラビア半島、インド洋との交易ルートを確立した。交易品として象牙や動物の皮、奴隷、黄金、べっ甲を輸出した。首都の周辺には農業地帯が広がり、牛鋤を使って、エジプトから運ばれたコムギやオオムギ、在来のテフが栽培された（Jenkins 1995 : 100–101, Reid 2012: 33）。アクスムで有名なオベリスク（石柱）は高さ二四メートルもあり、ギリシャ語やアラビア南部のサバア王国の文字、古典エチオピア語とされるゲエズ語（Geez）で刻銘されている（Last et al. 2013, Shinn & Ofcansky 2013）。

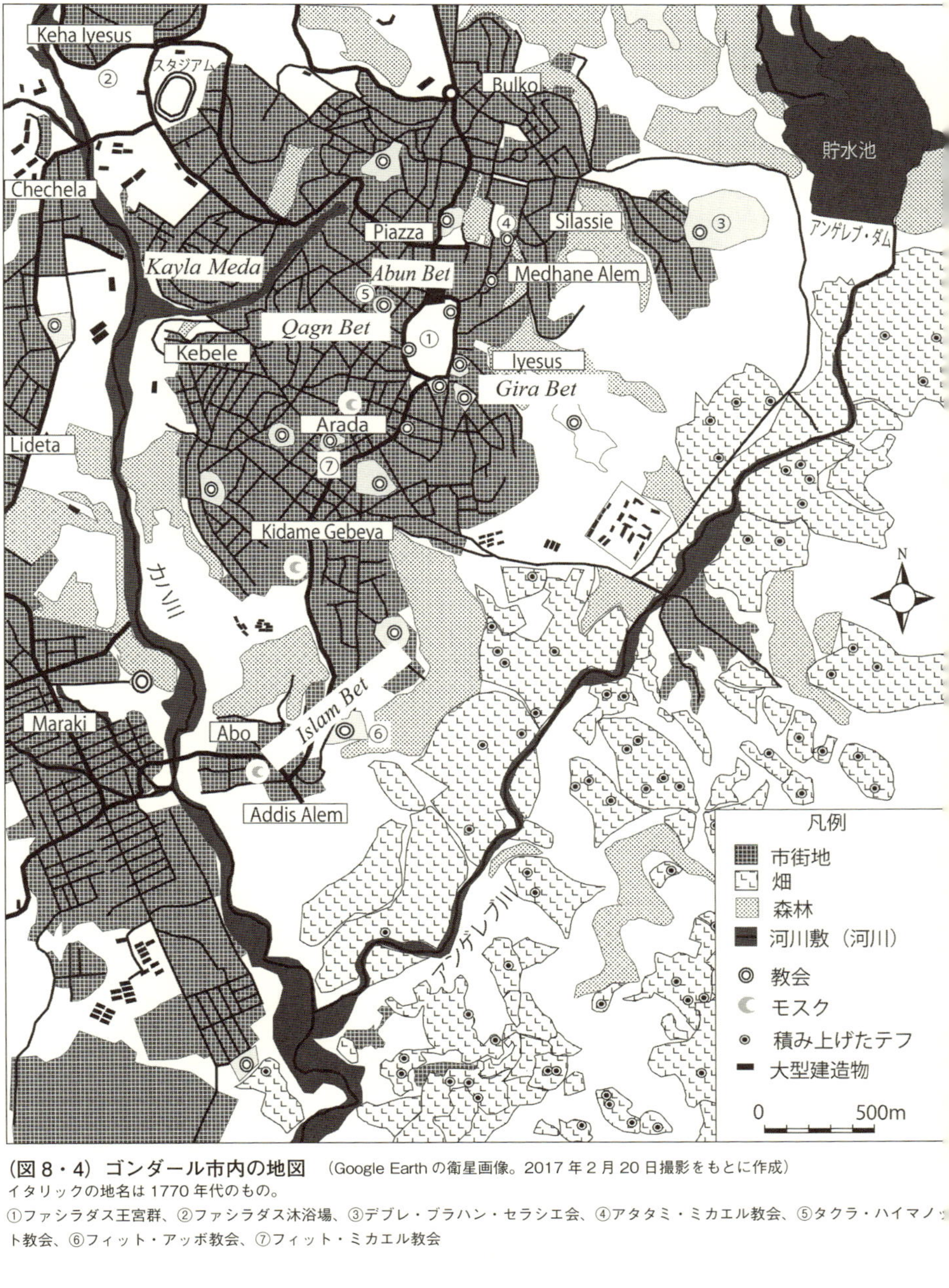

（図 8・4）ゴンダール市内の地図　（Google Earth の衛星画像。2017 年 2 月 20 日撮影をもとに作成）

イタリックの地名は 1770 年代のもの。

①ファシラダス王宮群、②ファシラダス沐浴場、③デブレ・ブラハン・セラシエ会、④アタタミ・ミカエル教会、⑤タクラ・ハイマノット教会、⑥フィット・アッボ教会、⑦フィット・ミカエル教会

ゴンダールはソロモン王朝（一二七〇～一九七四年）において、皇帝が長期にわたり定住した初めての首都である（設楽 二〇〇七、Crummey 2000: 74）。ゴンダールに首都を築いたのはファシラダス（Fasiladas）皇帝（在位 一六三二～一六六七年）であり、一六三六年のことである。それまでは皇帝が政情にあわせてテントで野営し、王宮の移動を繰り返す機動性をもって広大な領土を統治していた（Getahun & Kassu 2014 : 84）。ゴンダールに恒久的な首都を建設することによって全国支配は困難になり、分国領主や貴族の自立度が高まり、群雄割拠の状態が形成されていった（長島 一九九一：六二五）。ファシラダス皇帝による一六三六年の遷都のあと、ゴンダールは一八六四年まで二〇〇年以上にわたり首都でありつづけた。

市内の高台に建つゴハ・ホテルから南方をのぞむと、ファシラダス皇帝とその子孫の皇帝が建造した王宮群がみえる（図８・５）。この王宮群は一九七九年にＵＮＥＳＣＯの世界遺産に登録されており、いまでも観光客を魅了しつづけている。早朝には薪で食事が調理されているのだろうか。市内のあちらこちらで煙がのぼり、都市の周囲が山に囲まれていることもあって煙が滞留し、朝霧に煙が加わり、王宮群がかすんでみえる。王宮がたつファッシル・ゲッビの標高は二二五〇メートルであるが、東西に川が流れ、二本の川がゴンダールの町を分断している。二本の河床はともに二一〇〇メートルほどであるため、王宮と川との標高差は約一五〇メートルとなる。

ゴンダールは北緯一二度三六分にあり、緯度でいうとカンボジアのプノンペンやインドのチェンナイと同じ緯

（図８・５）ファシラダス王宮群と背後に広がる山なみ
王宮群は２本の川にはさまれた都市のなかで、標高の高い丘の斜面にそびえる。背後のゆるやかな傾斜地ではテフが栽培されており、豊かな穀倉地帯が広がっている。（筆者撮影）

［２］アゼゾはゴンダールより南に直線距離で一〇キロメートルほどの位置にある。アゼゾからはアディス・アベバ方面とスーダン国境の町メテマへの道路以外に、タナ湖北岸域のデンビヤに向かう道もアゼゾで分岐する。デンビヤは肥沃な土壌により農業生産が高く、一七～一八世紀にかけて皇帝の直轄地であった。現在のアゼゾはゴンダールの近郊都市という性格をもち、三〇〇〇メートルの滑走路をもつ空港があったり、ビール会社の工場が操業するが、このアゼゾも歴史の古い都市である。一七世紀に建築されたスセニョス皇帝の宮殿であるガナタ・イヤスス（Ganata Iyasus）やイエズス会の教会が存在する。スセニョス皇帝は、水が豊富で、ダンカジの宮殿から遠くないことから、この地にポルトガル様式の宮殿と教会を建設した。宮殿名称のガナタはアムハラ語で天（heaven）を意味する。宮殿には庭園が設けられており、インドやポルトガルから取り寄せたレモンをはじめとする柑橘類やイチジクなどの果樹のほか、サトウキビやエンセーテ、コーヒーノキも植栽さ

度帯になる。緯度だけで判断すると、低緯度の熱帯気候に位置するが、標高二二五〇メートルのゴンダールは、ケッペンの気候区分では温帯夏雨気候（Cw）に該当する。年間平均気温は一九・五℃であり、年間を通じて月平均気温は一八～二二℃のあいだにあり、年較差は小さい（図8・6）。しかし、日較差は大きく、日中になると気温は上昇するが、夜間には気温がぐっと下がる。たとえば、一月の平均最高気温は二七℃であるが、平均最低気温は一〇℃であり、日較差が大きい。この日較差は、年間をとおして大きい。年間降水量は一一六一ミリメートルであり、六月から一〇月に七〇パーセント以上の雨が集中するが、一二月から二月にかけてわずかながらも雨が降る。気温の年較差が小さく、降雨が毎月あるため、主食作物であるテフ（*Eragrostis tef*）やコムギ（*Triticum aestivum*）、オオムギ（*Hordeum vulgare*）の収穫は九月から二月まで続く。スコットランド人探検家ブルースの一七七〇年の記録によると、農民はテフやコムギを植え、年間に三回にわたり収穫作業をしていたという（ブルース 一九九一：一〇〇）。

ゴンダールのソロモン王朝と交流のあった紅海の貿易都市マッサワ（北緯一五度三七分、標高六メートル）と比較すると、ゴンダールは過ごしやすい気候であることがわかる。紅海に面するマッサワの年間平均気温は二八・九℃で

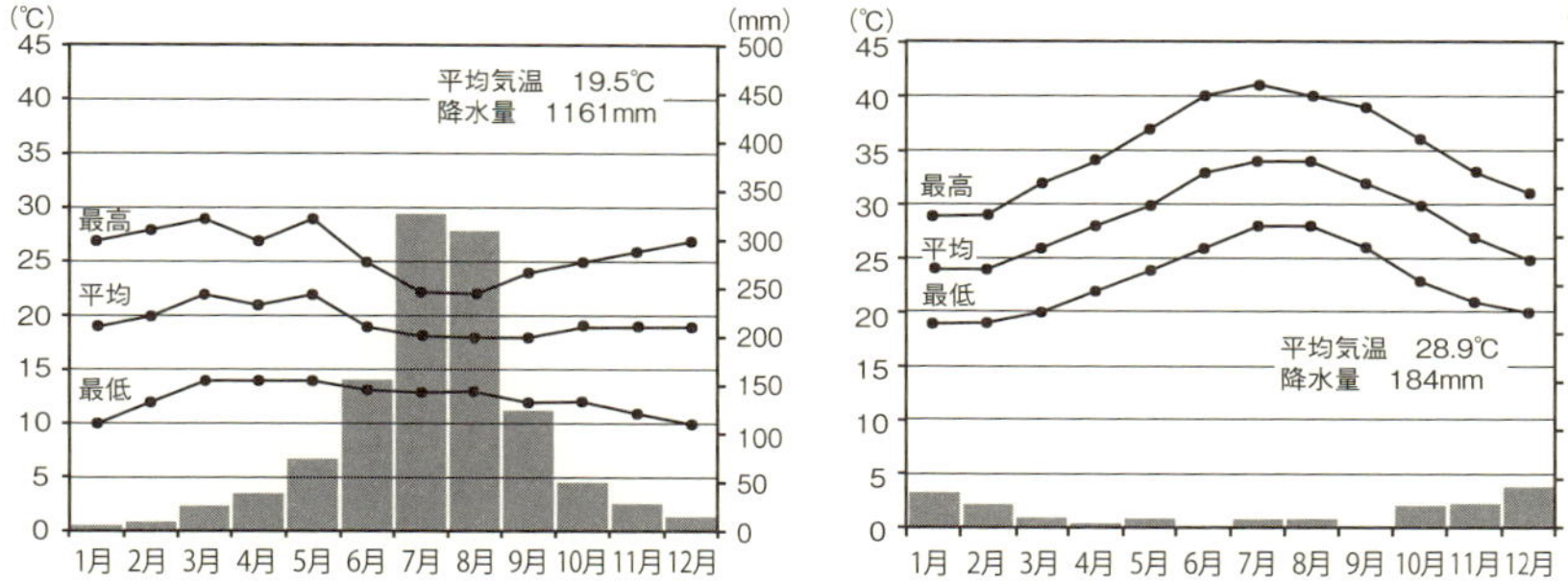

（図8・6）ゴンダール（標高2250m）とマッサワ（標高6m）の雨温図
（climatemps.com のデータより作成）

れた。スセニョス皇帝はエチオピア正教会からカトリックに改宗し、一六二三年に建設されたタクラ・ハイマノット教会は帝国で初めてのカトリック教会であった（Chiari 2012：93）。

あり、六月から九月までの最高気温は四〇℃を超す猛暑となる。年間降水量は一八四ミリメートルと少なく、砂漠気候（BW）に分類される。ブルースは一七七〇年のマッサワでは、エチオピア高地から黄金や象牙、バッファローの皮、そして当時、もっとも高価な商品とされた奴隷がもたらされ、酷暑と水不足という厳しさがあるにもかかわらず、繁栄していたと表現している（ブルース一九九一：三九）。

ゴンダールの王宮群

ゴンダールの王宮群は壁で囲まれており、この壁で囲まれた敷地はファッシル・ゲッビ（Fasil Ghebbi）と呼ばれる。ファッシル・ゲッビは楕円形をしており、長さ八七〇メートルの壁で囲まれ、一二門の出入り口がある。それぞれの門（ベル：ber）には、フィル・ベル（Fir Ber：主要門）、タカロ・ベル（Takaro Ber：葬式の門）、インベルタ・ベル（Embelta Ber：音楽家の門）、クウァリ・ベル（Qwali Ber：結婚の門）、バルダラス・ベル（Balderas Ber：騎士の門）、ラス・ベル（Ras Ber：王侯の門）、エンコイ・ベル（Enkoye Ber：王女の門）、グムジャ・ベル（Gemja Ber：宝物の門）などといった名前がつけられている。

一八世紀の記録では、王宮はマッカバベヤ（makkababiya）と記されている（Chiari 2012: 43）。この言葉はアムハラ語で「ねらい打つ」を意味する。王宮群は二本の川ではさまれ、城壁により防衛を意図した構造になっている。城壁はファシラダス皇帝の時代に作られたものであり、現在のような建造物の配置となったのはイヤス二世（Iyasu II）の治世である。

雨季（六〜一〇月）と受難節（一一〜一二月）の期間には周辺の探索を自粛し、皇帝はゴンダールに滞在した。ゴンダールに王宮を定めたことで、それぞれの皇帝はその治世に多くの建造物を残した。ファシラダス皇帝はファッシル・ゲッビのファシラダス城（図8・4の①）や沐浴場（図8・4の②）、アタタミ・ミカエル教会（図8・4の④）やタクラ・ハイマノット教会（図8・4

（図8・7）ファシラダス城
ゴンダール様式の代表的な建造物である。ゴンダール様式にはポルトガル領インドの影響、あるいはカトリック修道会イエズス会の影響があるともいわれ、外国の影響を受けていることは間違いないものの、詳細は不明である（設楽2007、Chiari 2012）。（筆者撮影）

の⑤）をはじめとする多くの教会を建設した。ファシラダス皇帝は一六三五～三六年に築城を命じ、その後一〇年以上をかけて、一六四八年にファシラダス城は完成した（Chiari 2012: 43）。

ファシラダス城は重厚な作りであり、玄武岩に石灰岩のモルタルでできている（図8・7）。この城は二〇・七メートル×二二・二メートルとほぼ正方形をしており、四隅は高さ二〇メートルのドーム状の屋根となっている。一番高いタワーは二階部分より突き出しており、南側のドームから伸びている。ドアや窓が大きく取られ、採光により建物内部を明るくしている。タワーの最上階に取り付けられたバルコニーは、皇帝の即位式に使われたり、皇帝による法律や勅令の発布などに使われた。たとえば、ファシラダス皇帝の死去により、その息子であるヨハンネス一世の即位に際して、このバルコニーから眼下の貴族や役人に向かって宣言がなされた。このタワーの最上部からは、晴れた日にはタナ湖を見ることもできるという（Chiari 2012: 46）。

ファシラダス皇帝の死後、その息子であるヨハンネス一世（在位 一六六七～一六八二年）が皇帝を継承した（図8・8）。ヨハンネス一世は本をこよなく愛し、図書館を建造した（図8・9）。この図書館は別名、フィケル・グンプ（Fikr Gimp：愛の城）と呼ばれ、皇帝が逢瀬を重ねたとさ

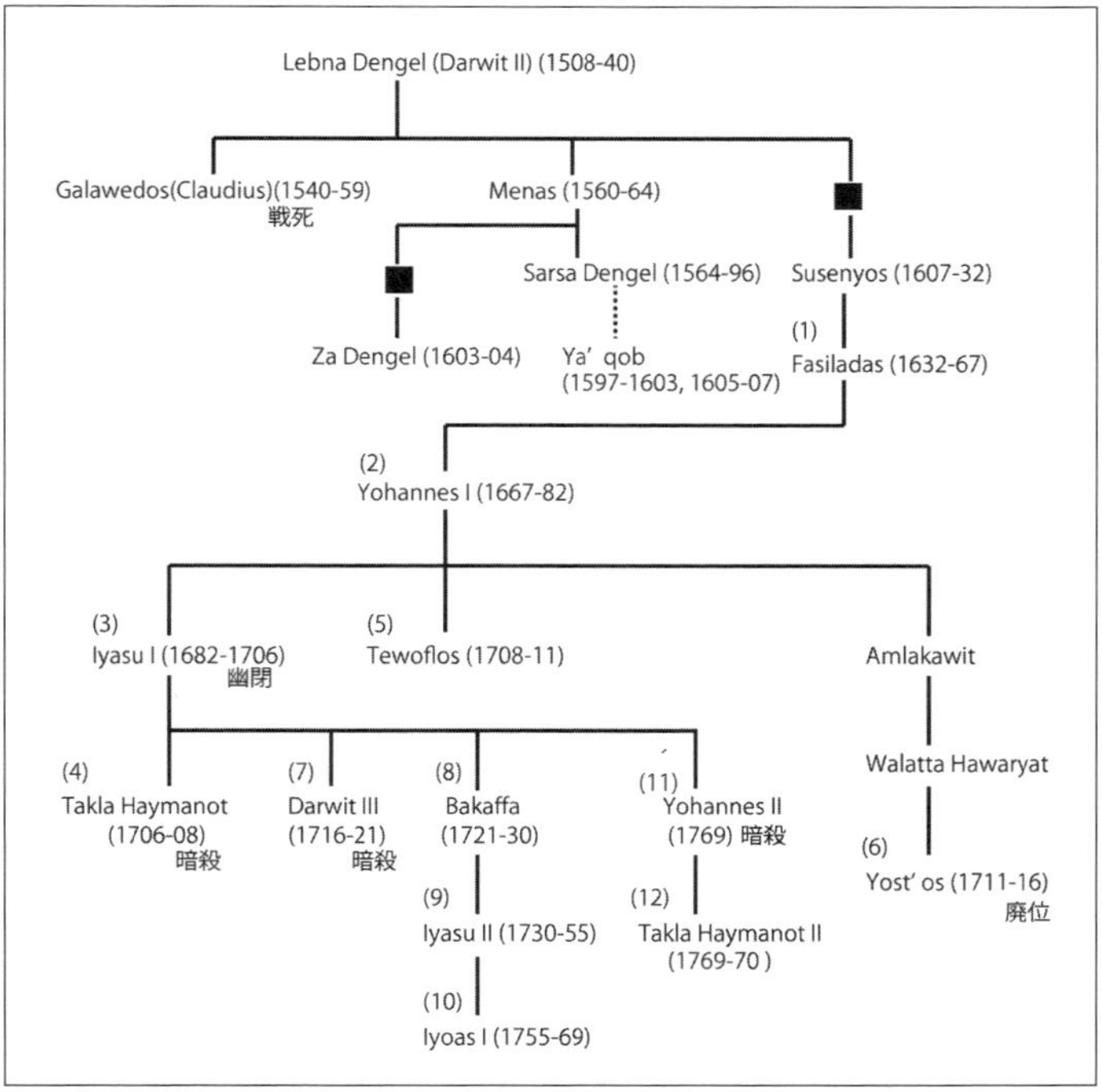

（図8・8）ソロモン朝前期（16～18世紀）における皇帝の家系図
（ブルース 1991、および Crummery（2000）、Shinn & Ofcansky（2013）を参考に作成。ゴンダール遷都後の皇帝については、皇位継承順に番号を付している）

れる（Chiari 2012）。図書館の北西三〇メートルほどのところに、ヨハンネス一世の執務室がある。ヨハンネス一世は、タナ湖の南に拠点をもつ民族集団のアガウと青ナイルの南から侵攻するオロモの軍隊を食い止めることに注力するとともに、エチオピア正教会に対する熱心な信仰を貫いた。また、ヨハンネス一世はゴンダール市内におけるエチオピア人ユダヤ教信者とムスリムを分離し、それぞれの居住区を定めた（Shinn & Ofcansky 2013）。

皇帝の権力は絶大であった（ブルース 一九九一：一五二－一五五）。王は、政治や交易、宗教、すべてにおいて絶対であった。そして、帝国内の土地も民もすべて等しく、皇帝の所有物であった。領内に住む人びとは誰もが生まれながらにして、皇帝の臣民であった。ブルースの記録によると、皇帝はみずからの姿を人前にさらけ出すことはせず、王の顔や体はけっして誰の目にふれることもなく、謁見や公式行事、裁判のときには王は顔を布でおおい、カル・ハツェという役人を通じて話をした。また、教会に行くときには、すべての通りの扉は護衛によって警護され、寝室番の役人二人をのぞいて教会に王と一緒に入ることは許されなかった。王宮は親衛隊によって防衛されており、ブルースが滞在した一七七〇年には、親衛隊はライオンの家（Anbasa Bet）とゾウの家（Jan Bet）、黄金の家（Warq Saqala）と三組に分かれており、それぞれが一六〇〇～二〇〇〇人の兵力をもった[3]（Pankhurst 1992: 80）。

皇帝によって引き立てられた臣下、とくに戦争の功績を称えられた軍人に対しては、黄金の鎖と腕輪、そして領地が授けられた。皇帝自身はゴンダールの南に位置するデンベアを領地としてもっていたが、皇帝の信任が厚いほど、裕福な村や首都に近い重要な領地が与えられた。皇帝の臣下たちは領主として小農に対して税や労役を課し、この徴税権のことはグルト（gult）と呼ばれた（Reid 2012: 52, 児玉 二〇一五：二二七－二二八）。農民からの税の取り立ては暴力をともなうこともあり、このグルトが皇帝を頂点とする社会の強固なヒエラルキーを構築した（Crummey 2000: 86）。

（図８・９）ヨハンネスＩ世の図書館（手前）と執務室（奥）
図書室の敷地は 11.2m × 10.2m でほぼ正方形をしており、２階建てである。現有の建造物は 1938 ～ 39 年にイタリア人によって再建されたものであり、装飾などは残っていない。執務室は 16.2m × 7.1m の大きさで、２階建てである。1685 年に落成したというが、それは皇帝が逝去する 10 日前のことだったという。（筆者撮影）

農民は収穫物の一〇分の一を献納することになっていたが、農民に対する徴税の仕方は領主に任せられていた。農民は生計に必要な最低限の農産物を手元に残し、生産物の半分、あるいは四分の三も納めなければならなかった（Pankhurst 1992: 78）。領主はその一部を皇帝に献上しなければならなかったが、その献上分は実質的に領主の裁量にまかされたため、その後、各地の領主が蓄財し、皇帝を頂点とするヒエラルキーの崩壊につながった（Reid 2012: 92）。また、皇帝よりエチオピア正教会に対して領地が与えられ、教会がグルトをもち、農民が教会に対して税を納めた。教会は皇帝に対する献納の義務をもたなかった（長島 一九八〇：六九六）。グルトにもとづいた土地制度は、給与をグルトで代替することによって政治的、軍事的な安定のために大きく寄与した（児玉 二〇一五：二三〇）。

ゴンダールの南方に位置し、タナ湖の北岸に位置するデンビヤやゴンダールの北東にあるワガラ（Wegera）では山脈の裾野に肥沃な土壌が卓越し、ファシラダス皇帝の要求を満足させた。これらの地域ではテフやコムギ、オオムギなどが栽培されていた。デンベヤではモロコシ（*Sorghum bicolor*）も栽培された。デンビヤは皇帝の直轄地であり、皇帝が食べるパンのコムギはデンビヤで生産された（ブルース 一九九一：一七二）。

一八世紀のエチオピア帝国の記録によると、ゴンダールはすべての欲望を満たす最初の都市となったという。ゴンダールは交易と商業、軍資金の支出、各地から集められる税によって繁栄をきわめた。貴族は王宮や貴族の住区で豪華な品に囲まれ、ぜいたくな生活を謳歌した。首都の建設と歴代皇帝の威光、宗教との関連もあり、文学や音楽、建築、絵画、舞踊、教育などの面で著しい発展をとげた（長島 一九九一：六二五、Getahun & Kassu 2014）。イエメンの領事が一六四八年にファシラダス城を訪問したとき、黄金が輝くベッドに感銘を受け、ソファーや椅子には数々の宝石がちりばめられていたのに驚いている。ブルースもベニスの高価な鏡、黄金や象牙などの装飾に驚いている。一八四〇年には二人のフランス軍人によって、ゴンダールは都市のもつ気品の高さゆえ

［3］　一八世紀以降、皇帝の権力が低下すると、親衛隊は外国人の傭兵で構成されるようになり、うち五〇〇人が騎兵であった。外国人の傭兵には、待遇面で特権が与えられていた（Pankhurst 1992 : 80）。

に「アビシニアのパリ」と称されていた（Chiari 2012）。ゴンダールの貴族たちはぜいたくを堪能していたのである。王宮群には現在、ファシラダス皇帝の城やヨハンネス一世の図書館、執務室、イヤス一世の城、バカファ皇帝の城、ダーウィット三世の城、メンテワブの宮殿、貯水場、温泉場、結婚式場、ライオンの檻などが残存する。歴代の皇帝のなかには、ゲエズ語で年代記を残している皇帝もいる（Huntingford 1989, Getahun & Kassu 2014: 61）。

ゴンダールへの遷都

ファシラダス皇帝がゴンダールに首都を築くことになった理由には、諸説が存在する。レブナ・デンゲル皇帝（在位 一五〇八～四〇年）が天使のお告げにより、アムハラ語の七番目の文字であるG（ጎ）から始まる地名に吉兆があり、後継の皇帝たちがGから始まる地名の場所を探し、ファシラダス皇帝がゴンダールに首都を決めたというものである（Getahun 2006: 1）。

あるいは、ファシラダス皇帝の父であるスセニョス皇帝（在位 一六〇七～一六三二）がアゼ

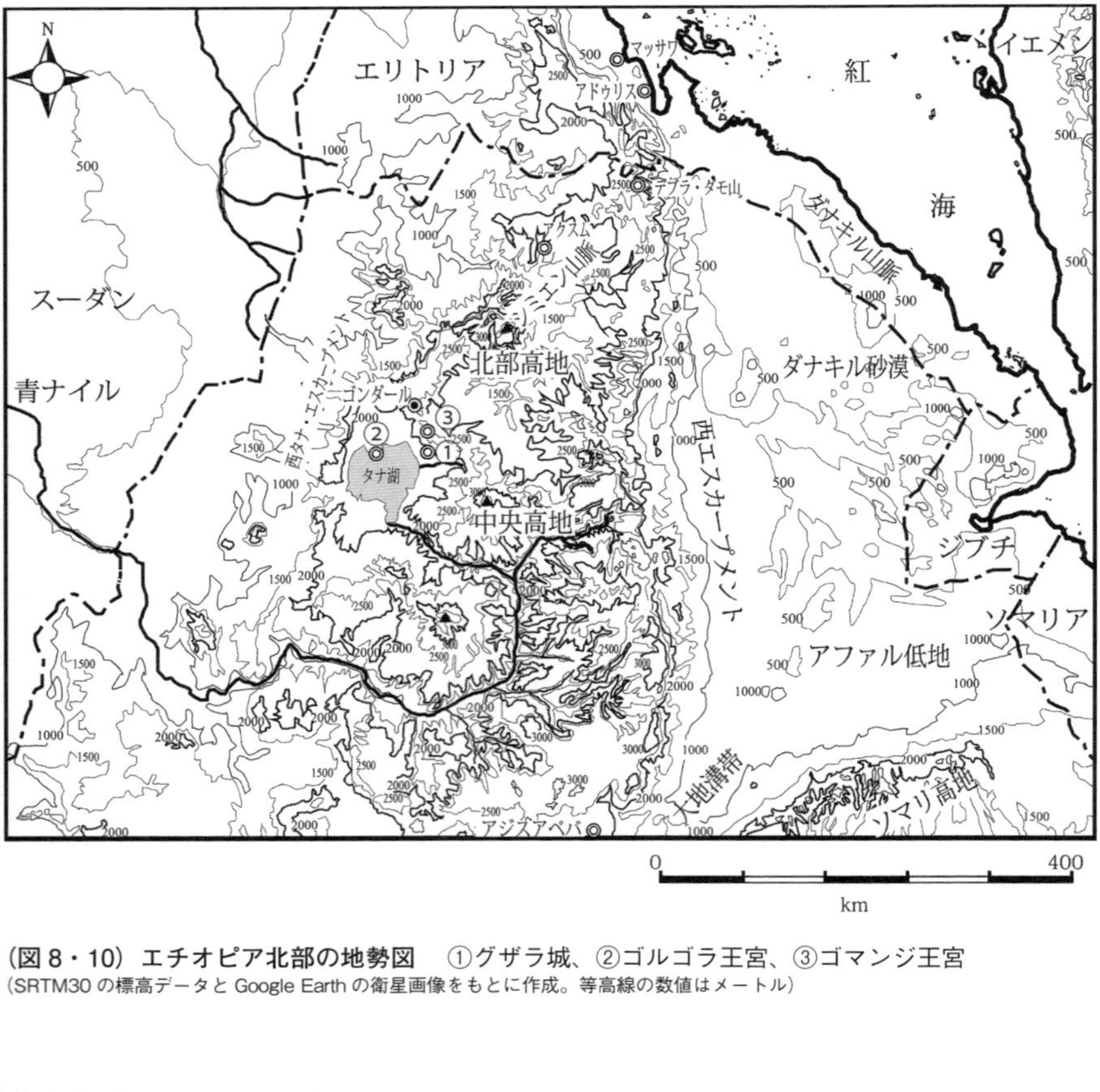

（図 8・10）エチオピア北部の地勢図　①グザラ城、②ゴルゴラ王宮、③ゴマンジ王宮
（SRTM30 の標高データと Google Earth の衛星画像をもとに作成。等高線の数値はメートル）

ゾのガナタ・イヤスス王宮に滞在しているとき、庭で鳥が繰り返し「ゴ、ゴ、ゴ」と鳴いているのを聞いたのがゴンダール遷都のきっかけとする説もある。サルサ・デンゲル皇帝（在位 一五六三～一五九六年）がグザラ（図8・10の①）、スセニョス皇帝（在位 一六〇七～一六三二年）がゴルゴラ（図8・10の②）とゴマンジ（Gomange、現在のダンカジ Danqaz）（図8・10の③）に王宮を構えており、これらの地名はいずれもG（アムハラ語のገ）から始まっている（Chiari 2012: 31）。

以下のような逸話もある。ファシラダス皇帝が即位したのち、森のなかで狩猟に出かけ、アンテロープに傷を負わせ、追跡していた。皇帝は住民にアンテロープがどこへ行ったのかと尋ね、住民は「ゴンダール」と答えた。皇帝はそこがGから始まる地名であることを知り、首都の建設にふさわしい土地だと理解したのだという。また、一九三〇年代に収集された逸話では、ファシラダス皇帝がバッファローの狩猟中に池のほとりで水を飲んでいたところ、年老いた隠者が現れ、清らかな水をたたえた池のほとりに王宮を建てるよう告げたのだという。いずれの説にしろ、当時のゴンダールは寒村であり、現在の中心街の土地はワイネ（Wayne）とサイネ（Sayne）という兄弟が所有していたという。ファシラダス皇帝は黄金との交換で土地を取得し、首都を建設した。ゴンダールはその後、二世紀にわたって首都であり続けた。

ゴンダールという地名の由来をめぐっても、三つの説がある（Getahun 2006: 2）。ひとつめの説では、タナ湖の北側に居住する民族アガウがつかう言語で、グアング・ダラ（guangu dara）に由来するというものである。この言葉は川のあいだを意味し、ゴンダールを流れるふたつの川、つまりアンゲレブ川とカハ川のあいだを意味しているというものである。

もうひとつの説は、アムハラ語で「人は仲よく暮らすべきだ」という意味のバゴン・エダル（bagon edar）に由来し、この言葉は二人の兄弟ワイネとサイネの口論をおさめたコミュニティの裁定を意味するというものである。三つ目は、ゴンダール北部で使われるキマント語のグワンド（gwand：溝また泉、急崖）とアムハラ語のダール（dar：縁やへり）との組み合わせという説であり、溝や泉、あるいは急崖の縁という意味である。

ゴンダールの都市には、一七七〇年代当時、一万戸ほどの家から成り立っていた。このことから、ゴンダールの人口は六万人ほどと推定されている（Pankhurst 1992: 75）。家は円錐形で、泥で作られ、草葺きであった（ブルース 一九九一：二六〇）。市街地は王宮から南を向いて右手、つまり西側をカイン・ベット（Qagn Bet：「右側の家」の意）、左手をグラ・ベット（Gira Bet：「左側の家」の意）に分けられていた。カイン・ベットは貴族の住居であった。敷地は広くとられ、優雅なたたずまいをみせていた。この地区には亡命者がキリスト教やイスラームといった宗教に関係なく居住していたが、たとえ犯罪者であっても捕らえられることはなく、保護された。商人や職人、負傷兵や退役兵、修道女なども居住し、軍隊の遠征中に高位の軍人の妻が一時的に逗留することもあった。一方、東側のグラ・ベットには身分の低い者や娼婦などが居住していた（Getahun 2006: 25）。

王宮の北西には聖ガブリエル教会があって、エチオピア正教会の聖職者が住んでいた。この地区はアブン・ベット（Abun Bet）、あるいはガブリエル・ベット（Gabriel Bet）と呼ばれた。アブンとはエチオピア正教会の修道士のなかで頂点に君臨する最高位職で、絶大な権力をふるい、ゴンダールの都市内部に多くの土地をもつと同時に、郊外には肥沃な農地を所有し、そして北部のティグレなどの遠隔地にも広大な領地をもっていた。皇帝は帝国内の聖職者から自前でアブンを立てず、アブンはエジプトのコプト教会から迎えられた（武藤 二〇〇七：五四、Getahun & Kassu 2014: 48）。アブンはアムハラ語を話せず、現地の習慣も理解せず、孤立した存在であったが、人びとはアブンに謁見し、お布施をし、免罪や御利益を祈願した。アブン・ベット地区には商人や富裕者、聖職者、学者、亡命者などが住み、一九世紀初頭まで兵士も住んだが、その多くは教会に属する兵士であった（Getahun 2006: 24）。

ゴンダールは皇帝の直属の支配下にあったが、都市の郊外は皇帝の直轄地のほかは、すべてラス

（Ras）と呼ばれる将軍や貴族など臣下が統治していた。皇帝の権力は将軍や貴族の忠誠心に依存しており、皇帝がゴンダールの留守どきに不穏な動きがあるときもあった。そのため、皇帝がゴンダールを離れるときには、五〇〇〇人以上もの兵を連れ、ゴンダールを防御する臣下を慎重に見極めたという。

都市内部の区割り

ゴンダールには、様々な人びとが居住した。イスラーム地域との交易がさかんになり、商業に従事するのはムスリムが多く、多くのイスラーム商人たちがゴンダールに居住した。[4] アンゲレブ川とカハ川の合流点の北側にはムスリム居住区が作られ、アムハラ語でイスラーム・ベット（Islam Bet：ムスリムの家の意味）と呼ばれた（図8・4）。イスラーム・ベットは王宮群より南方へ二キロメートルほど離れており、イスラーム商人たちは一五〇メートルほど低い場所で生活した（設楽 二〇〇七）。一七七〇年当時、イスラーム・ベットの家屋は三〇〇〇戸ほどで、大きな住区を形成していた。皇帝や貴族が戦争に出かける時や戦争から帰還したときに、イスラーム商人は荷物や野営用品の手配および管理をおもな業務としていた。[5] また、将校たちの指揮のもとで荷作りやラバの誘導にあたっていたという（ブルース 一九九一：二六一）。このムスリムが居住するイスラーム・ベットという名称は、その後、アジス・アレム（Addis Alem：「新しい世界」の意）に変更され、現在では五万人ほどの住人が居住する。

住人の多くは、イスラームのなかでもハナフィー学派に属し、天恵をもたらす源泉としてアッラーを信仰した（Getahun 2006: 21）。イスラーム・ベットでは、イスラーム寺院が建てられた。最古の寺院はバシャ・シャリフ（Basha Sharif）と呼ばれ、ファシラダス皇帝の時代にゴンダールへ来た創建者、バシャ・シャリフが埋葬されているという説がある。シャック・グディフ（Shak Gudif）も聖地とみなされており、そこにあった泉の水は眼病に効くとされ、その水を飲めば、御

［4］　ヨハンネス一世（在位一六六七～一六八二年）は在位一年目にキリスト教徒とムスリム、そしてファラシャ（Falasha）と呼ばれるユダヤ人の居住地を分離するよう命じたが、すでにファシラダス皇帝時代にはこれらの人びとは分離して居住していた（Getahun 2006: 18）。ブルース（一九九一：一〇三）によると、イスラーム・ベットの敷地は広く、居住環境は良かったと評価している。この地区では、標高の高い地域に古い住居が密集し、富裕層が居住しており、クワロッチ・マンダール（Kuwaloch Mandar）と呼ばれる土曜市があった（Getahun 2006: 18）。

［5］　皇帝や将軍の軍隊が出陣するときにはカハ（現在のカハ・イエスス地区）に陣が張られ、帰着したときにもカハで一、二日間の休息をとった。イスラーム商人が軍用品の調達に従事した。この地区にはカハ・イエスス教会があるが、一八世紀後半には帝国に対する謀反が計画され、皇帝の暗殺が企てられた（Getahun 2006: 27）。

利益があると考えられている。キリスト教徒やムスリムに関係なく、人びとが頻繁にこれらの寺院を参拝した。この泉を求めて、商人たちはイスラーム・ベットで荷を下ろし、キャンプを張って宿営した。また、フィット・アッボ（Fit Abbo）教会（図8・4の⑥）の南西に位置するシャック・アンサール（Shak Ansar）という寺院は、シェイク（shaikh）と呼ばれる長老やイスラーム知識人が逝去したおりに埋葬され、干ばつや飢饉、感染症の蔓延どきには、宗教に関係なく、人びとが生活の平穏を祈った。

ユダヤ教徒のエチオピア人は、ベタ・イスラエル（Beta Islael）と呼ばれた。彼らはエチオピア正教徒から、侮蔑的な意味をもつファラシャ（Falasha）と呼ばれることを嫌った。エシャック一世（Yeshaq I：在位一四一四〜一四三〇年）の治世に、彼らが農地の相続権を奪われたことを契機に、ファラシャ（「流浪の民」の意味）と名付けられるようになったという。ヨハンネス一世の時代には、ムスリムと同様に、ユダヤ教徒は住居を分離するよう命令が出され、一七七〇年のブルースの記録では、都市の周辺部に居住していたとされる。ゴンダールの北四キロメートルに位置するオッレカ（Wolleka）や王宮の西側に位置するカイラ・メダ（Kayla Meda）にユダヤ教徒の居住区があり、ブルースの記録では石工やわらぶき職人が多く、そのほかに金・銀細工、土器づくりの職人、そして日雇い労働者が多く居住していた。かれらの多くは農地をもち、テフを栽培していたという。このカイラ・メダ地区の住人は客人に寝食を提供し、滞在させたという（Getahun 2006: 23）。ブルースの記録では、一七七〇年におけるユダヤ教徒の人口は四〇〇人であった。

イヤス一世の時代、一六九九年から一七〇〇年にゴンダールを訪問したフランス人医師ジャック・ポンセ（Jacques Poncet）の記録によると、町には店はなかったが、広場（アッダババイ：Addababay）があり、この広場に商人たちがマットを敷き、そのうえに商品を並べ、取引していた。ファシラダス皇帝の時代より商人は黄金と塩を貨幣として使っており、ゴンダールはエチオピア帝国の政治の中心だけでなく、商業・経済の中心でもあった。帝国の南部で産出される金や象牙、奴隷が、紅海の港町マッサワを通じて、エジプトやスーダンまで運ばれることで、ゴンダールは栄えた。戦争の捕虜は若ければ、性別に関係なく、奴隷として売買された。また領主に税金を払えない農民たちが、わが子を領主に引き渡し、その子が奴隷として取引されることもあった（Pankhurst 1992: 125）。

ゴンダールの周囲には肥沃な土壌が卓越し、都市の東側に広がる耕作地では、現在でもテフやコムギ、オオムギなどが栽培されている（図８・11）。テフは刈り取り後、脱穀するまでのあいだ種子が穂についたまま、テフわらが積み上げられ、半球状の山（アムハラ語で、teff kumur）が作られる。二〇一七年二月に撮影されたGoogle Earthの衛星画像では、テフわらの山の所在を確認することができる（図８・４）。

ブルースの記録によると、一七七〇年前後、ゴンダールの周辺ではくまなく土地が耕作され、農地にはテフやコムギ、オオムギが栽培されており、年に三回の収穫期があったと記している。土壌が肥沃で農業生産性が高いにもかかわらず、農民の生活は悲惨で、これは圧政によるものだと記されている（ブルース 一九九一：一〇〇－一〇一）。皇帝軍の行軍が来るたびに、農民は食料の供出を求められ、ときに略奪の被害にあった（Pankhurst 1992: 106）。

エチオピア正教会

歴代のエチオピア皇帝はイスラエルの王ソロモンとアラビア南部の女王シェバとのあいだの子、メネリク皇帝に始まったソロモン家の血を引き、霊肉ともに神の民であるとされる（ブルース 一九九一：一五二、武藤 二〇〇七：五一）。エチオピア帝国はキリスト教との結びつきが強いが、ファシラダス皇帝が一六三三年にイエズス会の退去命令を出し、エチオピア正教を国教とした。

（図８・11）テフの収穫と脱穀の作業
テフの穀粒は小さいため、穂だけを刈り取るのではなく、鎌でテフの根元を刈り取り、積み上げる（写真 左）。わらは高さ四メートルほどの半球状に積み上げておき、ウシに踏ませて穂から脱穀する（写真右）。（筆者撮影）

ファシラダス皇帝の父であるスセニョス皇帝はカトリックに改宗している。説明がすこし長くなるが、首都の遷都に関係するので、どうしてスセニョス皇帝がカトリックに改宗したのか、一六世紀前半までさかのぼってその経緯を説明しておきたい。一五二七年から一五年間にわたり、アフマド・イブン・イブラヒムによって率いるシェワ民族のイスラーム勢力がエチオピアのキリスト教帝国に対する侵攻を繰り返した（Huntingford 1969: 19, 岡倉 一九九九：五〇）。アフマドはアダル（現在のジブチ）のスルタンであり、宗教リーダーであるとともに、軍隊を率いる将軍でもあった。彼は別名、グラン（Gragn：左利き）と呼ばれていた。アフマドによる軍事攻勢は、イスラームの布教を目的とした聖戦であった。

対する帝国側ではレブナ・デンゲルが皇帝（在位 一五〇八～一五四〇）であったが、まだ若く、母のエレニが女帝として国を治めていた。イスラーム勢力との長引く戦争と侵略行為によって帝国内の人口は減少し、拡張するイスラーム勢力やオスマン・トルコ帝国に対抗するため、エレニは一五〇九年にポルトガルに軍事支援を求めた。しかし、一五四〇年までポルトガルから援軍はなく、その間、レブナ・デンゲル皇帝の長男フィクトル（Fiktor）は戦死し、もっとも若い息子ミナス（Menas）は敵方の捕虜となった。デンゲル皇帝はデブラ・ダモ（Debra Demo）の山中に敗走し、そこで一五四〇年に亡くなった。この出来事はエチオピアの歴史のなかで、なんども記憶が再生され、イスラームに対する脅威論が生み出されることになる（Erlich 2010: 3）。

権力の空白を埋めるため、息子のゲラウェディオスが皇帝に即位した。翌年にはポルトガル軍の四〇〇人のマスケット銃士が到着する（Last et al. 2013: 33）。ゲラウェディオス皇帝はポルトガル軍の援軍によってイスラーム勢力を破り、グランを殺し、その息子のムハマドを捕虜とした。捕虜どうしの交換で、ゲラウェディオス皇帝の弟ミナスは解放された。しかし、一五五九年にゲラウェディオス皇帝はイスラーム勢力との戦闘により戦死する。長引く戦争により、人びとや家畜は殺され、女や子どもは奴隷として売られ、国土は荒廃した。アクスムの遺跡も、この時期にイスラーム勢力によって破壊されている（Getahun & Kassu 2014: 84）。

ポルトガル軍は一五四〇年以降イスラーム勢力の減退に成功したが、その脅威はなくならず、つづくミナス皇帝（在位 一五六〇〜一五六四）とサルサ・デンゲル皇帝（在位 一五六四〜一五九六）、ヤコブ皇帝（一五九七〜一六〇三、一六〇五〜〇七）、ザ・デンゲル皇帝（一六〇三〜一六〇四年）、スセニョス皇帝（在位 一六〇七〜一六三二）はポルトガルの支援を必要としつづけた。エチオピア帝国とポルトガルとの関係は深まり、イエズス会が一五五七年に王宮に入り、次第に皇帝に改宗をせまるようになった（Getahun & Kassu 2014: 18, 米倉 二〇〇七：六八）。ザ・デンゲル皇帝とスセニョス皇帝はカトリックに改宗し、スセニョス皇帝は臣下や人民にも改宗を求めたが、人びとの強い抵抗もあってカトリックへの改宗は進まず、エチオピア正教を維持することになった。このため、カトリックへの改宗を迫るイエズス会とエチオピア正教との宗教対立が生じることになった（Last et al. 2013: 34–35）。

スセニョス皇帝は宗教対立を回避するため、息子のファシラダス皇帝に皇帝の地位を譲った。ただちにファシラダス皇帝はエチオピア正教を国教と定め、一六三三年にイエズス会の宣教師を追放し、領内における布教活動を禁じた。それ以降、鎖国政策が採用されることになる。人びとは皇帝によるカトリックの布教活動の禁止を歓迎し、歓喜のために踊り、カトリックの数珠をつぶしたという。

現在、ゴンダールの内部とその付近には四四堂のエチオピア正教会の教会があり、それらは一七〜一八世紀に建設されたものである。ファシラダス皇帝はそのうち七堂を建設したとされており、もっとも古いのはフィット・アッボ（Fit Abbo）教会（図8・4の⑥）とフィット・ミカエル（Fit Mikael）教会（図8・4の⑦）である。エルフィン・ギオルギオス（Elfin Giyorgis）教会とグムジャ・ベル・マリアム教会（Gemja Ber Maryam）はファシラダス王宮群の城壁のなかに建設されている。ファシラダス皇帝は沐浴場を建設し（図8・4の②）、その沐浴場はいまも現存する

（図8・12）ファシラダス皇帝の沐浴場
（筆者撮影）

（図8・12）。普段は、この沐浴場に水は入れられていないが、いまでもティムカットの祝日にはカハ川より水が入れられる。ティムカットとは公現祭といわれ、エチオピア暦のタール月（Tarr）一一日[6]には、イエズス・キリストがヨルダン川で洗礼を受けたのを祝い、人びとが沐浴している（Chiari 2012: 77）。

ファシラダス皇帝のほかにも、ヨハンネス一世やイヤス一世、ヨストス皇帝、バカファ皇帝、イヤス二世の母メンテワブ女帝などが教会を建設している。荘厳な壁画・天井画が有名なデブレ・ブラハン・セラシエ教会（図8・4の③）はイヤス一世によって建設された（図8・13、14）。教会を建設する目的として、一般に、王宮内における問題の解決、あるいは疫病[7]の平癒に対する祈願が考えられている。その目的の真偽は定かではないが、皇帝たちはファシラダス皇帝にならって、教会を建設した（Chiari 2012: 34-35）。

皇帝だけではなく、貴族たちも罪を償うため、多数の教会を建設した。帝国軍が戦争に勝つと、敵が異教徒や異端者に関係なく、キリスト教徒が相手であっても、死体が腐乱する戦場に教会を建てた。教会を建てる場所は、かならず、近くに水の流れている場所が選ばれた。浄めの儀式や沐浴をするには川の近くが最適であり、かならず、こんもりとした丘のうえに教会が建てられた。このような丘のまわりには樹木が生育しており、教会とそれをとりまく木々は美しい景観をつくった（ブルース 一九九一：二〇〇）。

皇帝は聖職者の最高位であるアブンを指名するだけでなく、気に入らないときには、罷免することもあった。アブンは聖職者を任命する権限をもち、エチオピア正教会のなかで絶大な権力をもつことになった。皇帝はアブンをゴンダールに滞在させ、教会組織を統制した結果、ゴンダールは一七〜一八世紀にかけてエチオピア正教の中心地となり、政治・経済だけではなく、宗教の中心地ともなり、名実ともに帝国の首都となったのである。

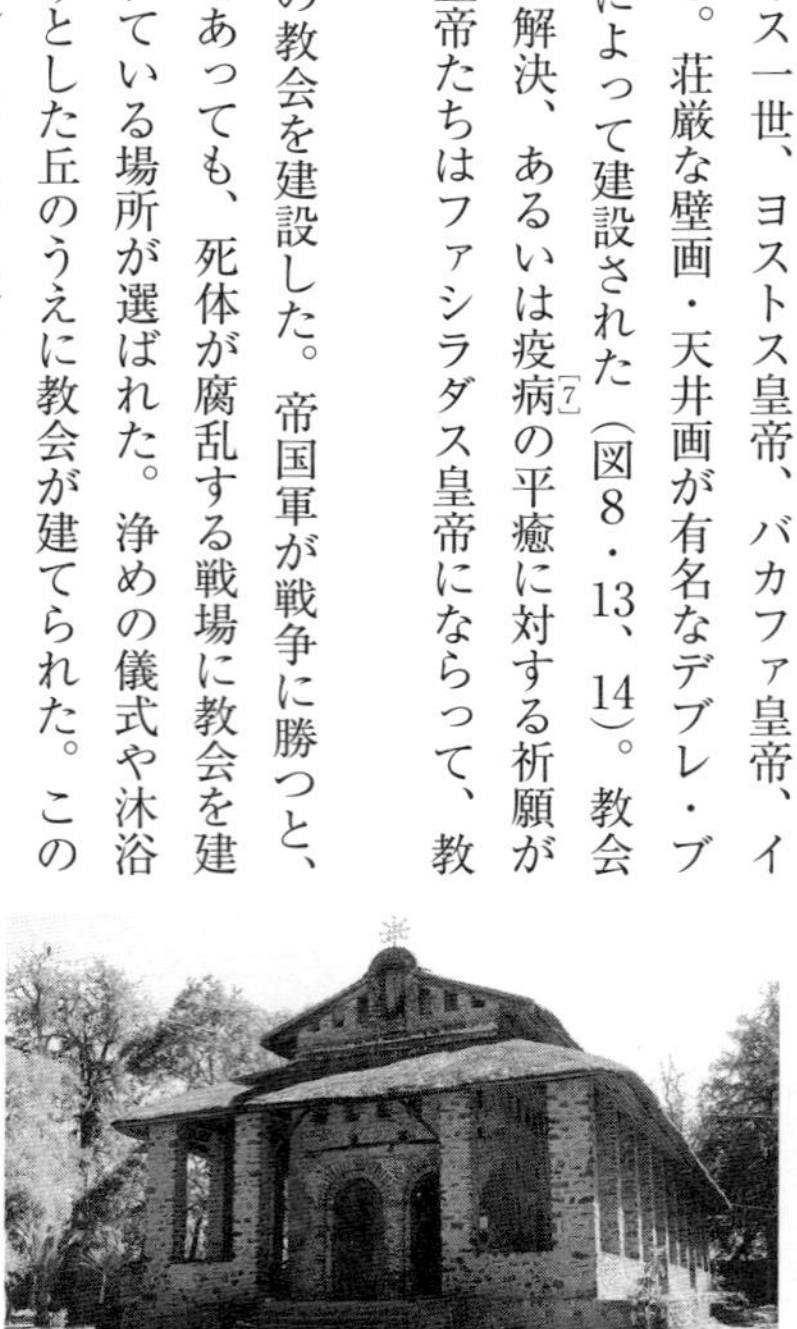

（図8・13）デブレ・ブラハン・セラシエ教会
（筆者撮影）

（図8・14）デブレ・ブラハン・セラシエ教会の内部
イエズスや至聖三者、歴史上の人物などが描かれている。
（筆者撮影）

[6] グレゴリオ暦、つまり現行の太陽暦では一月下旬にあたる。

[7] この疫病は、マラリアだと考えられている。

ゴンダールの地政学的な位置

ゴンダールが首都となったのには、七点の重要な要因がある。ひとつめは、一五二〇年代以降から、エチオピア帝国がイスラーム勢力の攻勢を受けていたことにある（Kinfe 2004）。イスラーム勢力はエリトリアからエチオピア高地の東斜面、南部と西部へと浸透し、イスラーム化した小国家の活動が活発であった。人民がイスラーム商人による奴隷狩りを避ける最良の方法は、みずからがイスラーム教徒になることであった。イスラームは急速に広まった（長島 一九八〇：六五七–六五八）。現在のエチオピア東部とジブチ、ソマリア北西部を拠点とするアダル（アファール）のスルタンに率いられたイスラーム勢力がエチオピア帝国に対して聖戦を繰り返していた。この聖戦により、レブナ・デンゲル皇帝とガラウェドス皇帝が亡くなっており、皇帝の息子であるミナスもイスラーム勢力の捕虜になっている。イスラーム勢力との戦闘は長年にわたって続いた（長島 一九八〇：六七一–六七二、岡倉 一九九九：五五）。

第二の要因は、オロモが北進を続け、青ナイルの南側にまで勢力を拡大していたことにある。一七世紀の初頭までに、現在のエチオピアの南西部と青ナイルの南側の土地はオロモの支配下となっており、その支配地は拡張する可能性があった（Huntingford 1969: 19）。そして、第三の要因として紅海からオスマン帝国が侵攻し、一五五七年にはマッサワを足がかりとし、北側からエチオピア高地にむけて勢力の拡大も予想された。エチオピア帝国はイスラーム勢力、中東とヨーロッパの動きに影響を受け、北部エチオピア高地の北と東、南の三方を敵に囲まれていたのである。ブルースは一七七〇年の帝国軍の最大兵力を六万人と見積もっている（ブルース 一九九一）。

ゴンダールの町は二二〇〇メートルから二五〇〇メートルほどの山並みにはさまれている。タナ湖の東側と西側には、それぞれ断層群が南北に走っており、タナ湖の北側に位置するゴンダールもこの二列の断層群にはさまれている（Abbate et al. 2015）。ゴンダールの町を中心に東西方向に一〇〇〇キロメートルの断面図（図8・15）をとると、都市の西側には標高二五〇〇メートルほど、東側には二七〇〇メートルほどの複数列の山脈が存在し、波打つような地形を呈している。この標高二〇〇〇～二五〇〇メートルの高地は、北部エチオピア高地（Northern Ethiopian Plateau）と呼ばれる（Williams 2016）。北部エチオピア高地の東側には、大地溝帯の地殻変動による西エスカープメントの急崖があり、ダナキル砂漠へと下りていく。そして、ゴンダールの西側の急崖は西タナ・エスカープメント（West Tana Escarpment）と呼ばれ（Williams 2016）、西方に広がるスーダンの大平原（標高四五〇メートル）にむけて下っていく。

北側は北部エチオピア高地のなかでも、シミエン山脈がそびえている。標高の高い地域に陣を張り、敵を見下ろすように守護する側が軍事上、有利である。エスカープメントや山脈はゴンダールにとって自然の要塞となっている。そして、タナ湖から流れ出る青ナイルは、水量が多くて川幅も広く、しかも川の両岸は急崖となっている。河床と周囲の台地との比高は一四〇〇メートル以上もあり、防御に適しており、天然の城壁となった。

サルサ・デンゲル皇帝（在位 一五六三～一五九七年）の時代には、イスラーム勢力の侵攻やオスマン帝国の脅威はやわらいでいたが、ファシラダス皇帝以降の帝国は東から侵攻をつづけるイスラーム勢力と北から侵略をもくろむオスマン帝国の動きを警戒する一方で、南から北進をつづけるオロモ王国の圧力を受けていた。これらの三方からの侵攻に対応するため、東側に縦走する西エスカープメント、北側のシミエン山脈、南側の青ナイルは天然の要塞となった。首都がゴンダールに建設されるのは防衛戦略上、理にかなっているといえる。

第四の要因は、ゴンダールのもつ交易の利点である（Getahun 2006）。ファシラダ

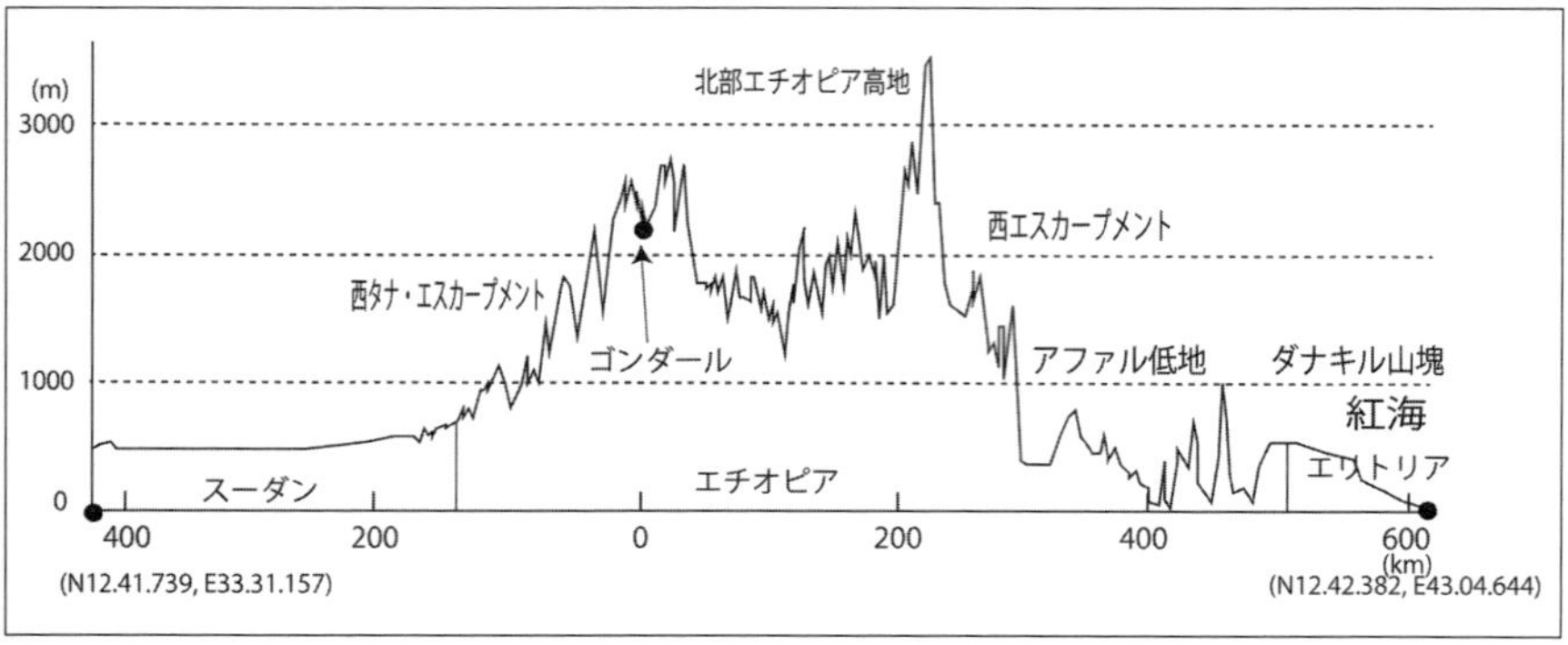

（図8・15）エチオピア高地におけるゴンダールの断面図（東西方向）
（Google Earth の標高データにより作成）

ス皇帝の時代、ゴンダールを中心とするエチオピアの北部高地と中央高地は比較的、平和が保たれており、ゴンダールは交易拠点として発展する。北西と西の方角にはスーダン、北東の方角にはティグレとエリトリアのマッサワを通じてエジプトや中東地域とつながり、南方にはタナ湖やゴジャム、エチオピア南部へ、そして東方にはアデン湾に通じることができた。この交易路はすでにアクスム王国の時代に開通しており、ゴンダールはアクスムからタナ湖への途中に位置している。スーダンやエジプトからは織物や工業製品、武器などが輸入され、南方からは金や象牙、奴隷、ジャコウが運ばれてきた。これらの結節点にゴンダールは位置していた。ブルースは一七七〇年時点で、交易によって帝国が所有するマスケット銃は七〇〇〇丁と見積もっている（ブルース一九九一）。

第五の要因は、ゴンダールの都市内部における治安を維持するため、都市に流入する人や物資を統制し、武器やイエズス会宣教師の流入を防いだり、あるいは商人から税金をとる関所が必要であった。ブルースの記録には、ゴンダールに至る隊商路では険しい山中を歩き、すべてラマルモン峠を通過するようになっていた。ここですべての荷と交易の品々が調べられ、記録される。それぞれの隊商には一人の男が帯同し、その男がゴンダールの税関長（ネガデ・ラス）に明細書を渡し、商人から税金が徴収された。このほかに、人や物資の往来を私的に取り仕切る者もいて、貢ぎ物の支払いが請求される。この私的な取り立ては過酷で暴力をともなうこともあり、かつ、ほとんどの場合、非合法であったという（ブルース 一九九一：九一）。こうした合法、非合法の検問によって人の移動と物資の流通が統制され、通行税や交易税が徴収された。

第六の要因は、ゴンダールが優れた農業地域に位置するということにあった（Getahun 2006）。アムハラの民俗分類によると、標高一八〇〇～二四〇〇メートルの高地地域をウェイナダガ（wenya dega）、それ以上の山岳地域をダガ（dega）、一八〇〇メートル以下の低地をコラ（kolla）と呼ぶ（佐藤 二〇〇七）。ほかの文献（Chamberlin & Schmidt 2012）によると、コラは五〇〇～

一五〇〇メートル、ウェイナダガは一五〇〇〜二三〇〇メートル、ダガは二三〇〇〜三二〇〇メートルとなっており、若干の食い違いがあるが、重田によるとこの標高帯の分類は実際の高度に明確に対応するものではなく、相対的なものである（重田 一九九六、二〇〇七）。いずれの分類にしろ、標高二二〇〇メートルのゴンダールはテフやコムギの栽培に適したウェイナダガに立地し、農業生産には最適な標高帯であり、ウシ飼養にも適していた。臣下が農民から集めた税金の一部は皇帝に献上され、農民から臣下を通じた税金の献納により帝国は維持された。また、皇帝はゴンダール近郊に広がる肥沃な農地を直轄地とし、その農産物は王宮で消費する食料となった（ブルース 一九九一：一七二）。

そして、ゴンダールの周囲には樹木が多く、二本の河川の水量が豊富で、年間を通じて涸れないことも、ゴンダールの立地は首都として最適であった。これが第七の要因である。ブルースが一七七〇年にゴンダールの都市に着いたとき、ゴンダールには無数の樹木が生育しており、都市全体がこんもりとした黒い森のようであり、樹木に覆われたアザゾが見えたことを記している。ゴンダールから流れ出る川が見え、その先にタナ湖が見えたと記している（ブルース 一九九一：九九）。

ブルースが見たこの光景は、周囲の農村地域とは対照的である。農民は樹木を切り倒して裸地にして、薪が不足し、困窮していた。人びとはウシやロバの糞を集めて固め、日光で乾かし、薪の代用品として使用していた（図８・16）。ゴンダール周辺の潜在植生は、乾燥常緑アフロ山岳森林—草原混在植生（dry evergreen Afromontane forest and grassland complex）に区分されている（Friis et al. 2011: 70-72）。この植生タイプの分布域はエチオピア国内のおよそ一八〇〇〜三〇〇〇メートルの標高帯に該当し、数千年ものあいだ、作物栽培と家畜飼育によって開発が進められてきた農業地域である。人口が密集する首都ゴンダールでは人びとが消費する水と薪は大量であったろうし、樹木と水は貴重だったと考えられる。

（図８・16）エチオピアにおける牛糞の燃料利用
牛糞は草をまぜて成形し、乾燥させて燃料にされる。アムハラ語で、kubat と呼ばれる。
（筆者撮影）

ゴンダール以前に、どうして皇帝は頻繁に王宮を移動したのか？

現在のエチオピアの人びとは王宮や教会の立地から、当時の皇帝や貴族たちの戦略――アムハラ語でセルト（Sil̂t）を読み取ることができると評する。サルサ・デンゲル皇帝がグザラ、スセニョス皇帝がゴルゴラとゴマンゲ（Gomange、現在のダンカジ、Danqaz）に王宮を構えていたことを述べた。これらの王宮の立地からも、戦略がみえるという。まず、この三ヶ所の王宮についてみていこう。

ゴンダールの南南西四六キロメートルの位置にあるグザラには、サルサ・デンゲル皇帝（在位一五六三〜一五九七年）が建設した城の遺跡が現存している（図８・17）。サルサ・デンゲル皇帝はオロモの北進にそなえ、グザラに城を築いた。このグザラ城はファシラダス城に先行して建てられ、ゴンダール様式の最初の城とされる。城の敷地は一八×一二メートルの長方形であり、西側の二隅の角にはドーム状のタワーがあり、壁には銃眼がそなえられている。城にはアーチ状の入口と窓があり、二階や屋上の床部分には外壁につけられたじゃばら、赤茶色の玄武岩に白色の石灰岩をモルタルに使っていることに大きな特色がある（Chiari 2012: 102）。現地のガイドによると、玄武岩はこの周囲で採取することができるが、白色の石灰岩は周囲には存在しないという。城は丘の頂上にたち、西側にはタナ湖をのぞみ、東には断層で形成された山脈が南北に長く縦走している。

城がたつ場所の標高は二〇〇五メートルである。城は高さ四メートルほどの城壁で囲まれており、その外側には高さ一メートルほどの城壁が取り囲んでいる。城の西側からタナ湖の湖岸までゆるやかに傾斜しており、ほぼ平坦で、現在では農地が広がっている。城の周囲に広がる平地の標高は一八八〇メートルである。モロコシやテフ、ヒヨコマメ（*Cicer arietinum*）、そして水の多い谷筋にはチャット[8]（*Catha edulis*）が植えられており、一六世紀当時も穀倉地帯であったであろう。コムギの栽培や蜂蜜の生産のほか、ウシの放牧によ

（図８・17）サルサ・デンゲル皇帝が建設したグザラ城（標高 2005m）
ゴンダール様式の初めての城と言われ、城のまわりは城壁で囲まれている。遠くタナ湖をのぞむ丘のうえに城がたつ。（筆者撮影）

るバターや牛皮の生産がさかんだった（Pankhurst 1992: 77）。東側の山脈は標高二四〇〇メートルほどであり、山地の上部ではコムギやオオムギが中心に栽培されている。丘にそびえる城は遠くからでも目立つが、西側にはタナ湖、東側には山脈が南北に縦走しており、防衛にはすぐれている（図8・10の①）。

スセニョス皇帝が建設したゴルゴラ王宮はタナ湖の湖畔にある小さな丘のうえに建っている（図8・10の②）。王宮は湖畔のなかでも、岬の先端に立地している。ゴンダールから南東方向に五四キロメートルの距離にある。王宮が建っている地面の標高は一八七〇メートルで、タナ湖の水面の標高は一七八四メートルである（図8・18）。わたしが訪問した二〇一四年二月の時点では、ゴルゴラ王宮の遺跡は修復されておらず、石壁が崩れるがままになっていた。この王宮はマリアム・ギンプ（Maryam Gimp）と呼ばれ、カトリック教会が併設されていた（Chiari 2012: 130–132）。スセニョス皇帝はカトリック宣教師に対して、ゴルゴラの半島の土地の一部を領地として与えた。

皇帝は一六一一年に岬の先端に王宮の建設を開始し、一六一八年にはポルトガルの教会にまねて王宮内に教会を建設しはじめた。この教会はエチオピア正教用であり、三年の工期を費やし一六二一年に完成した。スセニョス皇帝はその美しさに感銘を受けたが、すぐさま問題が生じた。イエズス会宣教師たちは

（図8・18）タナ湖をのぞむ湖畔の丘のうえに建設されたゴルゴラ王宮（標高1870m）
淡水湖であるタナ湖（写真手前）では、大量の蚊が発生する。水面と王宮の標高差は90mほどあるが、蚊が王宮に飛翔することもあったであろう。マラリア蔓延が原因となり、スセニョス皇帝は王宮の完成を待たずして、短期間のうちに王宮を移した。（筆者撮影）

［8］　チャットはニシキギ科（*Celastraceae*）の常緑樹で、和名ではアラビアチャノキと呼ばれる。Khat（カート）と呼ばれることもある。若葉と新芽を摘み、口のなかで噛みつづけることで、気分の高揚をうながす嗜好品である。若葉と新芽が多い枝ほど高級とされ、高値で取り引きされる。農家にとっては、よい現金収入であり、ここ二五年ほどのあいだで栽培面積が急速に拡大している一方で、エチオピア国内では中毒者も多く存在し、社会問題となっている（Yeraswork 2017）。

カトリック教会を建てることを皇帝に強くせまり、帝国がポルトガルから軍事支援を受けている恩もあり、皇帝は一六二二年にローマン・カトリックへ改宗した。王宮は一六二七年に完成し、落成式が開催された。王宮には中庭をはさんでエチオピア正教会とカトリック教会が併存する。住居部分は広くはなかったが、南側に広がるタナ湖を見下ろす眺望は今でも美しい。王宮の北側には広大な耕作地をのぞむことができた。石壁には美しい貝、花、植物が模された装飾があった。ここはスセニョス皇帝が誇った優雅な王宮であったが、王宮に住む臣下たちに熱病が蔓延したため、王宮の完成を待たずして、この王宮を放棄し、皇帝と臣下たちは一六一〇年代の終わりにダンカジ（Danqaz）に移動した。この熱病はマラリアだったと考えられている（Chiari 2012: 134）。

ダンカジの王宮はタナ湖の東岸の山地で、グザラ城の北三〇キロメートルほどに位置する（図8・10の③）。ゴンダールの町から直線距離で二三キロメートルほどである。王宮の遺跡が建っている標高は二七六五メートルであり、ゴルゴラの王宮よりも一〇〇〇メートルちかく標高が高い。この王宮周辺の標高は、寒冷なダガの標高帯に相当する（佐藤 二〇〇七、Chamberlin & Schmidt 2012）。王宮は起伏のある台地の縁に位置しており、急崖をのぞむように建っている。この地域には、いまも車道は通じておらず、一時間ほど徒歩で移動しなければならない。この王宮から四キロメートルほどの距離にある村はゴマンジ（Gomange）という名前であり、王宮の場所にふさわしい地名であるGから始まる。王宮の周囲には岩がちの耕作地が広がっており、主食作物としてコムギが中心に栽培されていた（図8・19）。この地にザ・デンゲル皇帝は一六〇四年に王宮を建築し、その後継者であるスセニョス皇帝が熱病（マラリア）の蔓延を避けるために移住してきた。

皇帝みずからが王宮の場所を選定し、臣下の者たちはその周囲に住居を建築した。一六二〇年には九〇〇〇人の人口がいたという。インド商人のアブデル・カリム（Abdel Karim）が王宮を設計し、エジプト人のサダカ・ネスラニ（Sadaqa Nesrani）が棟梁になったという（Chiari 2012 : 98）。現在の保存状態はきわめて悪く、当時の面影をしのぶことは難しいが、イエズス会のカトリック宣

（図8・19）ダンカジ（ゴマンジ）の王宮（標高 2765m）
スセニョス皇帝がゴルゴラ王宮を移動した先がダンカジからであった。マラリア蔓延の危険性はなかったが、ちかくに交易路はなく、情報や物流の拠点とはなり得なかった。王宮は急崖の縁に立地し、現在、周囲の台地面にはコムギ畑が広がっている。
（筆者撮影）

教師は完成当時、王宮と教会の美しさに感嘆している。王宮は二階だてで、それぞれの階に六部屋ずつあった。王宮の南西三〇〇メートルのところにはカトリック教会の遺構があり、皇帝と宣教師の臨席のもとで一六二八年九月八日、エチオピア暦の新年に落成式がおこなわれた。スセニョス皇帝は先代の皇帝たちのように臣民の強制労働によって王宮と教会を建設せず、人びとの生活を慮って仕事の内容にあわせて報酬を支払ったという（Chiari 2012: 100）。

これらの王宮はゴンダールのように恒久的な首都には発展しなかった。前節で述べたように、ゴンダールの首都としての適性には防衛拠点と交易路の結節点、人の移動と物流の統制、高い農業生産性、薪と水の入手可能性といった観点がある。しかし、もう一点、首都建設に関する重要な項目として感染症―とくにマラリア感染との関連性を指摘しておかねばならない。

スセニョス皇帝がタナ湖岸のゴルゴラ王宮を離れたのは、マラリアが原因であることを述べた。一九世紀のヨーロッパ人探検家たちは、ムスリムが多く居住する低地にはマラリアが蔓延し、エチオピア高地に登ってくるとマラリアの危険性がないことを記している（ブルース 一九九一）。エチオピアでは、標高二〇〇〇メートルを境界として、それ以下の標高ではマラリア感染のリスクが高くなる（McCann 2014: 16）。タナ湖の南岸に現在、バハール・ダル（Bahir Dar）というアムハラ州の州都があるが、標高一八〇〇メートルである。この都市はマラリアの汚染地域にあり、一九五〇年代初頭までこの地は人びとの定住地ではなかったとされる（McCann 2014: 15）。人びとに死をもたらすマラリアの原因は熱帯熱マラリア原虫（*Plasmodium falciparum*）であり、ハマダラ蚊（*Anopheles spp.*）が媒介する。

タナ湖は南北に八四キロメートル、東西に六六キロメートルの長さで、面積は三一五六平方キロメートルの大きさをもつ。東西の断層崖によって形成された湖であり、上空からみると円形をしている。この湖の平均水深は九メートルしかなく、最大深は一四メートルである（Williams 2016: 121）。お盆状をしたタナ湖の水辺は浅瀬となっており、大量のボウフラがわき、ハマダラ蚊が発生する。スセニョス皇帝をはじめ臣下や宣教師たちは夜ごと、豪華なゴルゴラ王宮でハマダラ蚊の飛翔に悩んだにちがいない。また、サルサ・デンゲル皇帝が建設したグザラ城の標高は二〇〇五メートルで、城は丘のうえにそびえていたが、臣下たちが居住したであろう城の周囲に広がる平地の標高は一八八〇メートルであり、ハマダラ蚊が生息していた可能性が高い。

ゴンダール―権力の中心地としての高所盆地

ゴンダールは一七世紀から一九世紀にかけて、エチオピア帝国における政治と経済、軍事、交易、文化、宗教の中心地であったことをみてきた。ゴンダールは山に囲まれた盆地で、そのなかに二本の河川が流れ、水と緑にめぐまれた都市である。城壁に囲まれた王宮群には、歴代の皇帝によって城や執務室、教会などが建造され、皇帝や貴族たちはぜいたくな生活をおくっていた。エチオピア帝国は農業生産と交易、徴税、そして周囲との戦争により富を集積した。ゴンダールの周囲には肥沃な土地が広がり、その土地を皇帝の直轄地とし、その高い農業生産性によって王宮の食料が生産されていた。エチオピア高地において高い農業生産性を示すウェイナダガの標高は、広くとって一五〇〇～二四〇〇メートルの範囲にあるが、マラリア汚染の危険性を考慮に入れると、首都に適した標高は二〇〇〇～二四〇〇メートルに限定されたであろう。

高所の盆地に文明の中心地が形成されることについて、わたしは最初、盆地のなかで政治や経済、文化、宗教などの諸活動が完結するという閉鎖された空間を想定していたが、けっしてそうではなく、農民より税を集め、積極的な交易を展開するために、長大な道路網が整備されている。また、軍事力によって領土を拡大するとともに、領土を防衛するときには、エスカープメントや青ナイルによって形成された急崖の自然地形を活用したのである（図８・20）。ゴンダールにつながる交通路は限られ、そして、さいごには盆地を囲む山なみと都市をはさむ二本の河川が天然の城塞となったのである。王宮群は盆地の湖底部分を避けるように小高い丘のうえに、市街地を見下ろすように

（図８・20）青ナイル
両岸の絶壁は天然の城塞となった（デジェン近郊）。（筆者撮影）

立地している。修道士や貴族の住区は王宮を取り囲むように盆地中央部の小高い丘に建設された一方で、イスラーム商人やユダヤ教徒の住区は河川沿いの低地に区分されたのである。

ファシラダス皇帝はエチオピア正教の教会を統制し、政治と宗教をむすびつける政教一致によって、アムハラの人びとのアイデンティティを強固なものとすることに成功している。長いあいだイスラーム勢力やオロモ王国などの敵対勢力に囲まれ、軍事的に苦境に立たされる一方で、イスラーム商人とは交易を通じてゴンダールの経済的な繁栄が築かれてきた。オスマン・トルコ帝国の軍事的脅威やポルトガル軍の支援、そしてイエズス会宣教師の追放といった交流と断絶の歴史のなかで、ゴンダール期のソロモン王朝は政治体制を整え、農民に対する徴税と交易による経済的な繁栄を手にし、文化や宗教を開化させ、エチオピア文明の独自性が育っていった。

三　高地盆地文明の中心地—クスコとテノチティトラン、そしてラサ

ここまでエチオピア文明の中心地、ゴンダールという盆地のもつ場所性について明らかにしてきたが、さいごに高地盆地文明という観点からアンデス山脈のインカ帝国の首都クスコとメキシコ高地のアステカ王国の首都テノチティトラン（メキシコシティ）、ヒマラヤ・チベットの首都ラサという高地文明の中心地、そして高所盆地の場所性について検討したい。

クスコ

アンデス山脈は、東太平洋の海底を占めるナスカプレートが南米大陸を載せた南米プレートの下に潜り込むことで隆起した、長さ八〇〇〇キロメートルにも及ぶ長大な山脈である。このアンデス山脈を支配したのがインカ帝国である。インカ帝国はクスコを首都として、一五～一六世紀にかけて遠征と各地の侵略を繰り返し、現在のコロンビアとエクアドルとの国境線となっているアンカス

マーヨ川からアンデス山脈を軸として、チリ中部のマウレ川流域まで四〇〇〇キロメートルにも及ぶ領土を支配した（ファーヴル 一九七七：三〇-三四、Covey 2006: 15-17）。インカ皇統記によると、クスコに首都を築いたのは初代皇帝インカ・マンコ・カパックであった。マンコ・カパック皇帝がクスコ盆地を首都に選んだ要因として、四方を高い山に囲まれた平地であること、盆地を灌漑するのに必要な四本の川が流れていること、中央部に塩水の水量豊かな泉があり、塩がとれたこと、そして土地が肥沃で、空気がきれいであったことにある。インディオの語りによると、皇帝の父なる太陽の御意、つまり、金の杖が地中深くに突き刺さる所に、帝国の首都となる皇帝の宮殿を建設すべしという太陽の思し召しがあった（インカ・ガルシラーソ 一九八六：一七六-一七七）。

現在のクスコの都市域は長さ二〇キロメートル、幅五キロメートルほどで、盆地底とその山麓斜面である（図8・21）。インカ時代にはサピ川（Rio Saphy）とトゥユマヨ川（Rio Tullumayo）にはさまれた地域に都市が形成され、サクサイワマンの城塞が都市域の全体をのぞむように建設された。二本の川にはさまれた都市は、上空からみると、ピューマの形をしているという。この城塞に近い上流（ワナン・クスコ）には

（図8・21）アンデス山脈の盆地に立地するクスコの町なみ（標高 3350m）（町の北西方向から筆者撮影）

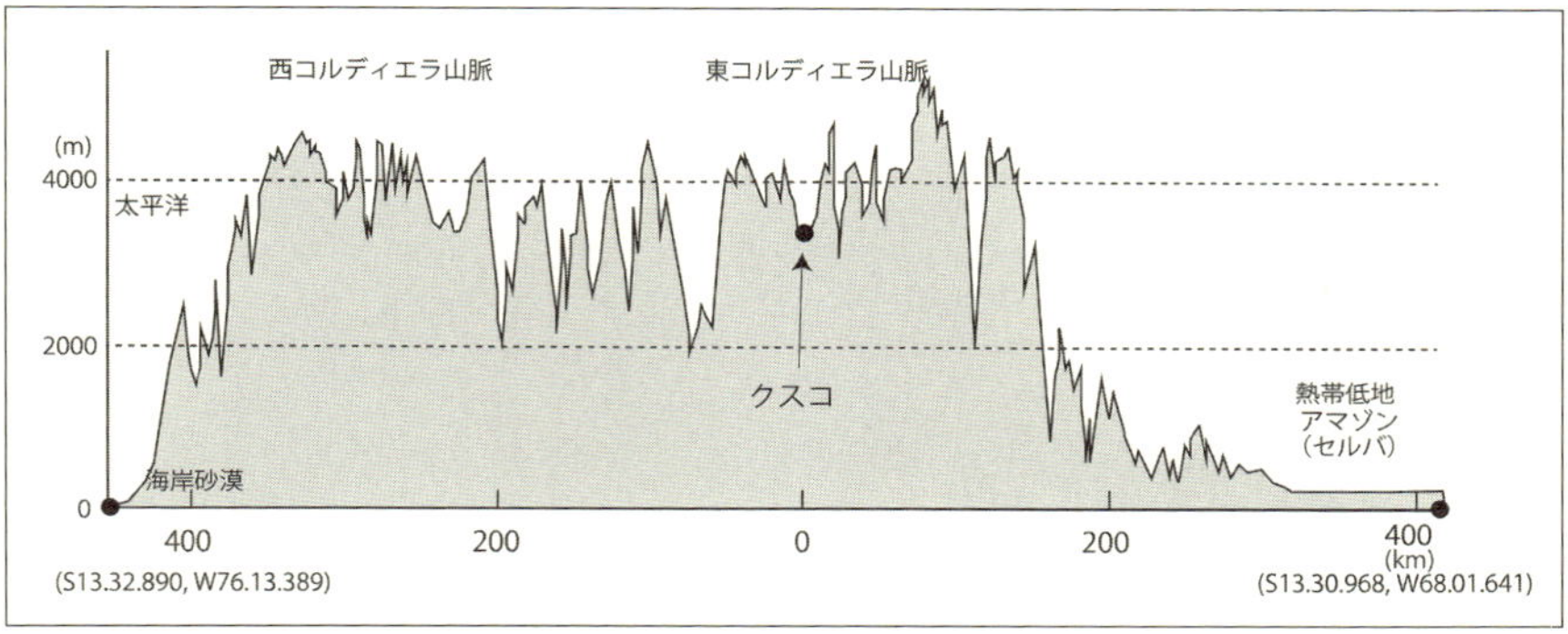

（図8・22）アンデス山脈におけるクスコの断面図（東西方向）
（Google Earth の標高データにより作成）

政治家や軍人が多く居住し、下流（ウリン・クスコ）には神官が居住した。マンコ・カパック皇帝は、コルカンパータ（Collcampata）の丘に王宮を造営した。四〇〇〇メートル級の山なみがクスコを囲み、防御によく、天然の要塞となっていた（図８・22）。

皇帝の正統性は神話によって裏付けられ、皇帝は太陽の子を名乗った（染田 一九九七：一二三、渡部 二〇一一：九三―九四）。最高の聖所は太陽の神殿であり、太陽信仰を国家宗教の中心に定められ、クスコの都市全体が聖域とみなされていた（インカ・ガルシラーソ 一九八六：一七九―一八二）。神殿をはじめとする建造物は、石を完璧に組み合わせ、実にみごとである。インカ帝国は農産物の徴税よりも住民の労働力を資源とし、しばしば強制移住をともなう夫役による都市や階段耕地、灌漑用水路、道路の建設、徴兵を進めた（染田 一九九七：二六―二七、山本 二〇一二）。農民の生活は幅広い標高帯を利用し[9]、高い農業生産性を示すトウモロコシとジャガイモの栽培、リャマとアルパカによる牧畜を組み合わせ、自給指向性が強かった（佐藤 二〇〇七、山本・稲村 二〇〇七）。

インカ時代のクスコの人口は二〇万人と推定されている（山本 二〇〇七ａ：八九）。アンデス山脈は、地理学者プルガル・ビダルの標高区分によると、四〇〇〇～四八〇〇メートルの寒冷な高原プナ帯、標高三五〇〇～四〇〇〇メートルの冷涼な高地であるスニ帯、そして標高二三〇〇～三五〇〇メートルの温暖な谷間であるケチュア帯、そしてアマゾン川に下ると標高四〇〇～一〇〇〇メートルのルパンパと標高四〇〇メートル以下のオマグアに分類される（Pulgar Vidal 1996, 山本 二〇〇七ｂ）。この分類は人間の生活と結びついており、プナではリャマやアルパカの放牧[10]、スニ帯ではジャガイモ栽培、ケチュア帯ではトウモロコシ栽培、そしてアマゾン側のルパンパとオマグアではパカイやルクマ、アボガドなどの栽培がおこなわれ、儀礼や宗教上、重要なコカが生産された。クスコの周辺ではプナ帯とスニ帯、ケチュア帯が分布し、ジャガイモとトウモロコシの農耕、そしてリャマとアルパカの牧畜がおこなわれた。コカはクスコ近郊で、インカ支配者層の所有する農園において栽培された（Covey 2006: 226–227）。

[9]　アンデス山脈では高度によって環境利用が異なり、高度差を利用した生業が組み合わされる（山本 二〇〇七ｂ：八六―九〇）。ムラがアンデス山脈において垂直補完性（vertical complementarity: Murra 1980）あるいは垂直統御（vertical control: Murra 1975）と名づけた。

[10]　プナ帯にはアルパカの祖先野生種と考えられるラクダ科野生動物のビクーニャが生息し（川本 二〇〇七）、ビクーニャの糞場にはジャガイモの祖先種が生育している。ビクーニャとジャガイモのドメスティケーションがお互いに関連して進んできたのではないかと考えられている（大山 二〇〇七ａ、二〇〇七ｂ）。

インカ帝国の呼称はタワンティンスーユで、この言葉は四つの地方を意味する。クスコから四本の道が発しており、全長六〇〇〇キロメートルとも四万キロメートルとも言われるインカ道と宿場町、倉庫の建設によって首都クスコと各地の領土が結ばれた（von Hagen 1976, Hyslop 1984, 梅原 一九八八、網野 二〇〇八：三二一–三四、山本 二〇一一：一〇三）。インカ道を通じて情報が飛脚により伝達されるとともに、コカや材木をはじめとするアマゾンの森林産物、太平洋岸からトウモロコシやワタ、肥料となる海鳥の糞グアノ、海の貝のほか、金や銀、香木、衣服などが運ばれ、クスコに富と権力が集中した（ベルナン 一九九一：一五四）。音楽や舞踊のほかにも、数学や天文学による独自の暦が生み出され、人びとは土器や織物の生産、金や銀、銅、錫などの冶金にも従事し、高度な建築技術が発展した。クスコに持ち込まれた金と銀は持ち出しが厳しく禁止されていたため、蓄えられた量はすさまじかったという（シエサ・デ・レオン 一九七九：七二）。

領内には様々な民族が居住していたが、クスコ盆地の先住民を追放し、インカ帝国に忠誠を誓う者たちを住まわせ、防衛と治安の維持に努めた（ファーヴル 一九七七：三〇–三四）。王は征服した民族に、各自の出身地の方位にしたがってクスコ盆地とその周辺に居住地を定めた（インカ・ガルシラーソ 一九八六：一八三）。その居住範囲がクスコ盆地を中心とした五〇～八〇キロメートル圏内であり、インカ帝国は拠点をもうけることで支配地域を拡張することができた（Covey 2006: 208–212）。

メキシコのテノチティトラン

メキシコシティには、かつてアステカ王国（メシーカ王国）の首都テノチティトランが建設された。この首都を中心として、アステカ王国は一三二五年から一五二一年

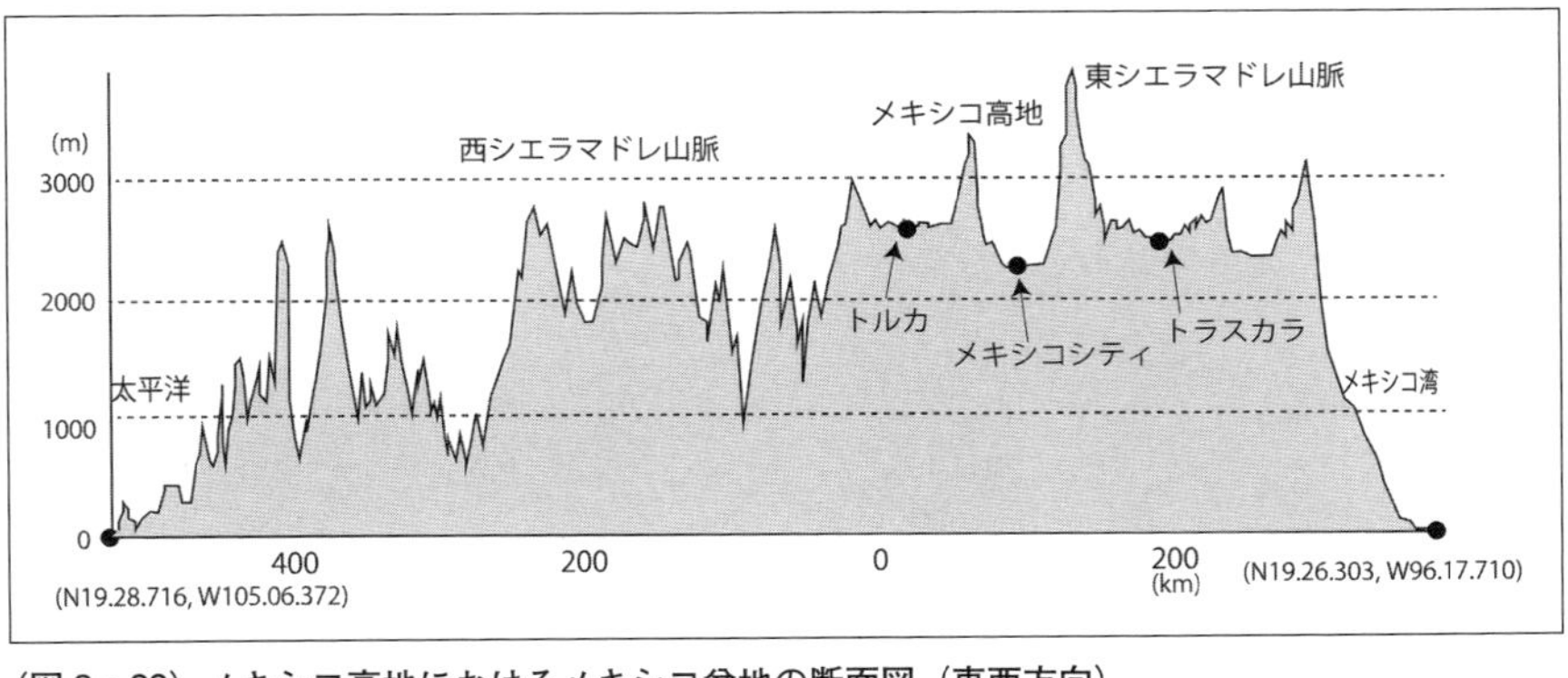

（図８・23）メキシコ高地におけるメキシコ盆地の断面図（東西方向）
（Google Earth の標高データにより作成）

まで存続した。メキシコ盆地は北米プレートとココスプレートの境界線付近にあり、地殻変動によって盆地の東側には東シエラマドレ山脈、西側には西シエラマドレ山脈、南側には中央火山帯に挟まれている（図８・23）。現在でも、農業は盆地底でおこなわれている（図８・24）。盆地内には排水路となる河川がなく、ここに古都が建設された当時、巨大な湖が存在し、北からスンパンゴ湖、シャルトカン湖、中央のもっとも大きなテスココ湖、南西部のショチミルコ湖、そして南東部のチャルコ湖があった（嘉幡 二〇一一：三五–三六）。これらの湖は連続していたが、前三者は塩湖、後者二つの湖は淡水湖であった。塩湖では製塩がさかんであった。

テノチティトランはテスココ湖の西よりの湖上に築かれた。一四世紀初頭に人びとがメキシコ盆地に到着したとき、他集団によって土地が占有されており、小島（メシコ）を利用して埋め立てと建設が開始された。四方を湖に囲まれた都市には防衛上の利点があったが、飲用水の確保が問題であった。テスココ湖は塩水であり、テノチティトランには三ヶ所の湧き水しかなく、都市の需要をまかなうことができなかった（井上 二〇〇七）。また、湖の塩分により農耕には不向きであったが、一五世紀のなかばにはテスココ湖を縦断するように幅二〇メートル、長さ一二キロメートルの堤防を築き、塩水が混ざらないようにするとともに、交通路を築いた（小林 一九八〇、井上 二〇〇七）。テノチティトランの北側に位置するトラテロルコには毎日、数千人が集まる市場が開かれた（国本 二〇〇二：五三）。また、堤防の内側でチナンパ農法によってミネラルを多く含む湖底土を盛って畑の造成を進め、階段耕地の造成と品種の改良によりトウモロコシやインゲンマメ、カボチャ、トウガラシなど高い農業生産が達成された（嘉幡 二〇一一：三八）。王の親族や貴族、神官、軍人、首都人口は一五～二〇万人と推定された

（図８・24）メキシコシティ近郊の農業地帯（筆者撮影）

平民、商人、職人、奴隷といった身分があり、王は太陽神（ウイツィロポチトリ）と闇の神（テスカトリポカ）を崇拝し、臣民を庇護するため、祭祀を絶やすことはなかった。神官は天文学、象形文字による歴史の記述、哲学、医術に従事した。アステカ王国には太陽の運行を祈願し、世界が破滅しないよう、太陽に人間の血を与える人身供儀の慣習があった。一四五〇年から五一年にかけて、夏の大雨により盆地が洪水によって水没し、食べ物を失った野獣が人間を襲った。また、一四五九年には干ばつを経験する（井上 二〇〇七）。大雨や干ばつによる食料危機を生き延びた支配者たちは生贄の数を増やし、神に天候の回復を祈願した。戦争は、神々への生贄とする捕虜を調達するためにおこなわれた（青山・猪俣 一九九七、国本 二〇〇二：五四–五七）。

テノチティトランの中心部には聖域があり、アステカ王国のなかでもっとも重要な階段状神殿ピラミッド――テンプル・マヨール大神殿が建設された（嘉幡 二〇一一：四二–四三）。テノチティトランからは五本の道が出ていた。軍事拡張により支配地域を拡張し、各地域には朝貢を義務づけた。アステカ王国が徴収した租税はカカオやワタ、鳥の羽、宝石、ジャガーの皮、鷲、貝、染料、布、金、銀のほかにトウモロコシを中心とした食料であった（国本 二〇〇二：五一）。テノチティトランには富が集積したが、各地域の政治や宗教、文化には介入せず、王の威光は盤石ではなく、軍事力と富の再分配によって権力構造が維持された。

チベットのラサ

ラサはチベットの古都である。チベット高原はヒマラヤ山脈とクンルン山脈にはさまれた、標高四〇〇〇～七〇〇〇メートルの大高原である（図8・25）。ヒマラヤ山脈にはインド・オーストラリアプレートがユーラシアプレートの下に潜り込むこ

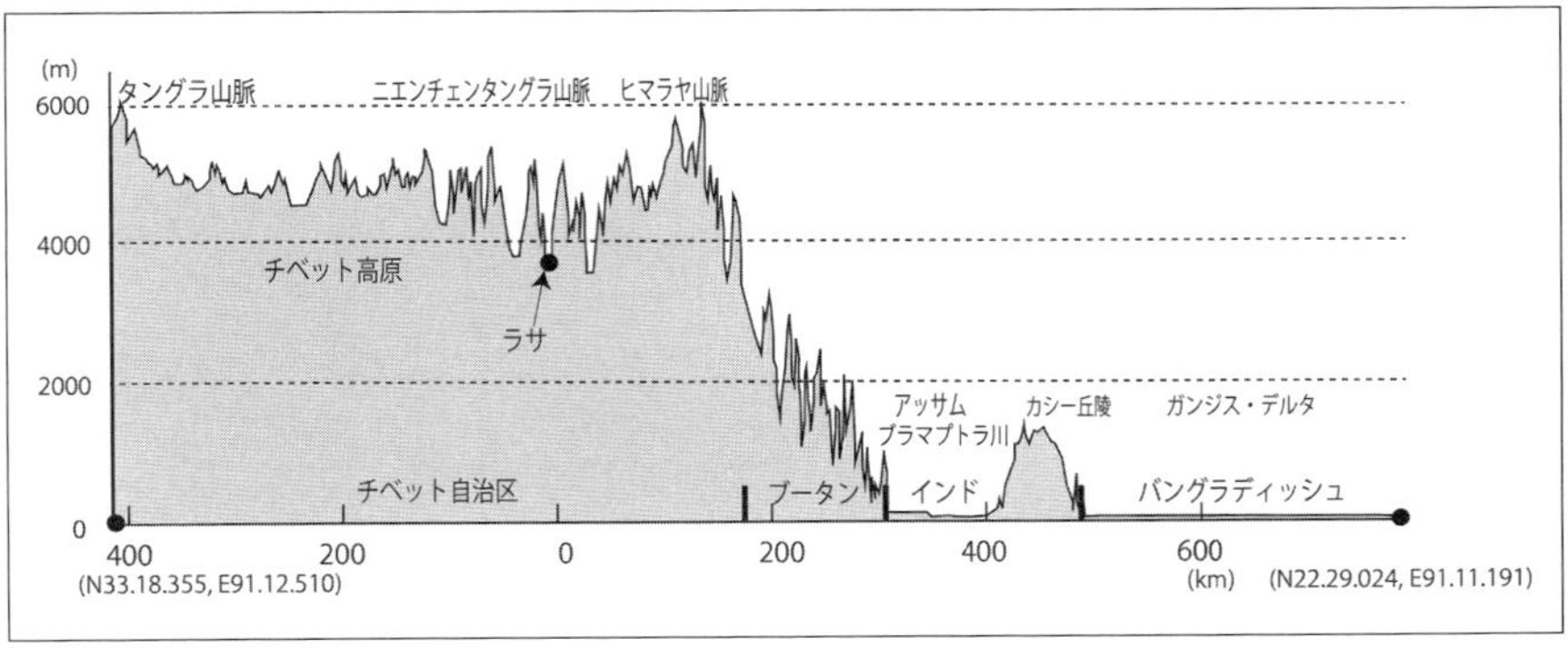

（図8・25）ヒマラヤ・チベットにおけるラサ盆地の断面図（南北方向）
（Google Earth の標高データにより作成）

とで隆起した巨大な大陸山系である。南側にはエベレストをはじめ高さ八〇〇〇メートル級の山やまがそびえ、ヒマラヤ山脈をのぞむ。このラサもまた盆地である。ラサの北側にはニエンチェンタングラ山脈、南にはヒマラヤ山脈がそびえる。盆地の大きさはラサ川に沿って長さ三八キロメートル、幅一〇キロメートルと規模が大きい。ラサの町にはラサ川が流れており、この川はブラマプトラ川となってベンガル湾にそそぐ。チベットの聖域あるいは聖地には、組みになった二つの要素があり、男神（山、岩、あるいは木）と女神（湖、泉、あるいは川）がいて、山は天および天の神（lha）、湖は地底および地底の神（klu）を表す（スタン 一九九三：二五一）。チベットの神話時代の王たちは天から降下してきた神であり、あるときには聖山、あるいは土地の君主と同一視された（スタン 一九九三：二六七）。聖山は天の柱と考えられている。この考えからすれば、高所盆地は天の神と地底の神が交差する所だと考えられる。

ソンツェン・ガンポ王（Srong btsan Sgam Po）が六二〇年前後に古代チベットを統一し、仏教を導入し、吐蕃《とばん》王国を樹立した（山口 一九八三：四八七）。王が夏の住居（dbyar sa）としてラサに居住したのが古都のはじまりである（山口 一九八三：三六九）。ソンツェン・ガンポ王が三〇〇名あまりの大臣を任命し、政治をすすめ、五大家系と一八の区域に分割した。それから、三六か条からなる法律と仏法に関する一〇か条の善法、人法に関する一六か条の浄法を制定した。チベットを取り囲み、脅威を及ぼす勢力は東の中国、南のインド、西のイランおよびビザンチウム、北のトルコおよびウイグルと、近隣諸国は強大であった（スタン 一九九三：二五）。列強に囲まれながら、吐蕃王国は軍事力により上ビルマやネパール、シャンシュン王国などを次々に支配下に入れた（チベット中央政権文部省 二〇一二：二三）。王の逝去後、七～八世紀にかけて、チベットと中国の唐とのあいだで長年にわたり戦争がつづいた。

その後、一六四二年に勝者王（ダライラマ）五世が剃髪の儀式をとりおこない、諸王や大臣などの臣下を招集して、チベットの王となり、政治と仏教の両方に対する統治が始まった。かつてソンツェン・ガンポ王がマルポリの丘に築いた宮殿の跡地に、現在のような大規模なポタラ宮殿を建立した。工事は一六四五年にはじまって、四三年を要して宮殿が完成した。この宮殿建設は、モンゴル人を制するのに有効だとされた（山口 一九八八：三四四）。チベットの正当な支配者は観音菩薩の化身であることが条件とされる俗信があり、歴代のダライラマはその転生者であるとされていた。マルポリの丘にあったとされる、ソンツェン・ガンポ王ゆかりの観音像がポタラ宮殿に祀られた。ダライラマ五世は清朝からの北京への招請に応じて訪問し、清朝とモンゴルとの調停に努めるとともに、臣下のチベット人だけでなく、清朝やモンゴルの人民に対しても慈悲深く、帰依の対象とした。

王は行政機構をととのえ、巡検官を各地に派遣し、人民の生活を視察させ、土地と住人の調査を通じて戸籍簿を新しく作り、徴税とともに税金を還元し、農地の開発などにより生活向上を進めた（チベット中央政権文部省 二〇一二：五七-六〇）。その後、ラサは交通の結節点となり、重要な交易路として、東西南北のそれぞれの方角に交易路があった（ベル 二〇〇九：四三-四八）。東方には中国の北京、南方にはインド・西ベンガルのカリンポン、北方にはモンゴルの首都ウルガ（ウランバートル）、西方にはラダックの首都レーを通じてカシミールの首都スリナガルへ通じる長大な交易路があり、チベット商人がヤクやロバ、ラバ、ラクダなどを使って物資を輸送した。ラサを中心にチベット仏教や独自の暦法、法律、医学、文学、演劇、建築、絵画などが発展した[11]（山口 一九八七、一九八八、フジタヴァンテ 一九九四）。

四　おわりに――盆地のもつ場所の力学

高地文明の中心地であるゴンダールとクスコ、メキシコシティ、ラサという都市をとりあげ、その自然条件と歴史をみてきた。四都市について一四～一八世紀の中世をとりあげているため、古代

[11]　チベット医学では、マンダラの四方には四つの薬の山があり、自然の性質を四つに区分している。東にはプンゲデン（香り高き）という山があり、穏和な気候で、太陽と月の力が均衡している。「薬の王」と呼ばれるアルラという植物の森がある。西には、マラヤと呼ばれる涼しい山があり、ここも太陽と月の力が均衡する。身体の維持に効果のある六種の薬が生育する。山の鉱物や温泉があり、寿命を延ばす効能をもつ。北にはカンチェン、雪に覆われた山がある。熱性の病を鎮静させる。南にはビクチェ、雷電の山がある。太陽にそなわる熱性の力をもつ。マンダラの中央には薬の都市が存在する。四つの外門をもち、正方形の透明な宝宮殿で医王の薬師仏が医学の教えを説いている（中川 一九九四）。このチベット医学の自然認識によると、薬の都市は山に囲まれた盆地を想定しているのではないかと思われる。

文明とは言えないが、エチオピア高地とアンデス山脈、メキシコ高地、チベット・ヒマラヤにおいて独自の都市形成がおこなわれ、首都を中心とした長大な交易路と長距離交易、宗教施設の建設と独自宗教の展開、軍事力の増強、農地の開発と食料生産力の増大、朝貢と徴税システムの充実などから、高所に文明が開化したことは理解できるであろう。

これらの都市の建設は戦争が長らく続いたときにおこなわれ、周囲からの襲撃を受ける危険性があった。盆地をとりまく山地を利用し天然の要塞とし、首都に入る交易路は河川沿いに限られ、入口は山にはさまれて狭く、防衛が意識された閉鎖空間となっている。宮殿は、盆地を流れる河川よりも小高い丘のうえに建設され、河川の氾濫を避けると同時に城下の市街地を見下ろすようになっている。その一方で、広く天空をのぞむように宮殿が建てられているのが特徴である。これら四都市を建設した統治者は政教一致の性格をもちあわせ、宮殿そのものが宗教施設としての性格をもちあわせるか、あるいはゴンダールのように宮殿群のなかに教会が併設されている。

盆地という閉鎖空間に都市が作られ、政教一致のリーダーに権力が集中すると同時に、これらの都市は交通の要所にあり、長大な交易路が建設され、活発な交易・通商、そして臣民から徴税がおこなわれてきた。メキシコシティのように、かつて湖底だった盆地もあり、そこには肥沃な土壌が堆積し、高い農業・家畜の生産性を期待できるという利点もあった。盆地の斜面地には階段耕地が建設されることもあった。交易や農業、徴税によってリーダーは権力だけでなく、巨大な富を集積し、独自の宗教をもつがゆえに、これらの首都は外敵からの襲撃を受ける運命をもちあわせた。

盆地のすべてに文明の中心地が誕生するわけではないし、環境決定論のように盆地という生態環境をもって文明が誕生したというつもりはない。ただ、低緯度帯であるにもかかわらず、高所にはマラリアなどの感染症は少ない。また、人びとは天空に近くて光明を受け、崇拝・信仰の対象が生活に恩恵を与え、あるいは脅威を与える存在として感受しやすい。盆地が作り出す閉鎖空間における権力と富の集積、防衛上の利点がある一方で、長大な交易路の結節点という開放性をもつ立地が高所盆地なのである。そして、領土を拡張したり、あるいは、存亡の危機にある時には、崇拝や信仰を精神の拠り所とし、人びとは死を恐れず、強大な敵に果敢に闘いを挑んだ。

米山（一九八九：二五四）は日本列島を想定した「小盆地宇宙論」のなかで、盆地を中心とした、ひとつの統合体と考えている（米山　一九八九：二五四）。盆地の中心には領主の居城と城下町があり、そこには人、もの、情報の交流があり、町場の周囲には水田を主とする農地が広がる。そして、盆地底には川が流れ、七方から水を集め、一方へと流れ出る。米山の考えにならえば、盆地宇宙は盆地の内部にとどまるのではなく、高所盆地文明を考えるとき、戦争や交易、徴税、そして宗教を通じて広大な領域を統合するのである。月原敏博と安藤和雄は、チベットの人びとが山岳地の地理的障害を軽々と乗り越え、そこが一大連関、一大統一が生じた高地文明の地であることを強調している（月原・安藤　二〇〇九）。政教一致のリーダーが戦乱の時代に一大連関、一大統一の中心地と定めたのが高所盆地であり、閉鎖空間における富と権力の凝集性、長大な交通路による開放性、そして独特な宗教と文化をもつ神秘性と崇高性が高所の盆地に開化したのである。

謝　辞

本稿は、科学研究費補助金 基盤研究Ａ海外学術調査「熱帯高地における環境開発の地域間比較研究―『高地文明』の発見にむけて」（研究代表者 山本紀夫 国立民族学博物館名誉教授）により現地調査を実施した。メキシコの調査どきには杉山三郎博士（愛知県立大学）、エチオピアの調査どきには重田眞義博士と金子守恵博士（ともに京都大学）にお世話になりました。ラサを訪問することはできなかったが、国際学会出席のおりブータンを訪問し、パロやブムタンなどを訪問した。本稿におけるアムハラ語のカタカナ表記に際しては、サミュエル・テファァラ・アレム博士（アディス・アベバ大学）にお世話になりました。

【文　献】

青山和夫・猪俣　健　一九九七『メソアメリカの考古学』同成社。

網野徹哉　二〇〇八『興亡の世界史 一二 インカとスペイン帝国の交錯』講談社。

伊東俊太郎編著　一九七四『都市と古代文明の成立』講談社。

井上幸孝　二〇〇七「アステカ社会における環境利用と自然観」坂井正人・鈴木　紀・松本英次編『朝倉世界地理講座―大地と人間の物語 一四 ラテンアメリカ』七一―八〇頁、朝倉書店。

インカ、ガルシラーソ、デ、ラ、ベーガ　一九八六『インカ皇統記 二』牛島信明訳、岩波書店。

梅原隆治　一九八八「ペルーにおけるインカ道の諸形態」『歴史地理学』一四一：一―一六。

大山修一　二〇〇七a「ラクダ科野生動物ビクーニャの生態と保護」山本紀夫編『アンデス高地』三三五―三五九頁、京都大学出版会。

大山修一　二〇〇七b「ジャガイモと糞との不思議な関係」山本紀夫編『アンデス高地』一三五―一五四頁、京都大学出版会。

岡倉登志　一九九九『エチオピアの歴史―〝シェバ〟の女王の国から〝赤い帝国〟崩壊まで』明石書店。

嘉幡　茂　二〇一一「アステカ王国」杉山三郎・嘉幡　茂・渡部森哉編著『古代メソアメリカ・アンデス文明への誘い』三一―四三頁、風媒社。

川本　芳　二〇〇七「家畜の起源に関する遺伝学からのアプローチ」山本紀夫編『アンデス高地』三六一―三八五頁、京都大学出版会。

国本伊代　二〇〇二『メキシコの歴史』新評論。

児玉由佳　二〇一五「エチオピアにおける土地政策の変遷からみる国家社会関係」武内進一編『アフリカ土地政策史』二二五―二五四頁、アジア経済研究所。

小林致広　一九八〇「アステカ期メキシコ盆地の領域構造」人文地理 三二（二）：一―二五。

佐藤吉文　二〇〇七「垂直統御研究とアンデス考古学」坂井正人・鈴木　紀・松本英次編『朝倉世界地理講座―大地と人間の物語 一四 ラテンアメリカ』二六六―二八〇頁、朝倉書店。

佐藤廉也　二〇〇七「エチオピアの地域生態史」池谷和信・佐藤廉也・武内進一編『朝倉世界地理講座―大地と人間の物語 一一 アフリカI』三六五―三七九頁、朝倉書店。

シエサ、デ、レオン　一九七九『インカ帝国史』増田義郎訳、岩波書店。

重田眞義　一九九六「熱帯アフリカ高地における栽培植物と環境利用―エチオピア高地を中心に」『熱帯研究』五（三・四）：一五一―一六〇。
重田眞義　二〇〇七「独自の作物と生態環境への適応」岡倉登志『エチオピアを知るための五〇章』二六八―二七五頁、明石書店。
設楽知弘　二〇〇七「ゴンダール―都市・建築の歩み」岡倉登志『エチオピアを知るための五〇章』一二四―一三二頁、明石書店。
スタン、R、A　一九九三『チベットの文化 決定版』山口瑞鳳・定方晟訳、岩波書店。
染田秀藤　一九九七「激動期のアンデス―「タウンティンスーユ」から「ペルー副王領」へ」友枝啓泰・染田秀藤編『アンデス文化を学ぶ人のために』二―五三頁、世界思想社。
チベット中央政権文部省　二〇一二『チベットの歴史と宗教―チベット中学校歴史宗教教科書』石濱裕美子・福田洋一訳、明石書店。
月原敏博・安藤和雄　二〇〇九「安藤論文「アジア高地文明試論」をめぐる往復書簡」『ヒマラヤ学誌』一〇：一八三―一八九。
中川和也　一九九四「医薬楽土―癒しのタナトロジー」フジタヴァンテ編『チベット―生と死の文化　曼荼羅の精神世界』八二―八九頁、東京芸術。
長島信弘　一九八〇「解説」　アルヴァレス、F『大航海時代叢書第Ⅱ期四　エチオピア王国誌』池上岑夫・長島信弘訳　六三三―七〇八頁、岩波書店。
長島信弘　一九九一　「解説」ブルース、J　『一七・一八世紀大旅行記叢書一〇　ナイル探検』長島信弘・石川由美訳　六一五―六三二頁、岩波書店。
ベル、C　二〇〇九『西蔵―過去と現在 改訂版』田中一呂訳、慧文社。
ベルナン、C　一九九一『インカ帝国―太陽と黄金の民族』大貫良夫監修、阪田由美子訳、創元社。
ブルース、J　一九九一『一七・一八世紀大旅行記叢書一〇　ナイル探検』長島信弘・石川由美訳、岩波書店。
ファーヴル、H　一九七七『インカ文明』小池祐二訳、白水社。
フジタヴァンテ編　一九九四『チベット―生と死の文化　曼荼羅の精神世界』東京芸術。
武藤慎一　二〇〇七「エチオピア正教会―東方オリエントで最大」岡倉登志『エチオピアを知るための五〇章』五〇―五五頁、明石書店。

山口瑞鳳　一九八三『吐蕃国成立史研究』岩波書店。
山口瑞鳳　一九八七『チベット 上』東京大学出版会。
山口瑞鳳　一九八八『チベット 下』東京大学出版会。
山本紀夫　二〇〇六『雲の上で暮らす—アンデス・ヒマラヤ高地民族の世界』ナカニシヤ出版。
山本紀夫　二〇〇七a「山岳文明を生んだアンデス高地」山本紀夫編『アンデス高地』七五–九三頁、京都大学出版会。
山本紀夫　二〇〇七b「八〇〇〇キロメートルの大山脈—その多様な環境」山本紀夫編『アンデス高地』三–二八頁、京都大学出版会。
山本紀夫　二〇〇八a「「高地文明の提唱」—文明の山岳史観」梅棹忠夫監修、比較文明学会関西支部編『シリーズ文明学の挑戦　地球時代の文明学』五七–八〇頁、京都通信社。
山本紀夫　二〇〇八b「「高地文明の発見」—フィールドワーカーの目から」『論壇 人間文化』二：四–一六。
山本紀夫　二〇一一『天空の帝国インカ—その謎に挑む』PHP研究所。
山本紀夫・稲村哲也　二〇〇七「アンデスにおける高地文明の生態史観—ヒマラヤ・チベットとの比較」山本紀夫編『アンデス高地』五二九–五五五頁、京都大学学術出版会。
山本紀夫・岩田修二・重田眞義　一九九六「熱帯高地とは—人間の生活領域としての視点から」『熱帯研究』五(三・四)：一三五–一五〇。
米倉立子　二〇〇七「教会堂とその壁面を飾る聖人たち」岡倉登志『エチオピアを知るための五〇章』六〇–七一頁、明石書店。
米山俊直　一九八九『小盆地宇宙と日本文化』岩波書店。
渡部森哉　二〇一一「古代アンデス文明」杉山三郎・嘉幡 茂・渡部森哉編著『古代メソアメリカ・アンデス文明への誘い』八一–一三〇頁、風媒社。
Abbate E., Bruni, P., & Sagri, M. 2015 Geology of Ethiopia: A review and geomorphological perspectives. In P. Billi (ed.), *Landscapes and Landforms of Ethiopia*, pp.33-64. Dordrecht, Heidelberg, New York and London: Springer.
Burstein, S. 1998 *Ancient African Civilizations: Kush and Axum*. Princeton: Markus Wiener Publishers.
Chamberlin, J., & Schmidt, E. 2012 Ethiopian agriculture: A dynamic geographic perspective. In P. Dorosh, &

S. Rashid (eds.), *Food and Agriculture in Ethiopia: Progress and Policy Challenges*, pp.21–52. Philadelphia: University of Pennsylvania.

Chiari, P. G. 2012 *Guide to Gondar and Lake Tana*. Addis Ababa: Arada Books.

Covey, R. A. 2006 *How the Incas built their heartland: State Formation and the Innovation of Imperial Strategies in the Sacred Valley, Peru*. Ann Arbor: University of Michigan Press.

Crummey, D. 2000 *Land and Society in the Christian Kingdom of Ethiopia: From the Thirteenth to the Twentieth Century*. Champaign: University of Illinois Press.

Erlich, H. 2010 *Islam and Christianity in the Horn of Africa: Somalia, Ethiopia, Sudan*. Boulder: Lynne Rienner Publisher.

Friis, I., Demissew, S., & van Breugel, P. 2011 *Atlas of the Potential Vegetation of Ethiopia*. Copenhagen, Addis Ababa and Nairobi: Addis Ababa University Press and Shama Book.

Getahun, S. A. 2006 *History of City of Gondar*. Trenton and Asmara: Africa World Press Inc.

Getahun, S. A., & Kassu, W. T. 2014 *Culture and Customs of Ethiopia*. Santa Barbara, Denver and Oxford: Greenwood.

Huntingford, G. W. D. 1969 *The Galla of Ethiopia: The Kingdoms of Kafa and Janjero*. London: International African Institute.

Huntingford, G. W. D. 1989 *The Historical Geography of Ethiopia: From the First century AD to 1704*. Oxford and New York: Oxford University Press.

Hyslop, J. 1984 *The Inca Road System*. Orland, San Diego, New York and London: Academic Press Inc.

Jenkins, E. A. 1995 *Milestones in Black American History Glorious Past: Ancient Egypt, Ethiopia, and Nubia*. New York and Philadelphia: Chelsea House Publishers.

Kinfe, A. 2004 *Ethiopia and the Arab World: An Economic and Diplomatic History of Ethiopia's Bilateral and Multilaternal Relations*. Addis Ababa: EIIPD Press.

Last G., Pankhurst, R., & Robson, E. 2013 *A History of Ethiopia in Pictures, Fourth Edition*. Addis Ababa: Arada Books.

McCann, J. C. 2014 *The Tropical Ecology of Malaria in Ethiopia: Deposing the Spirits*. Athens: Ohio

University Press.

Murra, J. V. 1975 *Formaciones Económicas y Políticas del Mundo Andino*. Lima: Instituto de Estudios Peruanos.

Murra, J. V. 1980 *The Economic Organization of the Inka State Supplement 1*. Greenwich: Jai Press Inc.

Pankhurst, R. 1992 *A Social History of Ethiopia*. Trenton: The Red Sea Press.

Pulgar Vidal, J. 1996 *Geografía del Perú*. Lima: Promoción Editorial Inca S.A..

Reid, R. J. 2012 *Warfare in African History: New Approach to African History*. Cambridge, New York, Melbourne, Madrid and Cape Town: Cambridge University Press.

Shinn, D. H., & Ofcansky, T. P. 2013 *Historical Dictionary of Ethiopia. Second edition*. The Lanham, Toronto and Plymouth: Scarecrow Press, Inc.

von Hagen, V. W. 1976 *The Royal Road of the Inca*. London: Gorden & Cremonesi.

Williams, F. M. 2016 *Understanding Ethiopia: Geology and Scenery*. Heidelberg, New York, Dordrecht & London: Springer.

Yeraswork, A., 2017 *The Khat Conundrum in Ethiopia: Socioeconomic Impacts and Policy Directions*. Addis Ababa: Forum for Social Studies.

第IX章

アジアにおける「高地文明」の型と特質

―ブータン、チベット、イランからの試論―

月原敏博

チベット・チャンタン高原のヤクの群れとテント（山本紀夫撮影）

上／調査でお世話になったドムカル村村長家の男たちと
インド最北部のラダーク地方では，オオムギを栽培してツァンパ（はったい粉）やチャン（どぶろく）に加工するチベット高原に伝統的な農耕文化・食文化をいまでも観察することができる（2009年9月）。

下／荷物を運ぶヤク
ヤクはモンゴルやパミール高原にも分布するが、なんといってもヒマラヤーチベットの高山帯を代表する家畜だ。ラクダが砂漠の舟と呼ばれるのに対してヤクは高山の舟とも呼ばれる（1983年9月、ブータン、チェビサ村）。

上2枚／ブータン・ヒマラヤ，マサ・コン峰の頂上及び頂上稜線にて撮影
（1985年10月13日）

月原　敏博（つきはら・としひろ）

1962年、愛媛県生まれ。

現在、福井大学教育・人文社会系部門教授。京都大学大学院文学研究科博士後期課程中退、文学修士。

専門は、農業地理・文化地理。京都大学学士山岳会会員。

初めてのヒマラヤ訪問は1983年夏、1ヶ月以上に及ぶスノーマン・トレックを歩いた京大山岳部のブータン踏査隊だった。1985年に同国マサ・コン峰（インド測量局1986年作成の地形図では6710 m）に初登頂。1990年には中国領チベットのシシャパンマ峰中央峰（8008 m）にも登頂。

おもな調査地はブータンを含む南アジアの山岳地域。近年は、地籍と土地制度・土地政策の比較研究に手を染めている。ボランティアとして福井でブータンミュージアムを運営するNPOにも協力中。

おもな論文に、「有畜農業と家畜種」（『人文地理』**46**(1)：1–21、1994年)、「ヒマラヤ地域研究の動向と課題」（『人文地理』**51**(6)：577–597、1999年)、「南アジアにおける山地の「環境と開発」」（『地学雑誌』**113**(2)：258–272、2004年)、「チベット文化の核とアイデンティティー」（『ヒマラヤ学誌』**9**：17–41、2008年）など。

一　生態史的観点からの「高地」と「文明」の再検討

本章のテーマはアジアにおける「高地文明[1]」について記すことである。が、これを意識すると筆者はある言葉を思い出す。それは、いまから三五年ほど前の学部学生であった頃に、故水津一朗教授から京大地理学教室の懇親会の場で聞かされた次のような言葉だった。「君ねぇ、ブータン、ブータンと言うけどねぇ、ブータンなんて文明国じゃないんですよ！」

当時、私は国内に飽き足らずブータンにまで山歩き（京都大学山岳部　一九九四）に出かけてヒマラヤ、チベットの自然と人びとに興味をもち始めた一学生であり、たとえば大学の演習の授業でもカラン（P. P. Karan）がまとめたブータン地誌（Karan 1967）について発表するなどしていた。そうした事情のため、教授からは昼間の授業時よりも強力な指導を夜の飲み会の場でこそ受けたのだったが、以来、この言葉は筆者には忘れられない命題となった。本稿は、この長年の課題に一定の回答を出す試みでもある。

アジアに「高地文明」と呼べるものがあるとすれば、それはどのような性格をもっているのか？　また、それはいったいどこにあるのか？　副題に示したように、筆者はこれらをブータン、チベットから考えたい。しかし、それらを「文明」とすること自体がそもそも問題であるとすると、「文明」の意味をかなり緩やかにとらえるところから出発するほかない。「文明」を予め細かく規定してかかると、端から「アジアの高地には文明などなかった（だからアジアの高地に見るべきものなどない）」という空虚な結論にもなりかねない。「高地」ということについても、隣接地より相対的に高地である地形条件をもつ高原や山地ならどこも「高地文明」の候補地たりうるとひとまずは広くとらえておくのが適切であろう。要は、アジアの「高地」で歴史的に展開した人間活動を広く観察して「高地」という場所が人類の文明史に果たした何がしかの役割があったか否かを検討してみ

［1］ここでいう「高地文明」とは、一九九六年に日本熱帯生態学会の『熱帯研究』第五巻第三・四号にまとめられた「熱帯高地の人と暮らし」を巡る議論をベースに、山本紀夫によって提起されたものである（日本熱帯生態学会　一九九六、山本　二〇〇六、山本・稲村　二〇〇七）。

ることに意義があり、検討対象を最初から大きく制限するようなアプローチを採る必要はなかろう。

本章では、まず「高地文明」の候補地を考え、次いで候補地のもつ文明的特質を比較対照して検討する。それに併せて「高地」の地形や海抜高度、緯度等の生態的条件がもつ意義について考察する。アジアを見渡すと、「文明」地とすることには異論もあろうブータンやチベットのような「高地」がある一方で、「文明」地とすることにまず異論がなく、世界的規模の文明の最初の発生地とさえ言われてきたイラン高原のような「高地」もある。筆者のみるところ、ペルシア文明の地たるイラン高原とチベット文化の地たるチベット高原とは、海抜高度には違いはあるものの多くの類似点があり、先史時代に遡る農耕・牧畜文化の起源における関係性もある。そこで、本章では、とくにイラン高原の例をチベット高原の例と比較対照させることでアジアの「高地」がもった文明的特質を鮮明にすることを試みる。それとともに、その特質を生み出す背景となった地形や海抜高度、緯度等の生態的条件を抽出してアジアの高地文明の発生機構を考えてみたい。

二　チベットとブータン、その両者に共通するものを探る

まず、アジアにおける「高地文明」の候補地はどこでありうるか？　という問いから始めたい。手っ取り早く結論から言えば、「高地」という高さの条件を重視する限り、まず、チベット高原をその候補地のリストから外すことはありえないと考える。

チベット高原

チベット高原（現在の中国で言う青藏《チンツァン》高原）は、地球上で最大かつ最高の海抜高度をもつ高原であり、標高四〇〇〇～五〇〇〇メートル以上の高原部が、じつに日本の国土の六～七倍もの面積をもって広がる大地形である。この巨大地塊は、地質学的にはいわゆるユーラシアプレートとイン

ドプレートという二つの大陸プレートが衝突して形成されたもので、ここでは地殻の厚さがふつうの大陸プレートの約二倍になるほど分厚い。地球上で海抜高度四〇〇〇メートル以上の土地の八五パーセント以上はチベット高原が占めるといわれ（木村　一九九七）、これほど大規模な高原は地球上には他にない。またこの高原には隆起にともなって形成された山々が無数にあり、高原の南北と東西の縁には、ヒマラヤ山脈、カラコルム山脈、クンルン山脈、横断山脈などに含まれる六〇〇〇メートル台から八〇〇〇メートル台の標高をもつ高峰が数多い。高原上にも、カンティセ山脈、ニェンチェンタンラ山脈、バヤンカラ山脈などがあって、五〇〇〇メートル台から七〇〇〇メートル台の山々が数多い。つまり高原といっても地形は決して平らな土地ばかりからなるのではなく、高原上には氷河を頂く無数の山岳が屹立しているのである。こうした規模と高度の点から、チベット高原は、アジアどころではない、地球上でもナンバーワンの「高地」と呼ぶにふさわしい自然地理的性格をそなえている。

しかも、文化的には、この高原の全域が、英語ではカルチュラル・ティベット（Cultural Tibet）とかエスニック・ティベット（Ethnic Tibet）と呼ばれるいわゆるチベット文化圏（Tibetan Cultural Area）に含まれる。土地利用と生業経済でいえば、チベット

（図９・１）西チベットのチャンタン高原
海抜高度 4500 ～ 4600m。インド領に含まれるツォカル湖の近くにはチベット人とラダーク人の遊牧民が住む。この地に半世紀ほど前に生まれたチベット人の男性は、この写真の景色の場に臨んで「どうだ、この美しさは！　私の故郷はまったく天国（ハ・ユル、神の国）だ！」と讃嘆した。
（2012 年 9 月、筆者撮影）

（図９・２）パロ～カトマンズ航路から望むヒマラヤの高峰群
写真中央の右寄りにある黒々とした三角の高峰がエベレスト、そのわずかに右手前がローツェ。さらに右の方にはマカルー。写真の中央より少し左にはチョー・オユー。いずれも八千メートル峰。この山並みの背後に広大なチベット高原が広がる。（2013 年 1 月、筆者撮影）

高原はその南部においてはオオムギなどの作物栽培は標高四〇〇〇メートルを超える高度まで、またヤクなどの高地種の家畜の放牧は標高五〇〇〇メートルを超える高度（その放牧上限は所により五五〇〇メートル以上）までおこなわれている。[2] こうした特有の栽培植物や家畜による環境利用と生業経済が歴史的に広域で成立した地域として、チベット高原は生活文化における一定の等質性をもっている（月原 二〇〇八）。さらに、民族や言語、宗教の上でも、チベット系民族、チベット語とその近縁語、チベット仏教（およびボン教と呼ばれて仏教よりも古いとされる土着的要素の強い宗教）という共通性が高原全体にわたって広く見られる。したがって、この地域の文化を文化（チベット文化）と呼ぶか文明（チベット文明）と呼ぶかはともかく、アジアに高地文明がありえたとするならば、このチベット高原の例こそがまず検討対象とされなければならないだろう。

［2］これらの高度限界は、緯度がより高くなる高原の北部（すなわち青海省や甘粛省）ではおおよそ一〇〇〇から一五〇〇メートルほど低下する（Ekvall 1968：4-5）。

「高地文明」と「低地文明」

「高地文明」を構想する時、空間的な広がりのあり方はとても重要である。国の領土という政治的領域や、民族・言語や宗教の分布域のような文化的領域の広がりと、地形との関係はとりわけ重視しなければならない。チベット高原の場合は、この高原全体を覆うようにチベット文化圏が歴史的に成立したことのほか、歴史上に統一政権が現れたことが見逃せない。それは、唐代の中国から吐蕃と呼ばれた古代チベット王国や、一七世紀に成立したゲルク派の政権（いわゆるダライ・ラマ政権）であって、いずれもチベット高原南部のウ・ツァン地方と呼ばれる中央チベットに本拠を置きつつ、チベット高原全体に勢力を及ぼした。それらの勢力圏の縁辺は、高原の中心部のみに留まらず高度が下がる高原の周囲の山麓部にまでも及んだ。とりわけ古代王国の時代には、図9・3にみるように、中央アジアの主要な交易ルートの権益を唐や突厥《とっけつ》と争い、唐のいう安西四鎮（焉耆：カラシャフル、亀茲：クチャ、于闐：ホータン、疏勒：カシュガル）や敦煌を領有した時代があったほか、その長駆の軍事遠征は、東は唐の都、長安、西はサマルカンド、南はガンジス川、東南は雲貴高原にまで達した。このように、高地に本拠を置き高地部でその勢力を広げる国家や民族・文化、さらには高地に本拠を置きつつも周囲の相対的に低所の山地斜面や海面高度に近い低地にまで政治経済や文化の勢力を伸長する国家や民族・文化こそ、「高地文明」にふさわしい空間的広がりをそなえている。

この考え方に立てば、「高地文明」と正反対に低地中心の空間的な広がりをもつものを「低地文明」と呼んでよかろう。後述するように、人口集中地たるオアシスには様々なタイプがある。とくに規模の点ではチグリス・ユーフラテス川やインダス川の下流部が北緯三〇度前後の低緯度の乾燥地域において外来河川型の巨大オアシスを作っており、これらこそが地球上で最大規模の面積と生産力に富むオアシスとなっている。こうした低地の大オアシスに本拠を置く政治経済や民族・文化の広がりは、それが時には水系に沿って上流部の山地部にまでその勢力圏を伸長していた場合でも、低地に中心があり続けるのなら「低地文明」に属すと言いうる。地形的にマクロにみると、その領域の広がりの断面は、典型的には、「高地文明」が凸型の広がりを示すのに

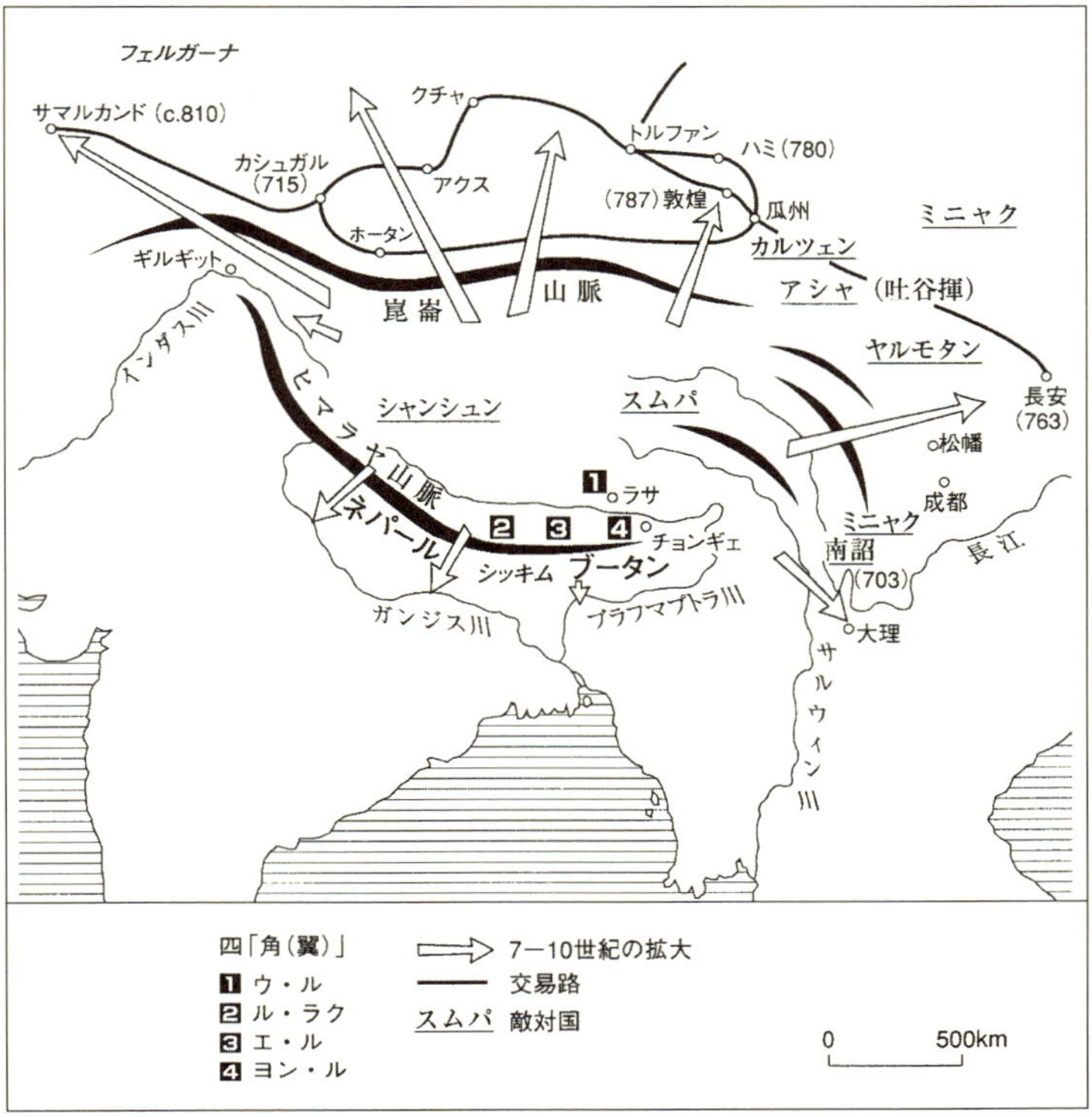

（図9・3）古代チベット王国の軍事的拡大（7～10世紀）
図中の角（翼）は当時の中央チベット（ウ・ツァン地方）におかれた4つの軍団であり、地域区分でもある。（デエ 2005：43）

対して「低地文明」は凹型の広がりを示すのである。このように、勢力圏がもつ空間の形状と中心の位置によって「低地文明」と「高地文明」を区別する見方をとると、いわゆる四大文明と呼ばれる大河文明は外来河川型の巨大オアシスに依った「低地文明」にほかならなかったと言えるだろう。

なお、「高地文明」といっても、村レベルの生活圏のようなミクロな地域でみると、その空間の形状は凸型ではむしろないことは重要事としてただちに付け加えておかなければならない。少なくともチベット高原の場合には、この高原上には山々が多く、人びとの生活の拠点は農耕が営まれる谷あいの山間オアシスに位置して、谷の両岸の斜面や上流は放牧地として移動牧畜のために利用されるのが一般である。そのため、ミクロな生活空間は凸型ではなく凹型の広がりをもつ（月原・古川 一九九一）。また、たとえば中央チベットに相当するウ・ツァン地方とはラサを中心とするウ地方とシガツェを中心とするツァン地方をあわせて言うものだが、それらの地方レベルの空間で見ても、地域住民の生活空間や地方行政圏の広がりは、谷あいの相対的低所にある農村や都市を中心として凹型の形状をもっていた。だから、ここで問題としている「高地文明」がもつ空間の形状とは、村レベルや地方レベルの空間ではなく、あくまでも国家や民族・文化圏のレベルのマクロな空間の形状のことである。

さらにこの空間の形状にもとづく理解を一歩推し進めて言えば、「高地文明」には、ここで述べた凸型の空間をもつ高原型ともいえる「高原の文明」のほかに、山地斜面型の空間をもつ「山地の文明」というべきタイプもありえたと筆者は考える。後述するように、ブータンの例はそれをチベットとは別の独立したユニットとして取り出すなら後者に当たると言い得るだろう。ただし、人口及び農耕や牧畜の規模の関係から、「高地文明」としてまとまった規模をもつ文明は、山地斜面型ではなく高原型、すなわち「高原の文明」のかたちをとるほかないのではないか。たとえば、図9・4に示すように、アジアの地図から抜き出すことができるおもな「高原」には、アナトリア高原、イラン高原（ペルシア高原）、パミール高原、チベット高原、雲貴高原、シャン高原、デカン高原、モンゴル高原、中央シベリア高原、黄土高原、などがある。これらは規模（面積）や海抜高度、緯度等において多様で、なかには「高地」という性格が比較的乏しいものもあろう。しかし、本章は「高地文明」の候補地をひとまずは緩やかにとらえることから出発する。つまり、これらの高原のいずれも「高地文明」の候補地たりえ、いずれにおいても「高地文明」の観点から歴史や文化を検討してみる価値はありうると筆者は考える。

列挙した高原は、地理的にはその多くが孤立せずに数珠つなぎに繋がっていて、じつはそれらはユーラシア大陸の南寄りの位置を東西に走るアルプス―ヒマラヤ山系（アルプス―ヒマラヤ変動帯）と呼ばれる一連の隆起した地形を構成している。そして、本章でとくに注目するチベット高原とイラン高原は、この長大な隆起地形がもっとも大きな幅をもった二つの部分にほかならない。アルプス―ヒマラヤ山系という長大な隆起地形の上には、アジアの「高地文明」を複数数えられる可能性があることをまず指摘しておきたい。

しかし、ここでは同時にチベット高原とイラン高原と周囲の「低地文明」との位置関係についても注意を喚起しておきたい。二つの高原は、ちょうど、メソポタミア、インダス、中央アジア（東西トルキスタン）、さらには黄河というユーラシアの主だった「低地文明」地のあいだ、つまりそれらの「中間地」の性格をもつ「高地」であり、相対的に人口密度も低いところなのである。後述す

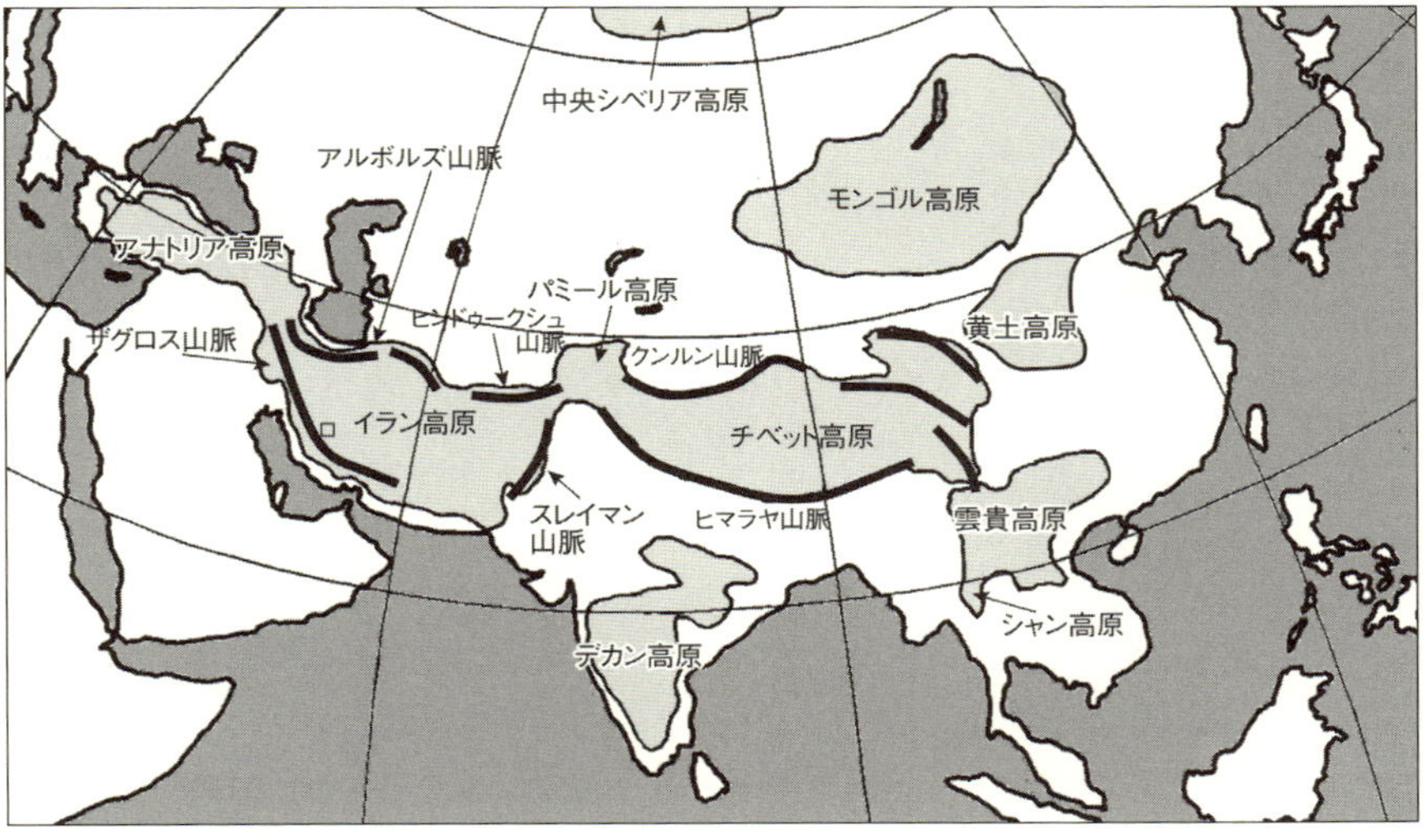

（図９・４）アジアにおけるおもな高原
各高原の位置と形状は概略を示したにすぎない。山脈についても、煩雑を避けてイラン高原とチベット高原を囲む一部の山脈だけを示している。（筆者作成）

るように、ペルシアとチベットの二つの「高原の文明」は、「低地文明」たる低地の文明中心との交流を支えとして高地部で開花したのであり、「低地」と「高地」のあいだのインタラクションこそユーラシアの文明史の確かな主旋律のひとつであったのではないか。別の言い方をすれば、「高地文明」の観点から検討してみることは、アルプス－ヒマラヤ山系という長大な隆起地形がユーラシアの「文明」史に果たした役割を問い直す作業にもなるのである。

ブータン

さて、ブータンはどのような条件をもつだろうか？ 図9・5のように、ブータンは、氷河を抱くヒマラヤの主嶺を北の国境とし、その南斜面に位置する。巨視的には、チベット高原がその南端でガンジス・ブラマプトラ平原へと高度を下げてゆく傾斜帯の一角を占めており、現在のブータンの領土には平坦地がほとんどない。国土面積は日本の一〇分の一、その大きさはチベット高原全体と比べると六〇～七〇分の一しかない小国である。ブータンは、文化的にはチベット文化圏に属し、国の成り立ちや今日に至る民族の形成も、歴史的にチベットの影響圏にあったことに依るところが大きい（今枝 二〇〇三）。

ただし、自然環境や土地利用、そして伝統的な生業経済のあり方では、ブータンはチベット一般とは異なる点が少なくない。図9・6にはそのヒマラヤ南北の自然と土地利用の違いを断面図で示す。気候でいえば、ヒマラヤの主嶺を境に南のブータン側は雨季には緑滴る常緑樹の森の世界であるのに対し、北のチベット側は一年の大部分をとおして茶色の地面がむき出しになる乾いた世界である。河流沿いの僅かな例外的な土地を除けば中央チベットには森と言えるものはない。しかも、樹々といっても落葉樹がほとんどである。チベット側でも、夏の雨季には若干の降水に恵まれ、乾いた大地も薄い緑の野草のヴェールで覆われる時季がないわけではない。しかしそれでも、その草の密度はヒマラヤの南斜面の高山草地の比ではない。ブータンなどヒマラヤの南面は、緑濃き黒々とした世界で雲霧に覆われる湿った雨季と、乾いた冬の乾季が対照的な季節変化として交互に現れるところなのである。

さらに、海抜高度の点では、ブータンはその南部のインド国境地帯は標高数百メートルしかない亜熱帯の低所である一方で、北部の高山帯では耕作及び定住農村限界は標高四一〇〇メートル程度にまで達し、高山での放牧は標高五〇〇〇メートル以上にまで及んでいて、この地域がもつ高度差はチベット以上に大きい。

ブータンの北に位置する中央チベット（いわゆるウ・ツァン地方）は、チベット高原上に位置して最低所のヤルツァンポ河河床でも標高三五〇〇メートルを超えており、「低所がない土地」となっている。ブータンでは低所を代表する作物

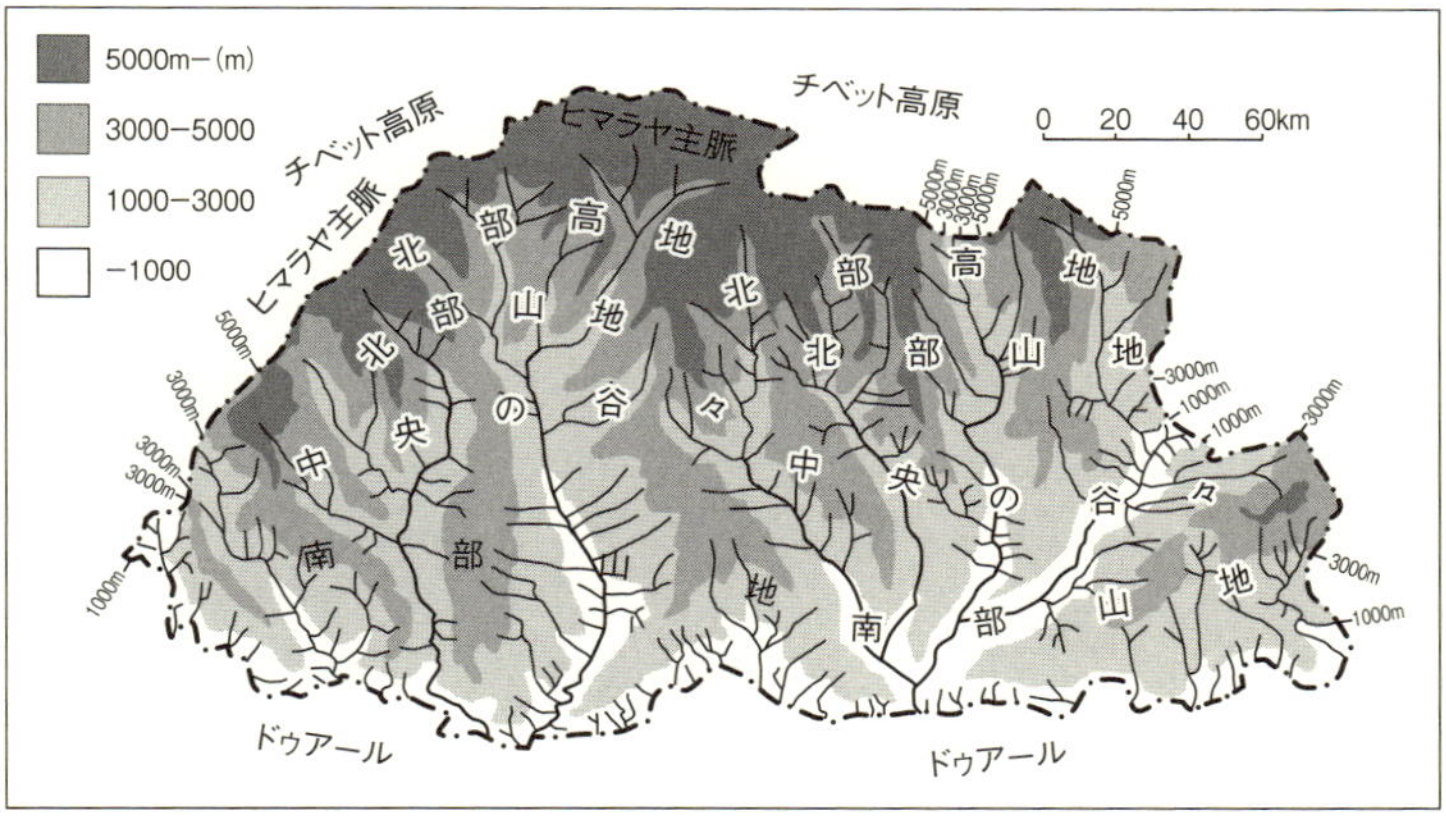

（図 9・5）ブータンの地勢　（月原 1992：137）

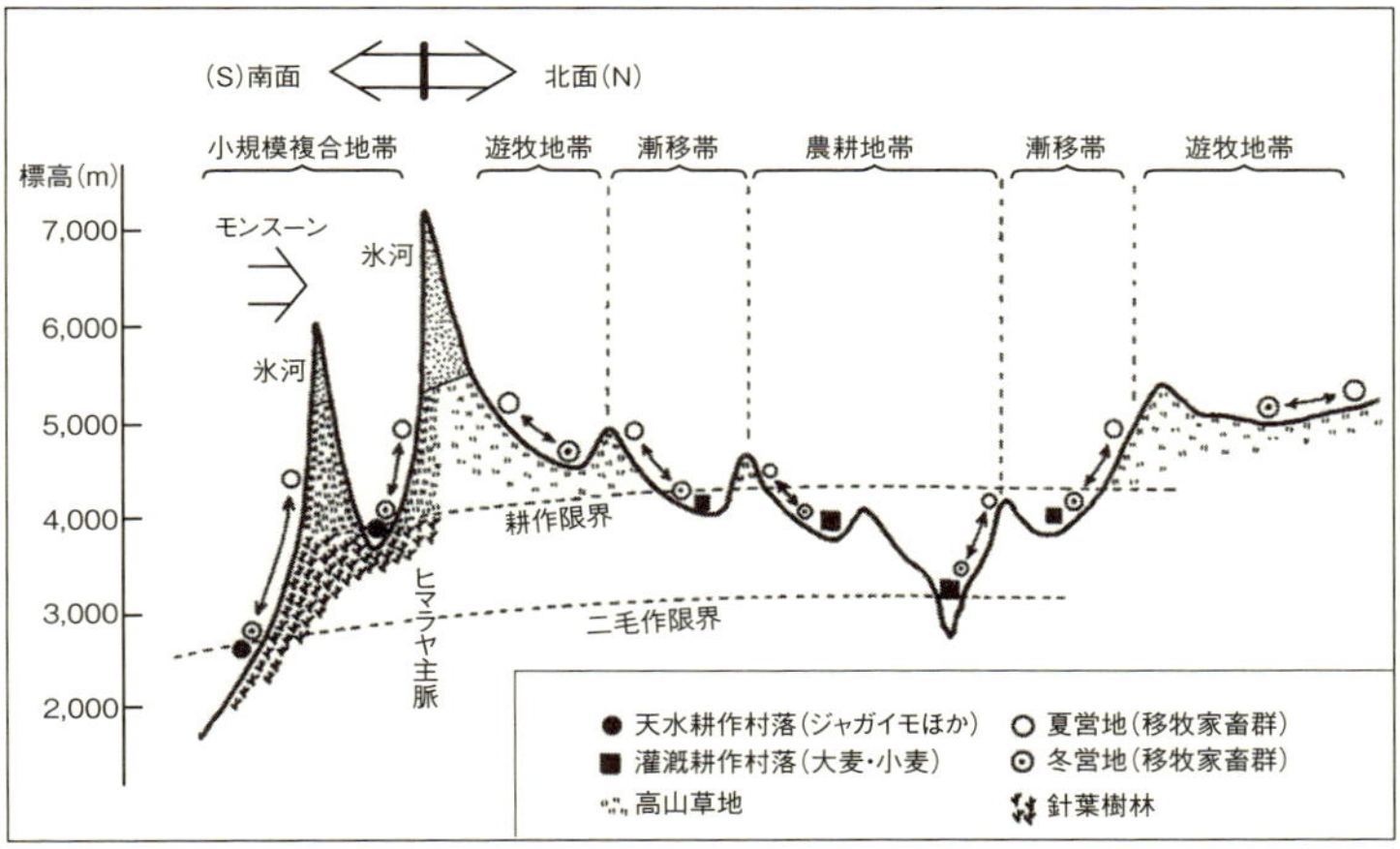

（図 9・6）ヒマラヤ南北の断面と高度帯
ネパールのクンブ地方やブータンの標高約 3000m 以上のヒマラヤ南面とその北のチベットの土地利用と農・牧からする村落の性格を断面図として示した。氷河を抱くヒマラヤ主嶺の山々を境にチベット側は乾燥しており、同高度であればチベット側の方が耕作限界や村落の限界高度は高くなる傾向がある。（月原 1994：7）

にはイネがあり標高約二五〇〇メートル以下で栽培されているが、ブータンの北のチベット側（すなわち中央チベット）ではこの作物帯はまったく存在しないのである。そして、ブータン側でいえば、ヒマラヤ主嶺の高山の麓の四〇〇〇メートル前後の農耕限界近くの高度に至ってようやく、チベットの農業地帯と共通するオオムギを主作物とする畑作がおこなわれる高度帯が現れる。チベットの乾燥に対してブータンの湿潤という気候条件の違いに加えて、イネの育つ低高度も含むこの多様な高度帯の存在こそ、ブータンにあってチベットにはないヒマラヤ的特徴と言ってよい（図9・7）。

生業や土地利用でいえばブータンでは少なくとも三つ以上の高度帯を確認できる。一例としてその概略は表9・1のようにまとめることができるが、これらの多様な高度帯の存在だけでなく、住民によるこれらの高度帯を季節的に行き来する移動も盛んであったことは重要な特徴であった。高度の異なる複数の土地に家屋や耕作地等をもち、また、場合によっては移動牧畜や交易とも関わりながら、イェルサ（yarsa：夏の土地）とグュンサ（gunsa：冬の土地）を行き来する暮らしはブータン人には歴史的に根付いており、筆者がブータンを最初に訪れた学部学生の頃に聞

（図9・7）森を伐り開いた尾根の上に建つブータンの僧院と棚田
プナカ地方のチョルテン・ニンポ寺は、チベット仏教ドゥク派に属す。ブータンは，古代チベット王国の時代からチベットの政治や文化の影響を受けた歴史をもつが、今日のブータンの事実上の建国者となったのは、17世紀にチベットからブータンに移り住んだチベット仏教ドゥク派の高僧であった。（2013年1月、筆者撮影）

（表9・1）生業様式にみられるブータンの高度帯
「稲のゾーン」の下部には稲の二期作の可能な地域もあり、また、中央の谷々よりも南には、焼畑や森林採集の盛んな地域もある。それらに独立した名称と高度帯を与えることもできるが、ここでは省略している。高度帯の点では、それらも「稲のゾーン」と同じく標高約2500メートル以下、とくにその下部の1000メートル台以下に属す。（月原（1993:58）西ブータンでの観察にもとづいて筆者作成）

	ヤクのゾーン	中間のゾーン	稲のゾーン
集落の標高	約3600から4150m	約2500から2900m	約2500m以下
作物帯	一毛作の畑作地帯	部分的に二毛作の畑作地帯	水田稲作地帯
住民の生業	生業の中心はヤクの移牧	生業は畑作と牧畜の複合	生業の中心は水田稲作
住民の性格	牧民的	半農半牧民的	農民的
重要家畜	ヤク、ウマ	ウシ、ヤク、ヒツジ、ウマ	ウシ、ブタ、ウマ、ロバ
重要作物	オオムギ	ソバ、オオムギ、コムギ	水稲、トウモロコシ、シコクビエ、ソバなど

き取った地域例に限っても、図9・8のようなヤク牧民による交易や季節移住が存在した。この季節移住は、表9・1の高度帯とも併せて高度をタテ軸に整理すると図9・9及び図9・10のように明らかに垂直的な秩序をもった動きであることが確認できる。また、図9・11のように、歴史的にこの国の政治経済の中心となってきたティンプーやプナカなど、チベット側にはない海抜高度一〇〇〇～二〇〇〇メートル台の高度帯の住民こそが、この国では歴史的にもっとも幅広い高度帯を農・牧生産に利用していることも確認できた。さらに、このような季節移住の慣習は、たとえば国レベルでは、政府自体がかつては夏の都ティンプーと冬の都プナカのあいだを季節移住して、この国の政府組織を長らく簡便で簡素なものに止めるという特徴も生んでいた。

この国の領土はインド側の低地のガンジス・ブラマプトラ平原に及んだことも歴史的にはあったが、その平原部からヒマラヤの隆起が始まるところからヒマラヤ主嶺に至るまでのヒマラヤの南斜面がそのおもな領域であった。したがって、ブータンではチベット高原上の諸地域よりも大きな高度差をもっているが、そのうち中程度の高度にティンプー（標高二四〇〇メートル）、プナカ（標高一三〇〇メートル）などのおもな首邑が存在して歴史的に政治・文化の中心となった。ブータンの国土の広がりは、マクロな地形断面でいえば凸型でも凹型でもなく、山地斜面型というべき領域をもっており、その中程度の高さに中心がある意味で、「山地の文明」に

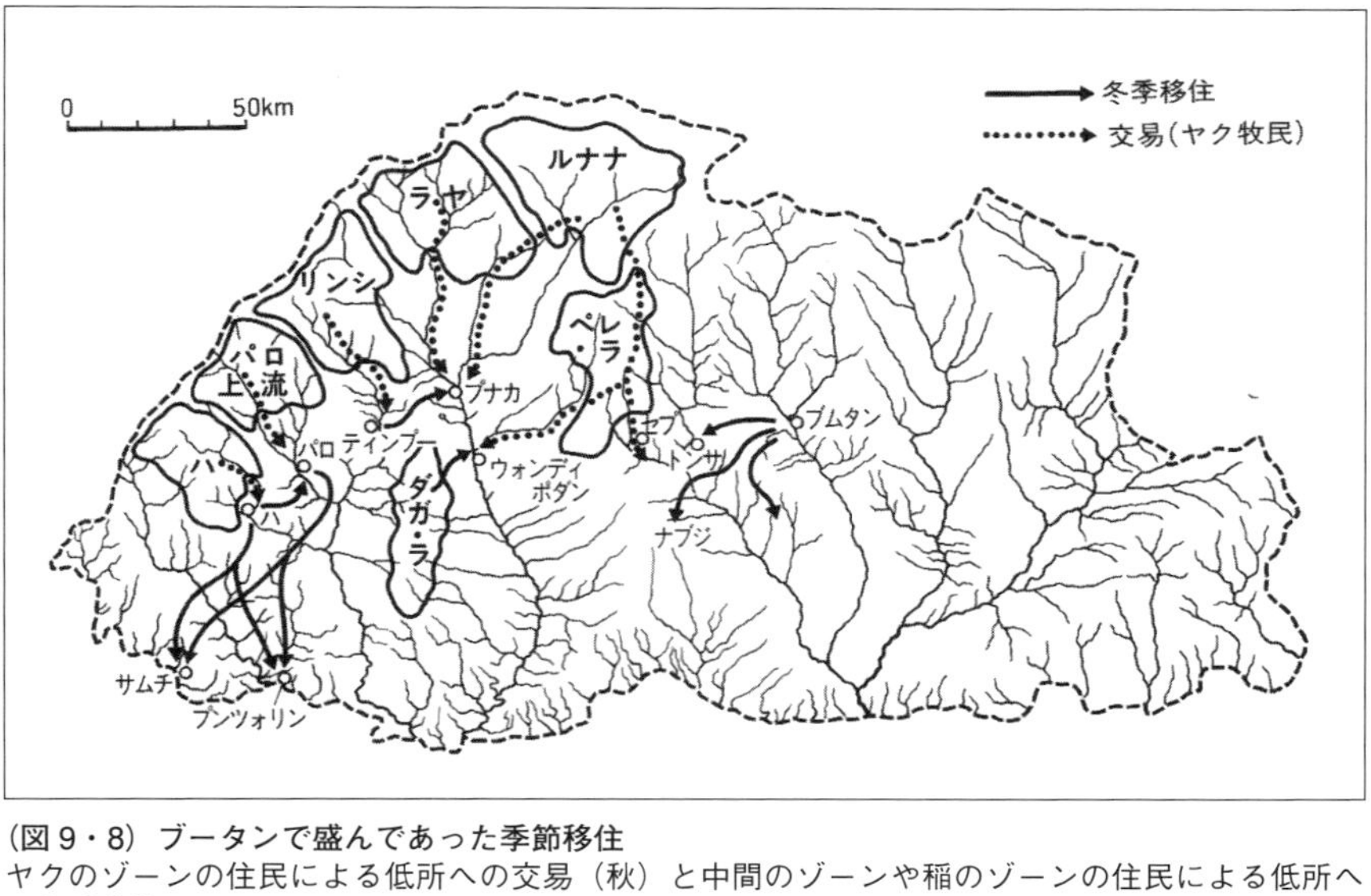

（図9・8）ブータンで盛んであった季節移住
ヤクのゾーンの住民による低所への交易（秋）と中間のゾーンや稲のゾーンの住民による低所への冬季移住。（月原（1993：59）。西ブータンでの聞き取りによる）

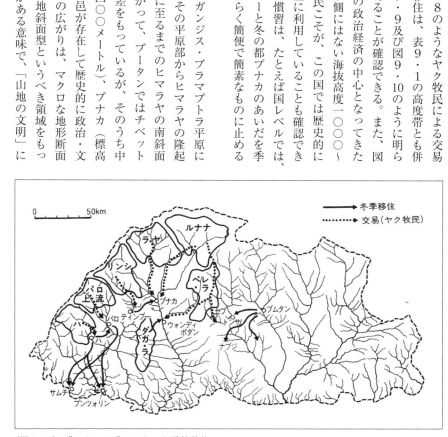

相当する空間の広がりをもつといいうる。

ただし、先に述べたようにブータンの文化や国家、民族の成立は、チベットからの影響なしにはありえなかったのであり、ここに述べた季節移住や交易も、移動牧畜の文化などと関わる形でチベットからもたらされたと考えられる。自然条件などはチベットと大きく異なりながらも、ブータンにはチベット的生活文化が歴史的に根付いたのであり、チベット仏教や国語のゾンカ語もそうであったといいうる。また、近代史においては、一九五〇年代に中共軍がチベットに進駐してチベットは事実上の独立を失い、加えて一九七五年にはブータンの隣国でヒマラヤ南面に位置したシッキム王国がインドに併合されてインドのシッキム州となったことによって、チベット仏教を事実上の国教とする独立国は今やブータンを残すのみと

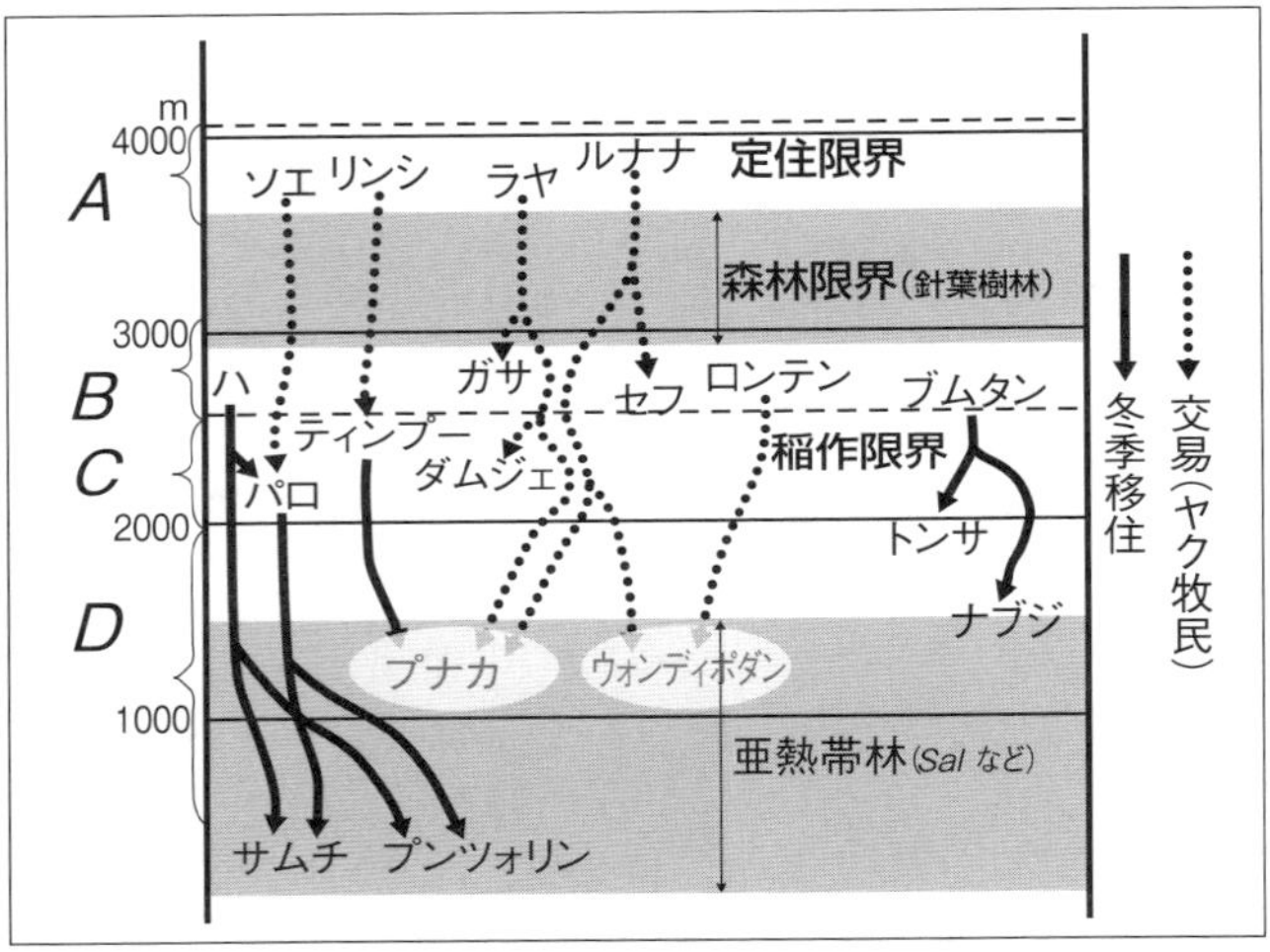

(図 9・9) ブータンにおける高度帯別の集落間関係とおもな植生帯
図 9・8 の交易や季節移住を高度に従って整理すると、このようになる。この図の A から D は、次のようなかたちで表 9-1 の各高度帯に対応している。A:ヤクのゾーン、B:中間のゾーン、C:稲のゾーン(上部)、D:稲のゾーン(下部)。(月原(1993:60)に加筆)

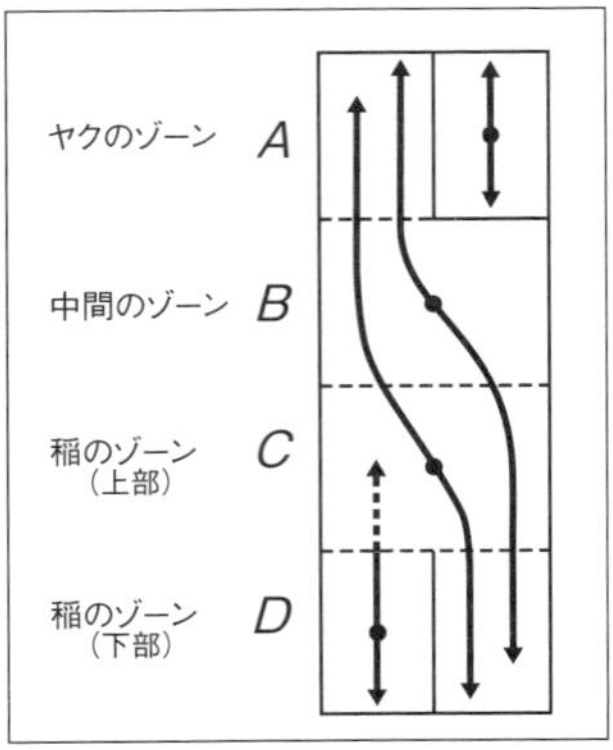

(図 9・11) ブータンにおける農・牧生産に利用しえている高度帯 (月原 1993:60)

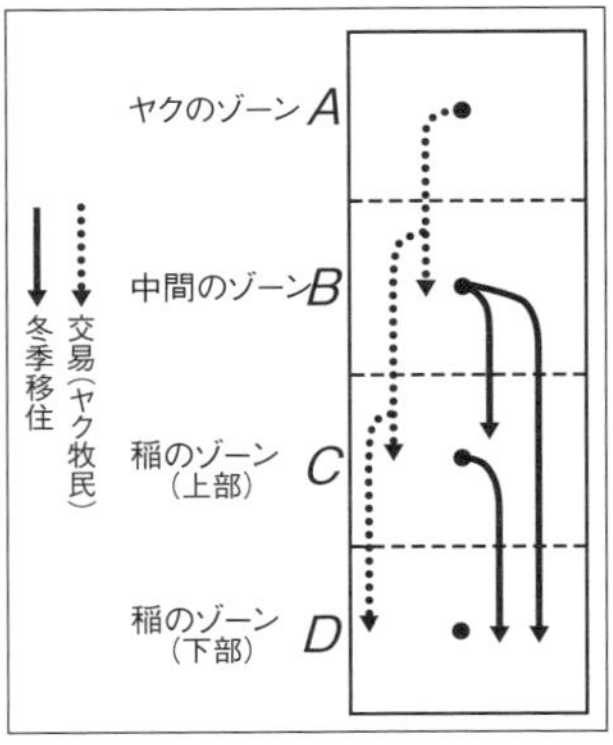

(図 9・10) ブータンにおける交易(ヤク牧民)と季節移住に見られる垂直的秩序 (月原 1993:60)

なったことは別の意味で注意されてよい。

チベットとブータンに共有される顕著な文化要素はチベット仏教やチベット語方言たるゾンカ語に見られ、移動牧畜の文化もそれに数えることができる。そのため、ブータンは巨視的にはチベット文化圏に含める見方が成立しうる。しかし、とくに稲作や森林など低所や亜熱帯の自然に関わる文化要素に注目すると、チベットとは性格を異にする山地斜面型、すなわちヒマラヤ型の政治・文化領域の例とみることもできる。本章では、ヒマラヤの小国であるブータンとチベットの両者に共通する文化的性格から「高地文明」の特質を考えるため、ブータンは、より大きな「高原の文明」であるチベット文化圏が、その勢力圏を高原南縁の山地斜面の一角まで延伸した所であり、チベット文化の亜型（subtype）が山地型の領域をもった例ととらえておく。

三　「素朴」と「文明」

ここで、アジアの文明を論じた先学による議論を振り返っておきたい。宮崎市定と川喜田二郎は、共に、「素朴」と「文明」を対置させてアジア諸民族の歴史と文化・文明を論じたことがあり、その議論は本章での検討にあたって参照されてよい内容をもつ。また、近年、杉山正明や林俊雄はアジアに展開した遊牧民族・遊牧国家の歴史を研究する立場から定住都市中心の「文明」概念を問い直し始めており、その議論にはチベット高原やイラン高原の「文明」の質とも通じる部分が少なくない。[3]

宮崎市定の「素朴主義の民族」と「文明主義の社会」

宮崎市定は、『東洋における素朴主義の民族と文明主義の社会』（一九八九、初版は一九四〇）において、東洋の文明の発展史を中国中原の文明中心と北方諸民族とのダイナミックな交渉史として記述した。そこでは、中国の中原に展開した「文明主義の社会」に対して征服王朝を建てた北方諸

［3］本章では詳しくは触れないが、ユーラシア大陸南部の比較的緯度の低い位置を占める高原には、イラン高原・チベット高原のほかにも、デカン高原や雲貴高原・シャン高原があってそれぞれ興味深い。それらのうち後者の東南アジア内陸部の高原と山地に注目したスコット（二〇一三）のゾミア論も、近年に現れたアジアの「高地」に関わる文明論として重要な議論である。

民族は「素朴主義の民族」と描かれ、東アジア史は様々な「素朴民族」と「文明社会」との関係史としてとらえられる。記述の中では蒙古人や満州人などとともに日本人も「素朴民族」のうちに入れられ、東アジアの「文明国」として描かれるのは中国だけである。そのため、明記はされないものの、宮崎の論に従えばブータンはもちろんチベットも「素朴」の側に入れられることは疑いがない。しかし、ペルシアについては、この書には「東洋における中国、インド、ペルシャ、西洋におけるエジプト、ギリシャはその社会が幾多の変遷を辿りつつも、結局、幾千年の文明主義の生活を継続し来ったあげく疲労せるものだ」などの記述があり、ペルシア（イラン高原）は中国以上に古い「文明国」と見なされている。

川喜田二郎の「素朴」と「文明」

一方、川喜田二郎は『素朴と文明』（一九八九）や「中部ネパールヒマラヤにおける諸文化の垂直構造」（一九七七）などの多くの著作においてヒマラヤとチベットの文化を論じたが、宮崎とは異なってチベットを明白に前近代的文明のひとつとみなし、アジアの他の前近代的文明である中国文明やヒンドゥー文明、イスラーム文明と並ぶものであると度々述べている。川喜田の表現に従うと「この四文明は、どれも成熟し切った過去を持ってい」て、「文化の発展段階の上では互いに上下を付けられず」、生態学でいう「同位社会」であって「空間的に棲み分ける」関係にある。

また、川喜田は、中部ネパールを例にヒマラヤの文化領域を図9・12のように三つに大別できると観察し、その文化史の復元や文化層の推定も試みた。中部ネパールでは、海抜高度に応じて農耕・牧畜などの生業や生活様式が変化するだけでなく、民族や文化もそれに応じるかのように垂直的に棲みわける傾向があることを指摘し、低所はヒンドゥー文明、高所はチベット文明によって占められており、両者の中間の高度帯に、ライ、リンブー、タマン、グルン、タカリー、マガールなどの数々のヒマラヤの先住諸民族（ヒマーラヤン）があって、ヒマラヤらしさを代表するそれらの先住諸民族の文化は、半ば素朴で半ば文明化した「半素朴・半文明の重層文化」だとした。著作によっては「素朴」といわずに「部族」あるいは「トライバル」とも言っているが、要するに、中部ネパールのヒマラヤ先住諸民族の文化は、それぞれの部族的な民族文化を基盤にもちながらもチベット文明またはインド文明の要素を重層的に併せもった文化であると川喜田はとらえる。

川喜田の見方に従えば、ブータンよりも東方のアルナーチャルプラデーシュの諸民族には、チベット文明とインド文明のいずれの影響もほとんど受けていない全き「素朴文化」（部族文化、トライバル文化）の民がある。中部ネパールの諸民族は、それと比べればチベット文明またはインド文明の影響を受けているが、彼らは「素朴文化」の性格を色濃く保持しており、その点で文明の民であるインド人やチベット人との大きな違いがあるとする。これが川喜田によるヒマラヤ諸民族の文化理解のポイントである。川喜田が集合的にヒマーラヤンと形容した諸民族は、「むら」社会のようなフェイス・トゥー・フェイス（face to face）のコミュニケーションにもとづく人間関係に重きをおいており、そこでは部族語を用いるのに対し、部族を超えるレベルではいわば国際語であるネパール語やチベット語を用いて文明的な文化の作法で対応すると述べている。

そして、川喜田は、中部ネパールではネワール人の文化だけは、他の先住諸民族の文化とは異なって古くから都市国家の性格をそなえていたので、「半素朴・半文明の重層文化」とは異なり都市国家段階にある「亜文明」であったとし、この四つ目の文化を含めた諸民族の文化発展の歴史的経路を図9・13のように示し、とくにヒマラヤにおけるチベット文明への生態史的発展については、図9・14のような発展段階を示した。なお、川喜田

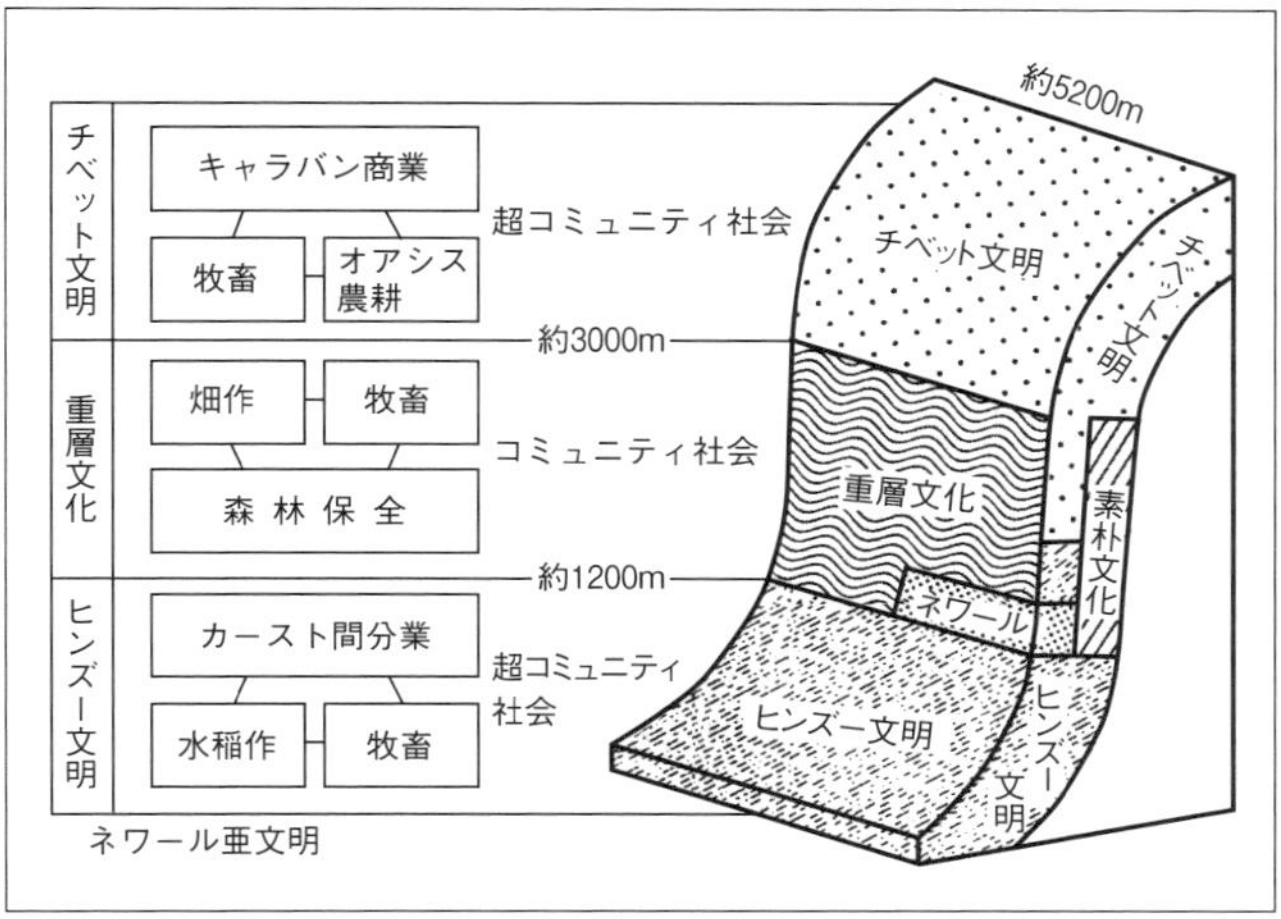

（図9・12）川喜田による中部ネパールの文化領域とその性格規定
（川喜田 1989：50）

は「ペルシア文明（もしくはゾロアスター教文明）」を過去に存在した文明と記している（今日ではイスラーム文明に吸収されたとみる）ので、ペルシア（イラン高原）を「文明」と見なしていることは明白である。しかも、世界史の上では最初の本格的な文明は西アジアのアケメネス朝ペルシアの文明であり、ペルシア文明こそが都市国家段階から領土国家段階へと最初に文明への道を拓いたともしており、「亜文明」から「文明」への移行は都市国家から領土国家への移行に他ならなかったとの理解も示している。

川喜田は、ブータン人の文化をどう評価できるかを明確には記していないが、その中部ネパールの諸民族に対する理解を敷衍して考えれば、ブータン人は「半素朴・半文明の重層文化」の民であり、その文化は自民族の伝統文化に加えてチベット文明をも併せもつものだという評価となろう。

「素朴」の極、ブータン

宮崎と川喜田の議論を本論との関わりで整理すれば、いずれもペルシアを「文明」ととらえることで一致するが、チベットとブータンのとらえ方には違いがあることになる。宮崎の論ではチベットもブータンも「文明」でなく「素朴」の側に入る。川喜田の論ではチベットは「文明」であるが、ブータンは「半素朴・半文明」でありチベットとの対比でいえば「素朴」の方に力点を置いてとらえられることになる。チベットを「文明」とみるか「素朴」とみるかの違いはさておいても、いずれの論からしてもブータンは「文明」ではなく「素朴」の性格が濃い評価となる。

ここで「文明」の定義を振り返っておきたいが、よく知られるように、文

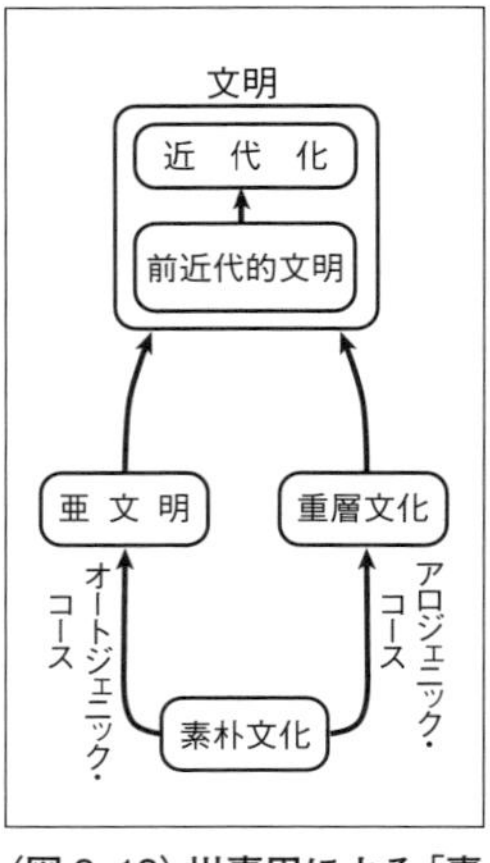

（図 9・13）川喜田による「素朴」から「文明」への文化の発展図式（川喜田 1989：41）

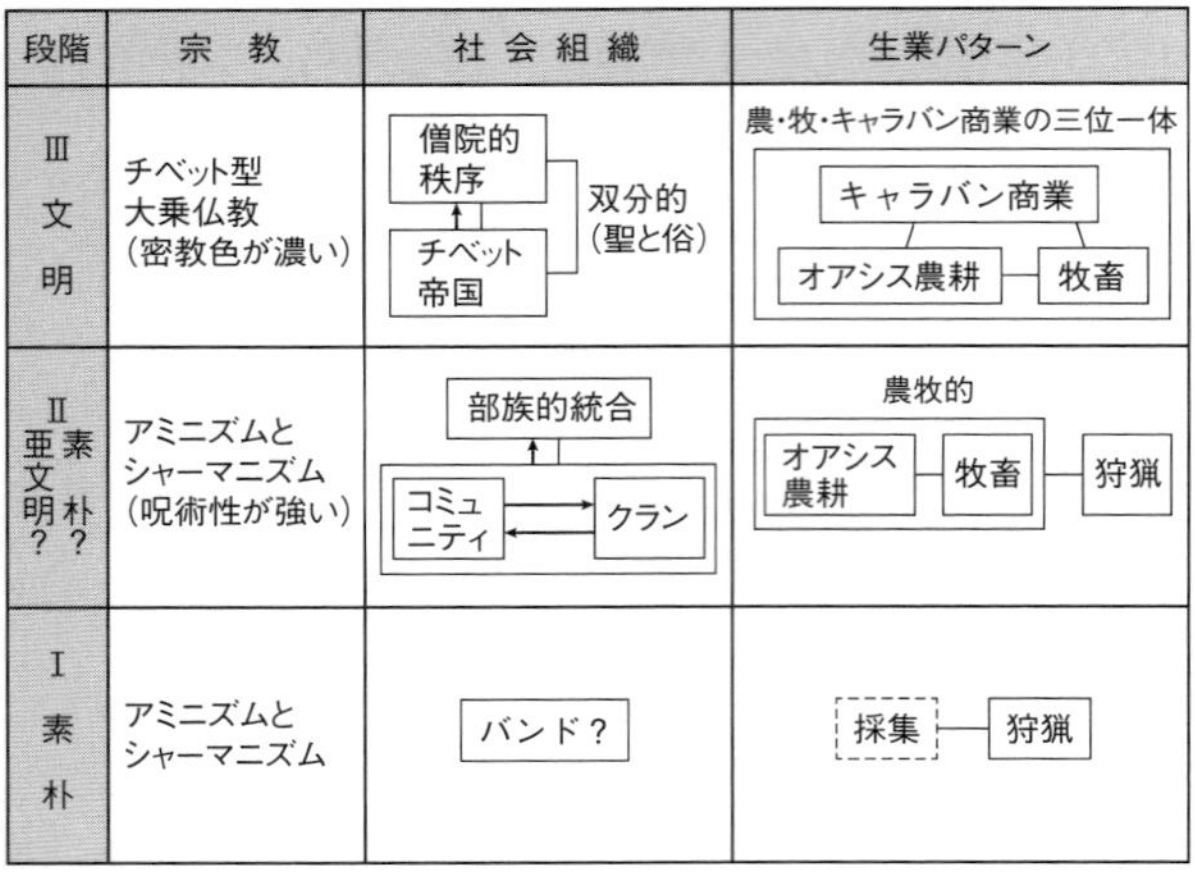

（図 9・14）川喜田による素朴からチベット文明への生態史的文化発展（川喜田 1989：90）

明には、農耕、大規模人口、生産物の集積、都市、分業と階級分化、建造物、金属文化、文字文化、科学技術の発達、法制度など、研究者によって様々な判断基準がある。本論では国家や文化の広がりに注意してきたが、歴史のうえで「帝国」を生み、それがもった交通・伝達システムや多民族を統治する政治システムが強調されることもある。

こうしたいくつもの基準に照らすと、現在、アジアの中でも最後発の途上国であり、ほんの半世紀余り前の二〇世紀半ばまで鎖国的政策をとって中世的な体制を維持してきたブータンは、これらの諸基準からは遠く、たしかに僻地の性格が圧倒的に濃厚である。ブータンは、ネパールなどに比べてもヒマラヤの中ではインド・アルナーチャル州とならんで歴史的に都市の発達等をみることなく、また、まだ多くの森が残って未開発であり、人口が少ない「無主の地」に近い性格を長らくもってきた[4]。一七世紀にチベット仏教ドゥク派の国として統一されて以来、地方の政庁と僧院を兼ねた城塞であるゾンがブータンの各地方の政治と文化の中心であった。チベット語を読み書きできる僧侶など社会の上層部には識字者もあったが、それは長らく人口のせいぜい一～二割に留まっていた。識字率が五割を超えたのはごく近年のことである。二〇世紀後半に至るまで、穀物などの租税は主に物納でゾンに対して納められ、政府の役人にも穀物が現物支給されていた。また、同じく二〇世紀後半に至るまで都市もほぼまったく発達しておらず、貨幣経済も未発達で交易では物々交換が支配的であった。社会的な分業や階級分化も、インドやチベットと比べると比較にならない程度にしか見られていなかった。

こうした種々の性格をもつ「小人口社会」であったブータンの諸相をみれば、この地は「文明」から遠く、ヒマラヤの中でも、ブータンよりも東のアルナーチャル州と並んで「素朴」の地なり「未開」の地という性格がもっとも濃厚である。アジアを広く見渡しても、ブータンは「素朴」の極であるといった方が一般的な評価では適当と受けとめられるであろう。

チベットといえば日本では僻地の代名詞でもあるが、それでもチベットはブータンに比べれば歴

[4] ヒマラヤ諸国の近年の政府統計によると、人口と人口密度は、ネパールは約二六五〇万人と平方キロメートル当たり一八〇人（二〇一一年）、ブータンは約七四万人と平方キロメートル当たり一九人（二〇一二年）、インド・アルナーチャル州は約一三八万人と平方キロメートル当たり一七人（二〇一一年）。

史的には都市もいくらか発達していた。青木文教（一九六九：一二〇）が記したところでは、バルコルと呼ばれる有名な商店街を中心にしたラサの街は人口四万人、シガツェは二万人、ギャンツェは一万人、ツェタンは五千人という具合いであったから、二〇世紀の初めの時点でも、中央チベットでは人口数千人から数万人の都市ならすでにいくつか存在していたのであった。ラサの街を見下ろす丘に建てられたポタラ宮殿は、チベット仏教ゲルク派の最高位の僧であり国王の地位も兼ねたダライ・ラマの宮殿であったが、それはブータンのゾンよりはるかに巨大な建築物であった。後述するように、ゲルク派を始めとするチベット仏教の諸宗派がモンゴル人や満州人、あるいは中国人などの外国人に対して歴史的に果たしてきた役割の大きさも、ブータンのドゥク派の比ではない。

チベットではブータンを呼ぶのにブータンの宗派であるドゥクパ（龍派）の意味から「ドゥク・ユル（龍の国）」と呼ぶが、これは同派に属す高僧によってブータンの地が統一された一七世紀以降のことである。より古い呼称では「南のモンの国」とか「薬草の国」と呼ばれた。モンとはチベット人から見た場合の「インド側つまりヒマラヤ沿いの山地に住む蛮人」の意味とされており、歴史的に、ブータン人はチベット人からも蛮人と見られてきた面がある。チベットの「文明」に対するブータンの「未開」や「野蛮」は、中央チベットのチベット人自身の認識にも存在したのである。

「素朴」と「文明」の調和

しかし、以上のような理解を踏まえてもなお、筆者はブータン、チベットに共通する文明的特質（その明確な顕れはチベット仏教という要素であり、また、上述した季節移住の慣習もそれに数えるのだが）を検討すれば、ブータンにもそれを見出すことができ、それは、チベットやペルシアをも含めたアジアの「高地文明」の性格を探ることに繋がると考える。[5]

現代のブータンにおいて、筆者が注目するのは、国王や首相クラスの要人たちから国際的にも

［5］チベットにおける季節移住を牧畜との関わりからとらえた文献の例には、格勒ほか（一九九三）や中国科学院青蔵高原綜合科学考察隊（一九八四）がある。

発せられているＧＮＨ（国民総幸福）という問題提起であったり（ティンレイ 二〇一一）、優れたリーダーとして第四代ブータン国王を礼讃する声が先進国のエリートからも挙がったりすることである（西水 二〇〇九、Nishimizu 2008）。そして、チベットも含めて言えば、かつてはラマ教という呼称とともにしばしば邪教的なマイナスイメージで語られたチベット仏教に対して、それへの理解が深まるにつれて現代の哲学者や仏教学者、心理学者などがこれを非常に高く評価する声が西欧や日本で近年着実に増えているように思われることである（たとえば、ルヴェルとリカール 一九九八、今枝 二〇〇五）。肯定的評価が少なくないこれらの点を、ブータンがチベットと共有する「文明」とみるか、あるいはブータンなりチベットがもつ「素朴」の表れであるとみるかはともかくとして、である。

宮崎の論に戻ると、確かに宮崎は、基本的には中国中原の中国人社会を「文明主義の社会」とし、それ以外の周囲の諸民族を「素朴主義の民族」と大括りをして論じた。しかし、宮崎には「文明社会の毒」や「素朴主義の民族の有する長所」、「文明人の置き忘れたる一大長所」、「素朴性という貴重なもの」、「素朴主義社会の建設」といったキーワードがあることにも注意が要る。つまり、宮崎は文明や民族のエネルギーや成長力が衰え、あるいはそれが回復されるダイナミズムの源として「文明社会の毒」や「素朴主義の長所」を措定していたのであり、その端的な現れは、「天子政を失えば道四夷にあり」や「礼を失えばこれを野に求む」、「文明病を医するには、ただ一の素朴主義の注入あるのみだ」といった中国史の理解や、欧州では科学精神によって文明生活と素朴主義とをよく調和させ「素朴主義的文明社会」を「六、七世紀のあいだ維持できた」といった理解にあった。すなわち、宮崎が理想的なあり方と

（図９・15）ブータンのティンプー上流，チェリ寺の急な石段
ヒマラヤ－チベットには瞑想の伝統がある。山岳重畳たる高低差の大きい土地に住む人びとは、精神には高低が存在して世界の眺望にも当たり前に差があることを知っており、高みからの眺望を追い求める精神の営みを続けてきたといえるのではないか。（2015年３月、筆者撮影）

して期待したのは、腐敗して疲弊・停滞する文明社会ではなく素朴主義の長所を維持し続けて成長力を失わない文明社会であり、いわば「文明」と「素朴」の両方の良い所を兼ねそなえる社会であった。したがって、個々の国家や民族は、その文化や時代の動態を詳しく理解すればするほどこれらのどちらかだけで把握されるべきではむしろなく、多い少ないの差はあったにせよ、その両方の面から把握すべきという見方を宮崎は採っていた。宮崎自身によるこの理解は、原著から四二年後に著した「素朴主義と文明主義再論」（宮崎 一九九五）で戦争中の日本や文化大革命の頃の中国に対して記した同時代的な批評にも鮮明に表れている。

「文明」と「素朴」が共存しうるこの理解にもとづけば、ペルシアであれチベットであれブータンであれ、「文明」と「素朴」のいずれか一方のみではそれらの細部をとらえることはむしろ難しい。また、この理解は川喜田の理解とも衝突しない。ヒマラヤの諸民族の文化を部族的な民族文化とチベット文明またはヒンドゥー文明との重層文化ととらえる川喜田からすれば、ブータンの文化も当然ながら「素朴」と「文明」の双方から理解できる面があろう。チベット仏教についても、これを「文明」と解釈しても、これは旧態依然や停滞、腐敗というような面からとらえることもできれば、文化の粋とか爛熟、文化生態学的な意味での極相のようにとらえることも可能であるはずで、いずれかに偏る見方はむしろ不適当だろう。

都市と定住を前提としない「文明」

宮崎も川喜田も「文明」の前提条件に都市をおいた。そのことは彼らの論述をよく読むと明白である。「文明」（Civilization）の語は都市型の定住生活を基礎にもっているので無理もないところは確かにある。しかし、都市を前提すると、歴史的評価としては「文明」の外に置かれる民族や地域は世界を見渡すと少なくないことにもなる。中央アジアでいえば、主に東西トルキスタンのオアシス都市国家にしか文明はなかったというような、歪んだ理解になってしまわないだろうか。

これに対して、近年、杉山正明（二〇〇三、二〇一六）や林俊雄（二〇一七）はアジアに展開した遊牧民族・遊牧国家の歴史を研究する立場からこの「文明」概念を問い直しているが、その議論はチベット高原やイラン高原の「文明」を検討する際にも踏まえる必要が出てくるだろう。

都市型の定住生活を前提とすると、世界帝国を築いたモンゴルのような遊牧民族でさえ「文明」の対極と評価される。「文明」には、都市の定住民による遊牧民等に対する差別意識、その裏返しとしての自らの優越意識から自由でないところがあり、その意味で「文明」には都市型の定住文化を特別視する定住民による自己中心的な偏りを否めない。「文明」の概念が「野蛮」や「未開」と対置される場合はとくにそうであり、一三〜一四世紀のモンゴルの拡大に対するイラン高原やメソポタミアの人びとの見方も、まさしく「モンゴル」と「野蛮」とを重ねるものであった。宮崎や川喜田が「素朴」の語を選んで「文明」と対置したことにはこの偏りを緩和したい配慮があったと推しはかれるが、杉山や林の議論では、「遊牧文明」の表現も見られ、宮崎が採った「素朴主義的文明社会」にも通じる問題提起とも読める。

アジアの文明に関するこうした先学たちの議論を踏まえると、はたして都市や定住を前提としない「文明」はありえないのか？　ということをもはや私たちは考え始めなくてはならないのではないか。[6]より具体的には、ブータン、チベットの例に即した理解をこの後でも述べるが、筆者のみるところ、チベット高原に現れた「高地文明」は都市発達や人口規模の点では「低地文明」には遅れをとらざるをえない。別の言い方をすれば、「高地」から文明を問い直すことには、都市の発達や人口・経済の規模を前提してしまう「文明」観の問い直しをともなわざるを得ないのではないかと考える。このことは、イラン高原もチベット高原も、ともに「低所文明」に囲まれた「中間地」の性格をもち、相対的に人口密度が低いところにほかならなかったこととも関わるのである。

［6］定住を前提としない「文明」を考えるうえで興味深い論考として、イスラーム文化を「移動文化」ととらえた片倉もとこ（一九九八）『「移動文化」考』も挙げることができる。これはアラブとエジプトを中心に扱っており「高地」文明の視点はもたないが、とくにアラブ世界の遊牧文化の生態的基盤とアラブ文化にも、本章で扱う「高地」の移動牧畜とある程度類似の「移動」という特質が見られることが見事に指摘されている。

四　イラン高原とチベット高原—その文明的特質と生態的条件

北アジアの草原地帯に卓越した遊牧は、中央アジアを理解する際のキー（鍵）概念としてよく知られているが（たとえば、間野ほか 一九九二）、イラン高原とチベット高原は、これらよりも南に位置し、農・牧の要素のいずれかのみが優越した地域ではない。規模の点で、農耕は中央アジアの低地のオアシス地帯の農耕には劣り、牧畜も中央アジア北方の草原地帯ほど豊かではないが、中央アジアの南寄りに位置する二つの高原とも、農・牧それぞれを営む空間が得られた農・牧混交地域であり、その双方ともが歴史的に盛んであった。この農と牧のあり方を基礎にそれぞれの高原の文明的特質を考えてみると、両高原の違いは少なくないものの共通する性格が浮かび上がってくる。

イラン高原

イラン高原は、西はメソポタミア低地、東はインダス川の低地、北は西トルキスタンのアム川流域の低地、南はアラビア海に囲まれた位置にある東西に長い高原で、緯度はチベット高原と同じくおおよそ北緯二五～三七度にその主要部があって、面積も同程度の大きさがある。海抜高度はチベット高原よりはるかに低く、大部分は標高一〇〇〇メートル前後から二〇〇〇メートル台の高原であるが、高原上にはザグロス山脈、エルブールズ山脈、ヒンドゥークシュ山脈などに属す山々が聳える。それらのピークは標高一〇〇〇メートル台から五〇〇〇メートル台の高さで、チベット高原の山々ほどの高度はなく一般に氷河もない乾いた山々だが、地形性降雨と冬の降雪を受けて中小のオアシスを育む水源として重要な意味をもつ。この高原の中央部にはルート砂漠やカヴィール砂漠など相対的に高度が低く内陸水系をなす強乾燥の地域があり、塩分が析出した土壌も少なくない。

歴史上に現れた国家の領土や民族・言語などの広がりでいえば、この高原全体を覆うかたちで成立した国家は歴史上に何度も現れた。ペルシア系の民族と言語の広がりもこの高原全体に達し、一

（図９・16）イラン高原のオアシス景観
（1998年８月、筆者撮影）

部は現在のウズベキスタンやタジキスタン（すなわちパミール高原）などとくに中央アジアの核心地域をなす東西トルキスタンにも及んでいる。アケメネス朝ペルシアは、早くも前六世紀に図9・17のような版図をもって歴史上はじめて出現した世界帝国として知られているが、これはイラン高原を中心に展開して多民族・多地域を統治した広域国家として、五〇〇〇万人にも及ぶ臣民をもったとされている（佐藤進 一九六九：三一二）。この後に現れるササン朝ペルシアも含めて、いわゆるペルシア文明が文明たることを否定する人はまずないといってよい。

この帝国は、イラン高原に中心をおきながらも、メソポタミアのほか、アム川など中央アジアのオアシスから、インダス川流域の一部、ナイル川まで、いくつもの「低地文明」の中心地も包含するかたちの版図をもち、その西はギリシアにまで及んだ。ペルセポリスを夏の都、メソポタミアに近く高度の低いスサを冬の都としたことは、高地文明ながら低地文明の性質も併せもったとの評価も可能かもしれない。

地域的な性格でいえば、イラン高原の全体をひとつの歴史・文化的地域とみることもできるが、おおよそ現在のイラン領に属す西部と、アフガニスタン領とパキスタン領に属す東部とに大きく分けて理解することもできる。それは、歴史上、高原の東部と西部で異なる国家に別れていた時代も少なくないことや、民族・言語の分布の上でも西と東では異なる傾向があることによる。東部では、その中心的な部分に当たるアフガニスタン中南部からパキスタン西部にかけての地域ではパシュトゥーン人（いわゆるアフガン人）が多く、南部はバローチ人、北部にはタジク人などがあり、同じペルシア系民族でも地域的な分布があることが注目される。また、東部地域において歴史的に現れた国々には高原部に本拠地を置いたものもあれば、南アジアまたは中央アジアに臨む山麓部の低地との接点に本拠地を置いたものも少なくなく、その意味では東部地域は「高地文明」と「低地文明」がしばしば交錯しあった地域であったこともその大きな特徴とみることができる。

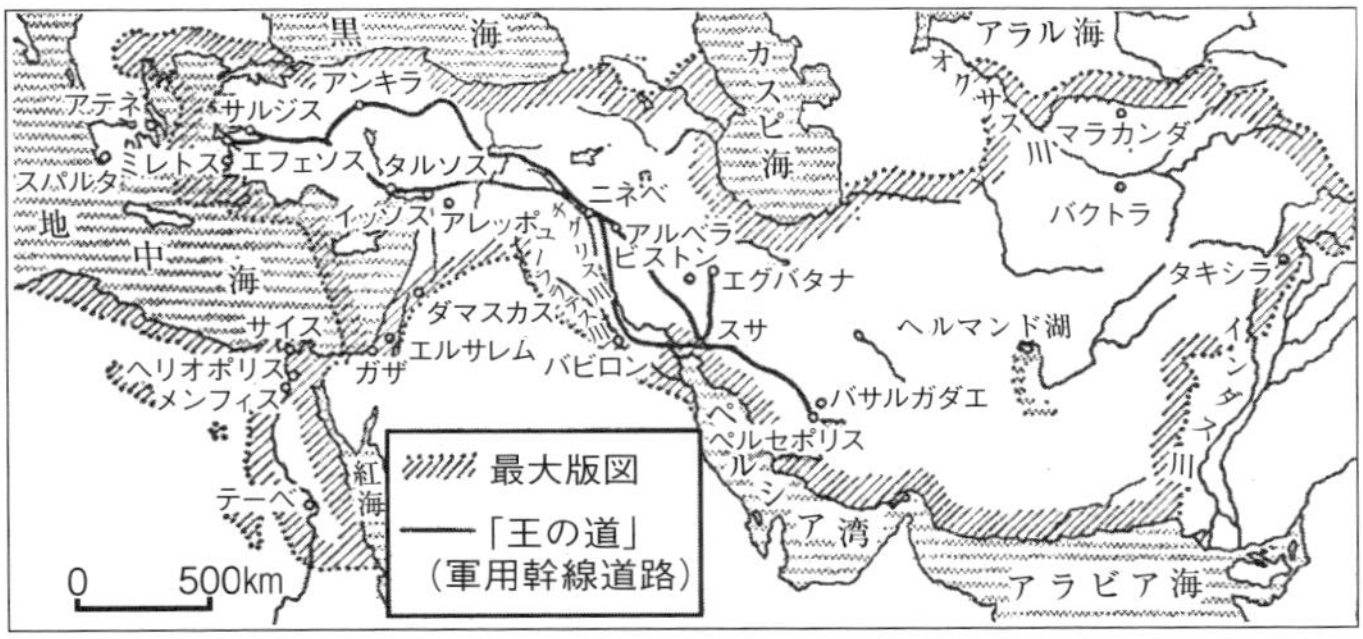

（図9・17）アケメネス朝ペルシアの版図と王の道 （小玉 1977：60）

なお、チベット高原の農・牧は、オオムギやコムギの耕作とヤクやヒツジの移動牧畜を特徴としているが、たとえば放牧のテントの形式が北方のモンゴル系及びトルコ系遊牧民のパオやユルトの形式をもっておらず、アフガニスタンやイラン方面、すなわちイラン高原との類似を示しているように、チベットの農・牧とその基本技術は、イラン高原との類似を示す。つまり、農耕・牧畜文化の起源に関する繋がりが推測されることにも注意を払っておきたい。

「夏の地」と「冬の地」

イラン高原上の土地利用と生業経済のあり方は、チベット高原と異なって都市としての大規模な発展を遂げたテヘランなどもあるが、農耕と牧畜は、谷あいや盆地という相対的低所で灌漑農業がおこなわれ、それ以外の土地が放牧地として利用されるというかたちで双方の空間が展開する。その意味で、イラン高原は基本的にはチベット高原と類似の様相をみせる。高原の西部はその北部をエルブールズ山脈が東西に走り、北西から東南方向へかけてはザグロス山脈が走るが、これらの山脈に沿って、高原上の主要な中小のオアシス空間とそれに依る都市が点在する。高原の東部は、現在のアフガニスタンを中心に、南へはパキスタン西部に位置するスレイマン山脈などインダス川下流部の西方からアラビア海に近いマクラーン山脈までの広がりをもつ。ヒンドゥークシュ山脈は、パミール高原に連なってこの高原東部の北東角から南西方向へと扇状に多くの尾根を張り出しており、比較的高度が高くて氷河をもつ山々と水源に恵まれたオアシス空間は、カーブルなど北東寄りの地域にある。

そして、オアシス空間の外の荒野やワジ（涸れ川）を含む河川沿いの草地が、作物が刈り取られた後のオアシス内の耕地などと共に放牧地という牧畜空間となって、移動牧畜に携わる遊牧や半遊牧の民によって利用されてきた。ここで半遊牧と述べたが、これは移動牧畜の分類に関わる概念である（月原 二〇〇〇）。一般には家族や集団で農耕をおこなわずに牧畜のみに従事する専業型の牧

（図 9・18）イラン高原の畑作風景
（1998 年 8 月、筆者撮影）

畜を遊牧と言い、部分的に農耕に携わるものを半遊牧というが、中央アジアや北アジアの遊牧や半遊牧では夏冬の温度差が大きいために季節移住をともなうのが一般であり、アンデスのような定牧型（稲村 二〇一四）のかたちはとらない。このような季節移動牧畜を遊牧や半遊牧の民がおこなっていることはイラン高原もチベット高原も基本的には同じである。

そのことは、「夏の地」と「冬の地」という伝統語が人びとに一般的に理解され話されていることに顕著である。イラン高原では、それらのことをヤイラーク（yaylāq）とキシュラーク（qishlāq）と呼んでいる。トルコ語起源の言葉だが古くからペルシア語の中でも使われており、移動牧畜では夏営地と冬営地を意味している。ブータンを含め、チベット語圏ではヤルサ（yarsa：イェルサ）とグンサ（gunsa：グュンサ）がこれらにそれぞれ相当する。これらの語はいずれも現代にいたるまで二つの高原の住民にとってまったく日常的な言葉となっていた。ブータンや西チベットのラダーク地方で筆者自身が確認しているところでは、移動牧畜に携わることなく夏冬の居住地を移転する場合においても、夏の家と冬の家を呼ぶのにこれらの名を使っている。さらに、同じ家屋の中に年中住む場合でも、防寒などのために台所や居間について季節で部屋を使い分けている場合に、ラダークでは類似の表現で「夏の部屋」と「冬の部屋」と慣習的に呼びわけることもおこなってきた。

イラン高原とチベット高原との農・牧の大きな違い

ただし、イラン高原の農・牧にはチベット高原と大きく異なる点も数多い。まず、農耕についてはカナートと呼ばれる地下水灌漑が見逃せない（岡崎 一九八八）。この技術はアケメネス朝ペルシア（前六～前四世紀）の時代からこの高原上で広く普及したとされるが、地表水流の灌漑技術しかなかったチベット高原にはない、この高原の重要な農耕関連技術である。二〇世紀後半に至ってもイランでは国内の農村の六割はこのカナートによる灌漑耕地をもっていたとされるほどこれは歴史的に普及しており、長いものでは五〇キロメートルを超えるようなものすらあった。テヘランのよ

（図９・19）イラン高原の遊牧民のテント（1998 年 8 月、筆者撮影）

うな大都市への水源確保もこのカナートに依ったのである。カナートは、チベットほどには地表水を得にくいところが多いとか、地表水だと夏冬の水量の変動が大きいというイラン高原の気候や地形の条件を克服した技術で、オアシスの造成を可能とした技術であった。しかしさらに、二〇世紀後半からはボーリングによって深井戸を掘削して地下水を汲みあげることが始まり、これによって荒野が新開の灌漑耕作地と農業集落に豹変することも起こった。あるいはそのような新しい深井戸に依ることで伝統的なカナートを維持することの放棄や、遊牧民の定住化も急速に進んだ。

他にチベット高原の農耕と大きく異なるのは作物である。ギルシュマン（一九七〇：一七一―一七二）によれば、すでにアケメネス朝ペルシアではカナートの技術だけでなく栽培植物や樹木、家畜を各地で探索し地域的に広めることも熱心におこなわれた。たとえばゴマをエジプトに、イネをメソポタミアに導入したのはアケメネス朝の人びとであったという。また、高原上のメディアの渓谷ではムラサキウマゴヤシを多く栽培してウマの理想的な飼料としたともいう。アフガニスタンなど東部も含めて、イラン高原の南部では夏作物としてイネが栽培されることは古くからおこなわれている。たとえばアケメネス朝ペルシアの国都の遺跡があることで知られるペルセポリスは標高約一六〇〇メートルの高度にあるが、この遺跡の横では水田で稲作がおこなわれていることを筆者自身も実見している。イラン高原の海抜高度は標高一〇〇〇メートル前後から二〇〇〇メートル台のところが多いので、稲作が可能なオアシスはとくに珍しくないのである。ヒマラヤで稲作が広くみられるところは、盆地や谷でいえばカトマンズ盆地（標高約一三〇〇メートル）やカシミール盆地（標高約一七〇〇メートル）、ブータンの中央のプナカ（標高約一三〇〇メートル）やパロ（標高約二三〇〇メートル）といったぐあいであり、ブータンの場合の稲作の上限は標高約二五〇〇メートル前後と高い。しかし、これらの稲作地帯と比べるとチベット高原やヒマラヤ高地の生産力ははるかに小さい。すなわち、そこでもっとも支配的な農耕のあり方は標高四〇〇〇メートル前後の農耕限界に近い高さの耕地でのハダカオオムギの耕作に留まるのである。チベット高原のオオム

（図 9・20）ペルセポリス遠景
（1998 年 8 月、筆者撮影）

ギ耕作は非常に狭小な山間オアシスでの灌漑耕作に依っており、たとえば西チベットのラダークでは大部分の村では播種量の三倍からせいぜい一〇倍くらいまでの収量しか得られないことが筆者らの調査からも判明している。

栽培作物に違いがあるように、イラン高原とチベット高原では家畜種にも違いがある。チベット高原ではその高い高度を反映してヤクやパシミナヤギ、高地種のヒツジなど、高地種のものが家畜構成のうち多くを占める。一方で、強乾燥のイラン高原ではもともとラクダが少なくなかったのだが、二〇世紀におけるモータリゼーションの浸透で急速にそれは数を減らした。

高原における農・牧の空間の混交と分散

イラン高原とチベット高原を少し広域的に評価してみよう。歴史的に遊牧という生活様式が卓越していわゆる遊牧民族の歴史上の活動の根拠地となったのは、二つの高原よりも北に位置する中央アジア北部から北アジアの草原地帯である。その代表例は、紀元前のスキタイや一三〜一七世紀のモンゴル、あるいは紀元前から一七世紀のトルコ（テュルク）系の諸民族であった。そして、中央アジアの地理的構造は、これらの遊牧民族が依った北部の草原地帯と、農耕民・都市民が依った南部のオアシス地帯とに巨視的に二分して把握されてきた。ただし、ここでいうオアシス地帯は、主にいわゆるシルクロード沿いの東西トルキスタンの乾燥した低地にある比較的大規模なオアシス群であり、緯度でいえば、オアシス地帯が北緯三五〜四五度付近に位置し、草原地帯は、それより北のおおよそ北緯四〇度付近より北に位置する。これら二つの緯度帯に対して、イラン高原からチベット高原へと続く高原地帯は、先にも述べたように北緯二五〜三七度にその主要部があり、オアシス地帯のさらに南に位置する。すなわち、大勢としては、中央アジアには、北から順に、草原地帯、オアシス地帯、イラン高原・チベット高原と並んだ緯度帯の配列があり、さらにイラン高原東部の場合は、それの南にさらにインダス川流域の南アジアのオアシス地帯が並ぶという南北方向の地帯配列をもっている。

イラン高原とチベット高原の上に展開する農耕空間を見てみると、いずれの高原にも多数のオアシスが散在する。しかし、個々のオアシスは低地のオアシス地帯のものよりはるかに規模が小さい。それはあたかも小規模な生活空間が散らばる多島海にも喩えられるかもしれない。イラン高原の西のメソポタミアや東のインダス川下流域、あるいは北の西トルキスタンのアム川・シル川沿いの低地にあるのは外来河川型のオアシスである。また、チベット高原の北の東トルキスタンのオアシスは氷河を頂くコンロン山脈や天山山脈の山麓に立地する山麓型のオアシスであり、西トルキスタンの外来河川型のオアシスよりも個々の規模は小さい。榎一雄（一九七一）によると、漢書西域伝にもとづくBC六〇年頃の東トルキスタンのオアシス国家の人口（口兵数合計）は、ホータン（于闐）二万一七〇〇人、ヤルカンド（莎車）一九、四二二人、カシュガル（疏勒）二万六四七人，クチャ（亀茲）は一〇万二三九八人といったぐあいであった。しかし、イラン高原とチベット高原の上のオアシスは、低地のそれよりもさらに小さい傾向がある。イラン高原では先述のカナートにより伝統的な手掘りの技術によってもオアシスを一定程度人口的に拡大させた。しかし、チベット高原の場合は山岳が多い高原の谷あいの、非常に小さくしかも散在した山間オアシスが農耕空間であった。図9・21は西チベットにかつて存在したラダーク王国の首府レーが位置するレー谷の例であるが、このサイズの山間オアシスでもこの地方ではもっとも大きなものの一つである。二一世紀を迎えた現在では図中のレーの町は都市人口二万人以上をもつに至ったが、ラダーク地方の個々の山間オアシスは一村あたりの人口規模が千人にも及ばない程度の小オアシスが散らばっている。

オアシスの規模の違いは鮮明であり、規模の順に大から小へと並べれば、インダス川流域やメソポタミア［外来河川型の巨大オアシス］＞西トルキスタンのアム川・シル川流域［外来河川型の大オアシス］＞東トルキスタンのホータン、ヤルカンドなどのオアシス［山麓型のオアシス］＞イラン高原に散在する中小オアシス［高原上のオアシス（カナート灌漑あり）］＞チベット高原に散在する狭小オアシス［農耕限界高度に近い山間オアシス（カナート灌漑なし）］、となる。これらは規模（面積）に加えて高度（およびおおよそ緯度）もほぼこの順に高くなっていることで生産にはいっそう不利になるので、オアシスの生産力と人口支持力には非常な地域差があることになる。このようにオアシスの規模と生産力に注意すると、地形的にもオアシスが小さい傾向をもたざるをえない高原、とりわけ高度が高いチベット高原においては都市の出現を考えた場合にどれほど地域的に不利かは明白であろう。

　牧畜についても、上に述べた三つの緯度帯を念頭においてその形態などをまとめると次のように言えよう。（一）中央アジア北部の草原地帯では、草原の規模はとても大きく、移動性の大きい遊牧という牧畜の形態が卓越し、この「移動」は社会全体の性格にも大きな影響を与える。そして何より、オアシスからもっとも遠い距離にあったこの地帯こそ、農耕民族の文化や社会との距離が日常的にも感覚的にももっとも遠い遊牧民族の文化と社会を成立させた。（二）中央アジア中部のオアシス地帯、すなわち東西トルキスタンの低地では、オアシスの内部と周囲で得られる飼料や草地に依存して家畜を飼うことになるが、農民や都市民というオアシスの住民が人口の大部分を占める地域でおこなう家畜飼養ということにな

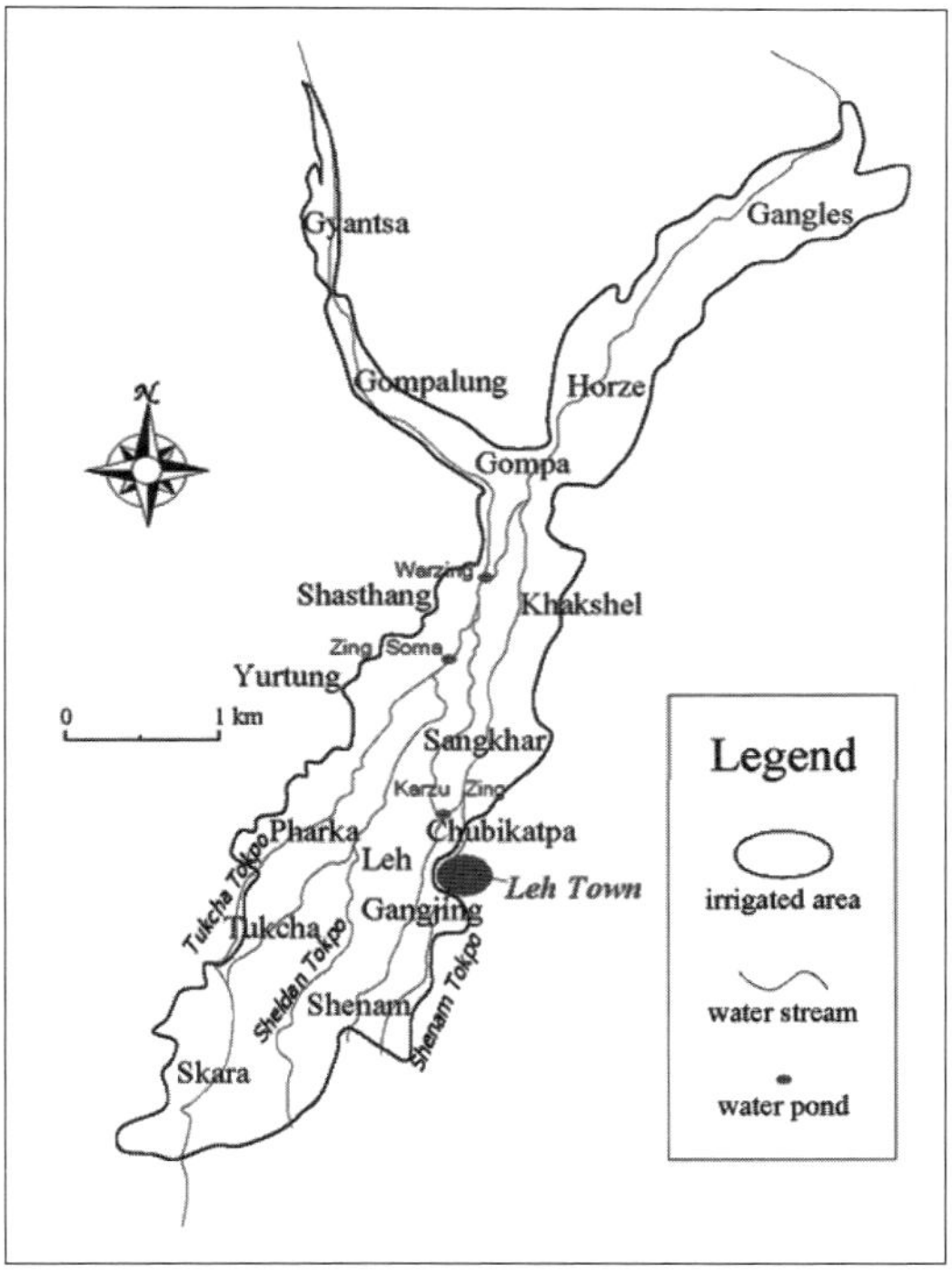

（図９・21）ラダーク地方の首府レー（Leh）が位置するレー谷
現地調査と衛星画像にもとづいて筆者作成。灌漑されている面積は、幅約１キロメートル余りで長さは10キロメートルにも満たない。（月原 2017：33）

る。そこではいわゆる遊牧民や半遊牧民が移動牧畜の形態をとって飼養するのであればそれは人口のごく一部の牧畜民の活動となり、また農村で飼料を与える舎飼いなどの定着畜産的形態をとるのであれば農民的飼養形態として「移動」という性格は弱まる。つまり地域社会全体の性格としては「移動」が前面に出てこなくなる。(三)東西トルキスタンよりも南に位置するイラン高原とチベット高原の場合は、地域的には相対的に低地のオアシスよりも農耕の基盤が小さいが周囲の空間を牧畜に利用しやすい農・牧混交地域である。そのため、農耕の不足を補うための農・牧兼業や有畜農業的な意味で農・牧の補完関係を高めることができ、低地のオアシス地帯に比べれば相対的に牧畜の比率が大きく、また一定程度の移動性に富む牧畜が維持されやすくなる。その移動は、地形と山間オアシスの規模によって畜群の規模が制限されることから、中央アジア北部の草原地帯のように大きな畜群が長距離を移動するものではなく、畜群の規模も季節移住の距離も比較的小さいものとなる。

「移動性」とそれに由来する特質

モンゴルをはじめとする遊牧国家やいわゆる征服王朝のもった特徴は、非常に多くの歴史学者によって論じられてきたところである(たとえば、杉山 二〇一六、間野 一九七七、山崎 一九七〇)。チベット高原(ブータンを含む)やイラン高原でも、移動牧畜は古くから盛んであり、それに由来する伝統文化が長らく保持されてきた。先の中央アジア北部の草原地帯や北アジアの草原地帯を中心に活動したいわゆる遊牧国家のもった性格は、チベット高原とイラン高原の二つの高原の国家や社会にもかなりの程度あてはまるものと筆者は考える。

そのような性格として、まず、ブータンとチベットに共通して指摘できると筆者なり

(図9・23) 古代チベット王国の発祥地ヤルルン谷
古代チベット王国最初の城とされるユンブラカン(ユンブラカル)から谷の上流を見下ろす。
(2011年6月、筆者撮影)

(図9・22) チベット高原の山間オアシス
ラダーク地方のレー谷の灌漑耕地の最上部。
(標高約4000m、2008年7月、筆者撮影)

に理解するものを列挙すれば、次のようになる。（一）移動牧畜に携わる牧人などの庶民だけでなく、かならずしも牧畜に携わらない支配者層においても季節移住生活が頻繁に見られること。そして、季節移住しない（できない）者は富者よりも貧者である傾向があったこと。住地の移転すなわち引っ越しを苦としないこと。（二）その移動性と関わってか、富とその蓄積に対する考え方が低地の大オアシスの定住民とは異なったこと。すなわち、可搬性があって価値が高い富が好まれ、その獲得が追求される傾向があったこと。（三）やはりまたその移動性と関わってか、小規模な政府が維持される傾向があり、官僚機構や政府組織が肥大化したり複雑化するモーメントには乏しい面があったこと。（四）移動牧畜によって飼養される家畜は、畜産物の生産や売買に用いられるだけではなく、軍事力や交易の輸送力として活用され、軍事や財政の基盤を提供したこと。（五）農民や職人・商人など，専門的能力をもつ者であれば異民族や異教徒であっても権力者は積極的に役人等として採用し、仕事を任せる傾向があったこと。（六）民族や宗教、言語などに見られる寛容性や国際性（コスモポリタン的性格）、といった具合である。

総じていえば、ブータンやチベットでは、「移動」に少なからぬ価値を置いていた。またそこから派生して、あまり都市的あるいは文明的とはいえないかもしれない多くの特徴も現れたのではないか。またこれらは、モンゴルなどの遊牧民族にも通じるところがあるほか、イラン高原にもかなりの程度あてはまったのではないかと筆者は考える。

歴史上、権力者が季節移住をする「夏の都」と「冬の都」がみられたこと、あるいは有力者が別荘のような形で「冬の家」を低地の温暖地にもって季節移住する移動性はとくに注目されてよい。そうした季節移動の例は、ブータンのほか、チベット高原からイラン高原にかけての地域には非常に数多くある。またそのとき、有力者ほど実は家畜の群れをともなわない。有力者は家畜の世話は牧人に任せるのであり、牧畜を生業とするために季節移住せざるを得ない人や、そもそも季節移住しない人はむしろ貧しいのがこの地域ではむしろ普遍的であった。とくにイラン高原の場合はチベットよりオアシスははるかに豊かであり、ペルシア文化には都市定住民の文化という性格もチベットと比較にならないくらいに濃厚であったが、それでもなおこの夏冬で家や都を変える伝統は根強く存続していたものと筆者はみている。

「帝国」建設への寄与と精神文明への志向

ペルシア文明の地としてイラン高原が早くから文明の地として認められるようになるのは、この高原の民であるアーリア系のペルシア人によって、前六世紀にこの高原と周りの多数の地域と民族とが統一されて事実上の世界帝国が歴史上はじめて建設されたことによる。そのアケメネス朝ペルシアは、アレクサンドロス大王の東征（前四世紀）後はセレウコス朝（前四～一世紀）などを挟んでギリシア人の影響を受けつつも、パルティア（前三世紀～三世紀）やササン朝（三～七世紀）へと長期にわたるペルシア帝国として維持された。文明に関わる既述の様々な基準は、建造物であれ金属文化や文字文化であれ、あるいは科学技術の発達であれ法制度の整備であれ、アケメネス朝ペルシアではすべて満たされた。そこでは、ペルシア帝国の王は「諸王の王」と称された。そして、帝国は二〇ほどのサトラピーと呼ばれる州に分けられ、各州・各民族は固有の言語や宗教を保持することを許される一方で、政府から派遣されたペルシア人の行政官や監督官の下に各州は統治されたという。つまりまさに多民族の「帝国」が作られたのであった。「王の道」と呼ばれる道路網の整備や法体系の整備、また先述の開発政策としてのカナートや栽培作物等の普及も知られる。アケメネス朝ペルシア成立期の王の一人、アリアラムネス（BC六〇〇年頃）は、「余が保有するペルシアの国は、良きウマと良き人に恵まれたり。余にそれを与えたまえるは大いなる神アフラ・マズダなり。余はこの国の王者なり。」との言葉を黄金板に記した（ギルシュマン 一九七〇：一〇八）というから、その軍事力にはイラン高原で彼らが飼養していたウマも大きな役割を果たしたに違いない。

ペルシアが、おそらく人類史上最初といってよい「世界帝国」の建設に寄与したことは疑いない。しかしその帝国建国期のペルシアについて注意したいことは、ペルシア人の依ったイラン高原は、オアシス農業と都市が発達した先進地であるメソポタミアからすれば辺境であり、彼らの文化を帝国内で他民族に押し付ければ受け入れられはしなかったことである。このことは、アケメネス朝ペルシアについて詳しく解説された諸書（ブリアン 一九九六、ギルシュマン 一九七〇、足利 一九七七、佐藤 一九六九、森谷 二〇〇三、など）ではいずれでも確認できることである。ペルシアが軍事侵攻して統一したイラン高原の周囲の地域、つまり低地の巨大オアシスでは、エジプトであれメソポタミアであれインドや中央アジアであれ、すでにオアシス都市国家が成立して久しく、それらに依る異民族の人口規模も大きかった。だから、アケメネス朝ペルシアの出現は多数の「文明」地の大統合にほかならなかったが、それはいわば後進民族であったペルシア人によってなされたのであり、宮崎の言い方でいうなら、素朴主義のペルシア民族が周囲の文明主義の社会を統一したわけであった。後の一三世紀のモンゴルによる遊牧帝国、すなわちユーラシアサイズの大統一も、強大な軍事力をもちえたその遊牧民族によった。とすれば、「文明」と「素朴」や「野蛮」を対置するなら、ペルシア帝国から少なくともモンゴル帝国の時代まで、世界史の上で「帝国」建設の主役になったのは「文明」の側でなく、「素朴」や「野蛮」の移動牧畜民の側であったとむしろ言うべきであろう。アケメネス朝ペルシアを倒したアレクサンドロスもまた、移動牧畜の盛んな辺境の山地地方から出たというのが適切とされている（森谷 二〇〇三）。

チベットの場合も「帝国」建設に歴史的に寄与したと考えられる。チベットの場合は高原の周囲の低地にまで軍事進出をおこなったのは七世紀から九世紀であり、唐代の中国から吐蕃と呼ばれた古代チベット王国のことであった。その後はそのような暴力的な対外侵略はなく、佐藤長（一九七一）が推察したようにチベット高原の社会と文化は、威勢がよかった古代王国時代とは異なる方向へと発展することになった。その顕著な特徴は、一一世紀頃からチベット仏教が隆盛し、次々と宗派が現れてチベット高原の全域に無数の僧院が作られ、仏教教団と高僧を中心とする宗教文化と社会経済体制が形成されるに至ったことである。背景には、生産力に乏しい、限界的な高度にある、しかも小規模なオアシス農耕という制限条件がある。それは人口増加も都市の発達も難しくしたと考えられる。この生産力や規模においては、チベット高原は都市と都市文化の発達を見たイラン高原のオアシスの比ではなかった。富の集積や物質的繁栄を求める方向で高原の周囲の低地のオアシスと対抗するには限界があり、人口も乏しい。また、すでに指摘した、「移動」をいとわず、条件次第では「定住」よりも「移動」の方により大きな価値を置くといういわば都市定住民とは正反対の文化的性格も、そのような低地への対抗にはネガティブに働いたに違いない。いきおい、人びとの関心はむしろ精神的な「文明」なり「帝国」を追求する方向へ向か（うしかなか）ったことが、仏教の隆盛を招いたのではないだろうか。

しかし、チベット人が南のインドから受け入れて自らのものとした仏教は、高原の範囲を超えてとくにモンゴル人と満州人というさらに北方の民族へと弘通され、それらの北方民族は、中国の中原へと進出して征服王朝を立てるなどしたあとにもチベット仏教信仰とチベット人僧侶との繋がりを維持した。その繋がりからチベット仏教は漢人も含む周辺諸民族にまで影響を与え、元代や明・清代においては中国王朝の支配者層とも深い関係を結んだ。満州人による清朝が成立し、その最大のライバルであった最後の遊牧帝国、ジュンガル王国が倒されるに至る過程でも、どちらの勢力もチベットのゲルク派政権を率いるダライ・ラマを支援する建て前を表明し、またその支援が「佛教政治」の実現を望むものであったこと（石濱 二〇〇〇）は、チベット人たちが軍事ではなく宗教の面から東アジアにおける多民族「帝国」の建設に寄与したことの歴史的証左である。逆に、モンゴルなどの周辺民族には、チベット仏教の信者となりチベットの高僧と繋がりをもっ

（図 9・24）チベットの首府ラサ
ジョカン寺から望むポタラ宮殿。経済発展著しい中国にあってチベット自治区のラサでは近年は市内の建設ラッシュで市街地からはポタラ宮殿が見えなくなってきている。（2011 年 6 月、筆者撮影）

たことで、チベットの社会と文化をそのような方向へと育てた面があったことも指摘できるだろう。チベットの僧侶たちにとって、チベット仏教は最高の可搬性と価値がある輸出品でもあったともいえるだろう。

　ある程度同じような北方の民族との宗教や言語を通じた関係はペルシア人にも観察することができる。ペルシア人とチベット人は、ともに、遊牧帝国を築いたモンゴル人との繋がりから、それぞれモンゴルにイスラーム教とチベット仏教なる宗教を伝え、またそれを通じて、イラン高原のペルシア語とチベット高原のチベット語は、中央アジアの西と東で広く用いられる国際語となった歴史がある（本田一九六九）。イランとチベットは、ともに高原より南のアラブやインドから自らが歴史的に受け入れた宗教を北方に伝えたのである。ペルシアにおいても、チベットと同様にいわば軍事ではなく精神文明に依る広域的な統合ないしは多民族の統一形成へと向かっていたと観察できるかもしれない。

　その意味では、イラン高原とペルシアは、ゾロアスター教という後の世界の各宗教に数々の影響を及ぼす宗教を古くに生んだことを忘れるわけにはいかない。また、イラン高原の東部では、アフガニスタンのバーミヤンの石窟等でも顕著なように、往時にはガンダーラ仏教文化や大乗仏教の独自の発展も見られた。また、イラン高原ではイスラーム教のなかでも様々なスーフィー（神秘主義哲学）の教団が展開した。かつて中央アジアに盛んとなったマニ教や、現代のイランにおけるイスラーム革命、あるいはアフガニスタンにおけるタリバン運動にも注意してよいのかもしれない。これらのことからすると、イラン高原にも、チベット高原と何がしか似通った機構によって高原の民が精神文明への志向をもつ傾向があったと観察できる可能性がある。

（図９・25）チベットの首府ラサ
旧市街地の中心であるジョカン寺の門前で五体投地をする人びと。（2011年６月、筆者撮影）

五　辺境の高地からの「文明」の問い直し

本章では、アジアの「高地文明」をブータンを含むチベット高原の地に想定して、その文明的特質を明らかにしようと試みた。そのさい、ブータンを含むチベット高原をイラン高原と比較対照させて考察すること、また、宮崎市定や川喜田二郎などの先学たちによる「素朴」や「文明」に関する議論を参考にしながら考察を深めることを併せておこなった。「文明」理解の基礎としたのは、一方では、とくに農耕と牧畜のあり方を主とする生活文化、及びそれを規定すると思われる高度や緯度、地形などの生態的条件であり、他方では、歴史上に成立した国家や民族・言語・宗教などの空間的な広がりや、ユーラシア大陸の緯度帯をも意識した移動牧畜やオアシス農耕の地域的評価とその把握であった。

本章の考察を経て筆者なりに理解を前進させることができたと感じるのは、まずチベット高原とイラン高原の類似性である。それらはともにユーラシアの主要な「低地文明」にその周囲を囲まれた「中間地」の位置を占める相対的「高地」であり、その海抜高度や氷河の多寡などには大きな違いがあるものの、人口や生産力の点では周囲の低地の大オアシスより乏しいという僻地的性格を元来もっていた。しかし、その高原部の農耕・牧畜は、いずれも中央アジアの他の緯度帯には及ばずとも、農耕・牧畜を小規模でも併せやすい農牧混交地帯という性格において共通しており、このことが「夏の土地」や「冬の土地」に顕著な移動性の高い生活文化の根強い伝統を育んだものとみられた。そして、歴史上のペルシア帝国やチベットの古代王国、あるいはチベット仏教文化圏は、イラン高原やチベット高原という本拠地を大きく超え、周囲の「低地文明」の地域にまで勢力を伸長させた「帝国」にほかならなかった点でも類似していた。

こうして、二つの高原に依りながらアジアの「高地文明」の特質を検討すると、この作業自体が「都市定住民」に偏った旧来の「文明」観の問い直しをともなう面をもつことも理解された。移動性に富む「高地」の生活文化は、低地の大オアシスに色濃い「定住」や「蓄積」とは対照的であるだけではない。「高地」に発する「帝国」が示した広大な領域は、「低地文明」の基礎となる大規模人口や都市を前提としたといってよい西アジア、中央アジア、南アジア、東アジアといった一般的な地域区分自体にそもそも縛られない広がりを見せる。それはあたかもネガに対するポジであり、その結合的役割にこそ「高地文明」の特質があり、ユーラシアの文明史は、「低地文明」とは別の「高地文明」の視点からとらえられるべき側面があることを知らされる思いがする。そしてじつは、「低地文明」も「高地文明」もともに相互のインタラクションという観点からの解釈や観察が必要であろう。

ブータンやチベットが現代世界において示している文明的特質ではないかと筆者が注目したのは、ブータンの要人たちが、ＧＮＨの考え方を国連などの場で国際的に発信して少なからぬ賛同者を得たり、ダライ・ラマをはじめとするチベット仏教の総師たちが、受け手の民族や宗教を超えて、人の生死や幸福に関するとらえ方を国際的に発信し、それが先進国の哲学者や科学者にも大いに注目されていることであった。アジアの「高地」は、とくにチベットやブータンであれば今後も僻地や辺境、あるいは素朴の極と見なされ続けるところがあるかもしれないが、現代の「文明」を問い直すようなメッセージを発することができていることこそ、「高地」の文明的特質と筆者は考える。また、そうした互いの動きやコミュニケーションも、現在進行形の「低地」と「高地」のあいだのインタラクションを構成しているものとみる。

【文　献】

青木文教　一九六九『西藏』芙蓉書房。
足利惇氏　一九七七『ペルシア帝国』講談社。

石濱裕美子　二〇〇〇「ガルダン・ハルハ・清朝・チベットが共通に名分としていた「佛教政治」思想」『東洋史研究』五九（三）：三五―六二。
稲村哲也　二〇一四『遊牧・移牧・定牧―モンゴル、チベット、ヒマラヤ、アンデスのフィールドから』ナカニシヤ出版。
今枝由郎　二〇〇三『ブータン中世史―ドゥク派政権の成立と変遷』大東出版社。
今枝由郎　二〇〇五『ブータン仏教から見た日本仏教』日本放送出版協会。
応地利明　二〇一二『中央ユーラシア環境史 第4巻 生態・生業・民族の交響』臨川書店。
岡崎正孝　一九八八『カナート―イランの地下水路』論創社。
格勒・劉一民・張建世・安才旦編　一九九三『蔵北牧民―西蔵那曲地区社会歴史調査報告』中国蔵学出版社。
片倉もとこ　一九九八『「移動文化」考―イスラームの世界をたずねて』岩波書店。
川喜田二郎　一九七七「中部ネパールヒマラヤにおける諸文化の垂直構造」『季刊人類学』八（一）：三―八三。
川喜田二郎　一九八九『素朴と文明』講談社。
木村　学　一九九七「大陸の合体―衝突型造山運動」『岩波講座　地球惑星科学9　地殻の進化』二五三―二七〇頁、岩波書店。
京都大学山岳部　一九九四『報告一七号　ブータン・ヒマラヤ登山特集―一九八三―八五年』京都大学山岳部。
ギルシュマン、R　一九七〇『イランの古代文化』岡崎　敬・糸賀昌昭・岡崎正孝訳、平凡社。
小玉新次郎　一九七七『西アジアの歴史』講談社。
佐藤　進　一九六九「アカイメネス朝ペルシア」『岩波講座 世界歴史1 古代オリエント世界　地中海世界Ｉ』二九三―三二六頁、岩波書店。
佐藤　長　一九七一「チベット民族の統一とラマ教の成立」『岩波講座 世界歴史6 東アジア世界の形成Ⅲ　内陸アジア世界の形成』四九一―五二〇頁、岩波書店。
スコット、J、C　二〇一三『ゾミア―脱国家の世界史』池田一人ほか訳　みすず書房。
杉山正明　二〇〇三『遊牧民から見た世界史』日本経済新聞社。
杉山正明　二〇一六『モンゴル帝国と長いその後』講談社。
中国科学院青蔵高原綜合科学考察隊　一九八四『西蔵農業地理』科学出版社。
月原敏博　一九九二「ブータン・ヒマラヤにおける生業様式の垂直構造」『ヒマラヤ学誌』三：一三三―一七六。

月原敏博　一九九三「ブータンの移牧と環境利用」『地理』三八（一〇）：五七―六三。
月原敏博　一九九四「有畜農業と家畜種―インド、ラダックの農牧連関」『人文地理』四六（一）：一―二一。
月原敏博　二〇〇〇「移動牧畜の類型と遷移に関する考察」『人文研究（大阪市立大学文学部紀要）』五二：七二九―七五三。
月原敏博　二〇〇八「チベット文化の核とアイデンティティー」『ヒマラヤ学誌』九：一七―四一。
月原敏博　二〇一七「インド最北部ラダーク地方の農業的土地利用と水利システム―高地山間オアシスの農・牧の伝統とその変容」『自然と社会』八三：一三一―一三八。
月原敏博・古川　彰　一九九一「クンブ、ティンリー両地方の生業空間編成―家畜種構成からみた伝統と変容」『ヒマラヤ学誌』二：一六八―二〇九。
ティンレイ、J著　日本GNH学会編　二〇一一『国民総幸福度（GNH）による新しい世界へ・ブータン王国ティンレイ首相講演録』芙蓉書房出版。
デエ、L　二〇〇五『チベット史』今枝由郎訳、春秋社。
西水美恵子　二〇〇九『国をつくるという仕事』英治出版。
日本熱帯生態学会　一九九六『熱帯研究』五（三・四）。（一九九五年第5回日本熱帯生態学会シンポジウム「熱帯高地の人と暮らし」（於国立民族学博物館　一九九五・六・二五）の記録。）
林　俊雄　二〇一七『スキタイと匈奴―遊牧の文明』講談社。
ブリアン、P　一九九六『ペルシア帝国』柴田都志子訳、創元社。
本田実信　一九六九「イスラムとモンゴル」『岩波講座 世界歴史8　西アジア世界』二五三―二九三頁、岩波書店。
間野英二　一九七七『中央アジアの歴史』講談社。
間野英二ほか　一九九二『内陸アジア』朝日新聞社。
宮崎市定　一九八九『東洋における素朴主義の民族と文明主義の社会』平凡社。
宮崎市定　一九九五「素朴主義と文明主義再論」『中国文明論集』三五九―三六五頁、岩波書店。
森谷公俊　二〇〇三「アケメネス朝ペルシアからアレクサンドロスの王権へ」NHK「文明の道」プロジェクト・森谷公俊・後藤　健・小堀　巌・川又正智・山内和也・辻村純代『NHKスペシャル 文明の道 ① アレクサンドロスの時代』一七四―二〇四頁、日本放送出版協会。
山崎利男　一九七〇「クシャーン朝とグプタ帝国」『岩波講座 世界歴史3　地中海世界Ⅲ　南アジア世界の形成

三三五–三七三頁、岩波書店。
山本紀夫　二〇〇六『雲の上で暮らす—アンデス・ヒマラヤ高地民族の世界』ナカニシヤ出版。
山本紀夫・稲村哲也　二〇〇七「アンデスにおける高地文明の生態史観—ヒマラヤ・チベットとの比較」山本紀夫編『アンデス高地』五二九–五五五頁、京都大学学術出版会。
ルヴェル、J-F・リカール、M　一九九八『僧侶と哲学者・チベット仏教をめぐる対話』菊地昌実・高砂伸邦・高橋百代訳、新評論。
Ekvall, R. B. 1968 *Fields on the Hoof: Nexus of Tibetan Nomadic Pastoralism*. New York: Holt, Rinehart and Winston.
Karan, Pradyumna P. 1967 *Bhutan: A physical and cultural geography*. Lexington: University of Kentucky Press.
Nishimizu, M. 2008 *Portrait of a leader: Through the looking-glass of His Majesty's decrees*. Thimphu: The Centre for Bhutan Studies.

終章

「高地文明」の発見

―もうひとつの四大文明―

山本紀夫

「チベット文明の華」ポタラ宮（標高約 3700m）
（山本紀夫撮影）

一　世界の四大高地

山岳地帯は、地球上の陸地の四分の一とも、五分の一ともいわれるほど広い面積を占め、そこには人類の一〇分の一が住んでいる。つまり、地球上の人口の一〇人にひとりは山を生活の舞台にしているのだ。そこで、世界の主要な山岳地帯および高地の面積と人口を具体的に示しておこう（表10・1）。

この表10・1によれば、山岳地域は世界のすべての大陸に存在しているが、人が多く住んでいる山岳地域は一部地域に限られる。すなわち、世界の山岳民の大半は、ヒマラヤ・チベット、アンデス、そしてアフリカの山々に集中している。序章で述べたように、地理学者のポーソンとジェストによれば、アンデス、エチオピア、そしてネパールからチベットにかけての地域が人間にとっての三大高地であるとされるのだ（Pawson & Jest 1978）。

では、この高地とは具体的にはどれくらいの高度以上のところを指すのであろうか。この点については序章で検討したように、先の図を書いたポーソンたちは標高二五〇〇メートル以上を高地としているが、この説に私は少し異論がある。それというのも、私が踏査し観察したところでは、エチオピア高地で多数の人口を擁するのは標高二〇〇〇～二三〇〇メートルあたりであり、これくらいの高度を高地であるとすれば、多数の人口を擁する高地が少なくとも、もう一ヶ所あるからだ。それはメキシコからグアテマ

（表10・1）山岳地域および高地の面積と人口（ブラウン 1995）

地　　域	面　積 (10³km²)	人　口 (100万人) (1990年ごろ)
北東シベリアおよび極東ロシア	3813	1.7
ヒマラヤ	3400	121
アフリカの山岳地域および高地	3000	100
チベット高原	2500	6.4
アンデス山脈	2000＋	65
アラスカの山脈群	1060	0.17
カナダ西部の山脈群	1365	3.3
南極大陸の山脈群	1346	0
旧ソ連の山脈群	836	2.4
米国ロッキー山脈	818	3.4
中央アジアおよびカザフスタン	522	11
シエラネバダ山脈・カリフォルニア海岸山脈・カスケード山脈	380	17.1
ブラジルの大西洋山地	300	25
アルプス山脈	240	11.2
コーカサス山脈	179	7.7
アパラチア山脈・アディロンダック山地	176	10

ラにかけての中米の高地である。とくにメキシコの首都のメキシコシティは人口一〇〇〇万以上を擁するが、その標高は約二三〇〇メートルに達する（図10・1）。そこで、ここではおおよそ標高二〇〇〇メートル以上のところを高地としておこう。つまり、私の観察によれば、世界には人間にとっての四大高地があることになる。すなわち、エチオピア、メキシコ、アンデス、そしてヒマラヤからチベットにかけての高地である。

二　なぜ高地でも人は暮らすのか

それにしても、なぜ、これらの地域では高地で人が暮らすのであろうか。とくに、アンデスやヒマラヤ・チベットでは富士山の頂上より高い高地でも多数の人が暮らしているが、このような高地での人びとの暮らしを可能にしているのは何であろうか。これについては序章でも述べたが、上記の四地域が緯度のうえではかなり低いところに位置していることである。つまり、熱帯ないしは亜熱帯に位置している地域だからこそ、これらの地域では高地であっても気候が比較的温暖なのである。したがって、高地で人が暮らしている地域は、おおまかにいえば熱帯高地であるといえよう。

この点で、先の四大高地のなかには少し例外的な地域もある。それがチベットである。チベットのなかには北緯三〇度以上の緯度が高い地域もあるからだ。では、このようなところでも多数の人たちが暮らしているのであろうか。これは私が長いあいだ疑問に思ってきたことであった。そして、その疑問は実際にチベット高原を歩いてみて氷解した。チベット高原のなかで多数の人たちが暮らすのはやはり緯度の低いところであり、そこはまた高度がやや低くなっている。ところが、そこから緯度が高くなるにつれて標高四〇〇〇メートルを超す高原が広がり、そこでは人の影は薄く、北上するにつれて人口はきわめて希薄になってくるのである。

このチベットやエチオピアなどの高地を歩いてみて、高地で多くの人が暮らす理由がもうひとつ

（図10・1）メキシコシティの景観
（標高約2300 m、筆者撮影）

存在することに気がついた。それは、これらの高地にはきわめて平坦な高原が広がっていることだ。実際に、チベットもエチオピアの高地も、ふつう高原と表現されている。また、アンデスもエクアドルからボリビアあたりにかけての高地部は平坦なところが多く、とくにペルー南部からボリビア北部にまたがるティティカカ湖畔あたりには日本の本州がすっぽりおさまるほどの広大な高原が広がっている（図10・2）。さらに、メキシコにも中央部には中央高原が広がっている。このような地形条件もまた高地で人が多数暮らせる要因のひとつであろう。

これは、ネパール・ヒマラヤの例と比較してみれば明らかとなる。ネパール・ヒマラヤの地形は厳しく、傾斜が急で平坦地がほとんどないため、集落はあっても高地部での都市の発達は見られない[1]。この点から、先に引用したポーソンたちがチベットからヒマラヤにかけての地域を三大高地のひとつとする説について、ヒマラヤに関しては疑問がある。ネパール・ヒマラヤだけでなく、私はブータン・ヒマラヤも踏査したが、そこでは高地に集落さえほとんどなかった。そのため、本節では、とりあえずヒマラヤを除外しておこう。

（図10・2）ティティカカ湖付近の高原
（標高約3800 m、筆者撮影）

［1］この点について詳しくは、山本・稲村（二〇〇七）を参照されたい。

三　高地適応型の暮らしの開発

それでは、このような気候や地形のおかげだけで先述した高地で人びとは暮らすことができるのだろうか。じつは、このような素朴な疑問こそがアンデス高地で私が調査を始めるきっかけとなった。そして、その後もヒマラヤやチベット、さらにエチオピア高地などで調査をおこなった。そこで、ここでもまずアンデス高地においてこの問題を検討してみよう。

この点でアンデス高地には特筆すべき大きな特徴がある。それは寒冷高地に適した作物や家畜を数多く生みだしたことである。たとえば、作物ではジャガイモが有名であるが、このほかにもオカ

（カタバミ科）、オユコ（ツルムラサキ科）、マシュア（ノウゼンハレン科）などのイモ類、キヌアやカニワなどアカザ科の雑穀、そして現地で一般にタルウイの名前で知られるマメ類もある。また、家畜では主として毛を利用するためのアルパカと荷物の運搬用に利用されるリャマの二種類のラクダ科家畜も生みだされている。

　さらに、これらの作物や家畜を栽培、飼育する技術の発達も見逃せない。たとえば、作物の栽培に関しては水の乏しいところでは灌漑、水が多すぎるところでも治水の技術を発達させてきた。また、施肥の技術や農具の開発、さらに社会組織の発達なども指摘しておかなければならない。このアンデス高地の農耕技術については、本書の山本報告で詳しく論じたので、詳細はそれにゆずることにしたい。

　アメリカ大陸では、もう一ヶ所、メキシコからグアテマラにかけての中米にも高地があり、そこでも多数の人びとが暮らしている。それは、一般にアナワク（Anahuac）と呼ばれ、メキシコ中央部からアメリカ合衆国との国境にまで広がる高原、すなわちメキシコ中央高原である。その面積は日本の国土の二倍に近い六七万平方キロメートルもあり、平均高度は約一七〇〇メートルである。北部では約一二〇〇メートルであるが、南にむかうにつれて高度を増し、約二七〇〇メートルにも達する。高原には多くの湖沼があり（図10・3）、そこに流入する河川も多い。高原の北部は雨が少ない半乾燥地で人口密度は低いが、高原南部は雨量が多いため、メキシコの主要な農耕地帯となっていて、人口密度も大きい。

　この南部高地こそは、スペイン人の侵略以前の時代に、テオティワカン、トルテカ、アステカなどの古代文化が栄えていたところである（図10・4）。そして、この暮らしの中心になるものこそは、メキシコで栽培化されたトウモロコシである。これにインゲンマメとカボチャもくわえてもよい。なかでもトウモロコシは生産性が高く、それゆえ中米では古くからトウモロコシを中心とした農耕文化が発達してきた。たとえば、メキシコの中央高原で巨大

（図10・3）メキシコ中央高原北西部のパクツアロ湖（ミチョアカン州）（筆者撮影）

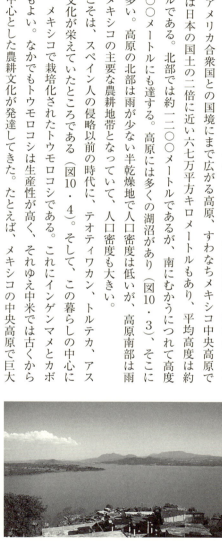

な都市センターをもち、最盛期の六世紀に首都だけで一五～二〇万人の人口を擁したテオティワカン文明もそうだ。このテオティワカン文明の爆発的な成長の背景には、メキシコ高原での灌漑をともなったトウモロコシ栽培の広がりがあったことが指摘されているのである。

ただし、メキシコではいささか特殊な灌漑方法も開発されていたらしい。それは、一般にチナンパとよばれるもので、メキシコ中央高地のメキシコ盆地の淡水湖地域で浅い沼や湖畔に泥や水草などを積みあげて人工的に造った耕地である。図10・5に示したように、耕地の側面には柳などの木を植えて、土壌流出を防いだ。チナンパの各区画は一〇〇メートル×五～一〇メートルほどで、一六世紀には一二〇平方キロメートルに広がった。メキシコ盆地南部のチャルコ湖とショチミルコ湖、さらに盆地南部のテノチティトラン周辺や盆地北部にも広がった。

その後、これが発展し、チナンパは「アステカ王国の穀倉」とよばれるほどに拡大する。アステカのチナンパは、ひとつの耕地と隣の耕地のあいだに水路がもうけられた方形の畑で、そこでトウ

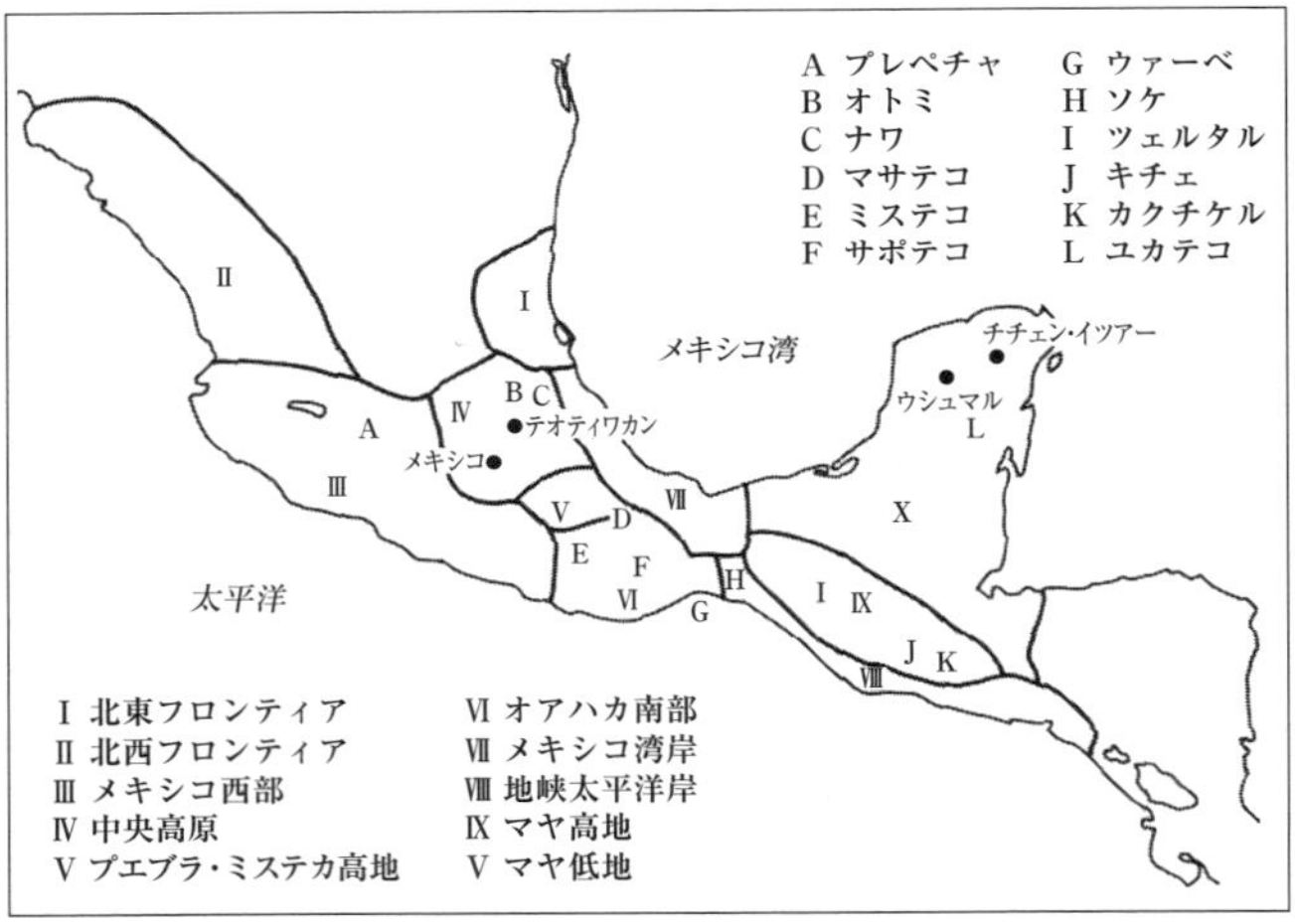

(図 10・4) メソアメリカの文化領域

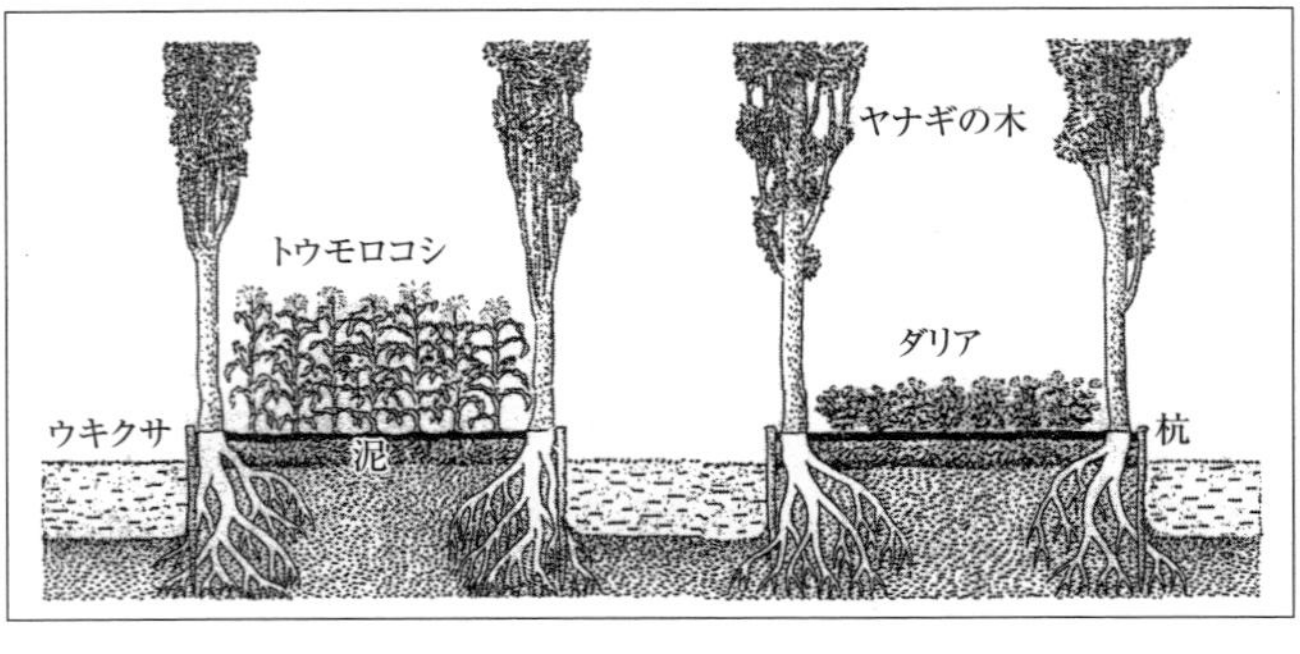

(図 10・5) アステカのチナンパ耕地 (Coe 1964)

モロコシ、マメ類、カボチャ、ハヤトウリ、トマト、トウガラシ，ヒユ科のアマランスなどの食糧源はもちろん、薬用のダリアなどの花も栽培されていた。チナンパは、アステカ王国が増大する食糧需要に対応するために、一五世紀以降に造成した大水利事業なのであった。

このようにチナンパは格子状の排水路に囲まれているため、耕地への水分補給が容易である。また耕地は泥や水草のまじった腐葉土におおわれているため、土壌も肥沃である。[2]このため、チナンパ耕作の生産性は、アジアの水田耕作に匹敵するほど高く、メソアメリカ農民のメキシコ盆地に対する生態学的適応の最終段階を示すものであるといわれることさえある。

[2]　メソアメリカでは七面鳥以外の動物はほとんど家畜化されなかったので、家畜の糞を肥料とする方法はなかったようだ。そのかわりに、人糞が肥料として利用されていたようだ。（タウンゼント　二〇〇四：二四二―二四四）

四　旧大陸の高地と人びとの暮らし

次にアメリカ大陸を離れて、アジアの高地についてみてみよう。まず、チベットの高地である。チベットを実際に訪れるまで、そこに私が抱いていたイメージは遊牧の世界であったが、そのイメージは現地を歩いてみて大きくくつがえされた。たしかに、チベットの中心地であるラサを北上すると草原におおわれた広大なチャンタン高原が広がり、そこはイメージどおりのヤクを遊牧する世界が展開されている。そこが標高四〇〇〇メートルをはるかに超す高地であり、また緯度も高くなっているからである。ところがチベット高原の南端を東西に流れるヤルツァンポ河流域を歩いてみて、チベットの印象は大きく変わった（図10・6）。そこは穀倉地帯といっても過言でないほど耕地が連続し、豊かな緑でおおわれていたからである。そして、「畑のあるところ集落あり」といえるほど集落も多かったのである。

ヒマラヤ・チベットに詳しい栗田靖之は、このヤルツァンポ河流域について次のように述べている。

このヤルツァンポ河流域においてとくに注目すべきことは、この地域においては農業が行われていることである。チベットといえば、だれでもがすぐに牧畜社会であると考えるようであるが、じつはこのヤルツァンポ河流域は、一面に麦が植えられた大農耕地帯でもある。年間降雨量は、およそ四〇〇ミリメートルで一年一毛作が行われている。チベットの人口の大半は、このヤルツァンポ河の流域に居住しているのである。（栗田　一九八七：一五）

また、ヒマラヤ・チベットを専門にする地理学者の月原敏博も、チベットにおける牧畜と農耕の重要性を以下のように述べている。

> チベット人のもっとも基本的な生業は農耕と牧畜であり、この二つはチベットのどの地域でも重要なのであるが、農耕は谷あいの沖積地や河岸段丘で営まれ、牧畜はほぼそれより上部の山地斜面や水流沿いの草地を季節的に上下する季節移動放牧として営まれる。（月原　二〇〇八）

さらに、月原は次のようにも述べている。

> 谷あいでは農耕と定住が可能で定住村落や都市の成立をみた。しかし、高山帯は、とくに夏の時期には家畜の放牧による利用も可能ではあるが、大規模な定住村や都市は一般に成立していない。

つまり、チベットでは、牧畜とともに農耕も重要であり、とくに農耕は定住が

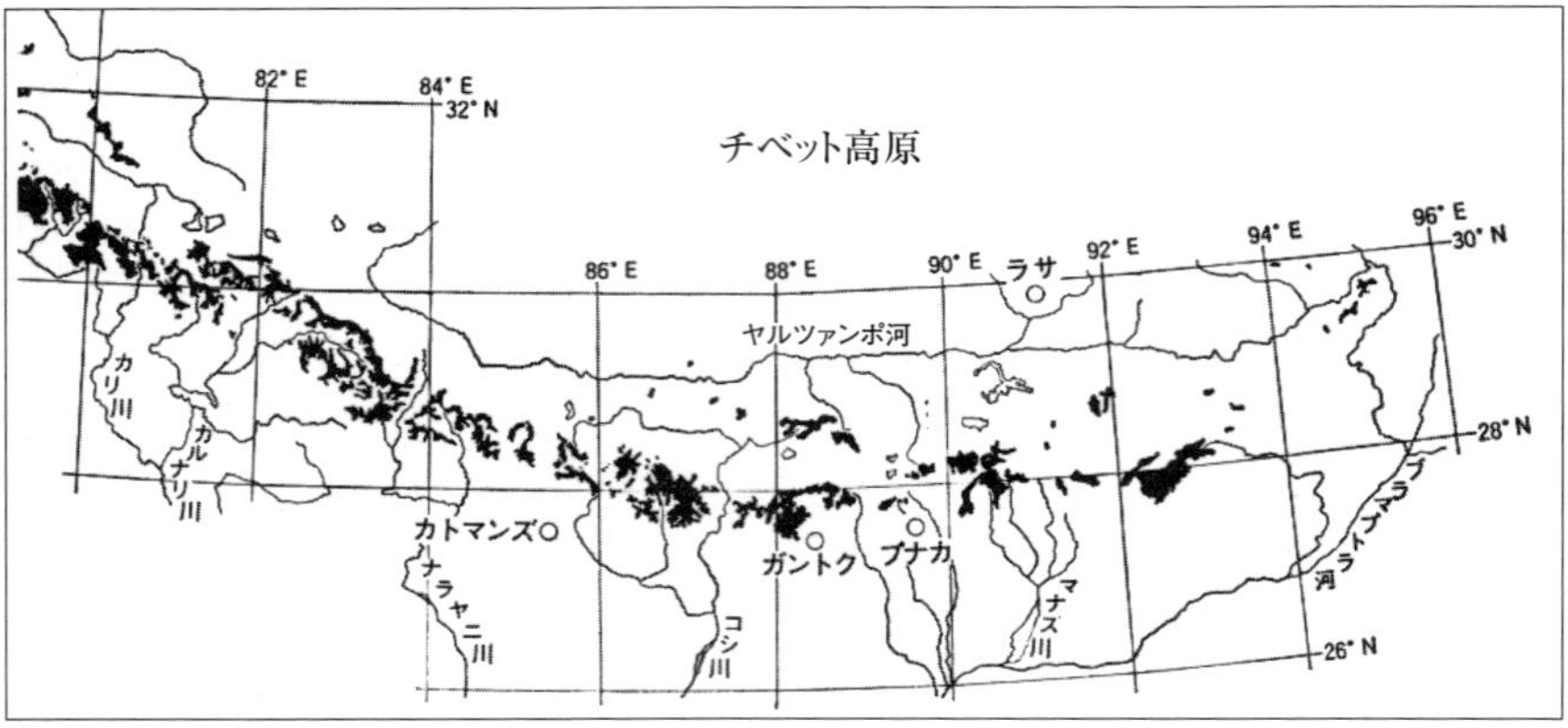

（図 10・6）ヒマラヤ山脈とチベット高原（安成・藤井 1989）

可能であるため、定住村落や都市も発達したというのである。たしかに、チベット第二の都市、シガツェもヤルツァンポ河とその支流のニャンチュ川の合流点に位置しており（標高は約三八五〇メートル）、周囲は豊かな農村地帯に囲まれ、人口は約六五万人に達するのである。

このヤルツァンポ河は、南緯三〇度以下（日本では奄美大島あたり）をほぼ東西に流れており、この緯度の低さも高地での農業を可能にする一因であろう。図10・6に示したように、ヤルツァンポ河流域はチベットのなかで最南端に位置しており、そこは降雨量も比較的多いのである。

なお、ここで注意しておかなければならないことがある。それは、序章で示したポーソンたちの図では天山山脈からチベット高原をへて、ヒマラヤまでを世界の三大高地としていたが、これらの地域は熱帯高地ではないことだ。天山山脈はもちろんのこと、チベット高原も熱帯高地ではなく、そこは暖温帯もしくは温帯高地である。にもかかわらず、多数の人びとが暮らしているのは、そこが平坦な高原地帯であることにくわえ、乾燥した気候のせいで、積雪量も少ないからであろう。そして、チベット高原の南端に位置するヒマラヤ東部は序章で指摘したように亜熱帯高地なのである。

さて、チベット高地で農業を可能にしている要因で、さらに加えなければならないものがある。それが寒冷な高地でも栽培できる作物の存在である。アンデス高地ではジャガイモなどのイモ類の栽培化が人びとの暮らしを可能にしたが、チベットでもやはりそのような作物が生みだされているのである。

その代表的な作物がオオムギの一品種であるチンコーだ[3]。チンコーはチベット特有の品種であり、寒冷な高地でも栽培できることが知られる。もともと、オオムギはイランからトルコあたりにかけての中近東で紀元前七〇〇〇年ごろに栽培化された作物であるが、それが東に伝播してゆくなかで寒冷地に適した品種が生まれた。そのひとつがチンコーなのである（図10・7）。

そのチンコーが、コムギとともに主作物としてヤルツァンポ河流域で栽培されているのだ。これは、チベットの降雨量が少ないため、ヤルツァンポ河から引いた水を利用して灌漑している。

［3］チンコーはチベット人の主食であり、ツァンパと呼ばれる麦焦がしにしてから粉食される。

（図10・7）チンコーの収穫
チンコーはオオムギの１品種。
（筆者撮影）

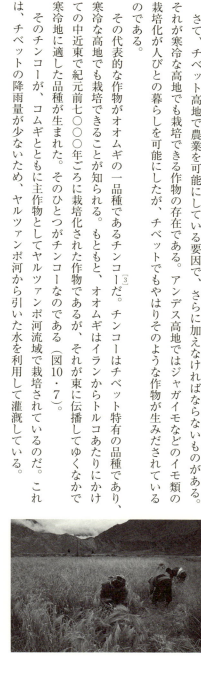

このヤルツァンポ河流域では灌漑ができないところでも作物の栽培がみられる。その代表的な作物がソバである(図10・8)。ソバも四川省あたりの冷涼な高地が起源地とされ、そのおかげで寒冷なチベット高原でも栽培が可能なのである。

チベット高原の人びとの暮らしを考えるうえで、もうひとつ忘れてならないことがある。それはヤクの家畜化である。ヤクの野生種はいまもチベット高原の一部地方に分布しており、ヤクが家畜化されたのはチベット高原であることが明らかである[4]。そのため、ヤクは低い気温、薄い酸素のところでも飼育が可能な家畜である(図10・9)。そして、その毛は敷物や外套、さらにテントに利用できる。また、その肉はしばしば干し肉として利用されるほか、乳からもミルク、チーズ、ヨーグルトなどがつくられる。さらに、荷物の輸送用としても重要である。

したがって、このヤクの家畜化がなければチベット高原の大半は人間にとってまったく利用できない不毛の地であったにちがいない。いいかえれば、ヤクの家畜化によってチベット高原の寒冷で広大な地域は人間が暮らすことが可能になったのである。ただし、先述したようにチベット高原でも牧畜だけに依存している地域は人口密度がきわめて低い。人口密度が高く、都市や集落がみられるのは、チベット高原の南端に位置する農耕地帯である。この農耕にもヤクの家畜化は大きな影響を与えたはずである。家畜の糞の肥料としての利用や畜力を使っての畑の耕起によって生産性を高めることができたと考えられるからである。

本書のなかで、チベット研究者の月原も「アジアに高地文明がありえたとするならば、このチ

(図10・8) チベットの代表的な作物、ソバ
(筆者撮影)

(図10・9) ヤクの放牧
左に牧民の住居がみえる。(筆者撮影)

[4] この点については本書川本論文を参照されたい。

ベット高原の例こそがまず検討されなければならないだろう」と述べているが（第IX章参照）、私も同感である。それというのも、チベット高原は、その南部においてはオオムギなどの作物栽培は標高四〇〇〇メートルを超える高度まで、またヤクなどの高地種の家畜の放牧は標高五〇〇〇メートルを超える高度までおこなわれており、こうした特有の栽培植物や家畜による環境利用と生業経済が歴史的に卓越した地域として、チベット高原は生活文化における一定の等質性をもっているからである。さらに、民族や言語、宗教の上でも、チベット系民族、チベット語とその近縁語、チベット仏教という共通性が高原全体に広く見られるのである。

五 もうひとつの例——エチオピア高地

もうひとつ、熱帯高地に適した暮らしが見られる地域を紹介しておこう。それはアフリカのエチオピアの例である。アフリカといえば、なんとなく気温が高くて熱帯雨林におおわれているというイメージを私はもっていたが、このようなイメージは私がはじめてアフリカに行き、飛行機がエチオピアの首都のアディス・アベバに近づくにつれて大きく変わった。機内から見える地上の光景が、エクアドル・アンデスの高原のそれによく似ていたからである。それもそのはず、エチオピアもエクアドルもどちらも赤道直下の近くに位置しており、しかも標高二〇〇〇～三〇〇〇メートルくらいの高原地帯が南北につづいている。そして、そこで、ともに農業がおこなわれているため、景観がじつによく似ているのである。

さて、このエチオピアも、アビシニア高原の名で知られる高地に人口は集中している。その背景には、やはり冷涼な気候でも栽培できる作物の開発があったと考えられる。エチオピアもアンデスと同じように多種多様な

（図10・10）イネ科の穀類テフ（筆者撮影）

作物を生みだしたことで知られており、そのなかにはやはり冷涼な気候の高原地帯で独自に誕生した作物があるからだ。

その代表的な作物が現地でテフとよばれている穀類である（図10・10）。テフはイネ科の種子を利用する穀類であるが、穀類とはいっても、その穀粒はきわめて小さく、その種子は一五〇粒でやっとコムギ一粒の大きさに匹敵するほどである。しかし、テフはエチオピア高地に住む人にとって食生活に欠かせないインジェラの材料であり、標高二八〇〇メートルあたりまで栽培が可能である。[5]

もうひとつエチオピア高地特有の作物がある。それはバショウ科に属し、一見するとバナナによく似ているのでニセバナナとよばれることもあるエンセーテである（図10・11）。ただし、エンセーテは、バナナのように果実を食用とするのではなく、その葉柄の基部に蓄えられる粗でんぷんをかきとり、それを地中に埋めて発酵させてからエンセーテの葉でつつんで蒸し焼きにして食べる。この栽培の中心は標高二〇〇〇メートル前後であるが、標高三〇〇〇メートル前後でも栽培が可能であるとされる。そして、エチオピアの専門家である重田眞義（京都大学教授）によれば、エンセーテの現在の栽培はエチオピアの西南部に集中しているが、かつてはエチオピア高地全域で栽培されていたとされるのである。

これらのテフおよびエンセーテはエチオピア高地で誕生し、現在も栽培がエチオピア高地に限られる作物であるが、もうひとつエチオピア高地に古い時代に導入され、大きな影響を与えた可能性をもつ作物がある。それはチベット高原でも栽培されているオオムギである。一説ではオオムギのエチオピアへの導入は今から五〇〇〇〜六〇〇〇年前にさかのぼるとされ、現在はエチオピア独自の品種も多数生みだされているのである。

シコクビエの一変種（*Eleusine tocussa*）、モロコシ（*Sorghum bicolor*）、ササゲの一種（*Vigna unguiculata*）、油性種子のヌグ（*Guizotia abyssinica*）、香辛料のインドカラシ（*Brassica juncea*）、薬用植物のチャット（*Calla edulis*）などもエチオピア原産である。このほか、アフリカ起源の作

［5］インジェラは、テフの穀粒を臼で粉にし、水でこねて醱酵させてから土鍋で焼いて薄いパン状にしたもの。

（図10・11）ニセバナナとよばれるエンセーテ（筆者撮影）

物も早くからエチオピアで栽培されていたはずである。

このエチオピア高地では農耕技術にも大きな特色がある。それは、エチオピア高地のどこに行ってもほとんど例外なくウシに引かせた犂で畑を耕すことである。この牛耕は、西欧の植民地宗主王国がサハラ以南のアフリカにもたらしたものとは異なり、きわめて古くからエチオピア北部高地でおこなわれてきた在来の農耕技術であり、現在エチオピア高地全体に広がっているとされる（重田一九九六）。北東アフリカにおける牛犂の存在を示す最古の史料として、紀元前一〇〇〇年紀のものと考えられるエリトリアでの岩絵があり、エチオピアの牛犂農耕は紀元前からゆっくりとクシ系およびセム系の人びとによってエチオピア高原北部に浸透していったと考えられている（佐藤　二〇〇七）。

一方、南部の農耕は基本的に手鍬や掘り棒を基本とする農耕で、穀物とともに根栽系作物を主食とし、犂農耕とは異なる体系に属するものである。

それでは、なぜ、エチオピア高地で広く牛耕がおこなわれているのであろうか。これも熱帯高地特有の環境と大きな関係がある、と私は考えている。熱帯高地特有の環境とは、標高の上昇とともに土壌が貧弱で脆弱になる傾向のあることだ。そして、このような環境のなかで農業をつづけるには、家畜の糞尿を肥料として利用するなど、家畜飼育と作物栽培がむすびついた、いわゆる農牧複合的な暮らしが不可欠になる。実際に、私はアンデスでも、ヒマラヤでも、そしてチベットなどの高地でも、そのような農牧複合的な暮らしをみてきたのである。

エチオピアにおいて高地を支配権力の中心地とすることの意義はこれまで多くの研究者によって指摘されてきた。本書の重田論文でも述べられているように、①低地のイスラーム系民族など外部からの攻撃に対して防御が容易であること、②冷涼で過ごしやすく人にも家畜にも疾病が少ないこと、③建都と燃料に必要な木材資源が豊富であったこと、④高地に適応した栽培植物群（オオムギ、エンバク、ソラマメ、エンドウ、アマ、アビシニアカラシなど）があったこと、⑤低地に比べて水資源が豊富であったこと、などがあげられるのだ。

このなかで⑤の「水資源が豊富であった」という点については注釈が必要であろう。エチオピア高地に大河は流れていないからだ。しかし、エチオピア高地では谷水や湧水などのおかげで年間をとおして豊富な水が得られる。また、後述するアクスムではため池も建造されていたし、先述したテフは干ばつにも強い作物なのである。

六　高地は健康地

このような寒冷高地に適した作物や家畜の誕生、そして、それらの作物や家畜をもとにした暮しの成立のおかげで、アンデスやチベット、そしてエチオピアなどの高地では多数の人たちが暮らすことができるようになったのであろう。この点で、メキシコはやや例外である。メキシコでは生産性の高いトウモロコシを栽培化したが、家畜はシチメンチョウ以外の動物を家畜化しなかったからである。もちろん、先述したように、これらの地域には平坦な高原が多く、さらに気候が比較的温暖であることも影響していたはずである。とにかく、この人口の増加に高地特有の条件が有効に働いたことが考えられるのである。

この点については、なぜアンデスで人が高地に住むかという理由のひとつとして、そこが伝染病などのない健康地であることを私は指摘したことがあるが（山本　一九九二）、これは他の熱帯高地も同様のようである。たとえば、ネパール・ヒマラヤの山麓地帯にはタライとよばれる熱帯低地が東西に広がっているが、そこはマラリアの発生地であり、人が住むには適さなかった。そのため、ネパール・ヒマラヤで人口が稠密な地域は標高一〇〇〇～二〇〇〇メートル前後に集中している。これはエチオピアも同じである。人口の大半はやはり高地に集中しているのである。

この点からみれば、ペルー・アンデスの山麓地帯は少し特殊な地域である。アンデスでは東側の山麓地帯の熱帯降雨林地帯は古くから人口が少なく、インカ帝国の時代もその勢力はあまり及ばなかったが、西側の太平洋に面した海岸地帯では古くから農耕が発達し、人口の多かったことが知られている。しかし、この海岸地帯の沖合にはフンボルトの寒流が流れており、緯度のわりに気温は低い。実際に、私は海岸地帯にあるリマの町で三年間ほど暮らしたことがあるが、セーターなしではとても寒くて過ごせない季節さえあった。その状況を物語るように、ペルーの海岸地帯を北上し、沖合に寒流の流れていないエクアドル領まで入れば、そこにはマングローブが生い茂り、住む人も少ないのである。

こうしてみれば、熱帯高地に人が暮らすことに私たちはもっと積極的な価値を認めた方が良さそうである。医師であり登山家でもある松林公蔵（京都大学教授）も高所で暮らす利点について次のように述べている。

高所では、疫病をもたらす媒介蚊などが生存しにくいだけでなく、疫病発生に必須の人口稠密性からまぬがれており、深い谷や湧水は天然の上下水道ともなって病原菌の繁殖を結果的に抑制している。また、峻険な自然条件で外界からの交通路が制限されているために外界からの人間を媒介としての疫病も流入しにくい（松林　二〇〇四）。

このように高所は様々な疫病からまぬがれた健康地なのである。ただし、「高所では（中略）人口稠密性からまぬがれており」という指摘には注釈の必要がある。たしかに、高所では人口密度の低いところが多いが、先述したように高所には都市もあり、たとえばボリビア最大の都市のラパスは標高約三八〇〇メートルに位置するが、そこは一〇〇万以上の人口を擁する。このほかにも、アンデスには標高三〇〇〇メートル以上の高地に都市がいくつもあるだけでなく、人口の稠密なところが少なくない。

この事実もまた、高地が健康地であることを雄弁に物語るものである。実際に、ペルー・アンデスではインカ帝国征服後、スペイン人がもたらした病気によって多数の人が死んだが、その大半は低地であり、高地での影響は比較的軽微なものであったことが知られているのである。

七 「高地文明」

このような特徴をもつ熱帯高地は、古くから高度な文明を生み出してきた。古代文明といえば一般的には大河の流域で生まれたとされ、それは大河文明として知られている。たしかに、これまで古代文明といえば、エジプト、メソポタミア、インダス、そして中国など、大河の流域に発達した文明が世界の四大文明とされてきた。

事実、日本の中学校の歴史教科書にも、この四大文明説は地図とともに紹介されている。この四大文明という世界史観は、学校教育だけでなく、テレビ番組や一般書でもくりかえし再生産されて、すっかり定着しているようだ。おそらく、そのせいで日本人の多くが四大文明＝大河文明として記憶しているようだ。

しかし、世界を広く見渡せば、このほかにも古代文明があったのではないか。その代表的なものが、アメリカ大陸に栄えたメキシコ、マヤ、中央アンデスの文明である。ところが、これらの新大陸文明は従来の古代史のなかではほとんど無視されるか、あるいは例外的な存在として扱われてきた。これらの地域には大河がなく、大河文明ではないからであろう。私はアンデスで調査を始めて約五〇年になるが、この点についてずっと不思議に思ってきた。最近では、私のほかにも、この点について異議申し立てをする研究者があらわれてきている。

たとえば、新大陸文明の研究者であり、歴史家でもある増田義郎は次のように述べている。

わが国では、アメリカ大陸の固有文明について知られるところが少なく、また専門家たちも、アステカ、マヤ、インカの文明は旧世界の古代文明に比べれば遅れたもの、劣ったものであると断じて怪しまない。そして、エジプト、メソポタミア、インダス、中国を「世界の四大文明」と呼ぶ。しかし、この呼称はまちがっている。アメリカ大陸の固有文明は、旧世界の古代文明に劣らず独創的であり、注目すべき特徴もち、いくつかの点では旧世界の諸文明よりすぐれてさえいる。したがって、われわれは、「世界の四大文明」に新世界の二大文明、すなわちメソアメリカ（メキシコとマヤ）、中央アンデスを加えて、「世界の六大文明」を論ずべきなのである。（増田・青山 二〇一〇）

たしかに、私もマヤやアステカ、インカなどの遺跡を訪れるたびに、従来の四大文明説に疑問をいだいてきた。とくに、古代文明が大河の流域で生まれたという説には大きな疑問があった。マヤもアステカも、インカも、その周辺には大河がなく、大河文明ではないからだ。そもそも、文明の成立に大河はなくてはならない条件なのだろうか。そんな疑問さえ生じてきた。それというのも、大河文明のなかに、近年になって大河文明ではないと指摘されるようになったものも出てきているからである。

それは、インダス文明である。インダス文明も四大文明のひとつであり、インダス川流域に栄えた大河文明とされてきた。ところが、最近になってインダス文明は大河の恵みのおかげで農耕文明が誕生したのではなく、「インダス文明のほとんどの地域では、大河に依存する生産システムではなく、夏のモンスーンによる降雨に依存する生産システムだった」（長田 二〇一三a、二〇一三b、二〇一三c）と考えられるようになった。この結果、「大河文明が大河にだけ依存した農業によって支えられている文明を指すのであれば、インダス文明は大河文明ではない」といわれるようになったのである。また、聞くところによれば、チグリス川とユーフラテス川は意外に小さく、「一度でもチグリス川とユーフラテス川を見られた方は、こんなに川幅がせまいのかと思ってびっくりされる」とのことである。

じつは、私はインダス文明だけでなく、大河文明説そのものにも疑問をいだくようになっている。それは、数年前、エジプトに行き、はじめてナイル川を見てからのことであった。ナイル川が大河と思えないほど小さな川だったからだ。正直なところ、私にはナイル川が大阪の淀川とたいしてかわらないように見えたのである。たしかに、ナイル川は全長が六六五〇キロメートルもあり、世界最長の川である。しかし、南アメリカで最大の川のアマゾン川は長さこそナイル川についで、世界第二位であるが、その流域面積はナイル川の約四〇倍もあって世界第一である。また、南アメリカで二番目に大きなラプラタ川は流量がアマゾン川についで世界第二位である。

ところが、広大な流域面積をもつ大河のアマゾン川でも、ラプラタ川でも、その流域ではひとつも文明は生れていない。むしろ、アメリカ大陸で文明が誕生したメソアメリカやアンデス地域には大河はまったくない。こうしてみると、アメリカ大陸では大河の流域では文明の誕生を見ず、大河は文明誕生の必要条件ではなさそうだ。では、アメリカ大陸では文明が誕生するためにどのような条件が必要とされるのだろうか。

これは世界地図を見れば明らかになりそうだ。アメリカ大陸で文明が誕生したメソアメリカと中央アンデスは、赤道をはさんでほぼ同じ緯度、つまり低緯度地帯に位置している。すなわち、そこは熱帯ないしは亜熱帯に位置しており、ともに山岳地帯である。熱帯に山岳地帯があれば、その低地は文字どおり熱帯低地となり、気温も湿度も高いであろう。しかし、標高の上昇とともに気温は低くなり、熱帯雨林は姿を消し、温帯のような森林にかわってゆく。その森林は標高の上昇とともに次第に背が低くなり、やがて姿を消して、代わりに草原がでてくる。そして、さらに標高が高く、標高五〇〇〇メートルくらいになれば氷雪地帯となる。つまり、熱帯では標高差によって多様な環境が生まれ、人びとの生活領域も大きくなるのである。そして、この環境に注目して世界を見れば、大河の流域ではなく、熱帯の高地で生まれた「高地文明」がいくつもありそうである。その代表的なものがアンデス文明である（山本　二〇〇六、二〇〇八）。アンデス文明でも乾燥した海岸地帯に河川の水を巧みに利用して灌漑農耕をおこなったことが知られているが、それがすべてではなかった。標高三〇〇〇メートル以上の高原地帯でも特色のある農牧業を営み、文明を発達させてきた。その代表的なものがティワナク文化である。

八　ティティカカ湖畔にて

ティワナク文化は、日本ではあまり知られていないが、インカ帝国が成立する一〇〇〇年も前の紀元前数世紀頃から紀元一〇〇〇年ころまで標高三八〇〇メートルのティティカカ湖畔に栄え、その素晴らしさの一端を今もみることができる。ティティカカ湖畔には、ティワナク文化の中心であった神殿が残されているからだ（図10・12）。

ここをインカ帝国征服間もない頃に訪れたスペイン人のシエサ・デ・レオンは巨大な建造物に驚き、「巨大な石を、今あるところまではこんで来るにはどれほどの人力が要ったことか、と考えると、まったく驚嘆する」と記録に残しているほどである（シエサ・デ・レオン　一九七五）。なかでも、「太陽の門」として知られる建造物は、門の上の部分だけで幅が三メートル、長さが三・七五メートルに達する一枚の岩でできていて、その重さは一〇トン以上もある。そして、その石の表面には大きく、すぐれた神像が浮き彫りにされているのである（図10・13）。

しかし、このティワナク文化の性格についてては長いあいだ

（図 10・12）ティワナクの神殿（筆者撮影）

（図 10・13）ティワナク遺跡における「太陽の門」の石彫（筆者撮影）

議論がくりかえされてきた。それは、ティワナクが標高三八〇〇メートルの高地にあって、その生産力の低さから考えて都市ではありえず、各地から巡礼が通う神殿でしかない、とする説である。これには、ティワナクの位置するプーナ帯が人間にとって住みにくいところであると考えられていたことも関係があるだろう。

やがて、このような説の見直しを迫る新しい事実が見つかった。この遺跡に隣接する場所で広大な居住区域が発見されたのだ。その発掘を指揮したロウは、二〇〇ヘクタールにおよぶ連続した居住区域を明らかにしたが、居住のあとを示す堆積がさらに遠くまでのびていることから、二〇〇ヘクタールの居住区域は都市区域のなかのごく小さな部分にすぎないとする見とおしを得たのである(Rowe 1963)。

その後に明らかにされた資料によれば、ティワナクにはティティカカ湖の南岸を中心にいくつもの地方センターがあり、かなりの人口を擁していたらしいこともわかってきた。そして、その最盛期(紀元四〇〇〜八〇〇年)の勢力範囲はティティカカ盆地をこえて拡大し、支配地域はおおよそ日本の国土面積に匹敵する約四〇万平方キロメートルにおよんだ。

さて、このティワナクの成立や発達を支えた生業は何であったのだろうか。ティワナクを発掘したコラータによれば、その都市部の経済を支えていたのは集約農業とリャマおよびアルパカの集約的な牧畜、そしてティティカカ湖の資源の利用であったという。なかでも、英語でレイズド・フィールド、現地でワルワルの名前で知られる農耕技術はきわめて生産性が高く、これによって大きな人口を支えることが可能になったとされる(Kolata 1986, 1991, 1993, Erickson 1993)。

レイズド・フィールドは「盛り土農耕」とでもいえるもので、その方法による耕地はティティカカ湖畔の一部地方で現在もみられる。私の観察によれば、レイズド・フィールドは耕地の一部を掘り下げ、その土を盛り上げて畝としている。この畝の高さは一メートルから二メートル近いものまである。また、畝の幅は数十メートルから一〇〇メートル以上におよぶものもある(図10・14)。

(図10・14) ティティカカ湖畔のレイズド・フィールド(筆者撮影)

ティワナクで発掘調査をしたコラータは、レイズド・フィールドによって支えることのできた人口を算出している（図10・15）。それによれば、ティワナクの中核地帯を約一九〇平方キロメートルとして、二期作をおこなえば五七万人から一一〇万人、一年に一度の収穫であれば約二八万人から五五万人と算出した。最終的にコラータが選んだのは三六万五〇〇〇人で、このうち一一万五〇〇〇人が神殿の集中する都市や衛星都市に住み、残りの二五万人が農耕、牧畜、そして漁労に従事していたと考えた（Kolata 1993）。

これらの生業のなかで、これほどの大人口を支えた最大のものは、レイズド・フィールドによる作物栽培であったにちがいない。それでは、その作物とは何であったのだろうか。コラータは、レイズド・フィールドでは高地に適した多様な作物を栽培し、とくに寒さに強いジャガイモを主作物にしていたという（Kolata 1993：200）。先のティワナクの人口もジャガイモの単位面積あたりの収量をもとに推定したものであった。

このティワナクの社会は、一〇世紀ころに崩壊し、土地も放棄された。乾燥化により耕地における農業生産性が落ち、ティワナクの政治体制の維持ができなくなったと考えられている。とにかく、ペルー南部のティティカカ湖畔では約一〇〇〇年にわたって高地文明とよんでふさわしい社会が生まれ、発展したのである。

その後に発展したインカ帝国はよく知られているが、このインカ帝国も高地文明とよべそうな特徴をもっている。まず、インカ帝国の中核はあくまでアンデスの山岳地帯、とくにその高地部にあった。そもそも、拡大するまでの第九代のパチャクティ王の時代のインカ帝国は、現ペルー

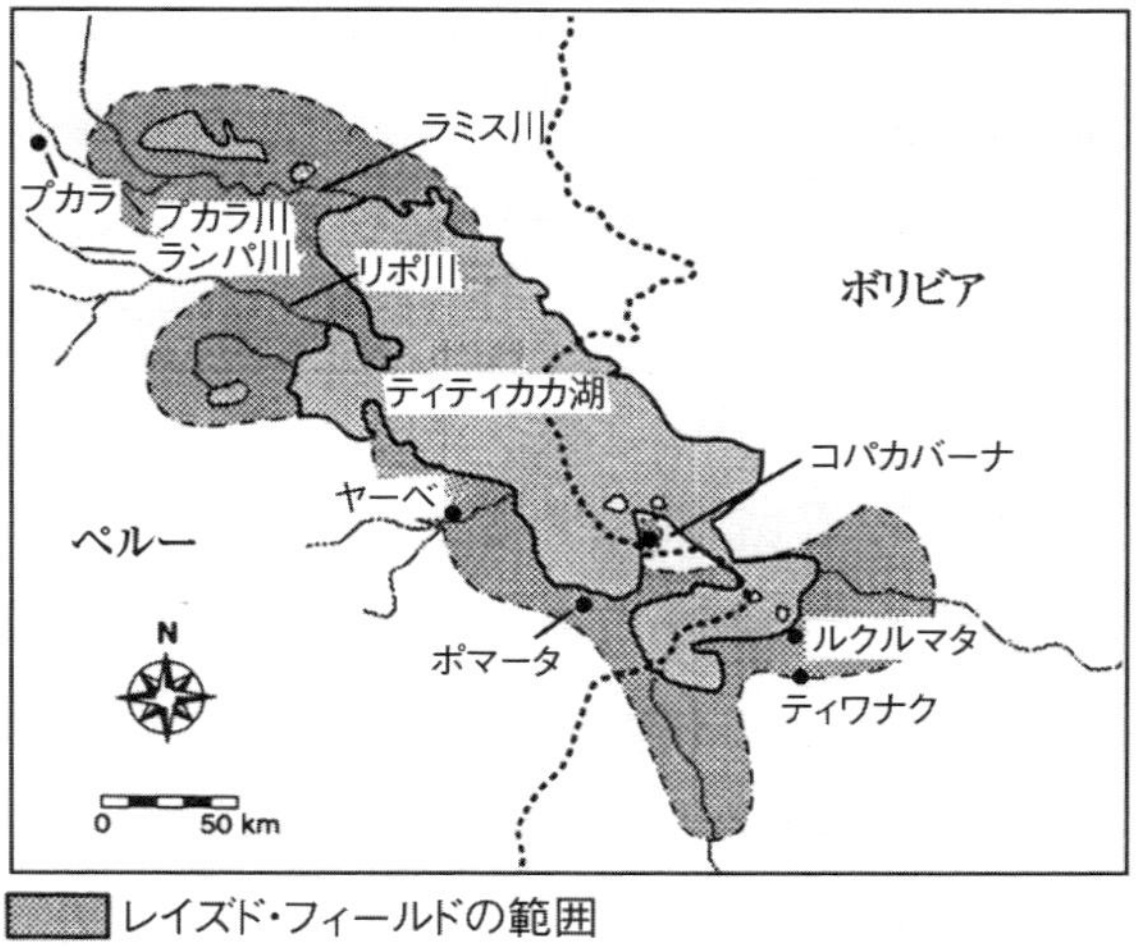

（図 10・15）ティティカカ湖畔におけるレイズド・フィールドの範囲（Kolata 1993）

の南部高地に版図が限定されていた。首都のクスコも標高約三四〇〇メートルの高地にあり、二〇万もの大人口を擁した当時南アメリカ最大の都市であった。また、インカ帝国は少なく見積もっても一〇〇〇万もの人口を擁していたが（ピース・増田 一九八八）、その大半がアンデス高地に集中して住んでいたのである。

インカ帝国の中核地帯が高地にあったことは、インカ時代に築かれた公共建造物の大半がアンデス高地に集中していることからもうかがえる。この公共建造物は、しばしば美しく切り出された石をぴったり組み合わせ、石のすき間に「カミソリの刃一枚さしこめない」と表現されるような石壁もある。インカ帝国が滅亡してから約五〇〇年たった今日でも、往時の面影をしのばせる建築物がアンデス各地で見られるので、代表的なインカの建築物を紹介しておこう。

クスコはインカの中心であっただけに、クスコおよびその周辺部には立派なインカ時代の建造物がいくつも残されている。クスコは周囲をアンデスの山並みに囲まれた盆地にあるが、その中央部に侵略してきたスペイン人が目を奪われたものがある。「太陽の神殿」である。この神殿はインカの国家宗教であった太陽信仰の総本山であり、黄金であふれていたので、「黄金の館」を意味するコリ・カンチャともよばれていた。

また、クスコの町を見下ろす北方の丘にもサクサイワマンの名前で知られる大城塞がある。巨大な石を何段にも積み重ねてあり、その石壁は「とうてい人の手でつくられたとは思えない」とスペイン人を驚嘆させたほどである。その石積み全体からはインカの人たちの優れた美的感覚をしのばせるものになっている（図10・16）。

クスコ県のほぼ西に位置するアヤクーチョ県の高原地帯にもインカ時代の建築物がある。標高三四七〇メートルの高原に位置するビルカス・ワマンだ。インカがもっとも重要視した場所のひとつであり、インカの建築物としては珍しく、ビルカス・ワマンはピラミッド状の建築物

（図 10・16）インカ時代のサクサイワマン遺跡
（標高 3400 m、筆者撮影）

（図 10・17）ペルー中部高原にあるワヌコ・パンパ遺跡（標高 3800 m、筆者撮影）

である。上方の基壇の上には大きな石の腰かけがあり、昔は黄金でおおわれていたとされる。

ペルー中部高原に位置するワヌコ・パンパは、インカの地方行政のためにつくられた都市の型をよく示す建造物群である。方形の基壇を中心とする広場の四方を囲むように多くの建造物が築かれているが、これも標高三八〇〇メートルの高原に位置するのである（図10・17）。

それでは、これらの建造物を築いた人びとの暮らし、それを支えた農耕はどのようなものであったのだろうか。この点については二章で述べたし、拙著でも詳しく報告したので割愛する。ただし、一点だけ強調しておきたいことがある。それはアンデスには大河はないが、そのかわり優れた農耕文化の発達があり、それを基盤として文明の誕生、発達があったのである。

九　文明の条件

ここで文明の定義について検討しておく必要があるだろう。それというのも、文明の成立条件には文字の使用がなければならないとされるが、アンデスではスペイン人による侵略以前は文字の使用がなかったからである。であるとすれば、アンデス文明は文明といえないのであろうか。しかし、先に引用したように新大陸文明の研究者である増田も青山もメソアメリカと中央アンデスは古代文明であると断言し、旧大陸の「四大文明」に加えて新大陸の「二大文明」をくわえて六大文明であることを主張しているのだ（青山 二〇〇七）。

ここで問題となるのが、何をもって文明とするか、つまり文明の定義は何かということである。この文明の定義についてては様々な議論があり、それに深入りすることは避けよう。ただし、文明の指標にされる便利な条件があるので、それについてだけ述べておこう。著名な人類学者のクラックホーンによれば、次の三つの条件のうちの二つを満足させているものを「文明」と考えた。①五〇〇〇人以上の集落、②文字、③祭儀センターである。[6]

［6］五〇〇〇人以上の集落にかえて、「都市」の存在を主張する研究者もいるが、都市の存在はかならずしも文明成立の必要条件ではないとする意見もある。この点について詳しくは、伊東俊太郎編の『都市と古代文明の成立』（1974）を参照されたい。

これによれば、マヤ文明は①を欠くが、②と③を満足させているために「文明」であり、アンデス文明は文字を欠くが、①と③をもつので、これもまた「文明」ということになる。これははなはだ便利な条件であるが、それだけに批判もある。しかし、ここでは、この条件にしたがって「文明」を考えておくことにしたい。

ただし、私は、これらの三つの条件に、もうひとつだけ条件をくわえておきたい。それは、世界各地で独自に発展してきた食料生産の方法およびシステムの確立である。食料生産の方法とは、人間が野生の動植物に手をくわえ、家畜や栽培植物を生んだこと、つまりドメスティケーション（家畜化・栽培化）である。

この点で興味深いことがある。それは、上述した熱帯高地はいずれも古くから動植物のドメスティケーションがさかんにおこなわれた地域であることだ。ドメスティケーションとは、日本語で栽培化とか家畜化と訳されるように、動植物を人間にとって都合よく改変し、栽培植物や家畜に変化させることである。そして、このドメスティケーションは世界中でおこったものではなく、メキシコ、アンデス、エチオピアなど限られた地域で特異的におこなわれたのである。

これらの地域は、本書の重田論文でも言及されているように世界の栽培植物の八大センターとして知られるが（第Ⅶ章参照）、ここで焦点にあてている熱帯高地はそこに含まれるのである。チベットこそは、一般に八大センターのひとつとして扱われていないが、私はチベットも八大センターに準じる地域であると考えている。それというのも、先述したようにチベットではヤクが家畜化されているし、チンコーの名前で知られるオオムギの一品種も栽培化されているからである（ヴァヴィロフ 一九八〇）。

そして、これらの地域では後述するように高地文明ともよべる高度な文明が誕生しているのである。この事実は、ドメスティケーションと文明の誕生のあいだの密接な関係を物語るものであろう。その背景には、ドメスティケーションによって人間の社会は豊かで安定的な食料を確保できるため、大きな人口を擁することが可能になり、その社会は階層社会へと発展してゆく可能性も生れるという事情がありそうだ。つまり、わたしは大河よりも何よりも食料の安定的な確保、そして農耕文化の発達こそが文明成立の必要条件だと考えているのである。二〇世紀の初頭、ロシアの農学者ヴァヴィロフも、世界各地を訪れて膨大な栽培植物の分布と変異を研究し、栽培植物の発祥中心地と人類文化の発祥地には密接な関係があることを指摘しているのである（ヴァヴィロフ　一九八〇：一八〇–一八二）。

もちろん、ここで念頭においている文明は、古代文明のことであり、近代文明のことではない。近代文明の文明については別の定義が必要であろう。ここでは、私は農耕の開始からその発展の時代に時期を限定している。

さて、この点からみれば、メソアメリカも中央アンデスも、文明発展の条件に合致する。これまでみてきたように、メソアメリカと中央アンデスは、アメリカ大陸のなかで特異的に数多くの家畜と作物を生み出したところであり、そのおかげで人口が増え、階層社会も誕生しているからである。つまり、わたしは文明発展の条件として食料の確保、そして農耕の発達も必要条件だと考えているのである。

一〇　メソアメリカで生まれた高地文明

こうしてみれば、高地文明は、メキシコの高地でも生まれていた可能性がある。メキシコの中央高原も標高二〇〇〇メートルあまりの高地に広がる高原であるが、ここでも紀元前後に巨大なピラミッドを建設したことで知られるテオティワカン文明が誕生している。

テオティワカンは、紀元前一五〇年頃から中央高原で大都市としての興隆をはじめた。そして、西暦六五〇年頃の突然の滅亡までのあいだ、中央高原を支配下におさめるとともに、メキシコ

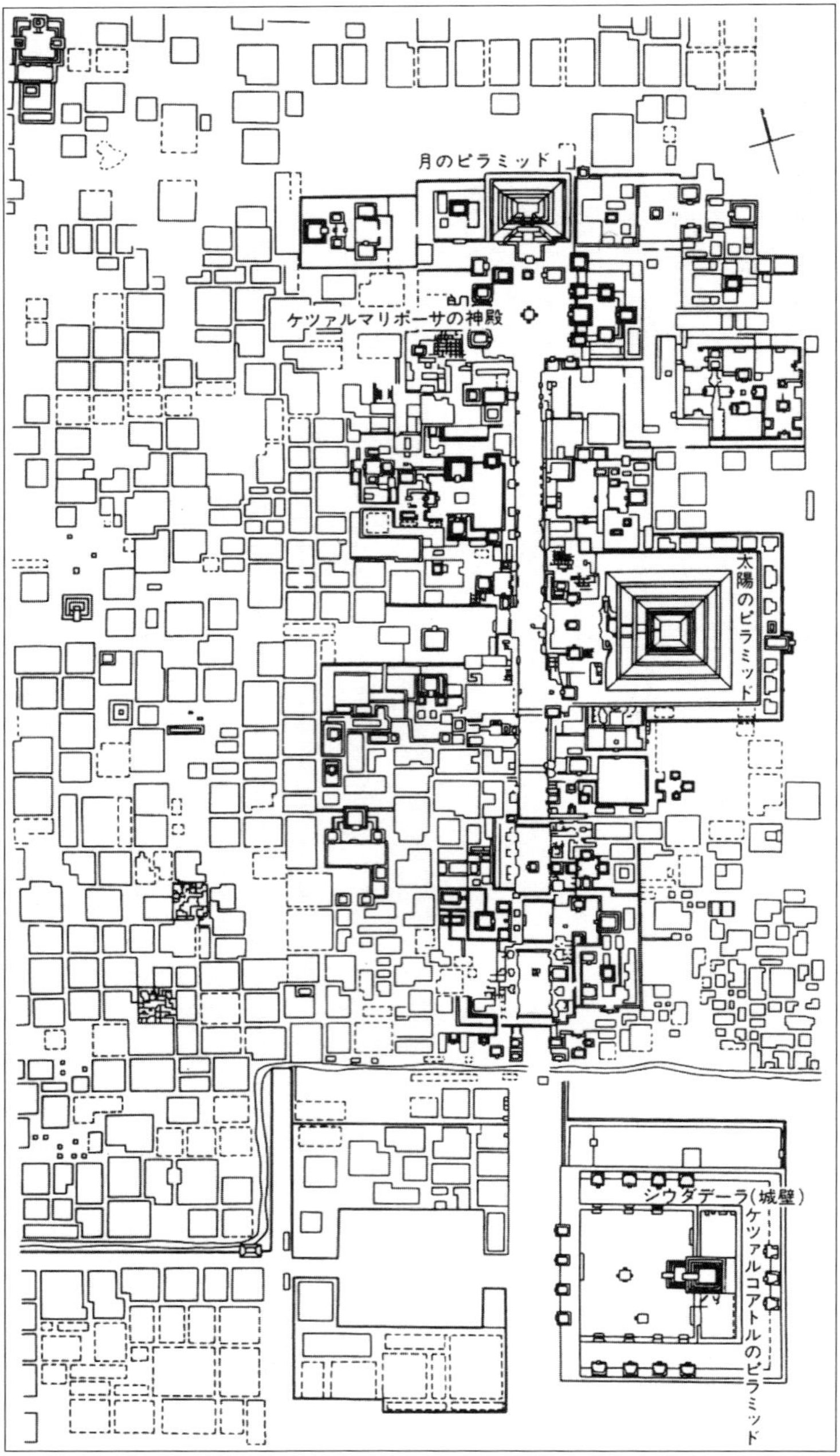

（図 10・18） テオティワカン中央部の平面図（大貫 1993）

湾岸、オアハカ盆地、そしてマヤ低地まで影響力を発揮する。その首都のテオティワカンは、メキシコ市の北東約四〇キロメートルに位置し、面積は約二〇平方キロメートル、最盛期の六世紀における人口は一五万ないし二〇万人と推定され、当時南北アメリカ大陸で最大の都市であった。そのため、アンデス考古学者の大貫良夫も「テオティワカンはまさにメソアメリカを代表するにふさわしい大文明であった」と述べているのだ（大貫 一九九三）。

テオティワカンは碁盤の目のような入念な都市計画が特徴であり、そこには、太陽のピラミッド、月のピラミッド、ケツァルコアトルのピラミッド、そして「宮殿」という上流階級の邸宅、庶民の住宅、職人の工房、異民族の居住区画などが整然と配置されていた（図10・18）。なかでも太陽のピラミッドは底辺が二二四メートル四方、高さが六五メートルという巨大なものであった（図10・19）。地下には排水用の暗渠がはりめぐらされ、都市はきわめて計画的に建設されていたようだ。

（図10・19）テオティワカンの「太陽のピラミッド」
（筆者撮影）

では、一五万～二〇万もの都市人口をささえた食料源はどのようにして供給されていたのであろうか。不思議なことに、テオティワカンの周辺には大規模な耕地造成の形跡がない。したがって、食料は交易などを通じてもたらされていた可能性が考えられる。この点で、メキシコ盆地の南のテワカン谷の発掘調査の結果が貴重な資料を提供してくれる。テワカン谷はテオティワカンの支配下にあったが、そこでは農耕がかなり発展していたようなのだ。

テワカン谷は、カナダ人の考古学者、R・マクーニッシュがアメリカ大陸の農耕の起源を明らかにするために一九六一年からメキシコで植物学者や動物学者なども加えた総合的な発掘をおこなったところである。そして、メキシコ中部山岳地帯のテワカン谷で一万年あまりにわたって人が住んでいた遺跡群を発見した。幸いに、テワカン谷はきわめて乾燥した環境に位置するため、そこで利用されていた動植物の遺物もほぼ完全な状態で保存されていた。この結果、この地域の人びとが狩猟採集で食料を得ていた時代から農耕を発達させるまでの約一万年間の暮らしの変化を知ることができるようになったのである。

この約一万年あまりの期間は図10・20に示されているように九つの時代にわけられているので、大きな変化があった時期にしぼり、生業の変遷を見ておこう。農耕における大きな変化は、プロン期に生じている。それまでの植物栽培は川ぞいの小流を利用したり、谷底の湿気を活かした細々としたものであったらしい。それが、プロン期には小さな支谷をせきとめてダムを建設し、そこに大量の水を貯え、下方にある土地を灌漑してトウモロコシやアマランスなどの穀物を栽培するようになったのである。[7]

この変化はつぎのアハルパン期になると、よりいっそうはっきりする。プロン期では小流や谷底の湿気を利用した農業によって得られていた食料が全体の二〇パーセント以上であった。それが、アハルパン期になると五パーントにまで減少する。それにかわり氾濫原や谷筋を利用して栽培されたトウモロコシが全体の食料の三五パーセントを占めるようになるのである。

しかし、この谷筋での穀物栽培はアハルパン期を最盛期にして、徐々に少なくなっていく。それにかわり、サンタ・マリア期から重要になってきたのが、泉などの水源から水路をひき、広い範囲にわたって灌漑する方式の農業であった。そして、この灌漑農耕によってテワカン谷の人びとはやっと安定的な食料を得るようになったらしい。

それは、人口の増加に如実にあらわれている。アハルパン期後期からサンタ・マリア期にかけての人口増加は一平方キロメートルあたり四二人から一六五人であったが、それがつぎのパロ・ブランコ期には一一〇〇人／平方キロメートルに

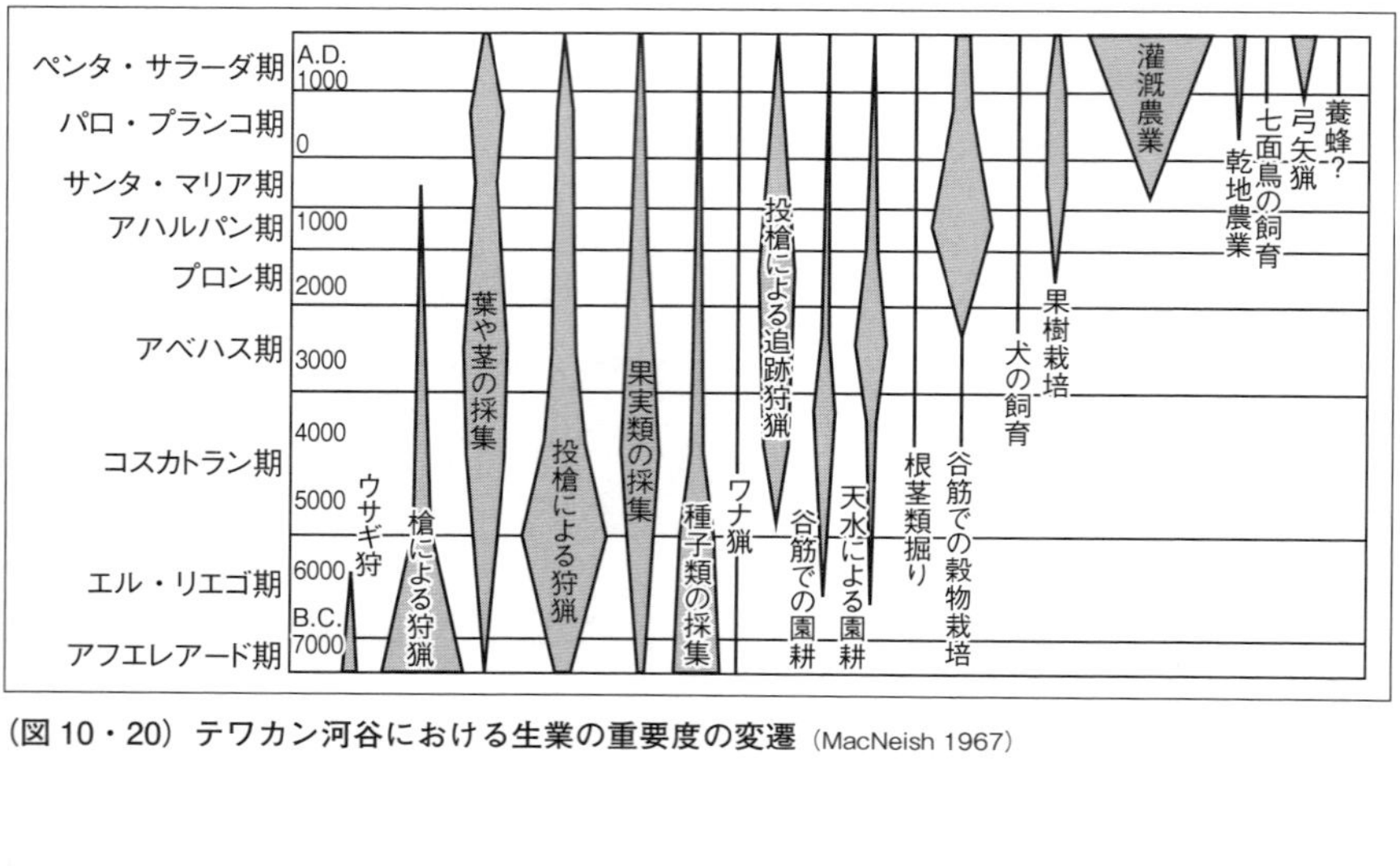

（図 10・20）テワカン河谷における生業の重要度の変遷（MacNeish 1967）

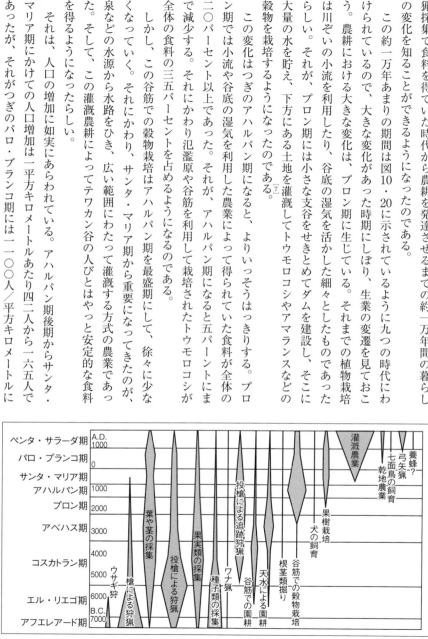

達し、テワカン谷全体では二万六〇〇〇人もの人口を擁するようになったと推定されているのである。

この灌漑農業の発達とともに顕著な現象が生じている。それは、ほかの生業活動が急速に衰えてゆくことである　狩猟や採集活動はもちろんのこと、天水農業などもほとんどおこなわれなくなる。このことは、それだけ灌漑農耕が安定的で、その人口維持力も大きく、それゆえ効率のよい食料生産の方法であったことを物語るものであろう。このため、テワカン谷には水路がはりめぐらされるようになる。

こうして生じた人口の増大、人口密度の拡大はより大きな灌漑施設の建設を可能にする。そして、大きな灌漑施設の建設によって可能となる食料生産の増大は、その社会の階層化をひきおこす。実際に、サンタ・マリア期にはテワカン谷に祭祀センターができ、神殿を中心にそれに付随する集落もできていたことが知られている。そして、それが政治的な核を形成し、その拡大への刺激としても作用する。

こうして、灌漑農耕を基礎にした農耕社会が拡大し、首長制社会へ、さらに国家へと発達するきっかけを与えることになる。事実、テワカン谷で灌漑が始まったサンタ・マリア期には隣接する地域で首長国が誕生していたし、西暦初頭にはメキシコ高原で国家も成立していた。この国家こそは、テオティワカンであり、その背景にはそこでの灌漑農耕の発達があったとされている。

じつは、ここで述べてきたようなプロセスはテワカン谷だけで生じたものではなく、メソアメリカの各地で並行的におこっていたことが考古学的に知られている。あるいは、テワカンの灌漑も他の地域からそのアイデアが導入された結果だったのかもしれない。とにかく、巨大な都市センターをもち、最盛期の六世紀に首都だけで一五万～二〇万もの人口を擁したテオティワカンの爆発的な成長の背景にはメキシコ高原での灌漑技術の広がりがあったことが考えられている。ただし、この灌漑文明は大河流域に発達したものではなく、湖沼などを利用したものだったのである。

もうひとつ、メキシコの中央高原では、後にスペイン人たちによって滅亡させられたアステカ王

［7］アマランス。双子葉のヒユ科の植物。約六〇種が知られ、その大半は熱帯アメリカに分布する。これらのうち、少なくとも数種がメソアメリカとアンデス地域で古くから利用されていたと考えられている。日本でも観賞用に栽培されており、センニンコク（仙人穀）とよばれる。

国も誕生した。一五一九年、このアステカ王国の首都のテノチティトランを侵略したスペイン人のなかには、そこに立ちならぶ神殿やピラミッドを目にして「いったい、これは夢ではないのか」と驚く者さえいた。

征服者のコルテス自身もスペイン王に送った報告書のなかで、次のように驚嘆にみちた表現をしている。

この市《まち》は、とても壮大ですばらしく（中略）ほんの一端をここで述べるにすぎませんが、それでもほとんど信じ難いことのように思えるでありましょう。と申しますのも、この市は「スペインの」グラナダよりもずっと大きく、奪回されたときのグラナダよりもはるかに堅固で、美しい建物をもち、人口も大きいからであります。また、パン・鳥・動物・川魚・野菜、その他おいしい食物がずっと豊富にあります。この市には大市場がひとつあり、毎日三万人以上の人々が集まり、ものを売り買いしています。（コルテス　一九八〇）

このようにアステカ王国時代のメキシコは食糧が豊富であり、それゆえに人口も多かったのであろう。そして、その背景には、チナンパ耕作に象徴されるように、安定した集約農耕の存在があった。しかも、そこにも大河はないが、湖沼が数多くあり、水には不自由しなかったと考えられるのである。

一一　チベットの高地文明

先に検討したチベットでも高地文明といえそうな文明を生み出している。チベット文明がそれである。チベット文明の先史時代については明らかになっていないが、伝承によれば最初のチベット人はヤルツァンポ河の南に位置するヤルルン渓谷に住んでいたとされる。チベット研究者のスタンによれば、そこは「森に覆われた山国であり、比較的温暖で、農耕に適し」ており、この地方に最初に王権が誕生したとされる。実際に、古代チベット王国で最初の城とされるユンブラカンは標高約三七〇〇メートルの山地にあり、その周囲には麦畑が広がっているのである（図10・21）。そして、古代チベット人は、「北方の高地ステップにいてヤクや馬の飼育にあたる遊牧民についての観念とは異なり」、その生活の舞台は「鬱蒼とした森の上方の山の放牧地が想像され、森と放牧地の間を往来する人々の姿が浮かび上がる」としている（スタン　一九九三）。

これは、私たちが調査をおこなった、ネパール東部のチベット系シェルパの人たちの暮らしを彷彿とさせるものである。私たちが調査をおこなったネパール東部のソル地方のシェルパの人たちは、標高約三〇〇〇メートルの高地に住み、それよりも上方でヤクなどの家畜放牧をおこなうとともに、標高三〇〇〇メートル以下のところではジャガイモやトウモロコシなどの作物も栽培しているのである（山本・稲村　二〇〇〇）。

その後、ヤルルン地方にソンツェン・ガンポ王（五八一～六四九年頃）が出て、ヤルルン地方にチベット王朝が生まれた。やがて権力は急速に東北地方にも拡大し（七～八世紀）、チベット高原に割拠していた諸部族を統一して、国を建てた。これが古代チベット王国の吐蕃（トバン）である。ソンツェン・ガンポ王は、国内の制度を整え、強大な軍事国家の基礎を築いた。また、インドに留学生を送り、インドの文字にならってチベット文字も作らせた。強大な力をもったソンツェン・ガンポ王のもとに、ネパールから王女ティツン、唐から大宗の娘が嫁いだが、この二人の妃は熱心な仏教信者であったため、チベットが仏教を本格的に取りいれるきっかけを作った。

（図10・21）古代チベット王国で最古の城とされるユンブラカン
（標高 3700m、筆者撮影）

ソンツェン・ガンポ王の没後、軍事国家として完成した吐蕃は、唐と対立しながらも各地に勢力を伸ばしてゆく。チベットおよび敦煌からホータンに至るシルクロード地方も領土とした。また、ソンツェン・ガンポ王の時代に伝えられた仏教は、ティソン・デソェン王（七四二～七九七年）の時代に国教となり、王室の保護をうけて飛躍的に発展した。インドから高僧が招かれ、寺院も次々に造営されるようになった。

しかし、あいつぐ大規模な寺院建設は国家財政を圧迫し、吐蕃王国を衰退させる一因となった。そして、八四三年、内紛によって王国は南北に分裂、精強を誇った吐蕃王国も二五〇年におよんだ歴史の幕を閉じることになったのである。

その後、チベットは群雄割拠の時代をむかえる。仏教は、吐蕃王国の崩壊によって大きな打撃をうけたが、一〇世紀の半ばころから有力な氏族とむすびつき、各地に教団を形成しはじめる。やがて、チベットの四大宗派のひとつのサキャ派がチベットの政治と宗教の両権力を握って栄えるようになる。この時代からモンゴルにも仏教は浸透し、はるか北の彼方にあるモンゴルもチベット仏教圏となった。以後、サキャ派の僧侶がチベットの政権を握ることになり、僧侶が宗教と政治の二つの権力をになう体制ができあがったのである。

一六四二年には、ダライ・ラマ五世がチベット全土を統一し、チベット文明は黄金時代を迎えることになる。ダライ・ラマ五世は、ラサを首都にさだめ、ポタラ宮を建設し、統治機構を整えたのである（図10・22）。アンデスでインカ帝国が滅亡してから約一〇〇年後のことであった。

ここで、チベット文明のシンボルというべき、ポタラ宮についても少し述べておこう。ポタラ宮は、ラサの町に入ると真っ先に目に入るほど巨大な建造物である。その白壁も印象的であるが、その巨大さが見る人を威圧させるかもしれない。ポタラ宮は一三階建てで、基部からの高さが一一七メートル、長さが約四〇〇メートル、建築面積は一万三〇〇〇平方メートルという巨大な建物である。この建物は、チベット仏教およびチベット在来の政教の中心であり、内部には数多くの壁画や

（図10・22）チベット・ラサにあるポタラ宮（標高約3700 m、筆者撮影）

霊廟、彫刻などがあり、チベット芸術の宝庫でもあるとされる。

このポタラ宮は、七世紀の半ばころ、チベットを統一したソンツェン・ガンポ王が築いた宮殿の遺跡を、ダライ・ラマ五世が増築、拡大したものである。その威容といい、内容といい、チベット文明を象徴するモニュメントであるといって過言ではない。

こうしてみてくると、チベット文明も高地を舞台に発達した文明であることは間違いない。そして、私のみるところ、チベット文明の中核になった地域はチベット高原の南端部であり、そこは広義の意味で熱帯高地といえるところなのである。ただし、チベット文明は大河文明であった可能性がある。チベット高原の南端には大河のヤルツァンポ河が東西に流れており、その流域で農耕が発達した。そして、この農耕地帯で都市も生まれ、チベット仏教を基礎にした社会が発展したからである。

一二　エチオピア文明

もうひとつ熱帯高地で生まれた文明をみておこう。それはエチオピア高地で生まれた文明である。それを、ここではエチオピア文明とよんでおこう。アフリカで生まれた文明といえば、エジプト文明が紀元前三〇〇〇年頃にすでに都市文明を誕生させている。それにくらべればエチオピア文明は時代が新しいが、遅くとも紀元一世紀頃には王国が誕生していた。ときに帝国とも表現されるアクスム王国である。この王国がエチオピア北部の高原地帯に誕生し、その勢力はアビシニア高原だけでなく、紅海を超えたアラビア半島にまで及んでいた。このアクスム王国は一般にはほとんど知られていないようなので、ここで少し詳しく紹介しておこう。

アクスム王国は、交易によって栄え、おもな交易相手はエジプト、ギリシャ、アラブ地域であったが、遠く離れたインドとも交易がおこなわれていた。王国の都であったアクスムは、エチオピア北部に位置する高原地帯、厳密にいえば、二つの山の間にある標高二一三〇メートルの盆地である。アクスムは北緯一五度あたりに位置しているので、そこはまさしく熱帯高地なのである（図10・23）。ちなみに、エチオピアで農耕が開始されたのは紀元前四〇〇〇〜三〇〇〇年ころと古く、アフリカでも最古の農耕の歴史をもつ可能性がある[8]。

アクスム王国の経済的基盤が確立されたのは、エチオピアにキリスト教を取り入れたことで知られるエザナ王（生没年不詳　在位三〇三〜三五六年）の統治時代であり、王国の繁栄は、それからほぼ二世紀つづいたと推測されている。三世紀後半には、ローマ帝国を模倣して、金貨や銀貨、そして銅貨などの貨幣を鋳造し、流通していた。このことが王国の富の蓄積につながったと考えられている。ちなみに、アクスム王国で鋳造された硬貨はアフリカでは最初のものであったし、エチオピア独自の文字も使われるようになった。

このようなアクスム王国の繁栄を今に伝える遺跡が古都のアクスムに残されている。それはオベリスクに似たステレ（石塔）である（図10・24）。このステレは、アクスムにいくつも現存しており、その最大のものは長さが三三メートル、重さが五〇トンにおよぶ。

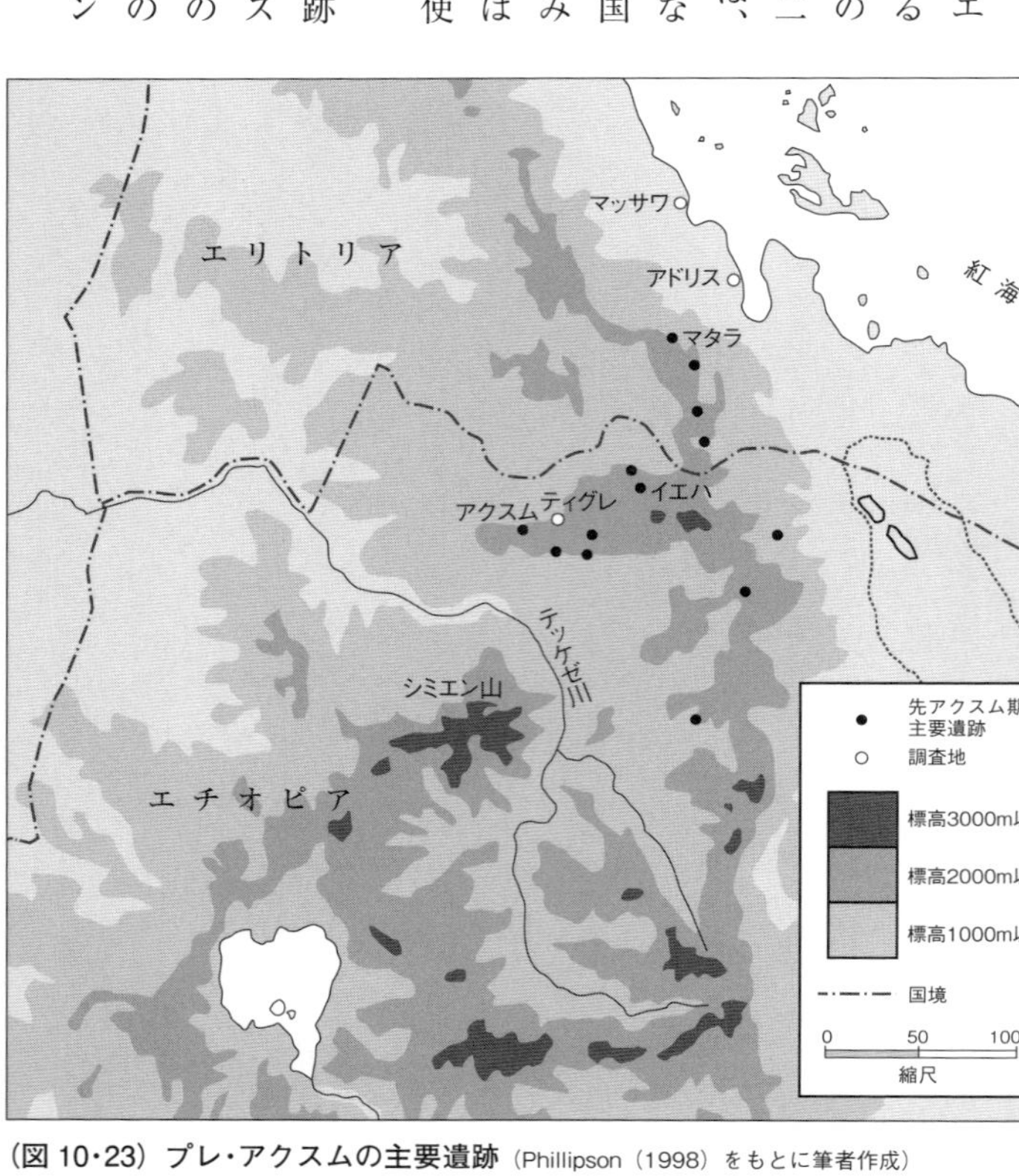

（図 10・23）プレ・アクスムの主要遺跡（Phillipson（1998）をもとに筆者作成）

ナイル川の水源を発見するためエチオピアを訪れたイギリス人のジェイムス・ブルースは、一七六九年、ステレについて次のように述べている。

> アクスムの遺跡は広い範囲にわたっている。古代都市の常として建造物はすべて公共的なものである。町の中心だったと思われる広場には四十のオベリスクがあった。どのひとつにもヒエログリフは刻まれていなかった。倒れている二本は立っている最長のものより長かった。どのオベリスクも単一の花崗岩でできている。立っているものの最上部にはギリシャ風のとてもよくできた円形の彫り物がある。下の方はやはり掘り込まれた扉と鍵があり、建物への入り口を表している。この錠と鍵はエジプトやパレスティナでよく見かけたものだが、エチオピアでは見たことがない。
>
> 　私は倒れている二本と立っている最長のものはプトレマイオス三世（紀元前二八八–二二一）の作だと考えている。オベリスクの表面にはさまざまな彫刻がなされ、その正面は正確に南を指している。（ブルース　一九九一：六九–七〇）

その後、アクスム王国の勢力が衰退してからエチオピアの首都は南方のラリベラ、ゴンダール、そしてアディス・アベバなどに変わったが、いずれも標高二〇〇〇メートル以上の高地に位置しているのである。

　とにかく、エチオピア高地では、これまでほとんど注目されなかったが、固有の文明が誕生していたことは間違いないようだ。先アクスム期の社会や文化については断片的な資料しか得られないが、ドイツの学術調査団は一九〇六年にアクスムに近いイエハで神殿を発見している。この神殿は、

（図10・24）エチオピア北部にあるステレ（石塔）（筆者撮影）

［8］考古学者のフィリプソンは、アクスム近くで紀元前五〇〇〇年頃と推定される層から栽培シコクビエの種子を発見している。そして、フィリプソンはシコクビエの暫定的年代を紀元前四〇〇〇年から紀元前三〇〇〇年と考え、これらの種子こそ「アフリカ原産の栽培穀物の最古の遺存例である」と判断した（Philipson 1977：82）。

石でできた四角の巨大な二階建ての石造建築で、南アラビア風の台座の上に建てられている（図10・25）。

こうした遺跡などから推測できるのは、先アクスム期において、すでに神政的な首長国家が存在していたということだ。技術文化では、先アクスム期において、すでに階段耕地や灌漑、犂の使用、モルタルを用いない乾燥石建築技法、オベリスク（剣状石柱）の建造など、南アラビアと同じものが見られるのである（長島 一九八〇：六四二―六四三）。

後述するように階段耕地はアンデス高地で発達したが、エチオピア高地でも同様に発達していたのである。一八九三年にティグレ人を訪れたベント（J. T. Bent）は、イエハの風景について、次のように述べている。

> 周辺の丘はすべて耕作のために階段式になっていた。（中略）ギリシャでも小アジアでも、私はこのアビシニアの渓谷におけるほど大規模に階段式になっている所は見たことがなかった。幾十万エーカーが山のほとんどてっぺんまで、もっとも注意深く耕作されていたにちがいない。現在では階段状構築を支える支壁のまっすぐな線以外には何も残っていない。（デヴィッドソン 一九六〇：一七九）（図10・26）

現在、この階段耕作の方法は北部エチオピアだけに限られたものではなく、南西エチオピアに居住するコンソ族の人びとも石垣を用いて階段状の耕地を作ることで知られるのである。[9]

（図10・25）イエハの神殿（重田眞義氏提供）

（図10・26）アクスム近くの階段耕地（筆者撮影）

[9] このコンソの階段耕作に関しては、篠原（二〇〇〇）に詳しい。それによれば次のように述べられている。「このストーン・テラシング（階段耕作）は周辺の別のエスニック・グループにはみられないものであり、少なくともエチオピア南部ではコンソだけがもつ優れた農耕技術といえる。このストーン・テラシングはたんに石を積み上げた精巧な技術というばかりでなく、石で囲まれた畑の下にはフンヤと呼ばれる排水施設やガバと呼ばれる灌漑施設も含んだ複合的な技術である」。

一三　むすびにかえて

以上、アンデス、メキシコ、チベット、エチオピアなどの高地で生まれた文明を高地文明と位置づけたが、これは仮説の域をでるものではなく、まだ荒いデッサンにとどまっている。そのような説を、ここであえて提起したのには理由がある。それは、これまでのようにアメリカ大陸で生まれた文明を無視したり、先述した四大文明の例外として扱うのではなく、同じような環境で生成した文明を比較することによって文明の特徴がもっと明らかになると考えたからである。同じような環境とは、熱帯ないしは亜熱帯に位置する高地のことである。参考までに、表10・2に四地域における高地文明のおもな特徴を示したが、いずれも低緯度地帯に位置しており、その標高も二〇〇〇メートル以上に達するのである。そして、これらの地域では古くから農耕が開始され、それが発展してきた可能性が大きいのである。

このように類似した環境で発達した文明を比較すれば、そこには共通点も少なくないはずである。つまり、わたしが知りたいと思っているのは、比較によって歴史における平行進化の法則をみつけだすということなのである。実際、共通点のひとつに高地特有の宗教もあげられそうだ。それというのも、上記の地域では、いずれも高地宗教とでもよべそうな宗教が発達したからである。すなわち、アンデス高地では自然崇拝、中米では多神教、チベットではチベット仏教、そしてエチオピア高地でもアクスム王国時代にキリスト教が導入され、エチオピア正教として展開していったのである。興味深いことに、これらの宗教の影響が及んだ範囲もほぼ高地部に限定され、低地にはほとんど広がらなかったことが知られている。[10] このことから、高地で暮らすことは人間の精神世界にも何らかの影響を与えているとみられ、それはまた文明の発達

（表10・2）高地文明の比較

	メキシコ	アンデス	チベット	エチオピア
標　高(m)	約2300	3000〜4800	3600〜5000	約2300
緯　度	20度	10〜20度	20度	0度
おもな遺跡	テオティワカン（数世紀）	ティワナク（数世紀頃）	ポタラ宮（7〜8世紀頃）	アクスム（数世紀頃）
作　物	トウモロコシ	ジャガイモ・キヌア	ムギ・ソバ	テフ・エンセーテ
家　畜	シチメンチョウ	リャマ・アルパカ	ヤク	ウシ
宗　教	多神教	自然崇拝	チベット仏教	エチオピア正教

とも密接な関係をもちそうである。

ここで、ちょっと疑問に思われる方がおられるかもしれない。本書では、高地に焦点をあてているので、高地のことばかり述べているが、高地の下に広がる低地の影響はなかったのか、という疑問である。本書の山本論文「熱帯アンデス高地の環境利用」で述べたように、ペルー・アンデスでは「アンデス住民が高度によって異なるいくつもの環境を利用して、その集団のなかで自給を達成していた」のであり、高地だけを利用していたわけではなかった。したがって、少なくともペルー・アンデスでは高地と低地は密接な関係をもって発展してきたと考えられるのである。

とくに重要な点は、高地でのジャガイモを中心とする農業とリャマ・アルパカ飼育とともに低地では儀礼や宗教に重要な意味をもつトウモロコシ栽培がおこなわれていたことである。そして、このトウモロコシ栽培はしばしば灌漑をともなうが、この灌漑による水のコントロールは政治権力の発生につながる。とくに、アンデスの山岳地帯におけるトウモロコシ栽培は、灌漑とともに階段耕作も必要としたが、これらも政治権力と密接な関係をもつ。実際に、灌漑をともなった階段耕地[11]の建設はインカ時代に急速に普及したと考えられており、その背景には「大量の労働力を要する公共事業として建設された」(Rowe 1946)という事情もあったのだ(図10・27)。

したがって、ペルー・アンデスでは、高地における文明の発生や発展の背後には低地の貢献も考えなければならないのである。おそらく、これはペルー・アンデスに限ったことではなく、メキシコやエチオピア、そしてチベットなどでも同様かもしれないが、それに関する考察は今後の課題である。また、本書の杉山論文で述べられているように、精神世界に関する洞察も必要である。この点に関しても本書ではほとんど言及しなかったが、これも今後の大きな課題である。

とにかく、このような高地文明の共通点や違いを比較すれば、人間と環境との関係について、さらには文明の本質についても興味深い示唆が得られそうである。そして、このような研究を進めるうえで幸いなことがある。それは、交通手段が飛躍的に発達したおかげで、世界各地でのフィール

[10] チベット文明の指標をチベット仏教であるとすれば、チベット仏教はモンゴルやブータンにも広がっている。しかし、モンゴルもブータンも高地ではなく、人が多く住むのは低地である。その理由は生態的なものではなく、歴史的なもののようである。

[11] 初めてインカの領土に入ったスペイン人たちを驚嘆させた農耕技術が階段耕作であった。そのため、何人ものスペイン人たちがインカの階段耕地について記録を残している。たとえば、征服者のフランシスコ・ピサロとともに、インカの首都であるクスコに一五五三年五月に到着したペドロ・ピサロは、次のように書き記している。「すべての階段畑は、崩れ落ちるおそれのある部分が石で囲ってあり、その高さは一エスタード(約一・九メートル)、またはそれ前後である。そのあるものには、一ブラサ(約一・六七メートル)またそれ以下の石が間隙をおいて、階段のように配置され、石壁に打ち込まれている。そこを伝って上り下りする

ドワークがきわめて容易になったことである。たとえば、私事にわたって恐縮であるが、私が初めてアンデスに調査に出かけたのは一九六八年のことで、貨物船に便乗し、一ヶ月もかけて太平洋を渡り、南アメリカにむかった。このような状況下では、一年に一度の海外調査さえ困難であり、地域間の比較はもっぱら文献に頼らざるを得なかった。その当時とくらべれば、現在は一年に二度や三度の調査も不可能ではなくなったし、地域間の比較研究も文献だけでなく、自分自身の目で現地調査をすることも夢でなくなったのである。

もうひとつ、私が専門とする民族学（文化人類学）の分野でも幸いなことがある。それは先述した熱帯高地には伝統的な文化や暮らしを守る先住民の人たちが多く住んでいることだ。たとえば、ネパール・ヒマラヤの南面斜面を登ってゆくと標高一〇〇〇メートルを超えるあたりから様々な民族が暮らしていることに気づく。インド系やチベット系の諸民族である。そして、標高三〇〇〇メートルあたりまで登ると、そこはチベット系民族の世界になっている。アンデスでも同様である。ペルー・アンデスなどでは海岸地帯は白人系の人たちが目立つのに、標高三〇〇〇メートルを超えるあたりから上の山岳地帯ではケチュア族やアイマラ族の人たちの方が多くなってくる。エチオピアでも、高地にはアムハラやオモロの民族が多数暮らしているのである。

このような先住民の人たちの暮らし、とくに農業や牧畜などの生業については民族学者などの調査のおかげでかなりの蓄積をみるようになっている。しかし、それを地域ごとに見ていては各地域における環境と人間との関係の把握は難しい。まして、これまでほとんど無視されていた高地文明については、その存在さえ気づかなかったはずである。実際に、私自身もアンデス高地だけで調査をしていたときは高地文明の存在に気がつかなかった。その存在を知ったのは、アンデスのあと、メキシコなどの中米、ヒマラヤやチベット、そしてエチオピア高地を歩いてからのこと

のである。これらの階段畑はみなこのようにできている。そこにトウモロコシを播くから、雨が畑をこわさないように、平らにならされた土のおもてを保とうとして、そのように石で土止めしたのである」（ペドロ・ピサロ 一九八四〔一五七一〕：一四六）。

（図10・27） クスコ・ピサックの階段耕地（筆者撮影）

であった。そのため、今後も文明の地域間比較に関する研究を継続し、資料の増加を待って、ここで述べた仮説のさらなる検証をおこないたいと願っている。

謝辞

本稿をまとめるにあたり、チベットについては月原敏博氏、エチオピアについては重田眞義氏に様々な御教示を得た。また、メキシコでは中央高原の踏査で杉山三郎氏に同行していただき、共同調査が可能になった。記して謝意を表したい。

【文　献】

青山和夫　二〇〇七『メソアメリカ文明』講談社。
伊東俊太郎　一九七四『都市と古代文明の成立』講談社。
ヴァヴィロフ、N　一九八〇『栽培植物発祥地の研究』中村英司訳、八坂書房。
稲村哲也　二〇〇〇「アンデス山脈とヒマラヤ・チベット山塊」川田順造・大貫良夫編著『地域の生態史』二一八–二六七頁、山川出版。
大貫良夫　一九九三「文明の成立と発展・衰退」赤澤　威・阪口　豊・冨田幸光・山本紀夫編『アメリカ大陸の自然誌3　新大陸文明の盛衰』二〇八–二二二頁、岩波書店。
長田俊樹　二〇一三a「インダス文明の文明環境史―環境決定論の陥穽」佐藤洋一郎・谷口真人編『イエローベルトの環境史―サヘルからシルクロードへ』弘文堂。
長田俊樹編　二〇一三b『インダス南アジア基層世界を探る』京都大学学術出版会。
長田俊樹　二〇一三c『インダス文明の謎―古代文明神話を見直す』京都大学学術出版会。
岡倉登志　二〇〇七「アフリカ内陸部のキリスト教王国」岡倉登志編『エチオピアを知るための50章』一六二–一六八頁、明石書店。
栗田靖之　一九八七「チベットの自然と人」長野泰彦・立川武蔵編『チベットの言語と文化』一〇–四三頁、冬樹社。
コナー、G　一九九三『熱帯アフリカの都市化と国家形成』近藤義郎・河合信明訳、河出書房新社。

小林致弘　一九九三「メソアメリカ先住民の自然観」赤澤　威・阪口　豊・冨田幸光・山本紀夫編『アメリカ大陸の自然誌3　新大陸文明の盛衰』岩波書店。
コルテス　一九八〇「報告書翰」サアグン・コルテス・ヘレス・カルバハル『征服者と新世界』伊藤昌輝・大貫良夫・小池佑二・増田義郎訳、一四七―一四八頁、岩波書店。
佐藤廉也　二〇〇七「エチオピアの地域生態史」池谷和信・佐藤廉也・武内進一編『アフリカⅠ』三六五―三七九頁、朝倉書店。
シエサ、デ、レオン　一九七五『インカ帝国史』増田義郎訳、岩波書店。
重田眞義　一九九六「熱帯アフリカ高地における栽培植物と環境利用―エチオピア高地を中心に」『熱帯研究』五（三・四）：一五一―一六〇。
篠原　徹　二〇〇〇「エチオピア・コンソ社会の農耕と家畜」松井　健編『自然観の人類学』六九―九四頁、熔樹書林。
鈴木孝夫　一九六九『高地民族の国エチオピア』古今書院。
スタン、R、A　一九九三『チベットの文化』山口瑞鳳・定方　昴訳、岩波書店。
タウンゼント、R、F　二〇〇四『図説 アステカ文明』増田義郎・武井摩利訳、創元社。
月原敏博　二〇〇八「チベット文化の核とアイデンティティー」『ヒマラヤ学誌』九：一七―四一。
デヴィッドソン、B　一九六〇『古代アフリカの発見』紀伊国屋書店。
長島信弘　一九八〇ａ「補注　エチオピア文字」アルヴァレス『エチオピア王国誌』池上岑夫訳、六〇五―六〇七頁、岩波書店。
長島信弘　一九八〇ｂ「補注　一六世紀初頭における栽培植物」アルヴァレス『エチオピア王国誌』六三〇―六三二頁、岩波書店。
長島信弘　一九八〇ｃ「解説」アルヴァレス『エチオピア王国誌』岩波書店。
ピース、F・増田義郎　一九八八『図説インカ帝国』小学館。
藤井理行　一九七七「氷河」川喜田二郎編『ヒマラヤ』一三六―一四四頁、朝日新聞社。
ブラウン、L、R編　一九九五『地球白書一九九五―九六』ダイヤモンド社。
ブルース、J　一九九一『ナイル探検』長島信弘訳、岩波書店。
ペドロ、ピサロ　一九八四（一五七一）「ピルー王国の発見と征服」ペドロ、ピサロ・オカンポ・アリアーガ

『ペルー王国史』旦　敬介・増田義郎訳、岩波書店。
増田義郎・青山和夫　二〇一〇『古代アメリカ文明』山川出版社。
松林公蔵　二〇〇四「なぜ人は高地に暮すか—人類進化と文明における医学的側面」梅棹忠夫・山本紀夫編『山の世界—自然・文化・暮らし』一七七–一八六頁、岩波書店。
安成哲三・藤井理行　一九八九『ヒマラヤの気候と氷河—大気圏と雪氷圏の相互作用』東京堂出版。
山本紀夫　一九九二『インカの末裔たち』日本放送出版協会。
山本紀夫　二〇〇四『ジャガイモとインカ帝国—文明を生んだ植物』東京大学出版会。
山本紀夫　二〇〇六『雲の上で暮らす—アンデス・ヒマラヤ高地民族の世界』ナカニシヤ出版。
山本紀夫　二〇〇七「『高地文明』論にむけて—その覚え書き」『ヒマラヤ学誌』八：二九–三七。
山本紀夫　二〇〇八「『高地文明』の発見　フィールドワーカーの目から」『論壇　人間文化』（人間文化研究機構）二：一六–四〇。
山本紀夫・稲村哲也　二〇〇〇『ヒマラヤの環境誌—山岳地域の自然とシェルパの世界』八坂書房。
山本紀夫・稲村哲也　二〇〇七「アンデスにおける高地文明の生態史観—ヒマラヤ・チベットとの比較」山本紀夫編『アンデス高地』五二九–五五五頁、京都大学学術出版会。
Coe, M. D. 1964 The Chinampas of Mexico. *Scientific American* **260**: 90–96.
Erickson, C. L. 1995 he social organization of prehistoric raised agriculture in the lake ticaca baisn. *Research in Economic Anthropology*. Suppl 7: 369–426.
Giday, B. 1991 *Ethiopian Civilization*. Addis Ababa.
Kolata, A. 1986 The agricultural foundations of the Tiwanaku state: A view from the hinterland. *American Antiquity* **51**(4): 748–762.
Kolata, A. 1991 The technology and organization of agricultural production in the Tiwanaku state. *Latin American Antiquity* **2**(2): 99–125.
Kolata, A. 1993 *The Tiwanaku: Portrait of Andean Civilization*. Cambridge, Mass: Blackwell Publ, Cambridge.
Macneish, R. S. 1967 A sunmary of the substance. In D. S. Beyerts (ed), *The prehistory of the Tehuacan Valley*, Vol.1. pp.209–309. University of Texas Press.
Pankhurst, S. 1955 *Ethiopia. A Cultural History*. Essex: Lalibera House.

Pawson, I. G., & Jest, C. 1978 The high-altitude areas of the world and their cultures. In P. T. Baker (ed.), *The Biology of High-altitude Peoples*, pp.17–45. Cambridge: Cambridge Unevesity Press.

Phillipson, D. W. 1977 The excavation of Gobedra Rock-shelter, Axum. *Azania* **12**: 53–82.

Phillipson, D. W. 1998 *Ancient Ethiopia. Aksum: Its Antecedents and Succesors*. London: British Museum Press.

Rowe, J. H. 1946 Inca culture at the time of the Spanish conquest. In J. H. Steward (ed.), *Handbook of South American Indians*, vol. 6. pp.183–330. Washington: Smithsonian Institution,

Rowe, J. H. 1963 Urban Settlement in Ancient Peru. *Ñawpa Pacha* **1**: 1–37.

Stuart Munro-Hay 1991 *Aksum: A Civilization of Late Antiquity*. Edinburgh: Edinburgh University Press.

あとがき

編著本としては異例かもしれないが、私の個人的な回想から「あとがき」を書き始めることをお許しいただきたい。私が初めてアンデスに調査に行ったのは、いまからちょうど五〇年前の一九六八年一〇月のことであった。持ち出し外貨に五〇〇ドルの制限のあった時代のことだ。その後も、アンデスを初めとして、メキシコを中心とする中米高地、ヒマラヤ・チベット、エチオピアを中心とする東アフリカの高地、さらにヨーロッパ・アルプスでも調査をおこなった。その回数は約六〇回、現地での滞在日数も一三年あまりになる。

ただし、これらの調査のすべてが順風満帆だったわけではない。大学院生時代は資金が乏しく、無理がたたって急性肝炎になり、ボリビアにある日本人移住地の病院に一ヶ月半も入院したことがあった。また、アンデスの悪路での運転がたたり、腰を痛めて、しばらく歩けなくなったこともあった。さらに、近年ではエクアドル・アンデスで崖から滑落して右足を骨折、急遽車椅子で帰国したこともあった。さらに、高山病に苦しめられたことも何度もある。

このような状況の中でも、私は一度も調査をやめようと思ったことはなかった。これは、調査が面白かったこともあるが、もうひとつの理由があった。調査は無数の人たちのおかげをこうむっており、その人たちにお返しをしないといけないと考えていたからである。

では、どのようなお返しができるのだろうか。研究者であれば、まずは研究成果を論文として刊行すべきであろうが、それだけで十分であろうか。

ここで考えなければならないことがある。それは、近年の海外調査は基本的に文部科学省の助成金によってまかなわれており、この助成金は国民が支払った税金によってまかなわれていることだ。そうであれば、文部科学省の助成金によって得られた研究成果は一般国民にも還元すべきであろう。もちろん、自然科学系の研究のように、難解で一般国民が理解しにくい分野もあるが、幸いに人間を研究対象とする文化人類学などでは一般国民も理解できる報告書が書けるはずである。

このように考えて、私は海外調査を終えるたびに一般向けの報告書も刊行してきた。その第一号は、私が研究代表者になり、ヒマラヤでの調査のあとに刊行した『ヒマラヤの環境誌—山岳地域の自然とシェルパの世界』（八坂書房）であった。また、やはり私が研究代表者になりアンデスで二回の調査を実施したが、これもまとめて『アンデス高地』（京都大学学術出版会）として刊行した。そして、今回はこれまでのヒマラヤおよびアンデスでの調査の延長線上にある熱帯高地での研究成果を『熱帯高地の世界—「高地文明」の発見に向けて』として刊行する次第である。このため、本書の執筆者には、できるだけ平易な表現をお願いしたが、それでも未だ難解なところがあるとすれば、それは編者の私の責任である。その場合は、お許し願いたい。

先述したように、今回の調査でも無数の人たちのお世話になっている。この限られたスペースでは、皆様のお名前をあげることはとてもできないが、厚く御礼申しあげたい。とくに、科研の審査に始まり、調査の実施、科研の報告書の提出にいたるまで全面的にサポートしてくださった国立民族学博物館の管理部研究協力課の皆さまに深謝したい。また、海外の調査地においても多数の皆さまにお世話になっている。本書の原稿の整理や写真選びなどでは、私の研究室の秘書である山本祥子さん、および吉村美恵子さんに尽力していただいた。なお、本書は、ＪＳＰＳ科研費JP18HPS5132の助成をうけて刊行が可能になった。課題番号は18HPS5132である。御尽力いただいた皆様に、心から「ありがとうございました」と御礼申し上げたい。

熱帯高地の研究を始めて五〇年目の年に

山本　紀夫

二〇一八年一〇月

ラ行

ワ行

ア行

人 名 索 引

マ行

ナ行

ハ行

タ行

サ行

カ行

事項索引

筆者紹介（＊は編者）

山本紀夫＊（やまもと のりお）
国立民族学博物館名誉教授、総合研究大学院大学名誉教授
担当：はじめに、序章、第Ⅱ章、終章、あとがき

鳥塚あゆち（とりつか あゆち）
青山学院大学国際政治経済学部助教
担当：第Ⅰ章

杉山三郎（すぎやま さぶろう）
愛知県立大学名誉教授、アリゾナ州立大学研究教授
担当：第Ⅲ章

池谷和信（いけや かずのぶ）
国立民族学博物館人類文明誌研究部教授
担当：第Ⅳ章

川本　芳（かわもと よし）
日本獣医生命科学大学客員教授
担当：第Ⅴ章

稲村哲也（いなむら てつや）
放送大学特任教授、愛知県立大学名誉教授
担当：第Ⅵ章

重田眞義（しげた まさよし）
京都大学大学院アジア・アフリカ地域研究研究科教授、アフリカ地域研究資料センター長
担当：第Ⅶ章

大山修一（おおやま しゅういち）
京都大学大学院アジア・アフリカ地域研究研究科准教授
担当：第Ⅷ章

月原敏博（つきはら としひろ）
福井大学教育・人文社会系部門教授
担当：第Ⅸ章

熱帯高地の世界——「高地文明」の発見に向けて

2019年2月26日　初版第1刷発行　定価はカバーに表示してあります

編　者　山本紀夫
発行者　中西　良
発行所　株式会社ナカニシヤ出版
〒606-8161　京都市左京区一乗寺木ノ本町15番地
電　話　075－723－0111
FAX　075－723－0095
振替口座　01030－0－13128
URL　http://www.nakanishiya.co.jp/
E-mail　iihon-ippai@nakanishiya.co.jp

落丁・乱丁本はお取り替えします。　ISBN 978-4-7795-1374-9 C3039
Copyright ©Norio Yamamoto 2019 Printed in Japan
装丁　白沢　正／印刷・製本　創栄図書印刷株式会社